Der Arbeitnehmer im Spannungsfeld von Straf- und Arbeitsrecht

Schriften zum
Unternehmens- und Wirtschaftsrecht

Herausgegeben von Marcus Bieder, Andreas Fuchs,
Lars Leuschner, Markus Stoffels und Dirk A. Verse

Band 35

PETER LANG

Berlin - Bruxelles - Chennai - Lausanne - New York - Oxford

Mona Geimer

Der Arbeitnehmer im Spannungsfeld von Straf- und Arbeitsrecht

Bagatellstraftaten als Kündigungsgrund

PETER LANG

Berlin - Bruxelles - Chennai - Lausanne - New York - Oxford

Bibliografische Information der Deutschen Nationalbibliothek
Die Deutsche Nationalbibliothek verzeichnet diese Publikation in der Deutschen Nationalbibliografie; detaillierte bibliografische Daten sind im Internet über http://dnb.d-nb.de abrufbar.

Zugl.: Heidelberg, Univ., Diss., 2023

D 16
ISSN 2364-0863
ISBN 978-3-631-91568-4 (Print)
E-ISBN 978-3-631-91572-1 (E-PDF)
E-ISBN 978-3-631-91573-8 (EPUB)
DOI 10.3726/b21644

Published by Peter Lang GmbH, Berlin, Deutschland

info@peterlang.com- www.peterlang.com

Diese Publikation wurde begutachtet.

Meinen Eltern

Vorwort

Die vorliegende Arbeit wurde im Sommersemester 2023 von der Rechtswissenschaftlichen Fakultät der Ruprecht-Karls-Universität Heidelberg als Dissertation angenommen. Rechtsprechung und Literatur wurden bis Oktober 2023 berücksichtigt.

Mein besonderer Dank gilt meinem Doktorvater Herrn Prof. Dr. Dr. h.c. Gerhard Dannecker für die Betreuung meiner Promotion und den fachlichen Austausch mit zahlreichen wertvollen Anregungen. Dies hat maßgeblich zum Gelingen der Arbeit beigetragen. Herr Prof. Dr. Dr. h.c. Gerhard Dannecker stand mir während des Studiums und der Promotion stets mit Rat zur Seite und die schöne Zeit an seinem Lehrstuhl möchte ich nicht missen.

Herzlicher Dank gebührt außerdem Herrn Prof. Dr. Markus Stoffels für die Erstellung des Zweitgutachtens.

Herrn Prof. Dr. Andreas Fuchs, Herrn Prof. Dr. Marcus Bieder, Herrn Prof. Dr. Lars Leuschner, Herrn Prof. Dr. Markus Stoffels sowie Herrn Prof. Dr. Dirk A. Verse danke ich für die Aufnahme der Dissertation in die Reihe „Schriften zum Unternehmens- und Wirtschaftsrecht".

Weiter bin ich meinen Lehrstuhl- und Arbeitskollegen sowie meinen Freunden für die fachlichen Anregungen und Diskussionen, die moralische Unterstützung sowie die verschiedenen Einsätze beim Korrekturlesen sehr dankbar.

Mein größter Dank gilt schließlich meinen Eltern für ihre uneingeschränkte Unterstützung auf meinem bisherigen Weg.

Frankfurt am Main, im November 2023

Mona Geimer

Inhaltsverzeichnis

Abkürzungsverzeichnis

a.F.	alte Fassung
aA	anderer Ansicht
Abs.	Absatz
AcP	Archiv für die civilistische Praxis
ABl.	Amtsblatt der Europäischen Union
aE	am Ende
AGG	Allgemeines Gleichbehandlungsgesetz
AO	Abgabenordnung
AP	Arbeitsrechtliche Praxis
ArbG	Arbeitsgericht
ArbGG	Arbeitsgerichtsgesetz
ArbRAktuell	Arbeitsrecht Aktuell
ArbRB	Arbeits-Rechtsberater
ArbSchG	Arbeitsschutzgesetz
ArbZG	Arbeitszeitgesetz
Art.	Artikel
AuA	Arbeit und Arbeitsrecht
Aufl.	Auflage
AÜG	Arbeitnehmerüberlassungsgesetz
AuR	Arbeit und Recht
BAG	Bundesarbeitsgericht
BAGE	Entscheidungen des Bundesarbeitsgerichts
BAT	Bundes-Angestelltentarifvertrag
BB	Betriebs-Berater
BC	Zeitschrift für Bilanzierung, Rechnungswesen und Controlling
BeckRS	Beck-Rechtsprechung
Begr.	Begründer
Beschl.	Beschluss
BetrVG	Betriebsverfassungsgesetz
BFH	Bundesfinanzhof
BFHE	Entscheidungen des Bundesfinanzhofes
BGB	Bürgerliches Gesetzbuch

BGBl.	Bundesgesetzblatt
BGH	Bundesgerichtshof
BGHSt	Entscheidungen des Bundesgerichtshofes in Strafsachen
BGHZ	Entscheidungen des Bundesgerichtshofes in Zivilsachen
BT-Drs.	Drucksache des Deutschen Bundestags
BUrlG	Bundesurlaubsgesetz
BuW	Betrieb und Wirtschaft
BVerfG	Bundesverfassungsgericht
BVerfGE	Entscheidungen des Bundesverfassungsgerichts
BVerfGK	Kammerentscheidungen des Bundesverfassungsgerichts
bzgl.	bezüglich
bzw.	beziehungsweise
CCZ	Corporate Compliance Zeitschrift
DB	Der Betrieb
ders.	derselbe
Destatis	Statistisches Bundesamt
dies.	dieselbe/n
DJT	Deutscher Juristentag
DM	Deutsche Mark
DRiZ	Deutsche Richterzeitung
DStR	Deutsches Steuerrecht
DVBl.	Deutsches Verwaltungsblatt
EFZG	Entgeltfortzahlungsgesetz
EGBGB	Einführungsgesetz zum Bürgerlichen Gesetzbuch
EGMR	Europäischer Gerichtshof für Menschenrechte
Einf	Einführung
EMRK	Europäische Menschenrechtskonvention
Entsch.	Entscheidung
EStG	Einkommensteuergesetz
et al.	et alia
etc.	et cetera
f.	folgende
ff.	fortfolgende
FG	Finanzgericht
FGO	Finanzgerichtsordnung
Fn.	Fußnote
FS	Festschrift

GA	Goltdammer's Archiv für Strafrecht
gem.	gemäß
GeschGehG	Geschäftsgeheimnisgesetz
GewO	Gewerbeordnung
GG	Grundgesetz
ggf.	gegebenenfalls
GS	Gedächtnisschrift
GSSt	Großer Senat für Strafsachen
HGB	Handelsgesetzbuch
hM	herrschende Meinung
HRRS	Onlinezeitschrift für Höchstrichterliche Rechtsprechung im Strafrecht
Hrsg.	Herausgeber
i.e.S.	im engeren Sinne
i.V.m.	in Verbindung mit
IAB	Institut für Arbeitsmarkt- und Berufsforschung
IStR	Internationales Steuerrecht
JR	Juristische Rundschau
JURA	Juristische Arbeitsblätter
JuS	Juristische Schulung
JZ	Juristen-Zeitung
Kap.	Kapitel
KriPoZ	Kriminalpolitische Zeitschrift
KritV	Kritische Vierteljahreszeitschrift für Gesetzgebung und Rechtsprechung
KSchG	Kündigungsschutzgesetz
LAG	Landesarbeitsgericht
Lfg.	Lieferung
LG	Landgericht
LStDV	Lohnsteuer-Durchführungsverordnung
MDR	Monatszeitschrift für Deutsches Recht
MiStra	Anordnung über Mitteilungen in Strafsachen
MSchG	Mutterschutzgesetz
mwN	mit weiteren Nachweisen
NJW	Neue Juristische Wochenschrift
NK	Zeitschrift für Neue Kriminalpolitik
Nr.	Nummer

NStZ	Neue Zeitschrift für Strafrecht
NStZ-RR	Neue Zeitschrift für Strafrecht/Rechtsprechungs-Report
NZA	Neue Zeitschrift für Arbeitsrecht
NZA-RR	Neue Zeitschrift für Arbeitsrecht/ Rechtsprechungs-Report
NZWiSt	Neue Zeitschrift für Wirtschafts-, Steuer- und Unternehmensstrafrecht
OLG	Oberlandesgericht
OWiG	Ordnungswidrigkeitengesetz
RdA	Recht der Arbeit
RGSt	Entscheidungen des Reichsgerichts in Strafsachen
RiStBV	Richtlinien für das Strafverfahren und Bußgeldverfahren
RL	Richtlinie
Rn.	Randnummer
RW	Rechtswissenschaft
S.	Satz/Seite
SAE	Sammlung arbeitsrechtlicher Entscheidungen
SGB	Sozialgesetzbuch
sog.	sogenannte/r/s
StGB	Strafgesetzbuch
StPO	Strafprozessordnung
StV	Strafverteidiger
TVöD	Tarifvertrag für den Öffentlichen Dienst
TzBfG	Teilzeit- und Befristungsgesetz
u.a.	unter anderem
Urt.	Urteil
UWG	Gesetz gegen den unlauteren Wettbewerb
v.	von/vom
vgl.	vergleiche
vs.	versus
Vor	Vorbemerkung
WiJ	Journal der Wirtschaftsstrafrechtlichen Vereinigung e.V.
wistra	Zeitschrift für Wirtschafts- und Steuerstrafrecht
z.B.	zum Beispiel
ZfA	Zeitschrift für Arbeitsrecht
ZGR	Zeitschrift für Unternehmens- und Gesellschaftsrecht
ZHR	Zeitschrift für Handels- und Wirtschaftsrecht

ZIP	Zeitschrift für Wirtschaftsrecht
ZIS	Zeitschrift für Internationale Strafrechtsdogmatik
ZPO	Zivilprozessordnung
ZRP	Zeitschrift für Rechtspolitik
ZStW	Zeitschrift für die gesamte Strafrechtswissenschaft

Einleitung

„Selbstverständlich gilt das allgemeine Strafrecht auch im Arbeitsverhältnis.“[1]

A. Straftaten „als“ Kündigungsgrund im Arbeitsrecht

Der Arbeitnehmer steht in einem privaten Rechtsverhältnis mit seinem Arbeitgeber,[2] aus dem sich für ihn Rechte und Pflichten ergeben, wie beispielsweise die Arbeitspflicht und das Recht auf entsprechende Vergütung (§ 611a BGB). Darüber hinaus ist der Arbeitnehmer aber auch verpflichtet, die Rechtsgüter des Arbeitgebers nicht zu schädigen (§ 241 Abs. 2 BGB); ihn trifft insoweit eine Rücksichtnahmepflicht.[3]

Entspricht der Arbeitnehmer im Vorfeld des Arbeitsverhältnisses, bei Ausführung seiner arbeitsvertraglichen Tätigkeit oder im außerdienstlichen Bereich nicht den Anforderungen, welche die Rechtsordnung, insbesondere das Strafrecht, an ihn stellt, so kann dies sowohl strafrechtliche als auch arbeitsrechtliche Konsequenzen haben. Wenn aber, wie *Reinecke* in dem obengenannten Zitat formuliert, das Strafrecht auch im Arbeitsverhältnis gilt, stellt sich die Frage, wie sich dieses Aufeinandertreffen von Strafrecht und dem spezifisch die Beziehungen zwischen Arbeitgeber und Arbeitnehmer regelnden Arbeitsrecht auswirkt. Hat das Vorliegen eines Arbeitsverhältnisses Auswirkungen auf die Strafbarkeit eines Verhaltens? Wie wirkt sich die Strafbarkeit eines Verhaltens auf die Kündigungsmöglichkeit des Arbeitgebers aus? Kann einem Arbeitnehmer „wegen“ bzw. „aufgrund“ einer Straftat gekündigt werden?

Die arbeitsgerichtliche Rechtsprechung musste sich in einer Vielzahl von Kündigungsschutzverfahren mit strafbarem Arbeitnehmerverhalten auseinandersetzen und hat hierbei Grundsätze für die kündigungsrechtliche Behandlung von Straftaten des Arbeitnehmers aufgestellt. So hat das Bundesarbeitsgericht

---

1 *Reinecke*, AuR 1997, 139 (142).

2 *Junker*, Grundkurs Arbeitsrecht, Rn. 2, 93; *Waltermann*, Arbeitsrecht, Rn. 19. Soweit in dieser Arbeit ausschließlich die maskuline Bezeichnung verwendet wird, geschieht dies allein aus Gründen der besseren Lesbarkeit; Frauen und Personen des dritten Geschlechts sind ebenfalls erfasst.

3 BAG NZA 2005, 158 (160); NZA-RR 2009, 362 (365).

etwa betont, dass das Erfordernis der Vornahme einer Interessenabwägung auch im Fall von Straftaten gilt:

> *„Das Gesetz kennt auch im Zusammenhang mit strafbaren Handlungen des Arbeitnehmers keine absoluten Kündigungsgründe. Es bedarf stets einer umfassenden, auf den Einzelfall bezogenen Prüfung und Interessenabwägung dahingehend, ob dem Kündigenden die Fortsetzung des Arbeitsverhältnisses trotz der eingetretenen Vertrauensstörung – zumindest bis zum Ablauf der Kündigungsfrist – zumutbar ist oder nicht."*[4]

Grundlegende Bedeutung kommt außerdem der Anerkennung bestimmter Delikte als Kündigungsgrund „an sich" zu. So führt etwa das Bundesarbeitsgericht in der „Emmely"-Entscheidung aus dem Jahr 2010[5] mit Blick auf Eigentums- und Vermögensdelikte aus:

> *„Zum Nachteil des Arbeitgebers begangene Eigentums- oder Vermögensdelikte, aber auch nicht strafbare, ähnlich schwerwiegende Handlungen unmittelbar gegen das Vermögen des Arbeitgebers kommen typischerweise – unabhängig vom Wert des Tatobjekts und der Höhe eines eingetretenen Schadens – als Grund für eine außerordentliche Kündigung in Betracht."*[6]

Das Bundesarbeitsgericht bezieht hiermit zugleich Stellung zur kündigungsrechtlichen Behandlung von Bagatellfällen, konkret zur Übertragung der strafrechtlichen Geringwertigkeitsgrenze des § 248a StGB in das Kündigungsrecht. Hintergrund war die Diskussion um das Erfordernis einer Geringfügigkeitsgrenze im Kündigungsrecht, die durch den Fall „Emmely"[7] Aufwind bekommen und um das Jahr 2010 ihren Höhepunkt erreicht hatte.[8]

---

4 BAGE 134, 349 (349) = NZA 2010, 1227 (1227).

5 BAGE 134, 349 (349 ff.) = NZA 2010, 1227 (1227 ff.).

6 BAGE 134, 349 (355) = NZA 2010, 1227 (1229).

7 Vgl. BAGE 134, 349 (349 ff.) = NZA 2010, 1227 (1227 ff.); in der Presse siehe etwa https://www.welt.de/wirtschaft/article3262757/Kassiererin-darf-wegen-1-30-Euro-gefeuert-werden.html (zuletzt aufgerufen am 5.10.2023): „Kassiererin darf wegen 1,30 Euro gefeuert werden"; https://www.spiegel.de/wirtschaft/service/fall-emmely-bundesarbeitsgericht-kassiert-bagatellkuendigung-a-699966.html (zuletzt aufgerufen am 5.10.2023): „Fall ‚Emmely': Bundesarbeitsgericht kassiert Bagatellkündigung".

8 In der juristischen Literatur siehe etwa *Birnbaum*, AuA 2010, 212 (212 f.); *Klueß*, NZA 2009, 337 (337 ff.); *Reuter*, NZA 2009, 594 (594 ff.); siehe außerdem die Gesetzesentwürfe der Fraktion BÜNDNIS 90/DIE GRÜNEN vom 9.6.2010, BT-Drs. 17/1986, der Fraktion DIE LINKE vom 9.2.2010, BT-Drs. 17/649, S. 3 sowie der Fraktion SPD vom 9.2.2010, BT-Drs. 17/648, zur Einschränkung der Kündigungsmöglichkeit im Bagatellbereich.

Auch weist die Rechtsprechung darauf hin, dass es für das Vorliegen eines Kündigungsgrunds nicht maßgeblich auf die strafrechtliche Beurteilung der Tat ankomme:

> *„Für die kündigungsrechtliche Beurteilung ist weder die strafrechtliche noch die sachenrechtliche Bewertung maßgebend. Entscheidend ist der Verstoß gegen vertragliche Haupt- oder Nebenpflichten und der mit ihm verbundene Vertrauensbruch […].“*[9]

Wie verträgt sich diese Aussage aber mit der ausdrücklichen Bezugnahme auf Straftatbestände in den abstrakten Obersätzen bzw. Fallgruppen der arbeitsgerichtlichen Rechtsprechung zur „an sich“-Eignung bestimmter Delikte? Mit dieser Frage und einem möglichen Erfordernis einer strafrechtsakzessorischen Kündigungsprüfung hat sich die Literatur bislang nur vereinzelt[10] auseinandergesetzt. In der Praxis argumentieren aber gerade Arbeitgeber in Kündigungsschutzverfahren häufig mit der Strafbarkeit des Arbeitnehmerverhaltens.[11] Denkbar ist, dass dies aus prozesstaktischen Erwägungen erfolgt, um dem Vorwurf besonderen Nachdruck zu verleihen.[12] Möglich erscheint aber auch, dass der Beklagtenvertreter den Sachverhalt schlicht unter die abstrakten Obersätze der Rechtsprechung subsumiert.

Die Ausführungen der arbeitsgerichtlichen Rechtsprechung rufen somit Zweifel an deren Stringenz hervor. Daneben beruhen die Einschätzungen der arbeitsgerichtlichen Rechtsprechung und auch der Literatur im Hinblick auf die kündigungsrechtliche Bewertung strafbaren Arbeitnehmerverhaltens, soweit ersichtlich, weitgehend auf einer rein arbeits- bzw. kündigungsrechtlichen Betrachtung. Das Strafrecht wird nur stiefmütterlich behandelt; Ausführungen zur Berücksichtigung strafrechtlicher Wertungen im Kündigungsrecht beschränken sich zumeist auf den Hinweis der Geltung des kündigungsrechtlichen Prognoseprinzips in Abgrenzung zum strafrechtlichen Sanktionsprinzip.[13] Im Rahmen der Diskussion zur Übertragung der Geringwertigkeitsgrenze des § 248a StGB wird daneben allenfalls noch auf den Aspekt der Entlastung der Gerichte und einer effizienten Strafverfolgung abgehoben,[14] ohne die Hintergründe der Entscheidung für die verfahrensrechtliche Lösung des Gesetzgebers erschöpfend nachzuzeichnen.

---

9 BAGE 134, 349 (358) = NZA 2010, 1227 (1230) mwN.
10 Siehe aber *Schall*, RdA 2010, 225 (225 ff.).
11 Vgl. etwa BAGE 146, 161 (173) = NZA 2014, 443 (447).
12 Vgl. BAGE 146, 161 (173 f.) = NZA 2014, 443 (447).
13 Siehe etwa BAGE 134, 349 (356 f.) = NZA 2010, 1227 (1230).
14 Siehe etwa *Riesenhuber*, in: Erman, BGB, § 626 Rn. 62.

Es fehlt in der Gesamtschau also an einer umfassenden Betrachtung des Lebenssachverhalts „strafbares Arbeitnehmerverhalten" im Gesamtkontext von Straf- und Arbeitsrecht, die eine systematische Durchdringung der Rechtsgebiete mit Blick auf ihre jeweilige Stellung in der Gesamtrechtsordnung sowie die kritische Prüfung der Behandlung strafbaren Arbeitnehmerverhaltens durch die arbeitsgerichtliche Rechtsprechung erlaubt.[15] Denn wie eine Entscheidung des Bundesarbeitsgerichts aus dem Jahr 2018[16] betreffend die Berücksichtigungsfähigkeit von Strafzumessungsgesichtspunkten gem. § 46 StGB im Rahmen der Kündigungsprüfung zeigt, sind längst nicht alle Fragen rund um das Verhältnis von Straf- und Arbeitsrecht im Rahmen des Kündigungsrechts geklärt.

B. Zielsetzung der Arbeit

Die Untersuchung unternimmt den Versuch einer weitergehenden Systematisierung des Bereichs strafbaren Arbeitnehmerverhaltens in strafrechtlicher und kündigungsrechtlicher Hinsicht durch eine Gegenüberstellung von Strafrecht und Arbeits- bzw. Kündigungsrecht, insbesondere im Hinblick auf die Charakteristika und Grundprinzipien der beiden Rechtsgebiete und deren spezifische Rechtsfolgensysteme. Dabei sollen etwaige, durch Aufeinandertreffen der Rechtsgebiete entstehende Wertungswidersprüche zwischen Straf- und Arbeitsrecht aufgedeckt und systemkonforme Lösungen entwickelt werden. Hierfür wird insbesondere der Bereich der Bagatellkriminalität in den Blick genommen und näher untersucht. Bedeutung gewinnt in diesem Zusammenhang die Frage nach der Akzessorietät des Strafrechts zum Arbeitsrecht und – umgekehrt – nach einer möglichen Strafrechtsakzessorietät der Kündigungsprüfung.

Das Vorgehen bzw. die Prüfung soll sich stets an den Auswirkungen strafbaren Arbeitnehmerverhaltens in strafrechtlicher und arbeits- bzw. kündigungsrechtlicher Hinsicht orientieren; sonstige rechtsgebietsspezifische Fragestellungen werden nicht behandelt. Die Arbeit hat vor allem nicht zum Ziel, die Grundprinzipien beider Rechtsgebiete grundlegend zu hinterfragen. Der Schwerpunkt der Untersuchung liegt vielmehr auf dem Vergleich der beiden Teilrechtsordnungen und einer hierauf aufbauenden Systematisierung. Ebenso wenig strebt die Arbeit im Hinblick auf die Problematik der Übertragung der strafrechtlichen Geringfügigkeitsgrenze in das Kündigungsrecht eine umfassende Aufarbeitung

---

15 Vgl. aber mit insoweit brauchbaren Ansätzen *Göpfert/Landauer*, NZA-Beilage 2011, 16 (18 ff.).

16 BAG NZA 2019, 445 (448).

bzw. Auseinandersetzung mit der bereits vorhandenen Literatur und den entsprechenden Argumentationslinien an. Die Untersuchung fokussiert sich auf das Verhältnis von Straf- und Arbeitsrecht und will klären, inwieweit das Telos des jeweiligen Rechtsgebiets und die gesetzliche Systematik eine Übertragung des § 248a StGB in das Kündigungsrecht zulassen.

Ausgespart werden sonstige Problemstellungen, die sich an der Schnittstelle von Straf- und Arbeitsrecht ergeben. Namentlich genannt seien insbesondere die Themenkomplexe internal investigations (und etwa die Frage der strafprozessualen Verwertbarkeit von im Rahmen von internen Ermittlungen getätigten Aussagen),[17] die Geschäftsherrenhaftung,[18] das Whistleblowing[19] und Straftaten „für" das Unternehmen.[20]

Die Untersuchung konzentriert sich primär auf das materielle Strafrecht und das Strafverfahrensrecht sowie das Individualarbeitsrecht mit Schwerpunkt auf dem Kündigungsrecht. Nicht Gegenstand der Untersuchung sind deshalb die weiteren Teilbereiche des Arbeitsrechts,[21] also das kollektive Arbeitsrecht, das öffentliche Arbeitsschutzrecht sowie das Arbeitsverfahrensrecht. Auch das dem Strafrecht zugehörige Strafvollstreckungsrecht[22] wird gänzlich ausgespart. Schließlich unterbleibt eine vertiefte Betrachtung des Arbeitsstrafrechts mit Blick darauf, dass es sich hier im Wesentlichen um an den Arbeitgeber gerichtete Strafvorschriften handelt.[23]

C. Gang der Untersuchung

Im 1. Kapitel wird als Ausgangspunkt für die Untersuchung zunächst die Bedeutung der „Arbeit" für den Arbeitnehmer dargestellt. Hier wird zum einen

---

17 Dazu etwa *Herrmann/Zeidler*, NZA 2017, 1499 (1499 ff.); *V. Hettche*, Unternehmensinterne Untersuchungen aus arbeitsrechtlicher Perspektive; *Kasiske*, NZWiSt 2014, 262; *Sarhan*, wistra 2015, 449 (449 ff.).

18 Siehe hierzu etwa *Bock*, in: Rotsch, Criminal Compliance – Status quo und Status futurus, S. 1 ff.

19 Hierzu etwa *Dendorfer-Ditges*, in: MAH-ArbR, § 35 Rn. 128 ff.; *Schmitt*, RdA 2017, 365 (265 ff.).

20 Siehe hierzu beispielsweise *Göpfert/Landauer*, NZA-Beilage 2011, 16 (16 ff.); *Kolbe*, NZA 2009, 228 (228 ff.).

21 *Junker*, Grundkurs Arbeitsrecht, Rn. 3 ff.; *Wollenschläger*, Arbeitsrecht, Rn. 42 ff.

22 *Jescheck/Weigend*, Lehrbuch des Strafrechts, Allgemeiner Teil, S. 16; dazu auch *Maurach/Zipf*, Strafrecht Allgemeiner Teil, § 2 Rn. 3.

23 *Ignor/Mosbacher*, in: Ignor/Mosbacher, Handbuch Arbeitsstrafrecht, § 1 Rn. 1.

untersucht, welchen Stellenwert die Arbeit in der Gesellschaft einnimmt. Zum anderen wird die Arbeit aus rechtlicher Sicht beleuchtet und auf die Bedeutung des Arbeitsrechts als Sonderrecht der Arbeitnehmer, insbesondere unter Berücksichtigung der historischen Ausgangslage für die Herausbildung arbeitsrechtlicher Besonderheiten und die Entwicklung zum eigenständigen Rechtsgebiet, eingegangen. Die Untersuchung befasst sich außerdem mit dem Arbeitnehmerbegriff im Arbeitsrecht und in anderen Rechtsgebieten sowie mit der Stellung des Arbeitnehmers in der Rechtsordnung, insbesondere unter dem Blickwinkel, inwieweit die Rechtsordnung der Bedeutung, welche die Arbeit für den Einzelnen und die Gesellschaft hat, gerecht wird.

Kapitel 2 hat eine Gegenüberstellung der Charakteristika und Grundprinzipien des Straf- und Arbeitsrechts zum Inhalt. Es werden die Gemeinsamkeiten und Unterschiede der Rechtsgebiete herausgearbeitet, wobei im Arbeitsrecht der Fokus auf dem Kündigungsrecht liegt. Ausgangspunkt bildet der Vergleich der Rechtsgebiete im Hinblick auf ihren jeweiligen Zweck. Im Anschluss wird insbesondere die Bedeutung von Vergeltung und Prävention im Straf- und Kündigungsrecht näher beleuchtet.

Das 3. Kapitel befasst sich mit der strafrechtlichen und strafprozessualen Seite eines strafrechtsrelevanten Arbeitnehmerverhaltens. Während zunächst insbesondere die Straftat und ihr Wesen im Vordergrund der Untersuchung stehen, werden in einem weiteren Schritt die arbeitsrechtlichen Bezüge der im Strafgesetzbuch geregelten Delikte und die Tätertauglichkeit des Arbeitnehmers geprüft. Schwerpunktmäßig wird außerdem auf die strafrechtliche Behandlung der Bagatellkriminalität eingegangen und herausgearbeitet, welchen Hintergrund und welche Folgen die gesetzgeberische Entscheidung für eine verfahrensrechtliche Lösung hat.

Im 4. Kapitel wird zunächst geprüft, unter welchen Voraussetzungen und in welchem Ausmaß strafbares Arbeitnehmerverhalten in dem durch § 626 BGB, § 1 KSchG vorgegebenen und durch Rechtsprechung und Literatur weiter konkretisierten System der Kündigungsgründe Bedeutung gewinnen kann. Hier wird insbesondere zwischen verhaltens-, personen- und betriebsbedingten Gründen, zwischen dienstlichem und außerdienstlichem Verhalten sowie zwischen der Tat- und Verdachtskündigung differenziert. Näher beleuchtet wird unter anderem die Bedeutung von Compliance-Richtlinien im Hinblick auf strafbares, kündigungsrelevantes Arbeitnehmerverhalten.

Außerdem wird ein Überblick über die in der arbeitsgerichtlichen Rechtsprechung „an sich" als Kündigungsgrund geeigneten Delikte sowie über die kündigungsrechtliche Behandlung potenzieller Bagatellfälle gegeben. Der Fokus der Rechtsprechungsanalyse liegt dabei vor allem darauf, inwiefern die

Rechtsprechung im Rahmen der Kündigungsprüfung unter die von ihr entwickelten Fallgruppen bzw. Obersätze zur „an sich"-Eignung bestimmter Delikte subsumiert und eine strafrechtliche Prüfung vornimmt und welche Bedeutung der strafrechtlichen Beurteilung des Arbeitnehmerverhaltens beigemessen wird. Daneben wird herausgearbeitet, was die arbeitsgerichtliche Rechtsprechung unter einem Bagatellfall versteht, wann Geringwertigkeit anzunehmen ist und in welchem Verhältnis diese Begriffe zueinander stehen.

Schließlich wird, ausgehend von den Thesen der arbeitsgerichtlichen Rechtsprechung und den bislang gewonnenen Ergebnissen, geprüft, inwieweit eine Berücksichtigung strafrechtlicher Wertungen im Rahmen der zweistufigen Kündigungsprüfung möglich und ggf. sogar geboten ist. Besondere Bedeutung kommt hier dem Umgang der Rechtsprechung mit den von ihr herausgearbeiteten Fallgruppen bzw. abstrakten Obersätzen zur „an sich"-Eignung bestimmter Delikte und dem insoweit anzunehmenden Erfordernis einer strafrechtsakzessorischen Kündigungsprüfung zu. Kritisch zu prüfen ist insbesondere eine generelle Eignung von Straftaten als Kündigungsgrund, unabhängig von allgemeinen kündigungsrechtlichen Voraussetzungen, eine Übertragung des § 248a StGB in die Prüfung des Kündigungsgrunds „an sich" sowie eine Determinierung der Interessenabwägung aufgrund des Vorliegens einer Straftat.

Kapitel 1: Die Bedeutung der Arbeitnehmerstellung im Straf- und Arbeitsrecht in soziologischer und rechtlicher Perspektive

Unter Zugrundelegung einer soziologischen Perspektive, die sich durch den „fremden Blick“[24] auf die Materie auszeichnet, werden zunächst die „Arbeit“ und deren Auswirkungen auf die Gesellschaft beleuchtet, wobei auch psychologische Aspekte einbezogen werden. Darauf aufbauend[25] erfolgt eine Bewertung der Stellung des Arbeitnehmers aus rechtlicher Sicht.

A. Bedeutung der Arbeit in der und für die Gesellschaft

Klärungsbedürftig ist zunächst, welche Bedeutung der Arbeit in der Gesellschaft zukommt. Eine allgemeingültige soziologische Definition ist indes aufgrund der Vielgestaltigkeit des Phänomens Arbeit bisher nicht gelungen.[26] Weitgehende Einigkeit besteht lediglich dahingehend, dass es sich um eine Aktivität handelt.[27] Dennoch weiß der Mensch intuitiv, welche Verhaltensweisen er mit Arbeit verbindet,[28] und kennt Tätigkeitssphären, die arbeitsförmig sind.[29]

---

24 *Minssen*, Arbeits- und Industriesoziologie, S. 24.

25 Zur Einbeziehung einer soziologischen Betrachtungsweise im Rahmen der Rechtsfindung *Gamillscheg*, in: FS Schmidt, 1967, S. 68 (72): „Daß die soziologischen Gegebenheiten für die Auslegung des Rechts, das eine gute Ordnung menschlichen Zusammenlebens sein soll, von Bedeutung sind, ist ebenso wenig zu leugnen […]“; *Krimphove*, Rechtstheorie 2010, 53 (54) spricht von „wechselseitiger Beziehung“ der rechtlichen Regelungen und der sozialen und kulturellen Tatbestände.

26 *Voß*, in: Böhle/Voß/Wachtler, Handbuch Arbeitssoziologie, S. 15 f., 62 f. spricht von „notorischer Unbestimmtheit“.

27 *Voß*, in: Böhle/Voß/Wachtler, Handbuch Arbeitssoziologie, S. 20.

28 *Kholin/Blickle*, Zeitschrift für Arbeits- und Organisationspsychologie 59 (2015), 16 (17); *Voß*, in: Böhle/Voß/Wachtler, Handbuch Arbeitssoziologie, S. 19.

29 *Voß*, in: Böhle/Voß/Wachtler, Handbuch Arbeitssoziologie, S. 63.

I. Das Phänomen der Arbeit

Maßgeblich wird das Begriffsverständnis durch die vielgestaltigen auftretenden Erscheinungsformen der Arbeit geprägt.[30] Dabei variieren Inhalt, Umfang und Qualität der Arbeit erheblich.[31] Vorherrschend in der Vorstellung der Gesellschaft ist immer noch die Form der formellen Erwerbsarbeit im Sinne der unselbständigen Lohnarbeit,[32] die nach dem heutigen Verständnis sowohl körperliche als auch geistige Arbeit zum Gegenstand haben kann.[33] Doch umfasst Arbeit neben diesem traditionellen Verständnis auch die selbständige Unternehmertätigkeit, die ehrenamtliche Arbeit und selbst illegale Tätigkeiten wie die Schwarzarbeit.[34] Im Alltag wird der Begriff Arbeit beispielsweise mit „Hausarbeit“ oder „Gartenarbeit“ assoziiert und somit über Tätigkeiten im Erwerbsbereich hinaus ausgeweitet.[35] Dies zeigt sich auch am umgangssprachlichen Verständnis von Kindererziehung („Erziehungsarbeit“) oder körperlicher Fitness („Work-Out“) als Arbeit.[36]

Als Gegenbegriff zur Arbeit kann die Freizeit als das „Andere[n] im Leben der Menschen und in der Gesellschaft“[37] verstanden werden. Insofern ist Arbeit Zwang zu einem bestimmten Tun über einen bestimmten Zeitraum hinweg unter gleichzeitiger Beeinträchtigung der Freiheit und Freizeit.[38] Dabei verschwimmen die Grenzen von Freizeit und konventioneller Arbeit immer mehr, was zu einer Vermischung der beiden Sphären führt.[39]

---

30 *Kholin/Blickle*, Zeitschrift für Arbeits- und Organisationspsychologie 59 (2015), 16 (17); *Voß*, in: Böhle/Voß/Wachtler, Handbuch Arbeitssoziologie, S. 63; zur historischen Entwicklung und den Auswirkungen auf das Recht *Krimphove*, Rechtstheorie 2010, 53 (58 ff.).

31 *Csikszentmihalyi*, Flow, S. 191.

32 *Voß*, in: Böhle/Voß/Wachtler, Handbuch Arbeitssoziologie, S. 53, 63.

33 *Minssen*, Arbeits- und Industriesoziologie, S. 17; vgl. *Böhle*, in: Böhle/Voß/Wachtler, Handbuch Arbeitssoziologie, S. 178.

34 *Voß*, in: Böhle/Voß/Wachtler, Handbuch Arbeitssoziologie, S. 53.

35 Vgl. *Kholin/Blickle*, Zeitschrift für Arbeits- und Organisationspsychologie 59 (2015), 16 (17); *Kramer*, Gesellschaft im Wandel, S. 63; *Voß*, in: Böhle/Voß/Wachtler, Handbuch Arbeitssoziologie, S. 53.

36 *Kramer*, Gesellschaft im Wandel, S. 63; *Voß*, in: Böhle/Voß/Wachtler, Handbuch Arbeitssoziologie, S. 53.

37 *Voß*, in: Böhle/Voß/Wachtler, Handbuch Arbeitssoziologie, S. 60.

38 *Csikszentmihalyi*, Flow, S. 211.

39 *Hoff/Grote/Dettmer et al.*, Zeitschrift für Arbeits- und Organisationspsychologie 49 (2005), 196 (197); *Voß*, in: Böhle/Voß/Wachtler, Handbuch Arbeitssoziologie, S. 59 ff.

Im Hinblick auf die Problemstellung des Aufeinandertreffens von Straf- und Arbeitsrecht beschränkt sich die Untersuchung im Folgenden auf die Arbeit im Sinne der formellen Erwerbsarbeit.

II. Arbeit und ihre Bedeutung für das Individuum und die Allgemeinheit

Nachdem die Arbeit begrifflich umrissen wurde, fragt sich, welche Ursachen bzw. Gründe für die Erwerbstätigkeit bestehen und welche Auswirkungen die Arbeit auf das Individuum und die Allgemeinheit hat, genauer: wie Arbeit erfahren wird.

Das Berufsleben ist neben dem Privatleben, insbesondere der Familie, Hauptlebensbereich des Menschen.[40] Der Arbeitnehmer steht in einem wirtschaftlichen Abhängigkeitsverhältnis zu seinem Arbeitgeber,[41] wobei sowohl Einkommen als auch Karriere auf der geleisteten Arbeit beruhen.[42] Die Erwerbstätigkeit dient folglich zuerst der Versorgung und Existenzsicherung des Arbeitnehmers selbst sowie seiner Familie und eventuell nachfolgender Generationen.[43] Darüber hinaus erfüllt die Erwerbsarbeit weitere – über die bloße Existenzsicherung hinausgehende[44] – psychosoziale Funktionen:[45] Durch die mit der Arbeit verbundenen Aktivitäten werden Fähigkeiten und Kenntnisse sowie das Wissen um diese erworben, was eine wesentliche Rolle für die Entwicklung von Identität und Selbstwertgefühl einer Person spielt. Viele berufliche Aufgaben werden außerdem in Zusammenarbeit mit Arbeitskollegen ausgeführt, sodass hierdurch ein soziales Kontaktfeld entsteht. Damit einher geht eine gewisse soziale

---

40 *Esche*, Die Folgen der Arbeitslosigkeit für Partnerschaften, S. 22; *Hoff/Grote/Dettmer et al.*, Zeitschrift für Arbeits- und Organisationspsychologie 49 (2005), 196 (196); vgl. auch *Kholin/Blickle*, Zeitschrift für Arbeits- und Organisationspsychologie 59 (2015), 16 (21 f.).

41 *Nikisch*, Arbeitsrecht, S. 10 f.

42 *Minssen*, Arbeits- und Industriesoziologie, S. 17.

43 *v. Rosenstiehl*, in: Schuler/Kanning, Lehrbuch der Personalpsychologie, S. 32; vgl. *Kramer*, Gesellschaft im Wandel, S. 61.

44 *Karrer*, Familie und belastete Generationenbeziehungen, S. 83; *Semmer/Meier*, in: Schuler/Moser, Lehrbuch Organisationspsychologie, S. 474.

45 *Jahoda*, Wieviel Arbeit braucht der Mensch?, S. 45 ff., 136; *Karrer*, Familie und belastete Generationenbeziehungen, S. 83; *Semmer/Meier*, in: Schuler/Moser, Lehrbuch Organisationspsychologie, S. 475; *Winkelmann/Winkelmann*, Economica 65 (1998), 1 (1); vgl. *Blickle*, in: Nerdinger/Blickle/Schaper, Arbeits- und Organisationspsychologie, S. 212; *Kramer*, Gesellschaft im Wandel, S. 62.

Anerkennung, die maßgeblich zur Identitätsbildung und Steigerung des Selbstvertrauens beiträgt,[46] und das Gefühl, einen sinnvollen Beitrag für die Gesellschaft zu erbringen und eine Daseinsberechtigung zu haben.[47]

Die Wünsche und Bedürfnisse des Arbeitnehmers finden immer stärkere Berücksichtigung im Arbeitsleben, indem die persönlichen Eigenschaften, Fertigkeiten und Kenntnisse in den Arbeitsprozess eingebracht und so für betriebliche Zwecke genutzt werden.[48] Hierdurch kann das bestehende Bedürfnis des Arbeitenden nach Anerkennung seiner Arbeit und seiner täglichen Mühe befriedigt[49] und Arbeits- und Leistungsfreude hervorgerufen werden.[50]

Folglich führt Arbeit zur Erzielung des Einkommens und ist darüber hinaus auch glücksstiftend für die arbeitende Person.[51]

Verliert der Arbeitnehmer seinen Arbeitsplatz, führt dies zunächst zu einem Einkommens- und Statusverlust bei gleichzeitigem Gewinn an Freizeit.[52] Für die zeitlichen Freiräume müssen neue sinnvolle Beschäftigungen gefunden und soziale Kontakte auf anderen Wegen als über den Arbeitsplatz hergestellt werden.[53] Es fehlt außerdem an der mit der Erwerbsarbeit einhergehenden Anerkennung durch die Gesellschaft, sodass sich der Arbeitslose nutzlos fühlt[54] und sein Selbstwertgefühl schwindet.[55] Soziologisch betrachtet stellt die Erwerbslosigkeit eine Form der Statusunvollständigkeit dar.[56]

Insgesamt ist bei Arbeitslosen die empfundene Lebenszufriedenheit im Vergleich zu Erwerbstätigen deutlich geringer.[57] Wenn die gesamtwirtschaftliche

---

46 *Langfeldt*, Subjektorientierung in der Arbeits- und Industriesoziologie, S. 393.

47 *Karrer*, Familie und belastete Generationenbeziehungen, S. 83.

48 *Langfeldt*, Subjektorientierung in der Arbeits- und Industriesoziologie, S. 388; *Minssen*, Arbeits- und Industriesoziologie, S. 151 f.

49 *Minssen*, Arbeits- und Industriesoziologie, S. 152.

50 *Langfeldt*, Subjektorientierung in der Arbeits- und Industriesoziologie, S. 388.

51 *Frey/Frey Marti*, Glück, S. 95.

52 *Frey/Frey Marti*, Glück, S. 63 f.; *Gerlach/Stephan*, Mitteilungen aus der Arbeitsmarkt- und Berufsforschung 2001, 515 (517); *Lüders/Rosner*, in: Schindler/Wacker/Wetzels, Familienleben in der Arbeitslosigkeit, S. 75 (79).

53 *Semmer/Meier*, in: Schuler/Moser, Lehrbuch Organisationspsychologie, S. 475.

54 *Semmer/Meier*, in: Schuler/Moser, Lehrbuch Organisationspsychologie, S. 475; vgl. auch *Karrer*, Familie und belastete Generationenbeziehungen, S. 80 im Hinblick auf Jugendarbeitslosigkeit.

55 *Frey/Frey Marti*, Glück, S. 67; *Kramer*, Gesellschaft im Wandel, S. 63.

56 *Karrer*, Familie und belastete Generationenbeziehungen, S. 78, 83.

57 *Esche*, Die Folgen der Arbeitslosigkeit für Partnerschaften, S. 118, 123; *Gerlach/Stephan*, Mitteilungen aus der Arbeitsmarkt- und Berufsforschung 2001, 515 (515);

Arbeitslosigkeit als Bedrohung des eigenen Arbeitsplatzes empfunden wird, kann bereits der lediglich subjektiv drohende Arbeitsplatzverlust und damit die Angst vor der Arbeitslosigkeit die Lebenszufriedenheit nachteilig beeinflussen.[58] Die Erwerbslosigkeit führt daher im Ergebnis zu einem erhöhten Gesundheitsrisiko, insbesondere in Form von Depressionen.[59]

Daneben sind aber auch direkte soziale Beziehungen, wie insbesondere die familiäre Einbindung, von großer Bedeutung für das Wahrnehmen und Empfinden der Erwerbslosigkeit durch den Erwerbslosen selbst.[60] Die Familie kann einerseits emotionale und soziale Unterstützung für den Arbeitslosen leisten und so die negativen Auswirkungen der Erwerbslosigkeit auf die Lebenszufriedenheit einschränken und nachteilige finanzielle Folgen können durch Erwerbstätigkeit des Partners abgefangen werden.[61] Andererseits kann der Partner bzw. die Familie aber auch eine Belastung darstellen, welche die Lebenszufriedenheit noch mehr verringert, indem dem Erwerbslosen die Verantwortlichkeit für andere Personen und Abhängigkeiten bewusst werden.[62]

Umgekehrt bleiben die materiellen und immateriellen Konsequenzen der Erwerbslosigkeit nicht auf den arbeitslosen Partner beschränkt, sondern wirken sich auch auf die weiteren Haushaltsmitglieder aus.[63] So wird neben der Lebenszufriedenheit des Erwerbslosen regelmäßig auch die seines Lebenspartners nachteilig beeinträchtigt.[64] Dies ist insbesondere dann der Fall, wenn der

---

Knabe/Rätzel/Schöb/Weimann, The Economic Journal 120 (2010), 867 (867 f.); *Luhmann/Hofmann/Eid/Lucas*, Journal of Personality and Social Psychology 102 (2012), 592 (607); *Winkelmann/Winkelmann*, Economica 65 (1998), 1 (6, 13); vgl. *Kassenboehmer/Haisken-DeNew*, The Economic Journal 119 (2009), 448 (448, 461) bei Betriebsschließungen.

58 *Frey/Frey Marti*, Glück, S. 71; *Gerlach/Stephan*, Mitteilungen aus der Arbeitsmarkt- und Berufsforschung 2001, 515 (515); *Knabe/Rätzel*, Economica 78 (2011), 283 (291 f.).

59 *Frey/Frey Marti*, Glück, S. 67; *Semmer/Meier*, in: Schuler/Moser, Lehrbuch Organisationspsychologie, S. 477.

60 *Hollederer*, Erwerbslosigkeit, Gesundheit und Präventionspotenziale, S. 63; *Karrer*, Familie und belastete Generationenbeziehungen, S. 83.

61 *Esche*, Die Folgen der Arbeitslosigkeit für Partnerschaften, S. 109; *Hollederer*, Erwerbslosigkeit, Gesundheit und Präventionspotenziale, S. 63.

62 *Esche*, Die Folgen der Arbeitslosigkeit für Partnerschaften, S. 109; *Hollederer*, Erwerbslosigkeit, Gesundheit und Präventionspotenziale, S. 63.

63 *Esche*, Die Folgen der Arbeitslosigkeit für Partnerschaften, S. 109.

64 *Esche*, Die Folgen der Arbeitslosigkeit für Partnerschaften, S. 123; hierzu auch *Luhmann/Weiss/Hosoya/Eid*, Journal of Personality and Social Psychology 107 (2014), 163 (175).

Arbeitslose und sein Partner als Eltern Verantwortung für ihre Kinder tragen.[65] Insofern kommt der Arbeitslosigkeit eine destabilisierende Wirkung im Hinblick auf die familiären Beziehungen zu,[66] was sich am erhöhten Trennungsrisiko von Ehen bei Erwerbslosigkeit eines Partners zeigt.[67]

Im Ergebnis ist das Verständnis von Arbeit durch Ambivalenzen geprägt.[68] Einerseits wird Arbeit häufig als Belastung empfunden, andererseits und vor allem aber als Bereicherung und Möglichkeit zur Persönlichkeitsentfaltung und Selbstverwirklichung aufgefasst.[69] Hingegen führen der Verlust der Arbeit und langanhaltende Arbeitslosigkeit häufig zu einem Gefühl der Nutz- bis hin zur Wertlosigkeit sowie zur Belastung der Familie und zur Destabilisierung des sozialen Umfelds.[70] Zwar hat die Bedeutung der Erwerbsarbeit im Leben des einzelnen Arbeitnehmers im Vergleich zu früher abgenommen (Stichwort „Work-Life-Balance"[71]), sie bleibt aber nach wie vor unverzichtbarer Lebensbestandteil des Menschen und der Gesellschaft.[72] Der Arbeit kommt demnach – allerdings im Rang regelmäßig an zweiter Stelle nach der Familie, die

65 *Luhmann/Weiss/Hosoya/Eid*, Journal of Personality and Social Psychology 107 (2014), 163 (176); vgl. *Esche*, Die Folgen der Arbeitslosigkeit für Partnerschaften, S. 110; so bereits *Schindler/Wetzels*, in: Schindler/Wacker/Wetzels, Familienleben in der Arbeitslosigkeit, S. 43 (67).

66 *Brinkmann*, in: Wacker, Vom Schock zum Fatalismus?, S. 57 (90); *Hollederer*, Erwerbslosigkeit, Gesundheit und Präventionspotenziale, S. 63; *Schindler/Wetzels*, in: Schindler/Wacker/Wetzels, Familienleben in der Arbeitslosigkeit, S. 43 (71); vgl. *v. Rosenstiehl*, in: Schuler/Kanning, Lehrbuch der Personalpsychologie, S. 36.

67 *Franzese/Rapp*, Zeitschrift für Familienforschung 2013, 331 (342).

68 *Voß*, in: Böhle/Voß/Wachtler, Handbuch Arbeitssoziologie, S. 20.

69 *Csikszentmihalyi*, Flow, S. 211; *Sonntag*, in: Schuler/Sonntag, Handbuch der Arbeits- und Organisationspsychologie, S. 35; *Voß*, in: Böhle/Voß/Wachtler, Handbuch Arbeitssoziologie, S. 20, 58; vgl. *Kocka*, Aus Politik und Zeitgeschichte 2001, 8 (13), der das Verhältnis von Belastung und Bereicherung durch Selbstverwirklichung eher ausgeglichen sieht; *Krimphove*, Rechtstheorie 2010, 53 (63) zum neuen Begriffsverständnis der Arbeit.

70 *Brinkmann*, in: Wacker, Vom Schock zum Fatalismus?, S. 57 (90); *Semmer/Meier*, in: Schuler/Moser, Lehrbuch Organisationspsychologie, S. 475; vgl. *v Rosenstiehl*, in: Schuler/Kanning, Lehrbuch der Personalpsychologie, S. 36.

71 Hierzu beispielsweise *Brauchli/Hämmig/Güntert*, Zeitschrift für Arbeits- und Organisationspsychologie 56 (2012), 24 (24 ff.); *Hoff/Grote/Dettmer et al.*, Zeitschrift für Arbeits- und Organisationspsychologie 49 (2005), 196 (196 ff.).

72 *Kocka*, Aus Politik und Zeitgeschichte 2001, 8 (13).

dem Einzelnen eine Kompensation zur anonymen und zweckrationalisierten Arbeitswelt bietet[73] – ein hoher Stellenwert im Leben vieler Arbeitnehmer zu.[74]

Die Erfahrungen, die das Individuum mit der Arbeit macht, haben stets auch Auswirkungen auf das Kollektiv. So kann Arbeit durch ihre integrative Wirkung zu befreienden Gemeinschaftserfahrungen führen.[75] Auch die gegenteilige Situation der Arbeitslosigkeit des Einzelnen kann zum sozialen Problem für die gesamte Gesellschaft werden.[76] So belastet eine hohe Arbeitslosigkeit die öffentlichen Haushalte und bedroht das System der sozialen Sicherung.[77] Hierfür muss gemeinschaftlich eine Lösung gefunden werden,[78] denn hinter den Arbeitnehmerrechten steht immer auch ein kollektives Interesse am sozialen Frieden und an der Volksgesundheit.[79] Arbeit ist „sozialer Tatbestand und konstitutives Merkmal menschlichen Daseins und von Gesellschaft".[80] Eine Gesellschaft kann demnach ohne Arbeit keinen Bestand haben.[81] Dabei zeichnen sich je nach Arbeitsorganisation unterschiedliche Strukturen und Machtverhältnisse, soziale Werte und Interessen in der Gesellschaft ab.[82]

III. Ergebnis

Mithin lässt sich festhalten, dass die Arbeit eine zentrale Stellung im Leben des Arbeitnehmers einnimmt[83] und im Hinblick auf dessen Zufriedenheit, Gesundheit und Persönlichkeitsentwicklung von Bedeutung ist.[84] Der Verlust des

---

73 *Nave-Herz*, in: Faulbaum/Wolf, Gesellschaftliche Entwicklungen in Spiegel der empirischen Sozialforschung, S. 39 (49); anders *Kramer*, Gesellschaft im Wandel, S. 44.

74 *Semmer/Meier*, in: Schuler/Moser, Lehrbuch Organisationspsychologie, S. 476; dazu auch *Kholin/Blickle*, Zeitschrift für Arbeits- und Organisationspsychologie 59 (2015), 16 (21 f.).

75 *Schmidt*, in: Böhle/Voß/Wachtler, Handbuch Arbeitssoziologie, S. 144.

76 *Schmidt*, in: Böhle/Voß/Wachtler, Handbuch Arbeitssoziologie, S. 144.

77 *Bach/Spitznagel*, IAB Forum 2006, 48 (49, 52); vgl. auch *Frey/Frey Marti*, Glück, S. 63.

78 *Kramer*, Gesellschaft im Wandel, S. 67; vgl. *Schmidt*, in: Böhle/Voß/Wachtler, Handbuch Arbeitssoziologie, S. 144: „[...] ist Arbeitslosigkeit als [...] soziales Problem und institutionell verfügter gesellschaftlicher Tatbestand Herausforderung für Arbeitspolitik und sozialwissenschaftliche Arbeitsforschung."

79 *Gamillscheg*, Die Grundrechte im Arbeitsrecht, S. 18.

80 *Schmidt*, in: Böhle/Voß/Wachtler, Handbuch Arbeitssoziologie, S. 143.

81 *Schmidt*, in: Böhle/Voß/Wachtler, Handbuch Arbeitssoziologie, S. 143.

82 *Schmidt*, in: Böhle/Voß/Wachtler, Handbuch Arbeitssoziologie, S. 144.

83 *Blickle*, in: Nerdinger/Blickle/Schaper, Arbeits- und Organisationspsychologie, S. 210; *Semmer/Meier*, in: Schuler/Moser, Lehrbuch Organisationspsychologie, S. 476.

84 *Semmer/Meier*, in: Schuler/Moser, Lehrbuch Organisationspsychologie, S. 503.

Arbeitsplatzes hat deshalb weitreichende Konsequenzen für den Arbeitnehmer, sowohl in persönlicher als auch in wirtschaftlicher Hinsicht.[85] Hieraus folgt, dass regelmäßig eine große soziale Schutzbedürftigkeit in wirtschaftlicher Abhängigkeit Arbeit leistender Personen besteht.[86]

Die Arbeit nimmt auch in der Gesellschaft einen hohen Stellenwert ein, da die Auswirkungen sowohl der Arbeit als auch der Arbeitslosigkeit nicht auf das Verhältnis des Arbeitgebers und des Arbeitnehmers beschränkt bleiben, sondern auch Konsequenzen für die Allgemeinheit haben.[87] Der gesellschaftliche Wohlstand und damit die Sozialstruktur der Gesellschaft ist maßgeblich abhängig von der Erwerbsarbeit.[88]

B. Zur Bedeutung der Arbeit in der Rechtsordnung

Nachdem der hohe Stellenwert der Arbeit in der Gesellschaft und im Leben des einzelnen Arbeitnehmers herausgestellt wurde, wird untersucht, wie die Rechtsordnung den hieraus erwachsenden Anforderungen an den Arbeitnehmerschutz gerecht wird.

I. Arbeitsrecht als Sonderrecht der Arbeitnehmer

Das Arbeitsrecht hat sich im Laufe des 20. Jahrhunderts[89] zu einem selbständigen Rechtsgebiet mit eigenständiger Gerichtsbarkeit (vgl. Art. 95 Abs. 1 GG) entwickelt.[90] Es wird daher auch als „Sonderrecht der Arbeitnehmer“[91] bezeichnet.

---

85 Siehe oben unter Kap. 1, A. II.

86 *Kaskel/Dersch*, Arbeitsrecht, S. 1.

87 Siehe oben unter Kap. 1, A. II.

88 *Minssen*, Arbeits- und Industriesoziologie, S. 17.

89 Hierzu *Meissinger*, Reliefbild des Arbeitsrechts, S. 39 f.

90 BVerfGE 7, 342 (348) = NJW 1958, 1179 (1179); BVerfGE 77, 308 (329) = NZA 1988, 355 (355); *Hueck/Nipperdey*, Grundriß des Arbeitsrechts, S. 4 ff.; *Savaète*, Grundfragen des Arbeitsrechts, S. 2; *Sinzheimer*, Grundzüge des Arbeitsrechts, S. 6; *Spinner*, in: MüKo-BGB, § 611a Rn. 82; vgl. *Natzel*, NZA 2002, 595 (596); siehe dazu auch *Meissinger*, Reliefbild des Arbeitsrechts, S. 39; bzgl. der Entwicklung in der Weimarer Republik siehe *Düwell*, RdA 2010, 129 (129 ff.); zur Entwicklung einer eigenständigen Gerichtsbarkeit etwa *Linsenmaier*, NZA 2004, 401 (401 ff.), *Opolony*, NZA 2004, 519 (519 ff.) sowie *Wenzel*, JZ 1965, 697 (697 ff.), 749 (749 ff.); zur frühen „dogmatischen Phase“ des Arbeitsrechts *Picker*, in: FS Richardi, S. 141 (141 ff., 172).

91 *Hueck/Nipperdey*, Lehrbuch des Arbeitsrechts, S. 1, 4; *dies.*, Grundriß des Arbeitsrechts, 1970, S. 1; *Kaskel/Dersch*, Arbeitsrecht, S. 1; *Nikisch*, Arbeitsrecht, S. 6; *Savaète*, Grundfragen des Arbeitsrechts, S. 2; *Weidenkaff*, in: Grüneberg, BGB, Einf. v. § 611

1. *Historische Ausgangslage der arbeitsrechtlichen Entwicklung*

Die Entwicklung des Arbeitsrechts steht zunächst in engem Zusammenhang mit der sozialen und wirtschaftlichen Entwicklung der Gesellschaft, also maßgeblich mit den Lebensbedingungen der Menschen.[92] Begonnen hat diese Entwicklung im 19. Jahrhundert im Zuge der Industrialisierung, als das Schutzbedürfnis gewerblicher Arbeiter, vor allem von Fabrik- und Bergarbeitern, und später auch anderer Arbeitergruppen mit ähnlichem Schutzbedürfnis augenscheinlich wurde.[93] Die Zahl der inländischen, abhängig Beschäftigten ist (mit Ausnahme einzelner Jahre) kontinuierlich am Steigen und hat sich seit 1970 nahezu verdoppelt.[94] Der Großteil der Bevölkerung ist im Rahmen eines Arbeitsverhältnisses abhängig beschäftigt:[95] So waren im Jahr 2022 circa 91 Prozent der Erwerbstätigen in Deutschland Arbeitnehmer.

Arbeitnehmer binden sich dauerhaft an ihren Arbeitgeber, anstatt selbst unternehmerisch tätig zu sein.[96] Mehr als zwei Drittel der Arbeitnehmer setzen ihre gesamte Arbeitskraft im Rahmen einer Vollzeitbeschäftigung für die

---

Rn. 3; vgl. *Wollenschläger*, Arbeitsrecht, Rn. 1, 42: „Sonderrecht für den Regelungstatbestand der Inanspruchnahme menschlicher Arbeitsleistung gegen Entgelt" bzw. „den Tatbestand der abhängigen Arbeit"; ähnlich *Dütz/Thüsing*, Arbeitsrecht, Rn. 1a: „Sonderrecht der abhängig Beschäftigten"; differenzierend *Junker*, Grundkurs Arbeitsrecht, Rn. 5.

92 *Kaskel/Dersch*, Arbeitsrecht, S. 2; *Krimphove*, Rechtstheorie 2010, 53 (53 f., 72); *Wollenschläger*, Arbeitsrecht, Rn. 46; vgl. auch *Waltermann*, Arbeitsrecht, Rn. 5, *Wieacker*, Privatrechtsgeschichte der Neuzeit, S. 543 (aber vorwiegend auf die Entwicklung des kollektiven Arbeitsrechts abstellend S. 549 f.) sowie *Wiethölter*, Rechtswissenschaft, S. 281.

93 *Hueck/Nipperdey*, Grundriß des Arbeitsrechts, S. 9; *Richardi*, in: MHdB-ArbR, Band 1, § 2 Rn. 5 ff.; näher zur Industrialisierung und deren Auswirkungen *Wollenschläger*, Arbeitsrecht, Rn. 1; vgl. auch *Mayer-Maly*, Rechtswissenschaft, S. 146 und *Wiethölter*, Rechtswissenschaft, S. 281.

94 Destatis, Erwerbstätigkeit – Bevölkerung und Erwerbstätigkeit (Inländer), Zeitreihe, https://www.destatis.de/DE/Themen/Arbeit/Arbeitsmarkt/Erwerbstaetigkeit/Tabellen/liste-bevoelkerung-erwerbstaetigkeit.html (zuletzt aufgerufen am 5.10.2023).

95 Destatis, Eckzahlen zum Arbeitsmarkt, Deutschland – Deutschland für die Jahre 2012, 2021, 2022, https://www.destatis.de/DE/Themen/Arbeit/Arbeitsmarkt/Erwerbstaetigkeit/Tabellen/eckwerttabelle.html (zuletzt aufgerufen am 5.10.2023).

96 *Brox/Rüthers/Henssler*, Arbeitsrecht, Rn. 49; *Dütz/Thüsing*, Arbeitsrecht, Rn. 2; *Temming*, in: Preis/Temming, Individualarbeitsrecht, Rn. 2.

Ziele des Arbeitgebers ein.[97] Für den Großteil der Arbeitnehmer wird die Arbeit im Betrieb des Arbeitgebers folglich die einzige Einkommensquelle und daher wirtschaftliche Existenzgrundlage sein.[98] Der Arbeitnehmer ist demnach auf die Zahlung eines angemessenen Lohns, den Schutz seiner Gesundheit und damit seiner Arbeitskraft sowie auf den Fortbestand des Arbeitsverhältnisses zur Bestreitung seines Lebensunterhalts angewiesen.[99]

Der Arbeitgeber hingegen ist zwar am Arbeitsverhältnis beteiligt, verfolgt aber mit der Beschäftigung der Arbeitnehmer primär eigene unternehmerische Ziele,[100] die zur Zeit der Entstehung des Arbeitsrechts bereits ausreichend durch die bestehende Rechtsordnung geschützt waren.[101] Die Arbeitgebereigenschaft hat insofern keine eigenständige Bedeutung im Hinblick auf das Arbeitsrecht.[102] Im Vordergrund stehen vielmehr die Interessen und der Schutz der Arbeitnehmer.[103] Die Ausbildung des Arbeitsrechts lässt sich daher zunächst mit den besonderen sozialen Bedürfnissen und der Rechtstellung wirtschaftlich abhängiger Arbeitnehmer begründen.[104]

Neben der wirtschaftlichen Abhängigkeit spielt auch die persönliche Stellung des Arbeitnehmers eine maßgebliche Rolle. Zum einen ist der Arbeitnehmer den Weisungen des Arbeitgebers unterworfen.[105] Zum anderen erschöpft sich die Beziehung zwischen Arbeitnehmer und Arbeitgeber nicht im einmaligen

---

97 Destatis, Abhängig Erwerbstätige: Deutschland, Jahre (bis 2019), Beschäftigungsumfang, Geschlecht, https://www-genesis.destatis.de/genesis/online?sequenz=tabelleErgebnis&selectionname=12211-9010#abreadcrumb (zuletzt aufgerufen am 5.10.2023).

98 *Hilger*, RdA 1989, 1 (5); *Kempff*, Grundrechte im Arbeitsverhältnis, S. 84; *Nikisch*, Arbeitsrecht, S. 10; *Temming*, in: Preis/Temming, Individualarbeitsrecht, Rn. 2; vgl. *Hueck/Nipperdey*, Grundriß des Arbeitsrechts, S. 20; *Wendeling-Schröder*, Autonomie im Arbeitsrecht, S. 109 sowie *dies.*, ZGR 1990, 107 (116) spricht vom „Verkauf" von Arbeitskraft zur Existenzsicherung.

99 *Brox/Rüthers/Henssler*, Arbeitsrecht, Rn. 18; vgl. *Temming*, in: Preis/Temming, Individualarbeitsrecht, Rn. 2.

100 *Hueck/Nipperdey*, Lehrbuch des Arbeitsrechts, S. 5; *dies.*, Grundriß des Arbeitsrechts, S. 2.

101 *Gamillscheg*, AcP 164 (1964), 385 (388).

102 *Hueck/Nipperdey*, Lehrbuch des Arbeitsrechts, S. 5; *dies.*, Grundriß des Arbeitsrechts, S. 2.

103 *Hueck/Nipperdey*, Lehrbuch des Arbeitsrechts, S. 5; *dies.*, Grundriß des Arbeitsrechts, S. 3.

104 *Hueck/Nipperdey*, Grundriß des Arbeitsrechts, S. 1, 19 f.; *Kaskel/Dersch*, Arbeitsrecht, S. 1, 18; *Nikisch*, Arbeitsrecht, S. 4; *Spinner*, in: MüKo-BGB, § 611a Rn. 82.

105 *Temming*, in: Preis/Temming, Individualarbeitsrecht, Rn. 2.

Austausch einer einzelnen Leistung und Gegenleistung, wie dies beim Dienstvertrag (§ 611 BGB) der Fall ist.[106] Das Arbeitsverhältnis ist vielmehr als Dauerschuldverhältnis auf täglich wiederkehrende Tätigkeiten durch den Arbeitnehmer selbst (§ 613 S. 1 BGB) angelegt.[107] Arbeitsleistung ist „immer ein Stück Persönlichkeit des arbeitenden Menschen"[108] und daher untrennbar[109] mit ihm verbunden. Der Arbeitnehmer setzt seine persönlichen Eigenschaften und Fähigkeiten für die Ziele des Arbeitgebers ein und wird in dessen Lebens- und Herrschaftsbereich eingegliedert.[110] In der Folge verbringt der Arbeitnehmer einen großen Teil seines Lebens an seinem Arbeitsplatz[111] und damit im Lebenskreis des Arbeitgebers.[112] Dies führt zu einer besonderen persönlichen Verbundenheit, welche dem Arbeitsverhältnis einen personenrechtlichen Charakter verleiht.[113] Diese Verbundenheit zeigt sich auch in der gegenseitigen Treuepflicht von Arbeitgeber und Arbeitnehmer sowie in der Fürsorgepflicht des Arbeitgebers.[114] Arbeitgeber und Arbeitnehmer arbeiten gemeinsam für das Wohl des Betriebs, woraus sich einerseits die Beteiligung des Arbeitnehmers an Gewinnen, so etwa durch die das Fixgehalt ergänzenden, variablen Lohnbestandteile, wie z.B. Tantiemen, die an den Jahresgewinn des Unternehmens anknüpfen,[115] andererseits aber auch an Verlusten, wobei dies wegen der Abwälzung des Betriebs- und Wirtschaftsrisikos einen angemessenen Ausgleich zugunsten des Arbeitnehmers voraussetzt,[116] rechtfertigt.[117]

---

106 BAGE 2, 221 (224) = NJW 1956, 359 (360); *Junker*, Grundkurs Arbeitsrecht, Rn. 6; vgl. *Hueck/Nipperdey*, Grundriß des Arbeitsrechts, S. 21.

107 *Junker*, Grundkurs Arbeitsrecht, 20. Aufl. 2021, Rn. 7; vgl. BAG, Urt. v. 24.10.1984 – 5 AZR 346/83, BeckRS 1984, 4534: für Arbeitsverhältnisse und freie Mitarbeiterverhältnisse gleichermaßen typisch.

108 *Kaskel/Dersch*, Arbeitsrecht, S. 18 f.

109 *Sinzheimer*, Grundzüge des Arbeitsrechts, S. 7.

110 *Nikisch*, Arbeitsrecht, S. 3, 8.

111 *Junker*, Grundkurs Arbeitsrecht, Rn. 8.

112 *Nikisch*, Arbeitsrecht, S. 8.

113 *Nikisch*, Arbeitsrecht, S. 8.

114 *Hueck/Nipperdey*, Grundriß des Arbeitsrechts, S. 21; *Kaskel/Dersch*, Arbeitsrecht, S. 18 f.; *Nikisch*, Arbeitsrecht, S. 8 f.

115 BAGE 137, 300 (306) = NZA 2011, 989 (991); *Baumgärtner*, in: BeckOK-BGB, § 611a Rn. 63; *Joussen*, in: BeckOK-ArbR, § 611a BGB Rn. 208; *Spinner*, in: MüKo-BGB, § 611a Rn. 679.

116 BAG NJW 1991, 860 (860 f.); dazu *Spinner*, in: MüKo-BGB, § 611a Rn. 676 mwN.

117 *Schnorr von Carolsfeld*, RdA 1964, 297 (301).

Vor dem Hintergrund der sozialen Schutzbedürftigkeit des wirtschaftlich abhängigen Arbeitnehmers und der besonderen persönlichen Verbundenheit wurde das Arbeitsverhältnis früher als „personenrechtliches Gemeinschaftsverhältnis eigener Art“[118] qualifiziert.[119]

Die wirtschaftliche, soziale und persönliche Stellung des Arbeitnehmers bildet den Ausgangspunkt und die Grundlage für die Entwicklung arbeitsrechtlicher Besonderheiten.

2. *Herausbildung arbeitsrechtlicher Besonderheiten*

Das Bürgerliche Gesetzbuch und dessen Regelungen zum Dienstvertrag haben sich als unzulänglich im Hinblick auf die eben erläuterten Besonderheiten der abhängigen Arbeit erwiesen.[120] Das Bürgerliche Gesetzbuch ist nach dem Beispiel des Kaufvertrags auf Gütertausch wirtschaftlich gleich starker Vertragspartner und deren Schuldhaftung zugeschnitten.[121] Dies gilt auch für den Dienstvertrag („Dienstmiete“ als Austausch von Ware und Lohn).[122] Bei der Konzeption des Dienstvertrags im Bürgerlichen Gesetzbuch kommen folglich

---

118 BAGE 2, 221 (224) = NJW 1956, 359 (360); BAG NZA 1985, 58 (59); BAGE 90, 251 (255) = NZA 1999, 584 (585); BGHZ 10, 187 (190) = NJW 1953, 1465 (1465); vgl. BVerfGE 3, 162 (176 f.); *Kaskel/Dersch*, Arbeitsrecht, S. 19; *Nikisch*, Arbeitsrecht, S. 7; vgl. *ders.*, in: FS Molitor, S. 83 (99 f.); *Dersch*, RdA 1958, 441 (441); dieser nationalsozialistisch geprägte Begriff wird heute im Hinblick auf die Rechtsnatur des Arbeitsverhältnisses und die Fürsorgepflicht des Arbeitgebers in der Literatur weitgehend abgelehnt, siehe nur *Kempff*, Grundrechte im Arbeitsverhältnis, S. 79 ff., 90; *Linck*, in: Schaub, Arbeitsrechts-Handbuch, § 29 Rn. 6; *Spinner*, in: MüKo-BGB, § 611a Rn. 78; *Temming*, in: Preis/Temming, Individualarbeitsrecht, Rn. 127; auf die Gefahren der Verwendung des Begriffs in der heutigen Zeit hinweisend *Rüthers*, Die unbegrenzte Auslegung, S. 399 f.; ausführlich zum Meinungsstand und Hintergrund *Boemke*, Schuldvertrag und Arbeitsverhältnis, 1999, S. 198 ff. und *Fischinger*, in: MHdB-ArbR, Band 1, § 3 Rn. 14 ff.; zur Herkunft des Begriffs *Rüthers*, Die unbegrenzte Auslegung, S. 379 ff.

119 *Kaskel/Dersch*, Arbeitsrecht, S. 19.

120 So etwa *Baumann*, Einführung in die Rechtswissenschaft, S. 350; *Gamillscheg*, in: FS Molitor, S. 57 (78), nach dem das BGB dem Arbeitsrecht „keine Heimstatt“ geboten hat; *Richardi*, ZfA 1974, 3 (16); *Söllner*, in: GS Rödig, S. 91 (95); vgl. auch *Bydlinski*, System und Prinzipien des Privatrechts, S. 540 f.

121 *Gamillscheg*, AcP 176 (1976), 197 (205); *Söllner*, in: GS Rödig, S. 91 (95); *Wiethölter*, Rechtswissenschaft, S. 286.

122 *Mayer-Maly*, JZ 1961, 205 (205); vgl. *Baumann*, Einführung in die Rechtswissenschaft, S. 325.

„das personale Moment“[123] des Arbeitsverhältnisses sowie der Gedanke des Bestandsschutzes[124] nicht hinreichend zum Tragen.

Dabei sind drei mögliche Fälle zu unterscheiden:[125] Zum einen bestehen Konstellationen, die sowohl arbeitsrechtlichen als auch privatrechtlichen Sachverhalten gemeinsam sind und für die das allgemeine Zivilrecht eine hinreichende Lösung bietet. Zum anderen gibt es solche Konstellationen, die so speziell sind, dass sie einer besonderen gesetzlichen Regelung bedürfen, sowie solche, die zwar im Grundsatz privatrechtlichen Sachverhalten nahestehen, aber in gewisser Hinsicht für arbeitsrechtliche Sachverhalte modifiziert werden müssen.

In der Folge haben sich im Laufe der Zeit mehrere Abweichungen, auch in Form von Sondergesetzen, zur Abmilderung der Vorschriften des Bürgerlichen Gesetzbuchs entwickelt.[126]

3. *Eigenständigkeit des Arbeitsrechts*

An vielen Stellen wird das Arbeitsrecht aus den soeben dargelegten Gründen als ein eigenständiges Rechtsgebiet angesehen.[127] Da das Arbeitsrecht heute mehrheitlich als „Sonderprivatrecht“, also als Sondergebiet des Privatrechts, eingeordnet wird,[128] kann insoweit aber nur eine „relative“ Selbständigkeit

---

123 *Baumann*, Einführung in die Rechtswissenschaft, S. 325; vgl. *Söllner*, in: GS Rödig, S. 91 (95).

124 *Söllner*, in: GS Rödig, S. 91 (95).

125 *Schnorr*, RdA 1979, 387 (388).

126 Vgl. *Baumann*, Einführung in die Rechtswissenschaft, S. 32; *Däubler*, NZA 1988, 857 (863).

127 Siehe etwa BVerfGE 7, 342 (348) = NJW 1958, 1179 (1179); *Herschel*, in: FS Lange, S. 477 (484): „innere Erstarkung“ zur „selbständigen Disziplin“; *Spinner*, in: MüKo-BGB, § 611a Rn. 82; gegen eine Eigenständigkeit etwa *Richardi*, ZfA 1974, 3 (14 ff., 27); vgl. auch *ders.*, in: FS Söllner, S. 957 (972); im Anschluss an die dogmatischen Überlegungen Richardis *Schnorr*, RdA 1979, 387 (388); ebenso *Boemke*, Schuldvertrag und Arbeitsverhältnis, S. 220; vgl. auch *Picker*, in: FS Richardi, S. 141 (147) sowie *ders.*, JZ 1979, 285 (292), der die Kluft zwischen Arbeitsrecht und Privatrecht als Rückschritt bezeichnet und am Beispiel der Betriebsrisikolehre die mögliche Lösung arbeitsrechtlicher Probleme auf der Grundlage des allgemeinen Zivilrechts darlegt.

128 Vgl. LAG Hamm NZA-RR 2003, 401 (404); *Baumann*, Einführung in die Rechtswissenschaft, S. 31 ff.; *J.-W. Bruns*, RdA 2008, 135 (136); *Bydlinski*, System und Prinzipien des Privatrechts, S. 539; *Kühl/Reichold/Ronellenfitsch*, Einführung in die Rechtswissenschaft, § 6 Rn. 3, 12; *Mayer-Maly*, Rechtswissenschaft, S. 148 erkennt das Arbeitsrecht als „Sondergebiet[en] des Privatrechts“ an; *Ring*, BuW 2003, 914 (914); *Rückert*, in: HKK-BGB, Vor § 1 Rn. 102 ff.; *Säcker*, in: MüKo-BGB, Einleitung Rn. 1; *Schmidt*,

vorliegen.[129] So soll keine „undurchlässige Wand“ hin zum allgemeinen Privatrecht bestehen,[130] das Zivilrecht fungiert vielmehr als „allgemeiner Teil der Sonderprivatrechte“.[131] Grundlegende privatrechtliche Prinzipien sind daher grundsätzlich auch im Arbeitsrecht zu beachten und die Abweichung von diesen allgemeinen gefestigten Wertungen ist als „Bruch mit der dogmatischen Tradition“[132] rechtfertigungsbedürftig.[133]

Das Privatrecht hat sich fortentwickelt und ist daher heute in der Lage, insbesondere die früher kritisierten sozialen Schwächen des Bürgerlichen Gesetzbuchs im Hinblick auf den wirtschaftlichen und sozialen Schutz des Arbeitnehmers auszugleichen.[134] Auch der Gesetzgeber geht von der Zugehörigkeit des Individualarbeitsrechts zum Vertragsrecht des Bürgerlichen Gesetzbuchs aus, wie das Schuldrechtsmodernisierungsgesetz, das den Arbeitsvertrag als schuldrechtlichen Vertrag deklariert,[135] und nicht zuletzt auch die ausdrückliche Regelung des Arbeitsvertrags als Unterfall des Dienstvertrags in § 611a BGB zeigen.[136]

---

in: FS Konzen, S. 863 (879); *Stoffels*, in: Lobinger/Piekenbrock/Stoffels, Zur Integrationskraft zivilrechtlicher Dogmatik, S. 1 (3, 15); *Westermann*, AcP 178 (1978), 150 (159) spricht vom sonderprivatrechtlichen „Sozialmodell des Arbeitsrechts“; zur Entstehung des Sonderprivatrechts *Zeller-Müller*, Auswirkungen der Schuldrechtsreform auf die Inhaltskontrolle von Arbeitsverträgen und auf Aufhebungsverträge, S. 53 ff.; zum Begriff des Sonderprivatrechts im Hinblick auf das Handels- und Verbraucherrecht etwa *Preis*, ZHR 1994, 567 (567 ff.); für eine vollständige Herauslösung aus dem Privatrecht dagegen *Müller*, RdA 1966, 289 (293), *Schnorr von Carolsfeld*, RdA 1964, 297 (297 ff.) und im Ergebnis wohl auch *Däubler*, NZA 1988, 857 (864).

129 *Bydlinski*, System und Prinzipien des Privatrechts, S. 418; anders *Gamillscheg*, AcP 176 (1976), 197 (199, 220), der eine Zuordnung zum Privatrecht bei gleichzeitiger Selbständigkeit des Arbeitsrechts für möglich hält.

130 *Westermann*, AcP 178 (1978), 150 (168).

131 *Bydlinski*, System und Prinzipien des Privatrechts, S. 418.

132 *Rüthers/Fischer/Birk*, Rechtstheorie, Rn. 324.

133 *Rüthers/Fischer/Birk*, Rechtstheorie, Rn. 324 („Negationsverbot“); *Stoffels*, in: Lobinger/Piekenbrock/Stoffels, Zur Integrationskraft zivilrechtlicher Dogmatik, S. 1 (5, 15); vgl. *Preis*, in: ErfK, § 611a BGB Rn. 1 zur Anwendbarkeit der Regelungen des Bürgerlichen Gesetzbuchs auf den Arbeitsvertrag.

134 *Stoffels*, in: Lobinger/Piekenbrock/Stoffels, Zur Integrationskraft zivilrechtlicher Dogmatik, S. 1 (5); dazu auch *Preis*, AuR 1994, 139 (141).

135 *Temming*, in: Preis/Temming, Individualarbeitsrecht, Rn. 127; vgl. auch *Stoffels*, in: Lobinger/Piekenbrock/Stoffels, Zur Integrationskraft zivilrechtlicher Dogmatik, S. 1 (5).

136 *Preis*, in: ErfK, § 611a BGB Rn. 1; vgl. BT-Drs. 18/10064, S. 17.

4. *Zwischenergebnis*

Entscheidend für die Herausbildung arbeitsrechtlicher Besonderheiten und die Entstehung des Arbeitsrechts als Rechtsgebiet war die wirtschaftliche, soziale und persönliche Stellung des Arbeitnehmers, die durch die damalige Rechtsordnung nicht hinreichend Berücksichtigung fand.[137] Wird im Hinblick auf das Arbeitsrecht von einem eigenständigen Rechtsgebiet gesprochen, so meint dies keine gänzliche Selbständigkeit des Arbeitsrechts gegenüber den Hauptgebieten des privaten und öffentlichen Rechts, sondern eine relative Eigenständigkeit des Rechtsgebiets innerhalb dieser Hauptgebiete, maßgeblich dem Privatrecht.[138]

II. Begriff des Arbeitnehmers

Durch die Definition des Arbeitgebers als natürliche oder juristische Person,[139] die mindestens einen Arbeitnehmer beschäftigt,[140] ist im Hinblick auf das Verständnis und den Anwendungsbereich des Arbeitsrechts wenig gewonnen. Das Arbeitsverhältnis erhält seinen vertragsspezifischen Charakter durch die Leistung des Arbeitnehmers, nicht durch die insofern neutrale Zahlungsverpflichtung des Arbeitgebers.[141] Maßgeblicher Ausgangs- und Anknüpfungspunkt für das Arbeitsrecht ist neben dem Begriff des Arbeitsverhältnisses daher in erster Linie der Begriff des Arbeitnehmers.[142]

Als Arbeitnehmer wird grundsätzlich bezeichnet, wer aufgrund eines privatrechtlichen Vertrags Tätigkeiten im Sinne des § 611 BGB für einen anderen weisungsgebunden erbringt (allgemeiner arbeitsrechtlicher Arbeitnehmerbegriff).[143] Die Rechtsprechung definiert die geschuldete Arbeitsleistung dabei als

137 Siehe hierzu oben unter Kap. 1, B. I. 1., 2.; vgl. auch BVerfGE 7, 342 (348 f.) = NJW 1958, 1179 (1179 f.); aA *Kempff*, Grundrechte im Arbeitsverhältnis, S. 89 f., nach dem die Entwicklung des Arbeitnehmerschutzrechts „historische und sozialstaatliche Konsequenz aus dem zwischen Arbeit und Kapital bestehenden Machtgefälle“ ist.

138 Siehe oben unter Kap. 1, B. I. 3.

139 *Preis*, in: ErfK, § 611a BGB Rn. 203; näher zu den verschiedenen Gesellschaftsformen *Temming*, in: Preis/Temming, Individualarbeitsrecht, Rn. 134 ff.

140 BAGE 90, 353 (363) = NZA 1999, 539 (541); *Temming*, in: Preis/Temming, Individualarbeitsrecht, Rn. 129; ähnlich *Wollenschläger*, Arbeitsrecht, Rn. 64.

141 *Junker*, Grundkurs Arbeitsrecht, Rn. 92.

142 *Brox/Rüthers/Henssler*, Arbeitsrecht, Rn. 3; *Junker*, Grundkurs Arbeitsrecht, Rn. 92; *Vogelsang*, in: Schaub, Arbeitsrechts-Handbuch, § 8 Rn. 1; *Waltermann*, Arbeitsrecht, Rn. 44.

143 BAGE 11, 225 (227) = NJW 1961, 2085 (2085).

Tätigkeit, die als solche der Befriedigung eines fremden Bedürfnisses dient,[144] sowie als vom Arbeitgeber veranlasste Untätigkeit, während derer der Arbeitnehmer am Arbeitsplatz anwesend sein muss und nicht frei über die Nutzung des Zeitraums bestimmen kann, er also weder eine Pause im Sinne des Arbeitszeitgesetzes noch Freizeit hat.[145] Die Wegezeit im Sinne der aufgewendeten Zeit für die Fahrten zwischen Wohnung und Betrieb wird nicht als Arbeitszeit gewertet, sondern der privaten Lebensführung zugerechnet[146] und ist weder vergütungsmäßig noch arbeitsschutzrechtlich von Bedeutung.[147]

Ausgehend hiervon ist das Arbeitsverhältnis ein schuldrechtliches Austauschverhältnis mit wechselseitigen Rücksichtnahmepflichten und einem besonderen personalen Charakter.[148] Maßgebliche Abgrenzungskriterien zum Dienstvertrag nach der Konzeption der §§ 611 ff. BGB und Grund für die besondere Schutzbedürftigkeit sind die Unselbständigkeit und persönliche Abhängigkeit des Arbeitnehmers.[149] Während der Selbständige nach § 84 Abs. 1 S. 2 HGB seine Tätigkeit im Wesentlichen frei gestalten und seine Arbeitszeit bestimmen kann, unterliegt der Arbeitnehmer im Hinblick auf Ort, Zeit und Inhalt seiner Arbeitsleistung den Weisungen des Arbeitgebers.[150] Durch das Merkmal der persönlichen Abhängigkeit, das durch den Umfang des Direktionsrechts (vgl. § 106 GewO) des Arbeitgebers und die Eingliederung des Arbeitnehmers in eine fremdbestimmte Arbeitsorganisation zum Ausdruck kommt,[151] werden Selbständige vom Anwendungsbereich des Arbeitsrechts ausgeschlossen.[152] Der Selbständige kann anders als der Arbeitnehmer seine Arbeitskraft zusätzlich im Rahmen anderer Rechtsverhältnisse zu Verfügung stellen.[153] Es fehlt hier also an der

---

144 BAG AuR 1962, 249 (250); NZA-RR 2010, 231 (233); BAGE 137, 366 (371) = NZA 2011, 917 (918); NZA 2014, 787 (488).

145 BAGE 137, 366 (371) = NZA 2011, 917 (919).

146 BAG AP BGB § 611 Wegezeit Nr. 1, 2; BAGE 143, 107 (113) = NZA-RR 2013, 63 (65); *Koberski*, in: MHdB-ArbR, Band 2, § 182 Rn. 13 mwN.

147 *Linck*, in: Schaub, Arbeitsrechts-Handbuch, § 45 Rn. 54.

148 *Temming*, in: Preis/Temming, Individualarbeitsrecht, Rn. 127; die früher vertretene Lehre vom personenrechtlichen Gemeinschaftsverhältnis wird heute weitgehend abgelehnt, siehe hierzu oben Kap. 1, B. I. 1. mit Nachweisen.

149 BAG AuR 1962, 249 (249); *Brox/Rüthers/Henssler*, Arbeitsrecht, Rn. 49; *Linck*, in: Schaub, Arbeitsrechts-Handbuch, § 1 Rn. 3 f.; *Vogelsang*, in: Schaub, Arbeitsrechts-Handbuch, § 8 Rn. 3; *Waltermann*, Arbeitsrecht, Rn. 2, 47.

150 *Brox/Rüthers/Henssler*, Arbeitsrecht, Rn. 49.

151 BAG NZA 1992, 407 (408).

152 *Brox/Rüthers/Henssler*, Arbeitsrecht, Rn. 49 f.

153 *Brox/Rüthers/Henssler*, Arbeitsrecht, Rn. 49.

erhöhten Schutzwürdigkeit aufgrund persönlicher und der damit regelmäßig einhergehenden[154] wirtschaftlichen Abhängigkeit.[155]

Während die Situation und Schutzbedürftigkeit wirtschaftlich abhängiger Arbeitnehmer zwar wesentlich zur Entwicklung des Arbeitsrechts als eigenständigem Rechtsgebiet beigetragen hat,[156] kommt es für die Arbeitnehmereigenschaft nicht auf die wirtschaftliche Abhängigkeit als solche an.[157] Die wirtschaftliche Abhängigkeit ist nicht Grund für das Vorliegen eines Arbeitsverhältnisses, sondern Folge des Bestehens eines Arbeitsverhältnisses.[158] Wirtschaftliche Abhängigkeit ist nicht auf Arbeitsverhältnisse beschränkt, sondern kann auch bei dem Dienstverhältnis eines Selbständigen auftreten.[159] Diesen Konstellationen wird Rechnung getragen, indem arbeitnehmerähnliche Personen, die wegen in wirtschaftlicher Abhängigkeit geleisteter Arbeit vergleichbar schutzbedürftig, aber nicht in den Arbeitgeberbetrieb eingegliedert sind, durch einzelne Vorschriften in den Anwendungsbereich des Arbeitsrechts einbezogen werden (vgl. § 2 BUrlG).[160]

Mit dem am 1. April 2017 in Kraft getretenen § 611a BGB hat der Gesetzgeber den Arbeitsvertrag als Unterfall des Dienstvertrags und damit auch den Begriff des Arbeitnehmers in das Bürgerliche Gesetzbuch aufgenommen und definiert.[161] Nach der Gesetzesbegründung handelt es sich dabei um eine „1:1-Kodifizierung einer gefestigten höchstrichterlichen Rechtsprechung", weshalb die Einfügung des § 611a BGB die bisherige Rechtslage unverändert gelassen hat.[162]

---

154 *Linck*, in: Schaub, Arbeitsrechts-Handbuch, § 1 Rn. 3.

155 *Brox/Rüthers/Henssler*, Arbeitsrecht, Rn. 49; *Vogelsang*, in: Schaub, Arbeitsrechts-Handbuch, § 8 Rn. 3.

156 Siehe oben unter Kap. 1, B. I.

157 BAGE 115, 1 (11) = AP BGB § 611 Abhängigkeit Nr. 117; *Temming*, in: MHdB-ArbR, Band 1, § 18 Rn. 16; *Vogelsang*, in: Schaub, Arbeitsrechts-Handbuch, § 8 Rn. 21.

158 *Temming*, in: MHdB-ArbR, Band 1, § 18 Rn. 16.

159 BAGE 115, 1 (11) = AP BGB § 611 Abhängigkeit Nr. 117; *Hilger*, RdA 1989, 1 (5 f.); *v. Hoyningen-Huene*, BB 1987, 1730 (1733); vgl. *Ströbl*, in: MüKo-HGB, § 84 Rn. 58.

160 *Brettschneider*, in: Ignor/Mosbacher, Handbuch Arbeitsstrafrecht, § 2 Rn. 48; *Hanau*, in: FS Bauer, S. 385 (386).

161 BT-Drs. 18/10064, S. 17; vgl. hierzu auch *Lembke*, NZA 2017, 1 (12); *Preis*, NZA 2018, 817 (817 ff.); *Richardi*, NZA 2017, 36 (36); *Schmitt-Rolfes*, AuA 2017, 15 (15); *Wank*, AuR 2017, 140 (142 ff.); *Zundel*, NJW 2017, 132 (132 f.).

162 BT-Drs. 18/10064, S. 4; kritisch *Wank*, AuR 2017, 140 (142 f.).

Im Einzelnen beschreibt § 611a Abs. 1 S. 1 BGB die Arbeitspflicht des Arbeitnehmers als weisungsgebundene, fremdbestimmte Arbeit in persönlicher Abhängigkeit. Satz 2 regelt in Einklang mit § 106 S. 1 GewO den Umfang des Weisungsrechts.[163] Ein Rückgriff auf § 84 Abs. 1 S. 2 HGB für die Bestimmung der Arbeitnehmereigenschaft ist wegen § 611a Abs. 1 S. 3 BGB („*Weisungsgebunden* ist, wer *nicht* im Wesentlichen frei seine Tätigkeit gestalten und seine Arbeitszeit bestimmen kann"),[164] der die Weisungsgebundenheit als Gegenbegriff zur Selbständigkeit (§ 84 Abs. 1 S. 2 HGB) definiert, inzwischen nicht mehr erforderlich.[165]

III. Stellung des Arbeitnehmers in der Rechtsordnung

Nachdem die Entwicklung des Arbeitsrechts zum Sonderrecht der Arbeitnehmer dargestellt und der Anwendungsbereich des Arbeitsrechts umrissen wurde, fragt sich nun, wie die Rechtsordnung die besondere Bedeutung der Arbeit für den Arbeitnehmer berücksichtigt und umsetzt.

1. Arbeitsrecht und Grundrechte

Die Grundrechte haben besonders großen Einfluss auf das Arbeitsrecht.[166] Arbeitgeber und Arbeitnehmer stehen sich als Grundrechtsträger mit gegenläufigen Interessen gegenüber.[167] Während der Arbeitnehmer daran interessiert ist, am erwirtschafteten Gewinn in Form eines angemessenen Lohns beteiligt zu werden, hat der Arbeitgeber ein Interesse an einem möglichst uneingeschränkten Wirtschaften.[168] Die Rechtsordnung muss im Wege gesetzgeberischer oder richterlicher Abwägungsentscheidungen[169] einen Ausgleich für

---

163 Vgl. BT-Drs. 18/10064, S. 17.

164 Vgl. hierzu *Schmitt-Rolfes*, AuA 2017, 15 (15): „Satz 3 nimmt § 84 HGB in negativer Fassung wieder auf"; *Wank*, AuR 2017, 140 (147).

165 Vgl. *Preis*, NZA 2018, 817 (820), der insoweit von fehlendem handwerklichem Geschick des Gesetzgebers spricht, da § 84 Abs. 1 S. 2 HGB hätte gestrichen werden können.

166 *Preis*, in: ErfK, § 611a BGB Rn. 203; *Prütting*, in: Grupp/Weth, Arbeitnehmerinteressen und Verfassung, S. 11 (12 f.); *Rachor*, in: GK-KR, § 1 KSchG Rn. 15.

167 *Gamillscheg*, Die Grundrechte im Arbeitsrecht, S. 17; vgl. *Schmidt*, in: ErfK, Art. 12 GG Rn. 20 ff.

168 *Gamillscheg*, Die Grundrechte im Arbeitsrecht, S. 17; vgl. hierzu auch *Junker*, Grundkurs Arbeitsrecht, Rn. 7, 11 ff.

169 *Gamillscheg*, AcP 164 (1964), 385 (388); vgl. auch BVerfGE 149, 126 (143) = NZA 2018, 774 (776): „[…] verfügt der Gesetzgeber über einen weiten Beurteilungs- und

diese widerstreitenden Interessen finden.[170] Dabei sind neben den wirtschaftlichen Interessen auch nichtvermögensrechtliche Belange des Arbeitnehmers zu berücksichtigen.[171] Außerdem sind die Machtverhältnisse im Arbeitsrecht, das sich ursprünglich einseitig als Arbeitnehmerschutzrecht entwickelt hat,[172] inzwischen so weit ausgeglichen, dass es auch einer im Vergleich zu früher stärkeren Berücksichtigung der Arbeitgeberinteressen bedarf.[173] Die Grundrechte entfalten hierbei zwar keine unmittelbare Drittwirkung im Arbeitsverhältnis,[174] sind aber mittelbar im Rahmen der Anwendung und Auslegung der zivilrechtlichen Generalklauseln einzubeziehen.[175] Es besteht ein Schutzauftrag des Staates

---

Gestaltungsspielraum. Die Einschätzung der für die Konfliktlage maßgeblichen ökonomischen und sozialen Rahmenbedingungen liegt zunächst in seiner politischen Verantwortung […].“

170 BVerfGE 149, 126 (142 f.) = NZA 2018, 774 (776); *Gamillscheg*, Die Grundrechte im Arbeitsrecht, S. 17; vgl. *Baer*, RdA 2022, 266 (271): „[…] also den Ausgleich zwischen Grundrechtspositionen, ohne dabei die eine zugunsten der anderen ganz aufzugeben“; *Schmidt*, in: ErfK, Art. 12 GG Rn. 22.

171 *Gamillscheg*, Die Grundrechte im Arbeitsrecht, S. 17; zu denken ist insoweit etwa an den Schutz der Gesundheit des Arbeitnehmers, vgl. *Junker*, Grundkurs Arbeitsrecht, Rn. 7, oder dessen Persönlichkeitsrecht, siehe hierzu näher unten im Rahmen von Kap. 1, B. III. 1.

172 *Brox/Rüthers/Henssler*, Arbeitsrecht, Rn. 6, 18; *Hueck/Nipperdey*, Grundriß des Arbeitsrechts, S. 19 f.; vgl. *Kempff*, Grundrechte im Arbeitsverhältnis, S. 88; hierzu oben unter Kap. 1, B. I. 1.

173 *Gamillscheg*, AcP 164 (1964), 385 (388); *Hanau*, in: Grupp/Weth, Arbeitnehmerinteressen und Verfassung, S. 73 (75); siehe insoweit bereits *Herschel*, in: FS Lange, S. 477 (479): „Abschließend sei daran erinnert, daß es bei den arbeitsrechtlichen Bestimmungen nicht immer nur um den Schutz von Arbeitnehmern geht. Auch der Arbeitgeber und erst recht dritte Personen können schutzwürdig erscheinen.“; siehe aber *Wollenschläger*, Arbeitsrecht, Rn. 1, der darauf hinweist, dass das zentrale Anliegen des Arbeitsrechts auch noch heute der Arbeitnehmerschutz sei.

174 BVerfGE 73, 261 (269) = NJW 1987, 827 (827); *Brox/Rüthers/Henssler*, Arbeitsrecht, Rn. 301; für eine unmittelbare Drittwirkung etwa noch BAGE 1, 185 (193) = NJW 1955, 606 (607).

175 BVerfGE 73, 261 (269) = NJW 1987, 827 (827); BVerfGE 148, 267 (280) = NJW 2018, 1667 (1668); BAGE 103, 321 (327) = NZA 2003, 1287 (1290); BAG NZA 2013, 1206 (1208); BAGE 143, 343 (347 f.) = NZA 2013, 429 (431); *Preis*, in: ErfK, § 611a BGB Rn. 222; vgl. hierzu auch *Fischinger*, in: MHdB-ArbR, Band 1, § 7 Rn. 4 ff., 9 ff.; *Spinner*, in: MüKo-BGB, § 611a Rn. 196; *Temming*, in: Preis/Temming, Individualarbeitsrecht, Rn. 536 ff., 540 ff.; *Wank*, RdA 1999, 130 (134).

(konkret: des Gesetzgebers oder bei dessen Untätigkeit der Rechtsprechung), den Grundrechten auf diesem Weg Geltung zu verschaffen.[176]

Die Interessen von Arbeitgeber und Arbeitnehmer sind in Art. 1 bis 6, Art. 9 Abs. 3, Art. 12 und 14 GG zu Grundrechten „erstarkt".[177] Der Arbeitnehmer kann sich insbesondere auf die Berufsfreiheit (Art. 12 Abs. 1 GG) und die Koalitionsfreiheit (Art. 9 Abs. 3 GG) berufen.[178] Die Eigentumsfreiheit (Art. 14 Abs. 1 GG) hingegen kommt maßgeblich auf Arbeitgeberseite zum Tragen.[179]

Das Bundesarbeitsgericht hat in seiner Entscheidung vom 29.6.1992 die Bedeutung der durch Art. 12 und 2 Abs. 1 GG geschützten Wahl des Arbeitsplatzes betont.[180] Art. 12 GG sei Ordnungssatz für das gesamte soziale Leben und zum Schutz der freien menschlichen Persönlichkeit müsse auch im Bereich des Arbeitslebens diese Freiheit weitest möglich gewahrt werden. Dies gelte insbesondere im Hinblick auf die Gestaltung des gesamten Lebens des Arbeitnehmers durch Art. 12 GG und der sozialen Machtstellung des Arbeitgebers.[181]

Besondere Bedeutung kommt hierbei dem arbeitsvertraglichen Bestandsschutz zu. Im Hinblick auf die Schutzpflichtfunktion der Grundrechte gewährleistet Art. 12 Abs. 1 GG zur Vermeidung einer unangemessenen Beschränkung der Berufsfreiheit des einzelnen Arbeitnehmers einen gewissen Mindestschutz durch den Gesetzgeber.[182] So hat Art. 12 Abs. 1 GG in zahlreichen einfachgesetzlichen Bestandsschutzvorschriften, etwa in Regelungen des

176 BAGE 103, 321 (327) = NZA 2003, 1287 (1290); *Temming*, in: Preis/Temming, Individualarbeitsrecht, Rn. 544, 549 f.; vgl. BVerfGE 148, 267 (280) = NJW 2018, 1667 (1668); *Spinner*, in: MüKo-BGB, § 611a Rn. 196; zur Schutzgebotsfunktion der Grundrechte auch *Fischinger*, in: MHdB-ArbR, Band 1, § 7 Rn. 13 ff.; zur Entwicklung der aktuellen Rechtsprechung des Bundesverfassungsgerichts zur Einwirkung von Grundrechten auf das Privatrecht *Neuner*, NJW 2020, 1851 (1851 ff.).

177 *Gamillscheg*, Die Grundrechte im Arbeitsrecht, S. 18 f; hierzu im Einzelnen auch *Prütting*, in: Grupp/Weth, Arbeitnehmerinteressen und Verfassung, S. 11 (15 ff.); vgl. auch *Baer*, RdA 2022, 266 (270 f.) zu den für die Erwerbsarbeit maßgeblichen Grundrechten.

178 *Gamillscheg*, Die Grundrechte im Arbeitsrecht, S. 18; *Prütting*, in: Grupp/Weth, Arbeitnehmerinteressen und Verfassung, S. 11 (19 ff.).

179 *Prütting*, in: Grupp/Weth, Arbeitnehmerinteressen und Verfassung, S. 11 (21); *Temming*, in: Preis/Temming, Individualarbeitsrecht, Rn. 624.

180 BAGE 13, 168 (176) = NJW 1962, 1981 (1982).

181 BAGE 13, 168 (176) = NJW 1962, 1981 (1982 f.).

182 BAGE 136, 270 (277) = NZA 2011, 586 (589); dazu bereits BAGE 88, 162 (169) = NZA 1998, 716 (719).

Kündigungsschutzgesetzes[183] und des Teilzeit- und Befristungsgesetzes,[184] Niederschlag gefunden.[185] Dabei hat der Gesetzgeber im Rahmen des Interessenausgleichs auf Seiten des Arbeitnehmers insbesondere die bereits oben erläuterten soziologischen Umstände[186] zu berücksichtigen, namentlich den Einfluss des Arbeitsplatzes bzw. dessen Verlust auf die wirtschaftliche Existenz des Arbeitnehmers und seiner Familie sowie deren Lebensstandard und Stellung in der Gesellschaft, aber auch das Selbstwertgefühl des Arbeitnehmers.[187]

Die Erwerbsarbeit hat zudem im Hinblick auf die Menschenwürde (Art. 1 Abs. 1 GG) und freie Persönlichkeitsentfaltung (Art. 2 Abs. 1 GG) des Arbeitnehmers große Bedeutung. Das Arbeitsverhältnis beschränkt sich nicht auf einzelne abgrenzbare Leistungen des Arbeitnehmers, sondern hat Einfluss auf seine gesamte Person und Lebensgestaltung.[188] Beispielsweise kommt es durch Weisungen des Arbeitgebers häufig zu Berührungen des Persönlichkeitsrechts des Arbeitnehmers, das es im Rahmen einer Abwägung gegenseitiger Interessen zu schützen gilt.[189] So verbieten die Art. 2 Abs. 1 i.V.m. Art. 1 Abs. 1 GG Eingriffe des Arbeitgebers in den privaten Lebensbereich und die freie Gestaltung des Privatlebens des Arbeitnehmers, mit der Folge, dass arbeitsrechtliche Konsequenzen grundsätzlich nicht an privates Verhalten geknüpft werden dürfen.[190] Ein weiteres Beispiel für die Bedeutung des Allgemeinen Persönlichkeitsrechts im Hinblick auf das Arbeitsrecht stellt das eingeschränkte Fragerecht des Arbeitgebers gegenüber dem Arbeitnehmer, dem bezüglich nachteiliger Umstände in der Regel keine Offenbarungspflicht obliegt,[191]

183 BVerfGE 84, 133 (147) = NJW 1991, 1667 (1667), wonach die geltenden Kündigungsvorschriften der aus Art. 12 Abs. 1 GG folgenden Schutzpflicht hinreichend Rechnung tragen.

184 BAGE 131, 113 (121) = NZA 2009, 1355 (1357).

185 Hierzu mit Beispielen *Temming*, in: Preis/Temming, Individualarbeitsrecht, Rn. 612.

186 Siehe unter Kap. 1, A. II.

187 BVerfGE 97, 169 (177) = NZA 1998, 470 (471 f.).

188 BAGE 2, 221 (224) = NJW 1956, 359 (360).

189 *Schmidt*, in: ErfK, Art. 2 GG Rn. 75.

190 *Schmidt*, in: ErfK, Art. 2 GG Rn. 76 f.; *Temming*, in: Preis/Temming, Individualarbeitsrecht, Rn. 562; zur Beschränkung der Regelungskompetenz der Betriebsparteien im Hinblick auf den privaten Lebensbereich BAGE 120, 308 (314) = NZA 2007, 453 (454).

191 *Schmidt*, in: ErfK, Art. 2 GG Rn. 91; vgl. in der Rechtsprechung etwa BAG NZA 1991, 719 (719), wonach eine Offenbarungspflicht nur dann besteht, wenn die verschwiegenen Umstände die Erfüllung der Leistungspflicht unmöglich machen oder von ausschlaggebender Bedeutung sind.

dar.[192]

Im Rahmen des Allgemeinen Persönlichkeitsrechts sind neben dem Bestandsinteresse auch sonstige Aspekte zu berücksichtigen, wie beispielsweise die Anerkennung als Mensch im Gegensatz zur bloßen „Ware",[193] die dem Arbeitnehmer für seine Leistungen zukommt und aus dem wirtschaftlichen Wert der Tätigkeit, aber auch wesentlich aus der Art und Weise der Aufgabenerfüllung folgt.[194] Um diesen Anforderungen gerecht zu werden, bedarf es im Hinblick auf Art. 2 Abs. 1 i.V.m. Art. 1 Abs. 1 GG eines über den gewährleisteten Bestand des Arbeitsverhältnisses hinausgehenden Schutzes dahingehend, dass auch die Möglichkeit der tatsächlichen Erbringung der geschuldeten Arbeitsleistung gesichert ist und kein „Zwang zum Nichtstun"[195] entsteht. Daher wird aus § 611 BGB (bzw. nunmehr § 611a BGB) i.V.m. § 242 BGB ein „Anspruch auf tatsächliche vertragsmäßige Beschäftigung" abgeleitet, sodass dem Arbeitnehmer tatsächlich eine seinem Beruf entsprechende Tätigkeit zugewiesen werden muss.[196] Dabei findet die Wertentscheidung der Art. 2 Abs. 1 i.V.m. Art. 1 Abs. 1 GG im Rahmen von § 242 BGB Berücksichtigung.[197]

Auch Leben und Gesundheit (Art. 2 Abs. 2 GG) des Arbeitnehmers müssen während der Ausführung der ihm übertragenen Tätigkeiten hinreichend geschützt werden.[198] Der Arbeitsschutz ist „Verfassungsanliegen" und hat als solches einen hohen Rang innerhalb der Werteordnung des Grundgesetzes.[199] Dem trägt insbesondere das Arbeitsstrafrecht mit seinen vorwiegend öffentlich-rechtlichen Regelungen des Arbeitsschutzrechts Rechnung.[200] Besonders hervorzuheben

---

192 *Schmidt*, in: ErfK, Art. 2 GG Rn. 91; *Temming*, in: Preis/Temming, Individualarbeitsrecht, Rn. 563; vgl. *Joussen*, in: BeckOK-ArbR, § 611a BGB Rn. 102 ff.

193 *Kaskel/Dersch*, Arbeitsrecht, S. 19.

194 BAGE 2, 221 (224) = NJW 1956, 359 (360).

195 BAGE 2, 221 (224 f.) = NJW 1956, 359 (360).

196 BAGE 2, 221 (224 f.) = NJW 1956, 359 (360); BAGE 48, 122 (134 ff.) = NZA 1985, 702 (703 f.); vgl. hierzu mwN *Preis*, in: ErfK, § 611a BGB Rn. 614 ff.; *Schmidt*, in: ErfK, Art. 2 GG Rn. 78.

197 BAGE 48, 122 (135) = NZA 1985, 702 (703); *Brox/Rüthers/Henssler*, Arbeitsrecht, Rn. 330.

198 *Gamillscheg*, Die Grundrechte im Arbeitsrecht, S. 22; *Junker*, Grundkurs Arbeitsrecht, Rn. 3, 7; *Temming*, in: Preis/Temming, Individualarbeitsrecht, Rn. 2; vgl. auch *Preis*, in: ErfK, § 611a BGB Rn. 711; *Reichold*, in: MHdB-ArbR, Band 1, § 93 Rn. 2.

199 *Schmidt am Busch*, in: Kollmer/Klindt/Schucht, ArbSchG, Einleitung Rn. 3, 10, 23.

200 *Gamillscheg*, Die Grundrechte im Arbeitsrecht, S. 22; *Spinner*, in: MüKo-BGB, § 611a Rn. 368; vgl. auch *Waltermann*, Arbeitsrecht, Rn. 69.

sind dabei die Vorschriften des Arbeitsschutzgesetzes und des Arbeitszeitgesetzes, aber auch des Mutterschutzgesetzes, die ausdrücklich auf die Gesundheit des Arbeitnehmers Bezug nehmen (vgl. § 3 Abs. 1 S. 1 ArbSchG: Berücksichtigung der Gesundheit des Arbeitnehmers bei Arbeitgebermaßnahmen; § 1 Nr. 1 ArbZG: Zweck des Gesetzes ist die Sicherheit und der Gesundheitsschutz der Arbeitnehmer; § 3 Abs. 1 MuSchG: Beschäftigungsverbot bei Gefährdung von Leben oder Gesundheit von Mutter oder Kind). Die Schutzvorschriften sind regelmäßig zwingendes Recht, sodass der Arbeitgeber nicht zum Nachteil des Arbeitnehmers hiervon abweichen kann[201] und dadurch ein gewisser Mindestschutz des Arbeitnehmers gewährleistet ist.[202] Die Nichtbeachtung von Vorschriften zur Gefahrvermeidung ist meist straf- oder bußgeldbewehrt.[203]

Außerdem sind der Gleichbehandlungsgrundsatz nach Art. 3 Abs. 1 GG sowie die Diskriminierungsverbote nach Art. 3 Abs. 2 und 3 GG hervorzuheben. Der durch Art. 3 Abs. 1 GG gewährleistete Mindestgehalt findet unter anderem Ausdruck im allgemeinen arbeitsrechtlichen Gleichbehandlungsanspruch, der den Arbeitnehmer vor willkürlicher Behandlung durch den Arbeitgeber schützt,[204] aber auch im Maßregelungsverbot, geregelt in § 612a BGB, sowie im Allgemeinen Gleichbehandlungsgesetz, das verschiedene europäische Gleichbehandlungsrichtlinien[205] umsetzt, aber in § 7 AGG den Art. 3 Abs. 2 und 3 GG vergleichbare Benachteiligungsverbote enthält.[206]

2. Fehlende Kodifikation des Arbeitsrechts

Versuche, ein einheitliches Arbeitsgesetzbuch zu schaffen, sind bisher gescheitert.[207] Die Regelungen zum Arbeitsrecht sind über zahlreiche allgemeine

201 *Spinner*, in: MüKo-BGB, § 611a Rn. 369; vgl. auch *Temming*, in: Preis/Temming, Individualarbeitsrecht, Rn. 103.

202 *Temming*, in: Preis/Temming, Individualarbeitsrecht, Rn. 642.

203 *Spinner*, in: MüKo-BGB, § 611a Rn. 368; siehe hierzu auch *Ignor/Mosbacher*, in: Ignor/Mosbacher, Handbuch Arbeitsstrafrecht, § 1 Rn. 3 ff.

204 *Temming*, in: Preis/Temming, Individualarbeitsrecht, Rn. 564 ff.

205 Vgl. amtliche Anmerkung AGG: RL 2000/43/EG, RL 2000/78/EG, RL 2002/73/EG, RL 2004/113/EG.

206 *Temming*, in: Preis/Temming, Individualarbeitsrecht, Rn. 581.

207 *Hanau*, in: FS Bauer, S. 385 (387); *Linck*, in: Schaub, Arbeitsrechts-Handbuch, § 1 Rn. 2; *Rüthers*, NZA-Beilage 2011, 100 (100); *Temming*, in: Preis/Temming, Individualarbeitsrecht, Rn. 26 ff.; zum Umfang eines möglichen Arbeitsgesetzbuchs bereits *Nikisch*, in: FS Molitor, S. 83 (83 ff.) und *Schelp*, RdA 1960, 127 (128 ff.); zu den

Gesetze, wie beispielsweise das Bürgerliche Gesetzbuch, das Handelsgesetzbuch, aber auch das Strafgesetzbuch, und spezifisch arbeitsrechtliche Gesetze verstreut.[208] Dennoch liegen dem deutschen Arbeitsrecht in gewissem Maße in sich stimmige und mit der Zivilrechtsordnung in Zusammenhang stehende Wertungsprinzipien zugrunde.[209] Dabei wird das Arbeitsrecht heute an vielen Stellen durch nationale Regelungen zur Umsetzung europäischen Richtlinienrechts erweitert bzw. überlagert, vgl. etwa § 15 AGG, der die europarechtlichen Vorgaben der Gleichbehandlungsrichtlinie[210] umsetzt.[211]

Anknüpfungspunkt für das Arbeitsverhältnis sind die Regelungen des Bürgerlichen Gesetzbuchs zum Dienstvertrag, zu dem der Arbeitsvertrag einen Unterfall bildet.[212] Die §§ 611a ff. BGB werden aber weitgehend durch spezielle arbeitsrechtliche Regelungen ausgeschlossen oder modifiziert, um den Besonderheiten des Arbeitsverhältnisses gerecht zu werden.[213] So findet die soziale und wirtschaftliche Schutzbedürftigkeit des Arbeitnehmers insbesondere in Regelungen des innerbetrieblichen Schadensausgleichs,[214] des Kündigungsschutzes[215] und den Fällen der Lohnfortzahlung bei Nichtleistung[216] (z.B. §§ 615, 616 BGB) Ausdruck. Zudem wurden die Arbeitnehmerrechte beispielsweise im Rahmen der Vertragskontrolle durch Ausdehnung des Anwendungsbereichs der §§ 305 ff., 310 Abs. 4 S. 3 BGB auf Arbeitsverträge weiter gestärkt.[217]

Kodifikationsversuchen etwa *Mayer-Maly*, NJW 1978, 1566 (1566 ff.) und *Söllner*, in: GS Rödig, S. 91 (91 ff.).

208 *Spinner*, in: MüKo-BGB, § 611a Rn. 83; *Temming*, in: Preis/Temming, Individualarbeitsrecht, Rn. 12, 26.

209 *Stoffels*, in: Lobinger/Piekenbrock/Stoffels, Zur Integrationskraft zivilrechtlicher Dogmatik, S. 1 (7).

210 Richtlinie 2002/73/EG des Europäischen Parlaments und des Rates vom 23. September 2002 zur Änderung der Richtlinie 76/207/EWG des Rates zur Verwirklichung des Grundsatzes der Gleichbehandlung von Männern und Frauen hinsichtlich des Zugangs zur Beschäftigung, zur Berufsbildung und zum beruflichen Aufstieg sowie in Bezug auf die Arbeitsbedingungen, ABl. 2002 L 269/15 ff.

211 *Stoffels*, in: Lobinger/Piekenbrock/Stoffels, Zur Integrationskraft zivilrechtlicher Dogmatik, S. 1 (7).

212 *Baumann*, Einführung in die Rechtswissenschaft, S. 330; *Preis*, in: ErfK, § 611a BGB Rn. 1.

213 BVerfGE 7, 342 (350) = NJW 1958, 1179 (1180); *Preis*, in: ErfK, § 611a BGB Rn. 1.

214 BAGE 78, 56 (60 f.) = NZA 1994, 1083 (1084); BAGE 109, 279 (282 f.) = NZA 2004, 649 (650); *Junker*, Grundkurs Arbeitsrecht, Rn. 294 ff.

215 *Preis*, in: Ascheid/Preis/Schmidt, Kündigungsrecht, 1. Teil, B Rn. 3, 15 f.

216 So bereits *Nikisch*, Arbeitsrecht, S. 11.

217 *Hanau*, in: FS Bauer, S. 385 (388).

Im Rahmen unbestimmter Rechtsbegriffe und in den Bereichen, in denen eine gesetzliche Regelung fehlt, kommt dann vor allem richterlicher Rechtsfortbildung eine große Bedeutung zu.[218] Mangels rechtlicher Bindungswirkung stellt das Richterrecht keine Rechtsquelle im eigentlichen Sinne dar, doch besteht rein faktisch eine Bindung der Gerichte an die Rechtsprechung des Bundesarbeitsgerichts.[219] Eine Besonderheit des Arbeitsrechts, welche die richterliche Rechtsfortbildung begünstigt, besteht darin, dass mit dem Arbeits- und Wirtschaftsleben hauptsächlich solche Lebenssachverhalte betroffen sind, die rasanten Veränderungsprozessen unterliegen, mit der Folge fehlender gesetzlicher Regelungen und deshalb entstandener zahlreicher sekundärer Regelungslücken.[220] Dies zwingt die Rechtsprechung, auf die geänderten, gesetzlich nicht geregelten Interessenlagen zu reagieren.[221] Verschiedene arbeitsvertragsrechtliche Rechtsinstitute sind deshalb auf Richterrecht zurückzuführen,[222] und auch der Gesetzgeber stützt teilweise neue Gesetze auf gefestigte höchstrichterliche Rechtsprechung.[223]

3. *Arbeitsgerichtsbarkeit*

Um sowohl den Interessen des Arbeitnehmers an einer effektiven Durchsetzung seiner Ansprüche als auch den berechtigten Arbeitgeberinteressen Rechnung zu tragen, besteht eine Sondergerichtsbarkeit für Arbeitssachen (vgl. Art. 95 Abs. 1 GG, §§ 1 ff. ArbGG) mit dem Arbeitsgerichtsgesetz als eigenständiger Verfahrensordnung, die zwar auf der Zivilprozessordnung aufbaut, aber zahlreiche Sonderregelungen enthält (vgl. § 46 Abs. 2 S. 1 ArbGG: Anwendbarkeit

---

218 *Hanau*, in: FS Bauer, S. 385 (390); *Gamillscheg*, AcP 164 (1964), 385 (388): Richter „als eigentlicher Herr des Arbeitsrechts"; *Preis*, in: ErfK, § 611a BGB Rn. 259; *Spinner*, in: MüKo-BGB, § 611a Rn. 83, 307; *Wollenschläger*, Arbeitsrecht, Rn. 103; vgl. *Dütz/Thüsing*, Arbeitsrecht, Rn. 14; dazu auch *Rüthers*, NZA-Beilage 2011, 100 (101 ff.).

219 *Temming*, in: Preis/Temming, Individualarbeitsrecht, Rn. 649.

220 *Rüthers*, NZA-Beilage 2011, 100 (101); vgl. *Temming*, in: Preis/Temming, Individualarbeitsrecht, Rn. 112.

221 *Rüthers*, NZA-Beilage 2011, 100 (101 f.); *Temming*, in: Preis/Temming, Individualarbeitsrecht, Rn. 13, 112.

222 *Preis*, in: ErfK, § 611a BGB Rn. 259; *Spinner*, in: MüKo-BGB, § 611a Rn. 83, 307; kritisch *Annuß*, in: FS Bauer, S. 19 (31).

223 *Rüthers*, NZA-Beilage 2011, 100 (103); so etwa § 611a BGB, siehe hierzu oben unter Kap. 1, B. II.; vgl. auch *Spinner*, in: MüKo-BGB, § 611a Rn. 83 mit Beispielen; zum Verhältnis von Richterrecht und Gesetzgebung auch *Gamillscheg*, in: FS Schmitz, S. 68 (78 ff.).

der Vorschriften der Zivilprozessordnung für das Urteilsverfahren, soweit das Arbeitsgerichtsgesetz nichts anderes bestimmt).[224] Beispielsweise soll das Arbeitsverfahren durch Einsatz sachkundiger ehrenamtlicher Beisitzer aus Arbeitgeber- und Arbeitnehmerkreisen besonders „volksnahen Rechtsschutz" bieten, der weniger formelle Anforderungen aufweist und beschleunigte Verfahren ermöglicht.[225] Dem in der Regel wirtschaftlich schwächeren Arbeitnehmer wird hiermit eine „einfache und kostengünstige Rechtsverfolgung" ermöglicht.[226] Eine weitere Besonderheit ist die nach § 54 Abs. 1 ArbGG in erster Instanz zwingend durchzuführende Güteverhandlung zum Zweck einer gütlichen Einigung, insbesondere des Abschlusses eines Vergleichs (vgl. § 54 Abs. 3 ArbGG),[227] wodurch der Arbeitsgerichtbarkeit eine hohe Befriedungsfunktion zukommt.[228]

4. *Arbeit in anderen Rechtsgebieten*

Die Arbeit ist primärer, aber nicht ausschließlicher Regelungsgegenstand des Arbeitsrechts, sodass es Überschneidungen mit anderen Rechtsgebieten geben kann, wie beispielsweise dem Wirtschafts- und Gesellschaftsrecht.[229] Ein Blick auf das Strafrecht zeigt, dass die Auswirkungen einer strafrechtlichen Verurteilung auf das Leben und die berufliche Stellung des Täters im Rahmen der Strafzumessung Berücksichtigung finden müssen, wenn der Verlust der wirtschaftlichen oder beruflichen Existenz droht.[230] Dies hat der BGH etwa in Bezug

---

224 *Künzl*, in: Germelmann/Matthes/Prütting, ArbGG, § 46 Rn. 4; *Linck*, in: Schaub, Arbeitsrechts-Handbuch, § 1 Rn. 6.

225 *Kaskel/Dersch*, Arbeitsrecht, S. 20; *Waltermann*, Arbeitsrecht, Rn. 906 f.; vgl. *U. Koch*, in: ErfK, § 1 ArbGG Rn. 1.

226 *Aust-Dodenhoff*, NZA 2004, 24 (24).

227 Vgl. *Junker*, Grundkurs Arbeitsrecht, Rn. 836.

228 *Aust-Dodenhoff*, NZA 2004, 24 (24).

229 *Waltermann*, Arbeitsrecht, Rn. 6.

230 BGH NStZ 1987, 133 (134) betreffend einen Rechtsanwalt; NStZ 1996, 539 (539) und NStZ-RR 2010, 39 (39) betreffend die Beendigung eines Beamtenverhältnisses; NStZ 2015, 277 (278) betreffend einen Rechtsanwalt; wistra 2016, 28 (29) betreffend einen Berufssoldaten; wistra 2016, 29 (29) und NZWiSt 2017, 39 (40) betreffend einen Steuerberater; *Fischer*, StGB, § 46 Rn. 9; *v. Heintschel-Heinegg*, in: BeckOK-StGB, § 46 Rn. 59; eingehend zu mittelbaren Straftatfolgen im Hinblick auf die berufliche Stellung und die systematische Einordung im Rahmen der Strafzumessung *Mestek-Schmülling*, Mittelbare Straftatfolgen und ihre Berücksichtigung bei der Strafzumessung, S. 18 ff., 29 ff.

auf Rechtsanwälte, Steuerberater oder Beamte, denen berufsrechtliche Folgen drohen (vgl. etwa § 114 Nr. 5 BRAO Ausschließung aus der Rechtsanwaltschaft) und daher die berufliche Existenz in Frage steht, in mehreren Entscheidungen ausgeführt.[231] Die Notwendigkeit, solche Auswirkungen beim Schuldausgleich zu berücksichtigen, liegt darin begründet, dass die Nebenfolge eines Berufsverbots „zu einer erheblichen Verschärfung der staatlichen Reaktion auf die Straftat" führt.[232]

Besonders anschaulich wird die Bedeutung der Arbeit für andere Rechtsgebiete am Beispiel des Arbeitnehmerbegriffs, der zwar Ausgangs- und Anknüpfungspunkt des Arbeitsrechts ist,[233] hierauf in seiner Bedeutung jedoch nicht beschränkt bleibt: Der arbeitsrechtliche Arbeitnehmerbegriff beansprucht im Rahmen der Straf- und Bußgeldtatbestände des öffentlich-rechtlichen Arbeitsschutzrechts und mit § 266a StGB auch teilweise im Strafrecht[234] Geltung.[235] Für das Sozialrecht kommt es auf den Begriff der Beschäftigung an,[236] worunter nach § 7 Abs. 1 S. 1 SGB IV die nichtselbständige Arbeit, insbesondere in einem Arbeitsverhältnis, zu verstehen ist.[237] Der Hauptanwendungsfall des Beschäftigtenverhältnisses ist damit das Arbeitsverhältnis.[238] Dieses setzt ebenfalls eine unselbständige Tätigkeit voraus, für deren Vorliegen im Wesentlichen dieselben Unterscheidungsmerkmale wie für den Arbeitnehmerbegriff im Arbeitsrecht gelten (vgl. § 7 Abs. 1 S. 2 SGB IV).[239] Auch im Steuerrecht wird der Arbeitnehmerbegriff (vgl. § 1 Abs. 1 LStDV) als offener Typusbegriff[240] verstanden, wobei die Abgrenzungskriterien wie im Sozialrecht weitgehend mit denen des

231 Siehe nur BGH NStZ 1987, 133 (134) betreffend einen Rechtsanwalt; NStZ 1996, 539 (539) und NStZ-RR 2010, 39 (39) betreffend die Beendigung eines Beamtenverhältnisses; NStZ 2015, 277 (278) betreffend einen Rechtsanwalt; wistra 2016, 29 (29) und NZWiSt 2017, 39 (40) betreffend einen Steuerberater.

232 BGHSt 35, 148 (149) = NJW 1988, 2749 (2749 f.).

233 Siehe oben unter Kap. 1, B. II.

234 BGH NStZ 2013, 587 (587); vgl. *Fischer*, StGB, § 266a Rn. 4 f.

235 *Brettschneider*, in: Ignor/Mosbacher, Handbuch Arbeitsstrafrecht, § 2 Rn. 17; *Gercke/Kraft/Richter*, in: Gercke/Kraft/Richter, Arbeitsstrafrecht, 1. Kap. Rn. 12 sprechen von „Arbeitsrechtsakzessorietät".

236 *Vogelsang*, in: Schaub, Arbeitsrechts-Handbuch, § 8 Rn. 50.

237 Vgl. *Wollenschläger*, Arbeitsrecht, Rn. 47.

238 *Brettschneider*, in: Ignor/Mosbacher, Handbuch Arbeitsstrafrecht, § 2 Rn. 27; *Gercke/Kraft/Richter*, in: Gercke/Kraft/Richter, Arbeitsstrafrecht, 1. Kap. Rn. 74.

239 *Vogelsang*, in: Schaub, Arbeitsrechts-Handbuch, § 8 Rn. 53; *Waltermann*, in: Waltermann/Schmidt/Chandna-Hoppe, Sozialrecht, Rn. 128.

240 BFH IStR 2007, 672 (673); DStR 2008, 1923 (1924); NZA-RR 2008, 531 (531).

Arbeitsrechts übereinstimmen.[241] Ein Unterschied liegt aber insbesondere darin, dass für den steuerrechtlichen Arbeitnehmerbegriff die Tragung des Vermögensrisikos der Erwerbstätigkeit ein wesentliches Kriterium darstellt und somit eine wirtschaftliche Betrachtung anzustellen ist.[242]

Ausgehend vom Arbeitnehmer- bzw. Beschäftigtenbegriff ist beispielsweise nach § 8 Abs. 2 Nr. 1 SGB VII das Zurücklegen des unmittelbaren Wegs nach und von dem Ort der Tätigkeit versichert. Auch im Steuerrecht findet die Wegezeit Berücksichtigung, indem Aufwendungen für die Wege zwischen Wohnung und Tätigkeitsstätte (§ 9 Abs. 1 S. 3 Nr. 4 EStG) als Werbungskosten von den Einnahmen bei der Einkünfteermittlung abgezogen werden (vgl. § 2 Abs. 2 S. 1 Nr. 2 EStG). Damit geht der Schutz des Arbeitnehmers im Hinblick auf die Wegezeit im Sozialrecht und Steuerrecht sogar über den des Arbeitsrechts[243] hinaus. Allerdings wird gerade im Steuerrecht deutlich, dass die Rechtsordnung – auch wenn der Arbeit ein hoher Stellenwert zukommt – nicht die Arbeitsstätte, sondern die Wohnung bzw. den Hausstand des Arbeitnehmers (vgl. § 9 Abs. 1 S. 3 Nr. 5 EStG) als Mittelpunkt der Lebensinteressen und der Lebensführung ansieht.[244]

Auch wenn formal auf die Eigenständigkeit der Begriffsbildung in den verschiedenen Rechtsgebieten Wert gelegt wird,[245] führt die faktische Anknüpfung an den arbeitsrechtlichen Arbeitnehmerbegriff durch Verwendung wesentlich identischer Abgrenzungskriterien im Sozial- und Steuerrecht zu einem gewissen Gleichlauf der Rechtsgebiete.[246] Dies hat allerdings nicht zur Folge, dass auch eine Bindungswirkung der Gerichtsbarkeiten bestünde.[247] Die arbeitsgerichtliche Entscheidung über das Vorliegen eines Arbeitsverhältnisses schließt eine abweichende Entscheidung der Sozial- und Finanzgerichte in Hinblick auf das

---

241 *Vogelsang*, in: Schaub, Arbeitsrechts-Handbuch, § 8 Rn. 58.

242 *Hey*, in: Tipke/Lang, Steuerrecht, Rn. 8.472.

243 Siehe zur Einordnung der Wegezeit im Arbeitsrecht oben unter Kap. 1, B. II.

244 BFH, Urt. v. 5.6.2014 – VI R 76/13, BeckRS, 2014, 96107 Rn. 10; Beschl. v. 9.10.2014 – I R 34/13, BeckRS 2014, 96552; vgl. auch FG München, Urt. v. 29.4.2015 – 1 K 343/13, BeckRS 2016, 94248.

245 *Brettschneider*, in: Ignor/Mosbacher, Handbuch Arbeitsstrafrecht, § 2 Rn. 7; vgl. BGHSt 34, 242 (246) = NJW 1987, 2751 (2751).

246 *Brettschneider*, in: Ignor/Mosbacher, Handbuch Arbeitsstrafrecht, § 2 Rn. 28; *Reiserer/Lachmann*, in: MAH-ArbR, § 5 Rn. 10 ff.

247 *Brettschneider*, in: Ignor/Mosbacher, Handbuch Arbeitsstrafrecht, § 2 Rn. 37; *Reiserer/Lachmann*, in: MAH-ArbR, § 5 Rn. 14.

Bestehen eines Beschäftigungsverhältnisses nicht aus.[248] Maßgeblich bei der Beurteilung des Vorliegens eines Beschäftigtenverhältnisses bleiben die Zweckbestimmung der Vorschrift und die Funktion des jeweiligen Gesetzes.[249]

IV. Ergebnis

Der Überblick über die Rechtslage hat gezeigt, dass der Arbeit im Rechtssystem, insbesondere auch in der Verfassung, ein hoher Stellenwert zukommt. Dies wird schon durch die Entwicklung des Arbeitsrechts zum selbständigen Rechtsgebiet mit eigener Gerichtsbarkeit deutlich. Die Rechtsprechung, die gerade im Arbeitsrecht im Hinblick auf die Rechtsfortbildung eine besonders wichtige Rolle spielt,[250] hat zudem maßgeblich zum heutigen Schutzniveau der Arbeitnehmerrechte beigetragen.[251] Aber auch in anderen Rechtsgebieten ist die Arbeit von Bedeutung und findet so Eingang in nicht speziell arbeitsrechtliche Regelungen, die den Arbeitnehmerschutz noch zusätzlich erweitern.[252] So bestehen insbesondere Berührungspunkte zwischen Arbeitsrecht und Sozial- sowie Steuerrecht.[253]

Im Vordergrund der arbeitsrechtlichen Regelungen steht dabei nicht die Arbeitsleistung, sondern der Arbeitnehmer als Person. Dies zeigt sich bereits daran, dass nicht nur wirtschaftliche Aspekte der Arbeit Eingang in die rechtspolitische Diskussion finden, sondern auch immaterielle Belange[254] berücksichtigt werden. Aber auch dem Interesse des Arbeitnehmers am Fortbestand des Arbeitsverhältnisses zur Sicherung der wirtschaftlichen Existenzgrundlage[255] trägt die Rechtsordnung Rechnung, sodass das Arbeitsrecht seiner Rolle als Arbeitnehmerschutzrecht gerecht wird.

---

248 BFHE 188, 101 (109) = NZA-RR 1999, 376 (378); *Reiserer/Lachmann*, in: MAH-ArbR, § 5 Rn. 15.

249 BGHSt 34, 242 (246) = NJW 1987, 2751 (2751).

250 Hierzu oben unter Kap. 1, B. II.

251 Kritisch *Bauer*, NZA-Beilage 2019, 21 (24), der „vor allem aufgrund extensiver richterlicher Auslegung der kündigungsschutzrechtlichen Normen" von einem „überzogenen Kündigungsschutz" spricht.

252 Hierzu oben unter Kap. 1, B. III. 4.

253 Hierzu oben unter Kap. 1, B. III. 4.

254 Vgl. hierzu oben Kap. 1, B. III. 1.

255 Vgl. hierzu oben Kap. 1, B. III. 1.

C. Fazit

Arbeit im Sinne der Erwerbsarbeit ist im Hinblick auf die Sicherung der wirtschaftlichen Existenzgrundlage und die Persönlichkeitsentfaltung des Einzelnen, aber auch für die Gesellschaft als solche von besonderer Bedeutung. Das Arbeitsrecht als eigenständiges Rechtsgebiet ist insoweit die Reaktion der Rechtsordnung auf die sozialen und wirtschaftlichen Entwicklungen und Verhältnisse sowie Bedürfnisse der Bevölkerung und trägt der Bedeutung der Arbeit auch im Rechtssystem Rechnung. Auch in den übrigen Rechtsgebieten ist die Bedeutung der Arbeit in der Gesellschaft zu berücksichtigen.

Kapitel 2: Vergleichende Betrachtung der Charakteristika und Grundprinzipien des Straf- und Arbeitsrechts

Vor dem Hintergrund, dass das Strafrecht ein spezieller Teil des öffentlichen Rechts ist,[256] das Arbeitsrecht aber dem Zivilrecht angehört[257] (und nur teilweise durch das Arbeitsschutzrecht überlagert wird und so einen öffentlich-rechtlichen Einschlag erhält[258]), werden mit Blick auf die Forschungsfrage zunächst die Charakteristika und Grundprinzipien der beiden Rechtsgebiete einander gegenübergestellt sowie Gemeinsamkeiten und Unterschiede herausgearbeitet.

A. Straf- und Arbeitsrecht als Schutzrechte in einem Über- und Unterordnungsverhältnis

I. Strafrecht

Das Strafrecht regelt, welche Verstöße gegen die soziale Ordnung Verbrechen und Vergehen darstellen und als solche unter Strafandrohung gestellt werden.[259] Dabei dient das Strafrecht dem Rechtsgüterschutz.[260] Rechtsgüter sind alle

---

256 *Freund/Rostalski*, Strafrecht Allgemeiner Teil, § 1 Rn. 1; *Gropp/Sinn*, Strafrecht Allgemeiner Teil, § 1 Rn. 35; *Jescheck/Weigend*, Lehrbuch des Strafrechts, Allgemeiner Teil, S. 16; *Maurach/Zipf*, Strafrecht Allgemeiner Teil, § 2 Rn. 1; *Roxin/Greco*, Strafrecht Allgemeiner Teil, § 1 Rn. 5.

257 *Waltermann*, Arbeitsrecht, Rn. 69; vgl. hierzu oben Kap. 1, B. I. 3.

258 Siehe hierzu oben unter Kap. 1, B. III. 1.

259 *Jescheck/Weigend*, Lehrbuch des Strafrechts, Allgemeiner Teil, S. 10.

260 BVerfGE 96, 245 (249) = NJW 1998, 443 (443); *Jäger*, in: SK-StGB, Vor § 1 Rn. 3; *Kinzig*, in: Schönke/Schröder, StGB, Vor §§ 38 ff. Rn. 1; *Radtke*, in: MüKo-StGB, Vor § 38 Rn. 1; *Roxin*, GA 2011, 678 (680 f.); *ders./Greco*, Strafrecht Allgemeiner Teil, § 2 Rn. 1, 7; dazu auch *Roxin*, GA 2013, 433 (434 ff.); vgl. *Appel*, Verfassung und Strafe, S. 452 f., der hierin kein primäres Ziel sieht, sondern von einem lediglich mittelbaren Rechtsgüterschutz durch das Strafrecht ausgeht; in diese Richtung auch *Freund*, in: MüKo-StGB, Vor § 13 Rn. 69 f., der darauf hinweist, dass die Sanktionsnorm nicht das durch die Verhaltensnorm geschützte Rechtsgut sichere, sondern die Geltungskraft der Verhaltensnorm als solche – hiergegen *Herzberg*, GA 2016, 737 (743 ff.); so auch *Kindhäuser*, Gefährdung als Straftat, S. 30, 132; vgl. auch *Jescheck/Weigend*, Lehrbuch des Strafrechts, Allgemeiner Teil, S. 7 und *Neumann/Saliger*, in: NK-StGB, Vor § 1 Rn. 109 jeweils mwN.

Gegebenheiten oder Zwecksetzungen, „die für die freie Entfaltung des Einzelnen, die Verwirklichung seiner Grundrechte und das Funktionieren eines auf dieser Zielvorstellung aufbauenden staatlichen Systems notwendig sind“.[261] Aufgabe des Strafrechts ist demnach die Sicherung eines möglichst freien und friedlichen Zusammenlebens der Bürger bei gleichzeitiger Gewährleistung grundrechtlich geschützter Positionen.[262] Die Rechtsordnung ergänzt insoweit die Sozialordnung und gewährleistet mit dem Strafrecht die Allgemeinverbindlichkeit der Rechtsnormen und die Verfolgung von Rechtsverstößen durch staatlichen Zwang.[263] Durch Ausspruch der Strafe als Reaktion auf die begangene Rechtsverletzung wird dem Täter und der Allgemeinheit deutlich gemacht, dass sich das Recht mit Blick auf vergangene Handlungen durchsetzt und dies auch bei zukünftigen Rechtsverletzungen der Fall sein wird.[264] So kommt dem repressiven Einschreiten durch Bestrafung zugleich mittelbar auch eine präventive Funktion zu.[265]

Durch die Regelungen des Strafrechts wird zunächst ein bestimmtes Verhalten für rechtswidrig und strafbar erklärt[266] und hierdurch die Freiheit des Einzelnen zugunsten der geschützten Rechtsgüter eingeschränkt.[267] Zur Verwirklichung des Rechtsgüterschutzes übt der Staat seine Strafgewalt gegenüber dem Bürger aus,[268] wenn das Interesse der Allgemeinheit an der Aufrechterhaltung der Rechtsordnung durch Verwirklichung eines Straftatbestands verletzt wurde.[269] Das Strafrecht sichert die als schützenswert anerkannten Rechtsgüter dabei aber teilweise nur gegen bestimmte Verhaltensweisen und Angriffsarten,

---

261 *Roxin/Greco*, Strafrecht Allgemeiner Teil, § 2 Rn. 7; eingehend zum Rechtsgutsbegriff in der Rechtsprechung des Bundesverfassungsgerichts und in der Literatur *H. Otto*, JURA 2016, 361 (361 ff.).

262 *Jescheck/Weigend*, Lehrbuch des Strafrechts, Allgemeiner Teil, S. 2; *Maurach/Zipf*, Strafrecht Allgemeiner Teil, § 2 Rn. 11; *Roxin*, GA 2011, 678 (680); *ders./Greco*, Strafrecht Allgemeiner Teil, § 2 Rn. 7.

263 *Jescheck/Weigend*, Lehrbuch des Strafrechts, Allgemeiner Teil, S. 2.

264 *Jescheck/Weigend*, Lehrbuch des Strafrechts, Allgemeiner Teil, S. 4.

265 *Jescheck/Weigend*, Lehrbuch des Strafrechts, Allgemeiner Teil, S. 4; siehe näher zu den Strafzwecken unter Kap. 2, C. I.

266 *Gropp/Sinn*, Strafrecht Allgemeiner Teil, § 1 Rn. 143, 149.

267 BVerfG NJW 1998, 443 (443).

268 *Rengier*, Strafrecht Allgemeiner Teil, § 2 Rn. 1; vgl. *Frister*, Strafrecht Allgemeiner Teil, § 1 Rn. 3; *Jescheck/Weigend*, Lehrbuch des Strafrechts, Allgemeiner Teil, S. 16.

269 *Frister*, Strafrecht Allgemeiner Teil, § 1 Rn. 3; vgl. *Appel*, Verfassung und Strafe, S. 440; *Gropp/Sinn*, Strafrecht Allgemeiner Teil, § 1 Rn. 37.

es gewährt nicht immer einen umfassenden Schutz.[270] Das Strafrecht ist insoweit „fragmentarisch“ bzw. „bruchstückhaft“[271].[272] Gleichwohl besteht heute eine Vielzahl an Straftatbeständen – man denke etwa nur an Bereiche wie das Wirtschaftsstrafrecht oder Betäubungsmittelstrafrecht, in denen das Strafrecht besonders präsent ist.[273] Mit der zunehmenden Expansion des Strafrechts hat der fragmentarische Charakter abgenommen.[274]

Die Strafgesetze richten sich sowohl an den Bürger als auch an die staatlichen Strafverfolgungsorgane:[275] Sie enthalten sowohl Verhaltensnormen, die sich mit Geboten und Verboten an den Bürger richten und insoweit Bewertungs- und Bestimmungsfunktion aufweisen,[276] als auch Sanktionsnormen, die an die staatlichen Strafverfolgungsorgane adressiert sind.[277] Dabei steht es dem Gesetzgeber

---

270 *Appel*, Verfassung und Strafe, S. 450; *Kaspar*, Verhältnismäßigkeit und Grundrechtsschutz im Präventionsstrafrecht, S. 251; *Roxin*, GA 2011, 678 (680); *Vormbaum*, ZStW 123 (2011), 660 (669); kritisch mit Hinweis auf Inkonsistenzen segmenthafter Pönalisierung *Frisch*, in: FS Stree/Wessels, S. 69 (88 ff.).

271 *Vormbaum*, ZStW 123 (2011), 660 (664).

272 Eingehend *Vormbaum*, ZStW 123 (2011), 660 (660 ff.); siehe auch *Hefendehl*, JA 2011, 401 (401 ff.); kritisch zum Begriff des „fragmentarischen Charakters“ des Strafrechts *Trendelenburg*, Ultima ratio?, S. 50 f., 69 („wenig hilfreicher Topos“).

273 Siehe hierzu etwa *Weigend*, StV 2016, I (Editorial) mit Beispielen an Strafnormen, die in jüngerer Vergangenheit durch den Gesetzgeber geschaffen wurden, wie beispielsweise §§ 299a, 299b StGB (Korruption im Gesundheitswesen) oder § 89c StGB (Terrorismusfinanzierung).

274 *Vormbaum*, ZStW 123 (2011), 660 (285); vor dem Hintergrund der Expansion des Strafrechts wird zunehmend auch die effektive Umsetzung des Ultima-ratio-Prinzips in Frage gestellt, siehe hierzu Kap. 2, B. I.

275 *Hecker*, in: Schönke/Schröder, StGB, Vor § 1 Rn. 1; *Kindhäuser/Zimmermann*, Strafrecht Allgemeiner Teil, § 2 Rn. 1 ff.; *Satzger*, in: Satzger/Schluckebier/Widmaier, StGB, Einleitung Rn. 1; vgl. auch *Appel*, Verfassung und Strafe, S. 429; *Deckert*, ZIS 2013, 266 (275); *Gropp/Sinn*, Strafrecht Allgemeiner Teil, § 1 Rn. 143; *H.-L. Günther*, Strafrechtswidrigkeit und Strafunrechtsausschluß, S. 155 spricht von „Primärnorm“ und „Sekundärnorm“.

276 *Hecker*, in: Schönke/Schröder, StGB, Vor § 1 Rn. 1; *Kaspar*, Verhältnismäßigkeit und Grundrechtsschutz im Präventionsstrafrecht, S. 364; *Kindhäuser/Zimmermann*, Strafrecht Allgemeiner Teil, § 2 Rn. 2; *Satzger*, in: Satzger/Schluckebier/Widmaier, StGB, Einleitung Rn. 1; eingehend zum Normadressaten im Strafrecht *Eser*, in: FS Lenckner, S. 25 (25 ff.).

277 *Hecker*, in: Schönke/Schröder, StGB, Vor § 1 Rn. 1; *Kaspar*, Verhältnismäßigkeit und Grundrechtsschutz im Präventionsstrafrecht, S. 364; *Kindhäuser/Zimmermann*, Strafrecht Allgemeiner Teil, § 2 Rn. 4.

frei, ob er die Verhaltensnorm und die Sanktionsnorm in einem Deliktstatbestand zusammenfasst oder getrennt regelt,[278] sodass die Verhaltensnorm nicht zwingend dem Strafrecht angehören muss, sondern in anderen Rechtsmaterien geregelt sein kann.[279] Die Verhaltensnormen zeigen auf, unter welchen Bedingungen gewisse vom Gesetzgeber als schützenswert eingestufte Interessen der allgemeinen Handlungsfreiheit vorgehen.[280] Dabei trifft die Verhaltensnorm selbst aber keine Aussage darüber, unter welchen Voraussetzungen die Verletzung dieser Norm dann zu einer strafrechtlichen Verantwortung führt; hierfür bedarf es vielmehr sanktionsrechtlicher Zurechnungsregeln, die Bezug auf die Verhaltensnorm nehmen.[281] Jede strafrechtliche Sanktion(-snorm) ist daher abhängig von einer normativen Verhaltensvorgabe und einer entsprechenden Missachtung dieser Norm.[282] Dadurch wird indes der eigenständige Charakter des Strafrechts nicht in Frage stellt, denn das Strafrecht ist jedenfalls in den

278 *Appel*, Verfassung und Strafe, S. 433 f., 443 f.; *Bittmann*, NStZ 2016, 249 (251); so im Ergebnis wohl auch *Herzberg*, GA 2016, 737 (755); hierzu bereits *Bierling*, Juristische Prinzipienlehre, S. 135; aA wohl *Rostalski*, GA 2016, 73 (74), die die Trennung von Verhaltens- und Sanktionsnorm für eine zwingende normative Vorgabe hält, allerdings diese Unterscheidung nur normentheoretisch vornimmt; *Frisch*, in: FS Stree/Wessels, S. 69 (91) spricht von einer zu sanktionierenden „vorstrafrechtlichen Primärordnung"; nach *H.-L. Günther*, Strafrechtswidrigkeit und Strafunrechtsausschluß, S. 155, erschöpft sich die strafrechtliche Primärnorm nicht in der deklaratorischen Wiedergabe von Normen des Zivilrechts und Öffentlichen Rechts, sondern hat originäre und konstitutive Wirkung.

279 *Appel*, Verfassung und Strafe, S. 433 f., 443 f.; *Bittmann*, NStZ 2016, 249 (251); *Lagodny*, Strafrecht vor den Schranken der Grundrechte, S. 87 ff., 137 sowie S. 294 ff. mit Beispielen der Sanktionierung der Nichterfüllung privatrechtlicher Forderungen, so etwa §§ 142, 266, 265 b, 266 b, 288 StGB, nicht aber §§ 263, 255 StGB; *Maier-Reimer*, NJW 2007, 3157 (3158) im Hinblick auf § 266a StGB.

280 *Appel*, Verfassung und Strafe, S. 437; *Freund/Rostalski*, Strafrecht Allgemeiner Teil, § 1 Rn. 51, 55; *Frisch*, in: FS Stree/Wessels, S. 69 (82 f.); *Kindhäuser*, Gefährdung als Straftat, S. 30.

281 *Appel*, Verfassung und Strafe, S. 435, 441; *Kindhäuser*, Gefährdung als Straftat, S. 29; vgl. auch *Freund*, in: MüKo-StGB, Vor § 13 Rn. 308 f.

282 *Appel*, Verfassung und Strafe, S. 441, 444; *Maurach/Zipf*, Strafrecht Allgemeiner Teil, § 2 Rn. 10 ff., 17, ziehen aber den Begriff der „Sekundarität" den Schlagwörtern „Akzessorietät" oder „Abhängigkeit" vor; vgl. *Frisch*, NStZ 2016, 16 (17); *Rössner*, in: HK-GS, Vor §§ 1 ff. Rn. 8; zur Akzessorietät auch *Jescheck/Weigend*, Lehrbuch des Strafrechts, Allgemeiner Teil, S. 52 ff.

Sanktionsfolgen von anderen Rechtsgebieten unabhängig.[283] Dies zeigt sich auch daran, dass die Sanktionen des Strafrechts unabhängig davon, ob derselbe Lebenssachverhalt in einem anderen Rechtsgebiet ebenfalls zu (anderweitigen) Rechtsfolgen führt, verhängt werden können.[284]

Insofern stellt sich dann aber die Frage, wie sich die strafrechtlichen Sanktionen von den Rechtsfolgen anderer Rechtsgebiete unterscheiden und in welchem Verhältnis diese zueinander stehen. Um eine strafrechtliche Sanktion handelt es sich nicht schon bei der Normierung der Verletzung von Geboten und Verboten im Allgemeinen, sondern nur dann, wenn sich der Gesetzgeber der Sanktionsmittel der Strafe, §§ 38 ff. StGB, und der Maßregel der Besserung und Sicherung, §§ 61 ff. StGB, als Reaktion auf Normverstöße bedient, weshalb von der „Zweispurigkeit"[285] des Sanktionensystems gesprochen wird.[286]

Die Strafe trifft den Täter in seinem allgemeinen Status als Staatsbürger[287] und dient dem Ausgleich einer erheblichen Rechtsverletzung durch Auferlegung eines der Schwere von Unrecht und Schuld angemessenen Übels,[288] das eine öffentliche Missbilligung der Tat[289] ausdrückt und dadurch Rechtsbewährung[290] sowie die Unverbrüchlichkeit der Rechtsordnung[291] verdeutlicht. Strafe wird daher als „Antwort auf die Negation des Rechts durch den Täter" verstanden[292] und greift

283 *Appel*, Verfassung und Strafe, S. 444; *Maurach/Zipf*, Strafrecht Allgemeiner Teil, § 2 Rn. 17 f.

284 *Maurach/Zipf*, Strafrecht Allgemeiner Teil, § 2 Rn. 18; vgl. BVerfGE 21, 378 (383 ff.) = NJW 1967, 1651 (1652 ff.) zum Verhältnis der Kriminalstrafe zu Disziplinarstrafen.

285 Kritisch etwa *Kaspar*, ZStW 127 (2015), 654 (687).

286 BVerfGE 109, 133 (166) = NJW 2004, 739 (744); *Neumann/Saliger*, in: NK-StGB, Vor § 1 Rn. 263 ff.; *Roxin/Greco*, Strafrecht Allgemeiner Teil, § 1 Rn. 4; *Satzger*, in: Satzger/Schluckebier/Widmaier, StGB, Einleitung Rn. 1; vgl. zum Erfordernis einer strafrechtlichen Sanktionsnorm *Appel*, Verfassung und Strafe, S. 451 f.

287 BVerfGE 21, 378 (384) = NJW 1967, 1651 (1652).

288 *Kühl*, in: FS Maiwald, S. 433 (437): „schuldausgleichende Übelszufügung"; *Noltenius*, HRRS 2009, 499 (505).

289 BVerfGE 109, 133 (167 f.) = NJW 2004, 739 (744); siehe auch BVerfGE 105, 135 (153) = NJW 2002, 1779 (1780): Strafe als „missbilligende hoheitliche Reaktion".

290 *Jescheck/Weigend*, Lehrbuch des Strafrechts, Allgemeiner Teil, S. 13; dazu auch *Frisch*, NStZ 2016, 16 (20).

291 *Frisch*, NStZ 2016, 16 (18); *ders.*, ZStW 1987, 349 (387 ff.); *Landau*, NStZ 2007, 121 (126); *ders.*, NStZ 2013, 194 (195); näher auch *Freund*, in: MüKo-StGB, Vor § 13 Rn. 68.

292 *Landau*, NStZ 2015, 665 (667); vgl. auch BVerfGE 109, 133 (168) = NJW 2004, 739 (744): Strafe als „Reaktion auf normwidriges Verhalten"; BVerfGE 95, 96 (140) = NJW

in den Rechtsbereich des Täters, wie etwa in dessen Freiheit, Vermögen, Freizeit, aber auch soziales Ansehen, ein, um so die öffentliche Missbilligung zum Ausdruck zu bringen.[293] Mit der Strafe ist insoweit ein „sozialethischer Tadel“[294] bzw. eine „sozialethische Missbilligung“[295] oder, wie es das Bundesverfassungsgericht formuliert, ein „sozialethisches Unwerturteil“[296] verbunden.[297] Dem Täter wird vorgeworfen, „die elementaren Werte des Gemeinschaftslebens“ verletzt zu haben,[298] oder wie *Frisch* formuliert: „[...] es ist der Vorwurf nicht nur irgendeiner Rechtsverletzung, sondern der Verletzung eines Teils des Rechts, der eine tiefere, nämlich eine sozialethische Fundierung hat: Dem Täter wird zum Vorwurf gemacht, etwas getan zu haben, was mit (auch) sozialethisch fundierten Grundanforderungen des Gemeinschaftslebens nicht vereinbar ist. Es geht nicht um die Feststellung fehlerhaften Verhaltens, sondern um den Vorwurf, etwas getan zu haben, was aus rechtlicher wie sozialethischer Sicht verwerflich ist.“[299]

1997, 929 (932), BVerfGE 120, 224 (240) = NJW 2008, 1137 (1138), BVerfGE 133, 168 (198) = NJW 2013, 1058 (1059) und BVerfGE 140, 317 (343) = NJW 2016, 1149 (1153): Vorwurf „sozialethischen Fehlverhaltens“.

293 *Jescheck/Weigend*, Lehrbuch des Strafrechts, Allgemeiner Teil, S. 65; *H. Otto*, in: GS Schröder, S. 53 (54).

294 *Eisele*, in: Schönke/Schröder, StGB, Vor §§ 13 ff. Rn. 103/104; *Frisch*, NStZ 2016, 16 (17); *Vormbaum*, ZStW 123 (2011), 660 (669).

295 *Kühl*, in: FS Maiwald, S. 433 (437, 441 ff.).

296 Siehe etwa BVerfGE 25, 269 (286) = NJW 1969, 1059 (1061); BVerfGE 120, 224 (240) = NJW 2008, 1137 (1138); vgl. auch BVerfGE 140, 317 (343 f.) = NJW 2016, 1149 (1153); BVerfG NJW 2020, 2953 (2954); BVerfGE 156, 354 (412) = NJW 2021, 1222 (1230); BGHSt 56, 271 (275) = NJW 2011, 3174 (3175); NJW 2016, 1451 (1452).

297 *Kaspar*, Verhältnismäßigkeit und Grundrechtsschutz im Präventionsstrafrecht, S. 370, 619, 622 trennt insoweit zwischen der im Schuldspruch enthaltenen Missbilligung der Tat bzw. dem sozialen Tadel einerseits und dem im Entzug der Freiheit bzw. in der Auferlegung einer Zahlungspflicht liegenden Strafübel andererseits; *H. Otto*, in: GS Schröder, S. 53 (54): „bewußte und gewollte Missbilligung der Tat und des Täters“; die Bedeutung des sozialethischen Unwerturteils als Merkmal für die Strafe ablehnend *Appel*, Verfassung und Strafe, S. 220 ff., 468 ff., 482 ff.; *Deckert*, ZIS 2013, 266 (268, 275).

298 BVerfG NJW 2020, 2953 (2954); näher zu den „elementaren Werten des Gemeinschaftslebens“ bereits oben unter Kap. 2, A. I.

299 *Frisch*, NStZ 2016, 16 (20).

Dabei besteht ein Bestrafungsmonopol des Staates, der allein für die Ausübung der Strafhoheit zuständig ist.[300] Deshalb kann Strafe nur eine staatliche Maßnahme sein.[301] Der eigentliche Konflikt zwischen Täter und Opfer als Privatperson wird durch das Strafrecht vom Staat „an sich gezogen und von der Initiative des Opfers gelöst" (mit Ausnahme der absoluten Antragsdelikte).[302] Das Opfer wird insoweit durch das Strafrecht „neutralisiert" und ein Ausgleich zwischen Täter und Opfer durch den „staatlichen Strafanspruch" ersetzt.[303] Das Strafrecht grenzt zwar die Freiheitsbereiche der Bürger gegeneinander ab, regelt aber nicht unmittelbar das Rechtsverhältnis der Bürger untereinander, sondern in erster Linie das Verhältnis zwischen Staat und Bürger für den Fall, dass das öffentliche Interesse zum Zwecke der Bestrafung einen hoheitlichen Eingriff in die Rechte des Einzelnen verlangt.[304] Es besteht insoweit ein strafrechtsspezifisches Über- und Unterordnungsverhältnis,[305] wobei nach Art. 1 Abs. 3 GG auch hier eine umfassende Bindung des Staates an die Grundrechte besteht.[306]

II. Arbeitsrecht

Aufgabe des Arbeitsrechts ist die Ausgestaltung und Regelung der Rechtsbeziehungen zwischen Arbeitnehmer und Arbeitgeber.[307] Ziel des Arbeitsrechts ist es, einen angemessenen Ausgleich der Interessen von Arbeitgeber und Arbeitnehmer zu finden.[308] Während der Arbeitsplatz für den Arbeitnehmer existenzielle

---

300 *Appel*, Verfassung und Strafe, S. 427 f.

301 *Appel*, Verfassung und Strafe, S. 428.

302 *Appel*, Verfassung und Strafe, S. 447; *Neumann/Saliger*, in: NK-StGB, Vor § 1 Rn. 10; vgl. dazu auch *Arthur Kaufmann*, in: FS Henkel, S. 89 (100 f.).

303 *Neumann/Saliger*, in: NK-StGB, Vor § 1 Rn. 10; mit kritischer Auseinandersetzung *Hörnle*, JZ 2006, 950 (950 ff.); zu der zunehmenden Berücksichtigung des Opfers im Strafrecht vgl. *Neumann/Saliger*, in: NK-StGB, Vor § 1 Rn. 10a.

304 *Appel*, Verfassung und Strafe, S. 315, 427, 519; *Frister*, Strafrecht Allgemeiner Teil, § 1 Rn. 3.

305 *Jescheck/Weigend*, Lehrbuch des Strafrechts, Allgemeiner Teil, S. 16; *Rengier*, Strafrecht Allgemeiner Teil, § 2 Rn. 1; *Roxin/Greco*, Strafrecht Allgemeiner Teil, § 1 Rn. 5; vgl. *Maurach/Zipf*, Strafrecht Allgemeiner Teil, § 2 Rn. 1; *Satzger*, in: Satzger/Schluckebier/Widmaier, StGB, Einleitung Rn. 4.

306 Vgl. zu den einzelnen Bindungsadressaten *Herdegen*, in: Dürig/Herzog/Scholz, GG, Art. 1 Abs. 3 Rn. 119 ff.

307 *Thüsing*, in: MüKo-HGB, Vor § 59 Rn. 9.

308 *Junker*, Grundkurs Arbeitsrecht, Rn. 16 ff.; vgl. auch *Hanau*, in: FS Bauer, S. 385 (385 f.); näher hierzu bereits oben Kap. 1, B. III. 1.

Bedeutung hat und er deshalb auf möglichst weitgehenden Schutz angewiesen ist,[309] erwartet der Arbeitgeber einen flexiblen Personaleinsatz und eine weitreichende betriebswirtschaftliche Dispositionsfreiheit.[310] Zugespitzt formuliert ist für den Arbeitnehmer „das Arbeitsverhältnis Existenzgrundlage, für den Arbeitgeber Kostenfaktor".[311] Mit Blick auf den Kündigungsschutz als Ausdruck dieses Interessenkonflikts wird auch von „Arbeitsplatzinteresse" als Interesse des Arbeitnehmers am Fortbestand des Arbeitsverhältnisses und von „Maßnahmeinteresse" als Interesse des Arbeitgebers, auf arbeitnehmerseitige Störungen des Arbeitsverhältnisses zu reagieren, gesprochen.[312]

Das Zivilrecht beruht im Gegensatz zum öffentlichen Recht in der Regel auf dem Prinzip der Gleichordnung.[313] Dass dies tatsächlich aber nicht immer der Fall ist, zeigt sich besonders deutlich im Arbeitsrecht.[314] Rechtlich liegt zwar auch hier ein Gleichordnungsverhältnis vor,[315] faktisch besteht aber ein Über- und Unterordnungsverhältnis – ein „reales Machtgefälle"[316] – zwischen Arbeitgeber und Arbeitnehmer:[317] Zum einen besteht durch das Direktionsrecht des Arbeitgebers und der daraus folgenden Weisungsgebundenheit des Arbeitnehmers eine persönliche Abhängigkeit, weshalb sich der Arbeitnehmer bei Erfüllung seiner Arbeitspflicht den Weisungen des Arbeitgebers unterordnen muss.[318] Zum anderen hat der Arbeitnehmer regelmäßig eine schwächere

---

309 Siehe oben Kap. 1; dazu auch *Preis*, in: Ascheid/Preis/Schmidt, Kündigungsrecht, 1. Teil, B Rn. 3 f.; *Temming*, in: Preis/Temming, Individualarbeitsrecht, Rn. 1 f.; *Thüsing*, in: MüKo-HGB, Vor § 59 Rn. 9.

310 *Preis*, in: Ascheid/Preis/Schmidt, Kündigungsrecht, 1. Teil, B Rn. 5; hierzu mit einer rechtshistorischen Betrachtung *Stöhr*, RdA 2014, 307 (307 ff.).

311 *Kempff*, Grundrechte im Arbeitsverhältnis, S. 84.

312 *Fromm*, Die arbeitnehmerbedingten Kündigungsgründe, S. 142.

313 *Roxin/Greco*, Strafrecht Allgemeiner Teil, § 1 Rn. 5.

314 Vgl. hierzu bereits oben unter Kap. 1, B. I. 1.

315 *Auffermann*, Der Grundsatz der Verhältnismäßigkeit im Arbeits- und Sozialversicherungsrecht, S. 96; *Stückmann/Kohlepp*, RdA 2000, 331 (333).

316 *Kempff*, Grundrechte im Arbeitsverhältnis, S. 84.

317 *Auffermann*, Der Grundsatz der Verhältnismäßigkeit im Arbeits- und Sozialversicherungsrecht, S. 96; *Kempff*, Grundrechte im Arbeitsverhältnis, S. 84; *Stückmann/Kohlepp*, RdA 2000, 331 (333); vgl. auch *Temming*, in: Preis/Temming, Individualarbeitsrecht, Rn. 189, 639.

318 *Kempff*, Grundrechte im Arbeitsverhältnis, S. 84; vgl. *Stückmann/Kohlepp*, RdA 2000, 331 (333).

Verhandlungsposition als der Arbeitgeber inne,[319] wohingegen auf Seiten des Arbeitgebers grundsätzlich ein wirtschaftliches, wissensmäßiges und auch soziales Übergewicht besteht.[320] Dies bedeutet indes nicht, dass das Machtverhältnis zwischen Arbeitgeber und Arbeitnehmer im Einzelfall nicht ausgeglichen oder sogar umgekehrt sein könnte; am generellen Befund eines Über- und Unterordnungsverhältnisses als Ausdruck der typischerweise bestehenden Interessenlage ändert dies jedoch nichts.[321] Es wird daher von „struktureller Unterlegenheit"[322] des Arbeitnehmers gesprochen.

In Anbetracht dessen ist der Arbeitnehmer trotz Vorliegens eines privatrechtlichen Verhältnisses besonders auf staatliche Fürsorge und Hilfe zur Durchsetzung seiner Interessen angewiesen.[323] Der Gesetzgeber ist sich dessen bewusst und erlässt daher – unter Beachtung der Grenzen der Vertragsfreiheit und der Verhältnismäßigkeit – zumeist einseitig zwingende gesetzliche Regelungen.[324] Das Arbeitsrecht dient daher auch heute noch dem Schutz des Arbeitnehmers.[325] So hat der Gedanke der Waffengleichheit insbesondere Einfluss im Bereich des

---

319 *Junker*, Grundkurs Arbeitsrecht, Rn. 9; *Vogelsang*, in: Schaub, Arbeitsrechts-Handbuch, § 8 Rn. 3; vgl. *Kempff*, Grundrechte im Arbeitsverhältnis, S. 84.

320 *Auffermann*, Der Grundsatz der Verhältnismäßigkeit im Arbeits- und Sozialversicherungsrecht, S. 96, 98; *Gamillscheg*, Die Grundrechte im Arbeitsrecht, S. 29 ff.; *Junker*, Grundkurs Arbeitsrecht, Rn. 9; *Kempff*, Grundrechte im Arbeitsverhältnis, S. 84; *Stückmann/Kohlepp*, RdA 2000, 331 (333).

321 *Junker*, Grundkurs Arbeitsrecht, Rn. 9.

322 BVerfGE 92, 365 (395) = JZ 1995, 1169 (1169); BVerfGK 4, 356 (364) = NZA 2005, 153 (155); BVerfG NJW 2007, 286 (287); *Temming*, in: Preis/Temming, Individualarbeitsrecht, Rn. 159; kritisch *Picker*, in: FS Richardi, S. 141 (144 f.).

323 *Gamillscheg*, RdA 1998, 2 (3); vgl. *Greiner*, in: MHdB-ArbR, Band 2, § 107 Rn. 18.

324 *Gamillscheg*, RdA 1998, 2 (3); *Junker*, Grundkurs Arbeitsrecht, Rn. 64 f.; vgl. *Wollenschläger*, Arbeitsrecht, Rn. 46: „[…] darf es eine völlige Vertragsfreiheit nur geben, wenn die am Rechtsverkehr beteiligten Rechtssubjekte gleich stark sind. Da dieses im Verhältnis Arbeitgeber – Arbeitnehmer nicht der Fall ist, erfährt die Vertragsfreiheit gewisse Einschränkungen. Insoweit ist unser heutiges modernes Arbeitsrecht auch Arbeitnehmerschutzrecht. Dieser Schutzzweck durchzieht sämtliche arbeitsrechtlichen Gesetze […]."

325 *Dütz/Thüsing*, Arbeitsrecht, Rn. 1a; *Wollenschläger*, Arbeitsrecht, Rn. 1, 46; vgl. zur Entwicklung des Arbeitsrechts als Arbeitnehmerschutzrecht bereits oben, Kap. 1, B. I., III.

kollektiven Arbeitsrechts, kommt aber auch im Individualarbeitsrecht zur Neutralisierung des Ungleichgewichts im Arbeitsverhältnis zum Tragen.[326]

Bei alledem darf aber nicht vergessen werden, dass es sich bei dem Arbeitsverhältnis um ein privates Rechtsverhältnis handelt.[327] Der Staat ist hieran nicht unmittelbar beteiligt, sondern greift nur zugunsten des Arbeitnehmers mittelbar durch Einschränkung der Arbeitgeberrechte schützend ein.[328] Als private, am Rechtsverhältnis beteiligte Personen unterliegen Arbeitgeber und Arbeitnehmer keiner Grundrechtsbindung; es besteht lediglich eine mittelbare Drittwirkung der Grundrechte.[329] Im Arbeitsrecht gilt vielmehr der Grundsatz der Privatautonomie, und zwar sowohl im Hinblick auf die Begründung, die inhaltliche Ausgestaltung als auch die Beendigung des Arbeitsverhältnisses.[330] So ist beispielsweise gerade das Kündigungsrecht Ausdruck der arbeitsrechtlichen Vertragsfreiheit.[331] § 626 BGB gewährleistet den am Arbeitsverhältnis beteiligten Parteien das „unabdingbare[s] Freiheitsrecht“, bei unzumutbaren Belastungen eine Auflösung des Rechtsverhältnisses durch Kündigung zu erreichen.[332]

III. Vergleichende Betrachtung

Sowohl das Strafrecht als auch das Arbeitsrecht lassen sich als Schutzrechte begreifen. Das Strafrecht ist mit dem Schutz bestimmter Rechtsgüter auf die Aufrechterhaltung der Grundlagen eines geordneten Gemeinschaftslebens und damit auf den Schutz der staatlichen Ordnung gerichtet, während das Arbeitsrecht speziell den Schutz einer ausgewählten Gruppe, nämlich der Arbeitnehmer, im Blick hat.[333] Hierin liegt der maßgebliche Unterschied: Während das

326 So beispielsweise LAG Hamm, Urt. v. 9.6.2011 – 15 Sa 410/11, BeckRS 2011, 79293; zur Waffengleichheit bei internen Ermittlungen *Mengel*, Compliance und Arbeitsrecht, § 4 Rn. 36; *Spehl/Grützner*, in: Spehl/Grützner, Corporate Internal Investigations, S. 214.

327 Siehe oben Kap. 1, B. II.

328 Siehe oben Kap. 1, B. II., III. 1.

329 *Herdegen*, in: Dürig/Herzog/Scholz, GG, Art. 1 Abs. 3 Rn. 64, 125; siehe dazu bereits oben unter Kap. 1, B. III. 1. mwN.

330 *Scholz*, in: Dürig/Herzog/Scholz, GG, Art. 12 Rn. 91.

331 *Hergenröder*, in: MüKo-BGB, § 1 KSchG Rn. 39; *Scholz*, in: Dürig/Herzog/Scholz, GG, Art. 12 Rn. 94; vgl. auch *Biebl*, in: Ascheid/Preis/Schmidt, Kündigungsrecht, § 13 KSchG Rn. 58; anders *Preis*, in: Ascheid/Preis/Schmidt, Kündigungsrecht, 1. Teil, G Rn. 2, der nur die Vertragsbeendigung durch Aufhebungsvertrag als von der Vertragsfreiheit umfasst sieht.

332 *Preis*, in: Preis/Temming, Individualarbeitsrecht, Rn. 3066.

333 Siehe oben Kap. 2, A. I., II.

Arbeitsrecht als Teil des Privatrechts die rechtliche und gesellschaftliche Ordnung inhaltlich gestaltet, setzt das Strafrecht eine bereits ausgeformte Rechts- und Sozialordnung voraus und sichert deren Bestand mit dem rechtlichen Mittel der Strafbewehrung; das Strafrecht hat akzessorischen Charakter.[334] Strafrecht und Arbeitsrecht setzen folglich auf unterschiedlichen Ebenen an: Die Verhaltensnormen etwa des Zivilrechts und des öffentlichen Rechts (einschließlich der Verhaltensnormen des Strafrechts) stellen die Primärordnung dar, auf welche die Sanktionsnormen des Strafrechts als Sekundärordnung Bezug nehmen.[335] Im Ergebnis muss es daher auch Aufgabe des Strafrechts sein, die durch Arbeitsrechtsordnung geschützten Rechtsgüter, soweit deren Schutz durch eine Strafbewehrung unter Berücksichtigung des Ultima-ratio-Prinzips[336] erforderlich ist, abzusichern.[337] Das Strafrecht hat insofern eine dem Arbeitsrecht dienende Funktion:[338] Das Strafrecht kann als letzte Möglichkeit eingesetzt werden, um den Bestand des Arbeitsrechts zu gewährleisten. Inwieweit die Rechtsbeziehungen zwischen Arbeitnehmer und Arbeitgeber nach aktueller Rechtslage Regelungsgegenstand des Strafrechts sind, wird im weiteren Fortgang der Arbeit näher untersucht.[339]

Im Hinblick auf das Vorliegen eines Über- und Unterordnungsverhältnisses scheinen die Rechtsbeziehungen im Straf- und Arbeitsrecht zunächst ebenfalls

---

334 *Appel*, Verfassung und Strafe, S. 431; *H.-L. Günther*, Strafrechtswidrigkeit und Strafunrechtsausschluß, S. 154 f.; vgl. *Binding*, Handbuch des Strafrechts, S. 9 f.; *Haffke*, in: FS Roxin, S. 955 (964); *Lange*, NJW 1978, 784 (785); *Maurach/Zipf*, Strafrecht Allgemeiner Teil, § 2 Rn. 11 ff., 26; *Tiedemann*, Tatbestandsfunktionen im Nebenstrafrecht, S. 45 f.; *Zipf*, Kriminalpolitik, S. 52; siehe oben Kap. 2, A. I.

335 *Appel*, Verfassung und Strafe, S. 444; *Frisch*, in: FS Stree/Wessels, S. 69 (82); *Rössner*, in: HK-GS, Vor §§ 1 ff. Rn. 8; *Satzger*, in: Satzger/Schluckebier/Widmaier, StGB, Einleitung Rn. 1; vgl. bereits *Bierling*, Juristische Prinzipienlehre, S. 133 ff.: „primäre" und „sekundäre" Normen; *Binding*, Handbuch des Strafrechts, S. 9 f.

336 Vgl. *Appel*, Verfassung und Strafe, S. 447.

337 In diesem Zusammenhang stellt sich etwa auch die Frage, ob eine strikte Begriffsakzessorietät des Strafrechts gegeben sein muss, dazu *Ceffinato*, NK 2017, 75 (77 ff.); *Jescheck/Weigend*, Lehrbuch des Strafrechts, Allgemeiner Teil, S. 53 f.; vgl. *Hohmann*, ZIS 2007, 38 ff. zu den verschiedenen Kategorien akzessorischen Strafrechts.

338 Vgl. generell zur dienenden Funktion des Strafrechts *Appel*, Verfassung und Strafe, S. 431 f.; *Freund*, in: MüKo-StGB, Vor § 13 Rn. 46; kritisch *Herzberg*, GA 2016, 737 (743 ff.).

339 Hierzu unten Kap. 3; zu den strafrechtlichen Regelungen im Rahmen des Arbeitsschutzrechts siehe bereits oben unter Kap. 1, B. III. 1.

vergleichbar.[340] Allerdings liegt im Arbeitsrecht der Schwerpunkt auf der Privatautonomie und der Relativität der Arbeitsverhältnisse, während sich die strafrechtlichen Konsequenzen einer Straftat über das Verhältnis Staat und Täter hinaus an den Interessen der Allgemeinheit und nicht (nur) an denen des konkreten Opfers der Tat, denn „Opferschutz" wird noch immer primär als Schutz der Allgemeinheit verstanden,[341] zu orientieren haben und die Strafe den Täter in seinem allgemeinen Staatsbürgerstatus trifft.[342] Alleine aus dem Über- und Unterordnungsverhältnis ergibt sich noch keine staatsgewaltähnliche Machtposition des Arbeitgebers, welcher regelmäßig nur eigene Unternehmerinteressen in seine Entscheidungen einbeziehen wird.[343]

B. Ultima-ratio-Prinzip

Sowohl im Strafrecht als auch im Arbeitsrecht wird die Geltung des Ultima-ratio-Prinzips anerkannt, jedoch mit unterschiedlichem Inhalt.

I. Strafrecht

Das Strafrecht beschränkt den Einzelnen in seiner Handlungsfreiheit und grenzt die Freiheitsbereiche in der Gesellschaft gegeneinander ab.[344] Kriminalstrafe ist dabei das eingriffsintensivste Mittel des Staates schlechthin, das nur eingesetzt werden darf, soweit es zur Ermöglichung eines friedlichen Zusammenlebens erforderlich ist, also als „ultima ratio" (Ultima-ratio- oder Subsidiaritätsprinzip).[345] Das Ultima-ratio-Prinzip steht hinsichtlich der Strafbegrenzung

---

340 So auch *Sarhan*, wistra 2015, 449 (450) mit Hinweis auf die Gehaltsabhängigkeit des Arbeitnehmers und die wirtschaftliche Mächtigkeit der Unternehmen.

341 Siehe *Hörnle*, JZ 2006, 950 (950) mit kritischer Stellungnahme.

342 Siehe oben Kap. 2, A. I., II.; vgl. auch *Göpfert/Landauer*, NZA-Beilage 2011, 16 (19).

343 Siehe oben Kap. 2, A. II.

344 BVerfGE 39, 1 (46 f.) = NJW 1975, 573 (576 f.); BVerfG NJW 2022, 1160 (1160 f., 1166); *Appel*, Verfassung und Strafe, S. 315, 519; siehe hierzu oben unter Kap. 2, A. I.

345 BVerfGE 6, 389 (433) = NJW 1957, 865 (867); BVerfGE 39, 1 (46 f.) = NJW 1975, 573 (576); *Hefendehl*, JA 2011, 401 (401); *Jäger*, in: SK-StGB, Vor § 1 Rn. 24; *Kindhäuser/Zimmermann*, Strafrecht Allgemeiner Teil, § 2 Rn. 8; *H. Otto*, in: GS Schröder, S. 53 (54): „Strafe nur dort als Reaktion zuzulassen, wo sie unerläßlich ist, um den Rechtsfrieden zu gewährleisten"; *Rengier*, Strafrecht Allgemeiner Teil, § 3 Rn. 5; *Roxin*, GA 2011, 678 (680); *ders./Greco*, Strafrecht Allgemeiner Teil, § 2 Rn. 8, 97; *Satzger*, in: Satzger/Schluckebier/Widmaier, StGB, Einleitung Rn. 4; *Weigend*, in: LK-StGB, Stand 2020, Einleitung Rn. 1; näher hierzu *Jahn/Brodowski*, JZ 2016, 969 (969 ff.); zur Entstehung des Subsidiaritätsprinzips *Arthur Kaufmann*, in: FS Henkel, S. 89 ff.;

gleichrangig neben dem Rechtsgüterschutzgedanken, sodass die Aufgabe des Strafrechts[346] um den Aspekt der Subsidiarität ergänzt werden kann („subsidiärer Rechtsgüterschutz").[347] Deshalb kommt das Strafrecht nur dort zum Einsatz, wo außerstrafrechtliche Mittel – wie gesellschaftliche Sanktionen, zivilrechtliche Sanktionen und Klagen oder öffentlich-rechtliche Anordnungen und Sanktionen – zur sozialen Problemlösung nicht ausreichen und nur durch eine Strafandrohung wirksamer Rechtsgüterschutz gewährleistet werden kann.[348] Insofern gewährleistet das Strafrecht subsidiären und fragmentarischen Rechtsgüterschutz bezüglich einzelner Angriffsarten.[349] Im Verhältnis zur Gesamtrechtsordnung wird nur ein kleiner Teil dessen, was als rechtswidrig eingestuft wird, durch die Strafrechtsordnung erfasst.[350] Denn die Strafe ist auf solche Verhaltensweisen zu beschränken, die den mit ihr verbundenen sozialethischen Tadel verdienen.[351] Dahinter steht der aus dem Rechtsstaatsprinzip (Art. 20 Abs. 3 GG) abgeleitete Verhältnismäßigkeitsgedanke.[352]

---

vgl. auch *Kaspar*, Verhältnismäßigkeit und Grundrechtsschutz im Präventionsstrafrecht, S. 244 ff., der dem Ultima-ratio-Prinzip im Hinblick auf den Verhältnismäßigkeitsgrundsatz, insbesondere Erforderlichkeit und Angemessenheit, einen eigenständigen Gehalt abspricht und dem Prinzip nur einen rein deklaratorischen Charakter zuerkennt; *Trendelenburg*, Ultima ratio?, S. 41, 74, der das Ultima-ratio-Prinzip als rechtspolitisch orientierten Programmsatz ansieht.

346 Dazu oben Kap. 2, A. I.

347 *Roxin*, GA 2013, 433 (443); *ders./Greco*, Strafrecht Allgemeiner Teil, § 2 Rn. 97; differenzierend *Kaspar*, Verhältnismäßigkeit und Grundrechtsschutz im Präventionsstrafrecht, S. 248.

348 BVerfGE 39, 1 (46 f.) = NJW 1975, 573 (576 f.); *Frisch*, NStZ 2016, 16 (19); *Kaspar*, Verhältnismäßigkeit und Grundrechtsschutz im Präventionsstrafrecht, S. 243; *Roxin*, GA 2011, 678 (680); *ders./Greco*, Strafrecht Allgemeiner Teil, § 2 Rn. 97 f.

349 *Kindhäuser/Zimmermann*, Strafrecht Allgemeiner Teil, § 2 Rn. 6; *Kühl*, in: FS Maiwald, S. 433 (448); *Maiwald*, in: FS Maurach, S. 9 (9); *Roxin/Greco*, Strafrecht Allgemeiner Teil, § 2 Rn. 97; *Zipf*, Kriminalpolitik, S. 52; siehe hierzu bereits oben Kap. 2, A. I.; vgl. *Hefendehl*, JA 2011, 401 (404) zur engen Verknüpfung der Erforderlichkeit einer Strafrechtsnorm mit den Bedingungen eines fragmentarischen Strafrechts; zum Zusammenhang der Fragmentarität mit dem Gesetzlichkeitsprinzip und dem Schuldprinzip *Vormbaum*, ZStW 123 (2011), 660 (665 ff.).

350 *Maiwald*, in: FS Maurach, S. 9 (10).

351 *Frisch*, NStZ 2016, 16 (17); siehe näher hierzu oben unter Kap. 2, A. I.

352 *Roxin/Greco*, Strafrecht Allgemeiner Teil, § 2 Rn. 86, 98; vgl. *Weigend*, in: LK-StGB, Stand 2020, Einleitung Rn. 1.

Die Eingriffsgrenze für strafrechtliche Reaktionen wird durch den Gesetzgeber festgelegt, wobei insbesondere die Verfassung und der (das Verfassungsrecht beherrschende) Verhältnismäßigkeitsgrundsatz zu berücksichtigen sind.[353] Verfolgt der Gesetzgeber den Schutz eines Rechtsguts, so muss bei der verfassungsrechtlichen Rechtfertigung zwischen Verhaltensnorm und Sanktionsnorm unterschieden und jeweils getrennt geprüft werden.[354] Die Verhaltensnorm trifft keine Aussage darüber, ob die in ihr enthaltene Interessenbewertung einer Strafbewehrung bedarf; hierüber muss der Gesetzgeber erst in einem weiteren Schritt entscheiden.[355] Allerdings wird die effektive Umsetzung des Ultima-ratio-Prinzips durch den Gesetzgeber angesichts der Expansion des Strafrechts – *Weigend* spricht insoweit von legislatorischer „Hyper-Aktivität"[356] – und der damit einhergehenden Abnahme des fragmentarischen Charakters des Strafrechts[357] zunehmend in Frage gestellt.[358]

II. Arbeitsrecht

Im Rahmen arbeitsrechtlicher Maßnahmen, insbesondere solcher, die wie die Kündigung ausnahmsweise in Durchbrechung der Vertragsbindung (pacta sunt

353 BVerfGE 39, 1 (46 f.) = NJW 1975, 573 (576); *Jäger*, in: SK-StGB, Vor § 1 Rn. 13; *Joecks/Erb*, in: MüKo-StGB, Einleitung Rn. 2.

354 *Appel*, Verfassung und Strafe, S. 436; *Kaspar*, Verhältnismäßigkeit und Grundrechtsschutz im Präventionsstrafrecht, S. 364 (aber gegen eine vollständig isolierte Betrachtungsweise); *Kindhäuser*, Gefährdung als Straftat, S. 153 f.; siehe auch Sondervotum *Graßhof*, BVerfGE 90, 145 (200) = NJW 1994, 1577 (1585); näher hierzu unter Berücksichtigung betroffener Grundrechte *Lagodny*, Strafrecht vor den Schranken der Grundrechte, S. 77 ff., 138 ff. (für die Verhaltensnormen), 275 ff. (für die Sanktionsnormen).

355 *Appel*, Verfassung und Strafe, S. 447; *Kindhäuser*, Gefährdung als Straftat, S. 153; zustimmend *Gärditz*, JZ 2016, 641 (642).

356 *Weigend*, StV 2016, I (Editorial).

357 *Vormbaum*, ZStW 123 (2011), 660 (685); siehe hierzu auch oben unter Kap. 2, A. I.

358 *Hamm*, NJW 2016, 1537 (1537, 1541); *Jahn/Brodowski*, JZ 2016, 969 (969 f.); *Landau*, NStZ 2015, 665 (668); *Weigend*, StV 2016, I (Editorial); kritisch auch *Frisch*, NStZ 2016, 16 (20 f., 23 f.) im Hinblick auf die Ausweitung des Strafrechts, allerdings auch hinsichtlich der Eignung des Ultima-ratio-Prinzips zu deren Einschränkung; so auch *Gärditz*, JZ 2016, 641 (649); *Jahn/Brodowski*, JZ 2016, 969 (970) sehen eine Lösung in einem vom Verhältnismäßigkeitsgrundsatz abgekoppelten strafverfassungsrechtlichen Ultima-ratio-Grundsatz; zum Meinungsstand *Gärditz*, JZ 2016, 641 (644 ff.) und *Jahn/Brodowski*, JZ 2016, 969 (972 ff.).

servanda)[359] zur – unter Umständen sofortigen – Beendigung des Arbeitsverhältnisses führen, muss ebenfalls der Verhältnismäßigkeitsgrundsatz und das daraus folgende Ultima-ratio-Prinzip beachtet werden.[360] Eine Beendigungskündigung darf daher nur ausgesprochen werden, wenn sie das unausweichlich letzte Mittel ist, also mildere Maßnahmen nicht zumutbar wären.[361] Dies gilt unabhängig davon, ob es sich um eine außerordentliche oder ordentliche Kündigung handelt oder ob diese auf verhaltens-, personen- oder betriebsbedingten Gründen beruht.[362] So formuliert das Bundesarbeitsgericht in seiner

---

359 *Preis*, in: Preis/Temming, Individualarbeitsrecht, Rn. 3076; *Riesenhuber*, in: Erman, BGB, § 626 Rn. 1, 7; *Stoffels*, in: BeckOK-ArbR, § 626 BGB Rn. 1, 55; *Temming*, in: Staudinger, BGB, § 626 Rn. 5; vgl. auch ArbG Köln, Urt. v. 23.4.2015 – 8 Ca 4701/14, BeckRS 2015, 67875: „Die außerordentliche Kündigung durchbricht das Ordnungsprinzip der Vertragstreue […]"; *Krois*, ZfA 2009, 575 (596, 612) für die Änderungskündigung nach § 2 KSchG; kritisch *Löwisch*, BB 1998, 1793 (1795), nach dem die Vertragsbindung ihre Grenze wie bei jedem Vertragsverhältnis am Kündigungsrecht finde; generell kritisch im Hinblick auf die Berufung auf den Grundsatz pacta sunt servanda im Kündigungsrecht *Franz/Rüthers*, RdA 1999, 32 (36) sowie *Rüthers*, NJW 1998, 1433 (1436).

360 Siehe nur BAG AP BGB § 626 Ausschlußfrist Nr. 10; BAGE 30, 309 (313 f.) = AP BGB § 626 Nr. 70; BAGE 114, 243 (248 f.) = NZA 2005, 1289 (1291); *Fischermeier/Krumbiegel*, in: GK-KR, § 626 BGB Rn. 265; *Henssler*, in: MüKo-BGB, § 626 Rn. 96; *Jakobs*, DVBl. 1985, 97 (101); *Kunz*, in: Tschöpe, Arbeitsrecht Handbuch, 3. Teil, F. Rn. 27; *Linck*, in: Schaub, Arbeitsrechts-Handbuch, § 127 Rn. 44; *Niemann*, in: ErfK, § 626 Rn. 25 f.; *Preis*, in: Ascheid/Preis/Schmidt, Kündigungsrecht, 1. Teil, H. Rn. 55; *ders.*, in: Preis/Temming, Individualarbeitsrecht, Rn. 2782; *ders.*, Prinzipien des Kündigungsrechts bei Arbeitsverhältnissen, S. 288 ff.; *ders.*, DB 1990, 685 (685); *Rachor*, in: GK-KR, § 1 KSchG Rn. 222; *ders.*, in: MHdB-ArbR, Band 2, § 124 Rn. 7; *Riesenhuber*, in: Erman, BGB, § 626 Rn. 2; *Stoffels*, in: BeckOK-ArbR, § 626 BGB Rn. 55; *Stückmann/Kohlepp*, RdA 2000, 331 (333); *Temming*, in: Staudinger, BGB, § 626 Rn. 75, 86; vgl. *Löwisch*, RdA 1999, 69 (75); kritisch im Hinblick auf das Ultima-ratio-Prinzip, jedoch eine grundsätzliche Geltung des Verhältnismäßigkeitsgrundsatzes bejahend *Rüthers*, NJW 1998, 1433 (1434 f.) – Erwiderung durch *Preis*, NJW 1998, 1889 (1889 ff.); kritisch zur Anwendung des Verhältnismäßigkeitsgrundsatzes im Privatrecht *v. Hoyningen-Huene*, AP KSchG 1969 § 2 Nr. 2; *Zitscher*, BB 1983, 1285 (1285 ff.).

361 BAGE 30, 309 (314) = AP BGB § 626 Nr. 70; BAG NJW 1979, 332 (333); *Henssler*, in: MüKo-BGB, § 626 Rn. 96; *Kraft*, in: Soergel, BGB, § 626 Rn. 41; *Rolfs*, in: BeckOK-ArbR, § 1 KSchG Rn. 66; *Seeling/Zwickel*, MDR 2008, 1020 (1021).

362 BAGE 30, 309 (314) = AP BGB § 626 Nr. 70.

grundlegenden Entscheidung aus dem Jahr 1978 wie folgt:[363] „Eine außerordentl. Kündigung kommt nur in Betracht, wenn alle anderen, nach den jeweiligen Umständen möglichen und angemessenen milderen Mittel [...] erschöpft sind, das in der bisherigen Form nicht mehr haltbare Arbeitsverhältnis fortzusetzen. Die außerordentl. Kündigung ist nur zulässig, wenn sie die unausweichlich letzte Maßnahme (ultima ratio) für den Kündigungsberechtigten ist [...]. Darüber hinaus gilt im KündSchutzrecht allgemein der Grundsatz, daß eine Beendigungskündigung, gleichgültig ob sie auf betriebs-, personen- oder verhaltensbedingte Gründe gestützt ist, und gleichgültig ob sie als ordentl. oder außerordentl. Kündigung ausgesprochen wird, als äußerstes Mittel erst in Betracht kommt, wenn keine Möglichkeit zu einer anderweitigen Beschäftigung, unter Umständen auch mit schlechteren Arbeitsbedingungen, besteht [...]."

Dogmatisch stellt die Prüfung der Kündigung als einzige und letztmögliche dem Arbeitgeber zur Verfügung stehende Maßnahme einen Teil der üblichen dreistufigen öffentlich-rechtlichen Verhältnismäßigkeitsprüfung dar, nämlich die Erforderlichkeitsprüfung.[364] Mildere Mittel sind etwa die Abmahnung (bei erstmaligem Verstoß), organisatorische Veränderungen (z.B. die Einführung von Kurzarbeit), aber auch die Ausschöpfung anderweitiger Beschäftigungsmöglichkeiten durch Änderungskündigung bzw. Änderungsvertrag oder die Versetzung des Arbeitnehmers aufgrund Ausübung des Direktionsrechts.[365]

Das arbeitsrechtliche Ultima-ratio-Prinzip findet in mehreren kündigungsrechtlichen Vorschriften normativen Ausdruck, wie beispielsweise in der vorgeschriebenen innerbetrieblichen Weiterbeschäftigungsmöglichkeit und den Voraussetzungen der Dringlichkeit und des Bedingtseins durch den entsprechenden Kündigungsgrund, vgl. § 1 Abs. 2 KSchG.[366] Daneben ist es auch der

---

363 BAGE 30, 309 (314) = AP BGB § 626 Nr. 70; vgl. *Preis*, in: Ascheid/Preis/Schmidt, Kündigungsrecht, 1. Teil, H. Rn. 55; *Rachor*, in: GK-KR, § 1 KSchG Rn. 222; *Stoffels*, in: BeckOK-ArbR, § 626 BGB Rn. 55.

364 *Hergenröder*, in: MüKo-BGB, § 1 KSchG Rn. 102; *Niemann*, in: ErfK, § 626 BGB Rn. 25; zustimmend, aber mit Hinweis auf die Eigenständigkeit des Prinzips *Stückmann/Kohlepp*, RdA 2000, 331 (334 f., 337 ff.); anders BAGE 47, 26 (31) = AP KSchG 1969 § 2 Nr. 8 (Gleichstellung von Verhältnismäßigkeitsgrundsatz und Ultima-ratio-Prinzip); eingehend zur dogmatischen Einordnung *Preis*, Prinzipien des Kündigungsrechts bei Arbeitsverhältnissen, S. 254 ff.

365 BAGE 30, 309 (314) = AP BGB § 626 Nr. 70; *Hergenröder*, in: MüKo-BGB, § 1 KSchG Rn. 103; *Kraft*, in: Soergel, BGB, § 626 Rn. 41; *Oetker*, in: ErfK, § 1 KSchG Rn. 74.

366 BAGE 151, 199 (204) = NZA 2015, 1083 (1086); *Preis*, in: Preis/Temming, Individualarbeitsrecht, Rn. 2784 ff.; *Vossen*, in: Ascheid/Preis/Schmidt, Kündigungsrecht, § 1 KSchG Rn. 65; vgl. *Preis*, DB 1990, 685 (685); *Schaub*, NZA 1997, 810 (810); zustimmend

außerordentlichen Kündigung nach § 626 Abs. 1 BGB immanent.[367] Der allgemeine Verhältnismäßigkeitsgrundsatz hat somit auch Eingang in das Arbeitsrecht gefunden.

III. Vergleichende Betrachtung

Der Vergleich der Bedeutung des Ultima-ratio-Prinzips in den beiden Rechtsgebieten zeigt, dass hinter dessen Einsatz jeweils der Gedanke der Zurückhaltung bei Eingriffen in schützenswerte Rechtspositionen steht.

Das Strafrecht grenzt die Freiheitsbereiche der Bürger gegeneinander ab und muss dabei die außerstrafrechtliche Ordnung mitberücksichtigen; es ist insoweit akzessorisch.[368] Allerdings darf der Gesetzgeber das Strafrecht nur im Rahmen des verfassungsrechtlichen Verhältnismäßigkeitsgrundsatzes einsetzen, da es mit seinen Sanktionsnormen stets einen Eingriff in Grundrechte des Bürgers bedeutet und deshalb das letzte Mittel (ultima ratio) ist, das nur fragmentarischen Schutz bieten muss und subsidiär „von außen" die anderen Rechtsgebiete absichern kann.[369] Dem Gesetzgeber kommt eine breite Einschätzungsprärogative bei der Festlegung des Bereichs strafbaren Handelns zu,[370] der durch das Ultima-ratio-Prinzip begrenzt wird.[371] Dem Ultima-ratio-Prinzip kommt insoweit allerdings nur rechtspolitische Bedeutung zu.[372] Rechtliche Grenzen werden dem Gesetzgeber insbesondere durch die Verfassung und den das Verfassungsrecht beherrschenden Verhältnismäßigkeitsgrundsatz gesetzt.[373]

---

bzgl. des Merkmals des Bedingtseins, aber ablehnend im Hinblick auf die Dringlichkeit *Stückmann/Kohlepp*, RdA 2000, 331 (336); kritisch *Rüthers*, NJW 1998, 1433 (1435), der hierin eine Verfälschung der gesetzlichen Interessenbewertungen sieht.

367 BAGE 134, 349 (359 f.) = NZA 2010, 1227 (1231); *Preis*, in: Preis/Temming, Individualarbeitsrecht, Rn. 3077; aA *Rüthers*, NJW 1998, 1433 (1435).

368 Siehe oben unter Kap. 2., A. I., B. I.

369 Siehe oben unter Kap. 2, B. I.

370 Vgl. BVerfGE 39, 1 (46 f.) = NJW 1975, 573 (576); BVerfGE 120, 224 (241, 243 ff.) = NJW 2008, 1137 (1138 f.).

371 Siehe oben Kap. 2, B. I.

372 *Trendelenburg*, Ultima ratio?, S. 41, 74: Ultima-ratio-Prinzip als rechtspolitisch orientierter Programmsatz; *Weigend*, StV 2016, I (Editorial): „Dass Strafrecht *ultima ratio* [...] sein soll, ist nur ein – als solches nicht justiziables – Postulat [...]."; vgl. auch *Kaspar*, Verhältnismäßigkeit und Grundrechtsschutz im Präventionsstrafrecht, S. 244 ff., der dem Prinzip nur deklaratorischen Charakter zuerkennt.

373 Siehe oben Kap. 2, B. I.

Das Arbeitsrecht greift nicht per se in Rechtspositionen ein, sondern gestaltet die Rechtspositionen aus und erstrebt dabei einen gerechten Interessenausgleich zwischen Arbeitgeber und Arbeitnehmer.[374] Nur einzelne arbeitsrechtliche Gestaltungsrechte, wie etwa die außerordentliche Kündigung, die zur sofortigen Beendigung des Rechtsverhältnisses führt, wie auch die ordentliche Kündigung greifen in Rechtspositionen des Arbeitnehmers ein und dürfen aufgrund des Eingriffscharakters nur als letztes Mittel zum Einsatz kommen; das Ultima-ratio-Prinzip beherrscht insoweit das Kündigungsrecht und hat auch Eingang in verschiedene kündigungsrechtliche Vorschriften gefunden.[375] Dies rechtfertigt sich insbesondere vor dem Hintergrund der enormen Bedeutung des (in der Regel) auf Dauer angelegten Arbeitsverhältnisses für den Arbeitnehmer, das für diesen regelmäßig die Existenzgrundlage bildet, und dem Gedanken des arbeitsvertraglichen Bestandsschutzes.[376] Die Wirkungen einer Kündigung reichen dabei nicht unmittelbar über das Arbeitsverhältnis hinaus, sondern bleiben auf die Parteien des privatrechtlichen Arbeitsverhältnisses beschränkt.

C. Vergeltung und Prävention

Sowohl für das Straf- als auch das Arbeitsrecht spielt die Präventivwirkung von Maßnahmen eine bedeutende Rolle; daneben tritt – so jedenfalls im Strafrecht – der Vergeltungsgedanke.

I. Strafrecht

Im Strafrecht erfolgt eine Bestrafung wegen in der Vergangenheit liegender Handlungen, unabhängig davon, ob die Strafe gegenwärtig oder zukünftig noch konkret erforderlich ist.[377] Es handelt sich um vergangenheitsbezogene Sanktionen,[378] wobei die repressive Wirkung der Strafe im Vordergrund

---

374 Siehe oben Kap. 1, B. III. 1., Kap. 2, A. II.

375 Siehe oben unter Kap. 2, B. II.

376 Siehe hierzu oben Kap. 1, A., B. III. 1.

377 *C. Dannecker*, JZ 2013, 924 (928).

378 *Göpfert/Landauer*, NZA-Beilage 2011, 16 (18); *Jescheck/Weigend*, Lehrbuch des Strafrechts, Allgemeiner Teil, S. 4; *Gropp/Sinn*, Strafrecht Allgemeiner Teil, § 1 Rn. 143; vgl. *Kindhäuser/Zimmermann*, Strafrecht Allgemeiner Teil, § 1 Rn. 6; kritisch im Hinblick auf das Kriterium der Vergangenheitsbezogenheit *Kaspar*, ZStW 127 (2015), 654 (669 f.).

steht.[379] Strafe dient dem Schuldausgleich[380] und zielt „auf Repression und Vergeltung für ein rechtlich verbotenes Verhalten".[381] Der reine Vergeltungsgedanke reicht aber nicht aus, um die Verhängung der Strafe zu legitimieren,[382] denn Strafe darf nicht um ihrer selbst Willen verhängt werden.[383] Dies wäre aber der Fall, wenn allein auf das Vergeltungsprinzip abgestellt würde, das auch dort Strafe verlangt, wo dies zum Rechtsgüterschutz nicht notwendig ist.[384]

Erforderlich ist vielmehr bei jedem staatlichen Eingriff, dass dieser einem legitimen Zweck dient, und dieser wird heute auch,[385] teilweise ausschließlich[386] in der präventiven Wirkung gesehen.[387] Es wird zwischen positiver und negativer Spezialprävention sowie positiver und negativer Generalprävention differenziert.[388]

---

379 *Frister*, Strafrecht Allgemeiner Teil, § 1 Rn. 7; *Gropp/Sinn*, Strafrecht, § 1 Rn. 143; *Jescheck/Weigend*, Lehrbuch des Strafrechts, Allgemeiner Teil, S. 4; vgl. BVerfGE 110, 1 (14 ff.) = NJW 2004, 2073 (2074 ff.); hierzu auch *C. Dannecker*, JZ 2013, 924 (928).

380 BVerfGE 109, 133 (170) = NJW 2004, 739 (744); *Kühl*, in: FS Maiwald, S. 433 (437): „schuldausgleichende Übelszufügung".

381 BVerfGE 20, 323 (331) = NJW 1967, 195 (196); vgl. BVerfGE 109, 133 (173) = NJW 2004, 739 (745): „repressive Übelszufügung als Reaktion auf schuldhaftes Verhalten, die dem Schuldausgleich dient".

382 *Freund*, in: MüKo-StGB, Vor § 13 Rn. 38; *Roxin/Greco*, Strafrecht Allgemeiner Teil, § 3 Rn. 8; vgl. *Joecks/Erb*, in: MüKo-StGB, Einleitung Rn. 57.

383 BVerfGE 39, 1 (46) = NJW 1975, 573 (576): „Strafe [kann] niemals Selbstzweck sein"; *Freund*, in: MüKo-StGB, Vor § 13 Rn. 38.

384 *Joecks/Erb*, in: MüKo-StGB, Einleitung Rn. 57; *Roxin/Greco*, Strafrecht Allgemeiner Teil, § 3 Rn. 8; zur Vergeltung als Strafzweck *Tonio Walter*, in: GS M. Walter, S. 831 ff.

385 So etwa BVerfGE 21, 378 (384) = NJW 1967, 1651 (1652); BVerfGE 21, 391 (404) = NJW 1967, 1654 (1657); BGHSt 24, 40 (42 f.) = NJW 1971, 439 (439); BGHSt 28, 318 (326) = NJW 1979, 1666 (1668); *Maurach/Zipf*, Strafrecht Allgemeiner Teil, § 6 Rn. 8.

386 *Jakobs*, Strafrecht Allgemeiner Teil, 1. Abschnitt Rn. 14 ff.; *Kaspar*, Verhältnismäßigkeit und Grundrechtsschutz im Präventionsstrafrecht, S. 384 ff., 634, der in der Repression nur eine Beschreibung des Wesens des Bestrafungsvorgangs, nicht aber einen Strafzweck sieht; *Roxin/Greco*, Strafrecht Allgemeiner Teil, § 3 Rn. 37 ff.: Verzicht auf Vergeltung und Eingrenzung durch das Schuldprinzip.

387 *Freund*, in: MüKo-StGB, Vor § 13 Rn. 38; zu den verschiedenen Straftheorien *Joecks/Erb*, in: MüKo-StGB, Einleitung Rn. 50 ff.; *Neumann/Saliger*, in: NK-StGB, Vor § 1 Rn. 268 ff.

388 Eingehend zur Spezial- und Generalprävention (die Spezialprävention als Zweck allerdings ablehnend) *Kaspar*, Verhältnismäßigkeit und Grundrechtsschutz im Präventionsstrafrecht, S. 388 f., 391 ff., 634 ff. (Unterscheidung zwischen „Präventionszweck" und „Präventionsweg").

Spezialprävention meint zum einen positiv die Besserung des Täters und zum anderen negativ die Sicherung der Gesellschaft vor dem Täter.[389] Der Aspekt der Spezialprävention zeigt, dass nicht ausschließlich eine vergangenheitsbezogene Betrachtung erfolgt. So sieht das Gesetz an verschiedenen Stellen eine zukunftsgerichtete Prognoseentscheidung des Gerichts vor, so etwa im Rahmen der Strafaussetzung zur Bewährung gem. § 56 Abs. 1 StGB („daß der Verurteilte [...] künftig auch ohne die Einwirkung des Strafvollzuges keine Straftaten mehr begehen wird") und der Aussetzung des Strafrests bei zeitiger Freiheitsstrafe gem. § 57 Abs. 1 StGB („wenn [...] dies unter Berücksichtigung des Sicherheitsinteresses der Allgemeinheit verantwortet werden kann").[390] Außerdem müssen aufgrund der sozialen Funktion der Strafe die Konsequenzen der konkreten Strafe auf das zukünftige Leben des Straffälligen in der Gesellschaft berücksichtigt werden.[391]

Der Nachweis insbesondere der positiven Spezialprävention ist allerdings oft fraglich.[392] Deshalb wird heute vorrangig auf die Generalprävention abgestellt:[393] die Abschreckung anderer potenzieller Täter (negative Generalprävention) und die Einübung in Normvertrauen und Rechtstreue (positive Generalprävention).[394] Die Durchsetzung des staatlichen „Strafanspruchs" geschieht im gesamtgesellschaftlichen Interesse und bleibt nicht auf das Verhältnis zwischen Staat und Täter beschränkt.[395] Auch hier zeigt sich die nicht ausschließlich vergangenheitsbezogene Ausrichtung der Strafe; im Hinblick auf die positive Generalprävention hat das Strafrecht stets eine auf die Zukunft gerichtete präventive Funktion.[396]

---

389 *Wessels/Beulke/Satzger*, Strafrecht Allgemeiner Teil, Rn. 23.

390 Vgl. hierzu *Groß/Klett*, in: MüKo-StGB, § 57 Rn. 14.

391 *Jescheck/Weigend*, Lehrbuch des Strafrechts, Allgemeiner Teil, S. 3; vgl. *Kaspar*, ZStW 127 (2015), 654 (669 f.).

392 *Neumann/Saliger*, in: NK-StGB, Vor § 1 Rn. 275; vgl. hierzu und zu weiteren Kritikpunkten *Roxin/Greco*, Strafrecht Allgemeiner Teil, § 3 Rn. 16 ff., 20.

393 *Jakobs*, Strafrecht Allgemeiner Teil, Abschnitt 1 Rn. 16, 40, 50 ff.; *Joecks/Erb*, in: MüKo-StGB, Einleitung Rn. 77; *Radtke*, in: MüKo-StGB, Vor § 38 Rn. 35 ff.; *Schäfer/Sander/van Gemmeren*, Praxis der Strafzumessung, Rn. 811; vgl. *Kaspar*, Verhältnismäßigkeit und Grundrechtsschutz im Präventionsstrafrecht, S. 393 ff.; *Roxin/Greco*, Strafrecht Allgemeiner Teil, § 3 Rn. 24 Fn. 78 mit Nachweisen.

394 *Eschelbach*, in: SK-StGB, § 46 Rn. 18; *Jakobs*, Strafrecht Allgemeiner Teil, Abschnitt 1 Rn. 15 f.; *Joecks/Erb*, in: MüKo-StGB, Einleitung Rn. 67; *Kinzig*, in: Schönke/Schröder, StGB, Vor §§ 38 ff. Rn. 3; *Wessels/Beulke/Satzger*, Strafrecht Allgemeiner Teil, Rn. 23.

395 *Göpfert/Landauer*, NZA-Beilage 2011, 16 (18).

396 *Jescheck/Weigend*, Lehrbuch des Strafrechts, Allgemeiner Teil, S. 4.

II. Arbeitsrecht

Bei Arbeitgebermaßnahmen, wie insbesondere der verhaltensbedingten Kündigung, steht nicht der Vergeltungsgedanke, sondern die Prognoseentscheidung im Vordergrund. Die Kündigung ist keine Sanktion[397] für vergangenes Fehlverhalten des Arbeitnehmers, sondern soll vielmehr verlorengegangenes und nicht wiederherstellbares Vertrauen gegenüber dem Arbeitnehmer zum Ausdruck bringen und zukünftige Pflichtverletzungen verhindern.[398] Zwar stellt die Kündigung für den betroffenen Arbeitnehmer einen „zivilrechtlichen Nachteil"[399] dar und kann im Einzelfall vom Arbeitnehmer als Sanktion empfunden werden; sie ist aber ihrer Rechtsnatur und ihrem Zweck nach vertragsbezogen und enthält kein Unwerturteil über das Verhalten des Arbeitnehmers.[400] Dementsprechend führt das Bundesarbeitsgericht in der „Emmely"-Entscheidung aus:[401] „Die Berechtigung einer verhaltensbedingten Kündigung ist nicht daran zu messen, ob diese – vergleichbar einer staatlichen Maßnahme – als Sanktion für den fraglichen Vertragsverstoß angemessen ist. Statt des Sanktions- gilt das Prognoseprinzip." Maßgeblich ist allein die zukunftsbezogene Beurteilung der Zumutbarkeit einer Fortsetzung des Arbeitsverhältnisses unter Berücksichtigung der Wiederholungsgefahr und Folgewirkungen des vergangenen Verhaltens (Prognoseprinzip).[402] Im Rahmen der

---

397 Vgl. *Wollenschläger*, Arbeitsrecht, Rn. 429: „kein Abstrafen des Vorgefallenen in der Vergangenheit".

398 Siehe nur BAGE 134, 349 (357) = NZA 2010, 1227 (1230) mwN; *Niemann*, in: ErfK, § 626 BGB Rn. 1; *Preis*, NJW 1998, 1889 (1890); *ders.*, in: Preis/Temming, Individualarbeitsrecht, Rn. 3040 f., 3075; *Wollenschläger*, Arbeitsrecht, Rn. 429; anders bei der Betriebsbuße, die Strafcharakter aufweist, vgl. dazu *Kienapfel*, JZ 1965, 599 (600 f.); *Preis*, DB 1990, 685 (686); *Schmid*, NZA 1985, 409 (414); zur Abgrenzung Betriebsbuße – Abmahnung *Heinze*, NZA 1990, 169, (169 ff.); dazu auch *Fromm*, Die arbeitnehmerbedingten Kündigungsgründe, S. 418 ff., 422 ff.; zur Ordnungsfunktion der Betriebsbuße *Adam/Schmidt/Schumacher*, NStZ 2017, 7 (11) und *Herschel*, in: FS Lange, S. 477 (486) und mwN; eingehend zum Prognoseprinzip *Preis*, Prinzipien des Kündigungsrechts bei Arbeitsverhältnissen, S. 322 ff.; kritisch im Hinblick auf die Umsetzung dieses Gedankens (kein Strafcharakter der Kündigung) in der Praxis *Bartels*, RdA 2010, 109 (111).

399 BVerfG NZA 2001, 888 (889); LAG Hessen NZA-RR 2022, 637 (638); vgl. *D. Schneider*, Die arbeitsrechtliche Implementierung von Compliance- und Ethikrichtlinien, S. 89.

400 *Thielemann*, Verstöße des Arbeitnehmers gegen Compliance- und Ethikrichtlinien, S. 115.

401 BAGE 134, 349 (356 f.) = NZA 2010, 1227 (1230).

402 BAG NZA 1989, 633 (635); NZA 2006, 917 (921); NZA 2009, 855 (859); *Adam*, NZA 1998, 284 (285 f.) stellt allein auf das Prinzip der Zukunftsbezogenheit ab; *Herschel*,

Prognoseentscheidung zu berücksichtigende Indizien sind etwa der Grad des Verschuldens sowie die Art und Weise der Tatbegehung oder auch der vorherige Ausspruch einer Abmahnung.[403]

Dennoch wird in der Rechtsprechung und Literatur teilweise terminologisch unsauber beispielsweise von „Ahndung“ von Verstößen durch die Kündigung,[404] von „arbeitsrechtlichen Sanktionen“[405] oder „arbeitsrechtlichen Sanktionsmitteln“,[406] von der Sanktionierung von Verhaltensverstößen „mittels Abmahnungen und (außerordentlichen) Kündigungen“[407] oder von der Abmahnung und Kündigung als „übliche arbeitsrechtliche Sanktionen“[408] gesprochen.[409] Hintergrund mag sein, dass außerhalb des Arbeitsrechts die Vorstellung oder die Erwartungshaltung besteht, Fehlverhalten von Arbeitnehmern werde mit „personellen Maßnahmen“ *sanktioniert*.[410] Zur Vermeidung von Ungenauigkeiten und um deutlich zu machen, dass die Kündigung arbeitsrechtlich gerade nicht der Sanktion eines vergangenen Verhaltens dient, sondern ihr allein eine zukunftsgerichtete präventive Funktion zukommt, sollte die Verwendung des Begriffs „Sanktion“ im kündigungsrechtlichen Zusammenhang vermieden werden.[411]

---

in: FS Müller, S. 191 (202 f.); *Preis*, in: Preis/Temming, Individualarbeitsrecht, Rn. 3075; *ders.*, DB 1990, 630 (634); *Stoffels*, in: BeckOK-ArbR, § 626 BGB Rn. 70, 72; *Ulrich*, in: MAH-ArbR, § 43 Rn. 92; *Vossen*, in: Ascheid/Preis/Schmidt, Kündigungsrecht, § 1 KSchG Rn. 73; dazu auch *Hillebrecht*, ZfA 1991, 87 (120); kritisch im Hinblick auf das Prognoseprinzip und den fehlenden Sanktionscharakter *Fromm*, Die arbeitnehmerbedingten Kündigungsgründe, S. 412 ff., 443 ff.; *Kraft*, ZfA 1994, 463 (475 f.); *Löwisch*, BB 1998, 1793 (1795) lehnt das Prognoseprinzip ausschließlich für die verhaltensbedingte Kündigung ab; *Popp*, DB 1981, 2611 (2615); *Rüthers*, NJW 1998, 1433 (1435); *Wank*, RdA 1993, 79 (84); *Willemsen*, RdA 2017, 115 (115 ff.).

403 *Preis*, in: Preis/Temming, Individualarbeitsrecht, Rn. 3041; *ders.*, DB 1990, 630 (634).

404 So LAG Düsseldorf, NZA-RR 2005, 585 (587) und LAG Rheinland-Pfalz NZA-RR 2009, 303 (304).

405 So etwa *Fuhlrott*, ArbRAktuell 2020, 79 (80); *Giese/Dachner*, NZA 2022, 538 (540); *Göpfert/Jungbauer*, NZA 2022, 85 (88): „individualarbeitsrechtliche Sanktionen“; *Kleinebrink*, NZA 2020, 1361 (1361 ff.); *Schiefer*, DB 2013, 1785 (1787).

406 *Klinkhammer*, ArbRAktuell 2017, 320 (320).

407 *Schröder/Schreier*, BB 2010, 2565 (2565).

408 *Zimmer/Stetter*, BB 2006, 1445 (1449).

409 Vgl. hierzu auch *Haußmann/Merten*, NZA 2015, 258 (258); *D. Schneider*, Die arbeitsrechtliche Implementierung von Compliance- und Ethikrichtlinien, S. 89; *Thielemann*, Verstöße des Arbeitnehmers gegen Compliance- und Ethikrichtlinien, S. 115 f.

410 *Haußmann/Merten*, NZA 2015, 258 (258).

411 So auch *Thielemann*, Verstöße des Arbeitnehmers gegen Compliance- und Ethikrichtlinien, S. 115 f., die auf die Verwendung des Begriffs der „Sanktion“ verzichtet

Die arbeitsrechtliche Beurteilung eines strafbaren Arbeitnehmerverhaltens und die Entscheidung des Arbeitgebers, arbeitsrechtliche Maßnahmen zu ergreifen, betreffen alleine das zwischen Arbeitgeber und Arbeitnehmer bestehende Rechtsverhältnis; der arbeitsrechtlichen Einordnung des Sachverhalts kommt keine „gesamtgesellschaftliche Dimension“ zu.[412] Der Arbeitgeber muss seine Entscheidung über den Ausspruch einer Kündigung nicht an einem gesamtgesellschaftlichen Interesse an arbeitsrechtlichen Folgen oder deren Unterbleiben im Einzelfall ausrichten.[413] Es ist die Aufgabe des Gesetzgebers, die außerrechtlichen Folgen einer Kündigung, etwa in sozialer Hinsicht oder auch die Auswirkungen auf den Arbeitsmarkt, zu berücksichtigen und damit den Interessen der Allgemeinheit gerecht zu werden.[414] Hieraus folgt indes nicht, dass im Einzelfall nicht auch Interessen Dritter berücksichtigt werden können oder sogar müssen: So kann beispielsweise Druck durch die Öffentlichkeit oder der Schutz anderer Arbeitnehmer die Ergreifung arbeitsrechtlicher Maßnahmen erforderlich machen.[415]

Obgleich die Rechtsprechung teilweise die Abschreckung anderer Arbeitnehmer als berücksichtigungsfähiges Kriterium im Rahmen der Interessenabwägung anerkennt,[416] haben solche generalpräventiven Aspekte (wie etwa auch das Ziel, ein Exempel an einem der Arbeitnehmer zu statuieren) im Kündigungsrecht keinen Platz,[417] bzw. sind nur begrenzt tragfähig.[418] Denn die Kündigung ist „einzig und allein ein Mittel [ist], das Risiko weiterer Vertragsverletzung durch den betreffenden Arbeitnehmer auszuschließen“.[419] So würde

---

und stattdessen den Begriff „Reaktionsmöglichkeiten“ verwendet (wobei aber der Begriff der „Sanktionsklausel“ trotz der Ungenauigkeit der Bezeichnung wegen ihrer Gängigkeit beibehalten werden soll).

412 *Göpfert/Landauer*, NZA-Beilage 2011, 16 (19).

413 *Göpfert/Landauer*, NZA-Beilage 2011, 16 (19); kritisch mit Blick auf eine „Kompetenzerweiterung zugunsten der Gerichte“ dahingehend, dass auch Realfolgen zu berücksichtigen wären, *Stoffels*, in: Folgenabschätzung im Arbeitsrecht, S. 77 (99): „weder wünschenswert noch demokratietheoretisch legitimierbar“.

414 *Stoffels*, in: Folgenabschätzung im Arbeitsrecht, S. 77 (78 ff. mwN, 81 f. mwN, 99).

415 Siehe hierzu unten Kap. 4, A. V. 2.

416 BAG NZA 2004, 486 (488): „[…] kann es allein aus Gründen der Abschreckung der anderen Arbeitnehmer erforderlich sein […]“; LAG Berlin-Brandenburg NZA-RR 2009, 188 (194); so auch *Hunold*, NZA-RR 2011, 561 (568), insbesondere im Hinblick auf Mitarbeiter mit Führungs- und Vorbildfunktion.

417 *Bartels*, RdA 2010, 109 (111); *Buschmann*, AuR 2009, 220 (220); *Preis*, DB 1990, 630 (634); *ders.*, AuR 2010, 242 (245 f.); *Stoffels*, NJW 2011, 118 (122).

418 BAG AP BGB § 626 Nr. 191; siehe näher hierzu unten unter Kap. 4, A. IV. 5, B. II. 8. e).

419 *Stoffels*, NJW 2011, 118 (122).

eine betriebsweite „Bekanntmachung" einer Kündigung zur Abschreckung anderer Arbeitnehmer aufgrund der Prangerwirkung das Allgemeine Persönlichkeitsrecht des gekündigten Arbeitnehmers verletzen und wäre daher unzulässig.[420]

Spezialpräventiver Charakter kann zwar einer Kündigung nicht zukommen, wohl aber einer Abmahnung des Arbeitnehmers durch den Arbeitgeber.[421]

III. Vergleichende Betrachtung

Die Gegenüberstellung von Strafrecht und Arbeitsrecht bezüglich der Folgen einer strafbaren Handlung zeigt, dass der Ausgangspunkt für straf- und arbeitsrechtliche Maßnahmen in derselben Handlung liegen kann. Die Bewertungskriterien für den betroffenen Sachverhalt und die Zwecksetzung der Maßnahmen unterscheiden sich jedoch.

Eine Handlung, die einen Straftatbestand erfüllt und rechtswidrig und schuldhaft begangen wurde, führt im Strafrecht zur Verhängung der angedrohten Sanktion. Es wird zur Erreichung general- und spezialpräventiver Ziele vergangenheitsbezogen ein Übel verhängt und dabei auch dem Vergeltungsgedanken Rechnung getragen. Dabei kann eine zukunftsgerichtete Prognoseentscheidung des Gerichts erforderlich sein.[422]

Auch arbeitsrechtliche Folgen wie die verhaltensbedingte Kündigung können an eine strafbare Handlung anknüpfen. So kann bezüglich des Vorliegens eines Kündigungsgrunds zunächst auf eine in der Vergangenheit liegende strafbare Handlung abgestellt werden. Hierdurch ist aber noch keine abschließende Aussage über die Rechtmäßigkeit der Kündigung getroffen. Die Kündigung dient der Loslösung vom Arbeitsverhältnis im Fall von Vertragsbeeinträchtigungen und muss nicht an Interessen der Allgemeinheit ausgerichtet werden.[423] Maßgeblich ist – anders als im Strafrecht – nicht eine vergangenheits-, sondern eine zukunftsbezogene Bewertung des Sachverhalts.[424] Das vergangene strafbare Verhalten ist „nur" Ausgangspunkt für die Prognoseentscheidung des Arbeitgebers. Eine Kündigung soll künftige Vertragsverletzungen verhindern, nicht das vergangene Verhalten „abstrafen".[425] Auch wenn die Kündigung im Einzelfall als Sanktion empfunden werden mag, stellt sie in der Sache keine Sanktion, sondern

420 *Pelz*, in: Hauschka/Moosmayer/Lösler, Corporate Compliance, § 5 Rn. 31.
421 *Bartels*, RdA 2010, 109 (111).
422 Siehe oben unter Kap. 2, C. I.
423 Siehe oben unter Kap. 2, C. II.
424 Siehe oben unter Kap. 2, C. II.
425 *Wollenschläger*, Arbeitsrecht, Rn. 429; siehe oben unter Kap. 2, C. II.

einen zivilrechtlichen Nachteil dar und enthält kein Unwerturteil über das Verhalten des Arbeitnehmers.[426] Mit Blick auf die Abgrenzung des Straf- und des Kündigungsrechts wird deshalb auch von „Strafe contra Prognose“[427] oder davon, dass „Statt des Sanktions- […] das Prognoseprinzip [gilt]“,[428] gesprochen. Diese Aussagen vernachlässigen zwar, dass auch im Strafrecht die Prävention eine bedeutende Rolle spielt und Prognoseentscheidungen erforderlich sind,[429] doch wird jedenfalls deutlich, dass der arbeitsrechtlichen Kündigung der vergeltende Charakter der Strafe fehlt.

Strafe und Kündigung sind im Hinblick auf die spezialpräventive Zielsetzung, die Gesellschaft durch Bestrafung des Täters bzw. den Arbeitgeber durch Kündigung des Arbeitnehmers im Falle von verlorengegangenem Vertrauen vor weiteren Rechtsverletzungen zu schützen, zwar zunächst vergleichbar. Im Strafrecht tritt neben die negative Spezialprävention aber mit der angestrebten Besserung des Täters der Aspekt der positiven Spezialprävention, während es im Arbeitsrecht bei der Kündigung an einem solchen Äquivalent fehlt.[430] Auch die Generalprävention ist zwar als Zwecksetzung für die Strafe, grundsätzlich aber nicht für die Kündigung von Bedeutung.[431]

D. Erfordernis rechtswidrigen Handelns und Schuldprinzip

Sowohl das Strafrecht als auch das Arbeitsrecht setzt für bestimmte Rechte und Maßnahmen rechtswidriges und schuldhaftes Handeln voraus.

I. Strafrecht

Unrecht und Schuld sind zwingende Wesensmerkmale des Verbrechens.[432] Dies liegt in der Strafe als Rechtsfolge der Verwirklichung eines Verbrechenstatbestands begründet.[433] Unrecht ist ein der Sollensordnung widersprechendes – „für

426 BVerfG NZA 2001, 888 (889); *Thielemann*, Verstöße des Arbeitnehmers gegen Compliance- und Ethikrichtlinien, S. 115; siehe oben unter Kap. 2, C. II.

427 *Reuter*, NZA 2009, 594 (594).

428 BAGE 134, 349 (356 f.) = NZA 2010, 1227 (1230).

429 Siehe oben unter Kap. 2, C. I.

430 Vgl. oben unter Kap. 2, C. I., II.

431 Vgl. oben unter Kap. 2, C. I., II.

432 *Jescheck/Weigend*, Lehrbuch des Strafrechts, Allgemeiner Teil, S. 50; *Schlehofer*, in: MüKo-StGB, Vor § 32 Rn. 1.

433 *Rönnau*, in: LK-StGB, Stand 2019, Vor §§ 32 ff. Rn. 8; vgl. zum Schulderfordernis auch BVerfGE 20, 323 (331) = NJW 1967, 195 (196).

den Täter physisch und intellektuell vermeidbare[s]“[434] – Geschehen.[435] Die Schuld betrifft anknüpfend hieran die persönliche Vorwerfbarkeit des rechtswidrigen Verhaltens.[436]

Nach § 11 Nr. 5 StGB ist eine rechtswidrige Tat im Sinne des Strafgesetzbuchs nur eine solche, die den Tatbestand eines Strafgesetzes verwirklicht. Eine Handlung ist also dann rechtswidrig, wenn sie einen Unrechtstatbestand verwirklicht und nicht durch einen Rechtfertigungsgrund gedeckt ist.[437] Das Strafgesetzbuch sieht eine Rechtfertigung etwa im Fall der Notwehr (§ 32 StGB), des rechtfertigenden Notstands (§ 34 StGB) oder der Wahrnehmung berechtigter Interessen (§ 193 StGB) vor.[438] Darüber hinaus vermag die zivil- oder verwaltungsrechtliche Rechtmäßigkeit nach dem Prinzip der Einheit der Rechtsordnung auch eine Rechtfertigung im Strafrecht zu bewirken, sodass Rechtfertigungsgründe für strafrechtliches Unrecht der gesamten Rechtsordnung entstammen können.[439]

Uneinigkeit besteht indes dahingehend, wie sich umgekehrt die im Einzelfall in strafrechtlicher Hinsicht zu verneinende Rechtswidrigkeit auf das Zivil- und Verwaltungsrecht auswirkt.[440] Ein Teil der Literatur, so insbesondere *H.-L. Günther*, hält unterschiedliche Rechtswidrigkeitsurteile in den verschiedenen Rechtsgebieten für möglich und differenziert zwischen „allgemeinen Rechtfertigungsgründen“ und speziellen „Strafunrechtsausschließungsgründen“.[441]

---

434 *Kindhäuser/Zimmermann*, Strafrecht Allgemeiner Teil, § 5 Rn. 9.

435 *Rönnau*, in: LK-StGB, Stand 2019, Vor §§ 32 ff. Rn. 8; eingehend zur Bedeutung von Erfolgs- und Handlungsunwert im Unrechtstatbestand *Krauß*, ZStW 76 (1964), 19 (19 ff.).

436 BGHSt 2, 194 (220) = NJW 1952, 593 (594); *Eisele*, in: Schönke/Schröder, StGB, Vor §§ 13 ff. Rn. 113; *Kudlich*, in: Satzger/Schluckebier/Widmaier, StGB, Vor §§ 13 ff. Rn. 80.

437 *Kindhäuser/Zimmermann*, Strafrecht Allgemeiner Teil, § 15 Rn. 1; *Wessels/Beulke/Satzger*, Strafrecht Allgemeiner Teil, Rn. 395.

438 Eingehend zu den strafrechtlichen Strafunrechtsausschließungsgründen *Schlehofer*, in: MüKo-StGB, Vor § 32 Rn. 119 ff.

439 *Frisch*, Strafrecht, § 4 Rn. 6; *Frister*, Strafrecht Allgemeiner Teil, § 13 Rn. 1; *H.-L. Günther*, ZStW 102 (1990), 269 (279); *Roxin/Greco*, Strafrecht Allgemeiner Teil, § 14 Rn. 31 f.; *Sternberg-Lieben*, in: Schönke/Schröder, StGB, Vor §§ 32 ff. Rn. 27 f.

440 Zum Meinungsstand *Paeffgen/Zabel*, in: NK-StGB, Vor §§ 32 ff. Rn. 41 ff.; *Rönnau*, in: LK-StGB, Stand 2019, Vor §§ 32 ff. Rn. 20 ff.

441 *H.-L. Günther*, Strafrechtswidrigkeit und Strafunrechtsausschluß, S. 83 ff., 249, 394 ff.; *ders.*, in: FS Spendel, S. 189 (191 ff.); *ders.*, ZStW 102 (1990), 269 (279 f. Fn. 38); *Kern*, ZStW 64 (1952), 255 (262); *Kirchhof*, Unterschiedliche Rechtswidrigkeiten in einer einheitlichen Rechtsordnung, S. 5, 8 ff., 37 f.; *Roxin/Greco*, Strafrecht Allgemeiner Teil, § 14 Rn. 37.

Wegen der besonderen Sanktionswirkung und dem mit Strafe verbundenen sozialen Tadel[442] sei erforderlich, dass der Rechtswidrigkeit im strafrechtlichen Sinne in Abgrenzung zur Zivilrechts- und Verwaltungsrechtswidrigkeit auch ein besonderer materieller Gehalt innewohne; Strafrechtswidrigkeit bedeute „mehr als bloße Rechtswidrigkeit“[443].[444] Danach sei materiell strafrechtswidrig, was der Gesetzgeber als solches einschätzt und daher mit einer strafrechtlichen Sanktion bewehrt.[445]

Eine solche spezifisch strafrechtliche Rechtswidrigkeit wird zu Recht abgelehnt.[446] Der Begriff der Rechtswidrigkeit drückt den „Widerspruch zwischen Norm und Handlung“ aus.[447] Während sich mit den unterschiedlichen strafrechtlichen und außerstrafrechtlichen Rechtsnormen zwar der Maßstab für die Beurteilung der Rechtswidrigkeit ändert, bleibt der Begriff der Rechtswidrigkeit als solcher aber unverändert.[448] Mit der herrschenden Meinung wird die Rechtswidrigkeit deshalb als Widerspruch zur Gesamtrechtsordnung verstanden,

---

442 *Vormbaum*, ZStW 123 (2011), 660 (669); näher hierzu oben unter Kap. 2, A. I.

443 *Schlehofer*, in: MüKo-StGB, Vor § 32 Rn. 3; ähnlich *H.-L. Günther*, Strafrechtswidrigkeit und Strafunrechtsausschluß, S. 394: Urteil als „strafrechtswidrig“ drücke „grundsätzlich gesteigerten Unrechtsgrad“ aus.

444 *Paeffgen/Zabel*, in: NK-StGB, Vor §§ 32 ff. Rn. 9; *Schlehofer*, in: MüKo-StGB, Vor § 32 Rn. 3; vgl. auch *H.-L. Günther*, Strafrechtswidrigkeit und Strafunrechtsausschluß, S. 247, 394, nach dem Rechtwidrigkeit und Strafrechtswidrigkeit in einem Stufenverhältnis stehen (strafrechtliche Verhaltensmissbilligung als „gravierendste Form der Verhaltensmissbilligung, die der Rechtsordnung zur Verfügung steht“); *Roxin/Greco*, Strafrecht Allgemeiner Teil, § 14 Rn. 33 ff.

445 *H.-L. Günther*, Strafrechtswidrigkeit und Strafunrechtsausschluß, S. 84, 247; *Paeffgen/Zabel*, in: NK-StGB, Vor §§ 32 ff. Rn. 12.

446 *Appel*, Verfassung und Strafe, S. 455 ff.; *Eisele*, in: Schönke/Schröder, StGB, Vor §§ 13 ff. Rn. 51; *Hassemer*, NJW 1984, 351 (352); *Heger*, in: Lackner/Kühl, StGB, Vor § 32 Rn. 4; *Hoyer*, in: SK-StGB, Vor §§ 32 ff. Rn. 9; *Kern*, ZStW 64 (1952), 255 (262); *Maurach/Zipf*, Strafrecht Allgemeiner Teil, § 25 Rn. 13; *Rönnau*, in: LK-StGB, Stand 2019, Vor §§ 32 ff. Rn. 26.

447 *Eisele*, in: Schönke/Schröder, StGB, Vor §§ 13 ff. Rn. 51; ähnlich *Appel*, Verfassung und Strafe, S. 456: der Begriff der Rechtmäßigkeit als „Maßstab für die Übereinstimmung eines Sachverhalts mit einer Rechtsnorm“.

448 *Appel*, Verfassung und Strafe, S. 456 f.; ähnlich *Eisele*, in: Schönke/Schröder, StGB, Vor §§ 13 ff. Rn. 51; vgl. näher auch *Heger*, in: Lackner/Kühl, StGB, Vor § 32 Rn. 4 und *Rönnau*, in: LK-StGB, Stand 2019, Vor §§ 32 ff. Rn. 26 mit kritischer Auseinandersetzung.

sodass eine strafrechtliche Rechtfertigung auch für andere Rechtsgebiete beachtlich ist (Einheit der Rechtsordnung).[449]

Das Schuldprinzip findet seine Fundierung im Rechtsstaatsprinzip i.V.m. den Grundrechten aus Art. 1 Abs. 1 und 2 Abs. 1 GG;[450] es hat damit Verfassungsrang[451] und gehört zu der aufgrund Art. 79 Abs. 3 GG nicht verfügbaren Verfassungsidentität.[452] Daraus leitet sich auch der Grundsatz „Keine Strafe ohne Schuld" (nulla poena sine culpa) ab.[453] Beim Schuldprinzip geht es um die sachgerechte Abstimmung von Tatbestand und Rechtsfolge, wobei der Richter gerade im Hinblick auf verschiedene mögliche Verschuldensgrade die Strafe an die Schuld anpassen können muss.[454] Das Schuldprinzip hält Gesetzgeber und Rechtsprechung insoweit implizit auch zu einem Strafverfahren(-srecht) an, das die schuldangemessene Bestrafung des schuldigen Täters bzw. den Freispruch Unschuldiger gewährleistet.[455]

Aus dem Schuldprinzip folgt die zwingende Anknüpfung des Strafrechts an die individuelle Schuld.[456] So macht erst „die Schuld des Täters an seiner

---

449 RGSt 61, 242 (247); BGHSt 11, 242 (244) = NJW 1958, 799 (799); BGHSt 48, 307 (309 f.) = NJW 2003, 3787 (3788); OLG Köln NStZ 1986, 225 (226); *Jescheck/Weigend*, Lehrbuch des Strafrechts, Allgemeiner Teil, § 31 III 1, S. 327; *Arthur Kaufmann*, JZ 1992, 981 (981); *Kern*, ZStW 64 (1952), 255 (262); *Maurach/Zipf*, Strafrecht Allgemeiner Teil, § 25 Rn. 13 f.; *Rönnau*, in: LK-StGB, Stand 2019, Vor §§ 32 ff. Rn. 26; *Sternberg-Lieben*, in: Schönke/Schröder, StGB, Vor §§ 32 ff. Rn. 27; *Wessels/Beulke/Satzger*, Strafrecht Allgemeiner Teil, Rn. 400.

450 BVerfGE 45, 187 (228) = NJW 1977, 1525 (1532); BVerfGE 54, 100 (108) = NJW 1980, 1943 (1943); BVerfGE 91, 1 (27) = NJW 1995, 1077 (1077); BVerfGE 95, 96 (130 f.) = NJW 1997, 929 (930); BVerfGE 110, 1 (13) = NJW 2004, 2073 (2073); BVerfGE 120, 224 (253) = NJW 2008, 1137 (1142); vgl. hierzu etwa *Dölling*, in: FS Sieber, S. 1345 (1346).

451 BVerfGE 133, 168 (197) = NJW 2013, 1058 (1059); *Adam/Schmidt/Schumacher*, NStZ 2017, 7 (7).

452 BVerfGE 123, 267 (413) = NJW 2009, 2267 (2289).

453 BVerfGE 95, 96 (130 f.) = NJW 1997, 929 (930); BVerfGE 110, 1 (13) = NJW 2004, 2073 (2073).

454 BVerfGE 20, 323 (331) = NJW 1967, 195 (196); BVerfGE 54, 100 (108) = NJW 1980, 1943 (1943); zum Verhältnis des Schuldprinzips und des Verhältnismäßigkeitsgrundsatzes, siehe *Frisch*, NStZ 2013, 249 (249 ff.).

455 *Adam/Schmidt/Schumacher*, NStZ 2017, 7 (11); vgl. auch BVerfGE 110, 1 (13) = NJW 2004, 2073 (2073).

456 *Landau*, NStZ 2015, 665 (667); vgl. *Eisele*, in: Schönke/Schröder, StGB, Vor §§ 13 ff. Rn. 103/104.

rechtswidrigen Tat […] diese zur Straftat".[457] Die Schuld als Voraussetzung der Strafbarkeit lässt sich insbesondere auch den §§ 17, 19, 20, 35 StGB entnehmen.[458] Dem Täter wird vorgeworfen, dass er sich bei der Wahl zwischen Recht und Unrecht durch sein rechtswidriges Handeln für das Unrecht entschieden hat, obwohl er sich rechtmäßig verhalten hätte können – kurz: „Schuld ist Vorwerfbarkeit".[459] Dies setzt Schuldfähigkeit, also die Fähigkeit, Recht und Unrecht zu erkennen und sich selbstbestimmt für das eine oder andere zu entscheiden, voraus.[460] Die Vorwerfbarkeit ist daher zu verneinen, wenn der Täter schuldunfähig ist (Schuldunfähigkeit des Kindes, § 19 StGB, sowie Schuldunfähigkeit wegen seelischer Störungen, § 20 StGB) oder ein unvermeidbarer Verbotsirrtum vorliegt.[461] Solche Sachverhalte, bei denen es dem Täter an der Fähigkeit des „Anders-Handeln-Könnens" fehlt, bilden Schuldausschließungsgründe.[462] Außerdem sieht das Strafgesetzbuch mit dem entschuldigenden Notstand (§ 35 StGB) und dem Notwehrexzess (§ 33 StGB) Fälle vor, in denen der Täter ebenfalls ohne Schuld handelt. In diesen Fällen fehlt die Fähigkeit zum „Anders-Handeln-Können" zwar nicht vollständig, ist aber so weit herabgesetzt, dass der mit Schuldspruch und Strafe einhergehende sozialethische Vorwurf unangemessen wäre.[463] Hierbei handelt es sich um Entschuldigungsgründe.[464]

Diese Sachverhalte, welche die Schuld gänzlich aufzuheben vermögen, sind von den der Strafzumessung zuzuordnenden Sachverhalten zu unterscheiden, die die Schuld verändern und sie als unterschiedlich groß erscheinen lassen.[465] Zu denken ist insoweit etwa an den vermeidbaren Verbotsirrtum, der die Schuld zwar nicht beseitigt, aber bei dessen Vorliegen gem. § 17 Abs. 2 StGB die

---

457 *Frisch*, in: FS Müller-Dietz, S. 237 (237).

458 *Herzberg*, GA 2015, 250 (252).

459 BGHSt 2, 194 (200) = NJW 1952, 593 (594); ob dies („Willensfreiheit" des Täters) nach heutigen Erkenntnissen der Wissenschaft, insbesondere der Neurobiologie, so noch gelten kann, wird kontrovers diskutiert, hierzu *Adam/Schmidt/Schumacher*, NStZ 2017, 7 (8 f.) mwN.

460 BGHSt 2, 194 (200 f.) = NJW 1952, 593 (594); BVerfGE 133, 168 (197) = NJW 2013, 1058 (1059).

461 BGHSt 2, 194 (201) = NJW 1952, 593 (594).

462 *Frisch*, in: FS Müller-Dietz, S. 237 (240).

463 *Frisch*, in: FS Müller-Dietz, S. 237 (240).

464 *Heger*, in: Lackner/Kühl, StGB, § 33 Rn. 1 mwN sowie § 35 Rn. 1 mwN.

465 *Frisch*, in: FS Müller-Dietz, S. 237 (239); näher zur Strafzumessung unten unter Kap. 3, B. II. 3.

Möglichkeit einer fakultativen Strafmilderung besteht.[466] Die Schuld bildet insoweit die Grundlage für die Strafzumessung.[467]

Die Schuld hat somit zum einen strafbegründende, zum anderen strafbegrenzende Funktion.[468] Das Schuldprinzip steht indes einer Unterschreitung der schuldangemessenen Strafe, soweit ihr präventiver Zweck es erlaubt, nicht entgegen, und weist insoweit nur nach „oben" hin strafbegrenzende Funktion auf („Schuldüberschreitungsverbot").[469] Im Hinblick auf das Rechtsstaatsprinzip[470] ist allerdings zu berücksichtigen, dass eine funktionstüchtige Strafrechtspflege regelmäßig eine die Schuld nicht unterschreitende Bestrafung des Täters erfordert.[471]

Dabei ergeben sich mit Blick auf die allgemeinen Schuldvoraussetzungen grundsätzlich keine Unterschiede zwischen Vorsatz- und Fahrlässigkeitsdelikten.[472] Vorsatz und Fahrlässigkeit sind nach heutigem Verständnis in strafdogmatischer Hinsicht nicht Formen der Schuld, sondern lassen als subjektive Tatbestandsmerkmale bereits die Rechtswidrigkeit der Tat entfallen.[473] Eine Besonderheit liegt bei Fahrlässigkeitsdelikten aber etwa darin, dass korrespondierend zur objektiven Fahrlässigkeit eine subjektive Sorgfaltspflichtverletzung und die subjektive Vorhersehbarkeit zu den allgemeinen Schuldvoraussetzungen hinzutreten müssen.[474] Ist diese subjektive Fahrlässigkeit zu verneinen, kann

---

466 *Gaede*, in: Matt/Renzikowski, StGB, § 17 Rn. 34 f.

467 *Frisch*, in: FS Müller-Dietz, S. 237 (237); *Herzberg*, GA 2015, 250 (252).

468 *Landau*, NStZ 2015, 665 (667); *Radtke*, in: MüKo-StGB, Vor § 38 Rn. 14, 19; vgl. *Frisch*, Strafrecht, § 5 Rn. 9; zur Eingriffsbegrenzung durch das Schuldprinzip *Roxin/Greco*, Strafrecht Allgemeiner Teil, § 3 Rn. 51 ff.

469 *Roxin/Greco*, Strafrecht Allgemeiner Teil, § 3 Rn. 54.

470 BVerfGE 33, 367 (383) = NJW 1972, 2214 (2216).

471 BVerfGE 46, 214 (222 f.) = NJW 1977, 2355 (2356); BVerfGE 122, 248 (272 f.) = NJW 2009, 1469 (1474); BGHSt 50, 40 (49) = NJW 2005, 1440 (1442); zustimmend *Adam/Schmidt/Schumacher*, NStZ 2017, 7 (10).

472 *Duttge*, in: MüKo-StGB, § 15 Rn. 206; *Frisch*, Strafrecht, § 1 Rn. 60; *Kudlich*, in: BeckOK-StGB, § 15 Rn. 58, 63.

473 *Adam/Schmidt/Schumacher*, NStZ 2017, 7 (10) mwN; vgl. *G. Dannecker*, in: Amelung, Individuelle Verantwortung, S. 209 (209); *Vogel/Bülte*, in: LK-StGB, Stand 2020, § 15 Rn. 152; zu den unterschiedlichen Bedeutungen des Schuldbegriffs *Frister*, JuS 2013, 1057 (1057).

474 *Kudlich*, in: BeckOK-StGB, § 15 Rn. 65; *Vogel/Bülte*, in: LK-StGB, Stand 2020, § 15 Rn. 155.

aufgrund des strafrechtlichen Schuldprinzips kein Fahrlässigkeitsvorwurf erhoben werden.[475]

II. Arbeitsrecht

Im Arbeitsrecht kann der Arbeitgeber auf arbeitnehmerseitige Vertragsstörungen reagieren, wenn eine „Abweichung von den Sollvorgaben des Arbeitsverhältnisses", also ein konkretes, objektiv vertragswidriges Verhalten des Arbeitnehmers vorliegt.[476] Das Bundesarbeitsgericht hat in mehreren Entscheidungen auch pflichtwidriges[477] oder rechtswidriges[478] Verhalten bei der verhaltensbedingten Kündigung grundsätzlich für erforderlich gehalten. Es fragt sich daher, in welchem Verhältnis die Begriffe Vertragswidrigkeit, Pflichtwidrigkeit und Rechtswidrigkeit stehen.

Problematisch ist vor diesem Hintergrund zunächst der Anknüpfungspunkt der Rechtswidrigkeit, so kann einerseits an den Erfolg und andererseits an die Handlung angeknüpft werden.[479] Dabei wird überwiegend die Rechtswidrigkeit des Erfolgs für ausreichend gehalten (Lehre vom Erfolgsunrecht).[480] Für das Deliktsrecht bedeutet dies, dass Rechtswidrigkeit bei einem Verstoß gegen die Rechtsordnung als solche,[481] also bei einer Verletzung von durch

---

475 *Sternberg-Lieben/Schuster*, in: Schönke/Schröder, StGB, § 15 Rn. 195; *Vogel/Bülte*, in: LK-StGB, Stand 2020, § 15 Rn. 155.

476 *Fromm*, Die arbeitnehmerbedingten Kündigungsgründe, S. 144 f.; *Preis*, in: Preis/Temming, Individualarbeitsrecht, Rn. 3004; *ders.*, DB 1990, 630 (632) mit Blick auf die Entwicklung der Rechtsprechung hierzu; vgl. *Vossen*, in: Ascheid/Preis/Schmidt, Kündigungsrecht, § 1 KSchG Rn. 265, 272a.

477 BAGE 31, 153 (156 f.) = NJW 1980, 255 (256); BAGE 74, 127 (140) = NZA 1994, 63 (66).

478 BAGE 90, 367 (371) = NZA 1999, 863 (864); BAGE 91, 30 = NZA 1999, 708 (710); BAG NZA 2006, 917 (921 f.).

479 Siehe näher *Grundmann*, in: MüKo-BGB, § 276 Rn. 13 ff.

480 Für das Vertragsrecht etwa *Grüneberg*, in: ders., BGB, § 276 Rn. 8 f.; *Grundmann*, in: MüKo-BGB, § 276 Rn. 13 ff. mwN; *Pfeiffer*, in: Soergel, BGB, § 276 Rn. 27; *Schulze*, in: NK-BGB, § 276 Rn. 4; *Ulber*, in: Erman, BGB, § 276 Rn. 7; vgl. für das Deliktsrecht (teilweise mit vermittelnden Tendenzen) nur *Bindokat*, JZ 1958, 553 (557 f.); *Grüneberg*, in: ders., BGB, § 276 Rn. 8; *Kern*, in: Jauernig, BGB, § 823 Rn. 48; *Spickhoff*, in: Soergel, BGB, § 823 Rn. 12 ff., 18; *Sprau*, in: Grüneberg, BGB, § 823 Rn. 23 ff.; *Staudinger*, in: NK-BGB, § 823 Rn. 75; *Stoll*, JZ 1958, 137 (143); vgl. zur Lehre von Handlungsunrecht etwa *Sprau*, in: Grüneberg, BGB, § 823 Rn. 24 und *Wagner*, in: MüKo-BGB, § 823 Rn. 11 f., 19 f.

481 *Förster*, in: BeckOK-BGB, § 823 Rn. 16.

§ 823 Abs. 1 BGB geschützten Rechtsgütern vorliegt.[482] Die Rechtswidrigkeit – oder auch objektive Pflichtwidrigkeit – im Sinne der außerdeliktischen Haftung meint nach der Lehre vom Erfolgsunrecht hingegen ein Verhalten, das den Tatbestand einer Pflichtverletzung nach § 280 Abs. 1 BGB erfüllt, typischerweise eine Vertragsverletzung.[483] Dies gilt auch bei Dienst- bzw. Arbeitsverträgen, bei denen zwar kein Erfolg im eigentlichen Sinne geschuldet wird, aber zumindest auch „das Erfolgen der Tätigkeit" bzw. bestimmte Teilerfolge vereinbart sind.[484] Folglich begründet Vertragswidrigkeit im Vertragsrecht immer auch Rechtswidrigkeit.[485]

Für den im Hinblick auf den Untersuchungsgegenstand relevanten Bereich der außerdeliktischen Haftung, also das Vertragsrecht, sind die Begriffe „vertragswidrig", „rechtswidrig" und „objektiv pflichtwidrig" mithin als begriffsidentisch anzusehen.[486] Leistungsverweigerungsrechte (z.B. nach § 273 BGB und § 320 BGB), Rechtfertigungsgründe (etwa Notwehr, § 227 BGB) oder bestimmte arbeitsrechtliche Wertungen (wie etwa billiges Ermessen, § 315 Abs. 3 BGB) können ein solches vertragswidriges bzw. rechtswidriges Verhalten ausschließen.[487]

Daneben erfordert eine verhaltensbedingte Kündigung – anders als die personenbedingte Kündigung[488] – grundsätzlich einen schuldhaften Pflichtverstoß des Arbeitnehmers.[489] Auch hier meint Verschulden „Vorwerfbarkeit", sodass Einsichtsfähigkeit und Kenntnis der Rechtswidrigkeit gegeben sein müssen.[490]

Allerdings findet hier nicht der Schuldgrundsatz im obengenannten strafrechtlichen Sinne (nulla poena sine culpa) Anwendung. Dieser gilt zwar auch

---

482 *Lorenz*, in: BeckOK-BGB, § 276 Rn. 8.

483 *Grüneberg*, in: ders., BGB, § 276 Rn. 8; *Grundmann*, in: MüKo-BGB, § 276 Rn. 16; *Lorenz*, in: BeckOK-BGB, § 276 Rn. 8; *Stadler*, in: Jauernig, BGB, § 276 Rn. 13.

484 *Grundmann*, in: MüKo-BGB, § 276 Rn. 16 mit Hinweis auf BAG AP BGB § 611 Haftung des Arbeitnehmers Nr. 67.

485 *Grundmann*, in: MüKo-BGB, § 276 Rn. 16; *Löwisch*, AcP 165 (1965), 421 (422); *Schulze*, in: NK-BGB, § 276 Rn. 4.

486 *Grüneberg*, in: ders., BGB, § 276 Rn. 8; *Grundmann*, in: MüKo-BGB, § 276 Rn. 16; *Lorenz*, in: BeckOK-BGB, § 276 Rn. 8; *Stadler*, in: Jauernig, BGB, § 276 Rn. 13; *Schulze*, in: NK-BGB, § 276 Rn. 4.

487 *Fromm*, Die arbeitnehmerbedingten Kündigungsgründe, S. 554.

488 *Wollenschläger*, Arbeitsrecht, Rn. 425.

489 *Stoffels*, in: BeckOK-ArbR, § 626 Rn. 85.

490 BAGE 1, 69 (79) = NJW 1954, 1702 (1704); NZA 2004, 1380 (1382); *Vossen*, in: Ascheid/Preis/Schmidt, Kündigungsrecht, § 626 BGB Rn. 73; vgl. auch BAG NZA 2012, 607 (608); *Niemann*, in: ErfK, § 626 BGB Rn. 40; *Rachor*, in: GK-KR, § 1 KSchG Rn. 282 mwN.

für Sanktionen, die wie eine Strafe wirken.[491] Bei der Kündigung fehlt es aber gerade an einem repressiven Element,[492] auch wenn die Kündigung mit Blick auf die wirtschaftlichen und persönlichen Folgen für den Arbeitnehmer[493] der Strafe vergleichbar wirkt. Vielmehr gilt § 276 BGB, sodass Verschulden im zivilrechtlichen Sinne als vorsätzliches oder fahrlässiges Handeln zu verstehen ist.[494] Der Verschuldensvorwurf im zivilrechtlichen Sinne kommt dabei nicht einem „sozialethischen Unwerturteil" gleich,[495] sondern wird maßgeblich durch den Aspekt des Interessenausgleichs (Ausgleichsfunktion) geprägt.[496]

Im Rahmen des § 276 BGB wird bezüglich vorsätzlichen Handelns zwischen den Formen des bedingten Vorsatzes, des direkten Vorsatzes und der Absicht unterschieden.[497] Für die Fahrlässigkeit stellt § 276 Abs. 2 BGB auf die allgemeinen Verkehrsbedürfnisse („die im Verkehr erforderliche Sorgfalt") ab; es gilt ein objektiver Sorgfaltsmaßstab.[498] Im Rahmen der groben Fahrlässigkeit kommen dagegen auch Umstände betreffend die subjektive Verantwortlichkeit bzw. subjektive Vorwerfbarkeit zum Tragen, sodass zumeist ein teilweise subjektiver Sorgfaltsmaßstab gilt.[499] Vorsatz im Sinne des § 276 BGB erfordert neben dem Wissen und Wollen der Tatbestandsverwirklichung auch das Bewusstsein der Pflicht- bzw. Rechtswidrigkeit.[500]

Das Verschulden bildet im Hinblick auf die verhaltensbedingte Kündigung zum einen ein wichtiges Abgrenzungskriterium zur personenbedingten

---

491 BVerfGE 110, 1 (13) = NJW 2004, 2073 (2073).

492 Siehe oben Kap. 2, C. II.

493 Siehe hierzu Kap. 1, A. II.

494 BAG NZA 2012, 413 (413); NZA 2019, 445 (448); *Markowski*, in: HK-ArbR, § 1 KSchG Rn. 231; *Oetker*, in: ErfK, § 1 KSchG Rn. 191; *Preis*, in: Preis/Temming, Individualarbeitsrecht, Rn. 3002.

495 Vgl. für das Strafrecht insoweit *Kudlich*, in: Satzger/Schluckebier/Widmaier, StGB, Vor §§ 13 ff. Rn. 80.

496 *Adam/Schmidt/Schumacher*, NStZ 2017, 7 (11).

497 *Grundmann*, in: MüKo-BGB, § 276 Rn. 154.

498 *Grundmann*, in: MüKo-BGB, § 276 Rn. 54; *Lorenz*, in: BeckOK-BGB, § 276 Rn. 20; vgl. zu den in den unterschiedlichen Zielrichtungen und Aufgabenstellungen begründet liegenden genannten Unterschieden zwischen straf- und zivilrechtlichem Verschuldensprinzip *Adam/Schmidt/Schumacher*, NStZ 2017, 7 (12).

499 *Adam/Schmidt/Schumacher*, NStZ 2017, 7 (12); eingehend *Grundmann*, in: MüKo-BGB, § 276 Rn. 94 f. mwN.

500 BGH NJW 1965, 962 (963); NJW 2009, 681 (684); *Lorenz*, in: BeckOK-BGB, § 276 Rn. 10 mwN.

Kündigung.[501] Zum anderen ist der Grad des Verschuldens im Rahmen der Interessenabwägung zu berücksichtigen,[502] wobei hier allerdings nach der Rechtsprechung nicht auf Umstände, die bei der Strafzumessung nach § 46 Abs. 2 StGB abzuwägen sind, abzustellen ist.[503] Beruht das vertragswidrige Verhalten des Arbeitnehmers auf einem unverschuldeten oder vermeidbaren Rechtsirrtum, findet dies ebenfalls im Rahmen der Interessenabwägung Berücksichtigung[504] und kann sich insbesondere bei Bemühungen um die Behebung nachteiliger Folgen des mittlerweile erkannt vertragswidrigen Handels zugunsten des Arbeitnehmers auswirken.[505]

Ausnahmsweise kann auch eine schuldlose Pflichtverletzung für das Vorliegen eines verhaltensbedingten Kündigungsgrunds ausreichen.[506] Begründet wird dies damit, dass § 628 Abs. 1 S. 2 BGB die Vergütung auch für den Fall einer fristlosen arbeitgeberseitigen Kündigung wegen eines schuldlosen vertragswidrigen Verhaltens des Arbeitnehmers regelt und dies den Schluss zulasse, dass ein solches Verhalten dann auch im Rahmen des § 626 Abs. 1 BGB ausnahmsweise ausreichen müsse.[507] Zudem sei die Kündigung keine Sanktion für vergangenes Verhalten, sondern stets zukunftsbezogen, weshalb das Verschulden keine notwendige Wirksamkeitsvoraussetzung für die Kündigung sein könne.[508] Ein

---

501 BAGE 90, 367 (371, 373) = NZA 1999, 863 (864 f.); LAG Schleswig-Holstein NZA-RR 2011, 572 (573).

502 BAGE 90, 367 (371) = NZA 1999, 863 (864); BAG NZA-RR 2010, 461 (463); *Preis*, in: Preis/Temming, Individualarbeitsrecht, Rn. 3003, 3083; *ders.*, Prinzipien des Kündigungsrechts bei Arbeitsverhältnissen, S. 336 f. mit Hinweis auf das Spannungsverhältnis zwischen Verschuldens- und Prognoseprinzip, das dadurch aufgelöst wird, dass das Verschuldensprinzip als (im Rang untergeordnete) Ergänzung zum Prognoseprinzip gesehen wird.

503 BAG NZA 2019, 445 (448); näher hierzu unten unter Kap. 4, A. IV. 6., C. II. 3. b).

504 BAG NZA 1996, 873 (874); AP BGB § 626 Nr. 240 Rn. 44; NZA 2015, 1180 (1183); *Preis*, in: Preis/Temming, Individualarbeitsrecht, Rn. 3083; aA *Steinkühler/Kunze*, RdA 2009, 367 (369), die schuldhaftes, vorwerfbares Verhalten bereits im Rahmen des Kündigungsgrunds „an sich" für erforderlich halten und das Vorliegen eines Verbotsirrtums daher bereits auf „erster Stufe" prüfen.

505 BAG NZA 2006, 1033 (1034).

506 BAG AP KSchG § 1 Nr. 39; BAGE 11, 225 (232) = AP BGB § 611 Ärzte, Gehaltsansprüche Nr. 24; bestätigt durch BAGE 90, 367 (372) = NZA 1999, 863 (865); ablehnend *Hergenröder*, in: MüKo-BGB, § 1 KSchG Rn. 241; *Oetker*, in: ErfK, § 1 KSchG Rn. 191.

507 BAGE 90, 367 (373) = NZA 1999, 863 (865); zustimmend *Rolfs*, in: BeckOK-ArbR, § 1 KSchG Rn. 226.

508 *Linck*, in: Schaub, Arbeitsrechts-Handbuch, § 133 Rn. 6.

solcher Ausnahmefall wird dann angenommen, wenn der Arbeitnehmer durch fortlaufendes Fehlverhalten die betriebliche Ordnung derart nachhaltig verletzt, dass dem Arbeitgeber die Weiterbeschäftigung selbst bei schuldlosem Handeln des Arbeitnehmers nicht zumutbar ist.[509]

Das Verschulden spielt außer im Rahmen der verhaltensbedingten Kündigung auch für die Haftung des Arbeitnehmers eine Rolle. Die uneingeschränkte Geltung des § 276 Abs. 1 S. 1 BGB würde dem Arbeitgeber aufgrund der betrieblichen Arbeitsteilung eine Abwälzung der Haftungsrisiken auf den Arbeitnehmer ermöglichen, was in vielen Fällen zu einer unbilligen Belastung oder sogar Existenzgefährdung des Arbeitnehmers führen würde.[510] Auch an einem konkreten Mitverschulden des Arbeitgebers, § 254 Abs. 1 BGB, das die Haftung des Arbeitnehmers einschränken würde, fehlt es häufig.[511] Da aber der Arbeitgeber die „Verantwortung für die Organisation des Betriebs und die Gestaltung der Arbeitsbedingungen in rechtlicher und tatsächlicher Hinsicht" trägt und sich diese auch zurechnen lassen muss,[512] wird eine Beschränkung der Haftung des Arbeitnehmers nach den Grundsätzen des innerbetrieblichen Schadensausgleichs analog § 254 BGB angenommen.[513] Der Umfang der Haftung richtet sich hiernach entscheidend nach dem Grad des Verschuldens:[514] Der Arbeitnehmer wird bei leichtester Fahrlässigkeit vollständig von der Haftung befreit und bei normaler Fahrlässigkeit erfolgt eine Schadensteilung, sodass der Arbeitnehmer dann nur anteilig haftet.[515] Bei grober Fahrlässigkeit hingegen bleibt es grundsätzlich bei der vollen Haftung des Arbeitnehmers; eine Haftungserleichterung ist aber nicht ausgeschlossen.[516] Handelt der Arbeitnehmer bezüglich der Pflichtverletzung und des Erfolgs vorsätzlich, haftet er stets unbeschränkt.[517]

---

509 BAGE 90, 367 (373 f.) = NZA 1999, 863 (865); LAG Schleswig-Holstein NZA-RR 2011, 572 (572); *Linck*, in: Schaub, Arbeitsrechts-Handbuch, § 133 Rn. 6.

510 *Dütz/Thüsing*, Arbeitsrecht, Rn. 201.

511 *Junker*, Grundkurs Arbeitsrecht, Rn. 296.

512 BAG NZA 1994, 1083 (1085).

513 Dazu grundlegend BAGE 5, 1 (7 ff.) = NJW 1958, 235 (236 f.); vgl. auch BAG NZA 1994, 1083 (1084); der Konzeption der Rechtsprechung zustimmend *Waltermann*, RdA 2005, 98 (98); kritisch etwa *Preis*, in: ErfK, § 619a Rn. 10.

514 BAGE 101, 107 (113) = NZA 2003, 37 (39).

515 BAGE 101, 107 (113) = NZA 2003, 37 (39).

516 BAGE 63, 127 (132) = NZA 1990, 97 (97 f.); BAG NZA 1994, 1083 (1084); NZA 1998, 310 (311); BAGE 90, 148 (152) = NZA 1999, 263 (264); BAGE 99, 368 (373) = NZA 2002, 612 (614); BAGE 101, 107 (113, 119) = NZA 2003, 37 (39, 41).

517 BAGE 101, 107 (113) = NZA 2003, 37 (39); *Dütz/Thüsing*, Arbeitsrecht, Rn. 203.

Voraussetzung für die Haftungsbeschränkung ist das Vorliegen einer betrieblich veranlassten Tätigkeit des Arbeitnehmers, also dass der Schaden in Ausübung einer betrieblich veranlassten und aufgrund des Arbeitsverhältnisses geleisteten Tätigkeit verursacht wurde.[518] Eine „gefahrgeneigte Arbeit“[519] wird dagegen heute nicht mehr gefordert.[520]

Insoweit kommt dem Verschuldensprinzip haftungsbegründende, aber auch – wie am Beispiel des § 254 BGB deutlich wird – anspruchsbegrenzende Funktion zu.[521]

III. Vergleichende Betrachtung

Der Vergleich zeigt, dass im Strafrecht wie auch im Arbeitsrecht für einschneidende Maßnahmen wie die Kriminalstrafe oder die Kündigung rechtsgebietsübergreifend eine rechtswidrige Handlung erforderlich ist, wobei im Strafrecht auf einen Widerspruch zur Gesamtrechtsordnung und im Arbeitsvertragsrecht auf eine Vertragsverletzung abgestellt wird.[522] Dabei greifen die Rechtsgebiete im Rahmen der Rechtswidrigkeit ineinander, wenn man nach dem Grundsatz der Einheit der Rechtsordnung von einem einheitlichen Rechtswidrigkeitsbegriff ausgeht, sodass zivil- bzw. arbeitsrechtliche Rechtfertigungsgründe im Strafrecht und strafrechtliche Rechtfertigungsgründe im Arbeitsrecht rechtfertigend wirken.[523]

Auch im Hinblick auf das Erfordernis einer schuldhaften Handlung gleichen sich das Straf- und das Arbeitsrecht: Nur eine vorwerfbare Handlung kann Sanktionen bzw. kündigungs- und haftungsrechtliche Konsequenzen auslösen.[524] Dabei hat die Schuld bzw. das Verschulden straf- bzw. haftungsbegründende und

---

518 BAGE 19, 41 (45 f.) = NJW 1967, 220 (221); BAG (GS) NZA 1994, 1083 (1086); BAGE 101, 107 (110) = NZA 2003, 37 (38); *Dütz/Thüsing*, Arbeitsrecht, Rn. 202; vgl. *Junker*, Grundkurs Arbeitsrecht, Rn. 297.

519 So etwa noch BAGE 5, 1 (7) = NJW 1958, 235 (236); BAGE 7, 290 (295) = NJW 1959, 1796 (1797); BAGE 57, 55 (58) = NZA 1988, 579 (579 f.); vgl. zur Übertragbarkeit des Rechtsinstituts der „gefahrgeneigten Arbeit“ in das Strafrecht *G. Dannecker*, in: Amelung, Individuelle Verantwortung, S. 209 (229).

520 BAG NZA 1994, 1083 (1084); vgl. zur Abkehr vom Erfordernis der „gefahrgeneigten Arbeit“ etwa *Hanau/Rolfs*, NJW 1994, 1439 ff.; *Reichold*, in: MHdB-ArbR, Band 1, § 57 Rn. 26.

521 *Adam/Schmidt/Schumacher*, NStZ 2017, 7 (11).

522 Vgl. oben Kap. 2, D. I., II.

523 Vgl. oben Kap. 2, D. I., II.

524 Siehe oben Kap. 2, D. I., II.

zugleich -begrenzende Wirkung.[525] Dem Verschuldensvorwurf im zivilrechtlichen Sinne, der sich auf den Ausgleich von Interessen richtet, fehlt es allerdings im Vergleich zum strafrechtlichen Schuldvorwurf an der „Schärfe" des „sozialethischen Unwerturteils".[526] Zudem divergiert der Begriff des Verschuldens bzw. der Schuld: Das Verschulden ist im Arbeitsrecht allein nach den Kriterien des § 276 BGB festzustellen, also danach, ob vorsätzliches oder fahrlässiges Handeln vorliegt.[527] So würde nach der Rechtsprechung des Bundesarbeitsgerichts eine Berücksichtigung der bei der Strafzumessung nach § 46 Abs. 2 StGB abzuwägenden Umstände im Rahmen der Interessenabwägung eine „Verkennung des Rechtsbegriffs des Verschuldens" bedeuten.[528] In strafdogmatischer Hinsicht sind Vorsatz und Fahrlässigkeit nach heutigem Verständnis dagegen nicht Formen der Schuld, sondern lassen als subjektive Tatbestandsmerkmale bereits die Rechtswidrigkeit der Tat entfallen.[529] Ein weiterer Unterschied liegt darin, dass subjektives Unvermögen den Arbeitnehmer im Arbeitsrecht aufgrund des für die (einfache) Fahrlässigkeit geltenden objektiven Sorgfaltsmaßstabs[530] nicht entlasten kann.[531] Dies ist anders im Strafrecht: Hier ist im Rahmen der Schuld auf die individuellen Fähigkeiten des Täters abzustellen;[532] fehlt es an der subjektiven Fahrlässigkeit, folgt aus dem Schuldprinzip, dass kein strafrechtlicher Fahrlässigkeitsvorwurf erhoben werden darf.[533] Im Rahmen der groben Fahrlässigkeit finden dagegen ähnlich dem Strafrecht auch Umstände betreffend die subjektive Verantwortlichkeit bzw. subjektive Vorwerfbarkeit Berücksichtigung, sodass zumeist ein teilweise subjektiver Sorgfaltsmaßstab gilt.[534] Das Arbeitsrecht kennt außerdem Situationen, in denen nach den Grundsätzen zum innerbetrieblichen Schadensausgleich die Haftung des Arbeitnehmers anknüpfend an den Grad des Verschuldens beschränkt sein oder vollständig entfallen kann.[535]

---

525 Siehe oben Kap. 2, D. I., II.

526 *Adam/Schmidt/Schumacher*, NStZ 2017, 7 (11); siehe oben Kap. 2, D. II.

527 Siehe oben Kap. 2, D. II.

528 BAG NZA 2019, 445 (448).

529 *Adam/Schmidt/Schumacher*, NStZ 2017, 7 (10) mwN; vgl. insoweit zu den unterschiedlichen Bedeutungen des Schuldbegriffs *Frister*, JuS 2013, 1057 (1057).

530 Siehe oben unter Kap. 2, D. II.

531 Vgl. *Vogel/Bülte*, in: LK-StGB, Stand 2020, § 15 Rn. 155.

532 Siehe oben unter Kap. 2, D. I.

533 *Vogel/Bülte*, in: LK-StGB, Stand 2020, § 15 Rn. 155; siehe oben unter Kap. 2, D. I.

534 *Adam/Schmidt/Schumacher*, NStZ 2017, 7 (12); eingehend *Grundmann*, in: MüKo-BGB, § 276 Rn. 94 f. mwN.

535 Siehe oben unter Kap. 2, D. II.

E. Unzumutbarkeit

Der Begriff der (Un-)Zumutbarkeit findet sich sowohl im Straf- als auch im Arbeitsrecht, allerdings mit unterschiedlichen Anknüpfungspunkten.

I. Strafrecht

Im Strafrecht kann die (Un-)Zumutbarkeit zunächst bei den echten Unterlassungsdelikten mit Blick auf die Begrenzung objektiver Rechtspflichten und damit des tatbestandlichen Unrechts eine Rolle spielen.[536] Eine solche Begrenzung hat der Gesetzgeber etwa bei der unterlassenen Hilfeleistung gem. § 323c StGB durch die Formulierung „nicht Hilfe leistet, obwohl dies […] ihm den Umständen nach zuzumuten […] ist" vorgenommen.[537] Auch wenn bei den echten Unterlassungsdelikten der Tatbestand nicht immer ausdrücklich die Zumutbarkeit der unterlassenen Handlung regelt, muss nach allgemeinen Grundsätzen als ungeschriebene Tatbestandsvoraussetzung hinzutreten, dass „dem Handlungspflichtigen die Erfüllung seiner gesetzlichen Pflichten möglich und zumutbar ist"[538].[539]

Die Zumutbarkeit ist zudem für die Begrenzung subjektiver Rechtspflichten im Rahmen der Schuld von Bedeutung.[540] Grundlegend hat insoweit das Reichsgericht in der „Leinenfänger"-Entscheidung für den Bereich der

536 *Frisch*, Strafrecht, § 5 Rn. 199; *Henkel*, in: FS Mezger, S. 249 (306); *Preis*, Prinzipien des Kündigungsrechts bei Arbeitsverhältnissen, S. 142.

537 So die hM, siehe nur BGHSt 17, 166 (170) = NJW 1962, 1212 (1213); *Fischer*, StGB, § 323c Rn. 15; *Freund/Koch*, in: MüKo-StGB, § 323c Rn. 90; *Hecker*, in: Schönke/Schröder, StGB, § 323c Rn. 18; *Heger*, in: Lackner/Kühl, StGB, § 323c Rn. 7; *Rengier*, Strafrecht Besonderer Teil II, § 42 Rn. 13; *Stein/Wolters*, in: SK-StGB, § 323c Rn. 32; *Wessels/Beulke/Satzger*, Strafrecht Allgemeiner Teil, Rn. 1237.

538 BGHSt 47, 318 (320) = NJW 2002, 2480 (2481).

539 BGHSt 47, 318 (320) = NJW 2002, 2480 (2481); BGH Beschl. v. 11.10.2018 – 1 StR 257/18, BeckRS 2018, 33540; Hanseatisches OLG Hamburg NStZ 1996, 557 (559); *Frisch*, Strafrecht, § 8 Rn. 31; *Mosbacher*, in: Achenbach/Ransiek/Rönnau, Handbuch Wirtschaftsstrafrecht, 12. Teil, Kap. 5 Rn. 135; siehe etwa *Felicke*, in: MüKo-StGB, § 123 Rn. 50 für den Hausfriedensbruch; *Fischer*, StGB, § 138 Rn. 12, 15 und *Stein*, in: SK-StGB, § 138 Rn. 36 für die Nichtanzeige geplanter Straftaten.

540 *Henkel*, in: FS Mezger, S. 249 (306); *Preis*, Prinzipien des Kündigungsrechts bei Arbeitsverhältnissen, S. 142; vgl. *G. Dannecker*, in: Amelung, Individuelle Verantwortung, S. 209 (234).

Fahrlässigkeitsdelikte ausgeführt:[541] „Um den Begriff der Fahrlässigkeit herzustellen, muß [...] etwas weiteres hinzukommen, nämlich Das, daß die Vornahme der Handlung im gegebenen Falle eine Nichterfüllung desjenigen Maßes von Aufmerksamkeit und von Rücksicht auf das Allgemeinwohl in sich schließt, dessen Prästierung von dem Handelnden billigerweise gefordert werden darf. [...] Hiernach war zu erwägen, ob es dem Angeklagten als Pflicht zugemutet werden konnte, eher dem Befehle seines Dienstherrn sich zu entziehen und den Verlust seiner Stellung auf sich zu nehmen [...].“ Während das Reichsgericht die Zumutbarkeit dabei noch auf Tatbestandsebene bei der anzuwendenden Sorgfalt verortet hatte,[542] wird die Unzumutbarkeit heute auf Schuldebene als allgemeiner übergesetzlicher Entschuldigungsgrund diskutiert.[543] Bei Vorsatzdelikten, die durch aktives Tun begangen werden, besteht nach der gesetzlichen Systematik kein Raum für die Annahme einer solchen schuldausschließenden Unzumutbarkeit;[544] die gesetzlich geregelten Fälle stellen insoweit abschließende Konkretisierungen des Unzumutbarkeitsprinzips dar.[545] Anders stellt sich die Rechtslage im Rahmen der vorsätzlich begangenen unechten Unterlassungsdelikte und der Fahrlässigkeitsdelikte dar. Hier wird die Bedeutung der Unzumutbarkeit überwiegend anerkannt,[546] wobei aber Uneinigkeit besteht, ob es sich

541 RGSt 30, 25 (27 f.); vgl. näher hierzu *Achenbach*, JURA 1997, 631 (631 ff.); zur Frage, inwieweit sich die Arbeitnehmereigenschaft heute noch im Rahmen der Zumutbarkeit auswirkt bzw. auswirken kann, siehe unten unter Kap. 3, D. III.

542 *G. Dannecker*, in: Amelung, Individuelle Verantwortung, S. 209 (234).

543 Eingehend *Momsen*, Die Zumutbarkeit als Begrenzung strafrechtlicher Pflichten, S. 447 ff. mwN; vgl. dazu auch *G. Dannecker*, in: Amelung, Individuelle Verantwortung, S. 209 (234); *Moos*, ZStW 115 (2004), 891 ff. mit einer rechtsvergleichenden Betrachtung.

544 RGSt 66, 397 (399); *Jescheck/Weigend*, Lehrbuch des Strafrechts, Allgemeiner Teil, § 47 II 2, S. 504; *Rönnau*, in: LK-StGB, Stand 2019, Vor §§ 32 ff. Rn. 339; *Rogall*, in: SK-StGB, Vor § 19 Rn. 62; *Schlehofer*, in: MüKo-StGB, Vor § 32 Rn. 335; *Sternberg-Lieben*, in: Schönke/Schröder, StGB, Vor §§ 32 ff. Rn. 124; ablehnend auch *Frisch*, Strafrecht, § 5 Rn. 199.

545 *Heger*, in: Lackner/Kühl, StGB, Vor § 32 Rn. 30; *Welzel*, JZ 1958, 494 (495).

546 Für Fahrlässigkeitsdelikte siehe etwa: BGHSt 4, 20 (23) = NJW 1953, 551 (551); *Heger*, in: Lackner/Kühl, StGB, § 15 Rn. 51; *Jescheck/Weigend*, Lehrbuch des Strafrechts, Allgemeiner Teil, § 57 IV, S. 597; *Kindhäuser/Zimmermann*, Strafrecht Allgemeiner Teil, § 33 Rn. 72; *Rönnau*, in: LK-StGB, Stand 2019, Vor §§ 32 ff. Rn. 348; *Roxin/Greco*, Strafrecht Allgemeiner Teil, § 24 Rn. 122 ff.; *Sternberg-Lieben*, in: Schönke/Schröder, StGB, Vor §§ 32 ff. Rn. 126; *ders./Schuster*, in: Schönke/Schröder, StGB, § 15 Rn. 204; *Wessels/Beulke/Satzger*, Strafrecht Allgemeiner Teil, Rn. 1149; aA *Achenbach*, JURA 1997, 631 (635); *Momsen*, Die Zumutbarkeit als Begrenzung strafrechtlicher Pflichten,

dabei um einen übergesetzlichen Entschuldigungsgrund[547] oder um ein regulatives Prinzip[548] handelt.

Das Merkmal der Unzumutbarkeit erweitert in den dargestellten Konstellationen durch die Begrenzung der Pflicht zu normgemäßem Verhalten bei den echten Unterlassungsdelikten bzw. durch den Schuldausschluss bei den Fahrlässigkeits- und den vorsätzlich begangenen unechten Unterlassungsdelikten den Raum straffreier Handlungen.[549] Anders ist dies indes im Rahmen des § 35 StGB: Die (Un-)Zumutbarkeit normgemäßen Verhaltens ist auch den Schuldausschließungsgründen immanent,[550] vgl. § 35 Abs. 1 S. 2 StGB (Zumutbarkeit der Gefahrhinnahme), doch kommt es hier zu einer Erweiterung der Strafbarkeit.[551] Es gilt insoweit das Prinzip „unzumutbar = ausnahmsweise straflos" und „zumutbar = ausnahmsweise strafbar".[552]

Die (Un-)Zumutbarkeit betrifft grundsätzlich die Frage, wann bzw. in welcher Situation der Täter eine etwaige Beeinträchtigung eigener billigenswerter Interessen hinnehmen muss.[553] So erfordert die Prüfung der Zumutbarkeit im

---

S. 461 f., 536 f., der die Unzumutbarkeit als normatives Schuldelement einordnet, das mit Ausnahme existenzieller Gefahren nicht über die Fälle § 35 StGB hinaus zur Anwendung kommt; *Schlehofer*, in: MüKo-StGB, Vor § 32 Rn. 343; kritisch auch *Duttge*, in: MüKo-StGB, § 15 Rn. 209.

Für vorsätzliche Unterlassungsdelikte etwa: BGH NStZ 1984, 164 (164) mwN; NStZ 1994 29 (29); NStZ 1997, 545 (546); *Achenbach*, JR 1975, 492 (495); *Heger*, in: Lackner/Kühl, StGB, § 13 Rn. 5; *Rönnau*, in: LK-StGB, Stand 2019, Vor §§ 32 ff. Rn. 346; *Welzel*, JZ 1958, 494 (495 f.); *Wessels/Beulke/Satzger*, Strafrecht Allgemeiner Teil, Rn. 1222; für einen Tatbestandsausschluss bei Unzumutbarkeit *Bosch*, in: Schönke/Schröder, StGB, Vor §§ 13 ff. Rn. 155; *Gaede*, in: NK-StGB, § 13 Rn. 17; *Kindhäuser/Zimmermann*, Strafrecht Allgemeiner Teil, § 36 Rn. 13; *Sternberg-Lieben*, in: Schönke/Schröder, StGB, Vor §§ 32 ff. Rn. 125; ablehnend *Schlehofer*, in: MüKo-StGB, Vor § 32 Rn. 343.

547 So etwa RGSt 67, 12 (18); BGHSt 2, 194 (204) = NJW 1952, 593 (595); *Hirsch*, in: LK-StGB, Band 2, 11. Aufl. 2003, Vor § 32 Rn. 206.

548 So etwa *Achenbach*, JURA 1997, 631 (635); *Eisele*, in: Schönke/Schröder, StGB, Vor §§ 13 ff. Rn. 116; *Henkel*, in: FS Mezger, S. 249 (305 f.); *Paeffgen/Zabel*, in: NK-StGB, Vor §§ 32 ff. Rn. 242; *Roxin*, in: FS Henkel, S. 171 (173); *Sternberg-Lieben*, in: Schönke/Schröder, StGB, Vor §§ 32 ff. Rn. 124 ff.

549 *Momsen*, Die Zumutbarkeit als Begrenzung strafrechtlicher Pflichten, S. 39.

550 *Schlehofer*, in: MüKo-StGB, Vor § 32 Rn. 335; vgl. *Heger*, in: Lackner/Kühl, StGB, Vor § 32 Rn. 30, der von „Einzelausprägungen" spricht.

551 *Momsen*, Die Zumutbarkeit als Begrenzung strafrechtlicher Pflichten, 2006, S. 39.

552 *Momsen*, Die Zumutbarkeit als Begrenzung strafrechtlicher Pflichten, 2006, S. 76.

553 *Gropp/Sinn*, Strafrecht, § 11 Rn. 109; *Rengier*, Strafrecht Allgemeiner Teil, § 52 Rn. 87.

Sinne des entschuldigenden Notstands nach § 35 StGB eine Interessenabwägung im Einzelfall.[554] § 35 Abs. 1 S. 2 StGB nennt mit der Gefahrverursachung und dem besonderen Rechtsverhältnis entsprechende Regelbeispiele zur Verdeutlichung des Zumutbarkeitskriteriums.[555] Auch für Unterlassungsdelikte bedarf es einer Abwägung der widerstreitenden Interessen im Einzelfall, wobei auch die Erfolgsaussichten und die drohenden Gefahren zu berücksichtigen sind.[556] Stehen die Interessen in einem angemessenen Verhältnis, ist die Vornahme der Handlung unzumutbar.[557] Mit Blick auf § 323c StGB wird Zumutbarkeit angenommen, wenn das, was dem Täter durch die Hilfspflicht abverlangt wird, durch den erstrebten Erfolg der Normeinhaltung für die berechtigten Belange des Güterschutzes gerechtfertigt ist.[558]

Die Gemeinsamkeit und maßgeblich für die Feststellung der (Un-)Zumutbarkeit ist folglich eine Abwägung der kollidierenden Interessen im Einzelfall.

II. Arbeitsrecht

Der Gedanke der (Un-)Zumutbarkeit findet sich im Arbeitsrecht an verschiedenen Stellen, wie beispielsweise im Rahmen der Anrechnungsvorschriften der § 615 S. 2 BGB[559] und § 11 Nr. 2 KSchG („zumutbare Arbeit"), in § 13 Abs. 1 Nr. 2 MuSchG (Zumutbarkeit des Arbeitsplatzwechsels) oder auch im Rahmen der Verdachtskündigung unter dem Gesichtspunkt der zumutbaren Sachverhaltsaufklärung.[560] Vor allem im Kündigungsrecht spielt die (Un-)Zumutbarkeit eine zentrale Rolle und hat in mehreren Vorschriften Niederschlag gefunden.[561] So setzt die Wirksamkeit einer außerordentlichen Kündigung nach § 626 Abs. 1

---

554 *Perron*, in: Schönke/Schröder, StGB, § 35 Rn. 18.

555 *Müssig*, in: MüKo-StGB, § 35 Rn. 45; *Perron*, in: Schönke/Schröder, StGB, § 35 Rn. 18.

556 BGH NStZ 1984, 164 (164); NStZ 1994, 29 (29); BGHSt 43, 381 (399) = NJW 1998, 1568 (1574); *Rengier*, Strafrecht Allgemeiner Teil, § 49 Rn. 47.

557 *Bosch*, in: Schönke/Schröder, StGB, Vor §§ 13 ff. Rn. 156; *Rengier*, Strafrecht Allgemeiner Teil, § 49 Rn. 47.

558 *Freund/Koch*, in: MüKo-StGB, § 323c Rn. 92.

559 Die Zumutbarkeit ist bei § 615 S. 2 BGB zwar nicht unmittelbar dem Wortlaut nach Voraussetzung, allerdings ist die Zumutbarkeit für die Böswilligkeit der nicht ausgeübten Tätigkeit entscheidendes Kriterium, BAG NZA 2000, 817 (817); BAGE 108, 27 (31) = NZA 2004, 90 (91); vgl. auch *Joussen*, in: BeckOK-ArbR, § 615 BGB Rn. 74.

560 BAGE 151, 1 (7) = NZA 2015, 741 (743); siehe eingehend zu den Erscheinungsformen der (Un-)Zumutbarkeit im Kündigungsrecht und in der Gesamtrechtsordnung *Preis*, Prinzipien des Kündigungsrechts bei Arbeitsverhältnissen, S. 136 ff., 142 ff.

561 *Preis*, in: Ascheid/Preis/Schmidt, Kündigungsrecht, 1. Teil, H Rn. 15.

BGB voraus, dass dem Kündigenden unter Abwägung der Interessen im Einzelfall die Fortsetzung des Arbeitsverhältnisses bis zum Ablauf der Kündigungsfrist nicht zugemutet werden kann. Im Anwendungsbereich des Kündigungsschutzgesetzes ist eine ordentliche Kündigung sozial ungerechtfertigt, wenn der Arbeitnehmer nach zumutbaren Umschulungs- und Fortbildungsmaßnahmen beim Arbeitgeber weiterbeschäftigt werden kann (und der Betriebsrat form- und fristgerecht widersprochen hat), vgl. § 1 Abs. 2 S. 3 KSchG. Ferner hat ein Auflösungsantrag des Arbeitnehmers nach §§ 9 Abs. 1 S. 1, 13 Abs. 1 S. 3 KSchG nur Erfolg, wenn das Gericht feststellt, dass die außerordentliche Kündigung unbegründet bzw. das Arbeitsverhältnis durch die ordentliche Kündigung nicht aufgelöst ist, aber die Fortsetzung des Arbeitsverhältnisses dem Arbeitnehmer nicht zuzumuten ist.

Das Kündigungsschutzgesetz selbst kann als Konkretisierung der Voraussetzungen, unter welchen die Fortsetzung des Arbeitsverhältnisses dem Arbeitgeber (un-)zumutbar ist, und damit als „gesetzgeberische Positivierung des Zumutbaren" verstanden werden.[562] In der Folge besteht allerdings regelmäßig nur sehr eingeschränkt die Möglichkeit der Vornahme einer „erneuten" Zumutbarkeitsprüfung durch den Richter im Rahmen der Tatbestände des Kündigungsschutzgesetzes.[563]

Dem Begriff der Zumutbarkeit kommt in den gesetzlich geregelten Fällen die Funktion zu, „in Bereichen, in denen eine rechtssichere und bestimmte normative Grenzziehung nicht möglich erscheint", Einzelfallgerechtigkeit zu gewährleisten;[564] er gibt „dem Richter die Möglichkeit der Einzelabwägung zurück, die ihm durch ein geschlossenes und kasuistisches Gesetzesrecht entzogen ist".[565] Was im jeweiligen Einzelfall als (un-)zumutbar anzusehen ist, muss im Wege der Interessenabwägung festgestellt werden; der Begriff der (Un-)Zumutbarkeit beschreibt dabei das Ergebnis der Interessenabwägung.[566]

562 *Preis*, in: Ascheid/Preis/Schmidt, Kündigungsrecht, 1. Teil, H Rn. 33.

563 *Preis*, in: Ascheid/Preis/Schmidt, Kündigungsrecht, 1. Teil, H Rn. 33.

564 *Henkel*, in: FS Mezger, S. 249 (261); *Preis*, Prinzipien des Kündigungsrechts bei Arbeitsverhältnissen, S. 143; eingehend zum Begriff der Zumutbarkeit auch *Herschel*, AuR 1968, 193 (193 ff.) und *König*, RdA 1969, 8 (9).

565 *Preis*, Prinzipien des Kündigungsrechts bei Arbeitsverhältnissen, S. 150; ähnlich *Henkel*, in: FS Mezger, S. 249 (262).

566 Eingehend *Preis*, Prinzipien des Kündigungsrechts bei Arbeitsverhältnissen, S. 150 ff., 157; siehe für die außerordentliche Kündigung auch unten unter Kap. 4, IV. mwN.

So wird im Rahmen der Kündigungsprüfung für die Unzumutbarkeit auf die Ausschöpfung „sämtliche[r] mildere[r] Reaktionsmöglichkeiten“ abgestellt.[567] Dies zeigt, dass das Unzumutbarkeitsprinzip in engem Zusammenhang mit dem arbeitsrechtlichen Ultima-ratio-Prinzip steht. Die Durchbrechung der Vertragsbindung (pacta sunt servanda) ist als Ausnahme rechtfertigungsbedürftig und daher nur zulässig, wenn das Kündigungsinteresse besonders hochrangig ist und daher das Interesse am zumindest vorübergehenden Fortbestand des Vertrags überwiegt.[568] Erforderlich ist also eine Gesamtwürdigung der Interessen im Einzelfall unter Berücksichtigung des Verhältnismäßigkeitsgrundsatzes.[569]

Bei den Anrechnungsvorschriften der §§ 615 S. 2 und 11 Nr. 2 KSchG ist die Zumutbarkeit nach der Rechtsprechung unter Berücksichtigung aller Umstände nach Treu und Glauben zu bestimmen;[570] maßgeblich ist somit auch hier eine Abwägung der Interessen im Einzelfall.[571] Gleiches gilt beispielsweise im Rahmen von § 13 Abs. 1 Nr. 2 MuSchG: Für die Frage der Zumutbarkeit ist eine Interessenabwägung im Einzelfall vorzunehmen.[572]

III. Vergleichende Betrachtung

Der Gedanke der Unzumutbarkeit findet sich sowohl im Straf- als auch im Arbeitsrecht: Im strafrechtlichen Bereich kommt im Rahmen der echten Unterlassungsdelikte der (Un-)Zumutbarkeit ebenso wie im Kündigungsrecht die Funktion zu, die Grenzen von Rechtspflichten festzulegen.[573]

Bedeutung gewinnt die (Un-)Zumutbarkeit im Strafrecht aber vor allem auf der Schuldebene. Hier kann die (Un-)Zumutbarkeit bei den Fahrlässigkeitsdelikten

---

567 BAG NZA 2013, 319 (320); vgl. auch *Vossen*, in: Ascheid/Preis/Schmidt, Kündigungsrecht, § 626 BGB Rn. 34.

568 *Preis*, in: Ascheid/Preis/Schmidt, Kündigungsrecht, 1. Teil, H Rn. 39; dazu auch *Herschel*, in: FS Müller, S. 191 (196); kritisch hinsichtlich der Berufung auf den Grundsatz pacta sunt servanda im Kündigungsrecht *Franz/Rüthers*, RdA 1999, 32 (36) sowie *Rüthers*, NJW 1998, 1433 (1436); siehe mwN hierzu bereits oben unter Kap. 2, B. II.

569 BAG NZA 2013, 319 (320); BAGE 150, 109 (112) = NZA 2015, 294 (296); *König*, RdA 1969, 8 (8); *Preis*, Prinzipien des Kündigungsrechts bei Arbeitsverhältnissen, S. 150 f.

570 BAGE 108, 27 (31) = NZA 2004, 90 (91); vgl. auch BAG NZA 2000, 817 (817).

571 *Joussen*, in: BeckOK-ArbR, § 615 BGB Rn. 74.

572 BAGE 88, 279 (282) = NZA 1998, 936 (937); *Dahm*, in: BeckOK-ArbR, § 13 MuSchG Rn. 25.

573 Siehe oben unter Kap. 2, E. I., II.; vgl. auch *Preis*, Prinzipien des Kündigungsrechts bei Arbeitsverhältnissen, S. 142; zum umgangssprachlichen und juristischen Wortgebrauch *Momsen*, Die Zumutbarkeit als Begrenzung strafrechtlicher Pflichten, S. 44 ff.

und den vorsätzlich begangenen unechten Unterlassungsdelikten – entweder als übergesetzlicher Entschuldigungsgrund oder als regulatives Prinzip[574] – die Schuld ausschließen und so den Raum nicht strafbarer Handlungen erweitern (bzw. im Rahmen der Entschuldigungsgründe einschränken).[575]

Im Arbeitsrecht spielt der Gedanke der (Un-)Zumutbarkeit bei der Ermittlung des Inhalts und der Grenzen der Rechtspflichten der Arbeitsvertragsparteien eine wesentliche Rolle.[576] Mit Blick auf das Kündigungsrecht geht es bei der (Un-)Zumutbarkeit im Kern immer um die Frage des zumutbaren Fortbestands des Arbeitsverhältnisses und damit um die Zulässigkeit einer Kündigung und die Durchbrechung der Vertragsbindung.[577] Insoweit setzen die beiden Rechtsgebiete auf unterschiedlichen Ebenen an.

Eine Gemeinsamkeit der Rechtsgebiete besteht darin, dass die (Un-)Zumutbarkeit im Wege einer umfassenden Interessenabwägung festzustellen ist.[578] Man nimmt hier eine „Durchbrechung einer rechtssicheren Beurteilung zugunsten der Gerechtigkeit im Einzelfall"[579] in Kauf.[580] Gemeinsam ist den beiden Rechtsgebieten außerdem, dass der Unzumutbarkeitsgedanken sowohl im Strafrecht als auch im Arbeitsrecht nicht lediglich als Tatbestandsmerkmal Eingang in straf- und arbeitsrechtliche Regelungen gefunden hat, sondern auch einzelne Tatbestände und Gesetze Konkretisierungen des Zumutbarkeitsgedankens darstellen.[581]

F. Gesetzlichkeitsprinzip vs. Richterrecht

Für die verschiedenen Bereiche der Rechtsordnung bestehen unterschiedliche Anforderungen an die Rechtsstaatlichkeit – dies gilt insbesondere auch im Hinblick auf das Straf- und Arbeitsrecht.

---

574 Zum Meinungsstand mit Nachweisen siehe oben unter Kap. 2, E. I.

575 Siehe oben unter Kap. 2, E. I.

576 Siehe oben unter Kap. 2, E. I.

577 *Preis*, Prinzipien des Kündigungsrechts bei Arbeitsverhältnissen, S. 137.

578 Vgl. oben Kap. 2, E. I., II.

579 *Preis*, Prinzipien des Kündigungsrechts bei Arbeitsverhältnissen, S. 143.

580 *Henkel*, in: FS Mezger, S. 249 (261); *Herschel*, AuR 1968, 193 (195); dazu auch *König*, RdA 1969, 9 (10, 15).

581 Siehe oben unter Kap. 2, E. II.

I. Strafrecht

Das Grundgesetz legt mit Art. 103 Abs. 2 für den Bereich des Strafrechts ausdrücklich strengere Anforderungen an die Rechtsstaatlichkeit im Vergleich zur übrigen Rechtsordnung fest.[582] Art. 103 Abs. 2 GG stellt eine spezielle Ausprägung des Art. 20 Abs. 3 GG dar[583] und besagt, dass eine Tat nur bestraft werden kann, wenn die Strafbarkeit gesetzlich bestimmt war, bevor die Tat begangen wurde. Das hier und einfachgesetzlich in § 1 StGB[584] zum Ausdruck kommende Gesetzlichkeitsprinzip richtet sich speziell an die staatliche Strafgewalt, also an Gesetzgeber und Rechtsanwender,[585] und weist eine begrenzende Funktion auf.[586] Bei einem derart intensiven Eingriffsmittel wie dem Strafrecht ist die Entscheidung über dessen Einsatz durch Schaffung abstrakt-genereller Regelungen dem Gesetzgeber als demokratisch legitimiertem Organ vorbehalten und darf nicht der Exekutive oder Rechtsprechung überlassen bleiben (strenger Gesetzesvorbehalt).[587] Im Vordergrund der Regelung steht daneben vor allem auch der Rechtssicherheitsgedanke.[588] Es muss für den Bürger vorhersehbar sein, welche Verhaltensweisen verboten und mit Strafe bedroht sind.[589]

Art. 103 Abs. 2 GG findet dabei sowohl Anwendung auf das Strafrecht im engeren Sinne – das Kriminalstrafrecht – als auch auf das Strafrecht im weiteren Sinne,[590] wie etwa das Ordnungswidrigkeitenrecht[591] oder auch

582 *Degenhart*, in: Sachs, GG, 7. Aufl. 2014, Art. 103 Rn. 53 f.

583 BVerfGE 95, 96 (130 f.) = NJW 1997, 929 (930); *G. Dannecker/Schuhr*, in: LK-StGB, Stand 2020, § 1 Rn. 51.

584 Vgl. *G. Dannecker/Schuhr*, in: LK-StGB, Stand 2020, § 1 Rn. 1 f.: einfachrechtliche Wiederholung mit „lediglich deklaratorische[r] Bedeutung", wobei das einfache Recht und das Verfassungsrecht infolge der Berücksichtigung der Vorgaben des Art. 103 Abs. 2 GG bei der Auslegung des § 1 StGB inhaltlich übereinstimmen; *Remmert*, in: Dürig/Herzog/Scholz, GG, Art. 103 Abs. 2 Rn. 1.

585 BVerfGE 126, 170 (195 ff.) = NJW 2010, 3209 (3210 f.).

586 *G. Dannecker*, in: FS Roxin, S. 285 (287); *ders./Schuhr*, in: LK-StGB, Stand 2020, § 1 Rn. 50; *Schulze-Fielitz*, in: Dreier, GG, Art. 103 II Rn. 11 f.

587 BVerfGE 143, 38 (53) = NJW 2016, 3648 (3649).

588 *Schulze-Fielitz*, in: Dreier, GG, Art. 103 II Rn. 12.

589 BVerfGE 143, 38 (53) = NJW 2016, 3648 (3649).

590 Anders bei § 1 StGB, der nur das Strafrecht im engeren Sinne erfasst, so *G. Dannecker/Schuhr*, in: LK-StGB, Stand 2020, § 1 Rn. 65.

591 So etwa BVerfGE 9, 167 (169 f.) = NJW 1959, 619 (619); BVerfGE 42, 261 (263) = NJW 1976, 1883 (1883); BVerfG NJW 1981, 1087 (1088); *G. Dannecker/Schuhr*, in: LK-StGB, Stand 2020, § 1 Rn. 66 mwN; *Schmitz*, in: MüKo-StGB, § 1 Rn. 24.

Disziplinarstrafen und ehrengerichtliche Strafen[592].[593] Nach einer aktuellen Entscheidung des Bundesgerichtshofs fallen aus Gründen der Einheit der Rechtsordnung und im Interesse der Rechtssicherheit auch außerstrafrechtliche Normen, die durch Straf- und Bußgeldtatbestände in Bezug genommen werden, in den Geltungsbereich Art. 103 Abs. 2 GG.[594]

Wie eben dargelegt, fordert das Gesetzlichkeitsprinzip zunächst eine verbindliche Entscheidung des Gesetzgebers (nullum crimen, nulla poena sine lege).[595] Aus dem Gesetzlichkeitsprinzip lassen sich darüber hinaus konkretisierende Einzelgewährleistungen ableiten:[596] das Bestimmtheitsgebot (nullum crimen, nulla poena sine lege certa), das Verbot von Gewohnheitsrecht (nullum crimen, nulla poena sine lege scripta), Analogieverbot (nullum crimen, nulla poena sine lege stricta) sowie das Rückwirkungsverbot (nullum crimen, nulla poena sine lege preaevia).

Das Bestimmtheitsgebot fordert die Schaffung einer hinreichend bestimmten Gesetzeslage, an welcher der Normadressat sein Verhalten ausrichten kann.[597] Die Voraussetzungen der Strafbarkeit müssen so konkret bezeichnet bzw. umschrieben sein, „dass Anwendungsbereich und Tragweite der Straftatbestände sich aus dem Wortlaut ergeben oder jedenfalls durch Auslegung ermitteln lassen".[598] Verbleiben dennoch Unklarheiten bezüglich des Anwendungsbereichs

---

592 So etwa BVerfGE 26, 186 (203 f.) = NJW 1969, 2192 (2194); BVerfGE 45, 346 (351) = NJW 1978, 101 (101); BVerfGE 57, 29 (35) = NJW 1981, 2112 (2113); *G. Dannecker/Schuhr*, in: LK-StGB, Stand 2020, § 1 Rn. 66 mwN.

593 *G. Dannecker/Schuhr*, in: LK-StGB, Stand 2020, § 1 Rn. 66.

594 BGH BB 2023, 396 (402 f.) zur analogen Anwendung von § 34 Abs. 4 GewO. Der Bundesgerichtshof verweist in seiner Entscheidung auf die Rechtsprechung des Bundesverfassungsgerichts, so etwa BVerfGE 98, 106 (118 f.), wonach das Rechtsstaatsprinzip die rechtssetzenden Organe von Bund und Länder verpflichtet, „die Regelungen jeweils so aufeinander abzustimmen, daß den Normadressaten nicht gegenläufige Regelungen erreichen, die die Rechtsordnung widersprüchlich machen".

595 *G. Dannecker*, in: FS Roxin, S. 285 (287).

596 BVerfGE 109, 133 (171) = NJW 2004, 739 (745); *G. Dannecker/Schuhr*, in: LK-StGB, Stand 2020, § 1 Rn. 51: „Einzelprinzipien"; *v. Heintschel-Heinegg*, in: BeckOK-StGB, § 1 Rn. 6: „Unterprinzipien"; vgl. *Hefendehl*, JA 2011, 401 (403) zum Bestimmtheitsgebot; *Remmert*, in: Dürig/Herzog/Scholz, GG, Art. 103 Abs. 2 Rn. 2 mwN zum Meinungsstand bzgl. der Terminologie und des Verhältnisses der einzelnen Gewährleistungen zueinander.

597 *G. Dannecker*, in: FS Roxin, S. 285 (287).

598 BVerfGK 10, 442 (444) = NJW 2007, 1666 (1666); vgl. auch *Hefendehl*, JA 2011, 401 (403): die „Konturen einer Verhaltensnorm" müssen sich ermitteln lassen, damit die Generalprävention „nicht bereits theoretisch zur Farce" gerät.

von Strafgesetzen – etwa weil der Gesetzgeber den Tatbestand durch Verwendung von Generalklauseln vergleichsweise weit gefasst hat –, ist es die Aufgabe der Rechtsprechung, eine „Präzisierung und Konkretisierung im Wege der Auslegung“ vorzunehmen (sog. Präzisierungsgebot).[599]

Es gilt außerdem das Verbot von Gewohnheitsrecht, sodass Strafe – sowohl deren Begründung als auch Verschärfung – nicht auf einen gewohnheits- bzw. richterrechtlichen Tatbestand gestützt werden kann.[600] Es bedarf vielmehr einer gesetzgeberischen Entscheidung durch geschriebenes, „verschriftlichtes“ Recht.[601] Das Analogieverbot[602] kommt dort zum Tragen, wo eine Rechtsnorm nicht mehr im zulässigen Rahmen der Normkonkretisierung ausgelegt, sondern durch analoge Anwendung erweitert und weiterentwickelt wird, und setzt damit der richterlichen Rechtsfortbildung Grenzen.[603] Diese beiden Einschränkungen gelten aber nach dem Sinn und Zweck der Vorschrift, einen erhöhten rechtsstaatlichen „Schutz gegenüber spezifisch strafrechtlichen Maßnahmen“ zu gewährleisten,[604] stets nur bei täterbelastenden Eingriffen.[605]

Das Rückwirkungsverbot schützt vor nachträglichen, für den Täter nachteiligen Änderungen der Unrechtsbewertung einer Tat – sowohl im Hinblick auf die erstmalige Anordnung als auch Verschärfung der Strafbarkeit.[606]

599 BVerfGE 126, 170 (198) = NJW 2010, 3209 (3211); BVerfG NJW 2022, 1160 (1162); vgl. BVerfGE 26, 41 (43) = NJW 1969, 1759 (1759).

600 BVerfGE 14, 174 (185) = NJW 1962, 1339 (1339); BVerfGK 18, 365 (369) = NJW 2011, 3020 (3020 f.); *Degenhart*, in: Sachs, GG, Art. 103 Rn. 63; *Remmert*, in: Dürig/Herzog/Scholz, GG, Art. 103 Abs. 2 Rn. 80; *Stratenwerth/Kuhlen*, Strafrecht Allgemeiner Teil, § 3 Rn. 26, 29 ff.

601 *G. Dannecker/Schuhr*, in: LK-StGB, Stand 2020, § 1 Rn. 109.

602 BVerfGK 18, 365 (369) = NJW 2011, 3020 (3021); *Radtke/Hagemeier*, in: BeckOK-GG, Art. 103 Rn. 38; *Hassemer*, Rechtstheorie 2008, 1 (20).

603 *Remmert*, in: Dürig/Herzog/Scholz, GG, Art. 103 Abs. 2 Rn. 83; vgl. *Wessels/Beulke/Satzger*, Strafrecht Allgemeiner Teil, Rn. 83.

604 BVerfGE 109, 133 (172) = NJW 2004, 739 (745).

605 *Remmert*, in: Dürig/Herzog/Scholz, GG, Art. 103 Abs. 2 Rn. 80, 82; *Wessels/Beulke/Satzger*, Strafrecht Allgemeiner Teil, Rn. 81; vgl. auch *Stratenwerth/Kuhlen*, Strafrecht Allgemeiner Teil, § 3 Rn. 27 f.

606 BVerfGE 109, 133 (172) = NJW 2004, 739 (745).

II. Arbeitsrecht

Für das Arbeitsrecht gelten die allgemeinen rechtstaatlichen Anforderungen des Art. 20 Abs. 3 GG.[607] Dabei ist richterliche Rechtsfortbildung - auch durch Analogie[608] - verfassungsrechtlich grundsätzlich nicht zu beanstanden, sondern zählt zu den „anerkannten Aufgaben und Befugnissen" der Gerichte.[609] Sie ist die Reaktion auf lückenhafte Regelungen, die durch tatsächliche oder rechtliche Entwicklungen entstehen.[610] Gerade im Arbeitsrecht, das mit dem Arbeits- und Wirtschaftsleben hauptsächlich solche Lebenssachverhalte betrifft, die schnellen Veränderungsprozessen unterliegen, spielt die richterliche Rechtsfortbildung eine große Rolle.[611] Das Bundesverfassungsgericht spricht insoweit davon, dass die Rechtsfortbildung im Arbeitsrecht „infolge des Zurückbleibens der Gesetzgebung hinter dem Fluß der sozialen Entwicklung" besonderes Gewicht erlangt habe.[612] Auch der Umstand einer fehlenden umfassenden arbeitsrechtlichen Kodifikation führt zu einem größeren Entscheidungsspielraum der Gerichte.[613] Das Arbeitsrecht ist - auch im Vergleich zum allgemeinen Zivilrecht - stark

---

607 Vgl. BVerfGE 65, 182 (191) = NJW 1984, 475 (475); *Degenhart*, in: Sachs, GG, 7. Aufl. 2014, Art. 103 Rn. 54; *Wiedemann*, NJW 2014, 2407 (2408).

608 BVerfGE 82, 6 (12 f.) = NJW 1990, 1593 (1593 f.).

609 BVerfGE 49, 304 (318) = NJW 1979, 305 (306); vgl. auch BVerfGE 57, 220 (248) = NJW 1981, 1829 (1831); *Preis*, RdA 1989, 327 (332); vgl. auch *ders.*, in: FS Wank, S. 413 (416 f.).

610 BVerfGE 82, 6 (12) = NJW 1990, 1593 (1593); vgl. hierzu auch *Preis*, in: FS Wank, S. 413 (416 f.); *ders.*, RdA 1989, 327 (333); vgl. hierzu *Wank*, Grenzen richterlicher Rechtsfortbildung, S. 30 mit Blick auf die Grenzen zulässigen Richterrechts: „Innerhalb des Zivilrechts ist zwischen Materien mit langer Kodifikationstradition und solchen abzugrenzen, die, wie das Arbeitsrecht, durch weite Gesetzeslücken und ständigen Gesetzes- und Wertewandel gekennzeichnet sind."; vgl. hierzu auch *Meys*, Rechtsfortbildung extra legem im Arbeitsrecht, S. 65 ff.

611 *Rüthers*, NZA-Beilage 2011, 100 (101); *Temming*, in: Preis/Temming, Individualarbeitsrecht, Rn. 112; vgl. *Preis*, in: FS Wank, S. 413 (417): der gesellschaftliche Wertewandel als Katalysator für die Rechtsfortbildung; siehe dazu bereits oben Kap. 1, B. III. 2.

612 BVerfGE 34, 269 (288) = NJW 1973, 1221 (1225); vgl. auch *Meys*, Rechtsfortbildung extra legem im Arbeitsrecht, S. 161: „[...] dass die besondere Rolle, welche der Richter im Arbeitsrecht spielen muss, zu einem Gutteil aus der Untätigkeit des Gesetzgebers folgt."

613 *Wollenschläger*, Arbeitsrecht, Rn. 103; vgl. *Temming*, in: Preis/Temming, Individualarbeitsrecht, Rn. 116: „legitimes Bedürfnis für Rechtsfortbildung"; differenzierend *Preis*, RdA 1989, 327 (334).

durch richterliche Rechtsfortbildung geprägt,[614] was seinen Niederschlag darin findet, dass verschiedene arbeitsrechtliche Rechtsinstitute auf Richterrecht basieren.[615]

Die Befugnis zur richterlichen Rechtsfortbildung ist durch die in Art. 20 Abs. 3 GG angeordnete Rechts- und Gesetzesbindung begrenzt; der Vorrang des Gesetzes dient insoweit insbesondere der Gewährleistung einer hinreichenden Rechtssicherheit des Bürgers, der sein Verhalten auf die Anforderungen, welche die Rechtsordnung an ihn stellt, einstellen können muss.[616]

III. Vergleichende Betrachtung

Das Strafrecht unterliegt mit Art. 103 Abs. 2 GG einem strengen Gesetzesvorbehalt, während für das Arbeitsrecht nur die allgemeinen rechtsstaatlichen Anforderungen des Art. 20 Abs. 3 GG gelten; das Arbeitsrecht ist in großem Ausmaß durch richterliche Rechtsfortbildung geprägt.[617] Man könnte argumentieren, dass die dem Strafrecht zugrundeliegenden Sachverhalte durch seltener auftretende oder weniger schnelle wirtschaftliche und gesellschaftliche Umwälzungen geprägt sind und daher weniger Flexibilität erforderlich ist, was im Hinblick auf Delikte gegen das Leben oder den Körper zutreffen, bezüglich der Wirtschaftsstraftaten aber nicht zu überzeugen vermag. Die unterschiedlichen rechtsstaatlichen Anforderungen lassen sich auch hier auf den generellen Eingriffscharakter des Strafrechts zurückführen, der ein größeres Maß an

---

614 *Rüthers*, NZA-Beilage 2011, 100 (101 ff.); vgl. *Linsenmaier*, RdA 2019, 157 (158) für das Arbeitskampfrecht als „arbeitsrechtliches Paradebeispiel": Gerichte als „Ersatzgesetzgeber".

615 Eingehend *v. Hoyningen-Huene*, BB 1986, 2133 (2133 ff.); *Linsenmaier*, RdA 2019, 157 (159 ff.); siehe hierzu auch oben unter Kap. 1, B. III. 2. mwN.

616 BVerfGE 82, 6 (12) = NJW 1990, 1593 (1593); *Degenhart*, in: Sachs, GG, Art. 103 Rn. 54; vgl. *Wiedemann*, NJW 2014, 2407 (2408); näher zu den Grenzen der richterlichen Rechtsfortbildung im Arbeitsrecht etwa *Meys*, Rechtsfortbildung extra legem im Arbeitsrecht, S. 55 ff.; *Peter*, RdA 1985, 337 (340 ff.); *Preis*, in: FS Wank, S. 413 (426 ff.), der die Leitmaximen richtiger Rechtsanwendung in einer Gesamtschau von Normzweck, praktischer Vernunft und den Prinzipien des Verfassungsrechts sieht; *ders.*, RdA 1989, 327 (327 ff.); *Söllner*, RdA 1985, 328 (328 ff.); *Wank*, RdA 1999, 130 (133 ff.); zu den aktuellen Tendenzen des Bundesverfassungsgerichts bei der Bestimmung der Grenzen der verfassungskonformen Auslegung im Arbeitsrecht *Höpfner*, RdA 2018, 321 (323 ff.) sowie *Rech*, RdA 2020, 31 (32 ff.).

617 Vgl. oben Kap. 2, F. I., II.

Rechtssicherheit erforderlich macht.[618] Während der Richter „eigentlicher Herr des Arbeitsrechts“[619] ist, steht im Strafrecht mithin vor allem der Gesetzgeber in der Verantwortung.[620]

G. Fazit

Im Arbeits- und Strafrecht tauchen teilweise dieselben, teilweise unterschiedliche Begrifflichkeiten und Prinzipien auf. Auf den ersten Blick überwiegen zumindest im Ausgangspunkt die Gemeinsamkeiten, was eine Ähnlichkeit der beiden Rechtsgebiete vermuten lässt. Doch hat der nähere Vergleich gezeigt, dass die Begriffe und Prinzipien ihrem Inhalt und ihrer Bedeutung nach im Strafrecht und im Arbeitsrecht weit auseinandergehen. Es handelt sich um zwei im Ansatz grundlegend verschiedene Rechtsgebiete, denen entsprechend unterschiedliche, durch Rechtsprechung und Literatur entwickelte bzw. näher konkretisierte Prinzipien zugrunde liegen.

Obwohl sich sowohl das Straf- als auch das Arbeitsrecht als Schutzrechte begreifen lassen, bestehen erhebliche Unterschiede. Das Strafrecht ist auf die Aufrechterhaltung der Grundlagen eines geordneten Gemeinschaftslebens und damit auf den Schutz der staatlichen Ordnung gerichtet, während das Arbeitsrecht speziell den Schutz der Arbeitnehmer im Blick hat. Das Straf- und Arbeitsrecht setzen dabei auf unterschiedlichen Ebenen an: Während das Arbeitsrecht als Teil des Privatrechts die rechtliche und gesellschaftliche Ordnung inhaltlich gestaltet, setzt das Strafrecht eine bereits ausgeformte Rechts- und Sozialordnung voraus und sichert deren Bestand mit dem rechtlichen Mittel der Strafbewehrung; das Strafrecht hat akzessorischen Charakter.[621] Auch wenn in beiden Rechtsgebieten von einem Über- und Unterordnungsverhältnis auszugehen ist, liegt im Arbeitsrecht der Schwerpunkt auf der Privatautonomie und der Relativität der Arbeitsverhältnisse, während sich die strafrechtlichen Konsequenzen einer Straftat über das Verhältnis Staat und Täter hinaus an den Interessen der

---

618 Siehe oben unter Kap. 2, F. I.

619 *Gamillscheg*, AcP 164 (1964), 385 (388); einschränkend *Wank*, RdA 1999, 130 (130).

620 Siehe oben unter Kap. 2, F. I.

621 *Appel*, Verfassung und Strafe, S. 431; *H.-L. Günther*, Strafrechtswidrigkeit und Strafunrechtsausschluß, S. 154 f.; vgl. *Binding*, Handbuch des Strafrechts, S. 9 f.; *Haffke*, in: FS Roxin, S. 955 (964); *Lange*, NJW 1978, 784 (785); *Maurach/Zipf*, Strafrecht Allgemeiner Teil, § 2 Rn. 11 ff., 26; *Tiedemann*, Tatbestandsfunktionen im Nebenstrafrecht, S. 45 f.; *Zipf*, Kriminalpolitik, S. 52; siehe oben Kap. 2, A. I.

Allgemeinheit zu orientieren haben und die Strafe den Täter in seinem allgemeinen Staatsbürgerstatus trifft.[622]

Der Bedeutungsgehalt des strafrechtlichen und des arbeitsrechtlichen Ultima-ratio-Prinzips geht ebenfalls deutlich auseinander: Das Strafrecht bedeutet mit seinen Sanktionsnormen stets einen Eingriff in Grundrechte des Bürgers und darf deshalb nur als letztes Mittel zur Absicherung anderer Rechtsgebiete eingesetzt werden.[623] Das Arbeitsrecht hingegen greift nicht per se in Rechtspositionen ein, sondern erstrebt vielmehr einen gerechten Interessenausgleich zwischen Arbeitgeber und Arbeitnehmer. Nur einzelne arbeitsrechtliche Gestaltungsrechte, wie etwa die Kündigung, haben Eingriffscharakter und können deshalb nur als letztes Mittel zum Einsatz kommen.[624]

Sowohl im Strafrecht als auch im Arbeitsrecht spielt der Präventionsgedanke eine bedeutende Rolle: Im Strafrecht wird zur Erreichung general- und spezialpräventiver Ziele vergangenheitsbezogen ein Übel verhängt und dabei auch dem Vergeltungsgedanken Rechnung getragen.[625] Die arbeitsrechtliche Kündigung soll künftige Vertragsverletzungen verhindern und hat so ebenfalls eine präventive Zwecksetzung. Die Kündigung als Mittel zur Loslösung vom Arbeitsverhältnis im Fall von Vertragsstörungen hat anders als die Strafe aber keinen vergeltenden Charakter; sie ist keine Sanktion.[626]

Das Strafrecht und Arbeitsrecht erfordern für einschneidende Maßnahmen wie die Kriminalstrafe oder die Kündigung eine rechtswidrige Handlung. Im Strafrecht wird hierfür auf einen Widerspruch zur Gesamtrechtsordnung abgestellt, während im Arbeitsvertragsrecht die Vertragswidrigkeit auch die Rechtswidrigkeit begründet.[627] Gemeinsam ist dem Straf- und Arbeitsrecht zwar auch das Erfordernis einer schuldhaften Handlung: Nur eine vorwerfbare Handlung kann Sanktionen bzw. kündigungs- und haftungsrechtliche Konsequenzen auslösen.[628] Unterschiede bestehen aber insbesondere mit Blick auf den Begriff der Schuld bzw. des Verschuldens, der im Strafrecht individuelle Vorwerfbarkeit und im Arbeitsrecht dagegen Vorsatz und Fahrlässigkeit meint, wobei für die Fahrlässigkeit ein objektiver Sorgfaltsmaßstab gilt.[629] Dem Verschuldensvorwurf im

---

622 Siehe oben Kap. 2, A. I., II.; vgl. auch *Göpfert/Landauer*, NZA-Beilage 2011, 16 (19).
623 Siehe oben unter Kap. 2, B. I.
624 Siehe oben Kap. 1, B. III. 1., Kap. 2, A. II.
625 Siehe oben unter Kap. 2, C. I., III.
626 Siehe oben unter Kap. 2, C. II., III.
627 Siehe oben unter Kap. 2, D. I., II., III.
628 Siehe oben unter Kap. 2, D. I., II., III.
629 Siehe oben unter Kap. 2, D. I., II.

zivilrechtlichen Sinne fehlt es im Vergleich zum strafrechtlichen Schuldvorwurf außerdem an der „Schärfe“ des „sozialethischen Unwerturteils“.[630]

Die (Un-)Zumutbarkeit hat im Strafrecht im Rahmen der echten Unterlassungsdelikte wie auch im Arbeitsrecht die Funktion, den Inhalt und die Grenzen von Rechtspflichten festzulegen. Mit Blick auf das Kündigungsrecht geht es dabei im Kern immer um die Frage des zumutbaren Fortbestands des Arbeitsverhältnisses.[631] Im Strafrecht kommt der (Un-)Zumutbarkeit darüber hinaus auf der Schuldebene Bedeutung zu: So kann die Unzumutbarkeit bei Fahrlässigkeits- und unechten Unterlassungsdelikten die Schuld ausschließen. Insoweit setzen das Straf- und das Arbeitsrecht auf unterschiedlichen Ebenen an.[632]

Das Strafrecht unterliegt mit Art. 103 Abs. 2 GG einem strengen Gesetzesvorbehalt, während sich das Arbeitsrecht nur an den allgemeinen rechtsstaatlichen Anforderungen des Art. 20 Abs. 3 GG zu messen ist. Während das Arbeitsrecht in großem Ausmaß durch richterliche Rechtsfortbildung geprägt und der Richter „eigentlicher Herr des Arbeitsrechts“[633] ist,[634] ist im Strafrecht vor allem der Gesetzgeber in der Verantwortung.[635]

Die erfolgte Gegenüberstellung hat somit gezeigt, dass bereits aufgrund der unterschiedlichen Bedeutungsgehalte und Reichweite der Begrifflichkeiten und Prinzipien eine Übertragung von Wertungen des einen Rechtsgebiets auf das andere nicht ohne weiteres möglich ist.

---

630 Siehe oben unter Kap. 2, D. III.
631 Siehe oben unter Kap. 2, E. I., II., III.
632 Siehe oben unter Kap. 2, E. I., III.
633 *Gamillscheg*, AcP 164 (1964), 385 (388).
634 Vgl. oben Kap. 2, F. I., II.
635 Siehe oben unter Kap. 2, F. I.

Kapitel 3: Die Straftat und ihre Rechtsfolgen – Verwirklichung eines Unrechtstatbestands

Mit Blick auf den Forschungsgegenstand soll vor der Analyse der arbeitsgerichtlichen Rechtsprechung im Zusammenhang mit Straftaten zunächst in strafrechtlicher Hinsicht untersucht werden, welche Voraussetzungen eine Straftat hat und welches Begriffsverständnis zugrunde zu legen ist, wann eine Straftat vorliegt und welche Rechtsfolgen mit ihrer Begehung bei einer Strafverfolgung verbunden sind. Dabei soll insbesondere der Frage nachgegangen werden, inwieweit der Strafgesetzgeber die Rechtsbeziehungen zwischen Arbeitgeber und Arbeitnehmer spezifisch ausgestaltet hat. Ein weiterer Schwerpunkt der Untersuchung liegt auf der Behandlung der Bagatellkriminalität durch das materielle Strafrecht und das Strafverfahrensrecht.

A. Die Straftat

Die Untersuchung befasst sich im Folgenden zunächst mit dem formellen und materiellen Verbrechensbegriff und hiervon ausgehend mit dem Wesen der Straftat.

I. Formeller und materieller Verbrechensbegriff

Nach dem formellen Verbrechensbegriff ist eine Handlung kriminell, die durch Strafgesetz mit Strafe bedroht ist; erfasst sind somit „Handlungen mit strafrechtlichen Folgen".[636] Das heißt, ist ein Verhalten durch eine hinreichend bestimmte und auch sonst verfassungsgemäße gesetzliche Regelung mit Strafe bedroht, „wird sie dadurch zu einer ‚strafbaren Handlung'".[637] Die Strafbarkeit der geregelten Verhaltensweise ist dann gesetzlich bestimmt.[638] Der formelle Verbrechensbegriff umschreibt danach die „bestehende strafrechtliche Legalordnung",[639] also die „Summe aller Vorschriften, die Voraussetzungen oder Folgen

636 *Schwind*, Kriminologie und Kriminalpolitik, § 1 Rn. 2.
637 BVerfGE 25, 269 (286 f.) = NJW 1969, 1059 (1061).
638 BVerfGE 25, 269 (287) = NJW 1969, 1059 (1061).
639 *Zipf*, Kriminalpolitik, S. 106.

eines mit Strafe oder einer Maßregel der Besserung oder Sicherung bedrohten Verhaltens regeln".[640]

Der materielle Verbrechensbegriff beschreibt dagegen, welche inhaltliche Qualität strafbares Handeln aufweisen muss.[641] Es geht um die sachlichen Kriterien zur Bestimmung des Wesens des Verbrechens, die eine Einstufung bestimmten Verhaltens als strafbar ermöglichen und dem Gesetzgeber eine Entscheidung über den Einsatz des Strafrechts erlauben.[642] Der materielle Verbrechensbegriff ist insoweit der vom formellen Verbrechensbegriff umschriebenen strafrechtlichen Legalordnung vorgelagert.[643]

II. Wesen der Straftat

Maßgeblich für die Bestimmung des Wesens des Verbrechens ist zunächst der Rechtsgüterschutz als Aufgabe des Strafrechts.[644] Nach dem Bundesverfassungsgericht liegt das strafrechtliche Delikt in der „Verletzung eines der von der Rechtsordnung allgemein geschützten Rechtsgüter, in einer Störung der öffentlichen Ordnung"; die Straftat ist also eine Rechtsgutsbeeinträchtigung.[645] Die Straftat wird dabei als „personale Infragestellung der Normgeltung" verstanden, „auf die mit dem speziellen Institut der Strafe missbilligend reagiert wird."[646]

Allerdings regelt etwa auch das Deliktsrecht die Verletzung von Rechtsgütern wie Leben und Eigentum (§ 823 BGB), Rechtsfolge ist aber anders als im Strafrecht „nur" ein möglicher Schadenersatzanspruch. Das Straf- und Zivilrecht unterscheiden sich insoweit folglich nicht in erster Linie durch den

---

640 *Roxin/Greco*, Strafrecht Allgemeiner Teil, § 1 Rn. 1; ähnlich *Vogler*, ZStW 90 (1978), 132 (137).

641 *Roxin/Greco*, Strafrecht Allgemeiner Teil, § 2 Rn. 1.

642 *Jescheck/Weigend*, Lehrbuch des Strafrechts, Allgemeiner Teil, S. 50; *Roxin/Greco*, Strafrecht Allgemeiner Teil, § 2 Rn. 1; *Zipf*, Kriminalpolitik, S. 106.

643 *Roxin/Greco*, Strafrecht Allgemeiner Teil, § 2 Rn. 1.

644 *Roxin/Greco*, Strafrecht Allgemeiner Teil, § 2 Rn. 1; *Zipf*, Kriminalpolitik, S. 106; so im Ergebnis wohl auch *Joecks/Erb*, in: MüKo-StGB, Einleitung Rn. 40; vgl. *Freund*, in: MüKo-StGB, Vor § 13 Rn. 2; *Jäger*, in: SK-StGB, Vor § 1 Rn. 14 f., 21; *Pörner*, NStZ 2021, 336 (340).

645 BVerfGE 21, 378 (384) = NJW 1967, 1651 (1652); BVerfGE 25, 269 (286) = NJW 1969, 1059 (1061); *Eisele*, in: Schönke/Schröder, Vor §§ 13 ff. Rn. 8.

646 *Freund*, in: MüKo-StGB, Vor § 13 Rn. 3.

geregelten Lebenssachverhalt, sondern insbesondere durch die Rechtsfolgen, die das Rechtsgebiet für solche Verletzungen bzw. „Taten" vorsieht.[647]

Für die Bestimmung des Wesens der Straftat ist daher neben dem Rechtsgüterschutz die besondere, dem Strafrecht vorbehaltene Rechtsfolge „Strafe" von besonderer Bedeutung.[648] Denn erst „wenn man erfasst hat, was das Besondere an der Sanktion ‚Strafe' ist, kann man sinnvoll fragen, auf welche Taten eine solche Sanktion passen könnte".[649] Dies wird besonders deutlich im Rahmen von § 823 Abs. 2 BGB bei der Schadenersatzpflicht im Fall des Verstoßes gegen ein Strafgesetz. Die Strafwürdigkeit eines Verhaltens steht somit in unmittelbarem Zusammenhang mit dem Begriff der Strafe.[650]

Zu untersuchen ist daher in einem ersten Schritt, was die Strafe von anderen Rechtsfolgen abhebt, und in einem weiteren Schritt, welche Verhaltensweisen den Einsatz der Strafe in diesem Sinne rechtfertigen und erforderlich machen.

1. Strafe

Strafe wird definiert als Ausgleich einer erheblichen Rechtsverletzung durch Auferlegung eines der Schwere von Unrecht und Schuld angemessenen Übels, das eine öffentliche Missbilligung der Tat ausdrückt und dadurch Rechtsbewährung schafft.[651] Die Strafe greift dabei wie auch andere Sanktionen in den Rechtsbereich des Täters, insbesondere in die persönliche Freiheit und das Vermögen, ein.[652] Die Besonderheit der Strafe liegt aber darin begründet, dass auch ein sozialethisches Unwerturteil[653] mit ihr verbunden ist.[654] Jede Strafnorm

---

647 *Kühl*, in: FS Maiwald, S. 433 (435); siehe auch *Jescheck/Weigend*, Lehrbuch des Strafrechts, Allgemeiner Teil, S. 50: kein qualitativer, sondern nur quantitativer Unterschied der Zuwiderhandlung gegen das Zivilrecht und öffentliche Recht.

648 *Kühl*, in: FS Maiwald, S. 433 (435).

649 *Kühl*, in: FS Maiwald, S. 433 (435).

650 *H. Otto*, in: GS Schröder, S. 53 (54).

651 *Jescheck/Weigend*, Lehrbuch des Strafrechts, Allgemeiner Teil, S. 13; siehe näher hierzu oben Kap. 2, A. I. mwN.

652 *Jescheck/Weigend*, Lehrbuch des Strafrechts, Allgemeiner Teil, S. 65; *H. Otto*, in: GS Schröder, S. 53 (54); siehe näher hierzu oben Kap. 2, A. I. mwN.

653 Siehe nur BVerfGE 25, 269 (286) = NJW 1969, 1059 (1061); *H. Otto*, in: GS Schröder, S. 53 (54).

654 *Weigend*, in: LK-StGB, Stand 2020, Einleitung Rn. 1; siehe näher hierzu oben Kap. 2, A. I. mwN.

enthält ein „mit staatlicher Autorität versehenes, sozial-ethisches Unwerturteil über die von ihr pönalisierte Handlungsweise".[655]

2. Strafwürdigkeit

Um einen entsprechend schweren Eingriff in den Rechtsbereich des Täters rechtfertigen zu können, muss das Verhalten des Täters eine bestimmte Qualität aufweisen, um als strafwürdig zu erscheinen.[656] Deshalb wird die Straftat auch als „strafwürdiges Unrecht" beschrieben.[657]

Ausgehend von dem mit der Strafe verbundenen sozialethischen Unwerturteil wird die Strafwürdigkeit maßgeblich durch die Einordnung eines Verhaltens als sozialschädlich bestimmt.[658] Die sozialethische Verwerflichkeit des Verhaltens ist „das eigentlich Gemeinsame und das Proprium der Straftat".[659] So genügt die bloße Rechtswidrigkeit eines Verhaltens gerade nicht für eine Straftat.[660]

Als strafwürdiges Unrecht werden hiernach nur solche Verhaltensweisen eingeordnet, die „das sozialethisch fundierte Minimum des Zusammenlebens in einer Gemeinschaft sich wechselseitig anerkennender und zu gewissen gemeinsamen Grundwerten und Gemeinschaftsgütern bekennender Individuen missachten und deshalb verwerflich sind".[661] Sozialethisch zu missbilligen ist ein Verhalten also, wenn es geeignet ist, „die sozialen Beziehungen innerhalb der

---

655 BVerfGE 25, 269 (286) = NJW 1969, 1059 (1061); ähnlich BVerfGE 120, 224 (240) = NJW 2008, 1137 (1138); BVerfGE 123, 267 (408) = NJW 2009, 2267 (2287); BVerfGE 156, 354 (412) = NJW 2021, 1222 (1230).

656 Vgl. *Neumann/Saliger*, in: NK-StGB, Vor § 1 Rn. 49; näher zur Auslegung des Begriffs der Strafwürdigkeit etwa *Deckert*, ZIS 2013, 266 (268 ff.); *Neumann/Saliger*, in: NK-StGB, Vor § 1 Rn. 50 mwN.

657 *Jescheck/Weigend*, Lehrbuch des Strafrechts, Allgemeiner Teil, S. 50; *Joecks/Erb*, in: MüKo-StGB, Einleitung Rn. 29.

658 *Jäger*, in: SK-StGB, Vor § 1 Rn. 19; *H. Otto*, in: GS Schröder, S. 53 (56); zustimmend *Joecks/Erb*, in: MüKo-StGB, Einleitung Rn. 39.

659 *Frisch*, NStZ 2016, 16 (20).

660 *Frisch*, NStZ 2016, 16 (20); ähnlich *Noltenius*, HRRS 2009, 499 (505): „Das Strafunrecht zeichnet sich also dadurch aus, dass das gegenseitige Vertrauensverhältnis in fundamentaler Weise bewusst (schuldhaft) verletzt wird. Damit wird schon deutlich, dass nicht allein ein Eingriff in einen bestimmten Bestand an Gütern der Person das Kriminalunrecht ausmacht."

661 *Frisch*, NStZ 2016, 16 (20); vgl. auch *Jescheck/Weigend*, Lehrbuch des Strafrechts, Allgemeiner Teil, S. 24; *Landau*, NStZ 2007, 121 (126): „sozialethische Minima"; *ders.*, NStZ 2013, 194 (195); ähnlich *Eisele*, in: Schönke-Schröder, StGB, Vor §§ 13 ff. Rn. 10.

Rechtsgesellschaft erheblich zu gefährden oder zu schädigen".[662] Das Unwerturteil gründet dabei auf die über lange Zeit gewachsenen und nunmehr tief verwurzelten gesellschaftlichen ethischen und moralischen Anschauungen.[663] Nicht nur das Recht, sondern auch die Moral missbilligt hier das Täterverhalten.[664]

Auszugehen ist vom Rechtsgutsbegriff, der auf eine entsprechende „sozialethische Vorwertung" innerhalb der Gesellschaft verweist.[665] *Otto* spricht insoweit von „sozialethischen Grundentscheidungen der Gesellschaft".[666] Dabei bestimmen Handlungs- und Erfolgsunwert die Strafwürdigkeit bestimmter Handlungen.[667] Von Bedeutung sind danach der Wert bzw. der Rang des geschützten Rechtsguts, ein etwaiger besonderer Unwert der Angriffshandlung auf das Rechtsgut sowie ein etwaiger Gesinnungsunwert.[668] Der Wert eines Rechtsguts ist dabei nicht im Sinne des entstandenen materiellen Schadens zu verstehen; maßgeblich ist vielmehr die Bedeutung des beeinträchtigten ideellen Interesses für das gemeinschaftliche Zusammenleben.[669] Bezüglich der Bedeutung und des Rangs des Rechtsguts liefert das Grundgesetz als objektive Wertordnung entscheidende Hinweise.[670]

Hieraus ergibt sich, dass bei besonders hochwertigen Rechtsgütern ein möglichst lückenloser Schutz durch Verbote zulässig ist, während bei weniger wichtigen Rechtsgütern ein lediglich lückenhafter Schutz besteht.[671] Im letzteren Fall werden nur einzelne Angriffsformen mit einem „besonderen Maß an sozialem Unwert", so etwa bei Täuschung oder Drohung, als strafwürdig einzuordnen sein.[672] Mit der nicht generell bestehenden

---

662 *H. Otto*, in: GS Schröder, S. 53 (54).

663 *Landau*, NStZ 2013, 194 (195).

664 *Kühl*, in: FS Maiwald, S. 433 (444).

665 *H. Otto*, in: GS Schröder, S. 53 (55); vgl. *Jescheck/Weigend*, Lehrbuch des Strafrechts, Allgemeiner Teil, S. 51.

666 *H. Otto*, in: GS Schröder, S. 53 (55); vgl. *Jescheck/Weigend*, Lehrbuch des Strafrechts, Allgemeiner Teil, S. 51.

667 *H. Otto*, in: GS Schröder, S. 53 (64).

668 *Jescheck/Weigend*, Lehrbuch des Strafrechts, Allgemeiner Teil, S. 51; *H. Otto*, in: GS Schröder, S. 53 (64); vgl. auch *Eisele*, in: Schönke-Schröder, StGB, Vor §§ 13 ff. Rn. 58.

669 *Jescheck/Weigend*, Lehrbuch des Strafrechts, Allgemeiner Teil, S. 51.

670 *Kaspar*, Verhältnismäßigkeit und Grundrechtsschutz im Präventionsstrafrecht, S. 259; *H. Otto*, in: GS Schröder, S. 53 (55 f.).

671 *Kaspar*, Verhältnismäßigkeit und Grundrechtsschutz im Präventionsstrafrecht, S. 260; ähnlich *H. Otto*, in: GS Schröder, S. 53 (56).

672 *Jescheck/Weigend*, Lehrbuch des Strafrechts, Allgemeiner Teil, S. 51; *H. Otto*, in: GS Schröder, S. 53 (56).

Strafwürdigkeit – oder Erforderlichkeit – korrespondiert der fragmentarische Charakter des Strafrechts.[673]

In verfassungsrechtlicher Hinsicht ist die Strafwürdigkeit implizit Teil der Verhältnismäßigkeitsprüfung, genauer der Angemessenheitsprüfung.[674] Der Gesetzgeber beschreibt in Gesetzen „in typisierender abstrakt-genereller Weise bestimmte Verhaltensweisen als ‚im Prinzip' in erheblicher Weise schädlich und damit strafwürdig".[675] Das Gewicht einer Straftat, also der durch die Wertung des Gesetzgebers beigemessene Unwertgehalt eines bestimmten Verhaltens, lässt sich insoweit auch regelmäßig der angedrohten Strafhöhe entnehmen.[676] *Dreher* spricht beispielsweise mit Blick auf die Eigentums- und Vermögensdelikte, wie Diebstahl, Betrug und Untreue, von „ausgeprägtem" sozialethischem Unrecht.[677]

Das Strafrecht wurde indes durch den Gesetzgeber mittlerweile zum Zweck der Verhaltenssteuerung auch auf solche Verhaltensweisen ausgeweitet,[678] denen eine sozialethische Verwerflichkeit fehlen dürfte.[679] In der Literatur wird deshalb gefordert, den Kreis der Straftaten wieder auf solche Verhaltensweisen zu beschränken, die den „gravierenden sozialethischen Vorwurf oder Tadel, der in der Verhängung der Strafe gegenüber dem Täter liegt, wirklich verdienen".[680]

3. *Strafbedürftigkeit*

Die Strafbedürftigkeit in Abgrenzung zur Strafwürdigkeit[681] meint letztlich nichts anderes als Erforderlichkeit im Sinne des Ultima-ratio-Prinzips und als

---

673 *Kaspar*, Verhältnismäßigkeit und Grundrechtsschutz im Präventionsstrafrecht, S. 251 ff., 260; siehe hierzu bereits oben unter Kap. 2, A. I., B. I.

674 *Kaspar*, Verhältnismäßigkeit und Grundrechtsschutz im Präventionsstrafrecht, S. 259; so auch *Deckert*, ZIS 2013, 266 (270, 274) im Hinblick auf die Strafwürdigkeit im engeren Sinne in Abgrenzung zur Strafwürdigkeit im weiteren Sinne, bei der es sich um die Verhältnismäßigkeit im weiteren Sinne handele.

675 *Kaspar*, Verhältnismäßigkeit und Grundrechtsschutz im Präventionsstrafrecht, S. 263.

676 BVerfGE 25, 269 (286) = NJW 1969, 1059 (1061).

677 *Dreher*, in: FS Welzel, S. 917 (929).

678 Siehe hierzu oben unter Kap. 2, B. I.

679 *Frisch*, NStZ 2016, 16 (20).

680 *Frisch*, NStZ 2016, 16 (20); vgl. *Eisele*, in: Schönke-Schröder, StGB, Vor §§ 13 ff. Rn. 10; siehe hierzu auch Sondervotum *Hassemer*, BVerfGE 120, 224 (256 ff.) = NJW 2008, 1137 (1142 ff.); zur Strafwürdigkeit der aktuellen Problematik des sog. Catcallings *Pörner*, NStZ 2021, 336 (336 ff.).

681 Hierzu eingehend *Deckert*, ZIS 2013, 266 (267 ff.).

Teilelement des Verhältnismäßigkeitsgrundsatzes.[682] Nicht alles was „Strafe verdient", rechtfertigt den Einsatz des Strafrechts.[683] Die Strafe muss das letzte und einzig taugliche Mittel zum Schutz vor strafwürdigen Verhaltensweisen sein.[684] Insoweit setzt die Strafbedürftigkeit voraus, dass das entsprechende Verhalten strafwürdig ist.[685] Dabei obliegt dem Gesetzgeber die Entscheidung, welche Verstöße gegen die in der Rechtsgemeinschaft verankerte Verhaltensordnung so schwerwiegend und unerträglich sind, dass die Strafe als Rechtsfolge erforderlich ist.[686]

B. Das Strafgesetz

I. Straftatbestand, Rechtswidrigkeit und Schuld

Zerlegt man den Verbrechensbegriff in einzelne Elemente ergibt sich Folgendes:[687] Straftat umschreibt eine Handlung, die den Tatbestand eines Strafgesetzes verwirklicht und rechtswidrig und schuldhaft ist (dreigliedriger Verbrechensaufbau[688]),[689] oder mit Blick auf den Rechtsgüterschutz als Aufgabe des Strafrechts formuliert „die strafwürdige artspezifische Rechtsgutverletzung unter der Voraussetzung der Rechtswidrigkeit dieses Verhaltens und der Schuld des Täters".[690]

Tatbestand ist im Sinne der gesetzlich normierten Voraussetzungen zu verstehen[691] und beschreibt insoweit im Einzelnen die strafwürdige Rechtsgutsverletzung, nämlich die „Erscheinungsformen spezifischen Unrechts".[692] Der

---

682 *Kaspar*, Verhältnismäßigkeit und Grundrechtsschutz im Präventionsstrafrecht, S. 256; so auch *Deckert*, ZIS 2013, 266 (269, 274 f.), die die Strafbedürftigkeit als Teil der Strafwürdigkeit im weiteren Sinne versteht.

683 *Neumann/Saliger*, in: NK-StGB, Vor § 1 Rn. 52.

684 *Jescheck/Weigend*, Lehrbuch des Strafrechts, Allgemeiner Teil, S. 50.

685 *Jescheck/Weigend*, Lehrbuch des Strafrechts, Allgemeiner Teil, S. 51.

686 *Landau*, NStZ 2013, 194 (195).

687 *Eisele*, in: Schönke/Schröder, Vor §§ 13 ff. Rn. 12.

688 *Heuchemer*, in: BeckOK-StGB, § 13 Rn. 1.

689 *Frisch*, Strafrecht, § 1 Rn. 14; *Eisele*, in: Schönke/Schröder, Vor §§ 13 ff. Rn. 12; *Heuchemer*, in: BeckOK-StGB, § 13 Rn. 1; *Jescheck/Weigend*, Lehrbuch des Strafrechts, Allgemeiner Teil, S. 13; *Köhler*, Strafrecht Allgemeiner Teil, S. 26; *Wessels/Beulke/Satzger*, Strafrecht Allgemeiner Teil, Rn. 28.

690 *H. Otto*, in: GS Schröder, S. 53 (61).

691 *Wessels/Beulke/Satzger*, Strafrecht Allgemeiner Teil, Rn. 27; vgl. *Eisele*, in: Schönke/Schröder, Vor §§ 13 ff. Rn. 12.

692 *H. Otto*, in: GS Schröder, S. 53 (62, 70).

Tatbestand gewährleistet die Einhaltung der durch Art. 103 Abs. 2 GG (nullum crimen sine lege certa, praevia, scripta et stricta) aufgestellten Voraussetzungen für die Bestrafung einer Tat und steckt den Bereich strafbaren Handelns ab.[693] Neben den Tatbestand treten die allgemeinen Merkmale Unrecht und Schuld.[694] Unrecht ist wie bereits dargestellt ein der Sollensordnung widersprechendes Geschehen,[695] die Schuld betrifft die individuelle Vorwerfbarkeit des Verhaltens.[696]

II. Rechtsfolgen der Tat, §§ 38 bis 72 StGB

Das Strafgesetzbuch regelt im Ersten Titel des Dritten Abschnitts („Rechtsfolgen der Tat“) als mögliche Rechtsfolgen zunächst die Strafen. Darüber hinaus sieht das Strafgesetzbuch weitere Rechtsfolgen, wie beispielsweise die Maßregeln der Besserung und Sicherung, §§ 61 ff. StGB,[697] vor.

Nimmt man das einzelne Strafgesetz in den Blick, so lässt sich dieses in Tatbestand und Rechtsfolge aufgliedern.[698] Auf der Rechtsfolgenseite gibt der Straftatbestand die für die konkrete Straftat in Betracht kommenden Strafarten sowie den einschlägigen Strafrahmen vor.[699] Die auszusprechende Sanktion ist insoweit die „Aktualisierung der bislang nur potenziellen abstrakt-generellen Strafdrohung“.[700]

1. Strafarten

Als mögliche Strafarten regelt das Strafgesetzbuch unter dem Titel Strafen die Freiheitsstrafe, §§ 38, 39 StGB, und die Geldstrafe, §§ 40 ff. StGB (Hauptstrafen).[701] Daneben kennt das Strafgesetzbuch mit dem Fahrverbot nach § 44 StGB auch eine Nebenstrafe.

---

693 *Heuchemer*, in: BeckOK-StGB, § 13 Rn. 1; vgl. zur Garantiefunktion *Hecker*, in: Schönke/Schröder, StGB, § 1 Rn. 6.

694 *Schmidhäuser*, Strafrecht Allgemeiner Teil, Kap. 6 Rn. 1, 5 ff.; näher zum Erfordernis rechtswidrigen und schuldhaften Handels oben unter Kap. 2, D. I.

695 *Rönnau*, in: LK-StGB, Stand 2019, Vor §§ 32 ff. Rn. 8.

696 *Heuchemer*, in: BeckOK-StGB, § 13 Rn. 1; siehe hierzu oben Kap. 2, D. I.

697 Siehe zur „Zweispurigkeit“ des Sanktionensystems oben Kap. 2, A. I.

698 *Wessels/Beulke/Satzger*, Strafrecht Allgemeiner Teil, Rn. 27.

699 Vgl. *Rengier*, Strafrecht Allgemeiner Teil, § 1 Rn. 4.

700 *Kaspar*, Verhältnismäßigkeit und Grundrechtsschutz im Präventionsstrafrecht, S. 365, 370.

701 Vgl. hierzu auch *Dölling*, in: FS Sieber, S. 1345 (1345).

2. *Strafrahmen*

Die Strafandrohungen der einzelnen Strafgesetze regeln neben der konkreten Strafart auch den Strafrahmen mit einer Mindest- und Obergrenze.[702] Der gesetzliche Strafrahmen umfasst sämtliche Schweregrade der geregelten Straftat – also „sowohl die denkbar schwersten als auch die denkbar leichtesten Fälle".[703] Die meisten Straftaten erreichen keinen verhältnismäßig hohen Schweregrad, weshalb die durchschnittliche Tatschwere „in einem Bereich unter der Mitte der vom Gesetzgeber ins Auge gefaßten Tatbestandsverwirklichungen" einzuordnen ist.[704] Es wird insoweit vom „statistischen Regelfall" gesprochen.[705] Abzugrenzen ist der statistische Regelfall als „Durschnitt der erfahrungsgemäß vorkommenden Fälle" vom „normativen Normalfall"[706],[707] der einen durch das Gesetz vorgegeben Normalfall und eine damit korrespondierende Normalstrafe beschreibt, aber von der Rechtsprechung abgelehnt wird.[708]

3. *Strafzumessung*

Das Strafzumessungsrecht, vgl. §§ 46 ff. StGB, gibt vor, nach welchen Kriterien die Strafart und die Strafhöhe im konkreten Einzelfall zu bestimmen sind.[709] Die Strafzumessung betrifft damit die Festsetzung der in einem Strafverfahren gegen den Täter zu verhängenden Strafe.[710] Grundlegend ist insoweit die vom

---

702 *Dölling*, in: FS Sieber, S. 1345 (1347).

703 BGHSt 27, 2 (3) = NJW 1976, 2355 (2355); BGH NStZ 1983, 217 (217); vgl. dazu auch *Kinzig*, in: Schönke/Schröder, StGB, § 46 Rn. 59.

704 BGHSt 27, 2 (4) = NJW 1976, 2355 (2355); NStZ 1983, 217 (217); *Horn*, StV 1986, 168 (170): der Regelfall ist im unteren Drittel des Strafrahmens anzusiedeln.

705 *Kinzig*, in: Schönke/Schröder, StGB, § 46 Rn. 59; kritisch *Streng*, NStZ 1989, 393 (396 f.).

706 So *Grasnick*, JZ 1988, 157 (157 ff.); *Theune*, StV 1985, 162 (168); siehe dazu auch BGHSt 34, 345 (350 f.) = NStZ 1987, 450 (451); *Frisch*, GA 1989, 338 (341 ff.) mit kritischer Würdigung; *Kinzig*, in: Schönke/Schröder, StGB, § 46 Rn. 59.

707 Vgl. hierzu bereits BGHSt 27, 2 (5) = NJW 1976, 2355 (2355); *Hettinger*, StV 1987, 147 (147 ff.) mit einem Überblick zu den verschiedenen in diesem Zusammenhang vertretenen Begriffen.

708 BGHSt 34, 345 (350 f.) = NStZ 1987, 450 (451); ebenso *Horn*, StV 1986, 168 (169 f.); *Streng*, NStZ 1989, 393 (396).

709 *Rengier*, Strafrecht Allgemeiner Teil, § 1 Rn. 4.

710 *Dölling*, in: FS Sieber, S. 1345 (1345).

Gesetzgeber in § 46 StGB getroffene Regelung zur Strafzumessung.[711] So ist nach § 46 Abs. 1 S. 1 StGB die Schuld des Täters Grundlage für die Zumessung der Strafe. Bei der Zumessung wägt das Gericht die für und gegen den Täter sprechenden Umstände gegeneinander ab, § 46 Abs. 2 S. 1 StGB.

Ausgangspunkt für die Betrachtung ist der statistische Regelfall.[712] Für die Ermittlung der Strafzumessungsschuld ist auf die den Unrechts- und Schuldgehalt der konkreten Tat kennzeichnenden Umstände abzustellen.[713] Dazu zählen nach § 46 Abs. 2 S. 2 StGB unter anderem die Art der Ausführung und die verschuldeten Auswirkungen der Tat. So ist die Höhe des Schadens bei Vermögensstraftaten regelmäßig prägend für den Unrechtsgehalt der Tat.[714] Beispielsweise bestimmt die konkrete Schadenshöhe beim Betrug den Schuldumfang und ist daher von wesentlicher Bedeutung für die Strafzumessung in solchen Fällen.[715] Gleiches gilt für hohe Schadenssummen im Rahmen der Untreue, die sich strafschärfend auswirken können.[716] Auch bei dem objektiven Verkehrswert des Diebstahlobjekts im Sinne des § 242 StGB handelt es sich um ein taugliches Strafzumessungskriterium.[717]

Für die Strafzumessung maßgebliche Umstände nach § 46 Abs. 2 S. 2 StGB sind außerdem die Beweggründe und die Ziele des Täters, aber auch das Maß der Pflichtwidrigkeit und die persönlichen Verhältnisse des Täters. Beweggründe,

---

711 *Dölling*, in: FS Sieber, S. 1345 (1345); zur Bewertung von § 46 StGB in der Literatur und einer kritischen Auseinandersetzung mit dem geltenden Strafzumessungsrecht sowie mit der Möglichkeit der Erreichung einer größeren Einheitlichkeit der Strafzumessung durch Einführung von Strafzumessungsrichtlinien („Sentencing Guidelines“) nach anglo-amerikanischem Vorbild, siehe etwa *Dölling*, in: FS Sieber, S. 1345 (1345 ff.), *Kudlich/J. Koch*, NJW 2018, 2762 (2762 ff.) und *Verrel*, JZ 2018, 811 (811 ff.); vgl. hierzu unter besonderer Berücksichtigung der öffentlichen Wahrnehmung von Strafzumessungsentscheidungen auch *Hoven*, KriPoZ 2018, 276 (276).

712 *Kinzig*, in: Schönke/Schröder, StGB, § 46 Rn. 59; *Streng*, NStZ 1989, 393 (397 ff., 400); vgl. etwa BGHSt 28, 318 (319) = NJW 1979, 1666 (1666): Abweichung vom Durchschnitt der erfahrungsgemäß vorkommenden Fälle; *Bosch*, in: Schönke/Schröder, StGB, § 243 Rn. 42 mwN zur Widerlegung der Indizwirkung von Regelbeispielen bei deutlicher Abweichung vom „Normalfall“; kritisch *Frisch*, GA 1989, 338 (352 f.).

713 BGH NJW 2018, 2210 (2211); vgl. OLG Hamm NStZ-RR 2013, 306 (307), wonach einem am „helllichten“ Tag ausgeführten Diebstahl kein höherer Unrechtsgehalt innewohnt als einer gleichgelagerten, aber nachts begangenen Tat.

714 BGH NJW 2018, 2210 (2212).

715 BGH NStZ 2014, 457 (457).

716 BGH NJW 2018, 2210 (2212).

717 BGH wistra 2017, 437 (437).

die sich strafschärfend auswirken können, sind etwa Handeln aus Egoismus[718] oder grober Eigennutz,[719] z.B. im Hinblick auf berufliches Fortkommen.[720] Auch bezüglich der Ziele des Täters kann sich die Zielrichtung – altruistisches oder egoistisches Handeln – zugunsten oder auch zulasten des Täters auswirken.[721] So kann das Fehlen einer Bereicherungsabsicht des Täters bei der Untreue strafmildernd berücksichtigt werden.[722] Bezüglich des Maßes der Pflichtwidrigkeit sind beispielsweise bei der Untreue die Bedeutung des übertragenen Verantwortungsbereichs und das Ausmaß der Abweichung von gegebenen Richtlinien durch den Täter bedeutsam.[723] Beim Betrug kann der Missbrauch einer beruflichen Stellung strafschärfend wirken.[724] Im Rahmen der Bestechlichkeit kann zum einen die Schwere der Pflichtverletzung[725] und zum anderen auch die Höhe eines möglichen Schadens[726] eine Rolle spielen. Mängel der Dienstaufsicht bilden dagegen grundsätzlich keinen Milderungsgrund bei der Strafbemessung bei Bestechlichkeit.[727] Denn das Maß der Pflichtwidrigkeit sei nicht deshalb geringer, weil es der Vorgesetzte unterlassen hatte, zur Verhinderung der Straftat geeignete Vorkehrungen oder Maßnahmen zu treffen.[728] Unter das Kriterium der persönlichen Verhältnisse fällt die berufliche Stellung des Täters, die aufgrund zusätzlich zur Strafe eintretender berufsrechtlicher Folgen meist strafmildernd wirkt.[729]

---

718 BGHSt 21, 14 (18) = NJW 1966, 787 (788).

719 *Eschelbach*, in: Satzger/Schluckebier/Widmaier, StGB, § 46 Rn. 96; *Fischer*, StGB, § 46 Rn. 26.

720 BGH GA 1979, 59 (59): selbst bei einer Weitergabe der Vorteile der Tat an Dritte liegt keine fremdnützige, sondern eine eigennützige Motivation zugrunde, wenn Motiv der eigene berufliche Erfolg war, weshalb kein Strafmilderungsgrund angenommen werden könne; vgl. *Kinzig*, in: Schönke/Schröder, StGB, § 46 Rn. 13.

721 *Eschelbach*, in: Satzger/Schluckebier/Widmaier, StGB, § 46 Rn. 98; *Kinzig*, in: Schönke/Schröder, StGB, § 46 Rn. 13a.

722 BGH wistra 1987, 27 (28).

723 *Kinzig*, in: Schönke/Schröder, StGB, § 46 Rn. 17; vgl. *Schneider*, in: LK-StGB, Stand 2020, § 46 Rn. 101 ff.

724 *Maier*, in: MüKo-StGB, § 46 Rn. 229.

725 *Kinzig*, in: Schönke/Schröder, StGB, § 46 Rn. 17.

726 BGH wistra 2002, 420 (421) betreffend die dem Fiskus entstandenen steuerlichen Einbußen bei Bestechlichkeit eines Finanzbeamten.

727 BGH wistra 1989, 261 (261).

728 BGH wistra 1989, 261 (261).

729 *Schneider*, in: LK-StGB, Stand 2020, § 46 Rn. 19, 168.

Das Ergebnis der tatrichterlichen Bewertung kann allerdings nicht vom Vorliegen eines einzigen Strafzumessungsgesichtspunkts – wie der Schadenshöhe – abhängig sein.[730] Erforderlich ist stets eine Abwägung der Umstände, die für und gegen den Täter sprechen, § 46 Abs. 2 S. 1 StGB; es bedarf einer Gesamtbewertung aller wesentlichen Umstände.[731]

Von Bedeutung ist in diesem Zusammenhang auch § 46 Abs. 3 StGB: Umstände, die schon Merkmale des gesetzlichen Tatbestands sind, im Rahmen der Strafzumessung nicht berücksichtigt werden (sog. Doppelverwertungsverbot[732]).[733] Das Doppelverwertungsverbot gilt danach nicht für in Qualität oder Quantität gesteigerte Ausfüllungen von Tatbestandsmerkmalen wie beispielsweise die Höhe des tatbestandsmäßigen Schadens,[734] wohl aber für Qualifikations- sowie Privilegierungsmerkmale und benannte besonders schwere und minder schwere Fälle.[735] Eine greifbare Formulierung bietet *Streng*, der die Wirkung des Doppelverwertungsverbots wie folgt beschreibt: „‚Verbraucht' ist lediglich das abstrakte ‚Dass' der Verwirklichung des fraglichen Tatbestandsmerkmals, soweit dieses für die Eröffnung des Strafrahmens relevant war, nicht aber das ‚Wie' iSv ‚wie groß', ‚wie schwer', ‚wie intensiv' oder ‚wie stark'."[736]

Neben den Regelungen zu den verschiedenen Strafarten, §§ 38 ff. StGB, und denen zur Strafzumessung, § 46 ff. StGB, sieht das Strafgesetzbuch aber auch die Möglichkeit einer Strafaussetzung zur Bewährung, §§ 56 ff. StGB, sowie eine Verwarnung mit Strafvorbehalt, § 59 StGB, und ein Absehen von Strafe, § 60 StGB, vor. So kann das Gericht nach § 60 StGB von der Strafe absehen, wenn die Verhängung aufgrund der den Täter betreffenden Tatfolgen offensichtlich

---

730 BGH NJW 2018, 2210 (2212).

731 BGH NJW 2018, 2210 (2212).

732 Vgl. etwa *v. Heintschel-Heinegg*, in: BeckOK-StGB, § 46 Rn. 140; *Maier*, in: MüKo-StGB, § 46 Rn. 530 ff.; *Streng*, in: NK-StGB, § 46 Rn. 125; eingehend hierzu *Hettinger*, Das Doppelverwertungsverbot bei strafrahmenbildenden Umständen.

733 Zu den verschiedenen Begründungsansätzen siehe *El-Ghazi*, JZ 2014, 180 (180 ff.).

734 *El-Ghazi*, JZ 2014, 180 (183); *Maier*, in: MüKo-StGB, § 46 Rn. 536; *Streng*, in: NK-StGB, § 46 Rn. 128, 130; eingehend hierzu *Hettinger*, Das Doppelverwertungsverbot bei strafrahmenbildenden Umständen, S. 91 ff.; vgl. auch BayOblG NStZ-RR 1997, 134 (135); *Schäfer/Sander/van Gemmeren*, Praxis der Strafzumessung, Rn. 588 ff. mit weiteren Beispielen.

735 *v. Heintschel-Heinegg*, in: BeckOK-StGB, § 46 Rn. 141, 145; *Streng*, in: NK-StGB, § 46 Rn. 130 f.; für einen Überblick zum Anwendungsbereich des Doppelverwertungsverbots siehe *El-Ghazi*, JZ 2014, 180 (182 ff.).

736 *Streng*, in: NK-StGB, § 46 Rn. 128.

verfehlt wäre. Es könnte daher angenommen werden, dass in diesem Fall daher keine Bestrafung erfolgt. Dabei ist allerdings zu beachten, dass dem trotzdem zu verhängenden Schuldspruch ein Strafübel innewohnt und wegen dieser gewissen Sanktionswirkung insoweit kein gänzlicher Strafverzicht vorliegt.[737] Dasselbe gilt für die Verwarnung mit Strafvorbehalt, wo ebenfalls ein Schuldspruch verhängt wird und Strafcharakter besteht.[738] Bei der Strafaussetzung zur Bewährung erfolgt im Gegensatz zur Verwarnung mit Strafvorbehalt sogar eine Verurteilung zu einer Freiheitsstrafe, die zwar nicht vollstreckt wird, aber an der Bestrafung des Täters als solcher nichts ändert.[739]

Abzugrenzen hiervon sind im Hinblick auf den Untersuchungsgegenstand insbesondere Berufsverbote nach § 70 StGB, die zu den Maßregeln der Besserung und Sicherung gehören und präventiv zum Schutz der Allgemeinheit ausgerichtet sind.[740] Repressive Aspekte wie der Sühnegedanke, Schuldgesichtspunkte oder auch generalpräventive Aspekte sind hierfür unbeachtlich; es handelt sich nicht um eine Bestrafung des Täters.[741]

C. Einteilung in Deliktskategorien

Die Delikte des Strafgesetzbuchs lassen sich in mehrere Kategorien einteilen, wie etwa in Erfolgs- und Tätigkeitsdelikte, Verletzungs- und Gefährdungsdelikte, Dauer- und Zustandsdelikte, Begehungs- und Unterlassungsdelikte, Vorsatz- und Fahrlässigkeitsdelikte.[742]

Von besonderem Interesse für den Untersuchungsgegenstand ist vor allem die in § 12 StGB vorgenommene Einteilung rechtswidriger Taten in Verbrechen und Vergehen. Während in § 12 StGB a.F. noch eine Dreiteilung (Trichotomie) in Verbrechen, Vergehen und Übertretungen vorgesehen war, nimmt § 12 StGB

---

737 *Kaspar*, Verhältnismäßigkeit und Grundrechtsschutz im Präventionsstrafrecht, S. 627 f.

738 *Kaspar*, Verhältnismäßigkeit und Grundrechtsschutz im Präventionsstrafrecht, S. 629; vgl. *Kinzig*, in: Schönke/Schröder, StGB, § 59 Rn. 3: Schuldspruch als pönales Element.

739 *Groß/Kett-Straub*, in: MüKo-StGB, § 56 Rn. 52.

740 OLG Karlsruhe StV 1993, 403 (405); *Bockemühl*, in: MüKo-StGB, § 70 Rn. 2; *Valerius*, in: LK-StGB, Stand 2020, § 70 Rn. 1 f.

741 *Kinzig*, in: Schönke/Schröder, StGB, § 70 Rn. 1; *Pollähne*, in: NK-StGB, § 70 Rn. 1; vgl. *Bockemühl*, in: MüKo-StGB, § 70 Rn. 2; *Valerius*, in: LK-StGB, Stand 2020, § 70 Rn. 2.

742 *Rengier*, Strafrecht Allgemeiner Teil, § 10 Rn. 2 ff.; *Wessels/Beulke/Satzger*, Strafrecht Allgemeiner Teil, Rn. 36 ff.

n.F. eine Zweiteilung (Dichotomie) in Verbrechen und Vergehen vor.[743] Die Einteilung erfolgt dabei nach der Schwere der Straftat anhand der gesetzlichen Strafdrohung.[744] Kriterien sind das Mindestmaß der angedrohten Freiheitsstrafe, die Strafart und die Regelstrafandrohung.[745]

Durch die Ausgliederung der Ordnungswidrigkeiten aus dem Bereich des Strafrechts steht fest, dass das Strafgesetzbuch nur kriminelles Unrecht mit Strafe bedroht.[746] Der Straftatbegriff des Strafgesetzbuchs, vgl. §§ 1, 12 StGB, findet daher nur auf mit Kriminalstrafe zu ahnendes Verhalten Anwendung.[747] Die Beschreibungen des Vergehens und des Verbrechens in § 12 Abs. 1 und 2 StGB dienen somit der Umgrenzung des Straftatbegriffs und zugleich auch der Abgrenzung von der Ordnungswidrigkeit.[748]

Daneben ist auch die Einteilung in Allgemein- und Sonderdelikte hervorzuheben. Die Abgrenzung richtet sich dabei nach dem jeweiligen möglichen Täterkreis.[749] Allgemeindelikte können durch jedermann begangen werden,[750] während bei Sonderdelikten nur Personen, die bestimmte Eigenschaften aufweisen, tauglicher Täter sein können.[751] Hierbei kann wiederum zwischen unechten und echten Sonderdelikten unterschieden werden: Wirkt die besondere Eigenschaft des Täters strafbegründend, handelt es sich um ein echtes Sonderdelikt.[752] Hat die besondere Subjektqualität dagegen nur strafschärfende Wirkung und kann der Straftatbestand daher in seiner Grundform von jedermann verwirklicht werden, liegt ein unechtes Sonderdelikt vor.[753]

---

743 *Radtke*, in: MüKo-StGB, § 12 Rn. 3; *Rengier*, Strafrecht Allgemeiner Teil, § 9 Rn. 1.

744 *Rengier*, Strafrecht Allgemeiner Teil, § 9 Rn. 3; *Schmidhäuser*, Strafrecht Allgemeiner Teil, Kap. 5 Rn. 48.

745 *Radtke*, in: MüKo-StGB, § 12 Rn. 1.

746 BGHSt 28, 93 (95) = NJW 1978, 2518 (2518).

747 BGHSt 28, 93 (95) = NJW 1978, 2518 (2518).

748 BGHSt 28, 93 (95) = NJW 1978, 2518 (2518); *Radtke*, in: MüKo-StGB, § 12 Rn. 6; vgl. *Saliger*, in: NK-StGB, § 12 Rn. 1, 3.

749 *Wessels/Beulke/Satzger*, Strafrecht Allgemeiner Teil, Rn. 53; vgl. *Rengier*, Strafrecht Allgemeiner Teil, § 10 Rn. 25.

750 *Rengier*, Strafrecht Allgemeiner Teil, § 10 Rn. 24; *Wessels/Beulke/Satzger*, Strafrecht Allgemeiner Teil, Rn. 54.

751 *Gropp/Sinn*, Strafrecht Allgemeiner Teil, § 4 Rn. 5; *Rengier*, Strafrecht Allgemeiner Teil, § 10 Rn. 25.

752 *Rengier*, Strafrecht Allgemeiner Teil, § 10 Rn. 26; *Wessels/Beulke/Satzger*, Strafrecht Allgemeiner Teil, Rn. 55.

753 *Rengier*, Strafrecht Allgemeiner Teil, § 10 Rn. 26; *Wessels/Beulke/Satzger*, Strafrecht Allgemeiner Teil, Rn. 55.

D. Straftaten mit (möglichem) Bezug zum Arbeitsverhältnis

Im Besonderen Teil des Strafgesetzbuchs (§§ 80 bis 358 StGB) hat der Gesetzgeber die einzelnen Straftaten in verschiedenen Abschnitten geregelt. Versteht man die Straftat als den „Bereich des Strafbaren",[754] so stellt sich die Frage, ob bzw. inwieweit der Gesetzgeber normwidriges Verhalten zwischen Arbeitgeber und Arbeitnehmer diesem strafbaren Bereich zuordnet. Die folgende Darstellung hat insoweit nicht das Ziel einer umfassenden Abhandlung sämtlicher Straftaten, sondern soll einen Überblick über Delikte geben, die häufig im Zusammenhang mit dem Arbeitsverhältnis begangen werden oder Auswirkungen auf dieses haben. Der Überblick orientiert sich dabei am möglichen Täterkreis der Delikte mit Blick auf die Tätertauglichkeit der am Arbeitsverhältnis beteiligten Parteien.

I. Arbeitsstrafrecht – „Arbeitgeberstrafrecht"

Im Hinblick auf das Spannungsfeld von Straf- und Arbeitsrecht fällt der Blick zunächst auf das Arbeitsstrafrecht, das dem Wirtschaftsstrafrecht zuzuordnen ist.[755] Das Strafrecht wird insoweit als Mittel zur Durchsetzung des Arbeitsrechts eingesetzt.[756] Welche Vorschriften von dem Begriff „Arbeitsstrafrecht" umfasst sind, wird unterschiedlich beurteilt.[757] Überzeugend erscheint insofern der materielle Ansatz, wonach das Arbeitsstrafrecht diejenigen Delikte umfasst, die einen normspezifischen Bezug zum Arbeitsverhältnis selbst haben, also insbesondere auf die Rolle als Arbeitgeber und Arbeitnehmer abstellen.[758] Die Begehung im konkreten Fall muss einen Bezug zur Arbeit aufweisen; Taten, die nur bei Gelegenheit der Arbeit begangen werden, sind nicht erfasst.[759] Darüber

754 *Kühl*, in: FS Maiwald, S. 433 (436).

755 *Gercke/Leimenstoll*, WiJ 2012, 246 (246); *Ignor/Mosbacher*, in: Ignor/Mosbacher, Handbuch Arbeitsstrafrecht, § 1 Rn. 12; *Ignor/Rixen*, NStZ 2002, 510 (510); *Petri*, Arbeitsstrafrecht, A. Rn. 1; vgl. *Achenbach*, in: Achenbach/Ransiek/Rönnau, Handbuch Wirtschafsstrafrecht, 12. Teil, Kap. 1 Rn. 2.

756 *Reinecke*, AuR 1997, 139 (140).

757 Eingehend zum Meinungsstand *Gercke/Kraft/Richter*, in: Gercke/Kraft/Richter, Arbeitsstrafrecht, 1. Kap. Rn. 5 ff.

758 *Achenbach*, in: Achenbach/Ransiek/Rönnau, Handbuch Wirtschafsstrafrecht, 12. Teil, Kap. 1 Rn. 2; *Gercke/Kraft/Richter*, in: Gercke/Kraft/Richter, Arbeitsstrafrecht, 1. Kap. Rn. 12; *Gercke/Leimenstoll*, WiJ 2012, 246 (247).

759 *Achenbach*, in: Achenbach/Ransiek/Rönnau, Handbuch Wirtschafsstrafrecht, 12. Teil, Kap. 1 Rn. 3; *v. Heintschel-Heinegg*, in: BeckOK-StGB, Lexikon des Strafrechts,

hinaus zählen Delikte, die sich gleichermaßen an Arbeitgeber und Arbeitnehmer sowie an jeden Dritten als Normadressat richten und dennoch im Zusammenhang mit dem Arbeitsverhältnis häufig auftreten, nicht zum Arbeitsstrafrecht.[760]

Dabei dienen die meisten Tatbestände dem sozialen Schutz der Arbeitnehmer, dem Schutz des Arbeitsmarkts und dem Arbeitsschutz im weiteren Sinne.[761] Das Arbeitsstrafrecht sichert folglich „die Grundnormen eines sozial geordneten Arbeitslebens".[762] Die Vorschriften des Arbeitsstrafrechts richten sich im Wesentlichen an den Arbeitgeber, weshalb auch von „Arbeitgeberstrafrecht" gesprochen wird.[763] Erfasst werden sowohl arbeitsmarktbezogene Straf- als auch Bußgeldvorschriften.[764]

Hervorzuheben ist insoweit § 266a StGB, der das Vorenthalten und Veruntreuen von Arbeitsentgelt unter Strafe stellt. Tauglicher Täter dieser Vorschrift ist in allen Varianten allein der Arbeitgeber. § 266a StGB stellt somit ein Sonderdelikt dar.[765] Während § 266a Abs. 1 und 2 StGB dem Schutz der Vermögensinteressen der Sozialversicherungsträger und der Funktionsfähigkeit der Sozialversicherung dienen,[766] schützt § 266a Abs. 3 StGB die Vermögensinteressen der

---

Arbeitsstrafrecht, Einleitung Rn. 1; *Ignor/Mosbacher*, in: Ignor/Mosbacher, Handbuch Arbeitsstrafrecht, § 1 Rn. 7.

760 *Achenbach*, in: Achenbach/Ransiek/Rönnau, Handbuch Wirtschafsstrafrecht, 12. Teil, Kap. 1 Rn. 3; *Gercke/Kraft/Richter*, in: Gercke/Kraft/Richter, Arbeitsstrafrecht, 1. Kap. Rn. 11; *v. Heintschel-Heinegg*, in: BeckOK-StGB, Lexikon des Strafrechts, Arbeitsstrafrecht, Einleitung Rn. 1 f.; *Ignor/Mosbacher*, in: Ignor/Mosbacher, Handbuch Arbeitsstrafrecht, § 1 Rn. 8; für ein weites Begriffsverständnis *Petri*, Arbeitsstrafrecht, A. Rn. 7.

761 *Gercke/Kraft/Richter*, in: Gercke/Kraft/Richter, Arbeitsstrafrecht, 1. Kap. Rn. 12.

762 *Ignor/Mosbacher*, in: Ignor/Mosbacher, Handbuch Arbeitsstrafrecht, § 1 Rn. 10.

763 *Gercke/Leimenstoll*, WiJ 2012, 246 (247); *Ignor/Mosbacher*, in: Ignor/Mosbacher, Handbuch Arbeitsstrafrecht, § 1 Rn. 1; vgl. *Achenbach*, in: Achenbach/Ransiek/Rönnau, Handbuch Wirtschafsstrafrecht, 12. Teil, Kap. 1 Rn. 2; *v. Heintschel-Heinegg*, in: BeckOK-StGB, Lexikon des Strafrechts, Arbeitsstrafrecht, Einleitung Rn. 1, 4: „Sonderdelikte der Arbeitgeberschaft"; *Ignor/Rixen*, NStZ 2002, 510 (510); *Petri*, Arbeitsstrafrecht, A. Rn. 6.

764 *Gercke/Leimenstoll*, WiJ 2012, 246 (247); *v. Heintschel-Heinegg*, in: BeckOK-StGB, Lexikon des Strafrechts, Arbeitsstrafrecht, Einleitung Rn. 1; *Ignor/Mosbacher*, in: Ignor/Mosbacher, Handbuch Arbeitsstrafrecht, § 1 Rn. 1; *Petri*, Arbeitsstrafrecht, A. Rn. 6; *Reinecke*, AuR 1997, 139 (140).

765 *Perron*, in: Schönke/Schröder, StGB, § 266a Rn. 11.

766 BVerfG NJW 2003, 961 (961); *Gercke/Leimenstoll*, WiJ 2012, 246 (251); vgl. BT-Drs. 10/5058, S. 31.

Arbeitnehmer.[767]

Weitere Beispiele sind etwa die illegale Arbeitnehmerüberlassung gem. §§ 15, 15a AÜG, einzelne Verstöße gegen das Arbeitszeitgesetz und Arbeitsschutzgesetz gem. §§ 22, 23 ArbZG und §§ 25, 26 ArbSchG oder auch bestimmte vorsätzliche Verstöße gegen das Mutterschutzgesetz, durch welche die Gesundheit der Frau oder ihres Kindes gefährdet wird, vgl. § 33 MuSchG.[768]

II. Arbeitnehmer als Täter von Sonderdelikten

In Abgrenzung zum Arbeitsstrafrecht als „Arbeitgeberstrafrecht", stellt sich die Frage, ob der Gesetzgeber auch Delikte vorgesehen hat, bei denen der Täterkreis auf Arbeitnehmer beschränkt ist – sog. Sonderdelikte.[769] Wie bereits ausgeführt, kann Täter von Sonderdelikten nur eine Person sein, die bestimmte Eigenschaften aufweist.[770] Denkbar ist insoweit zum einen die unmittelbare Nennung bzw. Anknüpfung an den Arbeitnehmerbegriff im Strafgesetz und zum anderen die Verwendung von Begriffen bzw. Tatbestandsmerkmalen, die typischerweise auch den Arbeitnehmerbegriff erfüllen. Dies soll anhand von Sonderdelikten, die typischerweise im Zusammenhang mit Kündigungen relevant werden,[771] überprüft werden.

1. Bestechlichkeit im geschäftlichen Verkehr, § 299 Abs. 1 StGB

§ 299 Abs. 1 StGB ist ein Sonderdelikt.[772] Die Täterstellung ergibt sich aus der besonderen Beziehung des Täters zu einem Unternehmen.[773] So kann tauglicher Täter des § 299 Abs. 1 StGB insbesondere der Angestellte eines Unternehmens sein. Unter den Begriff des Angestellten fällt jeder, der in einem Dienst-,

767 *Perron*, in: Schönke/Schröder, StGB, § 266a Rn. 2; vgl. BT-Drs. 10/5058, S. 31; BAG NZA 2005, 1235 (1236).

768 Siehe eingehend mit weiteren Beispielen *Gercke/Grözinger/Kraft/Richter*, in: Gercke/Kraft/Richter, Arbeitsstrafrecht, Kap. 2.

769 Siehe hierzu Kap. 3, C.

770 Siehe oben Kap. 3, C. mit Nachweisen.

771 Vgl. zu Delikten im Zusammenhang mit dem Ausspruch von Kündigungen unten Kap. 4, B. 1.

772 *Bürger*, wistra 2003, 130 (131); *G. Dannecker/Schröder*, in: NK-StGB, § 299 Rn. 33; *Eisele*, in: Schönke/Schröder, StGB, § 299 Rn. 5 mwN; *Rogall*, in: SK-StGB, § 299 Rn. 1.

773 *G. Dannecker/Schröder*, in: NK-StGB, § 299 Rn. 33; *Lindemann*, in: LK-StGB, Stand 2023, § 299 Rn. 10.

Werkvertrags- oder Auftragsverhältnis zum Geschäftsinhaber steht und den Weisungen des Geschäftsherrn unterworfen ist.[774] Auf die arbeitsrechtliche Einordnung kommt es dabei nicht an, denn der Begriff des Angestellten in diesem Sinne geht über den des Arbeitsrechts hinaus.[775] Der Arbeitnehmer wird aus diesem Grund allerdings regelmäßig unter den Begriff des Angestellten fallen;[776] mangels Entscheidungskompetenz vom Täterkreis ausgenommen sind allerdings untergeordnete Hilfskräfte.[777]

§ 299 StGB findet sich im Abschnitt der Straftaten gegen den Wettbewerb. Deutlich wird diese Schutzrichtung besonders in § 299 Abs. 1 Nr. 1 StGB, der den Wettbewerb ausdrücklich nennt und dem Allgemeininteresse an einem freien und lauteren Wettbewerb dient.[778] Durch Aufnahme des Geschäftsherrenmodells in § 299 Abs. 1 Nr. 2 StGB sind nun auch Pflichtverletzungen gegenüber dem Unternehmen durch Bestechlichkeitshandlungen strafbar.[779] In diesem Rahmen sollen neben dem Schutz der Funktionsfähigkeit des Wettbewerbs auch die Individualinteressen des Geschäftsherrn „an der loyalen und unbeeinflussten Erfüllung der Pflichten durch seine Angestellten" an Bedeutung gewinnen und Schutzgut sein.[780]

Bei § 298 StGB (Wettbewerbsbeschränkende Absprachen bei Ausschreibungen) handelt es sich dagegen um ein Allgemeindelikt,[781] wobei der Täter, der

---

774 *Bürger*, wistra 2003, 130 (131); *G. Dannecker/Schröder*, in: NK-StGB, § 299 Rn. 38 mwN; *Eisele*, in: Schönke/Schröder, StGB, § 299 Rn. 10; *Fischer*, StGB, § 299 Rn. 14; *Heger*, in: Lackner/Kühl, StGB, § 299 Rn. 2 mwN; *Lindemann*, in: LK-StGB, Stand 2023, § 299 Rn. 11; *Rosenau*, in: Satzger/Schluckebier/Widmaier, StGB, § 299 Rn. 7.

775 *Fischer*, StGB, § 299 Rn. 11; *Lindemann*, in: LK-StGB, Stand 2023, § 299 Rn. 11.

776 *Straube*, in: Straube/Rasche, Arbeitsrechtliche Korruptionsbekämpfung, Rn. 305.

777 *Bürger*, wistra 2003, 130 (131); vgl. BayObLG wistra 1996, 28 (30) noch zu § 12 Abs. 2 UWG a.F.; *Lindemann*, in: LK-StGB, Stand 2023, § 299 Rn. 11; *Rosenau*, in: Satzger/Schluckebier/Widmaier, StGB, § 299 Rn. 7.

778 *G. Dannecker/Schröder*, in: NK-StGB, § 299 Rn. 9 mwN; *Heger*, in: Lackner/Kühl, StGB, § 299 Rn. 1 mwN.

779 *G. Dannecker/Schröder*, in: NK-StGB, § 299 Rn. 21 ff.; *Sahan*, in: Graf/Jäger/Wittig, § 299 StGB Rn. 3.

780 BT-Drs. 18/4350, S. 21; vgl. *Fischer*, StGB, § 299 Rn. 2a; mit kritischer Würdigung etwa *Momsen/Laudien*, in: BeckOK-StGB, § 299 Rn. 7; *Sahan*, in: Graf/Jäger/Wittig, § 299 StGB Rn. 3; kritisch auch *G. Dannecker/Schröder*, in: NK-StGB, § 299 Rn. 25.

781 *G. Dannecker/Schröder*, in: NK-StGB, § 298 Rn. 23 und *Lindemann*, in: LK-StGB, Stand 2023, § 298 Rn. 13 jeweils mwN.

das „Angebot abgibt", grundsätzlich auch ein Arbeitnehmer sein kann, sofern es sich nicht um eine bloße Hilfsperson handelt, der die Tätertauglichkeit fehlt.[782]

2. *Untreue, § 266 Abs. 1 StGB*

Tauglicher Täter der Untreue gem. § 266 Abs. 1 StGB kann nur eine Person (bzw. ihr Vertreter, § 14 StGB) sein, die eine Vermögensbetreuungspflicht im Sinne dieser Vorschrift hat.[783] Das Vorliegen einer solchen Vermögensbetreuungspflicht setzt eine durch Eigenverantwortlichkeit und Selbständigkeit geprägte, fremdnützige Geschäftsbesorgung in einer nicht ganz unbedeutenden Sache voraus.[784] Unter Berücksichtigung dieser Kriterien ist das Vorliegen einer Vermögensbetreuungspflicht bei Arbeitnehmern zwar grundsätzlich denkbar,[785] wird aber gerade im Hinblick auf das Erfordernis der Eigenverantwortlichkeit und Selbständigkeit für den jeweiligen Einzelfall genau zu prüfen und nur im Ausnahmefall zu bejahen sein.[786] Das Bestehen eines Arbeitsverhältnisses und die hiermit verbundene Treuepflichtenstellung als solche sind jedenfalls nicht ausreichend um eine Vermögensbetreuungspflicht anzunehmen.[787] Auch begründet allein die arbeitsvertraglich vorgesehene Möglichkeit, im Rahmen

---

782 *Lindemann*, in: LK-StGB, Stand 2023, § 298 Rn. 17 f.; vgl. auch *G. Dannecker/Schröder*, in: NK-StGB, § 298 Rn. 23; *Hohmann*, in: MüKo-StGB, § 298 Rn. 92.

783 *Dierlamm/Becker*, in: MüKo-StGB, § 266 Rn. 321; *Kindhäuser/Hoven*, in: NK-StGB, § 266 Rn. 127; *Perron*, in: Schönke/Schröder, StGB, § 266 Rn. 52.

784 Siehe etwa BGHSt 13, 315 (317) = NJW 1960, 53 (53); BGHSt 22, 190 (191) = NJW 1968, 1938 (1938); BGH NJW 1972, 1904 (1904); NStZ 1982, 201 (201); BGHSt 33, 244 (250) = NJW 1985, 2280 (2282); OLG Hamm NJW 1972, 298 (301); *Kindhäuser/Hoven*, in: NK-StGB, § 266 Rn. 31 f.; vgl. auch *Dierlamm/Becker*, in: MüKo-StGB, § 266 Rn. 47 ff. mwN.

785 Liegt eine Vermögensbetreuungspflicht vor, kann eine entsprechende Tathandlung beispielsweise in der Zahlung von Schmiergeldern liegen, siehe näher dazu *Straube*, in: Straube/Rasche, Arbeitsrechtliche Korruptionsbekämpfung, Rn. 327 f.

786 Vgl. *Kindhäuser/Hoven*, in: NK-StGB, § 266 Rn. 57; eine Vermögensbetreuungspflicht etwa verneint im Fall einer in städtischen Diensten Angestellten, die mit Schreibarbeiten betraut war, siehe BGHSt 3, 289 (290, 294) = BeckRS 1952, 31195087, und für einen Werkmeister bzw. Vorarbeiter, siehe BGHSt 4, 170 (171 f.) = NJW 1953, 1272 (1272 f.); bejaht etwa im Fall des Leiters der Innenrevision einer Anstalt des öffentlichen Rechts, siehe BGH NStZ 2009, 686 (688), wobei allerdings auf Grundlage der Entscheidung offen bleibt, ob mit Blick auf die Anstellung bei einer Anstalt des öffentlichen Rechts ein privatrechtliches Arbeitsverhältnis gegeben war.

787 BGHSt 3, 289 (293 f.) = BeckRS 1952, 31195087; BGHSt 5, 187 (188 f.) = AP BGB § 611 Treuepflicht Nr. 1.

der Beschäftigung mit dem Eigentum des Arbeitgebers umzugehen oder dabei Handlungen mit Bezug zum Arbeitgebervermögen vorzunehmen, noch keine solche Pflicht; die Betreuung des Vermögens muss vielmehr wesentlicher Gegenstand des Arbeitsvertrags sein.[788] Weist der Tätigkeitsbereich des Arbeitnehmers keine „spezifischen Bezüge zum Vermögen des Arbeitgebers“ auf, scheidet eine Untreuestrafbarkeit aus.[789] Bejaht wurde eine Vermögensbetreuungspflicht etwa im Fall eines leitenden Angestellten, der für die Verwaltung mehrerer Kostenstellen und die ordnungsgemäße Budgetverwendung verantwortlich war und aufgrund seiner Position eigenverantwortlich finanzielle Verpflichtungen für den Arbeitgeber eingehen konnte.[790] Auch die Leitung einer Verkaufsfiliale stellt nach der Rechtsprechung regelmäßig „keine nur ganz untergeordnete Tätigkeit“ dar, sondern umfasst „eine bestimmte Selbständigkeit und Verantwortlichkeit im Umgang mit den anvertrauten Vermögen“.[791] Ebenso soll die Stellung als Prokurist nach der Rechtsprechung grundsätzlich für eine Treuepflicht sprechen.[792]

Schutzgut des § 266 StGB ist das anvertraute Vermögen.[793]

3. *Verletzung von Privatgeheimnissen, § 203 StGB*

Bei der Verletzung von Privatgeheimnissen, § 203 StGB, handelt es sich um ein Sonderdelikt,[794] dessen Täterbeschreibungen an die Zugehörigkeit zu bestimmten Berufs- und Personengruppen,[795] nicht aber an die Art und Weise der Ausübung dieser Berufe und damit an typische Kriterien des Arbeitnehmerbegriffs anknüpfen. Eine pauschale Aussage über die Tätertauglichkeit des Arbeitnehmers im Rahmen des § 203 StGB lässt sich daher nicht treffen; es muss für den jeweiligen Einzelfall geprüft werden, ob der entsprechende Beruf bzw. die

788 BGHSt 4, 170 (172) = NJW 1953, 1272 (1272).

789 BVerfGE = NJW 2010, 3209 (3215).

790 BGH NJW 2013, 401 (401 f.); vgl. zur Vermögensbetreuungspflicht bei leitenden Angestellten etwa auch BGHSt 52, 323 (334) = NJW 2009, 89 (91); OLG Stuttgart NJW 1973, 1385 (1386).

791 BGH, Urt. v. 21.10.2003 – 1 StR 544/02, BeckRS 2003, 9868.

792 BGH NZWiSt 2020, 402 (404), wobei in der Entscheidung aber im Weiteren betont wird, dass für die inhaltliche Ausgestaltung und Reichweite der Treuepflicht die vertraglichen Vereinbarungen der Parteien maßgeblich seien.

793 *Schünemann*, in: LK-StGB, Stand 2014, § 266 Rn. 23.

794 *Cierniak/Niehaus*, in: MüKo-StGB, § 203 Rn. 32; *Kargl*, in: NK-StGB, § 203 Rn. 46.

795 Für einen Überblick siehe *G. Dannecker*, in: Graf/Jäger/Wittig, Wirtschafts- und Steuerstrafrecht, § 203 StGB Rn. 30 ff.

entsprechende Funktion generell als Arbeitnehmer ausgeübt werden kann und auch im konkreten Fall ausgeübt wird.

4. Verletzung von Geschäftsgeheimnissen, § 23 GeschGehG

Die Verletzung von Geschäftsgeheimnissen gem. § 23 Abs. 1 Nr. 3 GeschGehG stellt – wie auch die Vorgängervorschrift des § 17 Abs. 1 UWG a.F. (Verrat von Geschäfts- und Betriebsgeheimnissen)[796] – ein Sonderdelikt dar.[797] § 23 Abs. 1 Nr. 3 GeschGehG entspricht dem Tatbestand des § 17 Abs. 1 UWG a.F.[798] und setzt einen Bezug zu einem Beschäftigungsverhältnis voraus:[799] Täter kann nur der Beschäftigte eines Unternehmens sein, mithin also vor allem Angestellte und Arbeiter,[800] wobei aber eine weite Auslegung eine Einbeziehung aller Beschäftigter unabhängig von der Art, der Dauer, der Bezahlung, des Umfangs oder der Weisungsgebundenheit ermöglicht.[801] Insofern ist der Arbeitnehmer, der aufgrund eines Arbeitsvertrags als Unterfall des Dienstvertrags[802] für den Arbeitgeber tätig wird, tauglicher und geradezu typischer Täter des Verrats von Geschäfts- und Betriebsgeheimnissen bzw. der Verletzung von Geschäftsgeheimnissen.[803]

---

796 *Diemer*, in: Erbs/Kohlhaas, Strafrechtliche Nebengesetze, 247. Lfg., Juni 2023, § 17 UWG Rn. 18; vgl. *Janssen/Maluga*, in: MüKo-StGB, Band 7, 2. Aufl. 2015, § 17 UWG Rn. 42.

797 *Alexander*, in: Köhler/Bornkamm/Feddersen, UWG, § 23 GeschGehG Rn. 30; *Hiéramente*, in: BeckOK-GeschGehG, § 23 Rn. 32, 58.

798 BT-Drs. 19/4724, S. 40; *Hiéramente*, in: BeckOK-GeschGehG, § 23 Rn. 31.

799 Zwar spricht der Wortlaut des § 23 Abs. 1 Nr. 3 GeschGehG anders als § 17 Abs. 1 UWG a.F. nicht von einem „Dienstverhältnis", sondern von einem „Beschäftigungsverhältnis", doch ist hiermit keine inhaltliche Veränderung im Vergleich zur alten Rechtslage nach § 17 UWG a.F. verbunden, siehe BT-Drs. 19/4724, S. 40.

800 *Diemer*, in: Erbs/Kohlhaas, Strafrechtliche Nebengesetze, 247. Lfg., Juni 2023, § 17 UWG Rn. 18; *Köhler*, in: Köhler/Bornkamm/Feddersen, UWG, 37. Aufl. 2019, § 17 Rn. 14; vgl. *Janssen/Maluga*, in: MüKo-StGB, Band 7, 2. Aufl. 2015, § 17 UWG Rn. 42.

801 *Alexander*, in: Köhler/Bornkamm/Feddersen, UWG, § 23 GeschGehG Rn. 32; *Köhler*, in: Köhler/Bornkamm/Feddersen, UWG, 37. Aufl. 2019, § 17 Rn. 14.

802 Siehe oben unter Kap. 1, B. II.

803 Vgl. *Alexander*, in: Köhler/Bornkamm/Feddersen, UWG, § 23 GeschGehG Rn. 35; *Hiéramente*, in: BeckOK-GeschGehG, § 23 Rn. 32.

§ 23 Abs. 1 Nr. 3 GeschGehG verfolgt, wie zuvor die Vorschrift des § 17 Abs. 1 UWG a.F., den Schutz sowohl der Interessen des Unternehmers als auch des Allgemeininteresses an einem unverfälschten Wettbewerb.[804]

5. *Amtsträgerdelikte*

Das Strafgesetzbuch kennt verschiedene Delikte, die nur durch Amtsträger oder ihnen gleichgestellte Personen begangen werden können, so beispielsweise die in §§ 331 ff. StGB geregelten Korruptionsdelikte und die Körperverletzung im Amt, § 340 StGB. Insoweit stellt sich die Frage, ob ein Arbeitnehmer unter den Begriff des Amtsträgers im Sinne dieser Vorschriften fallen kann.

Amtsträger im Sinne des § 11 Abs. 1 Nr. 2 StGB sind Beamte oder Richter (lit. a) sowie Personen, die in einem sonstigen öffentlich-rechtlichen Amtsverhältnis stehen (lit. b) oder sonst zur Wahrnehmung öffentlich-rechtlicher Aufgaben bestellt sind (lit. c). Dabei werden Beamte und Richter durch Aushändigung einer Ernennungsurkunde in ein öffentliches Amt bzw. in das Richteramt berufen.[805] Ein sonstiges öffentlich-rechtliches Amtsverhältnis meint solche öffentlich-rechtlichen Amtsverhältnisse, die denen des Beamten- und Richterverhältnisses vergleichbar sind, ohne dass bereits deren Voraussetzungen vorliegen; maßgeblich ist der Sache nach das Vorliegen eines öffentlich-rechtlichen Amtsverhältnisses.[806] Auch die Bestellung zur Wahrnehmung öffentlicher Aufgaben im Sinne von § 11 Abs. 2 Nr. 2 lit. c StGB erfordert einen (zumindest formlosen) öffentlich-rechtlichen Bestellungsakt.[807]

Das Vorliegen einer Amtsträgerschaft im Sinne von § 11 Abs. 1 Nr. 2 StGB setzt folglich in allen Varianten einen öffentlich-rechtlichen Bestellungsakt in Abgrenzung zu einem privatrechtlichen Vertragsschluss voraus.[808] Es liegen somit öffentlich-rechtliche Dienstverhältnisse vor, die durch Verwaltungsakt

---

804 *Hiéramente*, in: BeckOK-GeschGehG, § 23 Rn. 5 f.; *Janssen/Maluga*, in: MüKo-StGB, Band 7, 2. Aufl. 2015, § 17 UWG Rn. 10; *Köhler*, in: Köhler/Bornkamm/Feddersen, UWG, 37. Aufl. 2019, § 17 Rn. 2.

805 BT-Drs. 7/550, S. 290; *Saliger*, in: NK-StGB, § 11 Rn. 19, 23, 45.

806 BT-Drs. 7/550, S. 290; *Saliger*, in: NK-StGB, § 11 Rn. 24.

807 BT-Drs. 7/550, S. 290; BGHSt 42, 230 (232) = NJW 1996, 3158 (3158); BGHSt 43, 96 (105 f.) = NJW 1997, 3034 (3037); BayObLG NJW 1996, 268 (270); *Radtke*, in: MüKo-StGB, § 11 Rn. 99.

808 HM, vgl. im Hinblick auf § 11 I Nr. 2a StGB BGHSt 49, 214 (219) = NJW 2004, 3129 (3130) und bzgl. § 11 Abs. 1 Nr. 2c StGB BGHSt 43, 96 (105 f.) = NJW 1997, 3034 (3037); *Heger*, in: Lackner/Kühl, StGB, § 11 Rn. 6 mwN.

begründet werden, sodass diese Personengruppen (zumindest in dieser Funktion[809]) nicht zugleich Arbeitnehmer sein können.[810] Die Begehung von Amtsträgerdelikten durch Arbeitnehmer scheidet folglich mangels Tätertauglichkeit aus.

III. Arbeitnehmer als Täter von Allgemeindelikten

Beschreibt der entsprechende Tatbestand den Täter nicht näher („wer"), so handelt es sich um ein Allgemeindelikt, dessen Täter jedermann sein kann.[811] Allgemeindelikte bilden den Regelfall.[812] Hierzu gehören etwa Diebstahl, § 242 StGB, Unterschlagung, § 246 StGB, und Betrug, § 263 StGB, die häufig einer Kündigung zugrunde liegen.

Rechtsgut des § 242 StGB ist das Eigentum.[813] Geschützt sind auch wirtschaftlich wertlose Sachen.[814] Auch die Unterschlagung gem. § 246 Abs. 1 StGB dient dem Eigentumsschutz.[815] Hervorzuheben ist insoweit die in § 246 Abs. 2 StGB geregelte Qualifikation („veruntreuende Unterschlagung"),[816] die eine Strafschärfung gegenüber der einfachen Unterschlagung für den Fall vorsieht, dass dem Täter die Sache anvertraut ist. Nach der Rechtsprechung sind Sachen anvertraut, deren Besitz oder Gewahrsam dem Täter in dem Vertrauen eingeräumt worden ist, er werde die Gewalt über sie im Sinne des Einräumenden ausüben.[817] Da Arbeitnehmer in die Arbeitsorganisation ihres Arbeitgebers integriert werden und deshalb naturgemäß mit verschiedenen im Eigentum des Arbeitgebers oder Dritter stehender Betriebsmittel in Berührung kommen, wird das Tatbestandsmerkmal der „anvertrauten Sache" bei Unterschlagung durch Arbeitnehmer, insbesondere im Hinblick auf Gegenstände im Eigentum des Arbeitgebers, vorliegen.[818]

---

809 *Preis*, in: ErfK, § 611a BGB Rn. 140 mwN.

810 *Preis*, in: ErfK, § 611a BGB Rn. 138; *Temming*, in: MHdB-ArbR, Band 1, § 19 Rn. 61.

811 *Rengier*, Strafrecht Allgemeiner Teil, § 10 Rn. 24; *Wessels/Beulke/Satzger*, Strafrecht Allgemeiner Teil, Rn. 54.

812 *Rengier*, Strafrecht Allgemeiner Teil, § 10 Rn. 24.

813 *Rengier*, Strafrecht Besonderer Teil I, § 2 Rn. 1, geschützt ist nach hM auch der Gewahrsam.

814 *Rengier*, Strafrecht Besonderer Teil I, § 2 Rn. 1.

815 *Rengier*, Strafrecht Besonderer Teil I, § 5 Rn. 1.

816 *Fischer*, StGB, § 246 Rn. 16.

817 BGH NStZ-RR 2014, 13 (13); vgl. auch *Wittig*, in: BeckOK-StGB, § 246 Rn. 11 mwN.

818 Bejaht beispielsweise für Geschäftsunterlagen, die einer leitenden Angestellten „aufgrund ihrer Stellung in der Firma anvertraut waren", siehe OLG Stuttgart NJW 1973, 1385 (1386); vgl. hierzu auch die Rechtsprechungsanalyse unter Kap. 4, B. II.

Der Betrugstatbestand gem. § 263 StGB schützt das Vermögen als Ganzes; maßgeblich ist der wirtschaftliche Wert.[819] Täter einer Betrugstat kann auch ein Arbeitnehmer sein; hier ergeben sich für Taten im Rahmen des Arbeitsverhältnisses keine Besonderheiten. Ein Betrug durch Unterlassen zulasten des Arbeitgebers kommt indes nur ausnahmsweise in Betracht, weil der Arbeitnehmer selbst bei langer Beschäftigungsdauer und mehrjähriger Betriebsratszugehörigkeit allein wegen des Bestehens des Arbeitsverhältnisses keine Garantenstellung innehat, die ihn „zur strafbewehrten Wahrung der Vermögensinteressen" seines Arbeitgebers verpflichtet.[820]

Zu den Allgemeindelikten zählt ferner die Urkundenfälschung nach § 267 StGB. Schutzgut ist hier die Sicherheit und Zuverlässigkeit des Beweisverkehrs, weshalb § 267 StGB den Straftaten gegen die Allgemeinheit zuzuordnen ist.[821]

Mit Blick auf die Kündigung eines Arbeitnehmers erwähnenswert sind außerdem die im 14. Abschnitt (Beleidigung) geregelten Delikte wie die Beleidigung, § 185 StGB, die dem Ehrschutz dienen.[822] Von Bedeutung sind ferner die in den Abschnitten 15 bis 17 des Strafgesetzbuchs geregelten Straftaten gegen das Leben, die körperliche Unversehrtheit und die persönliche Freiheit. Hervorzuheben sind insoweit besonders die Körperverletzung nach § 223 Abs. 1 StGB und die Nötigung gem. § 240 Abs. 1 StGB.

Grundsätzlich kann die Arbeitnehmerstellung auch im Rahmen der Allgemeindelikte besondere Berücksichtigung finden: Zu denken ist dabei zum einen bei Fahrlässigkeitsdelikten an den an das Verhalten des Arbeitnehmers anzulegenden Sorgfaltsmaßstab und zum anderen an die Zumutbarkeit bei Fahrlässigkeits- und Unterlassungsdelikten.[823] Das Reichsgericht hatte in der insoweit grundlegenden „Leinenfänger-Entscheidung" aus dem Jahr 1897 die Erwägung angestellt, „ob es dem Angeklagten als Pflicht zugemutet werden konnte, eher dem Befehle seines Dienstherrn sich zu entziehen und den Verlust seiner Stellung auf sich zu nehmen, als durch Benutzung des ihm zugewiesenen Pferdes [...] die Möglichkeit der körperlichen Verletzung eines Anderen zu setzen, oder ob er diese letztere Rücksicht nach dem Verhältnisse ihrer Erheblichkeit zurückstehen lassen durfte hinter derjenigen, welche für ihn den Antrieb zur Befolgung

---

819 *Rengier*, Strafrecht Besonderer Teil I, § 13 Rn. 1.

820 OLG Celle, Beschl. v. 9.2.2010 - 32 Ss 205/09, BeckRS 2010, 5117.

821 *Rengier*, Strafrecht Besonderer Teil II, § 33 Rn. 1.

822 *Rengier*, Strafrecht Besonderer Teil II, § 28 Rn. 1.

823 Siehe hierzu bereits oben unter Kap. 2, E. I.

des Befehles seines Dienstherrn bildete".[824] Der drohende Arbeitsplatzverlust fand hier also Berücksichtigung bei der Frage der Zumutbarkeit der Handlung. In Anbetracht der verbesserten Arbeitnehmerrechte – so sind beispielsweise unbillige Arbeitgeberweisungen für den Arbeitnehmer unverbindlich[825] – dürften solche Erwägungen heute allerdings nur noch in Ausnahmefällen durchgreifen und die Zumutbarkeit der Handlung in Frage stellen.[826] So hat etwa das Landgericht Osnabrück im Jahr 2013 entschieden, dass es dem Angeklagten „trotz seines Angestelltenverhältnisses gerade als Instandsetzungsleiter zumutbar gewesen sei, [...] abzulehnen".[827]

E. Strafverfolgung

Abzugrenzen vom materiellrechtlichen Vorliegen einer Straftat im oben beschriebenen Sinne ist die Verfolgung der Tat im Rahmen eines Strafverfahrens. Das Strafverfahren dient dazu, das Bestehen eines „staatlichen Strafanspruchs" festzustellen und in einem geordneten Verfahren durchzusetzen.[828] Maßgeblich ist insoweit die Ermittlung des wahren Sachverhalts, da nur so das materielle Schuldprinzip verwirklicht werden kann.[829]

Mit Blick auf den Untersuchungsgegenstand gewinnen vor allem das Offizialprinzip und das Legalitätsprinzip sowie ihre Durchbrechungen, der Grundsatz der freien richterlichen Beweiswürdigung und in dubio pro reo an Bedeutung.[830]

I. Offizialprinzip und Antragsdelikte

Die Feststellung und Durchsetzung des staatlichen Strafanspruchs erfolgt von Amts wegen (Offizialprinzip, §§ 152 Abs. 2, 160 StPO); es besteht ein Anklagemonopol des Staates.[831] Dabei werden die Straftaten grundsätzlich ohne

---

824 RGSt 30, 25 (28); siehe hierzu bereits oben unter Kap. 2, E.I.

825 BAGE 160, 296 (316) = NZA 2017, 1452 (1459).

826 So bereits *Bosch*, JA 2008, 737 (739 Fn. 9); näher zur (Un-)Zumutbarkeit oben unter Kap. 2, E. I.

827 LG Osnabrück, Urt. v. 20.9.2013 – 10 KLs 16/13, BeckRS 2013, 198487.

828 BVerfGE 57, 250 (275) = NJW 1981, 1719 (1722); vgl. BGH NJW 2007, 3010 (3012); *Beulke/Swoboda*, Strafprozessrecht, Rn. 8.

829 BVerfGE 57, 250 (275) = NJW 1981, 1719 (1722).

830 Siehe zur Bedeutung im Arbeitsrecht unten unter Kap. 4, A. II. 3. a) zur Verdachtskündigung.

831 *Beulke/Swoboda*, Strafprozessrecht, Rn. 46; *Greger/Weingarten*, in: LK-StGB, Stand 2020, Vor §§ 77 ff. Rn. 1; *Kargl*, in: NK-StGB, Vor §§ 77 ff. Rn. 1.

Rücksicht auf und unabhängig vom Willen des durch die Straftat Verletzten verfolgt.[832]

Eine Einschränkung des Offizialprinzips ergibt sich für Antragsdelikte.[833] Bei reinen Antragsdelikten (§§ 77 ff. StGB) stellt der Strafantrag eine Prozessvoraussetzung dar, sodass ohne deren Vorliegen kein Urteil bzw. Freispruch ergehen kann und das Verfahren eingestellt werden muss.[834] Hierzu gehören etwa der Haus- und Familiendiebstahl, § 247 StGB, oder die Beleidigung, § 194 StGB. Anders ist dies bei relativen Antragsdelikten, bei denen die Staatsanwaltschaft auch bei einem fehlenden Strafantrag von Amts wegen einschreiten kann, sofern das Vorliegen eines besonderen öffentlichen Interesses an der Strafverfolgung bejaht wird.[835] Zu den relativen Antragsdelikten gehören etwa der Diebstahl und die Unterschlagung geringwertiger Sachen, § 248a StGB, die Bestechlichkeit und Bestechung im geschäftlichen Verkehr, § 301 StGB, und die einfache Körperverletzung, § 230 StGB.

Hintergrund für das Bestehen eines Antragserfordernisses kann insoweit zum einen die Überlegung sein, dass bestimmte Straftaten die Allgemeinheit regelmäßig so wenig tangieren, dass der Einsatz des Sanktionsmittels der Strafe nur bei ausdrücklicher Bekundung eines Verfolgungsinteresses durch den Verletzten als erforderlich erscheint.[836] Dies ist etwa beim Diebstahl geringwertiger Sachen, §§ 242 Abs. 1, 248a StGB, dem Hausfriedensbruch, § 123 Abs. 1, 2 StGB, und der Sachbeschädigung, §§ 303 Abs. 1, 303c StGB, anzunehmen.[837] Umgekehrt kann bei bestimmten Straftaten zwar grundsätzlich das Allgemeininteresse eine Verfolgung erfordern, aber das Geheimhaltungsinteresse des Verletzen, das Interesse am „Ruhenlassen" familiärer Geschehnisse und die Rücksichtnahme auf besondere persönliche Täter-Opfer-Beziehungen das Bedürfnis eines Strafantrags für die Verfolgung

832 *Bosch*, in: Schönke/Schröder, StGB, § 77 Rn. 5; *Greger/Weingarten*, in: LK-StGB, Stand 2020, Vor §§ 77 ff. Rn. 1; *Kargl*, in: NK-StGB, Vor §§ 77 ff. Rn. 1.

833 *Beulke/Swoboda*, Strafprozessrecht, Rn. 46 (näher auch zu den weiteren Einschränkungen durch Privatklagedelikte und Ermächtigungsdelikte); *Kargl*, in: NK-StGB, Vor §§ 77 ff. Rn. 2.

834 *Beulke/Swoboda*, Strafprozessrecht, Rn. 46.

835 *Beulke/Swoboda*, Strafprozessrecht, Rn. 46.

836 BGHSt 5, 140 (141) = NJW 1954, 280 (280); *Bosch*, in: Schönke/Schröder, StGB, § 77 Rn. 5.

837 *Bosch*, in: Schönke/Schröder, StGB, § 77 Rn. 5.

begründen.[838] Zu denken ist etwa an das Strafantragserfordernis im Fall des Haus- und Familiendiebstahls nach § 247 StGB.[839]

II. Legalitätsprinzip und Opportunitätsprinzip

Daneben gilt nach §§ 151, 152 Abs. 2 StPO grundsätzlich der Anklagegrundsatz und das Legalitätsprinzip; die Staatsanwaltschaft ist bei Vorliegen zureichender tatsächlicher Anhaltspunkte für eine Straftat (Anfangsverdacht) verpflichtet einzuschreiten.[840] § 152 Abs. 2 StPO sieht zum einen die Pflicht der Staatsanwaltschaft zur Erforschung des Sachverhalts (vgl. § 160 StPO) vor[841] und begründet zum anderen einen Verfolgungszwang.[842]

Bieten die Ermittlungen genügenden Anlass zur Klageerhebung, erhebt die Staatsanwaltschaft Anklage, §§ 170 Abs. 1, 152 Abs. 1 StPO; andernfalls stellt sie das Verfahren ein, § 170 Abs. 2 S. 1 StPO. Erforderlich zur Klageerhebung ist ein hinreichender Tatverdacht,[843] das heißt nach vorläufiger Tatbewertung[844] muss die Wahrscheinlichkeit der Verurteilung in einer Hauptverhandlung mit vollgültigen Beweisen bestehen.[845]

Allerdings können sich auch hier Ausnahmen ergeben (vgl. § 152 Abs. 2 StPO: „soweit nicht gesetzlich ein anderes bestimmt ist"). So finden sich Einschränkungen der Pflicht zum Einschreiten etwa in den §§ 153 ff. StPO, die ein Absehen von der Verfolgung, eine Teileinstellung sowie eine Beschränkung der Verfolgung vorsehen.[846] Im Jahr 2021 wurden in Deutschland beispielsweise allein 151.961 Ermittlungsverfahren gegen Auflage (gem. § 153a Abs. 1 StPO, § 37 Abs. 1 BtMG bzw. § 38 Abs. 2 BtMG und § 45 Abs. 3 JGG) und

---

838 BGHSt 5, 140 (141) = NJW 1954, 280 (280); BGHSt 29, 54 (56) = NJW 1979, 2055 (2055); *Bosch*, in: Schönke/Schröder, StGB, § 77 Rn. 5; *Greger/Weingarten*, in: LK-StGB, Stand 2020, Vor §§ 77 ff. Rn. 3 f.

839 BGHSt 29, 54 (56) = NJW 1979, 2055 (2055); *Bosch*, in: Schönke/Schröder, StGB, § 77 Rn. 5; *Greger/Weingarten*, in: LK-StGB, Stand 2020, Vor §§ 77 ff. Rn. 4.

840 *Diemer*, in: KK-StPO, § 152 Rn. 3 f., 7.

841 *Beulke*, in: LR-StPO, § 152 Rn. 3; *Diemer*, in: KK-StPO, § 152 Rn. 4.

842 BGHSt 15, 155 (158) = NJW 1960, 2346 (2347); *Schmitt*, in: Meyer-Goßner/Schmitt, StPO, § 152 Rn. 2.

843 *Kölbel*, in: MüKo-StPO, § 170 Rn. 12; *Moldenhauer*, in: KK-StPO, § 170 Rn. 3.

844 BGHSt 23, 304 (306) = NJW 1970, 2071 (2072).

845 BGH NJW 2001, 2672 (2673).

846 Vgl. *Diemer*, in: KK-StPO, § 152 Rn. 5 mit weiteren Ausnahmen.

403.114 Ermittlungsverfahren wegen Geringfügigkeit nach § 153 Abs. 1 StPO eingestellt.[847]

III. Grundsatz der freien richterlichen Beweiswürdigung und „in dubio pro reo"

Das Gericht entscheidet gem. § 261 StPO über das Ergebnis einer in der Hauptverhandlung durchgeführten Beweisaufnahme nach seiner freien, aus dem Inbegriff der Verhandlung geschöpften Überzeugung.[848] Für die richterliche Überzeugung genügt nach der ständigen Rechtsprechung des Bundesgerichtshofs ein nach der Lebenserfahrung ausreichendes Maß an Sicherheit, das vernünftige Zweifel nicht aufkommen lässt.[849] Verbleiben dagegen vernünftige Zweifel, steht dies einer Verurteilung entgegen und der Angeklagte ist nach dem Grundsatz in dubio pro reo freizusprechen.[850] Denn der Grundsatz in dubio pro reo oder Zweifelssatz besagt, dass bei unsicherer Erkenntnislage von der für den Angeklagten günstigsten Sachverhaltsalternative auszugehen ist, sofern diese für möglich und nicht fernliegend gehalten wird.[851]

Voraussetzung für die freie Beweiswürdigung ist dabei aber stets, dass das Gericht seiner Pflicht zur Ermittlung des wahren Sachverhalts mit dem bestmöglichen Beweis genügt hat.[852]

Wird die im Eröffnungsbeschluss abgegrenzte Tat auf Grundlage des im Wege der freien richterlichen Beweiswürdigung festgestellten Sachverhalts nach der Hauptverhandlung aus tatsächlichen oder rechtlichen Gründen verneint, ist der Angeklagte freizusprechen.[853] Werden aber die den gesetzlichen Tatbestand erfüllenden Tatsachen nach oben genannten Grundsätzen für erwiesen erachtet, wird der Angeklagte verurteilt, vgl. § 267 Abs. 1 S. 1 StPO, wobei das Gericht auch

---

847 Destatis, Staatsanwaltschaften Fachserie 10 Reihe 2.6 – 2021, S. 27, https://www.destatis.de/DE/Themen/Staat/Justiz-Rechtspflege/Publikationen/_publikationen-innen-gerichte-straf-anwaltschaft.html (zuletzt aufgerufen am 5.10.2023).

848 Zur freien richterlichen Beweiswürdigung in der neueren Rechtsprechung des Bundesgerichtshofs siehe *Miebach*, NStZ 2021, 403 (403 ff.).

849 Siehe nur BGH NStZ-RR 1999, 332 (333); NStZ-RR 2007, 43 (44); NStZ 2012, 110 (111) jeweils mwN; vgl. hierzu auch *Miebach*, NStZ 2021, 403 (403).

850 *Tiemann*, in: KK-StPO, § 261 Rn. 12.

851 BVerfG MDR 1975, 468 (469); BGH NStZ 2000, 498 (499); *Miebach*, NStZ 2021, 403 (403).

852 *Eschelbach*, in: BeckOK-StPO, § 261 Rn. 4.

853 *Tiemann*, in: KK-StPO, § 260 Rn. 24.

über die Rechtsfolgen der Tat (§§ 38 bis 72 StGB) entscheidet, vgl. §§ 260 Abs. 4, 267 Abs. 2 StPO.

F. Sonderfall: „Bagatelldelikte“ im Strafrecht

Im Kündigungsrecht spielen häufig Straftaten, die als Bagatellverstöße einzuordnen sind, eine Rolle. Bezüglich solcher Straftaten stellt sich die Frage, ob sie Grundlage einer arbeitsrechtlichen Kündigung sein können. Um Rückschlüsse für das Arbeitsrecht ziehen zu können, soll zunächst in strafrechtlicher Hinsicht geklärt werden, was unter Bagatellkriminalität zu verstehen ist und welche rechtlichen Möglichkeiten zum Umgang und zur Erledigung bestehen.

I. Bagatellkriminalität

1. Begriff

Eine Legaldefinition des „Bagatelldelikts“ oder der „Bagatellkriminalität“ sucht man im Strafgesetzbuch und in der Strafprozessordnung vergeblich.[854] Nimmt man die Straftat im Sinne des dreigliedrigen Verbrechensaufbaus[855] in den Blick, ergeben sich zwei Anknüpfungspunkte für die Bestimmung der Geringfügigkeit einer Tat: die Rechtswidrigkeit und die Schuld. So kann ein bestimmtes Verhalten sowohl auf Rechtswidrigkeits- als auch auf Schuldebene „geringfügig“ sein, also einen geringfügigen Unrechtsgehalt oder einen geringen Schuldgehalt aufweisen.[856] Innerhalb der Schuld kann dann wiederum zwischen strafbegründender Schuld und Schuldzumessung differenziert werden.[857]

Worauf für die Begriffsbestimmung abzustellen ist, wird nicht einheitlich beurteilt. Teilweise wird sowohl ein geringer Unrechts- als auch Schuldgehalt gefordert,[858] während an anderer Stelle im Hinblick auf das Vorliegen eines Bagatelldelikts für ausreichend gehalten wird, dass ein geringes Unrecht

---

854 Hierzu *Hoven*, JuS 2014, 975 (975).

855 Siehe oben unter Kap. 3, B. I.

856 *Kunz*, Das strafrechtliche Bagatellprinzip, S. 309; vgl. dazu auch *Nugel*, Ladendiebstahl und Bagatellprinzip, S. 163 ff., 175.

857 *Kunz*, Das strafrechtliche Bagatellprinzip, S. 194 f.; vgl. *Nugel*, Ladendiebstahl und Bagatellprinzip, S. 164; eine Berücksichtigung der Strafzumessungsschuld ablehnend etwa *Krümpelmann*, Die Bagatelldelikte, S. 99.

858 *Dreher*, in: FS Welzel, S. 917 (917); *Krümpelmann*, Die Bagatelldelikte, S. 63 f.; vgl. auch *Dölling*, in: Lampe, Vorschläge zur prozessualen Behandlung der Kleinkriminalität, S. 3 (3 f.).

vorliegt.[859] Im Einzelnen werden in der Literatur insbesondere die folgenden Ansätze vertreten:[860]

Krümpelmann differenziert zwischen selbständigen und unselbständigen leichten Delikten, wobei der Tatbestand der selbständigen leichten Delikte (Deliktskategorie der früheren „Übertretungen") ausnahmslos Fälle mit geringfügigem Unrechtgehalt regelt, während der Tatbestand der unselbständigen leichten Delikte (Deliktskategorie der „Vergehen") regelmäßig einen erheblichen Fall beschreibt, dessen typischer Unrechtsgrad bei der leichten Tat aber nicht erreicht wird.[861]

Dreher geht vom Vorliegen eines Bagatelldelikts aus, wenn das „Handlungs- und Erfolgsunrecht sowie die dem Unrecht regelmäßig korrespondierende Schuld nur geringfügig sind",[862] und unterscheidet dabei zwischen eigentlichen Bagatelldelikten, die nach ihrer Tatbestandsbeschreibung stets bloßen Bagatellcharakter aufweisen, und uneigentlichen Bagatelldelikten, bei denen die Deliktsverwirklichung je nach Begehungsform auch schweres Unrecht darstellen kann.[863]

Kaiser beschreibt Bagatelldelikte als „Straftaten mit geringem Unrechtsgehalt, das heißt geringer Schuld, kleiner Schadenshöhe und Fehlen erschwerender Umstände".[864]

Ähnlich definiert auch *Priebe* das Bagatelldelikt als „ein nicht-qualifiziertes Vergehen aus dem Bereich der Eigentums- und Vermögensdelikte, wobei der Wert der Sache oder des Vermögensvorteils geringwertig gem. § 248a StGB ist und gegenwärtig 50 Euro nicht übersteigt".[865]

Kunz geht bei der Begriffsbestimmung rechtsfolgenorientiert vor und definiert Bagatelldelikte als „diejenigen von einer strafrechtlichen Verbotsnorm umfaßten Verhaltensweisen, die keiner Ahndung durch Kriminalstrafe bedürfen".[866] Für

---

859 *Kunz*, Das strafrechtliche Bagatellprinzip, S. 124, 196; zustimmend *Nugel*, Ladendiebstahl und Bagatellprinzip, S. 167.

860 Eingehend hierzu *Priebe*, Zur Kodifizierung der „Bagatellkriminalität" in Deutschland und Europa, S. 35 ff.

861 *Krümpelmann*, Die Bagatelldelikte, S. 36 ff., 57, 62; ähnlich *Vogler*, ZStW 90 (1978), 132 (167): „Der Geringfügigkeitsbegriff umschreibt eine Ausnahme: Der mit der Verwirklichung aller Tatbestandsmerkmale indizierte Unrechtsgehalt liegt im konkreten Fall nicht vor".

862 *Dreher*, in: FS Welzel, S. 917 (917).

863 *Dreher*, in: FS Welzel, S. 917 (917 f.); dazu auch *Zipf*, Kriminalpolitik, S. 118.

864 *Kaiser*, ZStW 90 (1978), 877 (899).

865 *Priebe*, Zur Kodifizierung der „Bagatellkriminalität" in Deutschland und Europa, S. 56.

866 *Kunz*, Das strafrechtliche Bagatellprinzip, S. 308.

den Begriff des Bagatelldelikts sei auf die formelle Strafrechtswidrigkeit abzustellen; eine Bagatellstraftat liege dann vor, wenn das Verhalten durch mildere Mittel als die Kriminalstrafe sanktioniert werden soll.[867]

Beide Aspekte vereint *Nugel*: „Bagatelldelikte sind die von einer strafrechtlichen Verbotsmaterie als Vergehen erfassten Verhaltensweisen, die einen geringen Unrechts- oder Schuldgehalt aufweisen und aus diesem Grunde keiner Ahndung durch eine Kriminalstrafe bedürfen“.[868]

Wertet man die verschiedenen Definitionsansätze aus, sind folgende Kriterien für das Vorliegen eines Bagatelldelikts charakteristisch:

Es liegt ein gegenüber dem Regelfall der Deliktsverwirklichung verminderter Unrechtsgehalt und Schuldgehalt vor.

Es handelt sich um ein Vergehen im Sinne des § 12 Abs. 2 StGB; Verbrechen verkörpern nach § 12 Abs. 1 StGB besonders schweres Unrecht mit einer Mindeststrafe von einem Jahr Freiheitsstrafe und fallen schon deshalb nicht in den Bereich der Bagatellkriminalität.[869] Gleiches gilt für Qualifikationstatbestände, die per definitionem ein gegenüber dem Grunddelikt erhöhtes Unrecht aufweisen.[870]

Die Ahndung durch Kriminalstrafe erscheint nicht erforderlich.

Ob Nichtvermögensdelikte begrifflich aus dem Begriff der Bagatelldelikte auszuschließen sind,[871] soll an dieser Stelle nicht weiter erörtert werden, da die in der arbeitsgerichtlichen Rechtsprechung auftretenden Bagatellstraftaten nahezu ausschließlich Eigentums- oder Vermögensdelikte sind.[872]

---

867 *Kunz*, Das strafrechtliche Bagatellprinzip, S. 308 f.

868 *Nugel*, Ladendiebstahl und Bagatellprinzip, S. 160.

869 *Dölling*, in: Lampe, Vorschläge zur prozessualen Behandlung der Kleinkriminalität, S. 3 (7); *Kunz*, Das strafrechtliche Bagatellprinzip, S. 311.

870 *Kunz*, Das strafrechtliche Bagatellprinzip, S. 311; zustimmend *Priebe*, Zur Kodifizierung der „Bagatellkriminalität“ in Deutschland und Europa, S. 41, aber anders bei Regelbeispielen, siehe S. 41 f.; vgl. zum Problem des Zusammentreffens von Bagatelldiebstahl und Gewaltanwendung *Burkhardt*, JZ 1973, 110 (110 ff.); *ders.*, NJW 1975, 1687 (1687 ff.) – aA insoweit *Priebe*, Zur Kodifizierung der „Bagatellkriminalität“ in Deutschland und Europa, S. 40 f.

871 Dazu *Priebe*, Zur Kodifizierung der „Bagatellkriminalität“ in Deutschland und Europa, S. 46 ff.; Fragen zu einer Bagatellgrenze ergeben sich etwa im Rahmen der Körperverletzung, vgl. *Hardtung*, in: MüKo-StGB, § 223 Rn. 32 ff. mwN, der Fahrlässigkeitsdelikte, vgl. *Tröndle*, DRiZ 1976, 129 (129 ff.), oder auch des Unerlaubten Entfernens vom Unfallort, vgl. *Kretschmer*, in: NK-StGB, § 142 Rn. 35 mwN.

872 Siehe hierzu unten die Rechtsprechungsanalyse unter Kap. 4, B. II. 1.

2. Kriminalpolitische Ausgangslage

Bagatellkriminalität ist ein Massenphänomen.[873] So wird ein Delikt eher begangen, wenn die Schwere des Verstoßes als gering eingestuft wird.[874] Die Hemmschwelle des Täters ist im Bagatellbereich regelmäßig geringer, als dies im Rahmen der Schwerkriminalität der Fall ist.[875] Daher ist die Bagatellkriminalität auch nicht auf gesellschaftliche Randgruppen beschränkt; potenziell kann jeder in der Gesellschaft bzw. in der Gesamtbevölkerung Kleinkrimineller sein.[876] Allerdings darf die Bagatelldelinquenz nicht mit Massenkriminalität gleichgesetzt werden, da hier unterschiedliche Anknüpfungspunkte zugrunde liegen.[877] Die Häufigkeit des Auftretens eines Delikts trifft keine Aussage über den Bagatellcharakter.[878]

Dennoch lässt sich ein Zusammenhang von Bagatellkriminalität und Massenkriminalität nicht völlig leugnen.[879] Dies zeigt sich deutlich am Beispiel des Diebstahls: Durch das häufige Auftreten wird der Diebstahl zum Massenphänomen, wobei es sich gerade bei der Erscheinungsform des Ladendiebstahls zumeist auch um Bagatellunrecht handelt.[880]

Gerade das massenhafte Auftreten macht die Bagatellkriminalität allerdings zum kriminalpolitischen Problem: Bei isolierter Betrachtung kann das Bagatelldelikt nach seinem Schaden und in seiner Sozialschädlichkeit als „leicht", „verzeihlich" oder „gering" eingestuft werden, sodass das Zivilrecht eine im Ergebnis hinreichende Reaktion bieten könnte.[881] Das Gesamtphänomen der

---

873 *Kaiser*, ZStW 90 (1978), 877 (878); *Zipf*, Kriminalpolitik, S. 115 f.; vgl. im Hinblick auf den Ladendiebstahl etwa *Kramer*, ZRP 1974, 62 (66) und *Ostendorf*, ZRP 1995, 18 (18 f.).

874 *Kaiser*, ZStW 90 (1978), 877 (878); vgl. *Dreher*, in: FS Welzel, S. 917 (917).

875 *Zipf*, Kriminalpolitik, S. 116; vgl. hierzu *Dreher*, in: FS Bruns, S. 141 (150).

876 *Zipf*, Kriminalpolitik, S. 116; vgl. *Berckhauer*, DRiZ 1976, 229 (234): „Potentieller Täter ist praktisch jedermann" am Beispiel des Ladendiebstahls.

877 *Kaiser*, ZStW 90 (1978), 877 (878).

878 *Kaiser*, ZStW 90 (1978), 877 (878).

879 *Kaiser*, ZStW 90 (1978), 877 (879).

880 *Schmitz*, in: MüKo-StGB, § 242 Rn. 23; die Bagatellkriminalität wird besonders im Zusammenhang mit dem Ladendiebstahl diskutiert, vgl. etwa *Franzheim*, ZRP 1972, 158 (158 ff.); *Geerds*, in: FS Dreher, S. 553 (533 ff.); *Lange*, JR 1976, 177 (177 ff.); kritisch im Hinblick auf das Vorliegen einer Bagatelle beim (Laden-)Diebstahl *Jakobs*, KritV 1996, 320 (320 ff.).

881 *Dölling*, in: Lampe, Vorschläge zur prozessualen Behandlung der Kleinkriminalität, S. 3 (4); *Zipf*, Kriminalpolitik, S. 117; vgl. auch *Dreher*, in: FS Welzel, S. 917 (921).

Massenkriminalität weist aber mit dem insgesamt herbeigeführten Schaden eine hohe Sozialschädlichkeit auf und kann eine „bedrohliche Dimension“ annehmen.[882]

Durch das massenhafte Auftreten von Bagatellstraftaten droht zudem eine Verschiebung des Fokus der Staatsanwaltschaft von mittelschweren und schweren Straftaten auf Bagatellstraftaten.[883] Dem muss entgegengewirkt werden, da der effektive Rechtsgüterschutz eine Konzentration auf die schwere Kriminalität gebietet.[884] Dennoch darf die Verfolgung der Bagatellkriminalität nicht völlig vernachlässigt werden, sondern muss in einem angemessenen Verhältnis zur Sozialschädlichkeit stehen.[885]

Bei der Bekämpfung der Bagatellkriminalität müssen deshalb drei Aspekte in ein ausgeglichenes Verhältnis gebracht werden: die effektive Behandlung der Bagatellkriminalität, die Entlastung der Justiz und eine optimale Reaktion in kriminalpolitischer Hinsicht.[886]

3. Rechtlicher Rahmen zur Erledigung der Bagatellkriminalität

In rechtlicher Hinsicht werden der Bekämpfung der Bagatellkriminalität durch die Verfassung Grenzen gesetzt. So erscheint eine uneingeschränkte Bestrafung von Bagatelldelikten im Hinblick auf die im Strafrecht von Verfassungs wegen geltenden Prinzipien,[887] insbesondere das Ultima-ratio-Prinzip als Ausprägung des Verhältnismäßigkeitsgedankens und den Schuldgrundsatz, als problematisch.[888]

---

882 *Dölling*, in: Lampe, Vorschläge zur prozessualen Behandlung der Kleinkriminalität, S. 3 (4); *Zipf*, Kriminalpolitik, S. 117; vgl. auch *Dreher*, in: FS Welzel, S. 917 (921); *Naucke*, in: 51. DJT, D 72.

883 *Ostendorf*, ZRP 1995, 18 (20); vgl. auch *Hohendorf*, NJW 1987, 1177 (1177); *Peters*, ZStW 77 (1965), 470 (471); *Zipf*, Kriminalpolitik, S. 117.

884 *Ostendorf*, ZRP 1995, 18 (20).

885 *Eckl*, JR 1975, 99 (102); *Hünerfeld*, ZStW 90 (1978), 905 (907).

886 *Hünerfeld*, ZStW 90 (1978), 905 (907); in der Sache ähnlich *Dreher*, in: FS Welzel, S. 917 (920), der eine sachgerechte, aber gleichzeitig praktikable Lösung fordert.

887 Siehe näher hierzu oben Kap. 2.

888 Vgl. *Kudlich/Noltensmeier/Schuhr*, JA 2010, 342 (342); *Nugel*, Ladendiebstahl und Bagatellprinzip, S. 157; zuletzt insbesondere diskutiert im Hinblick auf die Verhängung kurzer Freiheitsstrafen bei Bagatelldelikten, vgl. etwa *v. Heintschel-Heinegg*, in: BeckOK-StGB, § 46 Rn. 71; *Kinzig*, in: FS Schöch, S. 647 (655 ff.); *ders.*, in: Schönke/Schröder, StGB, § 46 Rn. 71; *Maier*, in: MüKo-StGB, § 46 Rn. 86 ff.; *ders.*, in: MüKo-StGB, § 47 Rn. 47 ff.; dazu auch *Niewisch-Lennartz*, DRiZ 2015, 86 f.

Das Ultima-ratio-Prinzip besagt, dass das Strafrecht bzw. die Strafe mit ihrem einschneidenden Zwangscharakter als schärfste Sanktion des Staates nur dann zum Einsatz kommen darf, wenn nichtstrafrechtliche Sanktionen für einen wirksamen Rechtsgüterschutz nicht ausreichen.[889] Zudem verlangt der Schuldgrundsatz, dass die Strafe in einem angemessenen Verhältnis zur Schwere der Tat und der Schuld des Täters steht.[890] In dieser Hinsicht decken sich die Auswirkungen von Schuldgrundsatz und Übermaßverbot.[891] Die Strafe als spezifische Rechtsfolge strafbaren Verhaltens zwingt insoweit letztlich zu der Überlegung, ob es sich nicht um ein zu „schweres Geschütz für bestimmte Fehlverhaltensweisen wie etwa Bagatelltaten" handelt.[892] Denn bei Bagatellverstößen mit geringfügigem Unrechts- und Schuldgehalt erscheint regelmäßig die gesetzlich festgelegte Mindeststrafe durch die nachhaltige Diskriminierungswirkung und das „Stigma des Vorbestraften" als unverhältnismäßig hoch, sodass der Einsatz der Kriminalstrafe bei Bagatelldelikten häufig nicht zu tatangemessenen und tätergerechten Ergebnissen führt.[893]

Folglich ist im Hinblick auf den Schuldgrundsatz und das Ultima-ratio-Prinzip als Ausprägung des Verhältnismäßigkeitsgrundsatzes nur eine eingeschränkte Bestrafung im Rahmen der Bagatellkriminalität geboten.[894] Dies muss bereits bei einer gesetzlichen Regelung für den Bereich der Bagatellkriminalität Berücksichtigung finden.

II. Rechtliche Möglichkeiten zur Einschränkung einer Bestrafung im Bagatellbereich

Es stellt sich dann die Frage, wie die durch den Verhältnismäßigkeitsgrundsatz gebotene Einschränkung der Bestrafung im Bereich der Bagatellkriminalität rechtlich umgesetzt werden kann, um dem geringen „typischen Unrechtsgehalt

---

889 BVerfGE 39, 1 (46 f.) = NJW 1975, 573 (576 f.); *Roxin/Greco*, Strafrecht Allgemeiner Teil, § 2 Rn. 97 f.; vgl. *Kunz*, Das strafrechtliche Bagatellprinzip, S. 22; siehe dazu bereits oben unter Kap. 2, B. I.

890 BVerfGE 6, 389 (439) = NJW 1957, 865 (868); BVerfGE 34, 261 (267) = NJW 1973, 797 (797); vgl. auch BVerfGE 20, 323 (331) = NJW 1967, 195 (196); BVerfGE 25, 269 (286) = NJW 1969, 1059 (1061); BVerfGE 45, 187 (228) = NJW 1977, 1525 (1526).

891 BVerfGE 50, 205 (215) = NJW 1979, 1039 (1040).

892 *Kühl*, in: FS Maiwald, S. 433 (433 f.); vgl. generell zur spezifischen Rechtsfolge der Kriminalstrafe und deren Einsatz bereits oben Kap 3, A. II.

893 *Kunz*, Das strafrechtliche Bagatellprinzip, S. 26; vgl. *B.-D. Meier*, ZStW 129 (2017), 433 (433 f.).

894 Vgl. *Kunz*, Das strafrechtliche Bagatellprinzip, S. 22.

solcher Straftaten“[895] Rechnung zu tragen, ohne die oben genannten rechtspolitischen Erwägungen aus den Augen zu verlieren.

Aufgrund des massenhaften Auftretens von Taten im Bagatellbereich hat eine entsprechende gesetzliche Regelung der Bagatellkriminalität zunächst eine leichte Handhabung und effektive Verfahrenserledigung zu ermöglichen.[896] Erforderlich ist „eine Regelung, die wirksam, verhältnismäßig und praktikabel ist“.[897] Inhaltlich kann eine Einschränkung der Bestrafung grundsätzlich von der Besserstellung der Bagatellstraftäter, etwa durch Schaffung von Privilegierungstatbeständen,[898] bis hin zu einer Entkriminalisierung im Bagatellbereich,[899] also einer Straffreistellung bislang strafbaren Verhaltens,[900] reichen.[901] Dabei muss zwischen der (Ent- bzw. Nicht-)Kriminalisierung im Sinne einer abstrakten Strafbarkeit eines Verhaltens und der (Nicht-)Pönalisierung im Sinne der konkreten Bestrafung im Einzelfall differenziert werden.[902]

Bei einer Entkriminalisierung sind verschiedene Formen denkbar:[903] Eine Entkriminalisierung kann einerseits erfolgen, wenn nach den Wertvorstellungen der Gesellschaft kein Bedürfnis mehr für die Bestrafung bestimmter Verhaltensweisen besteht; die insofern erst „nachträglich“ durch Gesetz erfolgende Entkriminalisierung hat in diesem Fall nur deklaratorische Wirkung.[904] Wird andererseits das entkriminalisierte Verhalten von der Gesellschaft weiterhin für „unerwünscht, abweichend, sanktionswürdig oder bekämpfenswürdig“

---

895 BVerfGE 50, 205 (213) = NJW 1979, 1039 (1040).

896 *Dölling*, in: Lampe, Vorschläge zur prozessualen Behandlung der Kleinkriminalität, S. 3 (7); vgl. *Dreher*, in: FS Welzel, S. 917 (920).

897 *Dölling*, in: Lampe, Vorschläge zur prozessualen Behandlung der Kleinkriminalität, S. 3 (7).

898 BVerfGE 50, 205 (213 f.) = NJW 1979, 1039 (1040).

899 *Vogler*, ZStW 90 (1978), 132 (151).

900 *Naucke*, GA 1984, 199 (199); vgl. zum Begriff der Entkriminalisierung auch *Geerds*, in: FS Dreher, S. 533 (546): „Ausklammern […] aus dem Bereich des Strafbaren“.

901 Im Einzelnen zu den konkreten Umsetzungsmöglichkeiten siehe unten unter Kap. 3, II., 1. bis 3.

902 *Vormbaum*, ZStW 123 (2011), 660 (663).

903 *Naucke*, GA 1984, 199 (199 ff.) unterscheidet zwischen den Formen der „scheinbaren“, „deklaratorischen“ und „wirklichen“ Entkriminalisierung; vgl. zur „wirklichen“ Entkriminalisierung im Sinne eines Verzichts auf eine Vielzahl der Straftatbestände des Besonderen Teils etwa die Ansätze von *Mayer*, Strafrechtsreform für heute und morgen, S. 61, 65 und *Peters*, ZStW 77 (1965), 470 (470 ff.); dazu *Naucke*, in: 51. DJT, D 84 mwN.

904 *Naucke*, GA 1984, 199 (202): reine, „deklaratorische“ Entkriminalisierung.

gehalten, bleibt nur eine Entkriminalisierung im Sinne eines Wegfalls der Haupt- und Nebenstrafen bei gleichzeitiger Überführung der Strafe in eine andere Sanktionsform bzw. auf ein anderes Sanktionensystem.[905]

Im Folgenden soll ein Überblick über diese verschiedenen Möglichkeiten einer Entkriminalisierung bzw. Nichtpönalisierung gegeben werden. Dabei verfolgt die Arbeit nicht das Ziel, sämtliche vertretenen Ansätze aufzuzeigen und sich mit diesen vertieft auseinanderzusetzen, sondern vielmehr einen Überblick über die Bandbreite an Möglichkeiten, die dem Strafgesetzgeber zur Handhabe der Bagatellkriminalität zur Verfügung stand, zu geben und etwaige Rückschlüsse für das Arbeitsrecht aus der vom Gesetzgeber für den Bereich des Strafrechts getroffenen Entscheidung zu ziehen.

1. Keine vollständige Sanktionslosigkeit

Denkbar ist zunächst eine vollständige Entkriminalisierung im Bagatellbereich ohne Überführung der Strafe in ein anderes Sanktionensystem. Allerdings ist die Bagatellkriminalität wie beschrieben ein Massenphänomen.[906] Im Hinblick auf das häufige Auftreten und die insgesamt verursachten immensen Schäden[907] spielt daher im Bereich der Bagatellkriminalität der Aspekt der Generalprävention eine große Rolle. Insoweit entsteht wegen des massenhaften Auftretens von Delikten mit Bagatellcharakter das „Dilemma", dass zwar „Strafe als Antwort auf Kleinkriminalität als Überreaktion" erscheint, aber andererseits Generalprävention geboten ist, „wie sie am wirksamsten gerade durch Strafe zu erzielen ist".[908]

Lampe weist außerdem darauf hin, dass einerseits der Unrechtsgehalt des „Bagatelldelikts" gegenüber anderen Delikten eine „Bagatelle" sei, andererseits aber auch ein „Bagatelldelikt" ein „Delikt" sei und als solches verlange, „daß der Staat auf seine Begehung mit Ächtung reagiert, daß er es als etwas rechtlich Negatives seinerseits negiert, schon um einen sozialethischen Dammbruch zu vermeiden".[909] Zudem muss auch stets der Ausnahmecharakter des Strafeinsatzes gewahrt

905 *Naucke*, GA 1984, 199 (202 f., 210): „scheinbare[r]" Entkriminalisierung.

906 *Kaiser*, ZStW 90 (1978), 877 (878); siehe näher oben unter Kap. 3, F. I. 2.

907 Siehe oben unter Kap. 3, F. I. 2.

908 *Kunz*, Das strafrechtliche Bagatellprinzip, S. 41 f.; vgl. hierzu auch *Dölling*, in: Lampe, Vorschläge zur prozessualen Behandlung der Kleinkriminalität, S. 3 (19), der zu bedenken gibt, dass unter generalpräventiven Aspekten weniger die Sanktionshärte und mehr die Entdeckungswahrscheinlichkeit von Bedeutung sein könnte.

909 *Lampe*, in: Lampe, Vorschläge zur prozessualen Behandlung der Kleinkriminalität, S. 55 (82).

bleiben.[910]

Ziel einer gesetzlichen Regelung muss es sein, diese Aspekte in ein ausgeglichenes Verhältnis zu setzen. Ein völliger Verzicht auf Strafe ohne jegliche Kompensation vermag daher nicht zu überzeugen, insbesondere im Hinblick auf das Ausmaß der Bagatellkriminalität und den ansonsten drohenden Verlust des Sicherheitsgefühls der Bevölkerung sowie der Gefahr der vermehrten Selbstjustiz.[911] Eine Entkriminalisierung im Sinne vollständiger Sanktionslosigkeit im Hinblick auf das Massenphänomen der Bagatellkriminalität und der hieraus folgenden Notwendigkeit einer besonders wirksamen Generalprävention kann folglich nicht das Ziel einer Einschränkung sein. Es muss vielmehr die Berücksichtigung des Ultima-ratio-Prinzips bei gleichzeitiger Bekämpfung der Bagatellkriminalität auf anderem Wege, wie beispielsweise über andere Sanktionsformen oder durch Privilegierungen, angestrebt werden.[912]

Will man also nicht durchweg auf eine Sanktionierung verzichten, sondern den Bagatelltäter entweder besserstellen oder die Bagatelldelikte entkriminalisieren, stehen dem Gesetzgeber mit der materiellrechtlichen und der verfahrensrechtlichen Lösung im Grundsatz zwei Wege offen.[913]

2. *Materiellrechtliche Lösung*

Der Gesetzgeber kann zum einen auf der Ebene des materiellen Rechts ansetzen. Hier bestehen verschiedene Lösungsansätze, über die im Folgenden ein Überblick gegeben werden soll.

a) Einführung von Erheblichkeitsschwellen

Denkbar sind insoweit beispielsweise deliktsabhängige oder -unabhängige Erheblichkeitsschwellen, wie sie sich an anderen Stellen im Gesetz finden oder durch teleologische Reduktion von Strafnormen ergeben.[914] Dies hätte allerdings

---

910 *Zipf*, Kriminalpolitik, S. 116.

911 *Dreher*, in: FS Welzel, S. 917 (920 f.); *Hünerfeld*, ZStW 90 (1978), 905 (910); *Lampe*, in: Lampe, Vorschläge zur prozessualen Behandlung der Kleinkriminalität, S. 55 (55); vgl. auch *Nugel*, Ladendiebstahl und Bagatellprinzip, S. 157; zum Problem der Privatjustiz im Rahmen des Ladendiebstahls *Kramer*, ZRP 1974, 62 (62 ff.).

912 Eingehend zu den verschiedenen Formen einer Entkriminalisierung und deren Wirksamkeit *Naucke*, GA 1984, 199 (211 ff.).

913 BVerfGE 50, 205 (213 f.) = NJW 1979, 1039 (1040); *Kunz*, Das strafrechtliche Bagatellprinzip, S. 116 ff.; vgl. mit einem Überblick hierzu *Hoven*, JuS 2014, 975 (976 f.).

914 *Kunz*, Das strafrechtliche Bagatellprinzip, S. 119 ff.

im Ergebnis für unterhalb der Erheblichkeitsschwelle liegende Taten eine völlige Straflosigkeit zur Folge, was – wie zuvor dargelegt – als nicht angemessen erscheint und daher ausscheiden muss.

b) Schaffung von Privilegierungstatbeständen

Eine Einschränkung auf materiellrechtlicher Seite kann auch auf Strafzumessungsebene durch Schaffung besonderer Privilegierungstatbestände im Besonderen Teil des Strafgesetzbuchs für die entsprechenden Delikte erfolgen,[915] so etwa die (inzwischen durch Art. 19 Nr. 123, 206 EGStGB aufgehobenen) Privilegierungstatbestände des Notdiebstahls, § 248a StGB a.F., und des Mundraubs, § 370 Abs. 1 Nr. 5 StGB a.F.[916]

c) Entkriminalisierung auf Tatbestands- oder Rechtsfolgenebene

Möglich erscheint darüber hinaus auch eine materiellrechtliche Entkriminalisierung bestimmter Tathandlungen durch den Gesetzgeber. Hierbei kann zwischen einer Entkriminalisierung auf Tatbestands- und auf Rechtfolgenseite differenziert werden.

Eine materiellrechtliche Entkriminalisierung auf Tatbestandsebene hätte zur Folge, dass die Delikte mit Bagatellcharakter nicht mehr unmittelbar dem Kriminalstrafrecht unterfallen, da sie keiner der in § 12 StGB geregelten Straftatkategorien (Verbrechen oder Vergehen) zuzuordnen wären.[917] Ein Überblick über die insoweit vertretenen Ansätze zeigt, dass dies einerseits durch eine Abstufung innerhalb des Strafrechts (im weiteren Sinne) durch Schaffung einer neuen, nichtstrafrechtlichen Deliktskategorie oder durch Auslagerung in das Ordnungswidrigkeitenrecht und andererseits durch eine Lösung auf zivilrechtlicher Ebene unter Ausschluss des Strafrechts erfolgen kann.

So findet sich an verschiedenen Stellen in der Literatur der Vorschlag zur Schaffung einer Vorschrift für Bagatelldelikte im Allgemeinen Teil des Strafgesetzbuchs. *Krümpelmann* schlägt für die Kategorie der unselbständigen leichten Delikte[918] eine Regelung im Allgemeinen Teil des Strafgesetzbuchs vor, die bei Vorliegen von Geringfügigkeit zwingend den ordentlichen Strafrahmen des entsprechenden Delikts wegfallen lässt und die vorgeschriebene Rechtsfolge

---

915 BVerfGE 50, 205 (213 f.) = NJW 1979, 1039 (1040).

916 *Schmitz*, in: MüKo-StGB, § 242 Rn. 23; vgl. BGBl. I 1974, S. 469 (490, 500).

917 Vgl. *Geerds*, in: FS Dreher, 1977, S. 533 (546 ff.); vgl. dazu oben und *Radtke*, in: MüKo-StGB, § 12 Rn. 1 ff.

918 Hierzu oben unter Kap. 3, F. I. 1.

generell durch Verhängung einer Geldbuße ersetzt.[919] *Hirsch* plädiert für die Regelung einer dritten Deliktskategorie („Verfehlungen") im Allgemeinen Teil des Strafgesetzbuchs (§ 12 StGB), sodass im konkreten Fall zwischen Vergehen als Kriminalstraftaten und bloßen Verfehlungen zu differenzieren wäre.[920] Auch *Kunz* spricht sich für eine Regelung im Allgemeinen Teil aus, die allerdings in einer von § 12 StGB unabhängigen Vorschrift über eine dritte Deliktskategorie der „geringfügige[n] Vergehen (Bagatelldelikte)" bestehen soll.[921] In der Sache ähnlich sieht *Dencker* eine Regelung im Allgemeinen Teil vor, die geringfügige Taten aus der Vergehensstrafbarkeit herausnimmt, wobei er aber die Bezeichnung der dritten Deliktskategorie („Ordnungswidrigkeit" oder „Übertretung") bewusst offenlässt.[922]

Baumann dagegen befürwortet eine Regelung der Bagatelldelikte als Ordnungswidrigkeiten und dies entweder im Ordnungswidrigkeitengesetz oder im Strafgesetzbuch in einem eigenen Buch, auf das aber die Vorschriften des Allgemeinen Teils Anwendung finden sollen.[923]

Angedacht wurden mit dem Entwurf eines Gesetzes gegen Ladendiebstahl (AE-GLD)[924] und dem Entwurf eines Betriebsjustizgesetzes (AE-BJG)[925] auch sektorale Lösungen, die die Bagatellkriminalität nicht umfassend regeln, sondern sich auf einen bestimmten Problembereich beschränken.[926] Die Lösung

---

919 *Krümpelmann*, Die Bagatelldelikte, S. 240 f.

920 *Hirsch*, in: FS Lange, S. 815 (828, 831 ff.); *ders.*, ZStW 92 (1980), 218 (246 f.); so bereits im Rahmen von Überlegungen zu Körperverletzungen mit Bagatellcharakter *ders.*, ZStW 83 (1971), 140 (147 f., 176); so auch *Baumann*, in: FS Peters, S. 3 (10); zustimmend *Lampe*, in: Lampe, Vorschläge zur prozessualen Behandlung der Kleinkriminalität, S. 55 (56, 64, 87 ff.), aber Erweiterung um Präventionskomponente.

921 *Kunz*, Das strafrechtliche Bagatellprinzip, S. 339.

922 *Armin Kaufmann/Dencker*, JZ 1973, 144 (150 f.).

923 *Baumann*, JZ 1972, 1 (3); vgl. *ders.*, ZRP 1976, 268 (269); ebenfalls für eine Auslagerung ins Ordnungswidrigkeitenrecht *Kramer*, ZRP 1974, 62 (66); kritisch etwa *Dreher*, in: FS Welzel, S. 917 (929): „Mit der projektierten Umwandlung würde sozialethisches Unrecht zu ethisch farblosem Ordnungsunrecht deklariert."; *Eckl*, ZRP 1973, 139 (140).

924 *Arzt et al.*, Recht und Staat in Geschichte und Gegenwart, Heft 439; näher dazu etwa *Schoreit*, JZ 1976, 49 (49 ff.) – Entgegnung durch *Arzt*, JZ 1976, 54 (54 ff.).

925 *Arzt et al.*, Recht und Staat in Geschichte und Gegenwart, Heft 447/448; näher dazu etwa *Kuhlmann*, JZ 1976, 537 (539).

926 *Arzt et al.*, Recht und Staat in Geschichte und Gegenwart, Heft 439, S. 9; vgl. dazu etwa (teils kritisch) *Rössner*, ZRP 1976, 141 (141 ff.) und *Schoreit*, JZ 1976, 49 (49 f., 52 f.) – Entgegnung durch *Arzt*, JZ 1976, 54 (54. ff); kritisch auch *Hirsch*, ZStW 92 (1980), 218 (239 ff.).

wird dabei auf zivilrechtlicher Ebene („Aktivierung des Zivilrechts“) unter Zurückdrängung des Strafrechts gesucht.[927]

Demgegenüber besteht auch die Möglichkeit, die Einordnung als Kriminalunrecht, also als Straftat, und damit die Zuordnung zum Strafrecht im engeren Sinne unberührt zu lassen, aber die im Strafgesetzbuch vorgesehenen Rechtsfolgen „abzumildern“ bzw. zu ersetzen (Entkriminalisierung auf Rechtsfolgenebene). So befürwortet *Naucke*, „das Bagatellstrafrecht weiterhin wirklich ‚Strafrecht‘ sein zu lassen“ und eine Regelung im Allgemeinen Teil zur Berücksichtigung der geringen Schuld zu schaffen.[928] *Rössner* fordert eine weitere Ausdifferenzierung des strafrechtlichen Systems, indem ein Sanktionskatalog mit solchen Maßnahmen geschaffen wird, die „im ‚Vorfeld‘ der Kriminalstrafe liegen“, aber dennoch dem Strafrecht zuzuordnen sind.[929] Anknüpfungspunkt sollen insoweit die einer neuen Straftatkategorie („Verfehlungen“) zuzuordnenden Bagatelldelikte mit einer „harten“ Wertgrenze sein.[930] *Priebe* sieht ebenfalls eine (in § 12 Abs. 3 StGB zu regelnde) neue strafrechtliche Deliktskategorie der „geringfügigen Vergehen“ mit einer Wertgrenze vor.[931] Die Entkriminalisierung soll auch hier aber erst über bestimmte nichtkriminalstrafrechtliche Rechtsfolgen – vergleichbar denen des § 153a Abs. 1 S. 2 StPO – erfolgen.[932]

Ähnlich ist insoweit auch der Vorschlag von *Nugel*, der für den Regelfall der Bagatelldelikte („Kleinkriminalität“) eine eigene Sanktion „unterhalb der Schwelle zur Kriminalstrafe“ vorsieht; für absolute Bagatellen („Kleinstkriminalität“) hält er aber ausnahmsweise sogar einen völligen Verzicht auf Ahndung für möglich.[933]

---

927 *Arzt et al.*, Recht und Staat in Geschichte und Gegenwart, Heft 439, S. 9; kritisch etwa *Kuhlmann*, JZ 1976, 537 (540 ff., 545); *Lampe*, in: Lampe, Vorschläge zur prozessualen Behandlung der Kleinkriminalität, S. 55 (62 f.).

928 *Naucke*, in: 51. DJT, D 121, genauer: durch Überführung der §§ 153, 153a StPO in das materielle Recht; vgl. *ders.*, in: FS Maurach, S. 197 (203): geringe Schuld als Strafausschließungsgrund.

929 *Rössner*, Bagatelldiebstahl und Verbrechenskontrolle, S. 213 f., 225.

930 *Rössner*, Bagatelldiebstahl und Verbrechenskontrolle, S. 225.

931 *Priebe*, Zur Kodifizierung der „Bagatellkriminalität“ in Deutschland und Europa, S. 246.

932 *Priebe*, Zur Kodifizierung der „Bagatellkriminalität“ in Deutschland und Europa, S. 246, 250.

933 *Nugel*, Ladendiebstahl und Bagatellprinzip, S. 158 ff.

3. *Verfahrensrechtliche Lösung*

Zum anderen kann die Lösung auch auf verfahrensrechtlicher Ebene ansetzen, wie dies nach heute geltender Rechtslage der Fall ist.[934] Ausgangspunkt für diese Überlegungen ist das Strafverfolgungsinteresse; die verfahrensrechtliche Lösung ermöglicht eine „der jeweiligen konkreten Situation angepaßte, folgerichtige und auch differenzierte Berücksichtigung“ eines bestehenden Strafbedürfnisses, lässt aber das materielle Recht unberührt.[935]

Wird der Bagatellkriminalität im Wege eines prozessualen Ansatzes entgegengetreten, erfolgt dies durch Begrenzung oder Auflockerung des Verfolgungszwangs.[936] Hierzu können „prozessuale Filter“ wie zum Beispiel Strafantragserfordernisse oder Regelungen zur Verfahrenseinstellung aus Opportunitätsgründen eingesetzt werden.[937] Es handelt sich insoweit um eine „prozessuale Entkriminalisierung“,[938] sodass zwischen Strafbarkeit und tatsächlicher Bestrafung differenziert werden muss.[939]

III. Gegenwärtige Rechtslage im Bereich der Eigentums- und Vermögensdelikte

Der deutsche Gesetzgeber hat sich mit den §§ 248a StGB, §§ 153, 153a StPO für ein verfahrensrechtliches Modell entschieden. Im Folgenden werden die Entscheidung des Gesetzgebers sowie die Reaktionen in Literatur und Rechtsprechung nachgezeichnet sowie die maßgeblichen Regelungen des Strafgesetzbuchs und der Strafprozessordnung näher untersucht.

1. *Verfahrensrechtliche Lösung mit §§ 248a StGB, §§ 153, 153a StPO*

Der Gesetzgeber hat sich im Rahmen des Einführungsgesetzes zum Strafgesetzbuch vom 2.3.1974 der Regelung der Bagatelldelikte im Bereich der

---

934 Siehe zur konkreten Umsetzung der verfahrensrechtlichen Lösung des deutschen Gesetzgebers näher unten unter Kap. 3, F. III. mwN; für eine verfahrensrechtliche Lösung etwa schon *Eckl*, ZRP 1973, 139 (141).

935 *Hünerfeld*, ZStW 90 (1978), 905 (910).

936 BVerfGE 50, 205 (214) = NJW 1979, 1039 (1040).

937 *Kunz*, Das strafrechtliche Bagatellprinzip, S. 122.

938 Kritsch zum System der prozessrechtlichen Entkriminalisierung *Naucke*, in: FS Grünwald, S. 403 ff.

939 *Naucke*, in: FS Grünwald, S. 403 (410).

Vermögenskriminalität angenommen.[940] Privilegierungstatbestände für Delikte im Bagatellbereich wie den Notdiebstahl, § 248a StGB a.F., oder den Mundraub, § 370 Abs. 1 Nr. 5 StGB a.F., sieht die Rechtsordnung nicht mehr vor.[941] Die Fälle des Diebstahls (und der Unterschlagung) geringwertiger Sachen haben in der Neufassung des § 248a StGB[942] Berücksichtigung gefunden und unterscheiden sich durch das dort geregelte Antragserfordernis vom Regelfall der Deliktsverwirklichung.[943]

---

940 BGBl. I 1974, S. 469 ff.; vgl. BT-Drs. 7/1261, S. 17; die Reaktionen auf den vom Gesetzgeber eingeschlagenen verfahrensrechtlichen Lösungsweg waren durchmischt, auf Zustimmung bzw. wenigstens Akzeptanz gestoßen etwa bei *Beulke*, JR 1982, 309 (314); *Blau/Franke*, ZStW 96 (1984), 485 (498 ff.); *Eckl*, JR 1975, 99 (101 f.); *Franzheim*, ZRP 1972, 158 (160); *Geerds*, in: FS Dreher, S. 533 (550 f.); *Hermann*, ZStW 96 (1984), 455 (470 ff.); *Hünerfeld*, ZStW 90 (1978), 905 (919, 922); *Kudlich/Noltensmeier/Schuhr*, JA 2010, 342 (342); *B.-D. Meier*, ZStW 129 (2017), 433 (435): „im Grundsatz richtig"; *Tröndle*, JR 1974, 221 (227); so im Ergebnis wohl auch *Jakobs*, KritV 1996, 320 (324); im Ansatz zustimmend *Dreher*, in: FS Welzel, S. 917 (924 f., 934 f.), der aber für eine rein prozessuale Lösung über §§ 153, 153a StPO plädiert und die Regelung des § 248a StGB ablehnt; vgl. *Keller/Schmid*, wistra 1984, 201 (204 f.) aus Sicht der Staatsanwaltschaft; vgl. *Tröndle*, DRiZ 1976, 129 (129, 132) im Hinblick auf Fälle leichten Verschuldens bei Fahrlässigkeitsdelikten; kritisch dagegen *Arzt*, JZ 1976, 54 (55); *Baumann*, ZRP 1972, 273 (273 ff.); *Berckhauer*, DRiZ 1976, 229 (236); *Hanack*, in: FS Gallas, S. 339 (347 ff., 363); *Hirsch*, ZStW 92 (1980), 218 (221 ff., 230 ff., 236); *Jescheck*, in: FS Gallas, S. 27 (46) im Vergleich mit der österreichischen Regelung; *Armin Kaufmann/Dencker*, JZ 1973, 144 (145 ff.); *Kunz*, Das strafrechtliche Bagatellprinzip, S. 320 f.; *Rössner*, Bagatelldiebstahl und Verbrechenskontrolle, S. 215 ff.; *Rudolphi*, ZRP 1976, 165 (168); *Schmidhäuser*, JZ 1973, 529 (533 ff.); *Vogler*, ZStW 90 (1978), 132 (153, 162 ff.); *Waller*, DRiZ 1981, 47 (49); *M. Walter*, ZStW 95 (1983), 32 (54 ff.); kritisch mit Blick auf die Umsetzung durch die Strafverfolgungsbehörden *Fezer*, ZStW 106 (1994), 1 (27 ff.); *Hohendorf*, NJW 1987, 1177 (1177 ff.); *B.-D. Meier*, ZStW 129 (2017), 433 (436 ff.); *Ostendorf*, ZRP 1995, 18 (19 f.); vgl. auch *Priebe*, Zur Kodifizierung der „Bagatellkriminalität" in Deutschland und Europa, S. 120 ff., 130, 153; vgl. zu Reformvorschlägen in der jüngeren Vergangenheit etwa *Lampe*, in: Lampe, Vorschläge zur prozessualen Behandlung der Kleinkriminalität, S. 55 (80 ff.); *Ostendorf*, ZRP 1995, 18 (23); einen Überblick hierzu bei *Priebe*, Zur Kodifizierung der „Bagatellkriminalität" in Deutschland und Europa, S. 218 ff.; zum „Sächsischen Verfahrensmodell" *Sprenger/Fischer*, ZRP 2001, 241 (241 ff.).

941 Vgl. BGBl. I 1974, S. 469 (490, 500); BT-Drs. 7/1261, S. 17.

942 BGBl. I 1974, S. 469 (490).

943 BT-Drs. 7/1261, S. 17.

Bei § 248a StGB handelt es sich daher nicht um einen eigenständigen Straftatbestand.[944] Das Bundesverfassungsgericht führt hierzu aus: „[...] es gibt kein ‚Vergehen nach § 248a StGB‘. Diebstähle und Unterschlagungen geringwertiger Sachen sind vielmehr uneingeschränkt Anwendungsfälle der §§ 242, 246 StGB; sie unterscheiden sich von sonstigen Diebstählen i.S. des § 242 StGB und von Unterschlagungen nicht im Tatbestand, sondern nur in der Art ihrer prozessualen Behandlung.“[945] Der Gesetzgeber hat sich folglich für die ausnahmslose Einstufung von Diebstahlsfällen als Straftat unabhängig vom Vorliegen von unrechts- oder schuldmindernden Aspekten entschieden.[946]

Die Bedeutung des § 248a StGB bleibt dabei nicht auf den Diebstahl beschränkt; durch Einführung von Verweisungsvorschriften hat der Gesetzgeber im Rahmen der Strafrechtsreform weitere Bagatelldelikte im Bereich der Vermögenskriminalität geregelt (Art. 19 Nr. 131, 132, 134, 137, 138 EGStGB).[947] So wird auch die Begünstigung gem. § 257 Abs. 4 StGB nur auf Antrag verfolgt, wobei § 248a StGB sinngemäß Anwendung findet. Gleiches gilt für die Hehlerei, § 259 Abs. 2 StGB, den Betrug, § 263 Abs. 4 StGB, das Erschleichen von Leistungen, § 265a Abs. 3 StGB, und die Untreue, § 266 Abs. 2 StGB.[948] Verweise auf § 248a StGB finden sich außerdem bei den erst später ins Strafgesetzbuch eingefügten Delikten des Computerbetrugs, vgl. §§ 263a Abs. 2 i.V.m. 263 Abs. 4 StGB, und des Missbrauchs von Scheck- und Kreditkarten, § 266b Abs. 2 StGB.[949]

Daneben wurden durch das Einführungsgesetz zum Strafgesetzbuch auch die Vorschriften über die Einstellung des Strafverfahrens der §§ 153, 153a StPO neu geregelt, die im Vergleich zur Altfassung weniger verfahrensrechtliche Beschränkungen für eine Einstellung beinhalten.[950]

---

944 BVerfGE 50, 205 (211) = NJW 1979, 1039 (1039); OLG Hamm NJW 1979, 117 (117); OLG Düsseldorf NJW 1987, 1958 (1958) – kritisch *Naucke*, NStZ 1988, 220 f.; *Bosch*, in: Schönke/Schröder, StGB, § 248a Rn. 18; *Kindhäuser/Hoven*, in: NK-StGB, § 248a Rn. 1.

945 BVerfGE 50, 205 (211) = NJW 1979, 1039 (1039).

946 *Hohmann*, in: MüKo-StGB, § 248a Rn. 1; *Nugel*, Ladendiebstahl und Bagatellprinzip, S. 55; vgl. *Hoven*, JuS 2014, 975 (977); *Kindhäuser/Böse*, Strafrecht Besonderer Teil II, § 7 Rn. 16; *Vogel/Brodowski*, in: LK-StGB, Stand 2023, § 248a Rn. 1; dazu auch BT-Drs. 7/1261, S. 17 f.

947 Vgl. BGBl. I 1974, S. 469 (490 ff.); BT-Drs. 7/1261, S. 17.

948 Siehe Art. 19 Nr. 131, 132, 134, 137, 138 EGStGB; vgl. BGBl. I 1974, S. 469 (490 ff.); BT-Drs. 7/1261, S. 17.

949 Vgl. Zweites Gesetz zur Bekämpfung der Wirtschaftskriminalität (2. WiKG) vom 15.5.1986, BGBl. I S. 721 ff.

950 BGBl. I 1974, S. 469 (508 f.); BT-Drs. 7/1261, S. 26 (26).

Der deutsche Gesetzgeber hat somit eine verfahrensrechtliche Lösung der Bagatellproblematik gewählt.[951] Durch die Geringwertigkeit der Sache ändert sich nichts an der rechtlichen Beurteilung der Handlung als Straftat, also an der materiellen Strafbarkeit.[952] Die Geringwertigkeit spielt nur auf Strafzumessungsebene und für die Verfolgbarkeit[953] sowie bei der prozessualen Behandlung[954] eine Rolle.

Begründet wurde die Entscheidung für den verfahrensrechtlichen Weg mit den Abgrenzungsschwierigkeiten, die sich bei einer materiellrechtlichen Lösung infolge der Festlegung einer Wertgrenze ergeben würden – bereits zwischen Kriminalstrafrecht und Ordnungswidrigkeitenrecht und erst recht bei Schaffung eines weiteren Deliktstypus („Verfehlungen" oder „Übertretungen").[955] Die Regelung in einem Privilegierungstatbestand wurde ebenfalls für nicht sachgerecht gehalten, da der Unrechtsgehalt nicht zwingend vom Wert des Gegenstandes abhänge, aber die Tatbestandslösung keine Möglichkeit gebe, Einzelfälle zu berücksichtigen.[956] Durch die mit § 248a StGB und §§ 153, 153a StPO eingeführten verfahrensmäßigen Erleichterungen (wie das mögliche Absehen von der Verfolgung auch ohne Zustimmung des Gerichts und Absehen von Verfolgung unter Weisungen oder Auflagen) erhoffte sich der Gesetzgeber vielmehr eine effektive Behandlung der Bagatellkriminalität bei Eigentums- und Vermögensdelikten durch zügige und zweckmäßige Verfahren mit sachgerechten Ergebnissen.[957] Mögliche Abgrenzungsschwierigkeiten wurden bei dieser

---

951 Vgl. *Bosch*, in: Schönke/Schröder, StGB, § 248a Rn. 1–3; *Kindhäuser/Hoven*, in: NK-StGB, § 248a Rn. 2 mwN; *Nugel*, Ladendiebstahl und Bagatellprinzip, S. 55; *Vogel/Brodowski*, in: LK-StGB, Stand 2023, § 248a Rn. 1; *Weßlau/Deiters*, in: SK-StPO, § 153 Rn. 2.

952 Vgl. *Kindhäuser/Böse*, Strafrecht Besonderer Teil II, § 7 Rn. 16; *Kudlich/Noltensmeier/Schuhr*, JA 2010, 342 (342 f.).

953 *Kudlich/Noltensmeier/Schuhr*, JA 2010, 342 (342 f.).

954 *Hoven*, JuS 2014, 975 (977).

955 BT-Drs. 7/1261, S. 17 f.; so auch *B.-D. Meier*, ZStW 129 (2017), 433 (434) mit Blick auf Art. 103 Abs. 2 GG; so bzgl. einer dritten Deliktskategorie bereits *Lampe*, in: Lampe, Vorschläge zur prozessualen Behandlung der Kleinkriminalität, S. 55 (58) sowie *Nugel*, Ladendiebstahl und Bagatellprinzip, S. 156.

956 BT-Drs. 7/1261, S. 17.

957 BT-Drs. 7/1261, S. 17; vgl. auch BT-Drs. 7/550, S. 189 f.; dazu bereits BT-Drs. V/4095, S. 49 f.; zur Verfahrensökonomie als Normzweck auch *Mavany*, in: Löwe/Rosenberg, StPO, Stand 2020, § 153a Rn. 3; *Peters*, in: MüKo-StPO, § 153a Rn. 1; *Schmitt*, in: Meyer-Goßner/Schmitt, StPO, § 153a Rn. 2; *Weßlau/Deiters*, in: SK-StPO § 153a Rn. 1.

Lösung aufgrund der Möglichkeit einer Strafverfolgung bei Annahme eines öffentlichen Interesses durch die Staatsanwaltschaft als weniger schwerwiegend eingeschätzt.[958]

Das Bundesverfassungsgericht hat die durch die Reform beibehaltende Strafbarkeit des Bagatellunrechts in einer Entscheidung aus dem Jahr 1979 für zulässig erachtet und keinen Verstoß gegen die Verfassung – insbesondere den Schuldgrundsatz und das Übermaßverbot – angenommen.[959]

2. § 248a StGB

Nach § 248a StGB ist zur Verfolgung des Diebstahls und der Unterschlagung geringwertiger Sachen ein Strafantrag erforderlich, es sei denn, ein Einschreiten von Amts wegen erscheint der Strafverfolgungsbehörde wegen des besonderen öffentlichen Interesses an der Strafverfolgung als geboten. Es handelt sich um ein relatives Strafantragserfordernis.[960] Ob ein Einschreiten geboten ist, steht im Ermessen der Staatsanwaltschaft.[961] Trotz der Stellung im StGB weist § 248a StGB verfahrensrechtlicher Charakter auf.[962]

Anknüpfungspunkt der gesetzlichen Regelung in § 248a StGB ist der Begriff der „geringwertigen Sache“, die weder im Gesetz noch in den Gesetzesmaterialien definiert ist. Es ist die Aufgabe der Rechtsprechung, die durch den Gesetzgeber im Strafgesetzbuch vorgegebene abstrakte Wertgrenze durch Auslegung zu konkretisieren; dies ermöglicht der Rechtsprechung eine flexible Reaktion auf veränderte Preis- und Vermögensverhältnisse.[963]

---

958 BT-Drs. 7/1261, S. 18.

959 BVerfGE 50, 205 (214 f.) = NJW 1979, 1039 (1039 f.); für die Verfassungskonformität etwa auch *Kunz*, Das strafrechtliche Bagatellprinzip, S. 114.

960 *Kudlich*, in: Satzger/Schluckebier/Widmaier, StGB, § 248a Rn. 1; *ders./Noltensmeier/Schuhr*, JA 2010, 342 (344); *Vogel/Brodowski*, in: LK-StGB, Stand 2023, § 248a Rn. 1, 11 f.; vgl. auch *Jungwirth*, NJW 1984, 954 (954).

961 RGSt 77, 17 (20); BGHSt 16, 225 (228) = NJW 1961, 2120 (2121); *Bosch*, in: Schönke/Schröder, StGB, § 248a Rn. 23; *Vogel/Brodowski*, in: LK-StGB, Stand 2023, § 248a Rn. 12; *Wittig*, in: BeckOK-StGB, § 248a Rn. 3; siehe dazu auch *Hohmann*, in: MüKo-StGB, § 248a Rn. 18 und *Kindhäuser/Hoven*, in: NK-StGB, § 248a Rn. 16 jeweils mwN.

962 *Fischer*, StGB, § 248a Rn. 1; vgl. auch *Heger*, in: Lackner/Kühl, StGB, § 248a Rn. 1: „enthält […] eine insgesamt prozessrechtliche Konzeption“; *Kindhäuser/Böse*, Strafrecht Besonderer Teil II, § 7 Rn. 10, 16; *Kudlich*, in: Satzger/Schluckebier/Widmaier, StGB, § 248a Rn. 2 sowie *ders./Noltensmeier/Schuhr*, JA 2010, 342 (344): „Teil eines (prozessrechtlichen) Gefüges“.

963 *Satzger*, JURA 2012, 786 (786, 794); vgl. etwa BGHSt 6, 41 (43) = NJW 1954, 969 (970).

Eine Sache wird dann für geringwertig gehalten, wenn ihr Gewinn oder Verlust nach der Verkehrsauffassung als finanziell unerheblich angesehen wird.[964] Maßgeblich für die Bestimmung der Geringwertigkeitsgrenze ist nach der Rechtsprechung der objektive Verkehrswert[965] zum Tatzeitpunkt.[966] Abgestellt wird daher auf den Verkaufswert der Sache.[967] Dabei soll die Geringwertigkeitsgrenze bei 25 Euro,[968] 30 Euro[969] bzw. 50 Euro[970] liegen.[971] Entscheidend ist aber stets die tatrichterliche Würdigung im konkreten Fall.[972]

Der Begriff der geringwertigen Sache findet sich außerdem in § 243 Abs. 2 StGB; hiernach ist ein besonders schwerer Fall ausgeschlossen, wenn sich die Tat auf eine geringwertige Sache bezieht. Die Kriterien zur Bestimmung der Geringwertigkeit stimmen mit denen des § 248a StGB überein.[973]

---

964 *Kindhäuser/Hoven*, in: NK-StGB, § 248a Rn. 4; *ders.*, Strafrecht Besonderer Teil II, § 7 Rn. 11; vgl. auch *Bosch*, in: Schönke/Schröder, StGB, § 248a Rn. 8 mwN.

965 RGSt 76, 66 (67); BGHSt 6, 41 (43) = NJW 1954, 969 (970); BGH NJW 1977, 1460 (1461); OLG Hamm NJW 1971, 1954 (1955); *Rengier*, Strafrecht Besonderer Teil I, § 3 Rn. 40; vgl. auch NStZ 1981, 62 (62 f.); aA etwa *Jungwirth*, NJW 1984, 954 (956 f.): „objektiver unmittelbarer Herstellungswert".

966 RGSt 52, 296 (298); BGH NStZ 1981, 62 (63); OLG Hamm NJW 1971, 1954 (1955).

967 BGH wistra 2017, 437 (437); OLG Hamm NJW 1971, 1954 (1955); *Rengier*, Strafrecht Besonderer Teil I, § 3 Rn. 40; vgl. *Fischer*, StGB, § 248a Rn. 3.

968 BGH, Beschl. v. 9.7.2004 – 2 StR 176/04, BeckRS 2004, 07428; OLG Hamm, Beschl. v. 4.11.2014 – 4 RVs 128/14, BeckRS 2015, 11626.

969 OLG Oldenburg NStZ-RR 2005, 111 (111); *Fischer*, StGB, § 248a Rn. 3a hält eine Grenze bis zu 30 Euro für vertretbar, eine Grenze von 50 Euro dagegen für zu hoch.

970 OLG Zweibrücken NStZ 2000, 536 (536); OLG Hamm NJW 2003, 1345 (1345); OLG Frankfurt am Main NStZ-RR 2008, 311 (311); OLG Frankfurt am Main NStZ-RR 2017, 12 (12); *Heger*, in: Lackner/Kühl, StGB, § 248a Rn. 3; *Henseler*, StV 2007, 323 (326); *Hohmann*, in: MüKo-StGB, § 248a Rn. 7; *Kudlich*, in: Satzger/Schluckebier/Widmaier, StGB, § 248a Rn. 7; *Rengier*, Strafrecht Besonderer Teil I, § 3 Rn. 40; *Satzger*, JURA 2012, 786 (794); *Wessels/Hillenkamp/Schuhr*, Strafrecht Besonderer Teil 2, Rn. 353; *Wittig*, in: BeckOK-StGB, § 248a Rn. 5.

971 Vgl. zu den verschiedenen in Rechtsprechung und Literatur vertretenen Wertgrenzen *Henseler*, StV 2007, 323 (323 ff.) mwN; zu den auslegungsbedürftigen Wertgrenzen im Strafgesetzbuch *Satzger*, JURA 2012, 786 (786 ff.).

972 BGHSt 5, 263 (264) = NJW 1954, 239 (239); BGHSt 6, 41 (43) = NJW 1954, 969 (970); OLG Hamm NJW 1971, 1954 (1955); *Bosch*, in: Schönke/Schröder, StGB, § 248a Rn. 10.

973 BGH NJW 1977, 1460 (1461); Urt. v. 9.7.2004 – 2 StR 176/04, BeckRS 2004, 7428: 25 Euro; OLG Frankfurt NStZ-RR 2017, 12 (12): 50 Euro; *Vogel/Brodowski*, in: LK-StGB, Stand 2023, § 248a Rn. 5; *Wittig*, in: BeckOK-StGB, § 248a Rn. 5.

Sofern § 248a StGB über eine gesetzliche Verweisung Anwendung findet und es sich beim Tatobjekt nicht um eine Sache im Sinne des § 248a StGB handelt, ist auf eine etwaige Geringwertigkeit des Vermögensschadens bzw. des erstrebten Vermögensvorteils abzustellen, so etwa beim Betrug gem. § 263 StGB.[974]

Der Gesetzgeber knüpft im Rahmen von § 248a StGB folglich nicht unmittelbar an das materielle Kriterium eines geringen Unrechts- und Schuldgehalts an. Dieser Gedanke dürfte zwar Ausdruck im Merkmal der geringwertigen Sache bzw. geringen Schuld finden und auf diesem Weg der gesetzlichen Regelung zugrunde liegen. Den Gesetzgebungsmaterialien lässt sich aber entnehmen, dass das Vorliegen einer Bagatelle nach dem Willen des Gesetzgebers nicht generell vom Unterschreiten einer Wertgrenze („Geringwertigkeit“) abhängen soll.[975] So wird in der Begründung ausgeführt, dass sich der Unrechtsgehalt eines Vermögensdelikts nicht durchweg nach dem Wert des vom Täter erstrebten Gegenstands richte.[976] Die Bedeutung der Wertgrenze und die mit ihr einhergehenden Abgrenzungsschwierigkeiten sieht der Gesetzgeber dadurch als relativiert an, dass der Strafantrag durch die Bejahung des besonderen öffentlichen Interesses durch die Staatsanwaltschaft ersetzt werden kann.[977]

3. §§ 153, 153a StPO

Das Verfahrensrecht sieht in § 153 StPO und § 153a StPO vor, dass von der Strafverfolgung abgesehen werden kann.[978] §§ 153, 153a StPO sind insoweit Teil des kriminalpolitischen verfahrensrechtlichen Gesamtkonzepts zur Bewältigung der Bagatellkriminalität durch ein abgestuftes Sanktionensystem.[979] Die Vorschriften beziehen sich hauptsächlich auf Fälle, in denen der sich sonst rechtstreue

---

974 OLG Hamm, Beschl. v. 4.11.2014 – 4 RVs 128/14, BeckRS 2015, 11626; LG Bochum, Urt. v. 3.12.2020 – 1 KLs-171 Js 75/20–22/20, BeckRS 2020, 50780; LG Rostock, Urt. v. 15.3.2021 – 13 KLs 147/20 (1), BeckRS 2021, 32631; *Beukelmann*, in: BeckOK-StGB, § 263 Rn. 120; *Fischer*, StGB, § 263 Rn. 228; ebenso beispielsweise bei §§ 263a, 265a, 266b StGB, siehe *Hefendehl/Noll*, in: MüKo-StGB, § 263a Rn. 235; *Hellmann*, in: NK-StGB, § 265a Rn. 52; *Perron*, in: Schönke/Schröder, StGB, § 266b Rn. 15.

975 Vgl. BT-Drs. 7/1261, S. 17 f.

976 BT-Drs. 7/1261, S. 17.

977 BT-Drs. 7/1261, S. 18.

978 Der Frage nachgehend, ob den §§ 153, 153a StPO auch materiellrechtlicher Charakter zukommt etwa *Krümpelmann*, Die Bagatelldelikte, S. 229 ff.; *Nugel*, Ladendiebstahl und Bagatellprinzip, S. 55, 78 ff.

979 *Mavany*, in: Löwe/Rosenberg, StPO, Stand 2020, § 153 Rn. 24; *Peters*, in: MüKo-StPO, § 153 Rn. 20.

und bisher noch in nicht in Erscheinung getretene Täter durch die Strafanzeige und die bis zur Einstellung erfolgten Ermittlungen so „beeindruckt" zeigt, dass es einer weitergehenden Sanktion nicht bedarf und eine strafrechtliche Reaktion ohne Schuldspruch als ausreichend erscheint.[980] Es wird also einer „Strafverfolgung um jeden Preis" entgegengewirkt.[981]

a) Absehen von der Verfolgung bei Geringfügigkeit, § 153 StPO

Nach § 153 Abs. 1 S. 1, Abs. 2 S. 1 StPO kann die Staatsanwaltschaft bei Vergehen mit Zustimmung des für die Eröffnung des Hauptverfahrens zuständigen Gerichts von der Verfolgung absehen bzw. das Gericht bei bereits erhobener Klage mit Zustimmung der Staatsanwaltschaft und des Angeschuldigten das Verfahren einstellen, wenn die Schuld des Täters als gering anzusehen wäre und kein öffentliches Interesse an der Verfolgung besteht.[982]

Die Vorschrift des § 153 StPO enthält mehrere der oben im Rahmen des Bagatellbegriffs erläuterte, für das Vorliegen eines Bagatelldelikts relevante Kriterien[983] und hat somit seinem Wortlaut nach einen deutlicheren Bezug zum Begriff des Bagatelldelikts als dies bei § 248a StGB der Fall ist.

So ist die erste im Hinblick auf die Bagatellproblematik bedeutsame Voraussetzung das Vorliegen eines Vergehens im Sinne des § 12 Abs. 2 StGB.[984] Liegt auch nur der Verdacht eines Verbrechens gem. § 12 Abs. 1 StGB vor, so ist die Staatsanwaltschaft zur weiteren Ermittlung verpflichtet.[985]

Auch das Erfordernis der „geringen Schuld" findet sich in der Regelung des § 153 StPO. Die geringe Schuld ist dabei im jeweiligen Einzelfall zu prüfen[986] und orientiert sich am Begriff der Strafzumessungsschuld;[987] von Bedeutung

---

980 *Peters*, in: MüKo-StPO, § 153 Rn. 2.

981 *Peters*, in: MüKo-StPO, § 153 Rn. 2; vgl. *Mavany*, in: Löwe/Rosenberg, StPO, Stand 2020, § 153 Rn. 1.

982 Zum Verständnis der „Bagatellkriminalität" der Staatsanwaltschaft *Priebe*, Zur Kodifizierung der „Bagatellkriminalität" in Deutschland und Europa, S. 22 ff.

983 Siehe unter Kap. 3, F. I. 1.

984 Vgl. *Schöch*, in: AK-StPO, § 153 Rn. 8.

985 *Beukelmann*, in: BeckOK-StPO, § 153 Rn. 23; *Peters*, in: MüKo-StPO, § 153 Rn. 8; dazu *Deiters/Albrecht*, ZIS 2013, 483 (483 ff.).

986 *Beukelmann*, in: BeckOK-StPO, § 153 Rn. 16.

987 HM, siehe nur *Beukelmann*, in: BeckOK-StPO, § 153 Rn. 16; *Boxdorfer*, NJW 1976, 317 (318); *Gercke*, in: HK-StPO, § 153 Rn. 4; *Hünerfeld*, ZStW 90 (1978), 905 (919); *Kulhanek*, in: KMR, StPO, 89. Lfg., Stand: 1.2.2019, § 153 Rn. 10; *Mavany*, in: Löwe/Rosenberg, StPO, Stand 2020, § 153 Rn. 25; *Rieß*, NStZ 1981, 2 (8; näher in Fn. 85); *Schmitt*, in: Meyer-Goßner/Schmitt, StPO, § 153 Rn. 4; *Schöch*, in: AK-StPO, § 153

sind etwa die Art der Tatausführung, die Motive und Gesinnung des Täters, die verschuldeten Folgen der Tat und das Maß der Pflichtwidrigkeit.[988] In diesem Rahmen ist auch zu berücksichtigen, dass die Strafe stets nur ultima ratio sein kann.[989] Wie sich aus dem Wortlaut des § 153 Abs. 1 S. 1 StPO ergibt („die Schuld des Täters als gering anzusehen wäre“),[990] ist eine hypothetische Schuldbeurteilung vorzunehmen,[991] sodass die geringe Schuld nicht feststehen muss, sondern eine entsprechende Prognose ausreicht.[992] Dabei bedarf es, anders als bei § 153a Abs. 1 StPO, keines hinreichenden Tatverdachts.[993] Die Schuld ist nach herrschender Ansicht dann gering, wenn sie im Vergleich mit Vergehen gleicher Art nicht unerheblich unter dem Durchschnitt liegt.[994]

Zu nennen ist ferner das öffentliche Interesse, für dessen Bejahung in der Praxis Leitlinien entwickelt wurden,[995] wobei etwa spezial- und generalpräventive Aspekte von Bedeutung sein können.[996] Gerade generalpräventive Überlegungen spielen, wie gesehen,[997] im Rahmen der effektiven Bekämpfung der Bagatelldelinquenz eine nicht zu vernachlässigende Rolle und sind auf diesem

---

Rn. 15; *Weßlau/Deiters*, in: SK-StPO, § 153 Rn. 17 f.; aA *Bloy*, GA 1980, 161 (172); *Krümpelmann*, Die Bagatelldelikte, S. 214 f.

988 *Hobe*, in: FS Leferenz, S. 629 (634); *Schnabl*, in: Satzger/Schluckebier/Widmaier, StPO, § 153 Rn. 9; vgl. *Schmitt*, in: Meyer-Goßner/Schmitt, StPO, § 153 Rn. 4.

989 *Mavany*, in: Löwe/Rosenberg, StPO, Stand 2020, § 153 Rn. 24; *Peters*, in: MüKo-StPO, § 153 Rn. 20.

990 *Schnabl*, in: Satzger/Schluckebier/Widmaier, StPO, § 153 Rn. 8.

991 BVerfG NJW 1990, 2741 (2741); *Gercke*, in: HK-StPO, § 153 Rn. 3; *Kulhanek*, in: KMR, StPO, 89. Lfg., Stand: 1.2.2019, § 153 Rn. 10; *Weßlau/Deiters*, in: SK-StPO, § 153 Rn. 16: „keine methodengerechte Subsumtion“.

992 *Beukelmann*, in: BeckOK-StPO, § 153 Rn. 13; *Kulhanek*, in: KMR, StPO, 89. Lfg., Stand: 1.2.2019, § 153 Rn. 9; *Mavany*, in: Löwe/Rosenberg, StPO, Stand 2020, § 153 Rn. 37; *Schmitt*, in: Meyer-Goßner/Schmitt, StPO, § 153 Rn. 2, 3; *Schöch*, in: AK-StPO, § 153 Rn. 5.

993 *Weßlau/Deiters*, in: SK-StPO, § 153 Rn. 15.

994 *Eckl*, JR 1975, 99 (100); *Hobe*, in: FS Leferenz, S. 629 (634); vgl. auch *Mavany*, in: Löwe/Rosenberg, StPO, Stand 2020, § 153 Rn. 25 und *Schmitt*, in: Meyer-Goßner/Schmitt, StPO, § 153 Rn. 4 jeweils mwN.

995 *Beukelmann*, in: BeckOK-StPO, § 153 Rn. 20.

996 *Beukelmann*, in: BeckOK-StPO, § 153 Rn. 20; *Gercke*, in: HK-StPO, § 153 Rn. 5; *Hobe*, in: FS Leferenz, S. 629 (640); *Mavany*, in: Löwe/Rosenberg, StPO, Stand 2020, § 153 Rn. 32; *Peters*, in: MüKo-StPO, § 153 Rn. 30 f. mit Beispielen; vgl. *Schmitt*, in: Meyer-Goßner/Schmitt, StPO, § 153 Rn. 7 mwN; näher dazu auch *Schöch*, in: AK-StPO, § 153 Rn. 20 ff.

997 Siehe oben unter Kap. 3, F. I. 2.

Weg auch von der Staatsanwaltschaft in die Entscheidung über die Verfolgung einzubeziehen.

b) Absehen von der Verfolgung unter Auflagen und Weisungen, § 153a StPO

§ 153a Abs. 1 S. 1, Abs. 2 S. 1 StPO sieht die Möglichkeit vor, bei einem Vergehen mit Zustimmung des für die Eröffnung des Hauptverfahrens zuständigen Gerichts und des Beschuldigten vorläufig von der Erhebung der öffentlichen Klage abzusehen bzw. mit Zustimmung der Staatsanwaltschaft und des Angeschuldigten vorläufig das Verfahren einzustellen und zugleich dem Beschuldigten bzw. Angeschuldigten Auflagen und Weisungen zu erteilen, wenn diese geeignet sind, das öffentliche Interesse an der Strafverfolgung zu beseitigen, und die Schwere der Schuld nicht entgegensteht.

Wie bei § 153 StPO muss auch bei § 153a StPO ein Vergehen im Sinne des § 12 Abs. 2 StGB vorliegen; auch hier steht der Verdacht der Verwirklichung eines Verbrechenstatbestands der Einstellung entgegen.[998] Das Erfordernis einer „geringen Schuld" findet sich seit dem Gesetz zur Entlastung der Rechtspflege vom 11.1.1993[999] nicht länger im Gesetz; es wurde durch die Formulierung „Wenn die Schwere der Schuld nicht entgegensteht" ersetzt.[1000] Hierdurch kommt § 153a StPO nicht nur im Bereich der Kleinkriminalität, sondern bis in den Bereich der mittleren Kriminalität zur Anwendung.[1001]

Maßgeblich ist, ebenso wie im Rahmen des § 153 StPO, die Strafzumessungsschuld, wobei auch hier die geringe Schuld nicht sicher feststehen muss.[1002] Anders als bei § 153 StPO bedarf es aber aufgrund der Verknüpfung der Einstellung mit Auflagen und Weisungen eines hinreichenden Tatverdachts.[1003] Im Gegensatz zu § 153 StPO steht bei § 153a StPO das Bestehen eines öffentlichen Interesses an der Verfolgung einer Einstellung nicht entgegen, da dieses Interesse

---

998 OLG Hamm, Beschl. v. 6.10.2016 – 4 Ws 232–235/16, BeckRS 2016, 18651; vgl. *Beukelmann*, in: BeckOK-StPO, § 153a Rn. 41; *Peters*, in: MüKo-StPO, § 153a Rn. 7.

999 BGBl. I 1993, S. 50; vgl. BT-Drs. 12/1217.

1000 BGBl. I 1993, S. 50 (51); vgl. dazu etwa *Peters*, in: MüKo-StPO, § 153a Rn. 1.

1001 BT-Drs. 12/1217, S. 34; *Beukelmann*, in: BeckOK-StPO, § 153a Rn. 12; *Peters*, in: MüKo-StPO, § 153a Rn. 12; vgl. *Schmitt*, in: Meyer-Goßner/Schmitt, StPO, § 153a Rn. 2; einschränkend dagegen *Diemer*, in: KK-StPO, § 153a Rn. 1.

1002 *Diemer*, in: KK-StPO, § 153a Rn. 11.

1003 BVerfG NStZ-RR 1996, 168 (169); LG Düsseldorf, Beschl. v. 1.1.2015, BeckRS 2015, 19500; *Schmitt*, in: Meyer-Goßner/Schmitt, StPO, § 153a Rn. 7; *Weßlau/Deiters*, in: SK-StPO, § 153a Rn. 25; vgl. *Beukelmann*, in: BeckOK-StPO, § 153a Rn. 14.

durch die Erfüllung der erteilten Auflagen und Weisungen beseitigt werden kann.[1004] Dies ist für den jeweiligen Einzelfall zu prüfen.[1005] Zugleich wird hierdurch deutlich, dass eine Einstellung ohne jegliche Ahndung gerade nicht mit dem öffentlichen Interesse vereinbar wäre.[1006]

c) Auswirkungen des § 248a StGB auf die Einstellungsmöglichkeiten

Das Vorliegen eines Strafantrags nach § 248a StGB steht einer Einstellung nach den §§ 153, 153a StPO nicht entgegen; eine Einstellung aus Opportunitätsgründen bleibt möglich.[1007]

Fehlt es an einem Strafantrag nach § 248a StGB, aber bejaht die Staatsanwaltschaft ein besonderes öffentliches Interesse an der Strafverfolgung, so ist eine Einstellung unter Auflagen gem. § 153a StGB dennoch möglich,[1008] eine Einstellung nach § 153 StGB ist hingegen ausgeschlossen.[1009]

4. Strafzumessung

Hat die Staatsanwaltschaft das Verfahren nicht gem. §§ 153, 153a StPO eingestellt und ein besonderes öffentliches Interesse an der Verfolgung bejaht bzw. hat der Verletzte von seinem Strafantragsrecht Gebrauch gemacht, wird das Strafverfahren wie gewohnt von der Staatsanwaltschaft geführt. Der für die Strafzumessung zugrunde zu legende Strafrahmen der jeweiligen Delikte, wie etwa § 242 StGB, bleibt durch die Geringwertigkeit unverändert.[1010] Innerhalb des gesetzlich vorgeschriebenen Strafrahmens kann die Geringwertigkeit dann aber im Rahmen der Strafzumessung i.e.S. Berücksichtigung finden.[1011] So kann etwa die geringe Höhe des Schadens strafmildernde Wirkung haben.[1012]

1004 *Beukelmann*, in: BeckOK-StPO, § 153a Rn. 16.

1005 *Beukelmann*, in: BeckOK-StPO, § 153a Rn. 16.

1006 *Diemer*, in: KK-StPO, § 153a Rn. 1.

1007 *Bosch*, in: Schönke/Schröder, StGB, § 248a Rn. 20 ff.; *Hohmann*, in: MüKo-StGB, § 248a Rn. 18; *Kindhäuser/Hoven*, in: NK-StGB, § 248a Rn. 12; *Kudlich*, in: Satzger/Schluckebier/Widmaier, StGB, § 248a Rn. 13; *Vogel/Brodowski*, in: LK-StGB, Stand 2023, § 248a Rn. 1, 11.

1008 *Vogel/Brodowski*, in: LK-StGB, Stand 2023, § 248a Rn. 12; vgl. auch *Bosch*, in: Schönke/Schröder, StGB, § 248a Rn. 24.

1009 *Kindhäuser/Hoven*, in: NK-StGB, § 248a Rn. 13.

1010 *Reichel*, AuR 2004, 250 (251).

1011 *Reichel*, AuR 2004, 250 (251); siehe hierzu oben Kap. 3, B. II. 3.

1012 Siehe oben unter Kap. 3, B. II. 3.

5. *Mehrzahl geringwertiger Sachen und wiederholte Begehung von Bagatelldelikten*

Entwendet ein Täter mehrere Sachen geringen Werts, stellt sich die Frage, ob auch dann noch von Bagatellkriminalität auszugehen ist und wie das Strafrecht solche Situation erfasst.

Hier ist danach zu differenzieren, ob Handlungseinheit besteht: Werden durch dieselbe Handlung mehrere Sachen entwendet, ist für die Beurteilung der Geringwertigkeit nicht auf den Wert der einzelnen Sachen abzustellen, sondern auf den Gesamtwert; § 248a StGB greift dann nicht ein.[1013] Mit Blick auf die Konkurrenzen liegt bei Wegnahme mehrerer Sachen bei der Tatausführung in der Regel nur ein Diebstahl vor.[1014]

Anders stellt sich die Lage dar, wenn der Täter durch mehrere Handlungen wiederholt denselben Tatbestand verwirklicht. Die frühere Rechtsprechung ist in solchen Fällen bei Vorliegen bestimmter Voraussetzungen von einer fortgesetzten Tat, beispielsweise von „fortgesetztem Notbetrug“[1015] oder „fortgesetztem Diebstahl bzw. Mundraub“,[1016] ausgegangen[1017] und bestimmte die Geringwertigkeit nach dem entstandenen Gesamtschaden.[1018] Der Große Senat für Strafsachen hat aber mit Beschluss vom 3.5.1994 die höchstrichterliche Rechtsprechung zur Rechtsfigur der fortgesetzten Handlung weitestgehend aufgegeben,[1019] weshalb in solchen Fällen nunmehr von Tatmehrheit im Sinne des § 53 StGB auszugehen ist.[1020] Danach ist für die Geringwertigkeit auf den Wert

---

1013 OLG Düsseldorf NJW 1987, 1958 (1958); *Hohmann*, in: MüKo-StGB, § 248a Rn. 6; *Wittig*, in: BeckOK-StGB, § 248a Rn. 5; vgl. auch *Bosch*, in: Schönke/Schröder, StGB, § 248a Rn. 11–14; *Heger*, in: Lackner/Kühl, StGB, § 248a Rn. 3; *Kindhäuser/Hoven*, in: NK-StGB, § 248a Rn. 6.

1014 BGH NStZ-RR 2009, 278 (279).

1015 BGH NJW 1954, 239 (240).

1016 OLG Stuttgart NJW 1963, 1415 (1415 f.).

1017 BGHSt 40, 138 (145 f.) = NJW 1994, 1663 (1664) mwN; siehe zur Begründung und Entwicklung der Rechtsfigur der fortgesetzten Handlung auch *Fischer*, NStZ 1992, 415 (415 ff.) und *v. Heintschel-Heinegg*, in: MüKo-StGB, § 52 Rn. 60.

1018 BGH NJW 1954, 239 (240); NJW 1969, 2209 (2209); OLG Stuttgart NJW 1963, 1415 (1415).

1019 BGHSt 40, 138 (158 ff.) = NJW 1994, 1663 (1667 ff.); näher hierzu etwa *Geppert*, NStZ 1996, 57 (57 ff.); *v. Heintschel-Heinegg*, in: MüKo-StGB, § 52 Rn. 62; *ders.*, in: BeckOK-StGB, § 52 Rn. 41.

1020 *v. Heintschel-Heinegg*, in: MüKo-StGB, § 52 Rn. 63; vgl. hierzu auch *Frisch*, Strafrecht, § 9 Rn. 36 ff.

der einzelnen, aus der jeweiligen selbständigen Tat hervorgegangenen Sache(n) abzustellen.

G. Fazit

Die Straftat zeichnet – in Abgrenzung zu sonstigen Rechtsverletzungen – ihre spezielle Rechtsfolge aus, die Strafe, deren Einsatz nur bei besonders sozialethisch missbilligten Verhaltensweisen gerechtfertigt ist. Nur ein Verhalten, das strafwürdig und strafbedürftig ist, rechtfertigt die Bewertung als strafbares Unrecht.[1021] Der Gesetzgeber hat durch die Aufnahme bestimmter Verhaltensweisen in Strafgesetze also zum Ausdruck gebracht, dass diesen Verhaltensweisen ein besonderer sozialethischer und gesellschaftsschädlicher Unwert innewohnt.[1022]

Für den Bereich der abhängigen Arbeit hat der Strafgesetzgeber mit dem Arbeitsstrafrecht Strafnormen geschaffen, die an das Vorliegen eines Arbeitsverhältnisses anknüpfen.[1023] Diese Normen regeln aber vor allem spezifisch strafbares Arbeitgeberverhalten, weshalb insoweit auch von „Arbeitgeberstrafrecht" gesprochen werden kann.[1024] Das Strafgesetzbuch kennt jedoch auch Sonderdelikte, zu deren Täterkreis auch Arbeitnehmer zählen können, ohne dass unmittelbar eine Anknüpfung im Tatbestand der Strafnorm an die Arbeitnehmereigenschaft erfolgt.[1025] Schutzzweck dieser Regelungen sind hier indes zumeist nicht Individualinteressen, sondern Allgemeininteressen.[1026] Delikte wie beispielsweise Diebstahl, Unterschlagung, Betrug oder auch Beleidigung, die typischerweise im Rahmen eines Arbeitsverhältnisses begangen werden, sind als Allgemeindelikte von jedermann – also auch durch einen Arbeitnehmer gegenüber seinem Arbeitgeber oder gegenüber anderen Arbeitnehmern – begehbar.[1027] Da der Gesetzgeber insoweit keine Qualifikationen oder besonders schweren Fälle (wie etwa bei § 240 Abs. 4 S. 2 Nr. 2 StGB für Amtsträger) für die Begehung durch einen Arbeitnehmer vorgesehen hat, ist davon auszugehen, dass der Gesetzgeber der Begehung dieser Delikte im Rahmen eines Arbeitsverhältnisses keinen vergleichsweise größeren sozialethischen Unwert beigemessen

1021 Siehe oben Kap. 3, A. II.
1022 Vgl. oben Kap. 3, A. II.
1023 Siehe oben unter Kap. 3, D. I.
1024 Siehe näher oben unter Kap. 3, D. I.
1025 Siehe oben Kap. 3, D. II.
1026 Vgl. oben Kap. 3, D. II.
1027 Vgl. oben Kap. 3, D. III.

hat und die Begehung von Delikten durch einen Arbeitnehmer gegenüber seinem Arbeitgeber trotz der arbeitsvertraglichen Bindung grundsätzlich nicht in höherem Maße als sozialethisch verwerflich eingestuft wird. Bedeutung gewinnen kann die Arbeitnehmereigenschaft allerdings im Rahmen von § 246 Abs. 2 StGB, der zwar ebenfalls nicht an das Vorliegen eines Arbeitsverhältnisses oder die Arbeitnehmerrolle anknüpft, aber mit dem Tatbestandsmerkmal des „Anvertrautseins" der Sache häufig im Hinblick auf Unterschlagung von dem Arbeitnehmer durch den Arbeitgeber überlassenen Gegenständen einschlägig sein wird. Die arbeitsvertragliche Beziehung zwischen Arbeitnehmer und Arbeitgeber kann außerdem, wie gesehen, ggf. in Rahmen der Strafzumessung innerhalb des durch den Gesetzgeber vorgegebenen Strafrahmens relevant werden.[1028]

Die Untersuchung hat außerdem gezeigt, dass das materiellrechtliche Vorliegen einer Straftat an sich noch keine Konsequenzen für den Täter hat. Zwar sieht das Strafgesetzbuch verschiedene Rechtsfolgen, darunter auch die Freiheits- und Geldstrafe vor. Doch kommt es in einer Vielzahl von Fällen – gerade bei Taten im Bagatellbereich – schon nicht zu einer Verfolgung der Tat. So kann eine Verfolgung und letztlich auch Bestrafung des Täters mit Blick auf den Untersuchungsgegenstand insbesondere an gesetzlich vorgesehenen Strafantragserfordernissen scheitern.[1029] Die Gründe für das Bestehen von Strafantragserfordernissen sind unterschiedliche, zu denken ist etwa an den Schutz der Privatsphäre und Familienbande oder ein geringes Verfolgungsinteresse der Allgemeinheit.[1030] Oftmals kommt es aber auch zur Einstellung von Ermittlungsverfahren aus Opportunitätsgründen, etwa nach § 153 StPO wegen Geringfügigkeit.[1031]

Dieser beiden Mechanismen hat sich der Gesetzgeber mit § 248a StGB und §§ 153, 153a StPO auch zur Bewältigung der Bagatellkriminalität bedient und sich insoweit für eine prozessuale Lösung entschieden; die Delikte mit einem gegenüber dem Regelfall der Deliktsverwirklichung verminderten Unrechts- und Schuldgehalt sind nicht generell aus dem Bereich des Strafbaren herausgenommen.[1032] Maßgebliche Faktoren für das Vorliegen einer Bagatelltat im Bereich der Eigentums- und Vermögensdelikte sind nach dem Strafantragserfordernis des § 248a StGB die Geringwertigkeit der Sache bzw. des Schadens und nach der Einstellungsvorschrift § 153 StPO die geringe Schuld des Täters.

1028 Vgl. oben Kap. 3, B. II. 3.
1029 Siehe näher oben unter Kap. 3, E. I.
1030 Siehe oben unter Kap. 3, E. I.
1031 Siehe näher oben Kap. 3, E. II.
1032 Siehe oben unter Kap. 3, F. III. 1.

Entwendet der Täter durch dieselbe Handlung mehrere Gegenstände, wird für die Geringwertigkeit auf den Gesamtwert abgestellt.[1033]

Die Geringwertigkeit eines Gegenstands ändert nichts an der materiellrechtlichen Bewertung einer Handlung als strafbar; erst bei der Verfolgung der Tat spielt der Bagatellcharakter der Tat eine Rolle.[1034] Wird der Tatbestand verwirklicht, liegt das vom Gesetzgeber ins Auge gefasste Unrecht, nämlich ein Grad an Unrecht und sozialethischer Verwerflichkeit vor, der einen Einsatz der Strafe grundsätzlich rechtfertigt. Ob das konkret verwirklichte Unrecht innerhalb des für die Strafbarkeit gezogenen Rahmens als hoch oder niedrig einzuordnen ist, entscheidet sich im Rahmen der hypothetischen Schuldbeurteilung bzw. auf der Strafzumessungsebene und zeigt sich durch Einordnung in den unteren oder oberen Bereich des Strafrahmens. Relevant wird dies bei der Strafzumessung im Rahmen der Urteilsfindung durch das Strafgericht, aber auch etwa bei einer Einstellung nach §§ 153, 153a StPO durch die Staatsanwaltschaft (bzw. mit deren Zustimmung, vgl. Abs. 2); hier trifft die Staatsanwaltschaft durch hypothetische Schuldbeurteilung eine Entscheidung über das Maß des verwirklichten Unrechts bzw. des Schuldgehalts.

Hintergrund der gesetzgeberischen Entscheidung für eine prozessuale Lösung war maßgeblich das Spannungsverhältnis zwischen einer nach dem Ultima-ratio-Grundsatz erforderlichen Einschränkung der Bestrafung von Bagatellunrecht und andererseits der effektiven Bekämpfung und Handhabe der Bagatellkriminalität.[1035] Der deutsche Gesetzgeber hielt den prozessualen Weg gegenüber anderen, auf materiellrechtlicher Ebene ansetzenden Handlungsmöglichkeiten für die sachgerechtere Lösung, die eine effektive Handhabung verspricht und Abgrenzungsschwierigkeiten vermeidet.[1036] Die Entscheidung des Gesetzgebers war somit nicht allein von der Überzeugung geleitet, dass Bagatellunrecht (materiell) strafbares Unrecht sein muss, sondern beruhte auch maßgeblich auf Praktikabilitätserwägungen.[1037] Das aktuell von den Tatbeständen des Strafgesetzbuchs erfasste Bagatellunrecht stellt somit – selbst aus Sicht des Gesetzgebers – nicht zwingend strafwürdiges und strafbedürftiges Unrecht dar.

1033 Siehe oben unter Kap. 3, F. III. 5.

1034 Siehe oben unter Kap. 3, F. III. 1.

1035 Vgl. oben Kap. 3, F. I. 2, III. 1.

1036 Siehe oben unter Kap. 3, F. III. 1.

1037 Vgl. oben unter Kap. 3, F. III. 1.

Kapitel 4: Die Straftat „als“ Kündigungsgrund im Arbeitsrecht

Im Arbeitsrecht spielen strafbare Handlungen des Arbeitnehmers besonders im Rahmen des Kündigungsrechts eine Rolle, wenn der Arbeitgeber eine Straftat des Arbeitnehmers zum Anlass nimmt, sich einseitig von dem Arbeitsvertrag zu lösen. Das Arbeitsrecht sieht hierzu mit § 626 BGB die Möglichkeit einer außerordentlichen Kündigung des Arbeitnehmers, also der Kündigung aus wichtigem Grund ohne Einhaltung einer Kündigungsfrist, vor.[1038] Nach § 1 KSchG ist außerdem – sofern die Voraussetzungen der §§ 1 Abs. 1, 23 KSchG erfüllt sind – die Möglichkeit einer ordentlichen Kündigung gegeben. Die außerordentliche Kündigung steht dabei in einem Stufenverhältnis zur ordentlichen Kündigung.[1039]

A. Die Straftat im System der Kündigungsgründe

Während im Rahmen des ersten Kapitels vornehmlich auf die rechtliche Lage des Arbeitnehmers eingegangen wurde, gewinnt an dieser Stelle die verfassungsrechtliche Stellung des Arbeitgebers an Bedeutung. Die Kündigungsfreiheit, also die Freiheit zur Beendigung des Arbeitsverhältnisses, fällt für den Arbeitgeber als unternehmerische Entscheidungsfreiheit unter den Schutzbereich der Art. 2 Abs. 1 GG und Art. 12 Abs. 1 GG.[1040] In der hier beleuchteten Konstellation der arbeitgeberseitigen Kündigungen aufgrund strafbarer Handlungen des Arbeitnehmers stehen sich daher die Kündigungsfreiheit des Arbeitgebers und die Kündigungsschutzinteressen des Arbeitnehmers gegenüber.[1041]

1038 Näher *Vossen*, in: Ascheid/Preis/Schmidt, Kündigungsrecht, § 626 BGB Rn. 1; zur begrifflichen Unterscheidung der fristlosen Kündigung und außerordentlichen Kündigung *Hamann*, JA 1987, 474 (475 f.).

1039 BAG NZA 2000, 592 (594); *Henssler*, in: MüKo-BGB, § 626 Rn. 2, 96; *Niemann*, in: ErfK, § 626 BGB Rn. 18; *Vossen*, in: Ascheid/Preis/Schmidt, Kündigungsrecht, § 626 BGB Rn. 25.

1040 *Niemann*, in: ErfK, § 626 BGB Rn. 14; *Rachor*, in: GK-KR, § 1 KSchG Rn. 17; vgl. auch *Oetker*, RdA 1997, 9 (11 f.).

1041 Vgl. *Rachor*, in: GK-KR, § 1 KSchG Rn. 16; *Vossen*, in: Ascheid/Preis/Schmidt, Kündigungsrecht, § 1 KSchG Rn. 1; zu den Grundrechten der Arbeitsvertragsparteien siehe bereits oben Kap. 1, B. III. 1.

Im Folgenden wird auf bestimmte gesetzliche sowie in der Rechtsprechung entwickelte Voraussetzungen einer Kündigung gem. § 626 BGB bzw. § 1 KSchG und Besonderheiten im Fall von strafbaren Handlungen eingegangen.

I. Mehrstufige Kündigungsprüfung und Systematisierung der Kündigungsgründe

1. *Außerordentliche Kündigung gem. § 626 BGB*

Im Rahmen des § 626 BGB erfolgt in Anlehnung an den revisionsrechtlichen Prüfungsmaßstab eine zweistufige Prüfung:[1042] Auf der ersten Stufe wird abstrakt – ohne Berücksichtigung der besonderen Umstände des Einzelfalls – geprüft, ob ein bestimmter Sachverhalt einen Kündigungsgrund „an sich“ darstellen kann.[1043] Da bestimmte Sachverhalte von vorneherein in ihrer Eignung als wichtiger Grund ausgeschlossen werden, handelt es sich bei der ersten Stufe folglich um einen „Negativ“-Filter.[1044] Auf der zweiten Stufe finden dann die Umstände des Einzelfalls im Rahmen einer umfassenden Interessenabwägung Berücksichtigung.[1045]

§ 626 BGB regelt die Voraussetzungen der außerordentlichen Kündigung und ist dabei als regulative Generalklausel ausgestaltet.[1046] Das Tatbestandsmerkmal des „wichtigen Grundes“ wird lediglich durch allgemeine Merkmale

1042 Siehe nur BAG NZA 1985, 91 (92); NZA 1989, 755 (756); NZA 2006, 1033 (1034); NZA-RR 2010, 516 (517); *Fischermeier/Krumbiegel*, in: GK-KR, § 626 BGB Rn. 91; *König*, RdA 1969, 8 (9, 15 f.); *Kraft*, in: Soergel, BGB, § 626 Rn. 33; *Vossen*, in: Ascheid/Preis/Schmidt, Kündigungsrecht, § 626 BGB Rn. 28 ff.; vgl. *Temming*, in: Staudinger, BGB, § 626 Rn. 51; kritisch etwa *Henssler*, in: MüKo-BGB, § 626 Rn. 85 ff.; *Herget*, in: HK-ArbR, § 626 Rn. 50 ff.; *Niemann*, in: ErfK, § 626 BGB Rn. 15 f.; *Preis*, Prinzipien des Kündigungsrechts bei Arbeitsverhältnissen, S. 478 ff.; *Rachor*, in: MHdB-ArbR, Band 2, § 124 Rn. 2 ff.; *Temming*, in: Staudinger, BGB, § 626 Rn. 52.

1043 BAG NZA 1985, 91 (92); NZA 1989, 755 (756); NZA-RR 2010, 516 (517); *Kraft*, in: Soergel, BGB, § 626 Rn. 33; vgl. *Temming*, in: Staudinger, BGB, § 626 Rn. 51.

1044 LAG Rheinland-Pfalz, Urt. v. 3.8.2020 – 3 Sa 90/19, BeckRS 2020, 38974; *Vossen*, in: Ascheid/Preis/Schmidt, Kündigungsrecht, § 626 BGB Rn. 29.

1045 BAG NZA 1985, 91 (92); NZA 1989, 755 (756); NZA-RR 2010, 516 (517); *Kraft*, in: Soergel, BGB, § 626 Rn. 33; vgl. *Temming*, in: Staudinger, BGB, § 626 Rn. 51.

1046 *Preis*, Prinzipien des Kündigungsrechts bei Arbeitsverhältnissen, S. 475; *ders.*, in: SPV, Rn. 547; *Temming*, in: Staudinger, BGB, § 626 Rn. 50; ähnlich *Berkowsky*, NZA-RR 2001, 1 (2); *Däubler*, in: KDZ-KSchR, § 626 BGB Rn. 25: „konkretisierungsbedürftige Generalklausel“; *Henssler*, in: MüKo-BGB, § 626 Rn. 82; *Niemann*, in: ErfK, § 626 Rn. 14; *Riesenhuber*, in: Erman, BGB, § 626 Rn. 30.

beschrieben[1047] und stellt somit einen unbestimmten Rechtsbegriff dar,[1048] der im jeweiligen Einzelfall durch die Gerichte ausgefüllt werden muss.[1049]

Die Rechtsprechung versucht den Begriff durch Bildung negativer Obersätze zu konkretisieren, indem sie sich der Frage, welche Sachverhalte generell nicht als Kündigungsgrund geeignet sind, nähert.[1050] Dieses Vorgehen ist in der Literatur auf erhebliche Kritik gestoßen:[1051] Eine derartige Benennung sämtlicher Sachverhalte, die sich generell nicht als Kündigungsgrund „an sich" eignen, sei kaum möglich, sodass die erste Stufe ihre Filterfunktion nicht hinreichend erfüllen könne.[1052] In der Folge werde schlechthin jeder Sachverhalt von der ersten Stufe erfasst,[1053] weshalb die Entscheidung über die Rechtmäßigkeit einer Kündigung immer erst auf der zweiten Stufe getroffen werde.[1054]

Die zweite Stufe, das Erfordernis einer Interessenabwägung, ergibt sich für die außerordentliche Kündigung nach § 626 BGB unmittelbar aus dem Wortlaut der Norm, welche die Unzumutbarkeit der Fortsetzung des Arbeitsverhältnisses

---

1047 *Vossen*, in: Ascheid/Preis/Schmidt, Kündigungsrecht, § 626 BGB Rn. 21.

1048 *Fischermeier/Krumbiegel*, in: GK-KR, § 626 BGB Rn. 85; *Henssler*, in: MüKo-BGB, § 626 Rn. 82; *Herget*, in: HK-ArbR, § 626 Rn. 47; *Reichel*, AuR 2004, 250 (250); *Wollenschläger*, Arbeitsrecht, Rn. 410; zur Abgrenzung der Begriffe „unbestimmter Rechtsbegriff" und „Generalklausel" über das Merkmal des „festen Begriffskerns" und die differenzierte Bezeichnung von § 626 BGB in seiner Gesamtheit als Generalklausel und dem Tatbestandsmerkmal des „wichtigen Grundes" als unbestimmter Rechtsbegriff ablehnend *Preis*, Prinzipien des Kündigungsrechts bei Arbeitsverhältnissen, S. 97 ff., 100 f.

1049 *Berkowsky*, NZA-RR 2001, 1 (2).

1050 BAGE 50, 319 (327) = NZA 1986, 566 (567): „grundsätzlich ungeeignete Gründe"; so auch *Fischermeier/Krumbiegel*, in: GK-KR, § 626 BGB Rn. 98 ff. mit Beispielen; *König*, RdA 1969, 8 (16); *Temming*, in: Staudinger, BGB, § 626 Rn. 52.

1051 Siehe etwa *Henssler*, in: MüKo-BGB, § 626 Rn. 88; *Preis*, Prinzipien des Kündigungsrechts bei Arbeitsverhältnissen, S. 479; *Stoffels*, in: BeckOK-ArbR, § 626 BGB Rn. 49; *Temming*, in: Staudinger, BGB, § 626 Rn. 52; *J.-A. Weber*, RdA 2011, 108 (110).

1052 *Stoffels*, in: BeckOK-ArbR, § 626 BGB Rn. 49; *ders.*, NJW 2011, 118 (120); vgl. *Preis*, AuR 2010, 186 (188): „Der Erkenntniswert dieser Formel tendiert gegen Null, weil es praktisch keine ‚an sich ungeeigneten Kündigungsgründe' gibt."

1053 *Temming*, in: Staudinger, BGB, § 626 Rn. 52; zustimmend *Henssler*, in: MüKo-BGB, § 626 Rn. 85; in diese Richtung bereits *König*, RdA 1969, 8 (9).

1054 *Henssler*, in: MüKo-BGB, § 626 Rn. 85; vgl. *J.-A. Weber*, RdA 2011, 108 (110): „Da es also stets auf die Umstände des Einzelfalls ankommt, erweist sich das ‚an-sich'-Kriterium als irrelevant; es ist inhaltsleer und trägt zur Subsumtion nichts bei."

bis zum Ablauf der Kündigungsfrist voraussetzt.[1055] Aufgrund dieser nach § 626 BGB erforderlichen umfassenden (richterlichen) Interessenabwägung sind keine absoluten Kündigungsgründe möglich.[1056] Anders war die Rechtslage noch vor der Neufassung des § 626 BGB im Jahr 1969,[1057] als das Gesetz eine abschließende Aufzählung von Kündigungsgründen enthielt, bei deren Vorliegen keine Interessenabwägung mehr erforderlich war.[1058] Durch die heute erforderliche Interessenabwägung in allen Fällen kommt es zu einer Einschränkung an Rechtssicherheit zugunsten der gebotenen Einzelfallgerechtigkeit.[1059] Um dennoch eine gewisse Übersichtlichkeit und Berechenbarkeit zu gewährleisten, bedarf es einer Systematisierung der Kündigungsgründe und der Entwicklung von Richtlinien bzw. der Bildung von Fallgruppen.[1060]

Eine Systematisierung der Kündigungsgründe kann dabei einerseits mit der Rechtsprechung im Rahmen der Zwei-Stufen-Theorie nach dem von der Störung betroffenen Bereich erfolgen und insoweit zwischen Leistungsbereich, Bereich betrieblicher Verbundenheit aller Mitarbeiter, persönlichem Vertrauensbereich der Vertragspartner und Unternehmensbereich unterschieden werden.[1061] Die

---

1055 *Vossen*, in: Ascheid/Preis/Schmidt, Kündigungsrecht, § 626 BGB Rn. 23; vgl. *Henssler*, in: MüKo-BGB, § 626 Rn. 89.

1056 BAGE 134, 349 (353) = NZA 2010, 1227 (1229); *Fischermeier/Krumbiegel*, in: GK-KR, § 626 BGB Rn. 88; *Kraft*, in: Soergel, BGB, § 626 Rn. 33; *Preis*, in: SPV, Rn. 547; *Riesenhuber*, in: Erman, BGB, § 626 Rn. 31; *Temming*, in: Staudinger, BGB, § 626 Rn. 50; *Vossen*, in: Ascheid/Preis/Schmidt, Kündigungsrecht, § 626 BGB Rn. 56; zustimmend *Stoffels*, in: BeckOK-ArbR, § 626 BGB Rn. 48.

1057 Gesetz zur Änderung des Kündigungsrechtes und anderer arbeitsrechtlicher Vorschriften (Erstes Arbeitsrechtsbereinigungsgesetz) vom 14.8.1969, BGBl. I 1969, S. 1106 (1108); siehe zu den aufgehobenen, zuvor in §§ 123, 124 GewO und §§ 71, 72 HGB geregelten wichtigen Gründen (vgl. Art. 5 Abs. 1 Nr. 1, Abs. 2 Nr. 2 Erstes Arbeitsrechtsbereinigungsgesetz) *Vossen*, in: Ascheid/Preis/Schmidt, Kündigungsrecht, § 626 BGB Rn. 57.

1058 *Fischermeier/Krumbiegel*, in: GK-KR, § 626 BGB Rn. 81 ff. mwN.

1059 *Däubler*, in: KDZ-KSchR, § 626 BGB Rn. 25; vgl. *Fischermeier/Krumbiegel*, in: GK-KR, § 626 BGB Rn. 89; zustimmend *Vossen*, in: Ascheid/Preis/Schmidt, Kündigungsrecht, § 626 BGB Rn. 56.

1060 *Fischermeier/Krumbiegel*, in: GK-KR, § 626 BGB Rn. 89; *Preis*, Prinzipien des Kündigungsrechts bei Arbeitsverhältnissen, S. 478 ff.; *Riesenhuber*, in: Erman, BGB, § 626 Rn. 30; *Schall*, RdA 2010, 225 (228).

1061 BAG, Urt. v. 6.2.1969 – 2 AZR 241/68, BeckRS 1969, 00012; NZA 1993, 17 (19); NZA 1989, 633 (634); eingehend hierzu *Fischermeier/Krumbiegel*, in: GK-KR, § 626 BGB Rn. 178 ff.; vgl. auch *Kraft*, in: Soergel, BGB, § 626 Rn. 34 ff.; kritisch *Temming*, in: Staudinger, BGB, § 626 Rn. 54.

Systematisierung der Kündigungsgründe erfolgt hier also nach ihrem sachlichen Inhalt und ihren Auswirkungen.[1062] Die Begehung von Straftaten ist nach der Rechtsprechung regelmäßig dem Vertrauensbereich zuzuordnen,[1063] wobei die Arbeitsgerichte hier aber zumeist nicht allein auf das Kriterium des Vertrauensverlusts abstellen, sondern das Vorliegen einer Vertragspflichtverletzung prüfen.[1064] In der Literatur wird hingegen aufgrund der begrenzten Wirkung der Vorgehensweise der Rechtsprechung zu Recht auch im Rahmen des § 626 BGB eine Dreiteilung der Kündigungsgründe anlehnend an § 1 KSchG befürwortet.[1065] Hierfür spricht das Stufenverhältnis von außerordentlicher und ordentlicher Kündigung.[1066] Daneben ist der unbestimmte Rechtsbegriff des wichtigen Grunds durch Zusammenwirken allgemeiner Kündigungsprinzipien und anhand bereits ergangener Entscheidungen systematisierter Fallgruppen auszufüllen.[1067]

2. *Ordentliche Kündigung nach § 1 KSchG*

§ 1 KSchG liegt eine Einteilung der Kündigungsgründe nach der von der Störung betroffenen bzw. der die Kündigung rechtfertigenden Umständen herrührenden

---

1062 *Fischermeier/Krumbiegel*, in: GK-KR, § 626 BGB Rn. 135 ff., 178 ff.

1063 Siehe etwa BAG NZA 1985, 286 (287); vgl. *Fischermeier/Krumbiegel*, in: GK-KR, § 626 BGB Rn. 181; *Stoffels*, in: BeckOK-ArbR, § 626 BGB Rn. 96 ff. mit Beispielen.

1064 Siehe etwa BAGE 114, 264 (269) = NZA 2005, 991 (993); weitere Beispiele aus der Rechtsprechung unten unter Kap. 4., B. I., II.

1065 *Ascheid*, Kündigungsschutzrecht, Rn. 132: „erwägenswert"; *Henssler*, in: MüKo-BGB, § 626 Rn. 2, 87; *Preis*, in: SPV, Rn. 552, 565 ff.; *ders.*, AuR 2010, 186 (188); *Stoffels*, in: BeckOK-ArbR, § 626 BGB Rn. 49; *Vossen*, in: Ascheid/Preis/Schmidt, Kündigungsrecht, § 626 BGB Rn. 61; zustimmend mit der Einschränkung, dass auch Gründe in der Person des Kündigenden möglich sind, *Fischermeier/Krumbiegel*, in: GK-KR, § 626 BGB Rn. 135; vgl. auch *C. Weber*, SAE 1996, 57 (60); *J.-A. Weber*, RdA 2011, 108 (109); zurückhaltend *Rachor*, in: MHdB-ArbR, Band 2, § 124 Rn. 18: die Dreiteilung könne allenfalls „Orientierung" bei der gedanklichen Fallgruppenbildung geben.

1066 *Henssler*, in: MüKo-BGB, § 626 Rn. 2; *Preis*, Prinzipien des Kündigungsrechts bei Arbeitsverhältnissen, S. 476 f.; *ders.*, in: Preis/Temming, Individualarbeitsrecht, Rn. 3087; vgl. *Vossen*, in: Ascheid/Preis/Schmidt, Kündigungsrecht, § 626 BGB Rn. 61: „normativ begründbar"; *C. Weber*, SAE 1996, 57 (60).

1067 *Stoffels*, in: BeckOK-ArbR, § 626 BGB Rn. 44; ähnlich *Henssler*, in: MüKo-BGB, § 626 Rn. 83; *Niemann*, in: ErfK, § 626 Rn. 15, 18 f.; vgl. *Temming*, in: Staudinger, BGB, § 626 Rn. 73 ff.; zu den allgemeinen Kündigungsprinzipien siehe oben Kap. 2.

Sphäre zugrunde.[1068] § 1 Abs. 2 S. 1 KSchG enthält mit den Fallgruppen der personenbedingten, verhaltensbedingten und betriebsbedingten Gründe relative Gründe der Sozialwidrigkeit, bei deren Vorliegen es noch einer einzelfallbezogenen Interessenabwägung zur endgültigen Beurteilung der sozialen Rechtfertigung bedarf.[1069] Auch im Rahmen der ordentlichen Kündigung nach § 1 Abs. 2 S. 1 KSchG gibt es folglich keine absoluten Kündigungsgründe.[1070]

Anders als bei § 626 Abs. 1 BGB stellt die soziale Rechtfertigung keinen unbestimmten Rechtsbegriff[1071] im engeren Sinne dar, da hier eine Konkretisierung in § 1 Abs. 2 KSchG erfolgt.[1072] Doch sind die in § 1 Abs. 2 S. 1 KSchG genannten Begriffe der personen-, verhaltens- und betriebsbedingten Gründe ihrerseits insoweit unbestimmt, als dass es einer einzelfallorientierten Konkretisierung durch die Rechtsprechung bedarf.[1073] Auch im Rahmen der ordentlichen Kündigung gem. § 1 KSchG erfolgt daher eine Bildung typischer (nicht aber erschöpfender) Fallgruppen.[1074]

Im Rahmen von § 1 KSchG erfolgt die mehrstufige Prüfung, insbesondere auch mit Blick auf die unterschiedlichen Kündigungsgründe, nicht immer einheitlich; die hierzu vertretene Bandbreite an Meinungen reicht von einer zweistufigen

---

1068 *Rachor*, in: GK-KR, § 1 KSchG Rn. 269.

1069 Siehe etwa BAG NZA 2005, 158 (160); NZA 2006, 980 (983); NZA 2013, 27 (29); dazu *Ascheid*, Kündigungsschutzrecht, Rn. 203 ff; *Deinert*, in: KDZ-KSchR, § 1 KSchG Rn. 49 f.; zum Erfordernis einer umfassenden Interessenabwägung bei der betriebsbedingten Kündigung in der neueren Rechtsprechung siehe etwa BAG NZA 2005, 687 (689) und BAGE 153, 126 (133) = NZA 2016, 33 (36): Interessenabwägung kann sich nur in seltenen Ausnahmefällen zugunsten des Arbeitsnehmers auswirken; siehe zum Erfordernis einer Interessenabwägung auch *Vossen*, in: Ascheid/Preis/Schmidt, Kündigungsrecht, § 1 KSchG Rn. 80 mwN.

1070 BAGE 59, 32 (43) = NZA 1989, 464 (465); *Preis*, Prinzipien des Kündigungsrechts bei Arbeitsverhältnissen, S. 94 ff.; anders bei den Kündigungsgründen nach § 1 Abs. 2 S. 2, 3 KSchG (absolute Sozialwidrigkeit), siehe BAGE 59, 32 (43) = NZA 1989, 464 (465); *Krause*, in: Linck/Krause/Bayreuther, KSchG, § 1 Rn. 160.

1071 Bzw. nach *Preis*, Prinzipien des Kündigungsrechts bei Arbeitsverhältnissen, S. 103 eine „mögliche Generalklausel“.

1072 BAGE 10, 323 (326) = NJW 1961, 940 (41); *Preis*, Prinzipien des Kündigungsrechts bei Arbeitsverhältnissen, S. 103; *ders.*, in: SPV, Rn. 883; *Rachor*, in: GK-KR, § 1 KSchG Rn. 209; zustimmend *Oetker*, in: ErfK, § 1 KSchG Rn. 62.

1073 *Hergenröder*, in: MüKo-BGB, § 1 KSchG Rn. 73; *Rachor*, in: GK-KR, § 1 KSchG Rn. 201, 209; vgl. *Preis*, Prinzipien des Kündigungsrechts bei Arbeitsverhältnissen, S. 103: unbestimmte Rechtsbegriffe mit festem Begriffskern.

1074 *Rachor*, in: GK-KR, § 1 KSchG Rn. 214.

Prüfung auch bei der ordentlichen Kündigung[1075] über eine dreistufige Prüfung[1076] bis hin zu einer vierstufigen Prüfung.[1077] Da für die Untersuchung der Kündigungsrelevanz strafbaren Arbeitnehmerverhaltens im Wesentlichen das Vorliegen eines Kündigungsgrunds „an sich" und die Interessenabwägung von Bedeutung sind, wird im Folgenden bei der ordentlichen Kündigung wie auch bei der außerordentlichen Kündigung ein zweistufiger Prüfungsaufbau zugrunde gelegt und nach der „an sich"-Eignung eines Sachverhalts als Kündigungsgrund (1. Stufe) und der Interessenabwägung (2. Stufe) differenziert.

II. Kündigungsgrund „an sich" (1. Stufe)

Erforderlich ist zunächst das Vorliegen eines Kündigungsgrunds „an sich", das heißt ein bestimmter Sachverhalt muss generell als Kündigungsgrund geeignet sein.[1078] Maßgeblich ist das objektive Vorliegen eines Kündigungssachverhalts bzw. -grunds, nicht dagegen die subjektive Einschätzung des Arbeitgebers.[1079] Das Kündigungsmotiv ist daher grundsätzlich unbeachtlich und vom objektiven

1075 So beispielsweise BAG NZA 1987, 776 (777) für die betriebsbedingte Kündigung; AP KSchG 1969 § 1 Verhaltensbedingte Kündigung Nr. 25; *Bitter/Kiel*, RdA 1995, 26 (29, 34) für die personen- und verhaltensbedingte Kündigung; *Dütz*, NJW 1990, 2025 (2030); *Wollenschläger*, Arbeitsrecht, Rn. 424 für die verhaltensbedingte Kündigung.

1076 Siehe etwa BAG NJW 2007, 3148 (3149) und NZA 2008, 471 (472) für die personenbedingte Kündigung wegen Krankheit; *Markowski*, in: HK-ArbR, § 1 KSchG Rn. 219 für die verhaltensbedingte Kündigung; *Rachor*, in: GK-KR, § 1 KSchG Rn. 286 ff., 437 ff. für die personen- und verhaltensbedingte Kündigung; *Vossen*, in: Ascheid/Preis/Schmidt, Kündigungsrecht, § 1 KSchG Rn. 124 ff., 272a für die personen- und verhaltensbedingte Kündigung.

1077 So etwa *Deinert*, in: KDZ-KSchR, § 1 KSchG Rn. 93 für die personenbedingte Kündigung; *Hergenröder*, in: MüKo-BGB, § 1 KSchG Rn. 149 ff. für die personenbedingte Kündigung wegen Krankheit; *Junker*, Grundkurs Arbeitsrecht, Rn. 382; *Wollenschläger*, Arbeitsrecht, Rn. 424 für die personen- und betriebsbedingte Kündigung.

1078 Siehe nur BAG NZA 1985, 91 (92); NZA 1989, 755 (756); AP KSchG 1969 § 1 Verhaltensbedingte Kündigung Nr. 25; NZA-RR 2010, 516 (517); vgl. *Temming*, in: Staudinger, BGB, § 626 Rn. 51.

1079 BAG NJW 1980, 2486 (2486) mwN; BAGE 134, 349 (355) = NZA 2010, 1227 (1229); BGHZ 40, 13 (16) = NJW 1963, 2068 (2069); *Fischermeier/Krumbiegel*, in: GK-KR, § 626 BGB Rn. 111; *Henssler*, in: MüKo-BGB, § 626 Rn. 118; *Preis*, in: Preis/Temming, Individualarbeitsrecht, Rn. 3005; *Rachor*, in: GK-KR, § 1 KSchG Rn. 429; *Temming*, in: Staudinger, BGB, § 626 Rn. 57; *Vossen*, in: Ascheid/Preis/Schmidt, Kündigungsrecht, § 626 BGB Rn. 22.

Vorliegen eines hinreichenden Kündigungsgrunds zu trennen.[1080] Diese Überlegung wird im Hinblick auf bloß „vorgeschobene“ oder „gesuchte“ Kündigungsgründe relevant.[1081]

Im Rahmen des § 626 BGB können aber wegen des Erfordernisses einer Interessenabwägung und der (Un-)Zumutbarkeit auch subjektive Momente eine Rolle spielen.[1082] So können bzw. müssen bereits bei der Prüfung des Vorliegens eines Kündigungsgrunds „an sich“ neben den generell möglichen Auswirkungen der Vertragsverletzung auch die konkreten betrieblichen und wirtschaftlichen Folgen berücksichtigt werden.[1083]

Hinsichtlich der Prüfung des Kündigungsgrunds „an sich“ kann in mehrfacher Hinsicht differenziert werden. Ausgangspunkt soll die bereits im Rahmen der Systematisierung angesprochene Einteilung in personen-, verhaltens- und betriebsbedingte Kündigung sein. Anschließend werden eine Gegenüberstellung von außerdienstlichem und dienstlichem Verhalten sowie der Tatkündigung und Verdachtskündigung und eine Einordnung des Compliance-Verstoßes erfolgen. Dabei ist auch zu untersuchen, wie sich diese unterschiedlichen Sachverhaltskonstellationen den genannten Kategorien an Kündigungsgründen zuordnen lassen. Bezugspunkt für diese Sachverhalte soll stets ein strafbares Verhalten sein.

Darüber hinaus wird auf die notwendige Negativprognose und die spezifischen Erfordernisse des arbeitsrechtlichen Ultima-ratio-Prinzips eingegangen.

1. Differenzierung nach verhaltens-, personen- und betriebsbedingten Gründen

Bei § 1 Abs. 2 KSchG wird im Hinblick auf die soziale Rechtfertigung der ordentlichen Kündigung zwischen Gründen, die in der Person oder dem Verhalten des Arbeitnehmers liegen, und dringenden betrieblichen Erfordernissen unterschieden. Mit der Literatur[1084] wird hier auch im Rahmen des § 626 BGB

1080 *Diller*, NZA 2006, 569 (570); zur Differenzierung zwischen den Begriffen „Kündigungsgrund“ und „Kündigungsmotiv“ bereits *Herschel*, in: FS Müller, S. 191 (192).

1081 Eingehend hierzu *Diller*, NZA 2006, 569 (569 ff.).

1082 *Fischermeier/Krumbiegel*, in: GK-KR, § 626 BGB Rn. 92; *Stoffels*, in: BeckOK-ArbR, § 626 BGB Rn. 50.

1083 BAG NZA 1985, 661 (661); so noch *Henssler*, in: MüKo-BGB, 6. Aufl. 2012, § 626 Rn. 131; vgl. *Fischermeier/Krumbiegel*, in: GK-KR, § 626 BGB Rn. 94.

1084 Siehe nur *Henssler*, in: MüKo-BGB, § 626 Rn. 2; *Preis*, in: Preis/Temming, Individualarbeitsrecht, Rn. 3087; *Stoffels*, in: BeckOK-ArbR, § 626 BGB Rn. 49; *Temming*,

eine Dreiteilung nach dem Vorbild des § 1 KSchG vorgenommen, sodass im Folgenden sowohl bei der ordentlichen Kündigung gem. § 1 KSchG als auch bei der außerordentlichen Kündigung nach § 626 BGB zwischen verhaltensbedingten, personenbedingten und betriebsbedingten Gründen differenziert wird. Dabei unterscheiden sich die Kündigungsgründe bei der außerordentlichen und ordentlichen Kündigung zwar nicht inhaltlich, wohl aber qualitativ.[1085] Die außerordentliche Kündigung erfolgt zumeist aus verhaltensbedingten Gründen.[1086]

a) Verhaltensbedingte Kündigungsgründe

Straftaten spielen vor allem im Hinblick auf die verhaltensbedingte Kündigung eine Rolle.[1087] Die verhaltensbedingte Kündigung erfasst willentliche Störungen des Arbeitsverhältnisses durch steuerbares Verhalten des Arbeitnehmers.[1088] Erforderlich ist grundsätzlich eine schuldhafte Verletzung vertraglicher Haupt-, zumindest aber Nebenpflichten.[1089] Dabei wiegt nicht generell die Verletzung einer Hauptpflicht schwerer als die einer Nebenpflicht; mit Nebenpflichtverletzungen kann auch ein schwerwiegender Vertrauensbruch einhergehen.[1090]

---

in: Staudinger, BGB, § 626 Rn. 55; *Vossen*, in: Ascheid/Preis/Schmidt, Kündigungsrecht, § 626 BGB Rn. 61; siehe oben unter Kap. 4, I. 1. mwN.

1085 *Preis*, in: Preis/Temming, Individualarbeitsrecht, Rn. 3106; vgl. *Krause*, in: Linck/Krause/Bayreuther, KSchG, § 1 Rn. 166: „Erheblichkeit“; *Rachor*, in: GK-KR, § 1 KSchG Rn. 429; *Vossen*, in: Ascheid/Preis/Schmidt, Kündigungsrecht, § 1 KSchG Rn. 268: „nicht so schwerwiegend“; *C. Weber*, SAE 1996, 57 (60).

1086 *Wollenschläger*, Arbeitsrecht, Rn. 410.

1087 *Henssler*, in MüKo-BGB, § 626 Rn. 203 ff.; vgl. *Vossen*, in: Ascheid/Preis/Schmidt, Kündigungsrecht, § 1 KSchG Rn. 256.

1088 *Stoffels*, in: BeckOK-ArbR, § 626 BGB Rn. 138.

1089 *Berkowsky*, NZA-RR 2001, 1 (3 f.); *Fischermeier/Krumbiegel*, in: GK-KR, § 626 BGB Rn. 144; *Hergenröder*, in: MüKo-BGB, § 1 KSchG Rn. 239; *Preis*, in: Preis/Temming, Individualarbeitsrecht, Rn. 3002; *Rachor*, in: GK-KR, § 1 KSchG Rn. 430; *Temming*, in: Staudinger, BGB, § 626 Rn. 100; *Vossen*, in: Ascheid/Preis/Schmidt, Kündigungsrecht, § 626 BGB Rn. 72, 76; näher zum Erfordernis schuldhaften Handelns siehe oben Kap. 2, D. II.

1090 *Preis*, in: Preis/Temming, Individualarbeitsrecht, Rn. 3017; vgl. aber *A. Otto*, Der Wegfall des Vertrauens in den Arbeitnehmer als wichtiger Grund zur Kündigung des Arbeitsverhältnisses, S. 186 ff., 235, der bei einem Vertrauensverlust infolge von Straftaten nicht auf eine Pflichtverletzung abstellt, sondern von einer fehlenden Eignung des Arbeitnehmers ausgeht und bzgl. des Vertrauenswegfalls zwischen Vermögensschutz-, Integritäts- und Loyalitätsinteresse differenziert.

Straftaten, die im Zusammenhang mit der betrieblichen Tätigkeit stehen, verletzen regelmäßig solche vertraglichen Nebenpflichten.[1091] Denn wegen der arbeitsvertraglichen Nebenpflicht zur Loyalität muss der Arbeitnehmer die berechtigten Interessen des Arbeitgebers berücksichtigen, wozu auch gehört, den Arbeitgeber nicht vorsätzlich und rechtswidrig durch Begehung von Straftaten zu schädigen.[1092] Durch solche rechtswidrige, das Vermögen des Arbeitgebers schädigende Handlungen missbraucht der Arbeitnehmer das ihm entgegengebrachte Vertrauen.[1093]

b) Personenbedingte Kündigungsgründe

In der Person des Arbeitnehmers liegende Gründe sind solche, die auf dessen persönlichen Eigenschaften und Fähigkeiten beruhen.[1094] So liegt ein personenbedingter Kündigungsgrund vor, wenn der Arbeitnehmer nicht nur vorübergehend die Fähigkeit und Eignung zur Erbringung der arbeitsvertraglich geschuldeten Leistung nicht besitzt.[1095] Entscheidend ist folglich die Fähigkeit zur Vertragserfüllung in Zukunft.[1096] An eine personenbedingte Kündigung ist im Zusammenhang mit Straftaten etwa zu denken, wenn der Arbeitnehmer aufgrund einer begangenen Straftat zu einer längeren Freiheitsstrafe verurteilt wurde; Anknüpfungspunkt ist insoweit aber nicht das strafbare Verhalten als solches, sondern die konkret nachteiligen Auswirkungen der Arbeitsverhinderung durch die Freiheitsstrafe auf das Arbeitsverhältnis.[1097] Eine personenbedingte Kündigung kommt außerdem in Betracht, wenn die Eignung des Arbeitnehmers

---

1091 *Preis*, AuR 2010, 186 (186); *Waltermann*, Arbeitsrecht, Rn. 365; vgl. *Eufinger*, DB 2016, 471 (474).

1092 LAG Rheinland-Pfalz, Urt. v. 3.8. 2020 – 3 Sa 90/19, BeckRS 2020, 38974; ArbG Halle, Urt. v. 13.11.2008 – 2 Ca 1991/08, BeckRS 2010, 75336.

1093 BAGE 134, 349 (355 f.) = NZA 2010, 1227 (1229 f.); *Eufinger*, DB 2016, 471 (474).

1094 BAGE 59, 32 (44) = NZA 1989, 464 (466); BAGE 121, 32 (34) = NZA 2007, 680 (681).

1095 BAGE 59, 32 (44) = NZA 1989, 464 (466); *Hergenröder*, in: MüKo-BGB, § 1 KSchG Rn. 146; *Krause*, in: Linck/Krause/Bayreuther, KSchG, § 1 Rn. 266; *Rolfs*, in: BeckOK-ArbR, § 1 KSchG Rn. 100; *Rüthers/Henssler*, ZfA 1988, 44 (48); *Vossen*, in: Ascheid/Preis/Schmidt, Kündigungsrecht, § 1 KSchG Rn. 118; vgl. *Haußmann/M. Kaufmann*, DB 2015, 1223 (1223 f.) mit einem Überblick über gesetzlich geregelte Eignungs- und Zuverlässigkeitsmerkmale.

1096 *Rachor*, in: GK-KR, § 1 KSchG Rn. 281.

1097 BAG NZA 1995, 777 (778); NZA 2011, 1084 (1084 f.); BAGE 153, 102 (103 f.) = NZA 2016, 482 (483); vgl. auch *Mitterer*, NZA-RR 2011, 449 (451 f.); *Preis*, in: Preis/Temming, Individualarbeitsrecht, Rn. 3092.

für die vertraglich geschuldete Tätigkeit aufgrund der begangenen Straftat weggefallen ist.[1098] Dies wird etwa im Rahmen der Verdachtskündigung relevant.[1099]

c) *Betriebsbedingte Kündigungsgründe*

Eine betriebsbedingte Kündigung kann ausgesprochen werden, wenn dringende betriebliche Erfordernisse bestehen, die einer Weiterbeschäftigung des Arbeitnehmers im Betrieb entgegenstehen, § 1 Abs. 2 S. 1 KSchG. Anders als bei den personen- und verhaltensbedingten Kündigungsgründen, denen gemeinsam ist, dass sie der Sphäre des Arbeitnehmers entstammen,[1100] liegt der Grund für die betriebsbedingte Kündigung in der Sphäre des Arbeitgebers begründet.[1101] Überschneidungen mit dem Untersuchungsgegenstand können sich dennoch ergeben, wenn Dritte angesichts eines strafbaren Arbeitnehmerverhaltens unter Androhung von Nachteilen die Entlassung des straffälligen Arbeitnehmers verlangen. Einschlägig kann in einem solchen Fall die sog. echte Druckkündigung in Abgrenzung zur unechten Druckkündigung sein.[1102] Bei der echten Druckkündigung fehlt es objektiv am Vorliegen eines Kündigungsgrunds, während bei der unechten Druckkündigung der Kündigungsgrund objektiv gegeben ist und die Kündigung nicht primär aufgrund des erzeugten Drucks, der nur als äußerer Anlass hinzutritt, erklärt wird.[1103] Der Druck auf den Arbeitgeber kann dabei von anderen Arbeitnehmern, aber auch von Kunden und Geschäftspartnern des Arbeitgebers ausgehen.[1104] Nur die echte Druckkündigung erfolgt aus betriebsbedingten Gründen; bei der unechten Druckkündigung handelt es sich um eine „normale" verhaltens- oder personenbedingte Kündigung.[1105] Zu beachten ist allerdings, dass die Druckkündigung nach der Rechtsprechung nur

---

1098 *Hoefs*, Die Verdachtskündigung, S. 151; *Preis*, in: Preis/Temming, Individualarbeitsrecht, Rn. 3090; vgl. *Mitterer*, NZA-RR 2011, 449 (450): fehlende Eignung wegen Vertrauensverlust.

1099 Vgl. *Preis*, in: Preis/Temming, Individualarbeitsrecht, Rn. 3093; *Stoffels*, in: BeckOK-ArbR, § 626 BGB Rn. 151 mwN; siehe näher hierzu unten unter Kap. 4, A. II. 3. a).

1100 *Berkowsky*, NZA-RR 2001, 1 (1).

1101 *Berkowsky*, NZA-RR 2001, 1 (1); *Markowski*, in: HK-ArbR, § 1 KSchG Rn. 214.

1102 BAG NZA 2014, 109 (111); vgl. dazu auch *Kiel*, in: Ascheid/Preis/Schmidt, Kündigungsrecht, § 1 KSchG Rn. 504; *Niemann*, in: ErfK, § 626 Rn. 185.

1103 BAG NZA 2014, 109 (111 f.); *Benecke/Groß*, BB 2015, 693 (693); zur echten Druckkündigung BAG NZA 2017, 116 (118 f.); BAGE 157, 267 (268 f.) = NZA 2017, 500 (501).

1104 *Wollenschläger*, Arbeitsrecht, Rn. 400.

1105 BAG NZA 2014, 109 (111 f.); *Eufinger*, RdA 2017, 223 (228).

unter strengen Voraussetzungen Erfolg haben kann, insbesondere muss sich der Arbeitgeber schützend vor seinen Arbeitnehmer stellen und dem Druck standhalten.[1106]

d) Zwischenergebnis

Es kann somit festgehalten werden, dass Straftaten auf der ersten Stufe grundsätzlich als Anknüpfungspunkt für eine verhaltens- und personenbedingte Kündigung, aber auch für eine betriebsbedingte Kündigung geeignet sind.

2. Differenzierung zwischen dienstlichem und außerdienstlichem Verhalten

Straftaten begründen aber nicht in jedem Fall einen Eignungsmangel oder stellen eine Vertragspflichtverletzung dar, denn außerhalb des Betriebs begangene Straftaten „bedeuten stets die Verletzung staatsbürgerlicher, nicht aber zwingend arbeitsrechtlicher Pflichten“.[1107] So ist die Straffälligkeit eines Arbeitnehmers alleine noch kein betriebsbezogener Aspekt.[1108] Kündigungsrelevanz weist strafbares Arbeitnehmerverhalten nur auf, wenn es sich in irgendeiner Weise störend auf den Betrieb auswirkt.[1109] Im Hinblick auf die Eignung strafbarer Handlungen als Kündigungsgrund muss daher zwischen Straftaten im dienstlichen und außerdienstlichen Bereich unterschieden werden.[1110]

Während Straftaten im dienstlichen Bereich, insbesondere solche, die sich gegen den Arbeitgeber selbst, Arbeitskollegen oder Vertragspartner des Arbeitgebers richten, regelmäßig arbeitsvertragliche Pflichten verletzen und somit

---

1106 BAG AP KSchG 1969 § 1 Betriebsbedingte Kündigung Nr. 33; AP BGB § 626 Druckkündigung Nr. 12; AP BGB § 626 Druckkündigung Nr. 14; AP BGB § 626 Druckkündigung Nr. 15; *Wollenschläger*, Arbeitsrecht, Rn. 400; zustimmend *Kiel*, in: Ascheid/Preis/Schmidt, Kündigungsrecht, § 1 KSchG Rn. 507.

1107 *A. Otto*, Der Wegfall des Vertrauens in den Arbeitnehmer als wichtiger Grund zur Kündigung des Arbeitsverhältnisses, S. 186.

1108 *Berkowsky*, NZA-RR 2001, 57 (64).

1109 *Berkowsky*, NZA-RR 2001, 57 (64).

1110 *Hergenröder*, in: MüKo-BGB, § 1 KSchG Rn. 337 ff.; *Temming*, in: Staudinger, BGB, § 626 Rn. 159; noch weiter ausdifferenzierend *Berkowsky*, NZA-RR 2001, 57 (64); vgl. zur Kündigung wegen außerdienstlichen strafrechtsrelevanten Verhaltens *Mitterer*, NZA-RR 2011, 449 (449 ff.); zur Differenzierung im Fall der Verdachtskündigung *Hoefs*, Die Verdachtskündigung, S. 147 ff.

einen verhaltensbedingten Kündigungsgrund darstellen,[1111] können strafbare Handlungen im außerdienstlichen Bereich nur bei gleichzeitigem Verstoß gegen Verhaltenspflichten des Unternehmens als verhaltensbedingter Kündigungsgrund gewertet werden oder bei negativen Auswirkungen für das Unternehmen mangels Eignung für die geschuldete Arbeitsleistung eine personenbedingte Kündigung rechtfertigen.[1112] Die begangene Straftat muss dabei zu einer Belastung des Arbeitsverhältnisses führen, was etwa bei durch das Verhalten verursachten Zweifeln an der Zuverlässigkeit und Eignung für die geschuldete Tätigkeit der Fall sein kann.[1113] So können beispielsweise Vermögensdelikte bei Berufen mit Vermögensbezug, wie etwa bei Buchhaltern oder Kassierern, solche Zweifel an der Vertrauenswürdigkeit begründen.[1114] Eine personenbedingte Kündigung ist insoweit auch denkbar, wenn der Arbeitgeber die Kündigung auf Straftaten aus einem früheren Arbeitsverhältnis stützt, wenn sich hieraus ein Eignungsmangel des Arbeitnehmers für das aktuelle Arbeitsverhältnis ergibt.[1115] Denkbar ist grundsätzlich auch eine ordentliche betriebsbedingte Kündigung als echte Druckkündigung, wenn objektiv keine Gründe im Verhalten oder in der Person des Arbeitnehmers vorliegen, aber Dritte oder Behörden die Kündigung des Arbeitnehmers vom Arbeitgeber fordern.[1116]

1111 *Fischermeier/Krumbiegel*, in: GK-KR, § 626 BGB Rn. 155; *Niemann*, in: ErfK, § 626 Rn. 133.

1112 BAG NJW 1985, 507 (507 f.); NJW 1988, 2261 (2261); *Hergenröder*, in: MüKo-BGB, § 1 KSchG Rn. 337 ff.; *Hoefs*, Die Verdachtskündigung, S. 147 ff.; *Mitterer*, NZA-RR 2011, 449 (449 ff.); *Rolfs*, in: BeckOK-ArbR, § 1 KSchG Rn. 335 f.; *Temming*, in: Staudinger, BGB, § 626 Rn. 160; *Vossen*, in: Ascheid/Preis/Schmidt, Kündigungsrecht, § 1 KSchG Rn. 256 ff.; *ders.*, in: Ascheid/Preis/Schmidt, Kündigungsrecht, § 626 BGB Rn. 80b.

1113 *Fischermeier/Krumbiegel*, in: GK-KR, § 626 BGB Rn. 122; *Henssler*, in: MüKo-BGB, § 626 Rn. 214; *Niemann*, in: ErfK, § 626 Rn. 85.

1114 *Fischermeier/Krumbiegel*, in: GK-KR, § 626 BGB Rn. 122; *Niemann*, in: ErfK, § 626 Rn. 85; vgl. LAG Hamm, Urt. v. 19.8.2021 – 8 Sa 1671/19, BeckRS 2021, 25680 im Hinblick auf einen kaufmännischen Angestellten, der im Rahmen einer privaten Kreditanfrage gefälschte Lohnabrechnungen vorgelegt hatte: „[...] kann die persönliche Eignung des Arbeitnehmers für die ihm übertragenen Aufgaben jedenfalls dann in Frage stellen, wenn in Rahmen einer kaufmännischen Tätigkeit gerade die Vertragsanbahnung zu den Arbeitsaufgaben gehört." (Amtlicher Leitsatz).

1115 *Vielmeier*, NZA 2020, 1510 (1514 f.).

1116 *Vielmeier*, NZA 2020, 1510 (1515).

Der private Lebensbereich ist grundsätzlich der Einflusssphäre des Arbeitgebers entzogen.[1117] Da die Anknüpfung an außerdienstliches Verhalten mit einer Ausweitung der vertraglichen Verhaltenspflichten auf diesen privaten Bereich verbunden ist, bedarf dies im Hinblick auf das Persönlichkeitsrecht des Arbeitnehmers stets einer Rechtfertigung.[1118] Außerdienstliches Verhalten ohne Auswirkungen auf das Arbeitsverhältnis ist somit im Rahmen des Kündigungsrechts in der Regel unbeachtlich.[1119] Denn fehlt ein Zusammenhang des strafbaren Verhaltens zum Arbeitsverhältnis, ist eine Verletzung der vertraglichen Rücksichtnahmepflicht nach § 241 Abs. 2 BGB regelmäßig zu verneinen.[1120]

Eine kündigungsrelevante Verletzung der Rücksichtnahmepflicht kann aber im Umkehrschluss dann vorliegen, wenn das außerdienstliche (strafbare) Verhalten des Arbeitnehmers einen Bezug zum Arbeitsverhältnis oder nachteilige Auswirkungen auf den Betrieb hat.[1121] Nach der Rechtsprechung des Bundesarbeitsgerichts ist dies typischerweise der Fall, wenn der Arbeitnehmer „in seiner Freizeit in Bereicherungsabsicht das dem Unternehmen zuzurechnende Vermögen des Arbeitgebers unmittelbar vorsätzlich schädigt oder doch gefährdet“.[1122] Der Arbeitnehmer sei aufgrund der arbeitsvertraglichen Treuepflicht gehalten, vom Arbeitgeber Schaden im Rahmen des Möglichen und Zumutbaren abzuwenden.[1123] Zu schützen sei insoweit auch das Arbeitgebervermögen außerhalb des Beschäftigungsbetriebs (beispielsweise wenn der Arbeitgeber neben dem Beschäftigungsbetrieb noch weitere Handelsbetriebe unterhält), sofern dieses

---

1117 BAG NZA-RR 2009, 362 (366); *Fritz/Renz*, CCZ 2015, 229 (229).

1118 *Temming*, in: Staudinger, BGB, § 626 Rn. 159; vgl. *Preis*, in: Preis/Temming, Individualarbeitsrecht, Rn. 3024.

1119 *Niemann*, in: ErfK, § 626 Rn. 82; *Preis*, in: Preis/Temming, Individualarbeitsrecht, Rn. 3024.

1120 BAGE 132, 72 (76) = NZA 2010, 220 (222); siehe etwa LAG Niedersachsen, Urt. v. 21.3.2019 – 13 Sa 371/18, BeckRS 2019, 7992: „[…] hat der Kläger mit dem ihm vorgeworfenen Verhalten […] keine arbeitsvertraglichen Pflichten verletzt, selbst wenn es strafrechtlich relevant sein sollte“.

1121 BAGE 132, 72 (76) = NZA 2010, 220 (222); NZA 2009, 604 (605); vgl. NZA 2011, 571 (573); *Fritz/Renz*, CCZ 2015, 229 (229); zur Frage eines hinreichenden Bezugs und eines „Durchschlagens“ von (vergangenen) Straftaten im Rahmen eines Arbeitsverhältnisses bei einer anderen Konzerngesellschaft auf das (aktuelle) Arbeitsverhältnis *Vielmeier*, NZA 2020, 1510 ff.

1122 BAG NZA 1985, 286 (287); NZA 2011, 571 (572).

1123 BAG NZA 1985, 286 (287).

Vermögen zumindest auch mittelbar der Aufrechterhaltung des Beschäftigungsbetriebs dient.[1124]

Maßgeblich für die Annahme eines tauglichen Kündigungsgrunds ist daher insbesondere der Bezug der begangenen Straftat zum Arbeitsverhältnis.[1125] Ein ausreichender Zusammenhang mit dem Arbeitsverhältnis ist etwa anzunehmen bei Nutzung betrieblicher Mittel oder Einrichtungen.[1126] Besteht aber keinerlei Zusammenhang zwischen der Straftat und dem Arbeitsverhältnis, so ist eine (außerordentliche) Kündigung regelmäßig unzulässig,[1127] es sei denn, das Arbeitsverhältnis wird durch das Arbeitnehmerverhalten konkret beeinträchtigt.[1128] Dies ist etwa anzunehmen, wenn aufgrund des Arbeitnehmerverhaltens eine „nachhaltige Schädigung des Rufs und der Geschäftsbeziehungen" des Arbeitgebers zu befürchten ist[1129] oder die Gefahr besteht, dass gegen Arbeitgeber oder Mitarbeiter staatliche Ermittlungen eingeleitet werden.[1130] Eine konkrete Beeinträchtigung kann außerdem vorliegen, wenn der Arbeitgeber oder seine Arbeitnehmer in der Öffentlichkeit mit der Straftat des Arbeitnehmers in Verbindung gebracht werden,[1131] also sich die Straftat des Arbeitnehmers nach außen hin als Tat des Arbeitgebers darstellt und ein Ansehensverlust in der Öffentlichkeit sowie Umsatzeinbußen drohen.[1132] In der Rechtsprechung wurde dies beispielsweise für den Fall bejaht, dass aufgrund des Verhaltens der Arbeitnehmerin bei Außenstehenden der Eindruck entsteht, dass die Arbeitgeberin ihre Arbeitnehmer zu äußerst schlechten Arbeitsbedingungen beschäftigt und ihren Betrieb nachlässig führt.[1133] Gesteigerte Anforderungen an das Verhalten im privaten, außerdienstlichen Bereich werden insoweit vor allem bei Angestellten des öffentlichen Diensts, aber beispielsweise auch bei Tendenzträgern in einem Tendenzbetrieb (§ 118 BetrVG) gestellt.[1134] Eine (bloße) schwerwiegende

---

1124 BAG NZA 1985, 286 (287).

1125 *Temming*, in: Staudinger, BGB, § 626 Rn. 160.

1126 BAG NZA 2010, 220 (222).

1127 *Temming*, in: Staudinger, BGB, § 626 Rn. 160.

1128 BAG NZA 1985, 285 (285); vgl. BAGE 95, 78 (86) = NZA 2000, 1282 (1285) mwN; BAG NZA-RR 2009, 362 (366); *Vossen*, in: Ascheid/Preis/Schmidt, Kündigungsrecht, § 626 BGB Rn. 80.

1129 BAG NZA 2004, 919 (921).

1130 BAG NZA 2011, 112 (113 f.).

1131 BAG NZA 2011, 112 (113 f.); AP BGB § 626 Nr. 150.

1132 *Mitterer*, NZA-RR 2011, 449 (450).

1133 LAG Hessen, Urt. v. 23.1.2018 – 8 Sa 334/17, BeckRS 2018, 17967.

1134 BAGE 95, 78 (86) = NZA 2000, 1282 (1285); NZA 2002, 1030 (1031): „Bei Angestellten des öffentlichen Dienstes kann die dienstliche Verwendbarkeit durch

Störung des Betriebsfriedens ist dagegen noch nicht ausreichend zur Begründung eines Kündigungsgrunds „an sich“, vielmehr muss der Beeinträchtigung des Betriebsfriedens ein vorwerfbares Verhalten bzw. ein vorwerfbarer Pflichtenverstoß vorausgehen.[1135]

3. *Tat- und Verdachtskündigung*

Eine Kündigung in Zusammenhang mit strafbarem Verhalten ist nicht nur als Tatkündigung, sondern auch als Verdachtskündigung denkbar.

a) *Abgrenzung Tatkündigung – Verdachtskündigung*

Die Kündigung „wegen“ strafbarer Handlungen des Arbeitnehmers kann zunächst als Tatkündigung erfolgen, wobei zwischen echter Tatkündigung, bei der der Arbeitgeber das Ergebnis eines Strafverfahrens abwartet, und unechter Tatkündigung, bei der die Kündigung ohne strafrechtlichen Schuldspruch erklärt wird, unterschieden werden kann.[1136] Gerade im Zusammenhang mit strafbaren Handlungen kommt es aber häufig zum Ausspruch von Verdachtskündigungen.[1137] So gewinnt die Verdachtskündigung an Bedeutung, wenn dem Arbeitnehmer ein strafbares Verhalten und dabei insbesondere das Vorliegen innerer bzw. subjektiver Tatsachen, wie etwa Zueignungs- oder Bereicherungsabsicht, nicht nachgewiesen werden kann.[1138] Eine Verdachtskündigung liegt vor, wenn und soweit der Arbeitgeber seine Kündigung damit begründet, dass gerade der Verdacht eines (nicht erwiesenen) strafbaren bzw. vertragswidrigen Verhaltens das für die Fortsetzung des Arbeitsverhältnisses erforderliche Vertrauen zerstört habe.[1139] Die Verdachtskündigung wird in der Regel als

---

außerdienstliche Vorgänge beeinflusst werden, da die Öffentlichkeit das Verhalten eines öffentlichen Bediensteten an einem strengeren Maßstab misst als dasjenige privat Beschäftigter.“; LAG Niedersachsen, Urt. v. 21.3.2019 – 13 Sa 371/18, BeckRS 2019, 7992; *Vossen*, in: Ascheid/Preis/Schmidt, Kündigungsrecht, § 1 KSchG Rn. 257 f.; zur teilweise geänderten Rechtslage betreffend erweiterte Loyalitätspflichten in diesen Bereichen *Markowski*, in: HK-ArbR, § 1 KSchG Rn. 263 ff.; *Plum/Horcher*, in: BeckOK-BGB, § 626 BGB Rn. 43.

1135 BAG, Urt. v. 3.2.1993 – 5 AZR 200/92, BeckRS 1993, 30743829; NZA 2005, 158 (161).

1136 BAG NZA 1992, 1121 (1122); *Schönfeld*, NZA 1999, 299 (300).

1137 Zu den Ursachen des bevorzugten Rückgriffs auf die Verdachtskündigung gegenüber der Tatkündigung *Eylert*, NZA-RR 2014, 393 (394).

1138 *Seeling/Zwickel*, MDR 2008, 1020 (1020, 1025).

1139 BAGE 16, 72 (81) = NJW 1964, 1918 (1919); BAGE 49, 39 (53 f.) = NZA 1986, 674 (676); NZA 1986, 677 (677).

außerordentliche Kündigung ausgesprochen, doch kann – etwa in Fällen der Fristversäumnis (§ 626 Abs. 2 BGB) – auf die ordentliche Verdachtskündigung zurückgegriffen werden.[1140]

Das Bundesarbeitsgericht geht in ständiger Rechtsprechung von der Zulässigkeit der Verdachtskündigung aus.[1141] In der Literatur stößt die Figur der Verdachtskündigung, insbesondere im Hinblick auf Art. 12, 20 GG und die Unschuldsvermutung gem. Art. 6 Abs. 2 EMRK, teilweise auf Kritik,[1142] wird aber mehrheitlich anerkannt.[1143]

Während bei der Tatkündigung eine verhaltensbedingte Kündigung aufgrund eines bereits erwiesenen Pflichtverstoßes ausgesprochen wird, erfolgt die Verdachtskündigung nach überwiegend vertretener Ansicht aus personenbedingten Gründen.[1144] Das für eine verhaltensbedingte Kündigung erforderliche

---

1140 BAG NZA 2004, 307 (309 f.); NZA 2005, 1056 (1058); NZA 2009, 604 (605); NZA 2016, 287 (288); *Fischermeier/Krumbiegel*, in: GK-KR, § 626 BGB Rn. 225; *Lunk*, NJW 2010, 2753 (2753); *Vossen*, in: Ascheid/Preis/Schmidt, Kündigungsrecht, § 626 BGB Rn. 369; vgl. hierzu auch *Deinert*, AuR 2005, 285 (286 f.); aA (Verdachtskündigung zwingend außerordentliche Kündigung) etwa *Schütte*, NZA-Beilage 2/1991, 17 (21).

1141 Siehe etwa BAGE 16, 72 (79) = NJW 1964, 1918 (1918); NZA 1992, 1121 (1122); BAGE 78, 18 (25 f.) = NZA 1995, 269 (270 f.); BAGE 131, 155 (171) = NZA 2009, 1136 (1142); BAGE 142, 188 (193) = NZA 2013, 199 (200); BAGE 146, 303 (307) = NZA 2014, 243 (244); NZA 2016, 287 (288); aA in der Rechtsprechung etwa LAG Hessen BB 1958, 595 (595); LAG Bremen BB 1976, 1560 (1560 f.).

1142 *Deinert*, AuR 2005, 285 (287 ff.); *Dörner*, NZA 1992, 865 (865 ff.); *ders.*, NZA 1993, 873 (875 ff.); *Dreßler*/Thüsing, ZRP 2009, 127 (127); *Joachim*, AuR 1964, 33 (33 ff., 39); *Naujok*, AuR 1998, 398 (402); *Schütte*, NZA-Beilage 2/1991, 17 (21 ff.); vgl. zur Kritik an der Verdachtskündigung auch *Huber/Uzuner*, NZWiSt 2016, 94 (96).

1143 Siehe nur *Appel/Gerken*, AuR 1995, 201 (205); *Belling*, AP BGB § 626 Verdacht strafbarer Handlung Nr. 24; *ders.*, RdA 1996, 223 (226 ff.); Dreßler/*Thüsing*, ZRP 2009, 127 (127); *Enderlein*, RdA 2000, 325 (330); *Eylert*, NZA-RR 2014, 393 (395, 397); *Hoefs*, Die Verdachtskündigung, S. 74 ff., 82 ff., 141 ff.; *Linck*, in: Schaub, Arbeitsrechts-Handbuch, § 127 Rn. 136; *Lücke*, BB 1997, 1842 (1843 f., 1847 f.); *Lunk*, NJW 2010, 2753 (2753 f.); *Niemann*, in: ErfK, § 626 BGB Rn. 173, 176; *Schönfeld*, NZA 1999, 299 (299 ff.); *Preis*, in: SPV, Rn. 703 ff.; *C. Weber*, SAE 1996, 57 (57); *Wolff/Deinert*, JURA 1998, 250 (255).

1144 Siehe nur BAG NZA 2019, 893 (895); *Appel/Gerken*, AuR 1995, 201 (205 f.); *Belling*, AP § 626 BGB Verdacht strafbarer Handlung Nr. 24; *ders.*, RdA 1996, 223 (226); *Bengelsdorf*, AuA 1995, 196 (196); *Berkowsky*, Die personen- und verhaltensbedingte Kündigung, § 12 Rn. 9 f.; *Deinert*, AuR 2005, 285 (287); Dreßler/*Thüsing*, ZRP 2009, 127 (127); *Fischermeier/Krumbiegel*, in: GK-KR, § 626 BGB Rn. 226; *Hergenröder*, in: MüKo-BGB, § 1 KSchG Rn. 229; *Krause*, in: Linck/Krause/Bayreuther, KSchG, § 1 Rn. 433, 671; *Mitterer*, NZA-RR 2011, 449 (453); *Plum/Horcher*, in: BeckOK-BGB,

Verschulden an der Vertragsverletzung wurde (noch) nicht nachweislich festgestellt, sodass an den durch den Verdacht eines (strafbaren) Fehlverhaltens begründeten Eignungswegfall des Arbeitnehmers für die arbeitsvertraglich geschuldete Tätigkeit angeknüpft wird.[1145] Es handelt sich dabei um zwei unterschiedliche Kündigungssachverhalte und entsprechend um eigenständige Kündigungsgründe.[1146]

Dies kann sich bei „spontanem“ Wechsel des Kündigungsgrunds im Prozess als problematisch erweisen,[1147] wohingegen eine zeitlich versetzte Tat- bzw. Verdachtskündigung problemlos möglich ist:[1148] Wurde die vom Arbeitgeber ausgesprochene Verdachtskündigung durch rechtskräftige Feststellung eines Arbeitsgerichts für unwirksam erklärt, kann im Anschluss noch eine Tatkündigung ausgesprochen werden.[1149] Gleiches gilt bei rechtskräftiger Feststellung der Unwirksamkeit einer Tatkündigung und anschließender Verdachtskündigung.[1150]

---

§ 626 Rn. 62; *Preis*, in: Preis/Temming, Individualarbeitsrecht, Rn. 3093 ff.; *ders.*, in: SPV, Rn. 703; *Rachor*, in: GK-KR, § 1 KSchG Rn. 423; *ders.*, in: MHdB-ArbR, Band 2, § 126 Rn. 27; *Rolfs*, in: BeckOK-ArbR, § 1 KSchG Rn. 194; *Stoffels*, in: BeckOK-ArbR, § 626 BGB Rn. 151; *Thielemann*, Verstöße des Arbeitnehmers gegen Compliance- und Ethikrichtlinien, S. 196; so wohl auch *Vossen*, in: Ascheid/Preis/Schmidt, Kündigungsrecht, § 626 BGB Rn. 369; aA *Henssler*, in: MüKo-BGB, § 626 Rn. 272: eigenständiger Kündigungsgrund; *Hoefs*, Die Verdachtskündigung, S. 261 f. und *Lücke*, BB 1997, 1842 (1845): als personen- und verhaltensbedingte Kündigung möglich; *Seeling/Zwickel*, MDR 2008, 120 (120 f.) und *C. Weber*, SAE 1996, 57 (60): verhaltensbedingte Kündigung; wieder aA (überhaupt keine Zuordnung möglich): *Naujok*, AuR 1998, 398 (399); *Schütte*, NZA-Beilage 2/1991, 17 (21).

1145 *Preis*, in: Preis/Temming, Individualarbeitsrecht, Rn. 3093.

1146 BAGE 81, 27 (33 f.) = NZA 1996, 81 (83); NZA 2008, 636 (639) mwN; *Hergenröder*, in: MüKo-BGB, § 1 KSchG Rn. 227; *Preis*, in: Preis/Temming, Individualarbeitsrecht, Rn. 3096; *Rolfs*, in: BeckOK-ArbR, § 1 KSchG Rn. 193; *Stoffels*, in: BeckOK-ArbR, § 626 BGB Rn. 220.

1147 *Preis*, in: Preis/Temming, Individualarbeitsrecht, Rn. 3096.

1148 Vgl. dazu auch *Fischermeier/Krumbiegel*, in: GK-KR, § 626 BGB Rn. 232.

1149 BAGE 47, 307 (310 ff.) = NZA 1985, 623 (623 f.); *Appel/Gerken*, AuR 1995, 201 (204); vgl. *Ascheid*, Kündigungsschutzrecht, Rn. 167.

1150 BAG, Urt. v. 6.9.1990 – 2 AZR 162/90, BeckRS 1990, 30734993.

b) *Strenge Voraussetzungen der Verdachtskündigung; zweistufige Prüfung*

Da im Fall der Verdachtskündigung eine so einschneidende Maßnahme wie die Entlassung und dem einhergehenden Verlust des Arbeitsplatzes (nur) an einen Verdacht anknüpft und daher die Gefahr der Entlassung eines Unschuldigen besteht, werden an die Zulässigkeit der außerordentlichen und ordentlichen Verdachtskündigung[1151] strenge Anforderungen gestellt.[1152] Voraussetzung der Verdachtskündigung ist insbesondere, dass aufgrund objektiver Tatsachen ein dringender Tatverdacht einer Straftat oder schwerwiegenden Vertragsverletzung besteht.[1153] Auch im Rahmen der Verdachtskündigung erfolgt eine zweistufige Prüfung, also zunächst der Eignung des dringenden Verdachts als Kündigungsgrund „an sich" und sodann der Unzumutbarkeit der Fortsetzung des Arbeitsverhältnisses wegen des dringenden Verdachts.[1154] Voraussetzung ist folglich auf der ersten Stufe das Vorliegen eines in der Person des Arbeitnehmers liegenden Grundes, der zu einer erheblichen Beeinträchtigung betrieblicher oder vertraglicher Interessen des Arbeitgebers führt.[1155] Anders als bei der Tatkündigung, bei der das strafbare Verhalten erwiesen ist und damit tatsächlich feststeht, genügt

---

1151 BAG AP KSchG 1969 § 1 Nr. 90; NZA 2009, 604 (605 f.); BAGE 145, 278 (295) = NZA 2014, 143 (149); insoweit zustimmend *Henssler*, in: MüKo-BGB, § 626 Rn. 273; vgl. *Fischermeier/Krumbiegel*, in: GK-KR, § 626 BGB Rn. 226; *Rachor*, in: GK-KR, § 1 KSchG Rn. 422 mwN; für einen Überblick über die einzelnen Voraussetzungen der Verdachtskündigung siehe etwa *Henssler*, in: MüKo-BGB, § 626 Rn. 274 ff. sowie *Stoffels*, in: BeckOK-ArbR, § 626 BGB Rn. 154 ff. mwN.

1152 *Preis*, in: Preis/Temming, Individualarbeitsrecht, Rn. 3097; *Reichel*, AuR 2004, 250 (250); *Seeling/Zwickel*, MDR 2008, 1020 (1021); vgl. hierzu auch LAG Köln, Urt. v. 28.3.2007 – 7 Sa 1153/06, BeckRS 2007, 48045: „Nach dem Grundsatz der Unschuldsvermutung, die nicht nur im Strafrecht, sondern in der gesamten Rechtsordnung Geltung beansprucht, darf aus einem Sachverhalt an dessen Vorliegen noch ernsthafte Zweifel möglich sind, an sich keine negative Rechtsfolge für den betroffenen Arbeitnehmer hergeleitet werden. Die Möglichkeit des Ausspruchs einer auf einen bloßen Verdacht gestützten Kündigung ist somit im Ansatzpunkt eigentlich systemwidrig. Sie kann daher nach ständiger höchstrichterlicher Rechtsprechung des BAG nur ausnahmsweise und unter zusätzlichen Voraussetzungen zugelassen werden."

1153 BAGE 78, 18 (27 f.) = NZA 1995, 269 (271); BAG NZA 2001, 837 (838); BAGE 143, 244 (245 f.) = NZA 2013, 371 (372); BAGE 145, 278 (281) = NZA 2014, 143 (145); *Appel/Gerken*, AuR 1995, 201 (201); *Stoffels*, in: BeckOK-ArbR, § 626 BGB Rn. 154.

1154 *Vossen*, in: Ascheid/Preis/Schmidt, Kündigungsrecht, § 626 BGB Rn. 345, 345c.

1155 *Preis*, in: Preis/Temming, Individualarbeitsrecht, Rn. 3097.

bei der Verdachtskündigung bereits der Verdacht einer solchen Handlung.[1156] Gerade der Verdacht einer Straftat bzw. Vertragsverletzung muss das für die Fortsetzung des Arbeitsverhältnisses erforderliche Vertrauen in den Arbeitnehmer und dessen Redlichkeit zerstört oder eine unzumutbare Belastung für das Arbeitsverhältnis verursacht haben.[1157] *Belling* beschreibt den insoweit dem Vertrauensverlust zugrunde liegenden subjektiven Vorgang beim Arbeitgeber folgendermaßen: „Die Kenntnis bestimmter objektiver Tatsachen führt zu einer psychischen Reaktion, die sich zunächst in einer Verdachts- oder allgemeiner: Zweifelserregung äußert. Diese kann sich im Fortfall des Vertrauens niederschlagen [...]. Der Kündigungsentschluß wird erst ausgelöst, wenn der Verdacht zu einem Vertrauensverlust geführt hat, was keine zwangsläufige Folge ist.“[1158]

c) Dringender Tatverdacht im Sinne der arbeitsgerichtlichen Rechtsprechung

Ein dringender Tatverdacht ist dann gegeben, wenn eine große Begehungswahrscheinlichkeit besteht, wobei das Arbeitsgericht den Sachverhalt vollständig aufzuklären und ein Entlastungvorbringen des Arbeitnehmers zu berücksichtigen hat.[1159] Eine strafrechtliche Verfolgung der Tat – etwa Maßnahmen wie die Einleitung eines Ermittlungsverfahrens (Anfangsverdacht, § 152 Abs. 2 StPO), der Erlass eines Haftbefehls (dringender Tatverdacht, § 112 Abs. 1 StPO), die Erhebung der Anklage oder die Eröffnung des Hauptverfahrens (hinreichender Tatverdacht, § 170 Abs. 1 StPO und § 203 StPO) – vermag einen Tatverdacht zwar nicht zu begründen, kann aber einen bestehenden Tatverdacht unterstützen.[1160] Die Bejahung eines hinreichenden Tatverdachts durch eine unbeteiligte Stelle mit weitergehenden Ermittlungsmöglichkeiten, als sie dem Arbeitgeber zur Verfügung stehen, soll zur Verstärkung eines

---

1156 BAGE 16, 72 (79) = NJW 1964, 1918 (1918); BAG NZA 1992, 1121 (1122); NZA 2001, 837 (838); BAGE 151, 1 (7) = NZA 2015, 741 (745); LAG Köln NZA-RR 2007, 355 (356).

1157 BAG NZA 2001, 837 (838); *Fischermeier/Krumbiegel*, in: GK-KR, § 626 BGB Rn. 225; *Henssler*, in: MüKo-BGB, § 626 Rn. 273; *Rolfs*, in: BeckOK-ArbR, § 1 KSchG Rn. 193; zustimmend *Bernstein*, AP § 626 BGB Verdacht strafbarer Handlung Nr. 34.

1158 *Belling*, RdA 1996, 223 (225).

1159 BAGE 16, 72 (82 f.) = NJW 1964, 1918 (1919); BAGE 93, 1 (5) = NZA 2000, 418 (419); *Fischermeier/Krumbiegel*, in: GK-KR, § 626 BGB Rn. 227; vgl. *Vossen*, in: Ascheid/Preis/Schmidt, Kündigungsrecht, § 626 BGB Rn. 357 ff.

1160 BAG AP BGB § 626 Verdacht strafbarer Handlung Nr. 40; NZA 2013, 137 (139); aA LAG Schleswig-Holstein NZA-RR 2004, 666 (667 f.); vgl. dazu *Fischermeier/Krumbiegel*, in: GK-KR, § 626 BGB Rn. 228.

„gegen den Arbeitnehmer gehegten" Verdachts geeignet sein („verstärkende" Tatsachen).[1161] Es bedarf einer selbständigen Prüfung und Beurteilung der Wirksamkeit der Kündigung durch das Arbeitsgericht.[1162]

Möchte der Arbeitgeber die Aufklärung des Verdachts durch die Strafgerichte abwarten, beispielsweise wenn ihm eine vollständige Aufklärung mangels Ressourcen nicht möglich ist,[1163] und nur kündigen, wenn sich die tatsächliche Begehung der entsprechenden Straftat herausstellt, so stellt dies grundsätzlich eine sachgerechte Überlegung dar und kann sich daher nicht nachteilig auf die Kündigungsmöglichkeit des Arbeitgebers (Frist nach § 626 Abs. 2 BGB) auswirken.[1164] Der Arbeitgeber kann sich die Ermittlungsergebnisse der Strafverfolgungsbehörden[1165] im Kündigungsschutzprozess zu eigen machen und als eigene Behauptungen vortragen.[1166] Der Arbeitgeber kann insbesondere auch dann auf den Ausgang eines Strafverfahrens warten, wenn es ihm „auf das Werturteil ankommt, das mit einer Verurteilung des Arbeitnehmers verbunden ist".[1167] Der Arbeitgeber muss in diesem Fall den Kündigungsentschluss vom Ausgang des Strafverfahrens abhängig machen.[1168] Eine Verpflichtung des Arbeitgebers, die Strafverfolgungsbehörden einzuschalten, besteht aber nicht.[1169]

Anders stellt sich die Lage dar, wenn bereits eine Verdachtskündigung erfolgt ist und die Aussetzung des Kündigungsschutzprozesses begehrt wird. Nach § 149 Abs. 1 ZPO kann das Arbeitsgericht, wenn sich im Laufe eines Rechtsstreits der Verdacht einer Straftat ergibt, die Aussetzung der Verhandlung bis zur Erledigung des Strafverfahrens anordnen, sofern die Ermittlung der Straftat Einfluss auf

---

1161 ArbG Braunschweig, Urt. v. 25.7.2019 – 8 Ca 321/18 Rn. 161, zitiert nach juris.

1162 *Rolfs*, in: BeckOK-ArbR, § 1 KSchG Rn. 202.

1163 *Appel/Gerken*, AuR 1995, 201 (203); *Lücke*, BB 1997, 2259 (2260).

1164 BAG AP BGB § 626 Ausschlußfrist Nr. 9; näher hierzu *Lücke*, BB 1997, 2259 (2260) mwN.

1165 Insoweit können im Kündigungsschutzprozess die Strafakten zur Sachaufklärung beigezogen werden, BAG AP ZPO § 313 Nr. 9. In Betracht kommt, je nach Lage des Falls, außerdem ein Akteneinsichtsrecht des Arbeitgebers als Verletzter der Straftat des Arbeitnehmers nach § 406e StPO, vgl. LAG Hamm, Urt. v. 29.4.2016 – 13 Sa 1552/15, BeckRS 2016, 71215.

1166 BAGE 143, 244 (247) = NZA 2013, 1387 (1388).

1167 BAG NJW 1994, 1675 (1677); *Herschel*, AP BGB § 626 Ausschlußfrist Nr. 9; vgl. ArbG Braunschweig, Teilurt. v. 11.5.2020 – 8 Ca 451/18 Rn. 257, zitiert nach juris.

1168 BAG NJW 1994, 1675 (1677); vgl. ArbG Braunschweig, Teilurt. v. 11.5.2020 – 8 Ca 451/18 Rn. 257, zitiert nach juris.

1169 BAG NZA 1990, 568 (568).

die Entscheidung hat. Allerdings ist eine solche Aussetzung bis zur rechtskräftigen Entscheidung im Strafverfahren nach der Rechtsprechung in Kündigungsschutzverfahren in der Regel nicht bzw. nur unter strengen Voraussetzungen möglich.[1170] Begründet wird dies mit der Unabhängigkeit der kündigungsrechtlichen Beurteilung von der strafrechtlichen Bewertung[1171] sowie mit den wirtschaftlichen Risiken einer möglichen Verfahrensverzögerung.[1172] Aufgrund des Beschleunigungsgebots gem. § 61a Abs. 1 ArbGG bedürfe eine Aussetzung einer besonderen Rechtfertigung, die beispielsweise anzunehmen sei, wenn besondere Mittel des strafrechtlichen Ermittlungsverfahrens zur Aufklärung erforderlich sind.[1173] Dies beschränkt sich allerdings auf bisher vorgetragene Tatsachen; eine Aussetzung zur Ermittlung neuer Kündigungsgründe ist ausgeschlossen.[1174]

Nicht ausreichend für die Begründung eines Verdachts ist auch das Ergebnis des Strafverfahrens:[1175] Eine strafgerichtliche Entscheidung hat weder Bindungswirkung für den Arbeitgeber innerhalb seines Betriebs noch in Bezug auf einen parallelen oder nachfolgenden Arbeitsprozess.[1176] Das Arbeitsgericht ist im Fall einer strafrechtlichen Verurteilung nicht an die Schuldfeststellung durch das Strafgericht gebunden.[1177] Selbst bei einem Freispruch wegen letzter Zweifel im Strafverfahren kann noch eine Verdachtskündigung ausgesprochen werden.[1178] Anders kann dies aber bei einem Freispruch wegen erwiesener Unschuld sein.[1179] So

1170 BAG NZA-RR 2012, 222 (223); vgl. BAGE 143, 244 (246) = NZA 2013, 371 (372); LAG Hessen, Beschl. v. 25.9.2013 – 4 Ta 352/13, BeckRS 2013, 74886; LAG Mecklenburg-Vorpommern, Beschl. v. 13.3.2014 – 3 Ta 9/14, BeckRS 2014, 68026; LAG Düsseldorf, Beschl. v. 20.12.2017 – 4 Ta 439/17, BeckRS 2017, 143321; zustimmend *Eylert*, NZA-RR 2014, 393 (407).

1171 BAG NZA 2013, 137 (138); BAGE 143, 244 (246) = NZA 2013, 371 (372); siehe näher hierzu mwN unten unter Kap. 4, B. I., II. 1., 2.

1172 BAG NZA-RR 2012, 222 (223).

1173 LAG Düsseldorf, Beschl. v. 20.12.2017 – 4 Ta 439/17, BeckRS 2017, 143321; vgl. LAG Mecklenburg-Vorpommern, Beschl. v. 13.3.2014 – 3 Ta 9/14, BeckRS 2014, 68026.

1174 LAG Düsseldorf, Beschl. v. 20.12.2017 – 4 Ta 439/17, BeckRS 2017, 143321.

1175 *Fischermeier/Krumbiegel*, in: GK-KR, § 626 BGB Rn. 228 mwN; aA *Naujok*, AuR 1998, 398 (400), nach dem im Hinblick auf die Unschuldsvermutung gem. Art. 6 Abs. 2 EMRK nur die Strafgerichtsbarkeit eine Schuldfeststellung vornehmen kann.

1176 BAG NZA 1998, 726 (728); NZA-RR 2016, 13 (16); *Zimmer/Stetter*, BB 2006, 1445 (1450).

1177 BAG NZA 2001, 91 (93).

1178 BAG NZA 2008, 809 (811); *Appel/Gerken*, AuR 1995, 201 (204).

1179 BAGE 16, 72 (81 f.) = NJW 1964, 1918 (1919); *Appel/Gerken*, AuR 1995, 201 (204); vgl. *Fischermeier/Krumbiegel*, in: GK-KR, § 626 BGB Rn. 228.

müssen die Arbeitsgerichte in einem solchen Fall, wenn „nicht neue Tatsachen eine andere Beurteilung rechtfertigen, davon ausgehen, daß der Verdacht von Anfang an unbegründet gewesen ist".[1180] Die Einstellung des Ermittlungsverfahrens nach § 170 Abs. 2 StPO oder §§ 153, 153a StPO hat dagegen keine Auswirkungen auf die Wirksamkeit einer Kündigung, da hierdurch keine unwiderlegbare Vermutung der Unschuld des Arbeitnehmers geschaffen wird und somit keine Vergleichbarkeit mit einem Freispruch wegen erwiesener Unschuld besteht.[1181]

Im Ergebnis trägt der Arbeitgeber also das Risiko, im Kündigungsschutzprozess eine hinreichende Tatsachengrundlage für den Verdacht einer strafbaren Handlung darlegen zu können, weshalb er aufgrund des arbeitsrechtlichen Verdachtsbegriffs je nach Sachlage gezwungen sein kann, entweder selbst aufwändige, fast abschließende Ermittlungen durchzuführen oder den Abschluss eines Strafverfahrens abzuwarten und den Arbeitnehmer währenddessen trotz der Gefahr weiterer Straftaten weiter zu beschäftigen oder bezahlt freizustellen.[1182]

4. Der (Criminal) Compliance-Verstoß als Kündigungsgrund „an sich"

Compliance-Richtlinien gewinnen immer mehr an Bedeutung im Arbeitsleben,[1183] nicht zuletzt auch im Hinblick auf kündigungsrelevante, ggf. strafbare Verhaltensweisen von Arbeitnehmern im Betrieb. Dabei weisen Compliance-Richtlinien oftmals Bezüge zum Strafrecht auf.

a) Der Compliance-Verstoß als strafrechtlich relevantes Verhalten

Compliance meint zunächst Regelkonformität,[1184] also „das Handeln im Einklang mit den (für das Unternehmen geltenden) Vorschriften".[1185]

1180 BAGE 16, 72 (83) = NJW 1964, 1918 (1919).

1181 BAG NZA 1997, 1340 (1342).

1182 *Huber/Uzuner*, NZWiSt 2016, 94 (97 f.).

1183 Zur Frage einer Rechtspflicht zur Einrichtung einer Compliance-Organisation siehe etwa LG München I NZG 2014, 345 (346); *Hauschka/Moosmayer/Lösler*, in: dies., Corporate Compliance, § 1 Rn. 30 ff. mwN; *Koch*, AktG, § 76 Rn. 13; *Rotsch*, in: Rotsch, Criminal Compliance, § 1 Rn. 19 ff. mwN.

1184 *Rotsch*, in: Rotsch, Criminal Compliance, § 1 Rn. 7; *ders.*, in: Achenbach/Ransiek/Rönnau, Handbuch Wirtschaftsstrafrecht, 1. Teil, 4. Kap. Rn. 2 ff., 7; *ders.*, ZStW 125 (2013), 481 (483).

1185 *D. Schneider*, Die arbeitsrechtliche Implementierung von Compliance- und Ethikrichtlinien, S. 35 f.

Die Criminal Compliance betrifft dabei die Einhaltung strafrechtlich relevanter Regeln.[1186] Compliance-Richtlinien können einerseits dem Arbeitnehmer zugute kommen, wenn er hierdurch von Pflichtverletzungen abgehalten wird (Compliance-Richtlinien als „Anleitung zu richtigem Verhalten“[1187]), und andererseits dem Arbeitgeber die Ahndung und – bei möglichen (prozessualen) Auseinandersetzungen mit dem Arbeitnehmer – die Darlegung der Pflichtverletzung erleichtern.[1188] Die im Arbeitsverhältnis maßgeblichen Compliance-Vorschriften weisen indes zumeist keinen spezifisch arbeitsrechtlichen[1189] Charakter auf;[1190] es dürfte sich vielmehr regelmäßig um Vorschriften der Criminal Compliance handeln, die konkretisierend bzw. unterhalb der strafgesetzlich vorgegebenen Schwelle Sachverhalte regeln,[1191] um Straftaten durch die Arbeitnehmer des Unternehmens zu verhindern[1192] und strafrechtliche Sanktionen zu vermeiden.[1193] Hinzu kommt der Aspekt der Verhinderung von Reputationsschäden für das Unternehmen in der Öffentlichkeit.[1194] Zudem muss das Bestehen eines ernsthaft implementierten

1186 *Rotsch*, in: Rotsch, Criminal Compliance, § 1 Rn. 11; *ders.*, in: Achenbach/Ransiek/Rönnau, Handbuch Wirtschafsstrafrecht, 1. Teil, 4. Kap. Rn. 7.

1187 *D. Schneider*, Die arbeitsrechtliche Implementierung von Compliance- und Ethikrichtlinien, S. 90.

1188 *D. Schneider*, Die arbeitsrechtliche Implementierung von Compliance- und Ethikrichtlinien, S. 27, 29.

1189 Spezifisch arbeitsrechtliche Compliance-Regelungen sind insbesondere im Hinblick auf den Persönlichkeitsrechtsschutz, den Datenschutz und die Kontrolle am Arbeitsplatz, das Sozialversicherungs- und Lohnsteuerrecht, die Arbeitssicherheit und das Arbeitsschutzrecht, die Arbeitnehmerüberlassung, das Mindestlohngesetz sowie das Betriebsverfassungsrecht denkbar, siehe *Mengel*, Compliance und Arbeitsrecht, Teil 2. Compliance-relevante Arbeitsrechtsmaterien; *dies./Hagemeister*, BB 2006, 2466 (2468 ff.).

1190 *Mengel*, in: Knierim/Rübenstahl/Tsambikakis, Internal Investigations, Kap. 14 Rn. 2.

1191 *Mengel*, in: Knierim/Rübenstahl/Tsambikakis, Internal Investigations, Kap. 14 Rn. 2.

1192 *Ignor/Mosbacher*, in: Ignor/Mosbacher, Handbuch Arbeitsstrafrecht, § 1 Rn. 32; vgl. *Rotsch*, in: Rotsch, Criminal Compliance, § 1 Rn. 57; *ders.*, in: Achenbach/Ransiek/Rönnau, Handbuch Wirtschafsstrafrecht, 1. Teil, 4. Kap. Rn. 38.

1193 *Rotsch*, in: Achenbach/Ransiek/Rönnau, Handbuch Wirtschafsstrafrecht, 1. Teil, 4. Kap. Rn. 7, 38; *ders.*, in: Rotsch, Criminal Compliance, § 1 Rn. 11.

1194 *Rotsch*, ZStW 125 (2013), 481 (487); vgl. auch *Eisenbeis/Nießen*, in: FS Leinemann, S. 697 (698): Einsatz zur „Generierung einer positiven Außendarstellung des Unternehmens“.

Compliance-Systems, selbst wenn es dennoch zur Begehung von Straftaten durch Mitarbeiter kommt, bei der Sanktionsbemessung im Einzelfall Berücksichtigung finden.[1195]

Criminal Compliance schafft kein neues Strafrecht, sondern wirkt der Begehung von Straftaten entgegen und gibt dort, wo es im Strafrecht an einem klaren Normbefehl fehlt, Orientierungsmaßstäbe für von der Rechtsordnung gebilligtes Verhalten.[1196] Während das Strafrecht auf vergangenes Unrecht reagiert und zudem die Begehung von Straftaten verhindern will,[1197] zielen Criminal Compliance-Vorschriften allein zukunftsgerichtet auf Vermeidung von Strafbarkeitsrisiken.[1198] Compliance-Richtlinien konkretisieren insoweit die allgemeinen Verhaltenspflichten und können diese für den vertraglichen Bereich auch verschärfen.[1199] Denkbar ist aber auch die Aufstellung von Richtlinien für Bereiche, in denen der Gesetzgeber bislang noch nicht regelnd tätig geworden ist,[1200] oder die bloß deklaratorische Wiedergabe des Gesetzeswortlauts.[1201]

Zur Beantwortung der Frage, ob bzw. inwieweit der Verstoß gegen Compliance-Richtlinien auch ein strafrechtlich relevantes Verhalten darstellen kann, muss differenziert werden: Bei rein deklaratorischen Compliance-Richtlinien, die nur den Gesetzeswortlaut wiedergeben, wird bei Verstoß gegen die Richtlinie – sofern die Tatbestandsmerkmale strafrechtsakzessorisch ausgelegt werden – auch ein strafrechtlich relevantes Verhalten vorliegen, da dann zugleich der Tatbestand des Strafgesetzes erfüllt ist. Daher sind insbesondere Straftaten, wie etwa Bestechung und Bestechlichkeit, § 299 StGB, oder Untreue, § 266 StGB, strafrechtliche Verstöße, die zugleich compliance- und kündigungsrelevante Pflichtverstöße darstellen.[1202]

1195 *Rotsch*, in: Rotsch, Criminal Compliance, § 1 Rn. 44; vgl. *ders.*, in: Achenbach/Ransiek/Rönnau, Handbuch Wirtschafsstrafrecht, 1. Teil, 4. Kap. Rn. 33.

1196 *Rotsch*, in: Rotsch, Criminal Compliance, § 1 Rn. 8; *ders*, ZStW 125 (2013), 481 (489); vgl. *Saliger*, RW 2013, 263 (286): Erzeugung (straf-)rechtlich relevanter Regeln.

1197 Siehe hierzu oben Kap. 2, C. I.

1198 *Saliger*, RW 2013, 263 (274).

1199 *Rotsch*, in: Rotsch, Criminal Compliance, § 1 Rn. 52.

1200 *Rotsch*, in: Rotsch, Criminal Compliance, § 1 Rn. 52; vgl. *Thielemann*, Verstöße des Arbeitnehmers gegen Compliance- und Ethikrichtlinien, S. 32 zu Compliance-Richtlinien im Allgemeinen.

1201 *D. Schneider*, Die arbeitsrechtliche Implementierung von Compliance- und Ethikrichtlinien, S. 32; vgl. *Thielemann*, Verstöße des Arbeitnehmers gegen Compliance- und Ethikrichtlinien, S. 32.

1202 *Mengel*, Compliance und Arbeitsrecht, § 5 Rn. 25; vgl. *Benecke/Groß*, BB 2015, 693 (693); *Eufinger*, DB 2016, 471 (474) mit weiteren Beispielen; *ders.*, RdA 2017, 223

Verstöße gegen von Strafgesetzen abweichenden Richtlinien erlauben dagegen keine Aussage über das Vorliegen eines strafrechtlich relevanten Verhaltens: In strafrechtlicher Hinsicht können über strafrechtliche Vorgaben hinausgehende oder ggf. sogar entgegengesetzte Anforderungen keine unmittelbare Relevanz entfalten, da hierin eine Absenkung des Strafrechtsschutzes läge, einhergehend mit einer Legalisierung von vom Gesetzgeber als strafbar eingeordnetem Verhalten durch privatrechtliche Rechtssetzung.[1203] Das Strafrecht ist aber als rein hoheitliche Regelungsmaterie alleinige Aufgabe des Staates und somit für Unternehmen nicht disponibel.[1204] Eine gewisse strafrechtliche Relevanz kann aber Verstößen gegen Strafnormen konkretisierende Compliance-Richtlinien zukommen. So können die Verhaltensrichtlinien eines Unternehmens im Rahmen des Tatbestands und der Schuld Hinweise liefern.[1205] Compliance-Vorschriften können etwa im subjektiven Tatbestand bei der Feststellung des Vorsatzes sowohl indiziell entlastend als auch belastend wirken.[1206]

Bedeutung gewinnt Criminal Compliance auch im Hinblick auf das im Jahr 2023 in Kraft getretene Hinweisgeberschutzgesetz, das die Pflicht zur Errichtung eines Meldestellensystems als Teil der gesellschaftsrechtlichen Compliance-Verantwortung von Unternehmen ausgestaltet.[1207] Verstöße gegen unternehmensinterne Compliance-Regelungen fallen nur dann unter den sachlichen Anwendungsbereich des Hinweisgeberschutzgesetzes, wenn zugleich ein in § 2 HinSchG geregelter Gegenstand – wie beispielsweise die Verwirklichung eines Straftatbestands (Nr. 1: Verstöße, die strafbewehrt sind) – betroffen ist.[1208]

b) Implementierung von Compliance-Richtlinien

Die Implementierung und Durchsetzung von Criminal Compliance-Vorschriften ist keine Frage des Strafrechts, sondern des Arbeitsrechts: Maßgeblich sind

---

(225); *Thielemann*, Verstöße des Arbeitnehmers gegen Compliance- und Ethikrichtlinien, S. 191 f.

1203 *Rotsch*, in: Rotsch, Criminal Compliance, § 1 Rn. 54; *ders.*, ZStW 125 (2013), 481 (490 f.).

1204 *Rotsch*, in: Rotsch, Criminal Compliance, § 1 Rn. 54, § 2 Rn. 20.

1205 *Ignor/Mosbacher*, in: Ignor/Mosbacher, Handbuch Arbeitsstrafrecht, § 1 Rn. 29.

1206 *Ignor/Mosbacher*, in: Ignor/Mosbacher, Handbuch Arbeitsstrafrecht, § 1 Rn. 30 f.; vgl. zur Ambivalenz von Enthaftung und Neukriminalisierung auch *Saliger*, RW 2013, 263 (286 f.).

1207 *Dzida/Seibt*, NZA 2023, 657 (657 f.).

1208 *P. Bruns*, NJW 2023, 1609 (1610); *Dzida/Seibt*, NZA 2023, 657 (660); *Reufels/Osmakova*, ArbRB 2022, 147 (148).

die arbeitsrechtlichen Gestaltungsmöglichkeiten zur Festlegung, Umsetzung und Kontrolle von Verhaltenspflichten der Arbeitnehmer.[1209] Die Einführung von Compliance-Pflichten ist etwa durch die Erteilung von Weisungen in Ausübung des Direktionsrechts, durch einzelvertragliche Vereinbarungen oder auch durch Betriebsvereinbarungen denkbar.[1210] Soweit eine bloß deklaratorische Wiedergabe von Strafgesetzen erfolgt, kann dies mangels Regelungscharakter auch in einer anderen Form geschehen, da keine arbeitsrechtliche Regelungskompetenz erforderlich ist.[1211]

Ziel der Parteien muss aber stets die Konformität von Verhalten und Prämisse sein, weshalb Voraussetzung ist, dass die Vertragsparteien die Verhaltensregeln mit dem Anspruch auf Einhaltung vereinbaren.[1212]

c) Der Compliance-Verstoß im System der Kündigungsgründe

Compliance-Verstöße haben in der Regel die Verletzung von Nebenleistungs- und Rücksichtnahmepflichten zur Folge.[1213] Die gesetzlich vorgegebenen oder von der Rechtsprechung entwickelten Nebenpflichten sind oftmals nur sehr abstrakt und generalklauselartig gefasst, sodass Inhalt und Reichweite der Nebenpflichten nur schwer zu bestimmen sind und sich der Normbefehl für den Arbeitnehmer im konkreten Einzelfall nicht immer eindeutig ableiten lässt.[1214] Durch die Aufstellung von Compliance-Vorschriften können dem Arbeitnehmer

---

1209 *Mengel*, Compliance und Arbeitsrecht, Einleitung, Rn. 10; *dies./Hagemeister*, BB 2006, 2466 (2467); *dies.*, BB 2007, 1386 (1386 ff.); vgl. *Müller-Bonanni/Sagan*, BB 2008, 28 (29).

1210 *Mengel*, Compliance und Arbeitsrecht, § 1 Rn. 3; näher *dies.*, CCZ 2008, 85 (86 ff.); *dies./Hagemeister*, BB 2007, 1386 (1387 ff.); *Thielemann*, Verstöße des Arbeitnehmers gegen Compliance- und Ethikrichtlinien, S. 72 ff., 283 f.; vgl. eingehend hierzu auch *Hohmuth*, BB 2014, 3061 (3061 ff.); *Kempter/Steinat*, NZA 2017, 1505 (1507 ff.); *Straube*, in: Straube/Rasche, Arbeitsrechtliche Korruptionsbekämpfung, Rn. 34 ff.; zur Einführung durch Direktionsrecht *Schuster/Darsow*, NZA 2005, 273 (273 ff.).

1211 *Mengel*, Compliance und Arbeitsrecht, § 1 Rn. 105; *Müller-Bonanni/Sagan*, BB 2008, 28 (29).

1212 *Rotsch*, ZStW 125 (2013), 481 (483).

1213 *Benecke/Groß*, BB 2015, 693 (694); vgl. LAG Berlin-Brandenburg, Urt. v. 17.5.2017 – 4 Sa 30/17, BeckRS 2017, 121332.

1214 *D. Schneider*, Die arbeitsrechtliche Implementierung von Compliance- und Ethikrichtlinien, S. 29; *Thielemann*, Verstöße des Arbeitnehmers gegen Compliance- und Ethikrichtlinien, S. 67.

konkrete und transparente Regelungen an die Hand gegeben werden.[1215] Somit konkretisieren wirksam in das Arbeitsverhältnis einbezogene[1216] Compliance-Richtlinien den Pflichtenkreis des Arbeitnehmers.[1217] Es bedarf dann im konkreten Fall keiner Ableitung der verletzten Verhaltenspflicht aus den allgemeinen Nebenpflichten des Arbeitsverhältnisses.[1218] Vielmehr liegt in der Regel bei einem Verstoß gegen Compliance-Richtlinien eine Pflichtverletzung vor.[1219] Dies gilt auch dann, wenn das Verhalten als solches unterhalb der Schwelle strafbaren oder sonst gesetzeswidrigen Verhaltens liegt.[1220]

Der Arbeitnehmer kann sich insbesondere nicht auf fehlendes Verschulden wegen ungenauer Kenntnis der Rechtslage berufen, wenn diese dem Arbeitnehmer durch die Compliance-Richtlinien kenntlich und verständlich gemacht wurde.[1221] Insoweit kann ein Verstoß gegen Compliance-Richtlinien einen verhaltensbedingten Kündigungsgrund „an sich“ bilden.[1222] Compliance-Verstöße

---

1215 *D. Schneider*, Die arbeitsrechtliche Implementierung von Compliance- und Ethikrichtlinien, S. 27, 29; *Thielemann*, Verstöße des Arbeitnehmers gegen Compliance- und Ethikrichtlinien, S. 67.

1216 Entfaltet die Ethikrichtlinie z.B. wegen fehlerhafter Implementierung keine rechtlich verbindliche Wirkung, ist der Arbeitnehmer nicht zur Einhaltung verpflichtet und Verstöße können nicht sanktioniert werden, siehe *Thielemann*, Verstöße des Arbeitnehmers gegen Compliance- und Ethikrichtlinien, S. 72.

1217 *D. Schneider*, Die arbeitsrechtliche Implementierung von Compliance- und Ethikrichtlinien, S. 28; *Schuster/Darsow*, NZA 2005, 273 (277); *Thielemann*, Verstöße des Arbeitnehmers gegen Compliance- und Ethikrichtlinien, S. 67, 198; vgl. *Müller-Bonanni/Sagan*, BB 2008, 28 (29 f.).

1218 *Mengel/Hagemeister*, BB 2007, 1386 (1393); vgl. *D. Schneider*, Die arbeitsrechtliche Implementierung von Compliance- und Ethikrichtlinien, S. 228: „Für konkretisierte Nebenpflichten kann auf die üblichen Instrumente wie Ermahnung, Abmahnung und Kündigung zurückgegriffen werden.“; *Thielemann*, Verstöße des Arbeitnehmers gegen Compliance- und Ethikrichtlinien, S. 198.

1219 *Mengel*, in: Hauschka/Moosmayer/Lösler, Corporate Compliance, § 39 Rn. 5; *dies./Hagemeister*, BB 2007, 1386 (1393); vgl. auch *Mengel*, CCZ 2018, 236 (238).

1220 ArbG Mannheim, Urt. v. 9.11.2017 – 8 Ca 121/17, BeckRS 2017, 14875, das einen pflichtwidrigen Verstoß gegen Compliance-Richtlinien bejaht, aber insoweit nicht von gesetzeswidrigem oder strafbarem Verhalten ausgeht; siehe hierzu auch Anm. *Mengel*, CCZ 2018, 236 ff.

1221 *Eufinger*, RdA 2017, 223 (226); vgl. zur negativen Zukunftsprognose bei Rechtsirrtümern *Bissels/Lützeler*, BB 2012, 189 (192); *Mengel*, Compliance und Arbeitsrecht, § 5 Rn. 20; *Oetker*, in: ErfK, § 1 KSchG Rn. 192.

1222 *Eufinger*, DB 2016, 471 (473); *ders.*, RdA 2017, 223 (225 ff., 230); *Mengel*, Compliance und Arbeitsrecht, § 5 Rn. 25; *D. Schneider*, Die arbeitsrechtliche Implementierung

können aber auch zum Wegfall der erforderlichen Zuverlässigkeit und Eignung des Arbeitnehmers führen, sodass auch eine personenbedingte Kündigung bei Verstoß gegen Compliance-Richtlinien denkbar ist.[1223]

III. Negativprognose und arbeitsrechtliches Ultima-ratio-Prinzip

1. *Erfordernis einer Negativprognose*

Erforderlich ist außerdem eine Negativprognose: Für die außerordentliche Kündigung ist nach dem Wortlaut des § 626 Abs. 1 BGB die Zumutbarkeit der Fortsetzung des Arbeitsverhältnisses maßgeblich, weshalb die Kündigung im Fall der Unzumutbarkeit die Lösung vom Vertrag für die Zukunft gestattet.[1224] Aber auch die ordentliche Kündigung setzt eine Negativprognose dahingehend voraus, dass künftig andauernde Störungen des Arbeitsverhältnisses zu erwarten sind.[1225] Für die verhaltensbedingte Kündigung bedeutet dies, dass Vertragspflichtverletzungen zukünftige Verstöße oder eine nachhaltige Belastung des Arbeitsverhältnisses befürchten lassen müssen.[1226] Bei der personenbedingten Kündigung muss die mangelnde Eignung bzw. Fähigkeit zu einer konkreten, in Zukunft andauernden Störung des Arbeitsverhältnisses führen.[1227] Eine Negativprognose der Wiederholungsgefahr ist in der Regel etwa dann anzunehmen, wenn der Arbeitnehmer eine bereits erfolgte Abmahnung nicht beachtet.[1228]

---

von Compliance- und Ethikrichtlinien, S. 229; vgl. LAG Berlin-Brandenburg, Urt. v. 17.5.2017 – 4 Sa 30/17, BeckRS 2017, 121332; *Benecke/Groß*, BB 2015, 693 (694); *Kempter/Steinat*, NZA 2017, 1505 (1512).

1223 *Eufinger*, RdA 2017, 223 (228); *Kempter/Steinat*, NZA 2017, 1505 (1512); so wohl auch *Fritz/Renz*, CCZ 2015, 229 (236); vgl. hierzu LAG Berlin-Brandenburg NZA-RR 2015, 241 (243), das bei mangelnder Zuverlässigkeit nach § 9 Abs. 2 Nr. 4 GWG allerdings von einer Nebenpflichtverletzung (§ 241 Abs. 2 BGB) ausgeht.

1224 *Stoffels*, in: BeckOK-ArbR, § 626 BGB Rn. 70; so auch für die ordentliche Kündigung wegen des Charakters des Arbeitsverhältnisses als Dauerschuldverhältnis *Hergenröder*, in: MüKo-BGB, § 1 KSchG Rn. 123.

1225 *Oetker*, in: ErfK, § 1 KSchG Rn. 78; *Rachor*, in: GK-KR, § 1 KSchG Rn. 287, 438; *Rolfs*, in: BeckOK-ArbR, § 1 KSchG Rn. 80; *Vossen*, in: Ascheid/Preis/Schmidt, Kündigungsrecht, § 1 KSchG Rn. 73.

1226 BAG NZA 2009, 855 (858); *Rachor*, in: GK-KR, § 1 KSchG Rn. 438; siehe dazu bereits oben Kap. 2, C. II.

1227 *Rachor*, in: GK-KR, § 1 KSchG Rn. 287.

1228 BAG NZA 2008, 589 (592); NZA 2009, 894 (895); *Berkowsky*, NZA-RR 2001, 1 (4); *Oetker*, in: ErfK, § 1 KSchG Rn. 80, 199; *Rolfs*, in: BeckOK-ArbR, § 1 KSchG Rn. 234.

2. *Kündigung als unausweichlich letztes Mittel (Ultima-ratio-Prinzip)*

Die Kündigung muss außerdem das unausweichlich letzte Mittel sein (Ultima-ratio-Prinzip).[1229] Im Hinblick auf die außerordentliche Kündigung stehen als milderes Mittel die ordentliche Kündigung und die Abmahnung im Vordergrund.[1230] Der Vorrang der ordentlichen Kündigung lässt sich aufgrund der Formulierung „bis zum Ablauf der Kündigungsfrist" in § 626 BGB unmittelbar aus dem Wortlaut der Vorschrift ableiten.[1231] Eine vorherige Abmahnung ist grundsätzlich sowohl bei der außerordentlichen als auch der ordentlichen Kündigung erforderlich.[1232] Für die außerordentliche Kündigung ergibt sich dieses Erfordernis aus § 314 Abs. 2 BGB,[1233] für die ordentliche Kündigung lässt es sich aus dem Verhältnismäßigkeitsgrundsatz herleiten.[1234]

Besondere Bedeutung erlangt das Erfordernis einer Abmahnung im Fall einer verhaltensbedingten Kündigung[1235] bei Störungen im Leistungs- und im Vertrauensbereich,[1236] und zwar bei der Verletzung sowohl von Haupt- als auch von

---

1229 *Fischermeier/Krumbiegel*, in: GK-KR, § 626 BGB Rn. 265 mwN; *Niemann*, in: ErfK, § 626 Rn. 25 f.; *Rolfs*, in: BeckOK-ArbR, § 1 KSchG Rn. 66; *Vossen*, in: Ascheid/Preis/Schmidt, Kündigungsrecht, § 626 BGB Rn. 88; siehe hierzu bereits oben Kap. 2, C. II.

1230 BAGE 134, 349 (359) = NZA 2010, 1227 (1231); vgl. dazu *Stoffels*, in: BeckOK-ArbR, § 626 BGB Rn. 58a ff., 69.

1231 *Stoffels*, in: BeckOK-ArbR, § 626 BGB Rn. 69; näher zum Vorrang der ordentlichen Kündigung bzw. den Ausnahmen wegen Ausschlusses der ordentlichen Kündigung *Vossen*, in: Ascheid/Preis/Schmidt, Kündigungsrecht, § 626 BGB Rn. 34 ff.

1232 *Fischermeier/Krumbiegel*, in: GK-KR, § 626 BGB Rn. 270; *Rachor*, in: GK-KR, § 1 KSchG Rn. 227, 435; *Vossen*, in: Ascheid/Preis/Schmidt, Kündigungsrecht, § 626 BGB Rn. 84.

1233 *Fischermeier/Krumbiegel*, in: GK-KR, § 626 BGB Rn. 270; *Henssler*, in: MüKo-BGB, § 626 Rn. 98; *Lindemann*, AuR 2002, 81 (85); *Löwisch*, in: FS Wiedemann, S. 311 (332); *Schiefer*, DB 2013, 1785 (1785 Fn. 2).

1234 HM, siehe nur BAG NZA 2006, 980 (984) mwN; *Hergenröder*, in: MüKo-BGB, § 1 KSchG Rn. 102 f., 246; *v. Hoyningen-Huene*, RdA 1990, 193 (195 ff.); *Rachor*, in: GK-KR, § 1 KSchG Rn. 435; *Schaub*, NZA 1997, 1185 (1185 f.); näher zur Herleitung aus dem Verhältnismäßigkeitsgrundsatz *Fischermeier/Krumbiegel*, in: GK-KR, § 626 BGB Rn. 271 mwN.

1235 *Oetker*, in: ErfK, § 1 KSchG Rn. 199; vgl. *Hamann*, JA 1987, 474 (480); *v. Hoyningen-Huene*, RdA 1990, 193 (195 ff.); *Vossen*, in: Ascheid/Preis/Schmidt, Kündigungsrecht, § 1 KSchG Rn. 127.

1236 BAGE 86, 95 (102) = NZA 1997, 1281 (1283); *Hillebrecht*, ZfA 1991, 87 (122 ff.); *v. Hoyningen-Huene*, RdA 1990, 193 (200); *Preis*, DB 1990, 685 (687); *Rüthers/Henssler*, ZfA 1988, 31 (41, 45); anders etwa noch BAG NZA 1987, 418 (418)

Nebenpflichten.[1237] Im Hinblick auf die Ermahnungsfunktion der Abmahnung ist eine solche insbesondere bei Nebenpflichten erforderlich, die häufig arbeitsvertraglich nicht ausdrücklich geregelt sind, damit für den Arbeitnehmer Klarheit besteht, dass ein bestimmtes Verhalten nicht geduldet wird.[1238]

Eine Abmahnung kann aber dann entbehrlich sein, wenn aus einer ex-ante-Sicht bereits erkennbar ist, dass eine Verhaltensänderung des Arbeitnehmers trotz Abmahnung nicht zu erwarten ist, sowie dann, wenn der Arbeitnehmer aufgrund entsprechender Information durch den Arbeitgeber (z.B. Hinweise im Arbeitsvertrag, Betriebsaushänge) wusste oder hätte wissen müssen, dass sein Verhalten vertragswidrig ist.[1239] Eine Ausnahme vom Abmahnungserfordernis liegt insbesondere auch bei derart schwerwiegenden Pflichtverletzungen vor, bei denen auch nur die einmalige Hinnahme dem Arbeitgeber objektiv unzumutbar und daher für den Arbeitnehmer erkennbar ausgeschlossen ist.[1240] Insoweit kann auch Compliance-Richtlinien – soweit die Abmahnung nicht bereits entbehrlich ist[1241] – die Funktion einer vorweggenommenen Abmahnung zukommen, wenn für den Arbeitnehmer deutlich wird, dass entsprechende Rechtsverstöße nicht toleriert werden (Zero-Tolerance-Policy) und mit arbeitsrechtlichen Konsequenzen zu rechnen ist.[1242] Erforderlich ist allerdings eine hinreichend konkrete

mwN: Differenzierung nach Störungsbereichen; kritisch hierzu etwa *Gerhards*, BB 1996, 794 (794 ff.).

1237 *v. Hase*, NJW 2002, 2278 (2281 f.).

1238 *Gerhards*, BB 1996, 974 (976).

1239 *Fischermeier/Krumbiegel*, in: GK-KR, § 626 BGB Rn. 280; *Schlachter*, NZA 2005, 433 (436); aA LAG Düsseldorf NZA-RR 2005, 585 (587).

1240 BAGE 31, 153 (157) = NJW 1980, 255 (256); BAGE 74, 127 (140) = NZA 1994, 63 (66); BAGE 134, 349 (360) = NZA 2010, 1227 (1231); BAG NZA-RR 2012, 12 (14 f.); NZA 2013, 27 (29); NZA 2013, 319 (320); für die Feststellung der Unzumutbarkeit muss letztlich eine Verhältnismäßigkeitsabwägung vorgenommen werden, siehe *Gerhards*, BB 1996, 974 (976).

1241 *D. Schneider*, Die arbeitsrechtliche Implementierung von Compliance- und Ethikrichtlinien, S. 158 ff.; *Thielemann*, Verstöße des Arbeitnehmers gegen Compliance- und Ethikrichtlinien, S. 183 ff.

1242 *Eufinger*, RdA 2017, 223 (227); *Herget*, in: HK-ArbR, § 626 BGB Rn. 24 bejaht die Möglichkeit einer vorweggenommenen Abmahnung auch für den Fall einer unwirksamen Konkretisierung von Kündigungsgründen durch Festlegung absoluter Kündigungsgründe; *Mengel*, Compliance und Arbeitsrecht, § 5 Rn. 10; *dies./Hagemeister*, BB 2007, 1386 (1392); *Schuster/Darsow*, NZA 2005, 273 (277); *Straube*, in: Straube/Rasche, Arbeitsrechtliche Korruptionsbekämpfung, Rn. 332; die Möglichkeit einer vorweggenommenen Abmahnung im Fall von Compliance-Richtlinien ablehnend etwa *D. Schneider*, Die arbeitsrechtliche Implementierung von Compliance- und

Sanktionsklausel, etwa mit Beschränkung auf schwerwiegende Pflichtverstöße, die nicht alle denkbaren Verstöße umfasst.[1243]

Das Abmahnungserfordernis kann darüber hinaus auch bei personenbedingten Kündigungen relevant werden, wenn die Beseitigung der Störung durch ein steuerbares Verhalten möglich erscheint und die Wiederherstellung des Vertrauens deshalb erwartet werden kann.[1244] Eine Abmahnung ist dagegen nicht erforderlich, wenn es dem Arbeitgeber objektiv nicht möglich ist, seine Arbeitsleistung vertragsgerecht zu erbringen.[1245]

Sonstige mildere Mittel, die insbesondere im Rahmen der ordentlichen Kündigung zu prüfen sind, sind etwa die Versetzung, die einverständliche Anpassung des Vertrags oder die Änderungskündigung.[1246] Bei der ordentlichen Kündigung hat der Verhältnismäßigkeitsgrundsatz in § 1 Abs. 2 S. 2 Nr. 1 b), 2 b), S. 3 KSchG Ausdruck gefunden, die mit anderweitigen Beschäftigungsmöglichkeiten

---

Ethikrichtlinien, S. 262 ff.; vgl. zur Zulässigkeit der vorweggenommenen Abmahnung auch BAGE 97, 276 (292) = NZA 2001, 893 (898); *Schiefer*, DB 2013, 1785 (1786 f.) mwN.

1243 *Eufinger*, RdA 2017, 223 (227); *Mengel*, Compliance und Arbeitsrecht, § 5 Rn. 10; *dies./Hagemeister*, BB 2007, 1386 (1392); vgl. *Bissels/Lützeler*, BB 2012, 189 (191); *Schuster/Darsow*, NZA 2005, 273 (277): Bagatellverstöße sind auszunehmen; *Thielemann*, Verstöße des Arbeitnehmers gegen Compliance- und Ethikrichtlinien, S. 189 (vorweggenommene Abmahnung als Ausnahme); in diese Richtung wohl auch *Triskatis*, Ethikrichtlinien im Arbeitsrecht, S. 228: eine Abmahnung sei nur dann nicht erforderlich, „wenn die Ethikrichtlinie Verhaltenspflichten vorgibt, deren Verstoß aufgrund eines krassen Vertrauensbruchs eine außerordentliche Kündigung rechtfertigen würde“; die Zulässigkeit einer vorweggenommenen Abmahnung im Fall von Sanktionsklauseln ablehnend *D. Schneider*, Die arbeitsrechtliche Implementierung von Compliance- und Ethikrichtlinien, 2009, S. 262 ff.: die Sanktionsklausel sei (nur) im Rahmen des Kündigungsgrunds (Schwere der Pflichtverletzung) zu berücksichtigen.

1244 BAGE 86, 95 (102) = NZA 1997, 1281 (1283); *Fischermeier/Krumbiegel*, in: GK-KR, § 626 BGB Rn. 273 mwN; aA *Hergenröder*, in: MüKo-BGB, § 1 KSchG Rn. 148; *Vossen*, in: Ascheid/Preis/Schmidt, Kündigungsrecht, § 1 KSchG Rn. 131: wesentliche Erschwerung der Abgrenzung zwischen verhaltens- und personenbedingter Kündigung.

1245 *v. Hoyningen-Huene*, RdA 1990, 193 (199).

1246 Siehe etwa *Henssler*, in: MüKo-BGB, § 626 Rn. 96; *Niemann*, in: ErfK, § 626 Rn. 28; *Stoffels*, in: BeckOK-ArbR, § 626 BGB Rn. 55; siehe dazu bereits oben Kap. 2, C. II.

mildere Mittel zur Kündigung regeln und so den Grundsatz der Erforderlichkeit verbindlich konkretisieren.[1247]

IV. Interessenabwägung (2. Stufe)

Sowohl die außerordentliche als auch die ordentliche Kündigung setzen eine umfassende Interessenabwägung im Einzelfall voraus. Dem Wortlaut des § 626 Abs. 1 BGB („unter Berücksichtigung aller Umstände des Einzelfalls und unter Abwägung der Interessen beider Vertragsteile die Fortsetzung des Dienstverhältnisses bis zum Ablauf der Kündigungsfrist [...] nicht zugemutet werden kann") lässt sich dieses Erfordernis für die außerordentliche Kündigung unmittelbar entnehmen. Die insoweit vorausgesetzte Unzumutbarkeit hat dabei keine selbständige Bedeutung, sondern beschreibt lediglich das Ergebnis der Interessenabwägung.[1248] Für die ordentliche Kündigung ergibt sich das Erfordernis einer umfassenden Interessenabwägung zwar nicht direkt aus dem Wortlaut des § 1 KSchG, wird aber vom Bundesarbeitsgericht in ständiger Rechtsprechung gefordert.[1249]

Die berechtigten Interessen des Arbeitgebers einerseits und des Arbeitnehmers andererseits sind unter Berücksichtigung der Umstände des Einzelfalls umfassend abzuwägen.[1250] Dies bedarf zunächst einer tatsächlichen Feststellung und Gewichtung der hierfür maßgeblichen Aspekte für den konkreten Einzelfall.[1251] Einzubeziehen sind in erster Linie arbeitsvertragliche und sachverhaltsbezogene Umstände.[1252] Bei der verhaltensbedingten Kündigung ist zu

---

1247 BAG NZA 2014, 1200 (1202); *Preis*, Prinzipien des Kündigungsrechts bei Arbeitsverhältnissen, S. 295 ff.; *Stahlhacke*, DB 1994, 1361 (1366); vgl. *Hergenröder*, in: MüKo-BGB, § 1 KSchG Rn. 105; *Rachor*, in: GK-KR, § 1 KSchG Rn. 228.

1248 *Henssler*, in: MüKo-BGB, § 626 Rn. 82, 89; *Preis*, Prinzipien des Kündigungsrechts bei Arbeitsverhältnissen, S. 476; *ders.*, in: SPV, Rn. 547; *Riesenhuber*, in: Erman, BGB, § 626 Rn. 50; *Stoffels*, in: BeckOK-ArbR, § 626 BGB Rn. 73; *Temming*, in: Staudinger, BGB, § 626 Rn. 73; *Vossen*, in: Ascheid/Preis/Schmidt, Kündigungsrecht, § 626 BGB Rn. 23.

1249 BAG NZA 2005, 158 (160); NZA 2006, 980 (983); NZA 2013, 27 (29); *Hergenröder*, in: MüKo-BGB, § 1 KSchG Rn. 129; kritisch etwa *Rolfs*, in: BeckOK-ArbR, § 1 KSchG Rn. 84; *Willemsen*, RdA 2017, 115 (122 ff.).

1250 *Stoffels*, in: BeckOK-ArbR, § 626 BGB Rn. 73.

1251 *Stoffels*, in: BeckOK-ArbR, § 626 BGB Rn. 73.

1252 *Preis*, in: Preis/Temming, Individualarbeitsrecht, Rn. 3058; *Rolfs*, in: BeckOK-ArbR, § 1 KSchG Rn. 85.1; *Temming*, in: Staudinger, BGB, § 626 Rn. 75; ob darüber hinaus auch Interessen, die der privaten Sphäre zuzuordnen sind, Berücksichtigung finden können, wird uneinheitlich beantwortet, ablehnend etwa *Ascheid*,

berücksichtigen, dass hier weniger strenge Anforderungen an das Arbeitgeberinteresse zu stellen sind, da dem Arbeitnehmer die Unterlassung seiner Vertragspflichtverletzung (bei Zusammenfallen von Pflichtverletzung und Straftat also: seiner strafbaren Handlung) möglich gewesen wäre, er sich also vertragsgemäß hätte verhalten können.[1253]

Die folgende Darstellung gibt einen Überblick über im Rahmen der Interessenabwägung berücksichtigungsfähige Umstände und greift hier vor allem solche Umstände heraus, denen auch bei strafrechtsrelevanten Sachverhalten Bedeutung zukommen kann.[1254] Denn eine Interessenabwägung ist auch bei gegen den Arbeitgeber gerichtetem strafrechtsrelevantem Verhalten stets erforderlich,[1255] wie das Landesarbeitsgericht Schleswig-Holstein in seinem Urteil vom 13.1.2010[1256] für den Fall eigentumsrelevanten Verhaltens betont: „Nicht aus jedem unkorrekten, eigentumsrelevanten Verhalten eines Arbeitnehmers kann nämlich darauf geschlossen werden, dass ihm eine an Korrektheit und Ehrlichkeit ausgerichtete Grundhaltung fehlt“ (amtlicher Leitsatz).

Kündigungsschutzrecht, Rn. 209 ff.; *Niemann*, in: ErfK, § 626 Rn. 24b; *Preis*, Prinzipien des Kündigungsrechts bei Arbeitsverhältnissen, S. 224 f.; *ders.*, in: Preis/Temming, Individualarbeitsrecht, Rn. 3058; *Rolfs*, in: BeckOK-ArbR, § 1 KSchG Rn. 85.1; *Temming*, in: Staudinger, BGB, § 626 Rn. 75; *Vossen*, in: Ascheid/Preis/Schmidt, Kündigungsrecht, § 626 BGB Rn. 112; für die außerordentliche Kündigung im Grundsatz bejahend z.B. BAG NZA 1997, 761 (762); NZA 2006, 1033 (1034); *Fischermeier/Krumbiegel*, in: GK-KR, § 626 BGB Rn. 252; *Henssler*, in: MüKo-BGB, § 626 Rn. 91 f.; *Herget*, in: HK-ArbR, § 626 Rn. 82; *Stoffels*, in: BeckOK-ArbR, § 626 Rn. 74; so auch für die ordentliche Kündigung *Rachor*, in: GK-KR, § 1 KSchG Rn. 220.

1253 *Junker*, Grundkurs Arbeitsrecht, Rn. 370; *Krause*, in: Linck/Krause/Bayreuther, KSchG, § 1 Rn. 468; *Waltermann*, Arbeitsrecht, Rn. 369/370; vgl. auch *Rolfs*, in: BeckOK-ArbR, § 1 KSchG Rn. 215; *Vossen*, in: Ascheid/Preis/Schmidt, Kündigungsrecht, § 1 KSchG Rn. 432.

1254 Für eine umfassende Übersicht berücksichtigungsfähiger Interessen siehe etwa *Stoffels*, in: BeckOK-ArbR, § 626 Rn. 74 ff.

1255 So gibt es nach der Rechtsprechung keine absoluten Kündigungsgründe, siehe oben Kap. 4, A. I. 1.

1256 LAG Schleswig-Holstein, Urt. v. 13.1.2010 – 3 Sa 324/09, BeckRS 2010, 66562; hierauf bezugnehmend LAG Rheinland-Pfalz, Urt. v. 3.8.2020 – 3 Sa 80/19, BeckRS 2020, 38974.

1. *Allgemeine sachverhaltsbezogene Umstände*

Zu berücksichtigen sind insbesondere die Bedeutung der verletzten Vertragspflicht,[1257] die Art und Weise der Pflichtverletzung, etwa bei besonderer Verwerflichkeit des Verhaltens,[1258] sowie deren Gewicht und Auswirkungen für den Arbeitgeber[1259] – sowohl materielle Schäden und die Schadenshöhe[1260] als auch immaterielle Schäden wie beispielsweise Schädigung des Images in der Öffentlichkeit.[1261] Besondere Bedeutung kommt auch dem Grad des Verschuldens zu.[1262] Dabei kann zugunsten des Arbeitnehmers berücksichtigt werden, wenn das vertragswidrige Verhalten auf einem unverschuldeten oder vermeidbaren Rechtsirrtum beruht,[1263] insbesondere bei Bemühungen um die Behebung nachteiliger Folgen des mittlerweile erkannt vertragswidrigen Handelns.[1264]

Einzubeziehen ist ferner, ob ein Zusammenhang zwischen der begangenen Tat und der arbeitsvertraglich geschuldeten Tätigkeit besteht und der Arbeitnehmer durch die Tat eine arbeitsvertragliche Obhutspflicht verletzt.[1265] Auch eine bestehende Wiederholungsgefahr[1266] – beispielsweise bei Häufung geringfügiger Verstöße[1267] – sowie eine vorausgegangene Planung, das Maß an krimineller Energie und eine ggf. heimliche Durchführung der Tat[1268] können von Bedeutung sein. Das Nachtatverhalten des Arbeitnehmers – also „das Verhalten

1257 *Junker*, Grundkurs Arbeitsrecht, Rn. 370.

1258 BAG NZA 2006, 1033 (1034).

1259 BAG NZA 2006, 1033 (1034); NZA-RR 2010, 461 (463); BAGE 134, 349 (359) = NZA 2010, 1227 (1231) mwN; *Vossen*, in: Ascheid/Preis/Schmidt, Kündigungsrecht, § 626 BGB Rn. 104; *Waltermann*, Arbeitsrecht, Rn. 369/370; vgl. *Stoffels*, in: BeckOK-ArbR, § 626 BGB Rn. 74 mwN.

1260 *Vossen*, in: Ascheid/Preis/Schmidt, Kündigungsrecht, § 626 BGB Rn. 104.

1261 *Däubler*, in KDZ-KSchR, § 626 Rn. 47.

1262 *Junker*, Grundkurs Arbeitsrecht, Rn. 370; *Preis*, in: Preis/Temming, Individualarbeitsrecht, Rn. 3003.

1263 BAG NZA 1996, 873 (874); AP BGB § 626 Nr. 240 Rn. 44; NZA 2015, 1180 (1183); *Preis*, in: Preis/Temming, Individualarbeitsrecht, Rn. 3083; anders *Steinkühler/Kunze*, RdA 2009, 367 (369): Prüfung des Vorliegens eines Verbotsirrtums beim Kündigungsgrund „an sich“ und nur Prüfung der Vermeidbarkeit des Irrtums im Rahmen der Interessenabwägung.

1264 BAG NZA 2006, 1033 (1034); siehe oben Kap. 2, D. II.

1265 BAG NZA 1985, 286 (287).

1266 BAG NZA 2006, 1033 (1034).

1267 *Preis*, in: Preis/Temming, Individualarbeitsrecht, Rn. 3059.

1268 BAG NZA 2011, 571 (573); LAG Düsseldorf, Urt. v. 1.7.2013 – 9 Sa 205/13, BeckRS 2013, 72732; ArbG Hamburg NZA-RR 2015, 471 (473).

des Arbeitnehmers nach Begehung der Pflichtwidrigkeit, aber vor Ausspruch der Kündigung“ – kann ebenfalls Berücksichtigung finden,[1269] so beispielsweise bei Reue zugunsten[1270] oder aber bei Leugnen der Tat oder vermehrten vorsätzlichen Falschangaben zulasten des Arbeitnehmers.[1271] Wichtiger Gesichtspunkt ist das Maß des beschädigten Vertrauens.[1272]

2. Dauer der Betriebszugehörigkeit

Berücksichtigungsfähig ist ferner die Dauer der Betriebszugehörigkeit[1273] bzw. der störungsfreien Vertragsbeziehung.[1274] Dies gilt uneingeschränkt bei Vermögensdelikten des Arbeitnehmers zum Nachteil seines Arbeitgebers,[1275] wobei dem Arbeitgeber aber keine Pflicht auferlegt ist, bestimmte Eigentums- oder Vermögensdelikte seines Arbeitnehmers zu dulden.[1276] Die Dauer der Betriebszugehörigkeit ist insoweit nicht generell im Rahmen der Interessenabwägung zu berücksichtigen; bei Berücksichtigung kann sie sich zugunsten des Arbeitnehmers, aber ebenso zu seinen Lasten auswirken.[1277] So kann eine lange störungsfreie Vertragsbeziehung beispielsweise dann für den Arbeitnehmer negativ ins Gewicht fallen, wenn diese zu verminderten Kontrollmaßnahmen durch den Arbeitgeber geführt hat und dieses entgegengebrachte Vertrauen gestört wird.[1278]

1269 Vgl. dazu LAG Berlin DB 2012, 866 (867).

1270 LAG Hamburg, Urt. v. 30.7.2014 – 5 Sa 22/14, BeckRS 2014, 71869; ArbG Hamburg NZA-RR 2015, 471 (473).

1271 BAG NZA 2006, 484 (486); LAG Berlin DB 2012, 866 (867).

1272 BAGE 134, 349 (359) = NZA 2010, 1227 (1231); vgl. BAGE 137, 54 (65) = NZA 2011, 798 (802).

1273 *Waltermann*, Arbeitsrecht, Rn. 369/370.

1274 *Junker*, Grundkurs Arbeitsrecht, Rn. 370.

1275 BAG NZA 1985, 288 (288); *Vossen*, in: Ascheid/Preis/Schmidt, Kündigungsrecht, § 626 BGB Rn. 96; aA aber *Tschöpe*, NZA 1985, 588 (589 f.).

1276 BAG NZA 1985, 288 (288); *Vossen*, in: Ascheid/Preis/Schmidt, Kündigungsrecht, § 626 BGB Rn. 96.

1277 *Vossen*, in: Ascheid/Preis/Schmidt, Kündigungsrecht, § 626 BGB Rn. 96.

1278 BAG, Urt. v. 16.10.1986 – 2 AZR 695/85, BeckRS 2009, 55835; *Fischermeier/Krumbiegel*, in: GK-KR, § 626 BGB Rn. 255; vgl. *Bengelsdorf*, SAE 1992, 134 (140); *Stoffels*, NJW 2011, 118 (121 f.).

3. *Compliance-Vorgaben*

Für die Interessenabwägung können außerdem Compliance-Vorgaben Bedeutung gewinnen. Zum einen können insbesondere im Hinblick auf Korruptionsdelikte die (Nicht-)Verhinderung entsprechender Verstöße durch interne Compliance-Vorschriften oder die fehlende bzw. ineffektive Durchsetzung solcher Regelungen,[1279] aber auch dem Arbeitgeber durch das Fehlverhalten des Arbeitnehmers drohende Sanktionen,[1280] Imageschäden in der Öffentlichkeit[1281] oder der (drohende) Ausschluss von Vergabeverfahren bzw. das Interesse an der Wiedererlangung vergaberechtlicher Zuverlässigkeit[1282] eine Rolle spielen. Führen Compliance-Vorschriften dem Arbeitnehmer die besondere Bedeutung bestimmter Verhaltenspflichten für den Arbeitgeber vor Augen, kann sich dies bei einem Verstoß zulasten des Arbeitnehmers auswirken.[1283] Eine Berücksichtigung von Compliance-Richtlinien kann im Rahmen der Interessenabwägung auch insoweit erfolgen, dass der Arbeitnehmer sich nicht darauf berufen kann, im Interesse des Arbeitgebers zu handeln.[1284]

Nicht möglich ist dagegen die Festlegung von Kündigungsgründen im Sinne einer Determinierung der als wichtiger Grund geeigneten Verstöße in Compliance- bzw. Ethikrichtlinien oder Verhaltenskodizes, bei denen keine Interessenabwägung im Einzelfall erfolgen müsste.[1285] Dies wäre mit § 626 Abs. 1 BGB nicht vereinbar.[1286] Durch vertragliche Vereinbarungen ist nur eine Konkretisierung

---

1279 BAGE 142, 188 (196 f.) = NZA 2013, 199 (201 f.); ArbG München NZA-RR 2009, 134 (136); *Fischermeier/Krumbiegel*, in: GK-KR, § 626 BGB Rn. 466; *Steinkühler/Kunze*, RdA 2009, 367 (370 f.); vgl. auch LAG Hessen CCZ 2011, 196 (196 f.); *Eufinger*, RdA 2017, 223 (226).

1280 LAG Hessen CCZ 2011, 196 (196 f.); *Dzida*, NZA 2012, 881 (882, 885).

1281 *Benecke/Groß*, BB 2015, 693 (696).

1282 *Dzida*, NZA 2012, 881 (885).

1283 LAG Schleswig-Holstein, Urt. v. 29.8.2006 – 6 Sa 72/06, BeckRS 2006, 43907; *Bissels/Lützeler*, BB 2012, 189 (192); *D. Schneider*, Die arbeitsrechtliche Implementierung von Compliance- und Ethikrichtlinien, S. 91; vgl. *Thielemann*, Verstöße des Arbeitnehmers gegen Compliance- und Ethikrichtlinien, S. 191: Compliance-Richtlinien als Ausdruck dafür, worauf die Vertragsparteien besonderen Wert gelegt haben.

1284 *Eufinger*, RdA 2017, 223 (226); vgl. auch *Bissels/Lützeler*, BB 2012, 189 (191); *Niemann*, in: ErfK, § 626 BGB, Rn. 41.

1285 *D. Schneider*, Die arbeitsrechtliche Implementierung von Compliance- und Ethikrichtlinien, S. 91, vgl. LAG Düsseldorf NZA-RR 2005, 585 (587).

1286 *D. Schneider*, Die arbeitsrechtliche Implementierung von Compliance- und Ethikrichtlinien, S. 91; vgl. *Niemann*, in: ErfK, § 626 BGB Rn. 24.

von ohnehin als wichtiger Grund „an sich“ anzuerkennenden Tatbeständen möglich.[1287] Die Vertragsparteien können insoweit zu erkennen geben, welche Umstände ihnen als außerordentliche Kündigungsgründe als besonders wichtig erscheinen, was dann im Rahmen der Interessenabwägung Berücksichtigung finden kann.[1288]

4. *Billigung oder Mitwirkung durch die Unternehmensleitung oder den Vorgesetzten*

Vor allem bei Korruptionsfällen kann im Rahmen der Interessenabwägung eine Rolle spielen und ggf. zugunsten des Arbeitnehmers berücksichtigt werden, dass der Arbeitgeber an der Straftat des Arbeitnehmers mitgewirkt oder das strafbare Arbeitnehmerverhalten initiiert oder geduldet hat.[1289] Ein Arbeitgeber kann sich im Kündigungsschutzprozess insbesondere nicht auf die Pflichtwidrigkeit eines Verhaltens berufen, wenn es sich dabei um zu einem früheren Zeitpunkt offensichtlich erwünschtes Verhalten handelt.[1290]

Zum Nachteil des Arbeitnehmers kann sich die Billigung des vertragswidrigen Verhaltens durch den Vorgesetzten des Arbeitnehmers nach der Rechtsprechung des Bundesarbeitsgerichts aber dann auswirken, wenn er nicht auf die Berechtigung des Vorgesetzten vertraute und daher ein bewusstes, kollusives Zusammenwirken vorliegt, das das Gewicht des Vertragsverstoßes erhöht.[1291] Das „Zusammenwirken“ mit einem anderen bzw. die „Anstiftung“ durch einen anderen kann bei nicht nur einmaligem, sondern jahrelang andauerndem

---

1287 BAG AP BGB § 626 Nr. 67; *Fischermeier/Krumbiegel*, in: GK-KR, § 626 BGB Rn. 76; *Kraft*, in: Soergel, BGB, § 626 Rn. 16; *Riesenhuber*, in: Erman, BGB, § 626 Rn. 22; vgl. hierzu auch *Henssler*, in: MüKo-BGB, § 626 Rn. 68.

1288 BAG AP BGB § 626 Nr. 67; *Fischermeier/Krumbiegel*, in: GK-KR, § 626 BGB Rn. 76; *Kraft*, in: Soergel, BGB, § 626 Rn. 16; vgl. *Temming*, in: Staudinger, BGB, § 626 Rn. 45.

1289 ArbG München NZA-RR 2009, 134 (135 f.); ArbG Berlin, Urt. v. 18.2.2010 – 38 Ca 12879/09, BeckRS 2010, 68681; *Benecke/Groß*, BB 2015, 693 (695 f.); *Niemann*, in: ErfK, § 626 BGB Rn. 98a; einschränkend *Kolbe*, NZA 2009, 228 (230 f.); zur Thematik Straftaten „für“ das Unternehmen und die insoweit bestehenden Wertungskonflikte zwischen Straf- und Arbeitsrecht, siehe auch *Göpfert/Landauer*, NZA-Beilage 2011, 16 (18 ff.).

1290 ArbG Berlin, Urt. v. 18.2.2010 – 38 Ca 12879/09, BeckRS 2010, 68681: „Der Klägerin aus heutiger Sicht vorzuhalten, sie habe Überwachungen von Arbeitnehmern veranlasst, die damals gewollt, heute aber – möglicherweise – nicht mehr opportun erscheinen, geht kündigungsrechtlich fehl.“

1291 BAG NZA 2019, 445 (447, 450).

vertragswidrigen Verhalten nicht zugunsten des Arbeitnehmers berücksichtigt werden, wenn dieser jederzeit ohne Offenbarungsdruck zu „rechtstreuem Verhalten" hätte zurückkehren können.[1292]

In engem Zusammenhang hiermit steht die dem Arbeitgeber im Rahmen der Interessenabwägung zum Nachteil gereichende Nichtverhinderung von (strafbaren) Pflichtverstößen durch Einführung und effektive Durchsetzung von Compliance-Richtlinien.[1293] Richtlinien widersprechendes Verhalten kann einerseits die Vorteile, die Compliance-Richtlinien im Rahmen der Kündigungsprüfung für den Arbeitgeber mit sich bringen können,[1294] neutralisieren,[1295] andererseits aber auch unmittelbar zulasten des Arbeitgebers bzw. zugunsten des Arbeitnehmers in die Interessenabwägung einzustellen sein: So kann zugunsten des Arbeitnehmers zu berücksichtigen sein, wenn der Arbeitgeber bereits selbst (im durch das Arbeitsgericht entschiedenen Fall: durch Vorstandsentscheidung) in verschiedenen Fällen von verbindlichen internen Richtlinien abgewichen ist – insbesondere dann, wenn diese Richtlinien keine Ausnahmemöglichkeiten vorsehen.[1296] Dem Bundesarbeitsgericht zufolge ist es auch nicht etwa nach allgemeinen Erfahrungssätzen ausgeschlossen, dass einem Arbeitnehmer von seinem Vorgesetzten ein den eigenen internen Richtlinien möglicherweise widersprechendes Verhalten gestattet werde.[1297]

5. *Generalpräventive Aspekte*

Inwieweit eine durch die Kündigung bezweckte Generalprävention gegenüber anderen Arbeitnehmern im Rahmen der Interessenabwägung berücksichtigungsfähig ist,[1298] wird unterschiedlich beurteilt: In der

1292 BAG NZA 2019, 445 (449).

1293 Vgl. *Niemann*, in: ErfK, § 626 BGB, Rn. 41; siehe hierzu bereits oben unter Kap. 4, A. IV. 3.

1294 Siehe hierzu bereits oben unter Kap. 4, A. IV. 3.

1295 Vgl. BAGE 142, 188 (195 f.) = NZA 2013, 199 (201), wonach das Gericht zweiter Instanz rechtsfehlerfrei angenommen habe, dass es auf einen erfolgten Hinweis auf die interne Anti-Korruptions-Richtlinie nicht ankomme, da die Vorgesetzten des Arbeitnehmers dessen den Richtlinien widersprechendes Verhalten abgesegnet bzw. geduldet hatten.

1296 ArbG Mannheim, Urt. v. 9.11.2017 – 8 Ca 121/17, BeckRS 2017, 148765, wobei das Gericht diese Erwägungen mit Blick auf das Erfordernis einer vorherigen Abmahnung anstellt; siehe hierzu auch Anm. *Mengel*, CCZ 2018, 236 ff.

1297 BAGE 142, 188 (196) = NZA 2013, 199 (201).

1298 Vgl. hierzu bereits oben Kap. 2, C. II.

Literatur[1299] wird eine Berücksichtigung generalpräventiver Aspekte wohl überwiegend abgelehnt, während die Rechtsprechung[1300] bereits auf solche Aspekte im Sinne einer Abschreckungswirkung gegenüber den anderen Arbeitnehmern abgestellt hat. So hat das Bundesarbeitsgericht in einem Urteil aus dem Jahr 1996 ausgeführt: „Der Arbeitgeber darf auch berücksichtigen, wie es sich auf das Verhalten der übrigen Arbeitnehmer auswirkt, wenn er von einer Kündigung absieht. Insoweit handelt es sich noch um die Folgen des Fehlverhaltens, für das der Arbeitnehmer einzustehen hat.“[1301] In einer weiteren Entscheidung des Bundesarbeitsgerichts im darauffolgenden Jahr heißt es: „Außerdem stellt die Kündigung kein Disziplinierungsmittel gegenüber der Belegschaft dar [...], wenn auch im Einzelfall Gesichtspunkte der Betriebsdisziplin bei der Interessenabwägung eine Rolle spielen können [...].“[1302] Im Jahr 2004 hat das Bundesarbeitsgericht die Generalprävention dagegen ausdrücklich für einen „lediglich begrenzt tragfähigen“ und im konkreten Fall auch untauglichen Gesichtspunkt im Rahmen der Interessenabwägung erklärt.[1303]

6. *Strafzumessungsgesichtspunkte*

Das Bundesarbeitsgericht hat im Jahr 2019 entschieden, dass Strafzumessungsgesichtspunkte nach § 46 Abs. 2 StGB bei der Interessenabwägung außer Betracht bleiben müssen.[1304] Die Vorinstanz[1305] war davon ausgegangen, dass

---

1299 Siehe etwa *Bartels*, RdA 2010, 109 (111); *Buschmann*, AuR 2009, 220 (220); *Preis*, DB 1990, 630 (634); *ders.*, AuR 2010, 243 (245 f.); *D. Schneider*, Die arbeitsrechtliche Implementierung von Compliance- und Ethikrichtlinien, S. 229; *Stoffels*, NJW 2011, 118 (122); anders aber *Hunold*, NZA-RR 2011, 561 (568), der die Berücksichtigung generalpräventiver Aspekte als berechtigtes Interesse, insbesondere im Hinblick auf Mitarbeiter mit Führungs- und Vorbildfunktion, fordert.

1300 Siehe etwa BAGE 86, 95 (105) = NZA 1997, 1281 (1284); BAG, Urt. v. 24.10.1996 – 2 AZR 900/95, BeckRS 1996, 30367673; NZA 2004, 486 (488): „[...] kann es allein aus Gründen der Abschreckung der anderen Arbeitnehmer erforderlich sein [...]“; LAG Berlin-Brandenburg NZA-RR 2009, 188 (194); ArbG Mannheim NZA-RR 2009, 580 (582); aber auch in der Rechtsprechung finden sich ablehnende Stimmen, so etwa ArbG Reutlingen, Urt. v. 4.6.1996 – 1 Ca 73/96, BeckRS 2009, 55844.

1301 BAG, Urt. v. 24.10.1996 – 2 AZR 900/95, BeckRS 1996, 30367673.

1302 BAGE 86, 95 (105) = NZA 1997, 1281 (1284).

1303 BAG AP BGB § 626 Nr. 191.

1304 BAG NZA 2019, 445 (448); vgl. hierzu auch *Niemann*, in: ErfK, § 626 BGB Rn. 40; *Stoffels*, in: BeckOK-ArbR, § 626 BGB Rn. 76.

1305 LAG Baden-Württemberg, Urt. v. 29.5.2018 – 19 Sa 61/17, BeckRS 2018, 11320.

das Verschulden des Arbeitnehmers maßgeblich durch seine Beweggründe und Ziele charakterisiert werde, die bei der Beurteilung von Täterpersönlichkeit und Verwerflichkeit der Tat nach § 46 Abs. 2 StGB zu berücksichtigen seien. Dem Bundesarbeitsgericht zufolge beruht diese Auffassung allerdings auf einer „Verkennung des Rechtsbegriffs des Verschuldens", da es nach der Rechtsprechung des Bundesarbeitsgerichts bei der Prüfung der Wirksamkeit einer Kündigung nicht um repressive Strafzumessung oder Sanktionsfindung für vergangenes Unrecht gehe, sondern das Prognoseprinzip gelte.[1306]

V. Rechtsfolge: Kündigungsrecht des Arbeitgebers

1. Grundsatz: Privatautonomie, Entscheidungsfreiheit des Arbeitgebers

Aus Gründen der Privatautonomie muss es dem Arbeitgeber zumindest unter bestimmten Voraussetzungen möglich sein, sich von seinem Vertragspartner zu lösen.[1307] Die Kündigungsmöglichkeit nach § 626 BGB, § 1 KSchG ist Ausdruck dieses Gedankens.[1308] Liegen die Voraussetzungen des § 626 BGB bzw. des § 1 KSchG vor, ist es dem Arbeitgeber möglich, das Arbeitsverhältnis durch Kündigung zu beenden. Im Rahmen seiner negativen Vertragsfreiheit kann der Arbeitgeber jedoch grundsätzlich auch von arbeitsrechtlichen Maßnahmen absehen.[1309] Es liegt folglich zunächst beim Arbeitgeber, ob und wie er auf Pflichtverstöße des Arbeitnehmers reagiert.[1310] Das Vorliegen eines Kündigungsgrunds hat insofern nicht zwingend den Ausspruch einer Kündigung zur Folge.[1311]

2. Gesetzliche Verpflichtung und faktischer Zwang zur Kündigung

Allerdings kann in bestimmten Konstellationen eine gesetzliche Pflicht oder ein faktischer Zwang zur Kündigung bestehen.[1312]

1306 BAG NZA 2019, 445 (448); anders aber LAG Sachsen-Anhalt NZA-RR 2006, 411 (412) für die Berücksichtigung des (zwar unfreiwilligen) Abbruchs des Versuchs in Parallelwertung zum Strafrecht gem. §§ 23, 49 StGB.

1307 Siehe oben Kap. 2, A. II.; eingehend hierzu *Oetker*, RdA 1997, 9 (10 ff.).

1308 *Benecke/Groß*, BB 2015, 693 (693).

1309 Vgl. BAG NZA 1994, 209 (211); LAG Hamm, NZA-RR 2003, 401 (401); *Boemke*, NZA 1993, 532 (537); *Mengel*, CCZ 2008, 85 (88).

1310 *Benecke/Groß*, BB 2015, 693 (693); *Keiser*, JR 2010, 55 (57); *Schröder/Schreier*, BB 2010, 2565 (2568).

1311 *Benecke/Groß*, BB 2015, 693 (693).

1312 Siehe etwa *Mengel*, Compliance und Arbeitsrecht, § 5 Rn. 3; *Schröder/Schreier*, BB 2010, 2565 (2568); vgl. zu echten Handlungspflichten aus gesellschaftsrechtlichen

Aus arbeitsrechtlicher Sicht ist dies etwa der Fall, wenn der Schutz anderer Arbeitnehmer des Unternehmens Maßnahmen des Arbeitgebers aufgrund seiner bestehenden Fürsorgepflicht gebietet,[1313] wie z.B. bei Mobbing, der Verletzung von Arbeitnehmerschutzvorschriften[1314] oder auch bei Verstoß gegen das Benachteiligungsgebot des § 7 Abs. 1 AGG, vgl. § 12 Abs. 3 und 4 AGG[1315] (einschließlich Fälle sexueller Belästigung[1316]).[1317]

Daneben kann auch der Schutz von Unternehmensinteressen eine Pflicht zum Tätigwerden der Unternehmensleitung begründen.[1318] So besteht bei Compliance-Verstößen ein faktischer Zwang zur Ergreifung arbeitsrechtlicher Maßnahmen, wenn der Arbeitgeber ein Compliance-System, etwa zur Eindämmung der Korruption, implementiert;[1319] ein solches lässt sich bei systematischen Verstößen nur durch Verhängung von Sanktionen glaubwürdig und effektiv durchsetzen.[1320] Ein Druck zur Kündigung kann des Weiteren auf Verstöße gegen

---

Regeln (Corporate Governance) *Mengel*, CCZ 2008, 85 (88) und *U. Schneider*, ZIP 2003, 645 (646 ff.).

1313 *Mengel*, in: Knierim/Rübenstahl/Tsambikakis, Internal Investigations, Kap. 14 Rn. 87; vgl. z.B. LAG Schleswig-Holstein, Urt. v. 10.11.2015 – 2 Sa 235/15, BeckRS 2016, 66309: Das Interesse der Arbeitgeberin, ihre Arbeitnehmer vor sexueller Belästigung zu schützen, überwog das Interesse des Arbeitnehmers am Erhalt seines Arbeitsplatzes.

1314 *Mengel*, Compliance und Arbeitsrecht, § 5 Rn. 3; *dies.*, CCZ 2008, 85 (88).

1315 BAG NZA 2011, 1342 (1344); BAGE 150, 109 (113) = NZA 2015, 294 (296); *Eufinger*, RdA 2017, 223 (223); *Haußmann/Merten*, NZA 2015, 258 (258); *Kiel*, in: Ascheid/Preis/Schmidt, Kündigungsrecht, § 1 KSchG Rn. 504; *Mengel*, Compliance und Arbeitsrecht, § 5 Rn. 33; vgl. *Schröder/Schreier*, BB 2010, 2565 (2569).

1316 *Bauer/Schunder*, NZA 2022, 1368 (1369) mit Blick auf § 12 Abs. 3 AGG.

1317 In strafrechtlicher Hinsicht kann den Arbeitgeber wegen unterbliebener Verhinderung betriebsbezogener Straftaten durch Mitarbeiter unter dem Gesichtspunkt der Geschäftsherren- und Vorgesetztenhaftung eine Unterlassungsstrafbarkeit nach § 13 StGB treffen, vgl. eingehend hierzu *Bülte*, NZWiSt 2012, 176 (176 ff.) mwN.

1318 *Thielemann*, Verstöße des Arbeitnehmers gegen Compliance- und Ethikrichtlinien, S. 125 ff.

1319 *Kiel*, in: Ascheid/Preis/Schmidt, Kündigungsrecht, § 1 KSchG Rn. 504.

1320 *Bussmann/Matschke*, CCZ 2009, 132 (136); *Göpfert/Drägert*, CCZ 2011, 25 (25 f.); *Mengel*, Compliance und Arbeitsrecht, § 5 Rn. 3; *dies./Hagemeister*, BB 2007, 1386 (1392); *Schaupensteiner*, NZA-Beilage 2011, 8 (11); *Stück*, CCZ 2018, 183 (186); *Thielemann*, Verstöße des Arbeitnehmers gegen Compliance- und Ethikrichtlinien, S. 113, 122 f.; *Vogt*, NJW 2009, 3755 (3755); vgl. auch *Saliger*, RW 2013, 263 (267); *U. Schneider*, ZIP 2003, 645 (650): Die Ahndung von Verletzungen müsse durch Disziplinarmaßnahmen sichergestellt werden.

Geschäftspartnerkodices folgen („Third Party Compliance"), die ein compliancekonformes Verhalten zwischen den Geschäftspartnern festschreiben und für den Fall von Verstößen Sanktionen, wie die Kündigung der Geschäftsbeziehungen, vorsehen.[1321] Der Verzicht auf Sanktionen kann bei Bestehen eines Compliance-Systems außerdem als stillschweigende Duldung gewertet werden.[1322] Insoweit kann sogar eine bußgeldbewehrte Aufsichtspflichtverletzung des Betriebsinhabers gem. § 130 OWiG vorliegen.[1323] Zudem kann sich in Unternehmen mit mehreren Hierarchiestufen der Vorgesetzte durch Unterlassen einer Kündigung selbst pflichtwidrig verhalten, wenn die Compliance-Regelungen eine Sanktion aufgrund des Verstoßes zwingend vorsehen.[1324]

Somit kann ein Druck zur „personellen Selbstreinigung" durch Behörden, Geschäftspartner oder Kunden, aber auch durch die externe Öffentlichkeit das Ergreifen personeller Maßnahmen aus Sicht des Arbeitgebers bzw. Unternehmens erforderlich machen.[1325] Wenn Dritte unter Androhung von Nachteilen für den Arbeitgeber von diesem die Entlassung eines bestimmten Arbeitnehmers verlangen, liegt nach der Rechtsprechung eine Druckkündigung vor, wobei zwischen unechter und echter Druckkündigung unterschieden wird.[1326]

VI. Ergebnis

Das Kündigungsrecht kennt sowohl im Rahmen der außerordentlichen als auch der ordentlichen Kündigung grundsätzlich keine absoluten Kündigungsgründe, bei deren Vorliegen der Richter die Kündigung ohne Berücksichtigung der Umstände des Einzelfalls oder der Schwere des Kündigungsgrunds anerkennen

---

1321 *Eufinger*, RdA 2017, 223 (223); siehe näher hierzu auch *Busekist/Uhlig*, in: Hauschka/Moosmayer/Lösler, Corporate Compliance, § 35 Rn. 1 ff.; *Schorn*, in: Hauschka/Moosmayer/Lösler, Corporate Compliance, § 13 Rn. 8 ff.

1322 *Pelz*, in: Hauschka/Moosmayer/Lösler, Corporate Compliance, § 5 Rn. 31; *Schaupensteiner*, NZA-Beilage 2011, 8 (11); *Thielemann*, Verstöße des Arbeitnehmers gegen Compliance- und Ethikrichtlinien, S. 113; vgl. auch *Tessin*, BB 1987, 984 (988).

1323 *Rogall*, in: KK-OWiG, § 130 Rn. 65 f.; *Schaupensteiner*, NZA-Beilage 2011, 8 (11); vgl. *Thielemann*, Verstöße des Arbeitnehmers gegen Compliance- und Ethikrichtlinien, S. 113.

1324 *Mengel*, Compliance und Arbeitsrecht, § 5 Rn. 3.

1325 *Benecke/Groß*, BB 2015, 693 (693).

1326 BAG NZA 2014, 109 (111); vgl. dazu auch *Kiel*, in: Ascheid/Preis/Schmidt, Kündigungsrecht, § 1 KSchG Rn. 504; *Niemann*, in: ErfK, § 626 Rn. 185; siehe hierzu bereits oben Kap. 4, II. 1.

müsste.[1327] Gleiches gilt im Fall strafbaren Arbeitnehmerverhaltens. Nach der Rechtsprechung ist stets zu prüfen, ob ein Sachverhalt „an sich“ zur Kündigung geeignet ist (1. Stufe) und sodann, ob das Interesse des Arbeitgebers an der (ggf. sofortigen) Beendigung das Interesse des Arbeitnehmers an der Fortsetzung des Arbeitsverhältnisses (ggf. bis zum Ablauf der Kündigungsfrist) überwiegt (2. Stufe).[1328]

Die Strafbarkeit eines Arbeitnehmerverhaltens spielt in diesem System maßgeblich auf Ebene des Kündigungsgrunds „an sich“ (1. Stufe) eine Rolle. Bei Vorliegen einer Straftat des Arbeitnehmers stellt sich hier dann die Frage, ob durch das strafbare Verhalten – sofern nachweisbar oder zumindest dringend verdächtig – eine Pflicht aus dem Arbeitsverhältnis verletzt wurde, dringende betriebliche Erfordernisse die Beendigung des Arbeitsverhältnisses erforderlich machen oder durch die Straftat ein Grund in der Person gegeben ist, der einer Fortsetzung des Arbeitsverhältnisses entgegensteht.[1329] Dabei können die Straftat und der Kündigungsgrund zusammenfallen und aus demselben Arbeitnehmerverhalten folgen, so etwa bei Straftaten gegen das Vermögen des Arbeitgebers, die zugleich Vertragspflichtverletzungen darstellen.[1330] Bei der personenbedingten Kündigung liegt der Eignungsmangel als eigentlicher Kündigungsgrund in der Straftat begründet und folgt ihr daher gewissermaßen zeitlich nach.[1331]

Strafbares Arbeitnehmerverhalten kann somit verschiedene Anknüpfungspunkte für eine Kündigung durch den Arbeitgeber bieten, bildet dabei aber nicht immer den „unmittelbaren“ Kündigungsgrund.[1332] Insbesondere die Kündigung wegen außerdienstlichen strafbaren Verhaltens zeigt, dass alleine das Vorliegen einer Straftat nicht automatisch[1333] zu einer Vertragsbeeinträchtigung führt,

---

1327 *Preis*, Prinzipien des Kündigungsrechts bei Arbeitsverhältnissen, S. 94 f.; vgl. hierzu auch oben Kap. 4, A. I. 1. mwN.

1328 Siehe oben unter Kap. 4, A. I. 1., IV.

1329 Vgl. oben unter Kap. 4, A. II. 1.; vgl. auch *A. Otto*, Der Wegfall des Vertrauens in den Arbeitnehmer als wichtiger Grund zur Kündigung des Arbeitsverhältnisses, S. 186: „Bei Straftaten, die das Beschäftigungsverhältnis betreffen, ist danach zu unterscheiden, wann, wo, gegen wen und wie sie verübt worden sind.“

1330 Siehe oben Kap. 4, A. II. 1. a).

1331 Siehe oben Kap. 4, A. II. 1. b), 2.

1332 Ähnlich *Klinkhammer*, ArbRAktuell 2017, 320 (323).

1333 *Preis*, AuR 2010, 242 (243); *ders.*, AuR 2010, 186 (186): „Es gibt keinen Automatismus, dass aus der objektiven Erfüllung eines Straftatbestandes zwingend ein Kündigungsgrund folgt.“; vgl. auch *Ascheid*, Kündigungsschutzrecht, Rn. 434: „Ein verhaltensbedingter Grund ist nicht schon eine strafgesetzlich erfasste Handlungsweise. Der

sondern für die Feststellung eines Kündigungsrechts des Arbeitgebers weitere, von der arbeitsgerichtlichen Rechtsprechung aufgestellte Voraussetzungen bzw. Kriterien erfüllt sein müssen.[1334] Auch im Rahmen der Verdachtskündigung wird dies besonders deutlich, wenn das Bestehen eines dringenden Verdachts einer strafbaren Handlung ohne Rücksicht auf eine ergangene strafgerichtliche Verurteilung oder einen Freispruch wegen letzter Zweifel beurteilt werden kann.[1335]

Das Vorliegen einer strafbaren Handlung erlaubt folglich generell noch keine Aussage über das Vorliegen eines Kündigungsgrunds „an sich". Deshalb erscheint es auch als unpräzise, bei strafbarem Arbeitnehmerverhalten generell von einer Kündigung „aufgrund von" oder „wegen" einer Straftat oder von der Straftat „als" Kündigungsgrund „an sich" zu sprechen. Mit Blick auf die Bedeutung der Straftat im System der Kündigungsgründe überzeugt die Terminologie von *Klinkhammer*, der insoweit von „Kündigungen im Zusammenhang mit strafbarem Verhalten"[1336] und arbeitgeberseitigen Kündigungen, „die als Reaktion auf strafrechtlich relevantes Verhalten des Arbeitnehmers ausgesprochen wurden",[1337] spricht.

Im Rahmen der Interessenabwägung (2. Stufe) spielt das Vorliegen einer bestimmten Straftat, soweit ersichtlich, keine unmittelbare Rolle. Insbesondere kann nach der Rechtsprechung des Bundesarbeitsgerichts nicht auf Strafzumessungsgesichtspunkte im Sinne von § 46 StGB abgestellt werden.[1338] Wenngleich das Bundesarbeitsgericht insoweit eine deutliche Abgrenzung zum Strafrecht vornimmt, sind inhaltliche Überschneidungen nicht ausgeschlossen. So ist die Höhe des durch den Arbeitnehmer verursachten Schadens sowohl im Rahmen der Interessenabwägung als auch der Strafzumessung bei Vermögensstraftaten ein berücksichtigungsfähiger Umstand.[1339]

Eine Straftat hat demzufolge in mehrfacher Hinsicht keine zwingenden arbeitsrechtlichen Konsequenzen: Weder das Vorliegen eines Kündigungsgrunds „an sich" ist durch die Einordnung des Arbeitnehmerverhaltens als

---

verhaltensbedingte Grund ist vielmehr ein die vertraglich zu erbringende Leistung störender Grund."; *Oetker*, in: ErfK, § 1 KSchG Rn. 193.

1334 Ähnlich *Klinkhammer*, ArbRAktuell 2017, 320 (323); vgl. hierzu oben Kap. 4, A. II. 1., 2.

1335 Vgl. oben Kap. 4, A. II. 3. c).

1336 *Klinkhammer*, ArbRAktuell 2017, 320 (320, 323).

1337 *Klinkhammer*, ArbRAktuell 2017, 320 (320).

1338 BAG NZA 2019, 445 (448); näher oben unter Kap. 4, A. IV. 6.

1339 Siehe oben unter Kap. 3, B. II. 3. und Kap. 4, A. IV. 1.

strafbar vorbestimmt, noch ist die Interessenabwägung durch das Vorliegen einer Straftat determiniert. Selbst wenn die Voraussetzungen für eine Kündigung gegeben sind, steht es dem Arbeitgeber grundsätzlich frei, von einer Kündigung abzusehen (Ausnahme: gesetzliche Verpflichtungen oder faktischer Kündigungszwang).[1340]

B. Die Straftat in der arbeitsgerichtlichen Rechtsprechung

Nachdem die Bedeutung der Straftat im System der Kündigungsgründe dargestellt worden ist, stellt sich nun die Frage, wie die Arbeitsgerichte mit Kündigungssachverhalten mit strafrechtlichem Bezug umgehen und welchen Stellenwert sie hierbei der strafrechtlichen Beurteilung des Sachverhalts beimessen.

I. Als Kündigungsgrund „an sich" geeignete Delikte

Wenngleich kein Automatismus besteht, dass bei Straftaten stets auch ein Kündigungsgrund „an sich" gegeben ist,[1341] hat die arbeitsgerichtliche Rechtsprechung im Zusammenhang mit verschiedenen strafbaren Handlungen Obersätze für die „an sich"-Eignung solchen Verhaltens als Kündigungsgrund aufgestellt. Im Folgenden soll ein Überblick über diejenigen Delikte gegeben werden, die insoweit bereits Anknüpfungspunkt für Kündigungen waren und untersucht werden, wie die Rechtsprechung hier das Vorliegen eines Kündigungsgrunds „an sich" begründet bzw. worauf zur Begründung abgestellt wird.

1. Eigentums- und Vermögensdelikte

Eigentums- und Vermögensdelikte sind nach der Rechtsprechung des Bundesarbeitsgerichts als Kündigungsgrund „an sich" geeignet. So formuliert das Bundesarbeitsgericht beispielsweise:[1342] „Zum Nachteil des Arbeitgebers begangene Eigentums- oder Vermögensdelikte, aber auch nicht strafbare, ähnlich schwerwiegende Handlungen unmittelbar gegen das Vermögen des Arbeitgebers kommen typischerweise als Grund für eine außerordentliche Kündigung in Betracht." Gleiches wird im Rahmen der Verdachtskündigung angenommen: „Der gegen den Arbeitnehmer gerichtete dringende Verdacht eines Eigentums- oder

---

1340 Siehe oben Kap. 4, A. V.

1341 Siehe oben unter Kap. 4, A. VI.

1342 BAG NZA 2011, 571 (572) mwN; BAGE 156, 370 (372) = NZA 2017, 112 (113); NZA 2022, 1599 (1600); ähnlich etwa BAGE 134, 349 (355) = NZA 2010, 1227 (1229); BAGE 145, 278 (281) = NZA 2014, 143 (144).

Vermögensdelikts zum Nachteil des Arbeitgebers ist an sich geeignet, eine außerordentliche Kündigung zu rechtfertigen.“[1343]

Konkret wird die Eignung als wichtiger Kündigungsgrund „an sich“ insbesondere für Diebstahl und Unterschlagung von im Eigentum des Arbeitgebers stehenden Gegenständen, beispielsweise durch Verkauf von Sachen an Dritte,[1344] bejaht.[1345] Begründet wird dies mit der generellen Eignung einer solchen Straftat zur Beeinträchtigung des Vertrauensverhältnisses zwischen Arbeitgeber und Arbeitnehmer; im Rahmen der Interessenabwägung ist dann der Umfang der Störung durch die Straftat im konkreten Fall zu prüfen.[1346] Darüber hinaus vermag ein Diebstahl zulasten einer Konzernschwester des Arbeitgebers eine (in diesem Fall: ordentliche) Kündigung zu rechtfertigen.[1347] Auch der Diebstahl bei Kunden des Arbeitgebers[1348] oder bei Arbeitskollegen[1349] ist wegen Beeinträchtigung des Vertrauensverhältnisses zwischen Arbeitnehmer und Arbeitgeber „an sich“ geeignet, einen Kündigungsgrund darzustellen.

Die Unterschlagung von Gegenständen im Eigentum Dritter kann ebenfalls als Kündigungsgrund „an sich“ geeignet sein, wenn das Arbeitnehmerverhalten „nicht nur als Straftat zu werten“ ist, sondern „zugleich eine erhebliche Pflichtverletzung“ gegenüber dem Arbeitgeber darstellt, so bejaht für die Unterschlagung von Fundsachen.[1350] Eine große praktische Bedeutung weist insbesondere die Entwendung geringwertiger Sachen auf.[1351]

Die Eignung als Kündigungsgrund wurde außerdem für den Straftatbestand des § 248b StGB (Unbefugter Gebrauch eines Fahrzeugs) im Fall der unbefugten Privatnutzung eines Dienstfahrzeugs bejaht.[1352] Das Vermögen des Arbeitgebers

---

1343 BAGE 105, 356 (359) = NZA 2003, 1193 (1194).

1344 BAGE 91, 30 (34) = NZA 1999, 708 (709).

1345 BAG NZA 1985, 91 (92); NZA 1985, 286 (286); NZA 2004, 486 (487); NZA 2008, 1008 (1009); LAG Hessen v. 4.7.1985 – 12 Sa 1329/84, BeckRS 1985, 30450751; LAG Rheinland-Pfalz, Urt. v. 7.8.2018 – 8 Sa 29/18, BeckRS 2018, 29073.

1346 BAG NZA 1985, 286 (287).

1347 BAG NZA 1985, 285 (285 f.).

1348 LAG Köln NZA-RR 1999, 415 (415): „Das gilt jedenfalls dann, wenn dadurch das Vertrauensverhältnis zwischen den Arbeitsvertragsparteien zerstört oder erheblich belastet und die Beziehungen zwischen dem Arbeitgeber und seinem Geschäftspartner beeinträchtigt werden.“

1349 LAG Köln NZA-RR 2002, 519 (519).

1350 LAG Düsseldorf, Urt. v. 28.6.2019 – 6 Sa 994/18, BeckRS 2019, 18853.

1351 *Temming*, in: Staudinger, BGB, § 626 Rn. 192 mwN; vgl. nur die Rechtsprechungsübersicht zu potenziellen Bagatellfällen unten unter Kap. 4, B. II. 1., 2.

1352 LAG Rheinland-Pfalz, Urt. v. 24.1.2019 – 5 Sa 291/18, BeckRS 2019, 4683.

werde durch den Verbrauch des Treibstoffs und die Abnutzung des Fahrzeugs verletzt.[1353] Das Landesarbeitsgericht Rheinland-Pfalz nimmt hier eine entsprechende strafrechtliche Würdigung vor, „auch wenn für die kündigungsrechtliche Beurteilung einer Pflichtverletzung deren strafrechtliche Bewertung nicht maßgebend ist“, und geht von einer erheblichen Verletzung der Vertragspflichten aus.[1354]

Im Hinblick auf das Vermögen des Arbeitgebers ist zunächst an Betrugsfälle[1355] zu denken. So wurde die Möglichkeit einer außerordentlichen Kündigung bei Vortäuschung der Arbeitsunfähigkeit durch Arztbescheinigungsmanipulation bejaht.[1356] Gleiches gilt für den Spesenbetrug (auch bei nur einmaligem Vorkommen und geringem Betrag)[1357] sowie für den Arbeitszeitbetrug.[1358] So heißt es etwa in der Entscheidung des Bundesarbeitsgerichts vom 26.9.2013:[1359] „Der vorsätzliche Verstoß eines Arbeitnehmers gegen seine Verpflichtung, die abgeleistete, vom Arbeitgeber nur schwer zu kontrollierende Arbeitszeit korrekt zu dokumentieren, kommt als wichtiger Grund zur außerordentlichen Kündigung iSv § 626 I BGB in Frage.“ Dabei findet sich auch in den Entscheidungen zu unzutreffender Arbeitszeiterfassung der Hinweis auf die insoweit ständige Rechtsprechung, dass es dabei nicht entscheidend auf die strafrechtliche Würdigung, sondern auf den mit der Pflichtverletzung verbundenen schweren Vertrauensbruch ankomme.[1360]

Ebenfalls als Kündigungsgrund „an sich“ geeignet ist der Prozessbetrug eines Arbeitnehmers zulasten des Arbeitgebers durch bewusst falschen

---

1353 LAG Rheinland-Pfalz, Urt. v. 24.1.2019 – 5 Sa 291/18, BeckRS 2019, 4683.

1354 LAG Rheinland-Pfalz, Urt. v. 24.1.2019 – 5 Sa 291/18, BeckRS 2019, 4683.

1355 Vgl. *Fischermeier/Krumbiegel*, in: GK-KR, § 626 BGB Rn. 95 bzgl. des früher in § 123 Abs. 1 Nr. 1 GewO geregelten Anstellungsbetrugs; zu den verschiedenen Konstellationen des Anstellungsbetrugs *Rothe*, AuR 1953, 274 (274 ff.).

1356 LAG Hessen v. 23.3.2015 – 16 Sa 646/14, BeckRS 2015, 68706.

1357 Siehe nur BAGE 9, 263 (267 f.) = AP BGB § 626 Nr. 42; AP BGB § 626 Nr. 49; NZA 2008, 636 (638); LAG Berlin-Brandenburg, Urt. v. 18.11.2009 – 15 Sa 1588/09, BeckRS 2011, 67157; vgl. dazu *Temming*, in: Staudinger, BGB, § 626 Rn. 189 mwN.

1358 Siehe etwa BAGE 114, 264 (268 f.) = NZA 2005, 991 (993); NZA 2006, 484 (485); NZA 2011, 1027 (1028); NZA 2019, 445 (447); LAG Rheinland-Pfalz, Urt. v. 15.11.2012 – 10 Sa 270/12, BeckRS 2013, 65008; LAG Niedersachsen, Urt. v. 6.7.2022 – 8 Sa 1148/20, NZA-RR 2022, 632 (633) und Urt. v. 6.7.2022 – 8 Sa 1150/20, BeckRS 2022, 26601; vgl. dazu auch *Temming*, in: Staudinger, BGB, § 626 Rn. 145 mwN.

1359 BAGE 146, 161 (175) = NZA 2014, 443 (448).

1360 So etwa BAGE 114, 264 (269) = NZA 2005, 991 (993); NZA 2006, 484 (485).

Tatsachenvortrag in einem gerichtlichen Verfahren zwischen den Arbeitsvertragsparteien, da der Arbeitnehmer hierdurch „massiv eine nebenvertragliche Pflicht aus dem Arbeitsverhältnis“ verletzt.[1361]

Auch die Vorlage gefälschter Lohnabrechnungen zum Zweck der Täuschung über die Bonität im Rahmen einer privaten Kreditanfrage kann die persönliche Eignung des Arbeitnehmers für seine ihm arbeitsvertraglich obliegenden Aufgaben in Frage stellen und als außerdienstliches Verhalten einen an sich geeigneten wichtigen Grund im Sinne von § 626 Abs. 1 BGB darstellen.[1362] Das Landesarbeitsgericht Hamm geht dabei in seiner Entscheidung „aufgrund eigener Gesamtwürdigung, im [...] Ergebnis in Übereinstimmung mit der Würdigung der Strafrichterin erster Instanz, von einer täterschaftlichen Begehung des Klägers an einem Urkundendelikt zum Nachteil der Beklagten und einem versuchten Betrug gegenüber der F Bank aus“.[1363]

Weiterhin kann die Untreue nach § 266 StGB nach der Rechtsprechung einen „an sich“ zur Kündigung geeigneten Grund darstellen. So wurde etwa im Fall der Veruntreuung von 115.000,00 Euro angenommen, dass ein „an sich“ geeigneter Kündigungsgrund in der „Vermögensstraftat“ liege, welche die Arbeitnehmerin zulasten ihrer Arbeitgeberin begangen habe.[1364] Dabei hat das Gericht das bezüglich desselben Sachverhalts ergangene Strafurteil im Rahmen seiner Prüfung und Bewertung des Sachverhalts herangezogen, durch das die Arbeitnehmerin wegen Untreue verurteilt worden war.[1365]

Ebenso kann der Verdacht der Veruntreuung einer Geldlieferung durch eine Kassiererin grundsätzlich ein wichtiger Grund im Sinne des § 626 BGB sein.[1366] Das Landesarbeitsgericht Hamm hat hier insoweit eine strafrechtliche Einordnung vorgenommen, als von einer Vermögensstraftat und Veruntreuung gesprochen wird.[1367] Allerdings wird mit Verweis auf die Rechtsprechung des

---

1361 LAG Nürnberg, Urt. v. 22.1.2020 – 6 Sa 297/19, BeckRS 2020, 6334.

1362 LAG Hamm, Urt. v. 19.8.2021 – 8 Sa 1671/19, BeckRS 2021, 25680. Das Gericht bejahte zugleich eine Verletzung der Rücksichtnahmepflicht nach § 241 Abs. 2 BGB und ging insoweit von einer Kündigung aus personen- und verhaltensbedingten Gesichtspunkten aus.

1363 LAG Hamm, Urt. v. 19.8.2021 – 8 Sa 1671/19, BeckRS 2021, 25680.

1364 LAG Hamm, Urt. v. 24.10.2019 – 17 Sa 1038/18, BeckRS 2019, 38478.

1365 LAG Hamm, Urt. v. 24.10.2019 – 17 Sa 1038/18, BeckRS 2019, 38478.

1366 LAG Hamm, Urt. v. 14.8.2017 – 17 Sa 1540/16, BeckRS 2017, 120865, allerdings wird das Vorliegen eines wichtigen Grundes „an sich“ im Ergebnis mangels hinreichender Anhörung abgelehnt.

1367 LAG Hamm, Urt. v. 14.8.2017 – 17 Sa 1540/16, BeckRS 2017, 120865.

Bundesarbeitsgerichts darauf hingewiesen, dass die strafrechtliche Beurteilung für die kündigungsrechtliche Bewertung nicht maßgebend sei, sondern der damit verbundene Vertrauensbruch.[1368]

2. Korruptionsdelikte

Auch Korruptionsdelikte können als Kündigungsgrund „an sich“ geeignet sein. Das Bundesarbeitsgericht hat sich zur Vorteilsannahme und Bestechlichkeit durch einen Arbeitnehmer wie folgt geäußert: „Wer als Arbeitnehmer bei der Ausführung von vertraglichen Aufgaben Vorteile, Belohnungen oder Geschenke für sich fordert, sich versprechen lässt oder entgegennimmt, verletzt zugleich – unabhängig von einer möglichen Strafbarkeit wegen Vorteilsannahme nach § 331 Abs. 1 StGB bzw. Bestechlichkeit nach § 332 Abs. 1 StGB – seine Pflicht, auf die berechtigten Interessen seines Arbeitgebers Rücksicht zu nehmen (§ 241 Abs. 2 BGB).“[1369]

Ein solches Verhalten sei „an sich“ geeignet, einen wichtigen Grund zur Kündigung zu bilden, wobei es nicht darauf ankomme, ob es bereits zu einer „den Arbeitgeber schädigenden Handlung gekommen ist“.[1370] Vielmehr begründe schon der „ins Auge gefasste Vorteil“ allgemein die Gefahr, der Arbeitnehmer werde nicht mehr ausschließlich die Arbeitgeberinteressen wahrnehmen.[1371] Der wichtige Grund liege in der „zu Tage getretenen Einstellung des Arbeitnehmers“.[1372]

So kann die (langjährige) Annahme von Schmiergeldern einen wichtigen Grund im Sinne des § 626 Abs. 1 BGB darstellen, wobei das Bundesarbeitsgericht

---

1368 LAG Hamm, Urt. v. 14.8.2017 – 17 Sa 1540/16, BeckRS 2017, 120865.

1369 BAG NZA 2013, 137 (138 f.); vgl. AP BGB § 626 Verdacht strafbarer Handlung Nr. 37.

1370 BAG NZA 2013, 137 (138 f.) mwN; so in der aktuellen Rechtsprechung etwa LAG Rheinland-Pfalz, Urt. v. 27.9.2018 – 2 Sa 57/18, BeckRS 2018, 33736; LAG Köln, Urt. v. 22.5.2020 – 4 Sa 5/20, BeckRS 2020, 16162; siehe zur Korruption(-sbeteiligung) als Kündigungsgrund „an sich“ auch *Kolbe*, NZA 2009, 228 (228 f.) und *Zimmer/Stetter*, BB 2006, 1445 (1449 f.).

1371 BAG NZA 2013, 137 (138 f.) mwN; vgl. LAG Rheinland-Pfalz, Urt. v. 27.9.2018 – 2 Sa 57/18, BeckRS 2018, 33736; LAG Köln, Urt. v. 22.5.2020 – 4 Sa 5/20, BeckRS 2020, 16162.

1372 BAG NZA 2013, 137 (138 f.) mwN; AP BGB § 626 Verdacht strafbarer Handlung Nr. 37; vgl. LAG Rheinland-Pfalz, Urt. v. 27.9.2018 – 2 Sa 57/18, BeckRS 2018, 33736; LAG Köln, Urt. v. 22.5.2020 – 4 Sa 5/20, BeckRS 2020, 16162.

regelmäßig keine genaue strafrechtliche Einordnung vornimmt.[1373] Als maßgeblich wird der Verlust des Vertrauens in die Zuverlässigkeit und Redlichkeit des Arbeitnehmers angesehen.[1374] Abgestellt wird in diesen Entscheidungen teilweise auf das „Schmiergeldverbot“, wie es etwa in § 3 Abs. 2 TVöD und § 10 BAT geregelt ist.[1375] Ein solcher Verstoß gegen das Schmiergeldverbot (in diesem Fall: § 10 BAT) wird als derart schwerwiegend betrachtet, dass auch die Interessenabwägung nur ausnahmsweise zugunsten des Arbeitnehmers ausfallen könne.[1376] Das Landesarbeitsgericht Rheinland-Pfalz stellt auch strafrechtliche Überlegungen an und führt in seiner Entscheidung vom 26.3.2016 aus, dass sich der Kläger zwar nicht einer Bestechlichkeit im Sinne des § 299 Abs. 1 StGB schuldig gemacht habe, aber ein arbeitsvertragswidriges Verhalten auch nicht erst bei Überschreitung der Grenze zur Strafbarkeit vorliege, und bejaht im Ergebnis ein vertragswidriges Verhalten wegen Verstoßes gegen das Schmiergeldverbot.[1377]

Die Bestechung oder der Verdacht der Bestechung von Kundenmitarbeitern ist nach der Rechtsprechung ebenfalls als Kündigungsgrund „an sich“ im Rahmen des § 626 Abs. 1 BGB geeignet, da der Arbeitnehmer hierdurch seine Rücksichtnahmepflicht gem. § 241 Abs. 2 BGB verletze.[1378] Zwar findet sich hier erneut der Hinweis, dass es nicht entscheidend auf die strafrechtliche Würdigung ankomme, doch wird auf die Möglichkeit einer Strafbarkeit nach den §§ 246, 266, 299 Abs. 2 StGB hingewiesen.[1379]

1373 BAGE 81, 27 (35 f.) = NZA 1996, 81 (83) ohne Hinweis auf eine strafrechtliche Einordnung; BAG NZA 1996, 419 (420); BAGE 99, 331 (334) = AP BGB § 626 Nr. 175; BAGE 24, 401 (408) = AP BGB § 626 Nr. 65 mit Hinweis auf das strafrechtliche Schmiergeldverbot in § 12 UWG a.F., aber ohne Subsumtion; NZA 1996, 419 (422); NJOZ 2002, 508 (513 f.); NZA 2006, 101 (104); vgl. dazu *Dzida*, NZA 2012, 881 (881 ff.); *Schaefer/Baumann*, NJW 2011, 3601 (3604); *Steinkühler/Kunze*, RdA 2009, 367 (368 ff.); *Zimmer/Stetter*, BB 2006, 1445 (1449).

1374 BAGE 24, 401 (408) = AP BGB § 626 Nr. 65.

1375 BAGE 24, 401 (408) = AP BGB § 626 Nr. 65; BAG NZA 1996, 419 (422); NJOZ 2002, 508 (513 f.); BAGE 99, 331 (334) = AP BGB § 626 Nr. 175; NZA 2006, 101 (104); vgl. LAG Köln, Urt. v. 22.11.2012 – 13 Sa 614/12, BeckRS 2013, 66970 (Entgegennahme von 500 Euro); dazu auch *Straube*, in: Straube/Rasche, Arbeitsrechtliche Korruptionsbekämpfung, Rn. 329 ff.

1376 BAG NZA 2006, 101 (104).

1377 LAG Rheinland-Pfalz, Urt. v. 26.2.2016 – 1 Sa 358/15, BeckRS 2016, 68356.

1378 BAGE 142, 188 (194) = NZA 2013, 199 (201).

1379 BAGE 142, 188 (194) = NZA 2013, 199 (201).

3. *Steuerhinterziehung*

Auch eine Steuerhinterziehung „in erheblicher Höhe“ (67.000 DM) wurde im Fall eines Angestellten einer Finanzbehörde als wichtiger Grund „an sich“ angesehen.[1380] Das Bundesarbeitsgericht ordnet die Steuerhinterziehung nach § 370 AO als „schweres Wirtschaftsdelikt“ ein und verweist auf den Strafrahmen des Delikts.[1381] An der Eignung als Kündigungsgrund „an sich“ ändere auch eine strafbefreiende Selbstanzeige durch den Arbeitnehmer nichts, da sich die Strafbefreiung aus steuerpolitischen Erwägungen[1382] rechtfertige und die Selbstanzeige dem Arbeitnehmerverhalten nicht den Unrechtsgehalt nehme.[1383]

4. *Ehrdelikte*

Auch im Rahmen der Entscheidungen der Rechtsprechung in Fällen der Beleidigung,[1384] die grundsätzlich einen „an sich“ wichtigen Grund bilden kann, findet sich der (in der Formulierung variierende) Hinweis bezüglich der strafrechtlichen Beurteilung: „Bei einer auf eine Beleidigung gestützten fristlosen Entlassung kommt es nicht auf die strafrechtliche Wertung, sondern darauf an, ob dem Arbeitgeber deswegen nach dem gesamten Sachverhalt die Fortsetzung des Arbeitsverhältnisses noch zuzumuten ist.“[1385]

1380 BAG NZA 2002, 1030 (1031).

1381 BAG NZA 2002, 1030 (1031).

1382 Siehe hierzu etwa *Kohler*, in: MüKo-StGB, § 371 AO Rn. 23 mwN.

1383 BAG NZA 2002, 1030 (1032). Diese Argumentation erscheint zweifelhaft vor dem Hintergrund, dass neben den steuerpolitischen Erwägungen auch strafrechtliche Erwägungen („Gedanken der Wiedergutmachung i.S. eines strafbefreienden Tatausgleichs“) zum Tragen kommen sollen und das Unrecht der Tat hiernach kompensiert wird, so *Seer*, in: Tipke/Kruse, AO/FGO, 162. Lfg., 9/2020, § 371 AO Rn. 4; siehe zu strafrechtlichen Legitimationsansätzen auch *Beckemper*, in: Hübschmann/Hepp/Spitaler, AO/FGO, 234. Lfg., 8/2015, § 371 AO Rn. 16 ff.

1384 BAGE 3, 193 (195 f.) = NJW 1957, 478 (478 f.); NZA 1999, 1270 (1271); vgl. dazu *Temming*, in: Staudinger, BGB, § 626 Rn. 162 mwN; LAG Köln, Urt. v. 6.6.2019 – 4 Sa 18/19, BeckRS 2019, 24767 (Ausstoß von Affenlauten „Ugah Ugah“): Das Gericht spricht von einer rassistischen Beleidigung und Vertragspflichtverletzung, nimmt aber keinen Bezug auf das Strafrecht; LAG Düsseldorf, Urt. v. 10.12.2020 – 5 Sa 231/20, BeckRS 2020, 44025 („schwere rassistische und beleidigende Äußerungen gegenüber ausländischen Mitarbeitern eines Fremdunternehmens“, u.a. „Ölaugen“, „Nigger“, „Untertanen“); siehe zum Begriff und der Beurteilung der Beleidigung im Straf- und Arbeitsrecht auch *Schrader*, NZA-RR 2016, 281 (282 ff.).

1385 So etwa der amtliche Leitsatz von BAGE 3, 193 (193) = NJW 1957, 478 (478).

Im Fall verbaler sowie mittels des WhatsApp-Messengers geäußerter ausländer- und islamfeindlicher Beleidigungen gegenüber einem türkischstämmigen Arbeitskollegen muslimischen Glaubens sieht das Landesarbeitsgericht Baden-Württemberg in seiner Entscheidung vom 19.12.2019 einen Sachverhalt, der typischerweise als wichtiger Grund zur außerordentlichen Kündigung geeignet ist.[1386] Das Gericht spricht zwar von „massiven verbalen Beleidigungen",[1387] nimmt aber keinen Bezug auf Normen des Strafgesetzbuchs. Selbst ein Hinweis auf die höchstrichterliche Rechtsprechung, wonach es nicht auf die strafrechtliche Beurteilung eines Sachverhalts ankomme, unterbleibt in der Entscheidung.[1388]

Das Arbeitsgericht Berlin sieht in seiner Entscheidung vom 5.5.2021 die Bezeichnung einer Vorgesetzten der Arbeitnehmerin als „Ming Vase" und die zur Verstärkung verwendeten Gesten als zur Beleidigung und Herabsetzung von Mitmenschen anderer Herkunft geeignet an und bejaht das Vorliegen eines wichtigen Grunds „an sich".[1389] Das Gericht stellt auf den insoweit vorliegenden Verstoß gegen die Rücksichtnahmepflicht ab und nimmt keine strafrechtliche Einordnung vor.[1390]

In einer Entscheidung aus dem Jahr 2019 führt das Landesarbeitsgericht Baden-Württemberg aus, dass ein wichtiger Grund für eine fristlose Kündigung insbesondere vorliegen könne, wenn der Arbeitnehmer zulasten eines Vorgesetzten den Tatbestand der üblen Nachrede gem. § 186 StGB erfülle.[1391] So sei die Begehung von (Ehr-)Delikten zulasten des Arbeitgebers oder von Vorgesetzten grundsätzlich geeignet, einen die außerordentliche Kündigung „an sich" rechtfertigenden Grund zu bilden.[1392] Das Gericht verweist dann zwar auf die höchstrichterliche Rechtsprechung, wonach es nicht auf die strafrechtliche Wertung ankomme, nimmt dann aber eine eingehende strafrechtliche Prüfung im Rahmen der ersten Stufe der Kündigungsprüfung vor.[1393] Auch im Rahmen der Interessenabwägung bezieht das Gericht strafrechtliche Wertungen mit ein. So handele es sich bei der verbreiteten unwahren Tatsache (Verurteilung wegen Vergewaltigung) um eine äußerst gravierende Beschuldigung, da eine Vergewaltigung gem. § 177 StGB einen Verbrechenstatbestand mit einer

---

1386 LAG Baden-Württemberg, Urt. v. 19.12.2019 – 3 Sa 30/19, BeckRS 2019, 39361.
1387 LAG Baden-Württemberg, Urt. v. 19.12.2019 – 3 Sa 30/19, BeckRS 2019, 39361.
1388 Vgl. LAG Baden-Württemberg, Urt. v. 19.12.2019 – 3 Sa 30/19, BeckRS 2019, 39361.
1389 ArbG Berlin, Urt. v. 5.5.2021 – 55 BV 2053/21, NZA-RR 2021, 364 (365).
1390 ArbG Berlin, Urt. v. 5.5.2021 – 55 BV 2053/21, NZA-RR 2021, 364 (365).
1391 LAG Baden-Württemberg, Urt. v. 14.3.2019 – 17 Sa 52/18, BeckRS 2019, 12724.
1392 LAG Baden-Württemberg, Urt. v. 14.3.2019 – 17 Sa 52/18, BeckRS 2019, 12724.
1393 LAG Baden-Württemberg, Urt. v. 14.3.2019 – 17 Sa 52/18, BeckRS 2019, 12724.

Mindeststrafandrohung von zwei Jahren darstelle.[1394] Auch im Hinblick auf die Entbehrlichkeit einer vorherigen Abmahnung stellt das Landesarbeitsgericht auf die Strafbarkeit des Verhaltens der Arbeitnehmerin ab: „In Anbetracht der Strafbarkeit (§ 186 StGB) ihres Verhaltens, war für die Klägerin erkennbar eine Hinnahme des Verhaltens durch die Beklagte offensichtlich ausgeschlossen.“[1395]

5. *Straftaten gegen die persönliche Freiheit und die sexuelle Selbstbestimmung*

Die Nötigung des Arbeitgebers nach § 240 StGB[1396] kann ebenso wie die Bedrohung des Arbeitgebers gem. § 241 StGB[1397] einen wichtigen Grund gem. § 626 Abs. 1 BGB darstellen. So führt das LAG Düsseldorf in einer Entscheidung über die Wirksamkeit einer außerordentlichen Kündigung wegen Bedrohung des Vorgesetzten und dessen Familie mit körperlicher Gewalt aus, dass eine ernstliche Drohung des Arbeitnehmers mit Gefahren für Leib oder Leben des Arbeitgebers, von Vorgesetzten und/oder Kollegen als „an sich“ wichtiger Grund in Betracht komme; dies stelle, ohne dass es auf die Strafbarkeit nach § 241 StGB ankäme, eine erhebliche Nebenpflichtverletzung dar.[1398]

Im Fall der Drohung eines Arbeitnehmers mit Selbstmord und einem Amoklauf zur Durchsetzung eigener Interessen spricht das Gericht von einer „Drohung“ bzw. „Bedrohung“, „ohne dass es auf eine Strafbarkeit nach § 241 StGB ankäme“, und geht vom Vorliegen einer erheblichen Pflichtverletzung aus.[1399] Dies gelte unabhängig davon, ob das Arbeitnehmerverhalten auf die Herbeiführung eines bestimmten Erfolgs ziele, wobei der Wille zur Herbeiführung eines entsprechenden Erfolgs das Gewicht einer Bedrohung aber verstärken könne.[1400] In strafrechtlicher Hinsicht dürfte hier aufgrund des vom Arbeitnehmer verfolgten Ziels der Druckausübung und Durchsetzung eigener Interessen insoweit

---

1394 LAG Baden-Württemberg, Urt. v. 14.3.2019 – 17 Sa 52/18, BeckRS 2019, 12724.

1395 LAG Baden-Württemberg, Urt. v. 14.3.2019 – 17 Sa 52/18, BeckRS 2019, 12724.

1396 BAG NZA 2014, 1258 (1260). Eine versuchte Nötigung dürfte vorliegen im Fall des LAG Rheinland-Pfalz, Urt. v. 21.7.2020 – 8 Sa 430/19, BeckRS 2020, 22568 wegen Drohung mit einer willkürlichen Krankmeldung des Arbeitnehmers im Fall der Ausübung des Weisungsrechts durch die Arbeitgeberin; das Gericht spricht hier von einer schweren Pflichtverletzung und von erpressungsgleichem Verhalten.

1397 LAG Düsseldorf, Urt. v. 8.6.2017 – 11 Sa 823/16, zitiert nach juris: „Ich stech’ Dich ab“; NZA-RR 2022, 460 (461).

1398 LAG Düsseldorf NZA-RR 2022, 460 (461).

1399 BAG NZA 2017, 1605 (1606 f.).

1400 BAG NZA 2017, 1605 (1607).

von einer versuchten Nötigung auszugehen sein, hinter der eine ggf. ebenfalls verwirklichte Bedrohung bezüglich des Amoklaufs nach der Rechtsprechung zurücktreten würde.[1401]

Auch eine Freiheitsberaubung gab im Fall des Einschließens eines Kollegen auf der Toilette bereits Anlass zur Kündigung, wobei das Arbeitsgericht Siegburg unter Hinweis auf die höchstrichterliche Rechtsprechung eine erhebliche Pflichtverletzung bejaht und ausführt: „Hierdurch beraubte der Kläger Herrn … zumindest zeitweise seiner Freiheit und der ungehinderten Möglichkeit des Verlassens der Toilette. Inwieweit es sich um eine Freiheitsberaubung im Sinne des § 239 StGB handelt, ist nicht entscheidungserheblich."[1402]

Gleiches gilt etwa für die sexuelle Belästigung[1403] und Nachstellung.[1404] So hält das Landesarbeitsgericht Köln im Fall eines Arbeitnehmers, der auf einer Dienstreise seine Kollegin ohne Einvernehmen mehrfach an sich heranzog und küsste, ein solches Verhalten „unabhängig von der Strafbarkeit der Tat wegen sexueller Belästigung" als schwere Verletzung der Rücksichtnahmepflicht gem. § 241 Abs. 2 BGB als Grund zur Kündigung für „an sich" geeignet.[1405] In einem anderen Fall wird die Zusendung pornografischer Videos an eine Kollegin über WhatsApp durch das Landesarbeitsgericht Mecklenburg-Vorpommern als sexuelle Belästigung im Sinne von §§ 7 Abs. 1, 3 Abs. 3 AGG eingeordnet, die eine Verletzung vertraglicher Pflichten darstellt (vgl. § 7 Abs. 3 AGG).[1406] Ob sich der Arbeitnehmer durch dieses Verhalten zugleich strafbar gemacht habe, sei nicht von den Arbeitsgerichten zu bewerten.[1407]

Das Bundesarbeitsgericht betont im Fall der beharrlichen Nachstellung durch einen Arbeitskollegen, dass ein solches Verhalten an sich als wichtiger Grund zur Kündigung geeignet sei, aber „es nicht entscheidend auf die strafrechtliche

---

1401 Vgl. BGH NStZ 2006, 342 (342) mwN.

1402 ArbG Siegburg, Urt. v. 11.2.2021 – 5 Ca 1397/20, BeckRS 2021, 2742.

1403 BAG NZA 2001, 91 (91 ff.); NZA 2004, 1214 (1215), aber im konkreten Fall keine Handlungen, „die strafrechtlich […] relevant wären"; NZA-RR 2010, 180 (183 Rn. 33 f.); BAGE 149, 355 (358) = NZA 2015, 353 (354) bei bereits ergangenem Strafurteil; vgl. dazu *Temming*, in: Staudinger, BGB, § 626 Rn. 165 mwN; die Eignung einer sexuellen Nötigung als Kündigungsgrund „an sich" offen gelassen durch LAG Berlin-Brandenburg, Urt. v. 25.9.2020 – 9 Sa 500/20, BeckRS 2020, 32379.

1404 BAG NZA-RR 2012, 567 (570); vgl. dazu *Temming*, in: Staudinger, BGB, § 626 Rn. 165.

1405 LAG Köln, Urt. v. 1.4.2021 – 8 Sa 798/20, BeckRS 2021, 11246.

1406 LAG Mecklenburg-Vorpommern NZA-RR 2020, 419 (421).

1407 LAG Mecklenburg-Vorpommern NZA-RR 2020, 419 (422).

Würdigung an[komme] (vgl. § 238 StGB), sondern auf die mit diesem Verhalten verbundene Störung des Betriebsfriedens“.[1408]

6. *Sonstige Delikte*

Im Zusammenhang mit Betrugshandlungen wird häufig eine Urkundenfälschung gem. § 267 StGB begangen,[1409] welche nach der Rechtsprechung ebenfalls als Kündigungsgrund „an sich“ geeignet ist.[1410] Das Bundesarbeitsgericht hat in einem entsprechenden Fall das Verhalten zwar als Urkundenfälschung eingeordnet, dann aber maßgeblich auf das Vorliegen eines schwerwiegenden, vorsätzlichen Fehlverhaltens abgestellt.[1411] Das Landesarbeitsgericht Hessen führt in einer Entscheidung zur Urkundenfälschung aus: „Darauf, ob das Verhalten der Klägerin strafrechtlich als Urkundenfälschung (§ 267 Abs. 1 StGB) anzusehen ist, kommt es nicht an“, bejaht aber im Ergebnis eine die Kündigung rechtfertigende schwere Vertragspflichtverletzung.[1412] Im Zusammenhang mit der Corona-Pandemie kam es in jüngerer Vergangenheit zu verschiedenen arbeitsgerichtlichen Entscheidungen zu Arbeitgeberkündigungen, so wegen Vorlage eines gefälschten Impfausweises,[1413] eines gefälschten Genesenennachweises,[1414] eines ungültigen Corona-Testzertifikats[1415] und einer falschen Impfunfähigkeitsbescheinigung.[1416] Hier ist an Delikte wie die Urkundenfälschung, § 267 StGB, den Gebrauch unrichtiger Gesundheitszeugnisse, § 279 StGB, oder auch an Strafvorschriften des Infektionsschutzgesetzes zu denken; in den genannten

---

1408 BAG NZA-RR 2012, 567 (570).

1409 Vgl. etwa LAG Hessen v. 23.3.2015 – 16 Sa 646/14, BeckRS 2015, 68706; LAG Hamm, Urt. v. 19.8.2021 – 8 Sa 1671/19, BeckRS 2021, 25680.

1410 BAGE 85, 114 (125 f.) = NZA 1997, 813 (815); LAG Hessen v. 23.3.2015 – 16 Sa 646/14, BeckRS 2015, 68706. Vgl. auch ArbG Mannheim NZA-RR 2022, 192 (192 ff.) bezüglich der Kündigung eines Arbeitnehmers wegen inhaltlicher Veränderung und Löschens beweisrelevanter E-Mails – hier dürfte es sich in Abgrenzung zur Urkundenfälschung um die Fälschung beweiserheblicher Daten gem. § 269 StGB handeln, wobei das Gericht aber keine solche strafrechtliche Einordnung vornimmt, sondern „unabhängig von der strafrechtlichen Einordnung“ eine Pflichtverletzung bejaht.

1411 BAGE 85, 114 (126) = NZA 1997, 813 (815).

1412 LAG Hessen v. 23.3.2015 – 16 Sa 646/14, BeckRS 2015, 68706.

1413 ArbG Köln NZA-RR 2022, 298 (301 f.).

1414 ArbG Berlin, Urt. v. 26.4.2022 – 58 Ca 12302/21, BeckRS 2022, 11392.

1415 ArbG Hamburg NZA-RR 2022, 303 (304).

1416 ArbG Lübeck NZA-RR 2022, 365 (366).

Entscheidungen haben die Arbeitsgerichte indes für den Kündigungsgrund auf das Vorliegen einer Pflichtverletzung des Arbeitnehmers abgestellt.[1417]

Einen Kündigungsgrund kann auch die Falschbeurkundung im Amt (§ 348 StGB) durch Manipulationen bei einer Abgasuntersuchung durch einen TÜV-Prüfer darstellen, wobei das Landesarbeitsgericht Rheinland-Pfalz nicht auf eine etwaige Strafbarkeit abstellt („[…] ist zu berücksichtigen, dass vorliegend die strafrechtliche Beurteilung des Fehlverhaltens des Klägers nicht maßgeblich ist"), sondern auf die in der Manipulation liegende Pflichtverletzung.[1418]

Ein Kündigungsgrund „an sich" kann nach der Rechtsprechung darüber hinaus etwa bei Totschlag,[1419] Tätlichkeiten bzw. Körperverletzungen,[1420] Trunkenheit am Steuer,[1421] Pfandkehr,[1422] Verletzung von Privatgeheimnissen,[1423] Verrat von Geschäfts- und Betriebsgeheimnissen[1424] und bei Verstoß gegen die Vertraulichkeit des Wortes[1425] oder das Briefgeheimnis[1426] gegeben sein.

1417 Vgl. näher zur arbeitsrechtlichen und strafrechtlichen Einordnung solcher Fälle *Gierok/Köllmann*, NZA 2022, 1227 (1228 ff., 1231 ff.); *Pieper*, NZA-RR 2022, 445 (445); *dies.*, NZA-RR 2022, 449 (449 ff.).

1418 LAG Rheinland-Pfalz, Urt. v. 19.10.2020 – 3 Sa 503/19, BeckRS 2020, 44813.

1419 BAGE 95, 78 (86 f.) = NZA 2000, 1282 (1285).

1420 BAGE 73, 42 (52) = NZA 1994, 409 (412); LAG Berlin NZA-RR 1998, 495 (495); LAG Hessen NZA-RR 2000, 526 (527); LAG Hessen, Urt. v. 19.4.2012 – 7 Sa 984/11, BeckRS 2012, 71650; vgl. dazu *Temming*, in: Staudinger, BGB, § 626 Rn. 164 mwN; siehe LAG Düsseldorf, Urt. v. 27.4.2021 – 3 Sa 646/20, BeckRS 2021, 8847 zur generellen Eignung vorsätzlichen Corona-Anhustens mit den Worten „Ich hoffe, Du bekommst Corona" als Kündigungsgrund „an sich", „ohne dass es auf die Frage der Strafbarkeit eines solchen Verhaltens im Einzelnen ankäme".

1421 BAG NJW 1964, 74 (74 f.).

1422 BAG AP BGB § 626 Nr. 191.

1423 LAG Baden-Württemberg, Urt. v. 11.11.2016 – 12 Sa 22/16, BeckRS 2016, 119356.

1424 BAG, Urt. v. 18.3.1982 – 2 AZR 940/79, BeckRS 1982, 4958 (zu § 17 UWG a.F.); vgl. zu § 17 UWG a.F. auch NZA 2014, 1258 (1260); keine Änderungen an der Eignung solcher Verhaltensweisen als Kündigungsgrund „an sich" ergeben sich durch die Einführung des Geschäftsgeheimnisgesetzes, siehe *Fuhlrott*, ArbRAktuell 2020, 79 (80).

1425 BAGE 142, 351 (361) = NZA 2013, 143 (146): „Dabei kommt es nicht entscheidend auf die strafrechtliche Würdigung an (vgl. § 201 StGB)"; ebenso LAG Hessen NZA-RR 2018, 73 (74).

1426 BAG NZA-RR 2011, 15 (17).

7. *Zwischenergebnis*

Nach der arbeitsgerichtlichen Rechtsprechung kann einer Vielzahl an Delikten die Eignung als Kündigungsgrund „an sich" zukommen, doch wird zumeist betont, dass es nicht maßgeblich auf die strafrechtliche Bewertung der Tat, sondern auf das Vorliegen einer Vertragspflichtverletzung und den damit verbundenen Vertrauensverlust ankomme. Bei den meisten genannten Delikten wird auf eine Verletzung der Rücksichtnahmepflicht (§ 241 Abs. 2 BGB) abgestellt, doch sind auch Hauptpflichtverletzungen denkbar (so etwa beim Arbeitszeitbetrug).[1427]

Gemeinsam ist vielen der nach der Rechtsprechung als Kündigungsgrund „an sich" geeigneten Delikten, dass Verletzter der Straftat im konkreten Fall der Arbeitgeber sein muss, also eine Einschränkung des Straftatbestands auf „Opferseite" durch die arbeitsgerichtliche Rechtsprechung erfolgt (vgl. etwa der Verdacht „zum Nachteil des Arbeitgebers" begangener Eigentums- oder Vermögensdelikte[1428]). Auch hier wird somit deutlich, dass alleine die Begehung einer Straftat im Sinne des Strafgesetzbuchs ohne Vorliegen weiterer Voraussetzungen, insbesondere eines hinreichenden Bezugs zum Arbeitsverhältnis – sei es etwa durch unmittelbare Schädigung des Arbeitgebers (Arbeitgeber als „Verletzter" im Sinne des Strafgesetzbuchs) oder durch Störung des Betriebsfriedens – nicht über die Bejahung der Eignung eines Verhaltens als Kündigungsgrund „an sich" entscheidet.

II. Rechtsprechungsanalyse zu „Bagatell"-Fällen

Unter dem Begriff Bagatelle wird gemeinhin eine unbedeutende, geringfügige Angelegenheit oder Kleinigkeit verstanden.[1429] Denkbar sind im Kündigungsrecht insoweit auch nicht strafrechtsrelevante, „leichte" Pflichtverletzungen, wie etwa eine erstmalige Unpünktlichkeit oder eine nicht erhebliche Minderleistung.[1430] In den von der Arbeitsgerichtsbarkeit entschiedenen Fällen, in denen sich Begriffe wie „Bagatelle",[1431] „Bagatelltat",[1432]

1427 Siehe hierzu auch *Preis*, AuR 2010, 186 (191); *Zborowska*, Die außerordentliche Verdachtskündigung, S. 106 f.

1428 BAGE 105, 356 (359) = NZA 2003, 1193 (1194).

1429 Duden Wörterbuch, https://www.duden.de/rechtschreibung/Bagatelle (zuletzt aufgerufen am 5.10.2023).

1430 *Preis*, AuR 2010, 186 (189 f.).

1431 LAG Berlin-Brandenburg, Urt. v. 17.8.2007 – 25 Sa 1000/07, BeckRS 2009, 55842; LAG Mecklenburg-Vorpommern, Urt. v. 2.6.2009 – 5 Sa 237/08 = BeckRS 2009, 66812; ArbG Reutlingen, Urt. v. 4.6.1996 – 1 Ca 73/96, BeckRS 2009, 55844.

1432 ArbG Hamburg, Urt. v. 27.8.1998 – 27 Ca 262/98, BeckRS 1998, 30776000.

„Bagatellfall",[1433] „Bagatellcharakter"[1434] oder „Geringwertigkeit"[1435] finden, handelt es sich aber typischerweise um verhaltensbedingte Tatkündigungen im Zusammenhang mit Eigentums- oder Vermögensdelikten des Arbeitnehmers oder um Kündigungen wegen des Verdachts solcher Straftaten.[1436] In der Literatur wird insoweit teilweise mit Begriffen wie „Bagatellkündigung"[1437] und „Bagatelldelikt"[1438] gearbeitet, was indes irritiert, wenn das Bagatelldelikt dann aber als „nicht notwendig strafbares Verhalten"[1439] oder als „vorsätzlicher und rechtswidriger eigennütziger Zugriff des Arbeitnehmers auf das Eigentum/Vermögen"[1440] definiert wird.[1441]

Auch im Arbeitsrecht werfen solche Fälle Probleme auf, da der Arbeitnehmer hier einerseits häufig nur geringe wirtschaftliche Schäden beim Arbeitgeber verursacht, aber mit der Kündigung der Verlust des Arbeitsplatzes, der regelmäßig die gesamte Existenzgrundlage des Arbeitnehmers bilden wird,[1442] verbunden ist. Bei der außerordentlichen Kündigung kann wegen Beendigung zu einem „krummen" Datum ggf. außerdem die Suche einer neuen Arbeitsstelle und damit einer neuen Existenzgrundlage erschwert sein.[1443] Andererseits treten Bagatellfälle regelmäßig häufiger auf und so können sich schnell hohe Schäden des Arbeitgebers summieren.[1444]

1433 LAG Baden-Württemberg, Urt. v. 20.10.2004 – 12 Sa 107/04, BeckRS 2009, 55843; LAG Rheinland-Pfalz, Urt. v. 7.8.2018 – 8 Sa 29/18, BeckRS 2018, 29073.

1434 BAG, Urt. v. 2.4.1987 – 2 AZR 204/86, BeckRS 1987, 30720897.

1435 Siehe etwa BAGE 92, 184 (191) = NJW 2000, 1969 (1971).

1436 Siehe hierzu im Einzelnen die Rechtsprechungsanalyse unter Kap. 4, B. II. 1.

1437 So etwa *Fandel/Kock*, BB 2011, 61 (62); *Zborowska*, Die außerordentliche Verdachtskündigung, S. 104.

1438 Vgl. *Bengelsdorf*, SAE 2011, 122 (122); *Eckert*, BC 2010, 26 (27); *Fuhlrott*, ArbRAktuell 2012, 498 (498 f.); *Stoffels*, NJW 2011, 118 (123); *Walker*, NZA 2009, 921 (925); *ders.*, NZA 2011, 1 (1 f.); *Zborowska*, Die außerordentliche Verdachtskündigung, S. 104.

1439 So *Zborowska*, Die außerordentliche Verdachtskündigung, S. 104.

1440 *Bengelsdorf*, SAE 2011, 122 (122).

1441 Kritisch zum Begriff der „Bagatell-Kündigung" *Bauer*, NZA-Beilage 2019, 21 (24 Fn. 27).

1442 Siehe oben Kap. 1, A. II., B. I. 1.

1443 *Schlachter*, NZA 2005, 433 (433); vgl. LAG Hessen, Urt. v. 25.5.2011 – 17 Sa 222/11, BeckRS 2011, 75516.

1444 ArbG Reutlingen, Urt. v. 4.6.1996 – 1 Ca 73/96, BeckRS 2009, 55844; vgl. hierzu oben aus kriminalpolitischer Sicht unter Kap. 3, F. I. 2.

1. (Potenzielle) Bagatellfälle in der Rechtsprechung

Im Folgenden werden arbeitsgerichtliche Entscheidungen näher beleuchtet, die sich mit Arbeitgeberkündigungen im Zusammenhang mit vermeintlichen Bagatellverstößen des Arbeitnehmers auseinandersetzen. Um einen unmittelbaren Vergleich der kündigungsrechtlichen Behandlung, aber auch der strafrechtlichen Einordnung ähnlich gelagerter Fälle durch die arbeitsgerichtliche Rechtsprechung zu ermöglichen, erfolgt die Darstellung rein nach sachverhaltsbezogenen Gesichtspunkten,[1445] wobei verschiedene Sachverhaltsgruppen gebildet werden.

a) Lebensmittel (insbesondere „Verzehr“-Fälle)

Das Bundesarbeitsgericht hat im „Bienenstich“-Fall die außerordentliche Kündigung einer Arbeitnehmerin, die bei ihrer Arbeitgeberin circa ein Jahr als Buffetkraft in deren Warenhaus beschäftigt war, für wirksam erklärt.[1446] Die Arbeitnehmerin hatte ein Stück Bienenstichkuchen aus dem Warenbestand entnommen und verzehrt, woraufhin die Arbeitgeberin eine außerordentliche Kündigung aussprach. Das Bundesarbeitsgericht führt in seiner Entscheidung aus, dass auch die unberechtigte Entwendung einer im Eigentum des Arbeitgebers stehenden Sache von geringem Wert „an sich“ geeignet, aber nicht ohne Berücksichtigung der besonderen Umstände des Einzelfalls stets ausreichend sei, eine fristlose Kündigung aus wichtigem Grund zu rechtfertigen, und betont das Erfordernis einer zweistufigen Prüfung.[1447] Die Arbeitnehmerin selbst ordnete auf Nachfrage ihr Verhalten als strafbaren Diebstahl ein, das Bundesarbeitsgericht selbst nimmt aber keine strafrechtliche Einordnung vor. Es wird

1445 Für eine Rechtsprechungsübersicht, die nach der Wirksamkeit der Kündigung, dem Fehlen eines wichtigen Grunds „an sich“, dem fehlenden Nachweis des Kündigungsgrunds, dem Vorrang der ordentlichen Kündigung und dem Vorrang der Abmahnung differenziert, siehe *Zborowska*, Die außerordentliche Verdachtskündigung, S. 355 ff.; für einen Überblick zur zeitlichen Entwicklung der arbeitsgerichtlichen Rechtsprechung siehe etwa *Klueß*, NZA 2009, 337 (337 ff.); vgl. auch *Fuhlrott*, ArbRAktuell 2012, 498 (498 ff.) und *Hunold*, NZA-RR 2011, 561 (561 ff.), die sich auf die Entwicklungen in der Rechtsprechung nach der „Emmely“-Entscheidung des Bundesarbeitsgerichts im Jahr 2010 fokussieren, sowie *Stoffels*, NJW 2011, 118 (119 f.) zur Bedeutung der „Emmely“-Entscheidung vor dem Hintergrund der bisherigen Rechtsprechung des Bundesarbeitsgerichts.

1446 BAG NJW 1985, 284 (284).

1447 BAG NJW 1985, 284 (284 f.).

insoweit nur von einer rechtswidrigen Verletzung des Eigentums der Arbeitgeberin gesprochen.[1448]

Im Fall der Mitnahme von drei Kaffeebechern, zwei Packungen Kochschinken und einer Dose Pflanzenöl im Gesamtwert von 19,57 DM aus dem Bordrestaurant ohne Bezahlung durch einen ICE-Steward mit mehr als 15-jähriger Beschäftigungsdauer und entgegen der bestehenden Dienstanweisung zum Personalverzehr hat das Bundesarbeitsgericht die von der Arbeitgeberin ausgesprochene außerordentliche Verdachtskündigung für wirksam gehalten.[1449] Die Vorinstanz hatte noch das Vorliegen eines wichtigen Grundes „an sich" im Hinblick auf die angesichts der Art und Geringwertigkeit der Gegenstände sowie des nur begrenzten Gebrauchswerts zum Ausdruck kommenden, nicht hinreichend schwerwiegenden kriminellen Energie und die geringe Schwere der strafbaren Handlung abgelehnt.[1450] Dagegen geht das Bundesarbeitsgericht in Fortführung der bisherigen höchstrichterlichen Rechtsprechung davon aus, dass auch der Diebstahl und die Unterschlagung geringwertiger Sachen grundsätzlich als wichtiger Grund geeignet sind.[1451] Ob die den Verdacht begründenden Tatsachen in strafrechtlicher Hinsicht als (versuchter) Diebstahl wegen Gewahrsamsbruchs oder als (versuchte) Unterschlagung einzuordnen sind, lässt das Bundesarbeitsgericht mit Hinweis auf die ständige Rechtsprechung, nach der es auf die strafrechtliche Bewertung nicht entscheidend ankomme, offen.[1452] In strafrechtlicher Hinsicht wurde dem Arbeitnehmer wegen versuchten Diebstahls bzw. wegen versuchter Unterschlagung durch rechtskräftigen Strafbefehl eine Geldstrafe auferlegt.[1453] Einen Rückgriff auf diesen Strafbefehl hält das Bundesarbeitsgericht in seiner Entscheidung im Hinblick auf das Vorliegen jedenfalls des Verdachts einer schweren Vertragspflichtverletzung nicht für erforderlich.[1454]

Das Landesarbeitsgericht Hamm hat – wie auch in erster Instanz das Arbeitsgericht Dortmund[1455] – im Fall des Verzehrs von Brotaufstrich („Hirtenfladenbelag") im Wert von weniger als 0,10 Euro durch einen Arbeitnehmer „eine nicht behebbare Störung der für ein Arbeitsverhältnis unverzichtbaren Vertrauensbeziehung" verneint und die ausgesprochene außerordentliche Kündigung

---

1448 BAG NJW 1985, 284 (285).
1449 BAGE 92, 184 (184 ff.) = NJW 2000, 1969 (1969 f.).
1450 LAG Hamburg, NZA-RR 1999, 469 (471).
1451 BAGE 92, 184 (191 ff.) = NJW 2000, 1969 (1971) mwN.
1452 BAGE 92, 184 (193 f.) = NJW 2000, 1969 (1972).
1453 BAGE 92, 184 (186) = NJW 2000, 1969 (1970).
1454 BAGE 92, 184 (194) = NJW 2000, 1969 (1972).
1455 ArbG Dortmund, Urt. v. 10.3.2009 – 2 Ca 4882/08, BeckRS 2009, 55152.

für unwirksam erklärt.[1456] Zwar seien strafrechtlich relevante Handlungen gegen das Eigentum und Vermögen des Arbeitgebers generell geeignet, die arbeitsvertragliche Rücksichtnahmepflicht schwerwiegend zu verletzen und das Vertrauen des Arbeitgebers in besonderer Weise zu missbrauchen.[1457] Im Verzehr des Brotaufstrichs liege ein eigentumsrelevanter Verstoß gegen vertragliche Vorschriften.[1458] Eine genaue strafrechtliche Einordnung nimmt dabei weder das Arbeitsgericht Dortmund noch das Landesarbeitsgericht Hamm vor.[1459] Die Interessenabwägung ist aber, insbesondere wegen des äußerst geringen Wertes der entzogenen Ware, zugunsten des Arbeitnehmers ausgegangen.[1460]

Auch in einem anderen Fall des Arbeitsgerichts Dortmund ging es um die Wirksamkeit einer einem mehr als 20 Jahre bei der Arbeitgeberin als Bäcker beschäftigten Arbeitnehmer wegen Verzehrs von circa 5 bis 10 Gramm Hirtenfladenbelag ausgesprochenen Kündigung.[1461] Die in diesem „Brotaufstrich“-Fall fristlose und hilfsweise fristgerechte Kündigung hat das Gericht für unwirksam gehalten.[1462] Die Arbeitgeberin spricht dabei von Unterschlagung, während das Gericht ohne nähere Einordnung von rechtswidriger und schuldhafter Aneignung bzw. Entwendung fremden Eigentums spricht.[1463] Das Gericht betont, dass die Geringwertigkeit des verzehrten Brotaufstrichs nicht bereits auf der ersten Stufe, also dem Kündigungsgrund „an sich“, sondern erst im Rahmen der Interessenabwägung zu berücksichtigen sei.[1464] Das Gericht hält das Verhalten als insbesondere „für weniger verwerflich und auch für weniger schädlich für den Arbeitgeber als ein Verhalten des Arbeitnehmers, bei dem – auch geringwertige Waren – aus dem Betriebsbereich des Arbeitgebers nach außen geschafft werden“.[1465]

Im Fall eines mehr als fünf Jahre bei der Arbeitgeberin als Schlachtergeselle beschäftigten Arbeitnehmers, der während der Freistellungsphase der Altersteilzeit in dem Markt, in dem er zuvor tätig war, eine Dose Frischkäse im Wert

1456 LAG Hamm, Urt. v. 18.9.2009 – 13 Sa 640/09, BeckRS 2009, 72250.
1457 LAG Hamm, Urt. v. 18.9.2009 – 13 Sa 640/09, BeckRS 2009, 72250.
1458 LAG Hamm, Urt. v. 18.9.2009 – 13 Sa 640/09, BeckRS 2009, 72250.
1459 Vgl. ArbG Dortmund, Urt. v. 10.3.2009 – 2 Ca 4882/08, BeckRS 2009, 55152: „Unabhängig von der Qualität des vorgeworfenen Verhaltens [...].“
1460 LAG Hamm, Urt. v. 18.9.2009 – 13 Sa 640/09, BeckRS 2009, 72250.
1461 ArbG Dortmund, Urt. v. 10.3.2009 – 7 Ca 4977/08, BeckRS 2009, 55151.
1462 ArbG Dortmund, Urt. v. 10.3.2009 – 7 Ca 4977/08, BeckRS 2009, 55151.
1463 ArbG Dortmund, Urt. v. 10.3.2009 – 7 Ca 4977/08, BeckRS 2009, 55151.
1464 ArbG Dortmund, Urt. v. 10.3.2009 – 7 Ca 4977/08, BeckRS 2009, 55151.
1465 ArbG Dortmund, Urt. v. 10.3.2009 – 7 Ca 4977/08, BeckRS 2009, 55151.

von 1,99 Euro einsteckte, ohne diesen anschließend an der Kasse zu bezahlen, sprach die Arbeitgeberin eine außerordentliche Verdachtskündigung aus.[1466] Das Landesarbeitsgericht Schleswig-Holstein hält diese Kündigung in seiner Entscheidung für wirksam.[1467] Das Gericht geht dabei wohl vom Vorliegen eines Ladendiebstahls bzw. eines dahingehenden Verdachts aus, führt allerdings auch aus: „In jedem Fall ist die Ware dem unmittelbaren Blick des Kassierpersonals verborgen. Die Kassierkräfte können nicht erkennen, ob es sich bei dem Gegenstand in der Hosentasche um Ware oder z.B. einen Schlüsselbund handelt."[1468] Dies deutet darauf hin, dass das Gericht zwar eine Abgrenzung von Diebstahl und Betrug angedacht hat. Eine Gewahrsamsbegründung durch Einstecken der Dose in die Hosentasche wird aber nicht thematisiert und auch auf die Möglichkeit eines Forderungsbetrugs geht das Landesarbeitsgericht nicht ein. Im Rahmen der Interessenabwägung stellt das Gericht maßgeblich auf die Zerstörung des Vertrauensverhältnisses durch die Mitnahme des Frischkäses ab.[1469]

Das Landesarbeitsgericht Mecklenburg-Vorpommern hat die außerordentliche und hilfsweise ordentliche Kündigung einer nahezu 20 Jahre bei der Arbeitgeberin, zuletzt regelmäßig als Gabelstaplerfahrerin beschäftigten Arbeitnehmerin wegen Ansichnahme und Einpackens einer Packung Käse mit einem Verkaufswert von 1,99 Euro und anschließenden Versuchs, das Werksgelände ohne Bezahlung zu verlassen, für unwirksam gehalten.[1470] Die Besonderheit des Falls liegt darin, dass der Teamleiter unberechtigt die Arbeitnehmerin und ihren Kollegen darauf hingewiesen hatte, dass jeder eine Packung Käse mit nach Hause nehmen dürfe. Das Gericht geht deshalb im Hinblick auf die Ansichnahme und das Einpacken des Käsepackung in ihre Tasche davon aus, dass „wohl bereits tatbestandlich nicht von einem (versuchten) Diebstahl im Sinne von §§ 242, 22, 23 StGB ausgegangen werden" könne.[1471] Insoweit wird (objektiv) ein Gewahrsamsbruch durch die Arbeitnehmerin aufgrund des Einverständnisses des Teamleiters verneint. Das durch den Teamleiter erklärte Einverständnis wirke bei der Arbeitnehmerin „bei zutreffender rechtlicher Subsumtion als sogenannter Erlaubnistatbestandsirrtum, welcher den Diebstahls- und Unterschlagungsvorsatz ausschließt ([…])". Ein fahrlässiger Diebstahl oder eine fahrlässige

1466 LAG Schleswig-Holstein NZA-RR 2005, 367 (367).
1467 LAG Schleswig-Holstein NZA-RR 2005, 367 (367).
1468 LAG Schleswig-Holstein NZA-RR 2005, 367 (367).
1469 LAG Schleswig-Holstein NZA-RR 2005, 367 (367).
1470 LAG Mecklenburg-Vorpommern, Urt. v. 12.6.2018 – 2 Sa 224/17, BeckRS 2018, 18843.
1471 LAG Mecklenburg-Vorpommern, Urt. v. 12.6.2018 – 2 Sa 224/17, BeckRS 2018, 18843.

Unterschlagung seien – selbst bei Erkennbarkeit der fehlenden Berechtigung des Teamleiters zur Erteilung des Einverständnisses – nicht strafbar. Das Gericht weist allerdings darauf hin, dass „ungeachtet dessen“ eine fahrlässige Verletzung arbeitsvertraglicher Pflichten vorliegen könne.[1472] Allerdings wird insoweit eine Abmahnung für ausreichend gehalten, weshalb das Gericht die Kündigung für unverhältnismäßig hält.[1473]

Als die Arbeitnehmerin mit der Packung Käse in ihrer Tasche das Werksgelände verlassen wollte, bemerkte sie, dass eine Taschenkontrolle am Ausgang durchgeführt wurde, woraufhin sie Richtung Werksgebäude umkehrte und die Käsepackung im Betriebsgebäude entsorgte. Auch dieses Verhalten der Arbeitnehmerin hat das Gericht für nicht strafrechtlich relevant gehalten. Denn ein etwaiger Diebstahl, unterstellt es läge kein tatbestandliches Einverständnis des Gewahrsamsinhabers in Form des stellvertretenden Teamleiters vor, wäre mit Einstecken der Käsepackung in die Tasche der Arbeitnehmerin vollendet. Das anschließende „vertuschende“ Handeln sei strafrechtlich betrachtet irrelevant. Die Zueignung sei bereits durch „Einstecken“ der Käsepackung erfolgt. Ginge aber die Arbeitnehmerin von einem Einverständnis aus und liege ein solches tatsächlich nicht vor, gelte nichts anderes. Mit Einstecken der Käsepackung begründe die Arbeitnehmerin neuen, eigenen Gewahrsam und eigne sich die Käsepackung zu. Vollendung einer etwaigen strafrechtlich relevanten Tat wäre dann bereits eingetreten, weshalb kein Raum für eine Versuchsstrafbarkeit verbleibe.[1474] Im Hinblick auf die Entbehrlichkeit der Abmahnung berücksichtigt das Landesarbeitsgericht „positive Anhaltspunkte im Hinblick auf eine Verhaltensänderung der Arbeitnehmerin“, da sie bei Bemerken der Torkontrolle umgekehrt sei und die Käsepackung zurückgelassen habe.[1475]

Die Entscheidung des Landesarbeitsgerichts Mecklenburg-Vorpommern irritiert im Hinblick auf die strafrechtlichen Ausführungen in mehrfacher Hinsicht. So schließt ein Einverständnis im Rahmen von § 242 StGB bereits den Tatbestand aus, es handelt sich nicht um einen Rechtfertigungsgrund.[1476] Wäre die Arbeitnehmerin also von einem wirksamen Einverständnis durch den Teamleiter ausgegangen, so hätte sie ohne Vorsatz bezüglich eines objektiven

1472 LAG Mecklenburg-Vorpommern, Urt. v. 12.6.2018 – 2 Sa 224/17, BeckRS 2018, 18843.
1473 LAG Mecklenburg-Vorpommern, Urt. v. 12.6.2018 – 2 Sa 224/17, BeckRS 2018, 18843.
1474 LAG Mecklenburg-Vorpommern, Urt. v. 12.6.2018 – 2 Sa 224/17, BeckRS 2018, 18843.
1475 LAG Mecklenburg-Vorpommern, Urt. v. 12.6.2018 – 2 Sa 224/17, BeckRS 2018, 18843.
1476 *Bosch*, in: Schönke/Schröder, StGB, § 242 Rn. 36; *Kindhäuser/Hoven*, in: NK-StGB, § 242 Rn. 41.

Tatbestandsmerkmals gehandelt.[1477] Ein Erlaubnistatbestandsirrtum im Sinne der fehlerhaften Vorstellung über das tatsächliche Vorliegen der Voraussetzungen eines Rechtfertigungsgrundes[1478] ist dagegen nicht ersichtlich. Auch die Einordnung als „(versuchter) Diebstahl im Sinne von §§ 242, 22, 23 StGB“ ist insoweit nicht nachvollziehbar.
Des Weiteren ist das Gericht wegen des Umkehrens und Zurücklassens der Käsepackung im Betrieb vom Bewusstsein der Arbeitnehmerin, dass ihr Verhalten oder das des Teamleiters „nicht in Ordnung“ war, also kein wirksames Einverständnis erteilt wurde, ausgegangen und hat diesen Umstand zugunsten der Arbeitnehmerin gewertet. Dieser Umstand kann aber auch – wie durch die Arbeitgeberin im Verfahren angedeutet – dahingehend gewürdigt werden, dass die Arbeitnehmerin bereits im Zeitpunkt der Ansichnahme der Käsepackung nicht vom Vorliegen eines wirksamen Einverständnisses ausgegangen ist und daher Vorsatz bezüglich des Gewahrsamsbruchs zu bejahen wäre.

Das Landesarbeitsgericht Thüringen hat im Fall der Mitnahme von Rinderbeinscheiben im Wert von 6,00 DM durch einen als Produktionsarbeiter bei der Arbeitgeberin beschäftigten Arbeitnehmer mit einer Betriebszugehörigkeit von 29 Jahren die ausgesprochene fristlose Kündigung als wirksam erachtet.[1479] Das Landesarbeitsgericht nimmt dabei eine vergleichsweise ausführliche strafrechtliche Prüfung vor:[1480] So habe der Arbeitnehmer, indem er die Rinderbeinscheiben von einer Palette genommen und in seinem Pkw verstaut habe, einen Diebstahl zum Nachteil der Arbeitgeberin begangen. Dabei handele es sich nicht nur um einen Versuch des Diebstahls. Die Wegnahme sei vielmehr vollendet, da der Arbeitnehmer die Ware dem Zugriff der Arbeitgeberin entzogen und in seinen Gewahrsam gebracht habe. Es sei auch davon auszugehen, dass die Wegnahme in Absicht rechtswidriger Zueignung erfolgte.

Das Landesarbeitsgericht Schleswig-Holstein hat im Fall des Verzehrs einer Scheibe Bauchfleisch im Wert von circa 0,80 Euro durch den mehr als 20 Jahre als Schlachtermeister bei der Arbeitgeberin beschäftigten Arbeitnehmer offen gelassen, ob dieser Vorwurf alleine eine außerordentliche Kündigung rechtfertigt, jedenfalls eine ordentliche Kündigung lasse sich aber darauf stützen.[1481] Der

1477 Vgl. *Fischer*, StGB, § 242 Rn. 31.

1478 *Joecks/Kulhanek*, in: MüKo-StGB, § 16 Rn. 119.

1479 LAG Thüringen, Urt. v. 13.10.1999 – 6 Sa 365/99, BeckRS 1999, 30475060.

1480 LAG Thüringen, Urt. v. 13.10.1999 – 6 Sa 365/99, BeckRS 1999, 30475060.

1481 LAG Schleswig-Holstein, Urt. v. 10.11.2015 – 2 Sa 235/15, BeckRS 2016, 66309. Daneben trat als weiterer Kündigungsgrund der Vorwurf der sexuellen Belästigung einer Mitarbeiterin.

festgestellte Sachverhalt stelle ein „Vermögensdelikt“ dar. Der geringe Wert der Ware habe dabei auf das Gewicht des Vertragsverstoßes aber keinen maßgeblichen Einfluss.[1482]

Im Fall der Entwendung und des Verzehrs von jeweils einem Glas mit sechs Wiener Würstchen an drei hintereinander folgenden Tagen durch den im Lager als Staplerfahrer beschäftigten Arbeitnehmer mit einer Betriebszugehörigkeit von über 25 Jahren hat das Landesarbeitsgericht Köln die arbeitgeberseitige außerordentliche Kündigung für wirksam gehalten.[1483] Mit der Ansichnahme der Würstchengläser stehe „das Delikt“ fest.[1484] Das Gericht spricht weiter von nachgewiesenen „Eigentumsdelikten“.[1485] Eine nähere strafrechtliche Einordnung erfolgt nicht.

Das Landesarbeitsgericht Hessen hat die außerordentliche Kündigung eines nahezu 20 Jahre bei der Arbeitgeberin, zuletzt als operativer Mitarbeiter im Bereich Equipment-Reinigung, beschäftigten Arbeitnehmers wegen des Verdachts der Entwendung und des beachsichtigen Verzehrs von Kaviar als wirksam angesehen.[1486] Der beabsichtigte Verzehr stelle eine erhebliche Pflichtverletzung des Arbeitnehmers dar, wobei das Gericht insoweit vom Vorliegen eines dringenden Verdachts ausgeht. Im Hinblick auf eine mögliche Geringwertigkeit führt das Landesarbeitsgericht aus: „Diese Pflichtverletzung würde nur dann Sachen von geringem Wert oder gar keinem Wert betreffen, wenn feststünde, dass die auf den Trolleys befindlichen Lebensmittel zu entsorgen waren. Anderenfalls handelt es sich um eine Pflichtverletzung, die allein wegen des Werts einer Dose Kaviar in Höhe von 45,00 bis 50,00 keine Sache von geringem Wert mehr betrifft“.[1487]

Die Mitnahme von zwei Stücken gebratenen Fischs im Wert von circa 10 DM (Einkaufswert circa 2 DM), bei denen es sich um Reste nach Schließung der Kantine handelte, durch eine weniger als zwei Jahre bei dem Arbeitgeber als Küchenhilfe beschäftigte Arbeitnehmerin hat keine außerordentliche, wohl aber eine ordentliche Kündigung gerechtfertigt.[1488] In seiner Entscheidung sieht das Landesarbeitsgericht Köln in dem Verhalten der Arbeitnehmerin einen Diebstahl

1482 LAG Schleswig-Holstein, Urt. v. 10.11.2015 – 2 Sa 235/15, BeckRS 2016, 66309.
1483 LAG Köln NZA-RR 2000, 24 (24).
1484 LAG Köln NZA-RR 2000, 24 (24).
1485 LAG Köln NZA-RR 2000, 24 (24).
1486 LAG Hessen, Urt. v. 31.8.2012 – 10 Sa 395/12, BeckRS 2013, 67401.
1487 LAG Hessen, Urt. v. 31.8.2012 – 10 Sa 395/12, BeckRS 2013, 67401.
1488 LAG Köln NZA-RR 1996, 86 (86 ff.).

und damit einen wichtigen Grund „an sich" für gegeben an. Auf die Geringwertigkeit der Waren komme es nicht an.[1489] Nicht entscheidungserheblich sei außerdem, ob der übriggebliebene Bratfisch in sonstiger Weise noch wirtschaftlich sinnvoll hätte verwertet werden können, da es für den Diebstahl allein auf die formale Eigentümerstellung des Arbeitgebers ankomme.[1490] Im Rahmen der Interessenabwägung hält das Gericht, unter anderem unter Berücksichtigung des fehlenden wirtschaftlichen Werts, aber die Einhaltung der Kündigungsfrist für zumutbar.[1491]

Die außerordentliche und hilfsweise ordentliche Kündigung einer mehr als zehn Jahre bei der Arbeitgeberin als Kassiererin beschäftigten Arbeitnehmerin wegen des Verzehrs von Putenbrustaufschnitt und Rohkostsalat der Arbeitgeberin, den sie entgegen einer bei der Arbeitgeberin bestehenden Dienstanweisung zuvor nicht bezahlt hatte, hielten der gerichtlichen Prüfung nicht stand.[1492] Das Landesarbeitsgericht Berlin sieht einen Kündigungsgrund „an sich" als gegeben an und führt insoweit aus, dass einiges für die rechtliche Bewertung des Verhaltens der Arbeitnehmerin als Diebstahl der Lebensmittel spreche. Das Gericht nimmt dabei eine eingehende strafrechtliche Prüfung vor, die teilweise aber nur wenig überzeugt: So wird im objektiven Tatbestand eine Zueignung für erforderlich gehalten und bezüglich des Vorsatzes der Arbeitnehmerin im Hinblick auf die Rechtswidrigkeit der Zueignung ein Verbotsirrtum geprüft,[1493] während hier richtigerweise von einem vorsatzausschließenden Tatbestandsirrtum auszugehen gewesen wäre.[1494] Letztlich lässt das Gericht das Vorliegen eines Diebstahls unter Berufung auf die Rechtsprechung des Bundesarbeitsgerichts, dass der strafrechtlichen Bewertung in kündigungsrechtlicher Hinsicht keine entscheidende Bedeutung zukomme, offen und stellt maßgeblich auf den wissentlichen und willentlichen Verstoß gegen die Kassenanweisung ab. Im Rahmen der Interessenabwägung wird berücksichtigt, dass die verzehrten Artikel nur einen geringen Wert hatten.[1495] Das Landesarbeitsgericht betont aber, dass dies allein (neben der beanstandungsfreien Beschäftigung über zehn Jahre hinweg) nicht den Vertrauensverlust wieder aufgewogen hätte, den der Verstoß gegen die

1489 LAG Köln NZA-RR 1996, 86 (87).
1490 LAG Köln NZA-RR 1996, 86 (87).
1491 LAG Köln NZA-RR 1996, 86 (87 f.).
1492 LAG Berlin, Urt. v. 9.7.2002 – 7 Sa 40/02, BeckRS 2009, 55838.
1493 LAG Berlin, Urt. v. 9.7.2002 – 7 Sa 40/02, BeckRS 2009, 55838.
1494 Vgl. *Kindhäuser/Hoven*, in: NK-StGB, § 242 Rn. 120.
1495 LAG Berlin, Urt. v. 9.7.2002 – 7 Sa 40/02, BeckRS 2009, 55838.

Betriebsanweisung der Arbeitnehmerin bei der Arbeitgeberin ausgelöst habe. Als entscheidendes Kriterium erachtet das Gericht den Willen der Arbeitnehmerin, die Ware zu bezahlen. Da die Arbeitnehmerin insoweit ohne Vermögensschädigungsabsicht handelte, hält das Landesarbeitsgericht Berlin eine vorherige Abmahnung für erforderlich, an der es fehlte.[1496]

Im Fall einer seit zehn Jahren bei ihrem Arbeitgeber als Serviererin beschäftigten Arbeitnehmerin, die sich nach Dienstschluss einen Salat mit einem Verkaufspreis von 7,50 DM zubereitete und mit nach Hause nahm, hat das Arbeitsgericht Hamburg die ausgesprochene außerordentliche und hilfsweise ordentliche Kündigung mangels Abmahnung für unwirksam gehalten.[1497] Im Übrigen fehle es am erforderlichen objektiven Gewicht des Vertragsverstoßes, wobei das Arbeitsgericht insoweit allerdings offen ließ, ob aufgrund objektiver Tatsachen überhaupt der vom Arbeitgeber behauptete Pflichtverstoß vorlag.[1498] Im Rahmen der Interessenabwägung hat neben weiteren Gesichtspunkten auch der geringe materielle Schaden eine Rolle gespielt.[1499] Das Vorliegen des oben genannten Sachverhalts unterstellt, geht das Arbeitsgericht vom Diebstahl einer geringwertigen Sache im Sinne des § 248a StGB aus.[1500]

Die außerordentliche Kündigung wegen der versuchten Mitnahme von beim Mittagessen übrig gebliebenen Essensresten, nämlich von mindestens zwei Kilogramm zubereitetem Rotkohl, durch die über zehn Jahre als Küchenhelferin bei der Arbeitgeberin beschäftigte Arbeitnehmerin wurde als unwirksam angesehen.[1501] Das Landesarbeitsgericht Schleswig-Holstein sieht in der unberechtigten Mitnahme des Rotkohls eine „die Schwelle zum wichtigen Grund überschreitende Pflichtverletzung“ und bejaht das Vorliegen eines Kündigungsgrunds „an sich“; eine strafrechtliche Einordnung unterbleibt.[1502] Die Interessenabwägung ist unter anderem aufgrund des geringen Werts des Rotkohls, der nicht hinreichend konsequenten Durchsetzung des im Betrieb bestehenden Verbots zur Mitnahme von Essensresten in der Vergangenheit sowie der langen Betriebszugehörigkeit zugunsten der Arbeitnehmerin ausgefallen.[1503]

1496 LAG Berlin, Urt. v. 9.7.2002 – 7 Sa 40/02, BeckRS 2009, 55838.
1497 ArbG Hamburg NZA-RR 2001, 416 (416, 421).
1498 ArbG Hamburg NZA-RR 2001, 416 (416, 421).
1499 ArbG Hamburg NZA-RR 2001, 416 (422).
1500 ArbG Hamburg NZA-RR 2001, 416 (416).
1501 LAG Schleswig-Holstein, Urt. v. 18.12.2013 – 6 Sa 203/13, BeckRS 2014, 67134.
1502 LAG Schleswig-Holstein, Urt. v. 18.12.2013 – 6 Sa 203/13, BeckRS 2014, 67134.
1503 LAG Schleswig-Holstein, Urt. v. 18.12.2013 – 6 Sa 203/13, BeckRS 2014, 67134.

Im Fall der außerordentlichen Kündigung wegen der unberechtigten Mitnahme von Blattspinat, Brötchen und Salat aus dem Zentrallager der Arbeitgeberin durch eine als kaufmännische Sachbearbeiterin beschäftigte Arbeitnehmerin mit einer Betriebszugehörigkeit von über 15 Jahren hat das Landesarbeitsgericht Rheinland-Pfalz das Vorliegen eines wichtigen Grundes im Sinne des § 626 Abs. 1 BGB bejaht.[1504] Dabei berücksichtigt das Gericht im Rahmen der Interessenabwägung den geringen Wert der Waren zugunsten des Arbeitnehmers, lehnt aber eine Einstufung der nicht mehr verkaufsfähigen Waren als generell wertlos ab, da der wirtschaftliche Wert einer Sache nicht allein von deren Verkaufsfähigkeit abhänge. So habe nur die Arbeitgeberin als Eigentümerin das Recht, über die Waren zu verfügen.[1505] Eine strafrechtliche Einordnung der Mitnahme der Waren unterbleibt.

Die außerordentliche Kündigung einer über fünf Jahre bei der Arbeitgeberin überwiegend als Kassiererin beschäftigten Arbeitnehmerin wegen der Preisreduzierung und des anschließenden Erwerbs von Spargel vom selben Tag in zwei Fällen (jeweils circa ein Kilogramm Spargel bei einer Reduzierung des Kilopreises von 3,99 Euro auf 2,22 Euro bzw. von 4,99 Euro auf 1,49 Euro) entgegen den Vorschriften für den Personalkauf, nach denen nur Ware vom Vortag vergünstigt erworben werden kann, hat sich als wirksam erwiesen.[1506] Das Landesarbeitsgericht Niedersachsen sieht einen wichtigen Grund als gegeben an und spricht von einem Vermögensdelikt zum Nachteil der Arbeitgeberin. Die Arbeitnehmerin habe sich die Ware durch Manipulation am Waagenetikett zu einem geringeren als dem vorgesehenen Preis zugeeignet.[1507] Eine Abmahnung hat das Gericht im Hinblick vorangegangene Hinweise ihres Vorgesetzten, dass solches Verhalten der Arbeitnehmerin in Zukunft nicht mehr geduldet werden, für entbehrlich gehalten.[1508]

Das Landesarbeitsgericht Hamburg hat im Fall der Ansichnahme eines halben Brötchens zu einem Verkaufspreis von 20 Pfennig zum alsbaldigen Verzehr aus der Kantine der Arbeitgeberin ohne Bezahlung durch den über sieben Jahre bei der Arbeitgeberin beschäftigten Arbeitnehmer eine außerordentliche Kündigung in Anbetracht des geringen Werts und der langen störungsfreien Beschäftigungsdauer ohne vorausgegangene Abmahnung nicht für gerechtfertigt

1504 LAG Rheinland-Pfalz NZA-RR 2009, 303 (303 f.).
1505 LAG Rheinland-Pfalz NZA-RR 2009, 303 (304).
1506 LAG Niedersachsen, Urt. v. 12.2.2010 – 10 Sa 1977/08, BeckRS 2010, 68021.
1507 LAG Niedersachsen, Urt. v. 12.2.2010 – 10 Sa 1977/08, BeckRS 2010, 68021.
1508 LAG Niedersachsen, Urt. v. 12.2.2010 – 10 Sa 1977/08, BeckRS 2010, 68021.

gehalten.[1509] Eine strafrechtliche Einordnung im konkreten Fall wird nicht vorgenommen.[1510]

Das Landesarbeitsgericht Rheinland-Pfalz hat die Wirksamkeit der außerordentlichen Kündigung eines über fünf Jahre als Verkaufsfahrer bei der Arbeitgeberin beschäftigten Arbeitnehmers, der während seiner Urlaubszeit eine unbezahlte Belieferung mit Brötchen durch einen anderen Auslieferungsfahrer an sich selbst veranlasst hat, bejaht.[1511] Der Arbeitnehmer habe sich hier die Backwaren zugeeignet, die im Eigentum seiner Arbeitgeberin standen, ohne dass diese hiervon Kenntnis hatte. Er als mittelbarer Täter habe den Auslieferungsfahrer für die Zuführung der Backwaren genutzt und so den Diebstahl von geringfügigen Sachen vollendet.[1512]

In Anbetracht des vom Landesarbeitsgericht zugrunde gelegten Sachverhalts („Während seines Sommerurlaubes im Jahr 2005 forderte der Kl. den bei der Bekl. beschäftigten Auslieferungsfahrer N., mittels eines handgeschriebenen Zettels, auf, ihm Backwaren nach Hause zu liefern. Daraufhin lieferte Herr N. an den Kl. zumindest drei- bis viermal drei bis vier Brötchen aus. Der Kl. bezahlte diese Brötchen weder bei dem Auslieferungsfahrer noch später bei der Bekl.“[1513]) erscheint indes ein Verfügungsbewusstsein des Auslieferers und eine entsprechende Zurechnung der Verfügung an die Bäckerei als naheliegend, sodass vom Vorliegen eines Betrugs auszugehen gewesen wäre. Zur Abgrenzung zwischen Dreiecksbetrug und Diebstahl in mittelbarer Täterschaft äußert sich die Entscheidung aber nicht.

Die außerordentliche Kündigung einer knapp 23 Jahre bei der Arbeitgeberin als Krankenschwester beschäftigten Arbeitnehmerin wegen Mitnahme von acht belegten Brötchenhälften aus der Kantine für externe Mitarbeiter und deren Verzehr zusammen mit Kolleginnen war mangels vorheriger Abmahnung unwirksam.[1514] In seiner Entscheidung sieht das Arbeitsgericht Hamburg dabei in der Wegnahme und im Verzehr der Brötchen einen schwerwiegenden Verstoß gegen arbeitsvertragsrechtliche Pflichten und bejaht einen Grund „an sich“,

---

1509 LAG Hamburg BB 1979, 939 (939 f.).

1510 Es wird nur von „Entwendung“ gesprochen; es erfolgen aber allgemeine Ausführungen zu Warenhausdiebstählen, vgl. LAG Hamburg BB 1979, 939 (940).

1511 LAG Rheinland-Pfalz, Urt. v. 14.2.2007 – 9 Sa 292/06, BeckRS 2007, 45752.

1512 LAG Rheinland-Pfalz, Urt. v. 14.2.2007 – 9 Sa 292/06, BeckRS 2007, 45752.

1513 LAG Rheinland-Pfalz, Urt. v. 14.2.2007 – 9 Sa 292/06, BeckRS 2007, 45752.

1514 ArbG Hamburg NZA-RR 2015, 471 (471 ff.).

wobei der Wert der Sache hierfür nicht ausschlaggebend sei. Eine strafrechtliche Einordnung erfolgt nicht.

Die fristlose Verdachtskündigung einer als Verkäuferin beschäftigten Arbeitnehmerin mit mehr als 20 Jahren Betriebszugehörigkeit wegen Einsteckens von drei Doppelbrötchen ohne Bezahlung hat das Arbeitsgericht Suhl für wirksam gehalten.[1515] Eine genaue strafrechtliche Würdigung bleibt offen, abgestellt wird in der Entscheidung auf die grobe Vertragswidrigkeit des Verhaltens aufgrund der Verletzung der der Arbeitnehmerin obliegenden vertraglichen Obhutspflicht.[1516] Gesprochen wird aber vom Verdacht einer „versuchten Straftat (Diebstahl oder Unterschlagung zulasten der Beklagten bzw. des Käufers der Brötchen)“.[1517] Mit der aus Sicht des Arbeitsgerichts „insbesondere aus rechtsdogmatischen Gründen“ überzeugenden Rechtsprechung des Bundesarbeitsgerichts wird insoweit die generelle Eignung des Verdachts eines Diebstahls bzw. einer Unterschlagung auch geringwertiger Sachen als wichtiger Grund „an sich“ bejaht.[1518]

Das Landesarbeitsgericht Düsseldorf hat die außerordentliche und hilfsweise ordentliche Kündigung einer über 25 Jahre bei der Arbeitgeberin als Abteilungshilfe beschäftigten Arbeitnehmerin mangels vorheriger Abmahnung für unverhältnismäßig und damit unwirksam gehalten.[1519] Die Arbeitnehmerin hatte ein durch eine Kollegin von der Arbeitgeberin entwendetes Brötchen mitverzehrt.[1520] Da die Arbeitnehmerin das Brötchen weder selbst entwendet noch unterschlagen habe, komme als Straftat nur eine Hehlerei nach § 259 StGB in Betracht. Fraglich sei beim bloßen Mitverzehr aber die Verwirklichung des Tatbestandsmerkmals des Sichverschaffens, jedenfalls fehle es aber an der erforderlichen Bereicherungsabsicht.[1521] Das Gericht sieht im Verhalten der Arbeitnehmerin aber eine gravierende Pflichtverletzung, die einen Kündigungsgrund „an sich“ darstellen kann.[1522] Im Rahmen der Interessenabwägung stellt das Landesarbeitsgericht nicht wesentlich auf den geringen Wert des Brötchens ab, sondern vielmehr auf den Umstand, dass der Hauptvorwurf die Kollegin traf und die Arbeitnehmerin am Ende der Kette pflichtwidrigen Verhaltens stand.[1523]

1515 ArbG Suhl, Entsch. v. 6.2.2008 – 1 Ca 1883/07, BeckRS 2011, 65507.
1516 ArbG Suhl, Entsch. v. 6.2.2008 – 1 Ca 1883/07, BeckRS 2011, 65507.
1517 ArbG Suhl, Entsch. v. 6.2.2008 – 1 Ca 1883/07, BeckRS 2011, 65507.
1518 ArbG Suhl, Entsch. v. 6.2.2008 – 1 Ca 1883/07, BeckRS 2011, 65507.
1519 LAG Düsseldorf, NZA-RR 2005, 585 (585 ff.).
1520 LAG Düsseldorf, NZA-RR 2005, 585 (585 f.).
1521 LAG Düsseldorf, NZA-RR 2005, 585 (586).
1522 LAG Düsseldorf, NZA-RR 2005, 585 (586).
1523 LAG Düsseldorf, NZA-RR 2005, 585 (587).

Das Arbeitsgericht Paderborn hat die außerordentliche Kündigung eines etwa seit einem Jahr bei einer Großbäckerei tätigen Versandarbeiters wegen Einsteckens eines Fladenbrots während der Arbeitszeit für rechtswirksam gehalten.[1524] Dabei führt das Gericht ohne nähere Prüfung aus, dass das Einstecken des Fladenbrots in die Tasche des Arbeitnehmers den Tatbestand des § 242 StGB erfülle.[1525]

Das Landesarbeitsgericht Düsseldorf hat im Fall des Diebstahls eines Brotes im Wert von 2,50 Euro durch einen als Fahrer bei der durch den Arbeitgeber betriebenen Bäckerei einen Kündigungsgrund im Sinne des § 626 Abs. 1 BGB als gegeben angesehen.[1526] Der Arbeitnehmer habe das Brot versteckt, um es sich später unbemerkt anzueignen.[1527] Nachteilig hat sich im Rahmen der Interessenabwägung für den Arbeitnehmer ausgewirkt, dass es sich bei dem Vorfall um keinen Einzelfall gehandelt hat.[1528]

Die außerordentliche Kündigung eines über 30 Jahre als Teigmacher bei der Arbeitgeberin beschäftigten Arbeitnehmers wegen Verdachts der Mitnahme und Zueignung eines 500 Gramm-Brotes im Wert von 1,30 Euro wurde als wirksam erachtet.[1529] Das Landesarbeitsgericht Nürnberg sieht im Verhalten des Arbeitnehmers einen „an sich“ zur außerordentlichen Kündigung geeigneten Grund und auch die Interessenabwägung ist zulasten des Arbeitnehmers ausgefallen.[1530] Eine strafrechtliche Einordnung nimmt das Gericht im konkreten Fall nicht ausdrücklich vor.[1531]

Das Landesarbeitsgericht Rheinland-Pfalz hat in seiner Entscheidung die außerordentliche Kündigung einer nahezu 13 Jahre bei der Arbeitgeberin – Betreiberin eines Seniorenpflegeheims – als Küchenhilfe beschäftigten Arbeitnehmerin wegen der Mitnahme und des Verzehrs von mindestens zwei für den Verzehr der Bewohner des Pflegeheims bestimmten, aber übrig gebliebenen Donuts für unverhältnismäßig und daher unwirksam gehalten.[1532] Das Verhalten der Arbeitnehmerin stelle einen wichtigen Grund „an sich“ dar. Das Gericht betont dabei, dass das Verhalten auch dann als Kündigungsgrund in Betracht

1524 ArbG Paderborn, Urt. v. 17.12.1998 – 1 Ca 1721/98, BeckRS 1998, 30777072.
1525 ArbG Paderborn, Urt. v. 17.12.1998 – 1 Ca 1721/98, BeckRS 1998, 30777072.
1526 LAG Düsseldorf NZA-RR 2006, 576 (576 f.).
1527 LAG Düsseldorf NZA-RR 2006, 576 (577).
1528 LAG Düsseldorf NZA-RR 2006, 576 (577).
1529 LAG Nürnberg, Urt. v. 16.10.2007 – 7 Sa 182/07, BeckRS 2007, 48823.
1530 LAG Nürnberg, Urt. v. 16.10.2007 – 7 Sa 182/07, BeckRS 2007, 48823.
1531 LAG Nürnberg, Urt. v. 16.10.2007 – 7 Sa 182/07, BeckRS 2007, 48823.
1532 LAG Rheinland-Pfalz, Urt. v. 8.8.2018 – 4 Sa 84/17, BeckRS 2018, 32565.

komme, wenn es nicht strafbar sein sollte, und beschränkt sich insoweit auf die Feststellung, dass die entwendeten Donuts „jedenfalls nicht in ihrem eigenen, sondern in fremdem Eigentum“ standen.[1533] Außerdem wird ein Verstoß gegen das Verbot der Mitnahme von Lebensmitteln im Betrieb der Arbeitgeberin angenommen.[1534] Zugunsten der Arbeitnehmerin wird im Rahmen der Interessenabwägung berücksichtigt, dass die Donuts „aller Wahrscheinlichkeit nach nicht mehr im Betrieb verwendet, sondern entsorgt worden wären“.[1535] Es habe sich deshalb um für die Arbeitgeberin wirtschaftlich völlig wertlose Waren, die einer anderweitigen Verwendung aller Voraussicht nach nicht mehr zugeführt werden konnten, gehandelt.[1536] Im Ergebnis ist die Interessenabwägung im Rahmen der außerordentlichen Kündigung zulasten der Arbeitgeberin ausgegangen, doch hat das Landesarbeitsgericht die hilfsweise ausgesprochene ordentliche Kündigung für wirksam gehalten.[1537]

Das Landesarbeitsgericht Hamm hat im Fall der außerordentlichen Kündigung des über 15 Jahre bei der Arbeitgeberin als Gastronomiemitarbeiter beschäftigten Arbeitnehmers wegen Entnahme und Verzehr von nicht mehr zum Verzehr bestimmten Pommes und zwei noch zum Verkauf bestimmten Frikadellen ohne Bezahlung das Vorliegen eines wichtigen Grundes abgelehnt.[1538] Das Gericht spricht im Hinblick auf den Verzehr der noch verkaufsfähigen Frikadellen von einem „Eigentumsdelikt in Form des unberechtigten Verzehrs“ und sieht hieran einen „an sich“ geeigneten Grund, hält aber die Kündigung mangels Abmahnung für unwirksam.[1539] Anders als die Vorinstanz[1540] sieht das Landesarbeitsgericht das Vorliegen eines Vermögensdelikts aufgrund der Kenntnis des Vorgesetzten (zutreffend) nicht als ausgeschlossen an, da es insoweit nicht auf die Kenntnis ankomme und auch bei Verzehr gegen den erklärten Willen des Vorgesetzten ein rechtswidriger Eingriff in das Eigentum vorliege.[1541] So wäre dies in strafrechtlicher Hinsicht im Rahmen des § 242 StGB als eine Frage des

1533 LAG Rheinland-Pfalz, Urt. v. 8.8.2018 – 4 Sa 84/17, BeckRS 2018, 32565.
1534 LAG Rheinland-Pfalz, Urt. v. 8.8.2018 – 4 Sa 84/17, BeckRS 2018, 32565.
1535 LAG Rheinland-Pfalz, Urt. v. 8.8.2018 – 4 Sa 84/17, BeckRS 2018, 32565.
1536 LAG Rheinland-Pfalz, Urt. v. 8.8.2018 – 4 Sa 84/17, BeckRS 2018, 32565.
1537 LAG Rheinland-Pfalz, Urt. v. 8.8.2018 – 4 Sa 84/17, BeckRS 2018, 32565.
1538 LAG Hamm, Urt. v. 4.11.2010 – 8 Sa 711/10, BeckRS 74730.
1539 LAG Hamm, Urt. v. 4.11.2010 – 8 Sa 711/10, BeckRS 74730. Dies gilt nach Ansicht des Gerichts trotz der hinzutretenden weiteren Pflichtverletzung (hartnäckige Weigerung der Weisung, den Verzehr zu unterlassen, Folge zu leisten).
1540 ArbG Bochum, Urt. v. 17.12.2009 – 4 Ca 1973/09.
1541 LAG Hamm, Urt. v. 4.11.2010 – 8 Sa 711/10, BeckRS 2010, 74730.

Gewahrsamsbruchs einzuordnen, wobei Diebstahl keine heimliche Tat ist und daher die Beobachtung bzw. Kenntnis Dritter nicht schadet.[1542]

Die der als Sacharbeiterin in einem Versandhaus der Arbeitgeberin beschäftigten Arbeitnehmerin ausgesprochene außerordentliche Kündigung, die außerhalb ihres Beschäftigungsbetriebs und ihrer Arbeitszeit in einem ebenfalls von der Arbeitgeberin betriebenen Warenhaus drei Kiwis ohne Bezahlung mitgenommen hat, war unwirksam.[1543] Durch die Arbeitnehmern der Arbeitgeberin in ihren Warenhäusern gewährten Personalrabatte könne auch eine solche Straftat außerhalb des Beschäftigungsbetriebs – in diesem Fall ein Diebstahl – das Vertrauensverhältnis zwischen Arbeitnehmer und Arbeitgeber beeinträchtigen.[1544] Das Bundesarbeitsgericht hat allerdings eine Umdeutung in eine ordentliche Kündigung für möglich gehalten.[1545]

Die außerordentliche Kündigung einer circa fünf Jahre als Verkäuferin bei der Arbeitgeberin beschäftigten Arbeitnehmerin wegen des Verzehrs von drei Geleebananen aus einer Packung im Wert von 2,00 Euro aus dem Süßwarenlager der Arbeitgeberin hat sich in zweiter Instanz als rechtswirksam erwiesen.[1546] Das Landesarbeitsgericht Thüringen sieht insbesondere den Nachweis für einen Diebstahl als erbracht an und bejaht das Vorliegen eines wichtigen Grundes.[1547]

Im Fall einer circa zwei Jahre bei der Arbeitgeberin als Frühstücksdame beschäftigten Arbeitnehmerin, die entgegen der von ihr unterzeichneten Verzichtserklärung Verpflegung und wiederholten Hinweisen der Arbeitgeberin, dass deshalb nunmehr keine Speisen und Getränke des Hotels mehr verzehrt werden dürften, Kaffee der Arbeitgeberin in ihre Thermoskanne abgefüllt und getrunken hatte, hat sich die durch die Arbeitgeberin ausgesprochene außerordentliche Kündigung als unwirksam, die hilfsweise ordentliche Kündigung dagegen als wirksam erwiesen.[1548] Das Landesarbeitsgericht Baden-Württemberg verneint hier angesichts des „außerordentlich geringe[n] Warenwertes" – das Gericht geht insoweit von 0,20 Euro aus – und der „Kurzlebigkeit dieses Verbrauchsguts" bereits die Eignung der abredewidrigen Verwendung des Kaffees als Kündigungsgrund im Sinne von § 626 BGB „an sich".[1549] Das Gericht betont,

1542 BGH NStZ 2008, 624 (625).
1543 BAG NJW 1985, 1854 (1854 f.).
1544 BAG NJW 1985, 1854 (1854).
1545 BAG NJW 1985, 1854 (1854 f.).
1546 LAG Thüringen, Urt. v. 9.12.2003 – 5 Sa 157/02, BeckRS 2009, 68120.
1547 LAG Thüringen, Urt. v. 9.12.2003 – 5 Sa 157/02, BeckRS 2009, 68120.
1548 LAG Baden-Württemberg, Urt. v. 20.10.2004 – 12 Sa 107/04, BeckRS 2009, 55843.
1549 LAG Baden-Württemberg, Urt. v. 20.10.2004 – 12 Sa 107/04, BeckRS 2009, 55843.

dass es sich um einen von „normalen" Bagatellfällen abweichenden Sonderfall handele, bei dem das Maß des tatsächlichen Vertrauensverlusts bereits auf erster Stufe zu prüfen sei.[1550] Bezüglich der ordentlichen Kündigung stellt das Gericht für den verhaltensbedingten Kündigungsgrund nicht auf den Verbrauch der Tasse Kaffee ab, sondern auf die vorsätzliche Missachtung der aufgrund der Verzichtserklärung bestehenden Entgeltregelung und das bewusste Hinwegsetzen über die Arbeitgeberhinweise zum Verzehr von Speisen und Getränken.[1551] Eine strafrechtliche Einordnung wird nicht vorgenommen.

Das Landesarbeitsgericht Hessen hat die außerordentliche und hilfsweise ordentliche Kündigung eines als Tankstellenmitarbeiter bei der Arbeitgeberin beschäftigten Arbeitnehmers mit einer Betriebszugehörigkeit von mehr als 15 Jahren für unwirksam gehalten.[1552] Der Kündigung lagen die kostenlose Abgabe von zwei Bechern Kaffee mit einem Verkaufspreis von jeweils 1,30 Euro an zwei Kunden, die kostenlose Abgabe eines Energydrinks mit einem Verkaufswert von 1,79 Euro an eine Kundin ohne diese später zu bezahlen sowie der Eigenkonsum von vier Bechern Kaffee ohne Eintragung in die für die Abrechnung vorgesehene Strichliste zugrunde.[1553] Das Gericht sieht zwar unter Bezugnahme auf die Rechtsprechung des Bundesarbeitsgerichts zu Eigentumsdelikten jeweils einen Kündigungsgrund „an sich" als gegeben an, verneint aber ein Überwiegen des Beendigungsinteresses der Arbeitgeberin.[1554] Eine strafrechtliche Einordnung erfolgt nicht.

Die außerordentliche Kündigung eines über zehn Jahre bei der Arbeitgeberin, zuletzt als Verkaufsstellenverwalter beschäftigten Arbeitnehmers wegen Entnahme und Verwendung eines Päckchens Kaffee ohne Bezahlung aus dem Warenbestand der Arbeitgeberin, um für sich und die anderen Mitarbeiter im Sozialraum eine Kanne Kaffee zu kochen, war wirksam.[1555] Das Landesarbeitsgericht Niedersachsen sieht in dem Verhalten einen vorsätzlichen schweren Verstoß gegen die bei der Arbeitgeberin geltenden Vorschriften zu Personaleinkäufen sowie die Begehung eines Vermögensdelikts zulasten der Arbeitgeberin. Der Arbeitnehmer habe mit Zueignungsabsicht gehandelt und „zum eigenen Vorteil in rechtswidriger Weise" in das Vermögen der Arbeitgeberin

1550 LAG Baden-Württemberg, Urt. v. 20.10.2004 – 12 Sa 107/04, BeckRS 2009, 55843.
1551 LAG Baden-Württemberg, Urt. v. 20.10.2004 – 12 Sa 107/04, BeckRS 2009, 55843.
1552 LAG Hessen, Urt. v. 14.7.2009 – 15 Sa 173/09, BeckRS 2010, 67178.
1553 LAG Hessen, Urt. v. 14.7.2009 – 15 Sa 173/09, BeckRS 2010, 67178.
1554 LAG Hessen, Urt. v. 14.7.2009 – 15 Sa 173/09, BeckRS 2010, 67178.
1555 LAG Niedersachsen, Urt. v. 22.11.2010 – 12 Sa 1115/10, BeckRS 2011, 75974.

eingegriffen.[1556] Eine nähere strafrechtliche Einordnung nimmt das Gericht nicht vor. Zugunsten des Arbeitnehmers wird im Rahmen der Interessenabwägung zwar berücksichtigt, dass der Arbeitgeberin durch die Entnahme und Verwendung eines Päckchens Kaffee nur ein geringer Vermögensschaden entstanden war.[1557] Im Ergebnis ist die Interessenabwägung aber zulasten des Arbeitnehmers ausgegangen, insbesondere liege im Hinblick auf die Vorgesetztenrolle des Arbeitnehmers ein „erheblicher das Vertrauen in seine Redlichkeit beeinträchtigender Verstoß“ vor.[1558]

Im Fall einer etwa fünf Jahre bei der Arbeitgeberin als Verkäuferin beschäftigten Arbeitnehmerin wurde wegen Mitnahme eines Liters Kaffeesahne im Verkaufswert von 4,80 Euro eine außerordentliche Kündigung ausgesprochen.[1559] Das Bundesarbeitsgericht sieht in dieser Handlung wie zuvor auch das Landesarbeitsgericht Hessen und entgegen der ersten Instanz aufgrund des Zugangs zur Kasse einen nicht „nur geringen Tatvorwurf“ mit bloßem „Bagatellcharakter“.[1560] Dabei wird von einem „Diebstahl“ und dem damit verbundenen hohen Verschuldensgrad „unter Mißbrauch eingeräumten Vertrauens“ gesprochen, was für das Vorliegen eines wichtigen Grundes spreche.[1561] Eine vorherige Abmahnung wird nicht für erforderlich gehalten.[1562]

Die außerordentliche Kündigung wegen des Verzehrs von einem Glas Portwein im Wert von circa drei bis fünf Euro (und damit „unzweifelhaft […] eine geringwertige Sache“) durch den als Serviceleiter bei der Arbeitgeberin beschäftigten Arbeitnehmer mit mehr als 20 Jahren Betriebszugehörigkeit war unwirksam.[1563] Das Arbeitsgericht Düsseldorf lässt insoweit offen, ob eine erhebliche Pflichtverletzung oder sogar ein Diebstahl vorliegt, hält aber jedenfalls eine Abmahnung als milderes Mittel für vorrangig, sodass die Interessenabwägung zulasten der Arbeitgeberin ausgefallen ist.[1564]

1556 LAG Niedersachsen, Urt. v. 22.11.2010 – 12 Sa 1115/10, BeckRS 2011, 75974.

1557 LAG Niedersachsen, Urt. v. 22.11.2010 – 12 Sa 1115/10, BeckRS 2011, 75974.

1558 LAG Niedersachsen, Urt. v. 22.11.2010 – 12 Sa 1115/10, BeckRS 2011, 75974.

1559 BAG, Urt. v. 2.4.1987 – 2 AZR 204/86, BeckRS 1987, 30720897.

1560 BAG, Urt. v. 2.4.1987 – 2 AZR 204/86, BeckRS 1987, 30720897.

1561 BAG, Urt. v. 2.4.1987 – 2 AZR 204/86, BeckRS 1987, 30720897. Das Bundesarbeitsgericht hat den Rechtsstreit im Hinblick auf die unvollständige und nicht widerspruchsfrei vorgenommene Interessenabwägung an das Landesarbeitsgericht zurückverwiesen.

1562 BAG, Urt. v. 2.4.1987 – 2 AZR 204/86, BeckRS 1987, 30720897.

1563 ArbG Düsseldorf, Urt. v. 28.1.2015 – 8 Ca 5713/14, BeckRS 2015, 72984.

1564 ArbG Düsseldorf, Urt. v. 28.1.2015 – 8 Ca 5713/14, BeckRS 2015, 72984.

Die außerordentliche Kündigung eines mehr als 15 Jahre bei der Arbeitgeberin als Mitarbeiter der Hausverwaltung beschäftigten Arbeitnehmers wegen Entnahme und Verzehrs eines Mineralwassers ohne Bezahlung hat sich als wirksam erwiesen.[1565] Das Arbeitsgericht Halle geht von einer rechtswidrigen und schuldhaften Pflichtverletzung aus, wobei keine strafrechtliche Einordnung vorgenommen wird.[1566]

Das Arbeitsgericht Hamburg hat die außerordentliche und hilfsweise ordentliche Kündigung eines Arbeitnehmers wegen der Entnahme einer Dose Fanta im Wert von 1 DM aus dem Kühlschrank der zu diesem Zeitpunkt geschlossenen Betriebskantine der Arbeitgeberin für unwirksam gehalten.[1567] Begründet wird dies zum einen mit dem Fehlen einer Abmahnung und zum anderen eines Kündigungsgrunds „an sich", da kein Vertragsverstoß des erforderlichen objektiven Gewichts gegeben sei.[1568] So könne die erstmalige Begehung einer Bagatelltat (generell) keinen Kündigungsgrund „an sich" bilden, da die Kündigung hier stets eine unverhältnismäßige Sanktionierung bedeuten würde.[1569] Es sei nicht einzusehen, weshalb die strafrechtliche Grenze des § 248a StGB nicht auch in arbeitsrechtlicher Hinsicht Auswirkungen haben solle.[1570] Unhaltbar sei insoweit die Rechtsprechung des Bundesarbeitsgerichts, wonach ein Diebstahl geringwertiger Gegenstände einen „an sich" geeigneten Kündigungsgrund bilde.[1571] Das Arbeitsgericht nimmt ohne nähere Prüfung eine strafrechtliche Einordnung vor und geht von einem „Diebstahl zu Lasten der Arbeitgeberin" aus.[1572]

Das Arbeitsgericht Düsseldorf hat im Fall der Ansichnahme von circa 84 zur Vernichtung vorgesehenen Lebensmitteldosen mit abgelaufenem Mindesthaltbarkeitsdatum zur Spende an die Heilsarmee durch einen Arbeitnehmer mit einer Betriebszugehörigkeit von über 18 Jahren zwar einen wichtigen Grund „an sich" angenommen, aber die außerordentliche Kündigung im Rahmen der Interessenabwägung wegen Unverhältnismäßigkeit scheitern lassen.[1573] Eine

---

1565 ArbG Halle, Urt. v. 6.10.2005 – 1 Ca 391/05, zitiert nach juris.

1566 ArbG Halle, Urt. v. 6.10.2005 – 1 Ca 391/05, zitiert nach juris.

1567 ArbG Hamburg, Urt. v. 27.8.1998 – 27 Ca 262/98, BeckRS 1998, 30776000.

1568 ArbG Hamburg, Urt. v. 27.8.1998 – 27 Ca 262/98, BeckRS 1998, 30776000.

1569 ArbG Hamburg, Urt. v. 27.8.1998 – 27 Ca 262/98, BeckRS 1998, 30776000.

1570 ArbG Hamburg, Urt. v. 27.8.1998 – 27 Ca 262/98, BeckRS 1998, 30776000.

1571 ArbG Hamburg, Urt. v. 27.8.1998 – 27 Ca 262/98, BeckRS 1998, 30776000.

1572 ArbG Hamburg, Urt. v. 27.8.1998 – 27 Ca 262/98, BeckRS 1998, 30776000.

1573 ArbG Düsseldorf AuR 1995, 334 (334 f.). Außerdem verwendete der Arbeitnehmer einen Lkw der Arbeitgeberin für den Transport der Dosen; auch diesbzgl. wurde die Eignung als Kündigungsgrund „an sich" bejaht.

strafrechtliche Einordnung im konkreten Fall erfolgt nicht, das Gericht spricht nur von einer „Entwendung“ und thematisiert den Diebstahl geringwertiger Gegenstände allgemein.[1574]

Das Arbeitsgericht Lörrach hatte sich mit einem Fall entwendeter Maultaschen zu befassen und hielt die insoweit arbeitgeberseits ausgesprochene außerordentliche Kündigung der Arbeitnehmerin für wirksam.[1575] Die als Altenpflegerin beschäftigte Arbeitnehmerin packte sich sechs Maultaschen im Wert von etwa 2,00 bis 3,00 Euro aus übrig gebliebener Bewohnerverpflegung ein, obwohl dies durch schriftlichen Hinweis des Arbeitgebers ausdrücklich verboten war.[1576] Das Arbeitsgericht geht hier von einer rechtswidrigen Zueignung der Maultaschen aus.[1577] Zwar hat die Geringwertigkeit der Maultaschen im Rahmen der Interessenabwägung Berücksichtigung gefunden, doch ist die Abwägung im Ergebnis zugunsten des Arbeitgebers ausgefallen.[1578]

Das Landesarbeitsgericht Schleswig-Holstein hat die außerordentliche Kündigung wegen des behaupteten Verzehrs einer abgebrochenen Ecke eines Pizzastücks und Reste einer Patientenportion Gulasch von äußerst geringem Wert durch einen langjährig bei der Arbeitgeberin beschäftigten Krankenpfleger für unverhältnismäßig und daher unwirksam gehalten und in den Ausführungen zur im vorliegenden Fall vorrangigen Abmahnung den durch das Bundesarbeitsgericht geprägten Begriff des „Vertrauenskapitals“ aufgegriffen.[1579] Das Landesarbeitsgericht führt aus, dass es sich bei dem Vorwurf allenfalls um ein geringfügiges Eigentumsdelikt handele, enthält sich einer näheren strafrechtlichen Einordnung.[1580]

Das Arbeitsgericht Hamburg hat die fristlose Kündigung einer seit etwa einem Jahr bei der Arbeitgeberin als Servicekraft in einer Tankstelle beschäftigten Arbeitnehmerin wegen Verzehrs einer Eistüte im Wert von 1 Euro (ohne Bezahlung) mangels erforderlicher vorheriger Abmahnung für unwirksam gehalten.[1581] In dieser Entscheidung liege keinesfalls eine Billigung des Verhaltens der

1574 ArbG Düsseldorf AuR 1995, 334 (335).

1575 ArbG Lörrach, Entsch. v. 16.10.2009 – 4 Ca 248/09, BeckRS 2009, 73055. In zweiter Instanz schlossen die Parteien einen Vergleich, siehe LAG Baden-Württemberg, Entsch. v. 30.3.2010 – 9 Sa 75/09, BeckRS 2012, 25594.

1576 ArbG Lörrach, Entsch. v. 16.10.2009 – 4 Ca 248/09, BeckRS 2009, 73055.

1577 ArbG Lörrach, Entsch. v. 16.10.2009 – 4 Ca 248/09, BeckRS 2009, 73055.

1578 ArbG Lörrach, Entsch. v. 16.10.2009 – 4 Ca 248/09, BeckRS 2009, 73055.

1579 LAG Schleswig-Holstein NZA-RR 2011, 126 (126 ff.).

1580 LAG Schleswig-Holstein NZA-RR 2011, 126 (127).

1581 ArbG Hamburg, Urt. v. 25.9.2002 – 21 Ca 425/02, BeckRS 2009, 55839.

Arbeitnehmerin, so werde der Unrechtscharakter weiterhin betont und nichts „beschönigt oder verharmlost". Es gehe aber allein um die Frage, ob in arbeitsrechtlicher Hinsicht für die Kündigung die Abmahnung als milderes Mittel vorrangig sei. Dann entfalle zwar der Kündigungsgrund, nicht aber die Missbilligung des in Frage stehenden Verhaltens. Betont wird das Prognoseprinzip, insbesondere auch in Abgrenzung zum Strafrecht: „Im gewaltenteilten Rechtsstaat ist nicht der Arbeitgeber berufen, ein Fehlverhalten des Arbeitnehmers zu sanktionieren. In Anbetracht des Gewaltmonopols des Staates ist der Ausspruch von Strafen den Strafgerichten vorbehalten."[1582] Im Rahmen der Interessenabwägung hat das Arbeitsgericht außerdem den geringen finanziellen Schaden durch den – das vertragswidrige Verhalten unterstellt – materiell geringfügigen Einzelfall berücksichtigt.[1583] Das Arbeitsgericht geht – die Behauptung der Arbeitgeberin, dass die Arbeitnehmer das Eis nicht bezahlt hatte, als zutreffend unterstellt – von einem Diebstahl einer geringwertigen Sache im Sinne von § 248a StGB aus.[1584]

Im Fall der außerordentlichen Kündigung einer über zehn Jahre bei der Arbeitgeberin in deren Warenhaus als Verkäuferin beschäftigten Arbeitnehmerin, die während der Arbeitszeit aus ihrem Arbeitsbereich, nämlich der Spirituosenabteilung, 62 Alkohol-Minifläschchen sowie zwei Rollen Küchenkrepp entnahm, diese in eine Tragetasche packte und den Betrieb zum Schichtende mit diesen Gegenständen verlassen wollte, geht das Bundesarbeitsgericht übereinstimmend mit der vorherigen Instanz davon aus, dass der Sachverhalt als Kündigungsgrund „an sich" geeignet sei.[1585] Soweit sich die Arbeitnehmerin darauf berief, dass die Alkoholfläschchen längere Zeit im Lager gestanden und aus beschädigten Packungen stammten, also nicht mehr als reguläre Ware verkauft werden hätten können, sondern vielmehr schon abgeschrieben und für die Müllpresse vorgesehen gewesen seien, kann ihr dies nach Auffassung des Bundesarbeitsgerichts im Rahmen der Interessenabwägung nicht zugute kommen.[1586] So könne der Ware nicht jeder wirtschaftliche Wert abgesprochen werden, da dieser nicht allein von deren Verkehrsfähigkeit abhänge. Es habe etwa die „naheliegende" Möglichkeit bestanden, dass die Arbeitgeberin die Fläschchen

1582 ArbG Hamburg, Urt. v. 25.9.2002 – 21 Ca 425/02, BeckRS 2009, 55839.
1583 ArbG Hamburg, Urt. v. 25.9.2002 – 21 Ca 425/02, BeckRS 2009, 55839.
1584 ArbG Hamburg, Urt. v. 25.9.2002 – 21 Ca 425/02, BeckRS 2009, 55839.
1585 BAG NZA 2004, 486 (486 f.).
1586 BAG NZA 2004, 486 (487).

auf Betriebsfesten verwenden oder sonst verschenken würde.[1587] Eine Abmahnung hat das Bundesarbeitsgericht nicht für erforderlich gehalten, da ein Arbeitnehmer in einem Warenhausbetrieb davon ausgehen müsse, dass er mit einem Diebstahl oder einer Unterschlagung geringwertiger Sachen im Arbeitgeberbetrieb seinen Arbeitsplatz aufs Spiel setze.[1588]

Das Landesarbeitsgericht Nürnberg hat die außerordentliche und hilfsweise ordentliche sowie weitere ordentliche Kündigung eines seit mehr als drei Jahren als gewerblicher Mitarbeiter bei dem Arbeitgeber beschäftigten Arbeitnehmers wegen rechtswidriger Ansichnahme von zwei Fläschchen Jägermeister für unwirksam gehalten.[1589] Das Gericht bejaht die Eignung eines Diebstahls zulasten des Arbeitgebers als Kündigungsgrund „an sich“, sieht aber den Nachweis für den Diebstahl der kleinen Jägermeisterflaschen im vorliegenden Fall als nicht erbracht an.[1590]

Das Arbeitsgericht Reutlingen hat die im Fall von zwei ohne Bezahlung eingesteckten Joghurtbechern im Wert von 1,38 DM durch eine seit 25 Jahren bei der Arbeitgeberin als Verkäuferin und Kassiererin beschäftigte Arbeitnehmerin ausgesprochene außerordentliche und hilfsweise ordentliche Kündigung für unwirksam gehalten.[1591] Begründet wird dies mit der Unverhältnismäßigkeit der Kündigung in Anbetracht des geringen Werts der Joghurtbecher, sonst würde „mit Kanonen auf Spatzen geschossen“.[1592] Außerdem bestünde sonst ein grobes Missverhältnis zwischen der strafrechtlichen und arbeitsrechtlichen Bewertung eines solchen Bagatellfalls.[1593] So würde jede Staatsanwaltschaft ein Strafverfahren in einem solchen Fall sogleich wegen Geringfügigkeit einstellen.[1594] Eine

1587 BAG NZA 2004, 486 (488). Das Bundesarbeitsgericht hat nicht abschließend über die Wirksamkeit der Kündigung entschieden, sondern den Rechtsstreit an das Landesarbeitsgericht Hamm zur Nachholung einer fehlerfreien Interessenabwägung zurückverwiesen.

1588 BAG NZA 2004, 486 (488).

1589 LAG Nürnberg NZA-RR 2021, 179 (179 f.).

1590 LAG Nürnberg NZA-RR 2021, 179 (180 f.). Screenshots von der Überwachungskamera, die den Tatvorgang festgehalten hatten, unterlagen nach den Ausführungen des Landesarbeitsgerichts einem Beweisverwertungsverbot und konnten nicht zur Beweisführung verwendet werden; ob hinreichende Verdachtsmomente für eine Verdachtskündigung vorlagen, ließ das Gericht wegen unterbliebener Betriebsratsanhörung hierzu offen, NZA-RR 2021, 179 (181).

1591 ArbG Reutlingen, Urt. v. 4.6.1996 – 1 Ca 73/96, BeckRS 2009, 55844.

1592 ArbG Reutlingen, Urt. v. 4.6.1996 – 1 Ca 73/96, BeckRS 2009, 55844.

1593 ArbG Reutlingen, Urt. v. 4.6.1996 – 1 Ca 73/96, BeckRS 2009, 55844.

1594 ArbG Reutlingen, Urt. v. 4.6.1996 – 1 Ca 73/96, BeckRS 2009, 55844.

Bagatelle strafrechtlich im Ergebnis unbeachtet zu lassen, aber arbeitsrechtlich mit der denkbar schwersten Sanktion zu reagieren, sei mit dem Grundsatz der Einheit der Rechtsordnung nicht zu vereinbaren.[1595] Das Argument der erforderlichen Einheitlichkeit der Rechtsordnung wird noch weiter bemüht, und zwar im Hinblick auf eine durch die Arbeitnehmerin angebotene Zahlung von 500 DM an eine gemeinnützige Einrichtung: Die Strafprozessordnung sehe Möglichkeiten vor, durch Schadenswiedergutmachung einer Strafe zu entgehen; diese Wertung müsse dann auch im Arbeitsrecht gelten.[1596]

Auch das Landesarbeitsgericht Hessen hatte sich mit dem Fall der Entwendung von Joghurt auseinanderzusetzen.[1597] Die außerordentliche und hilfsweise ordentliche Kündigung einer circa 15 Jahre bei der Arbeitgeberin als Küchenhilfe beschäftigten Arbeitnehmerin wegen versuchter Entwendung von vier Bechern abgelaufenen Joghurts aus dem Warenbestand hat das Gericht in diesem Fall für unwirksam gehalten. So sei der Diebstahlsnachweis durch die Arbeitgeberin nicht gelungen, da es an der Absicht rechtswidriger Zueignung fehle, wenn die Arbeitnehmerin wie hier berechtigterweise von einem Einverständnis des Eigentümers mit der Zueignung – im konkreten Fall den Verzehr im Aufenthaltsraum der Arbeitgeberin – habe ausgehen dürfen.[1598] Doch selbst bei Vorliegen eines Grundes „an sich" müsse die Interessenabwägung zulasten der Arbeitgeberin ausfallen, wobei das geringe Gewicht der Vertragspflichtverletzung durch die Wertlosigkeit der Joghurtbecher zum bestimmungsgemäßen Verbrauch für die Arbeitnehmerin gesprochen hat.[1599]

Die außerordentliche Kündigung eines seit über 20 Jahren bei der Arbeitgeberin, zuletzt als Verkäufer beschäftigten Arbeitnehmers wegen Entnahme und Verzehrs eines ausgesonderten Schokoladenweihnachtsmanns oder jedenfalls zwei unverpackter Schokoladenbruchstücke der Arbeitgeberin ohne Erstattung des Werts von 1,79 Euro hiervon hätte nach Ansicht des Landesarbeitsgerichts Hessen „ein verständiger Arbeitgeber" nicht ernsthaft in Erwägung gezogen werden dürfen.[1600] Eigentums- und Vermögensdelikte seien unabhängig vom Wert grundsätzlich geeignet, eine außerordentliche Kündigung zu rechtfertigen und

1595 ArbG Reutlingen, Urt. v. 4.6.1996 – 1 Ca 73/96, BeckRS 2009, 55844; zustimmend ArbG Hamburg, Urt. v. 27.8.1998 – 27 Ca 262/98, BeckRS 1998, 30776000.
1596 ArbG Reutlingen, Urt. v. 4.6.1996 – 1 Ca 73/96, BeckRS 2009, 55844.
1597 LAG Hessen, Urt. v. 2.3.2006 – 5/11 Sa 764/05, BeckRS 2009, 55840.
1598 LAG Hessen, Urt. v. 2.3.2006 – 5/11 Sa 764/05, BeckRS 2009, 55840.
1599 LAG Hessen, Urt. v. 2.3.2006 – 5/11 Sa 764/05, BeckRS 2009, 55840.
1600 LAG Berlin-Brandenburg, Urt. v. 17.8.2007 – 25 Sa 1000/07, BeckRS 2009, 55842.

vorliegend hätten die Schokoladenweihnachtsmänner noch im Eigentum der Arbeitgeberin gestanden, welche daher ihr Verfügungsrecht noch nicht aufgegeben gehabt habe.[1601] Im Rahmen der Interessenabwägung spricht das Gericht von einem „Eigentumsbruch“ und generell von den Auswirkungen von „Diebstählen im Einzelhandel“, eine nähere strafrechtliche Einordnung im konkreten Fall unterbleibt aber.[1602] Zugunsten des Arbeitnehmers wird berücksichtigt, dass fraglich war, ob die Arbeitgeberin überhaupt beabsichtigte, ihr Verfügungsrecht als Eigentümerin weiter auszuüben.[1603] Im Ergebnis ist die Interessenabwägung wegen der Möglichkeit einer Abmahnung als milderem Mittel zugunsten der Arbeitnehmerin ausgegangen.[1604]

Kurios ist der Fall deshalb, weil die Arbeitgeberin nicht – wie in ähnlich gelagerten Sachverhalten zu beobachten – eine verhaltensbedingte Kündigung aussprach, sondern den Arbeitnehmer zur Eigenkündigung aufforderte und bei Weigerung des Arbeitnehmers den Ausspruch einer betriebsbedingten Kündigung mit siebenmonatiger Kündigungsfrist bei Unterzeichnung einer Klageverzichts- und Erledigungserklärung anbot.[1605]

b) Drogerie- und Pharmazieartikel

Das Arbeitsgericht Halle hat die außerordentliche Kündigung einer seit über zehn Jahren bei dem Arbeitgeber beschäftigten Verkäuferin wegen der Mitnahme von vier für Kunden bestimmten Gratispröbchen und eines Rasiergels mit einem Verkaufspreis von 0,99 Euro in Folge der zugunsten der Arbeitnehmerin ausfallenden Interessenabwägung – unter anderem im Hinblick auf den Bagatellbetrag – für unwirksam gehalten.[1606] Das Arbeitsgericht Halle betont, dass das Verhalten der Arbeitnehmerin nicht „als Bagatelle abgetan“ werden solle, aber dem Diebstahlvorwurf komme aufgrund des geringen Warenwertes geringeres Gewicht zu, ohne aber zugleich die Kündigungsrelevanz gänzlich entfallen zu lassen.[1607] In strafrechtlicher Hinsicht erfülle das Mitsichführen der entsprechenden Artikel zumindest objektiv den Tatbestand eines Diebstahls, wobei das Arbeitsgericht Halle eine – wenn auch knappe – Prüfung der

---

1601 LAG Berlin-Brandenburg, Urt. v. 17.8.2007 – 25 Sa 1000/07, BeckRS 2009, 55842.
1602 LAG Berlin-Brandenburg, Urt. v. 17.8.2007 – 25 Sa 1000/07, BeckRS 2009, 55842.
1603 LAG Berlin-Brandenburg, Urt. v. 17.8.2007 – 25 Sa 1000/07, BeckRS 2009, 55842.
1604 LAG Berlin-Brandenburg, Urt. v. 17.8.2007 – 25 Sa 1000/07, BeckRS 2009, 55842.
1605 LAG Berlin-Brandenburg, Urt. v. 17.8.2007 – 25 Sa 1000/07, BeckRS 2009, 55842.
1606 ArbG Halle, Urt. v. 13.11.2008 – 2 Ca 1991/08, BeckRS 2010, 75336.
1607 ArbG Halle, Urt. v. 13.11.2008 – 2 Ca 1991/08, BeckRS 2010, 75336.

objektiven Tatbestandsmerkmale des § 242 Abs. 1 StGB vornimmt.[1608] Ob der Subsumtion dabei im Einzelnen gefolgt werden kann, ist zweifelhaft. So wird im Hinblick auf den Gewahrsamsbruch allein auf das Hinaustragen der Artikel aus dem Ladengeschäft abgestellt,[1609] obwohl dieser hier in Anbetracht der Größe der Artikel bereits mit Ergreifen oder jedenfalls mit Einpacken in die Tüte erfolgt sein dürfte.[1610]

Das Arbeitsverhältnis einer seit circa sieben Jahren bei ihrer Arbeitgeberin als Verkäuferin beschäftigten Arbeitnehmerin wurde weder durch fristlose noch durch fristgerechte Kündigung wegen Mitnahme von Damenbinden bei gleichzeitiger Überlassung des finanziellen Gegenwerts (wenn auch späterer Entzug des Geldes) im Wert von 59 Cent beendet.[1611] Das Arbeitsgericht Wuppertal geht dabei zwar von einem Verstoß gegen die Kassenanweisung, nämlich bei Personaleinkäufen nur bei einer bestimmten Kasse zu zahlen, aus, lehnt aber mangels Vorsatzes im Zeitpunkt der objektiven Tatbestandshandlung des Diebstahls bzw. der Unterschlagung eine strafrechtliche relevante Handlung ab.[1612] Abgestellt wird hier alleine auf das Vorliegen bzw. hier das Fehlen einer Straftat; ob bereits der Verstoß gegen die Anweisung als ggf. erhebliche Vertragspflichtverletzung einen wichtigen Grund bildet, wird nicht thematisiert.[1613]

Im Fall einer mehr als zwei Jahre bei der Arbeitgeberin als Fleischereiverkäuferin beschäftigten Arbeitnehmerin wegen der unbezahlten Entnahme von zwei Haarspangen im Wert von 1,99 Euro zur Befestigung der im Dienst vorgeschriebenen Haube hat das Landesarbeitsgericht Köln die außerordentliche und hilfsweise ordentliche Kündigung für unwirksam gehalten.[1614] Zwar stelle ein Diebstahl zum Nachteil des Arbeitgebers einen Kündigungsgrund „an sich“ dar, doch betonte das Gericht, dass auch bei einer Kündigung wegen einer Straftat stets die erforderliche Interessenabwägung vorzunehmen sei.[1615] Der Arbeitnehmerin wird neben der geringen Schadenshöhe zugute gehalten, dass die Vorstellung, dass der Arbeitgeber die Haarspangen zur Befestigung der Dienstkleidung stellen müsse, durchaus vertretbar sei.[1616]

1608 ArbG Halle, Urt. v. 13.11.2008 – 2 Ca 1991/08, BeckRS 2010, 75336.
1609 ArbG Halle, Urt. v. 13.11.2008 – 2 Ca 1991/08, BeckRS 2010, 75336.
1610 Vgl. BGHSt 26, 24 (25 f.) = NJW 1975, 320 (320).
1611 ArbG Wuppertal, Urt. v. 31.3.2009 – 4 Ca 3853/08, BeckRS 2009, 73446.
1612 ArbG Wuppertal, Urt. v. 31.3.2009 – 4 Ca 3853/08, BeckRS 2009, 73446.
1613 Vgl. ArbG Wuppertal, Urt. v. 31.3.2009 – 4 Ca 3853/08, BeckRS 2009, 73446.
1614 LAG Köln, Beschl. v. 16.12.2008 – 9 Ta 474/08, BeckRS 2009, 52085.
1615 LAG Köln, Beschl. v. 16.12.2008 – 9 Ta 474/08, BeckRS 2009, 52085.
1616 LAG Köln, Beschl. v. 16.12.2008 – 9 Ta 474/08, BeckRS 2009, 52085.

Die außerordentliche Kündigung wegen der Entwendung von zwölf Kinderzahnbürsten durch eine Arbeitnehmerin mit einer Betriebszugehörigkeit von 23 Jahren war wirksam.[1617] Das Landesarbeitsgericht Rheinland-Pfalz spricht in seiner Entscheidung ausdrücklich von einem Diebstahl.[1618] Im Rahmen der Interessenabwägung berücksichtigt das Gericht zugunsten der Arbeitnehmerin, dass es sich bei dem „Diebesgut“ um Ausschussware, die nicht zum Vertrieb bestimmt war, gehandelt hat.[1619]

Die außerordentliche und vorsorglich ordentliche Kündigung einer seit mehr als fünf Jahren als Sachbearbeiterin in der Buchhaltung des von der Arbeitgeberin betriebenen Versandhauses wegen Entwendung eines Lippenstifts mit einem Verkaufspreis von 9 DM hat das Bundesarbeitsgericht wie auch die vorherigen Instanzen für unwirksam gehalten.[1620] Dabei wird allerdings nicht die generelle Eignung eines solchen Sachverhalts als Kündigungsgrund in Frage gestellt, es fehlt am Nachweis des Diebstahlsvorwurfs im konkreten Fall.[1621]

Das Landesarbeitsgericht Düsseldorf hat die außerordentliche Kündigung eines seit circa 16 Jahren bei der Arbeitgeberin als Lagerarbeiter beschäftigten Arbeitnehmers wegen der Entnahme und Verbringens einer 1-Liter-Flasche Desinfektionsmittel, das angesichts der corona-bedingten Knappheit einen Wert von 40 Euro hatte, sowie einer Rolle Handtuchpapier in das private Kfz des Arbeitnehmers für wirksam gehalten.[1622] Das Gericht sieht darin, dass der Arbeitnehmer das Desinfektionsmittel dem Zugriff der Arbeitgeberin und seiner Kollegen entzogen hat, eine schwere Pflichtverletzung, wobei es auf die strafrechtliche Wertung, „ob es sich bei dem Verhalten des Klägers um einen vollendeten Diebstahl gehandelt hat“, nicht ankomme.[1623] So müsse die Frage der arbeitsvertraglichen Pflichtverletzung grundsätzlich von der strafrechtlichen Bewertung getrennt werden, weshalb dahinstehen könne, ob sich der Arbeitnehmer durch die Wegnahme des Desinfektionsmittels strafbar gemacht hat.[1624]

1617 LAG Rheinland-Pfalz, Urt. v. 30.4.2008 – 7 Sa 43/08, BeckRS 2008, 55390. Darüber hinaus bestand der Verdacht der Beteiligung am Vertrieb dieser Zahnbürsten über eine Internetplattform.

1618 LAG Rheinland-Pfalz, Urt. v. 30.4.2008 – 7 Sa 43/08, BeckRS 2008, 55390.

1619 LAG Rheinland-Pfalz, Urt. v. 30.4.2008 – 7 Sa 43/08, BeckRS 2008, 55390.

1620 BAG NZA 1986, 677 (677).

1621 BAG NZA 1986, 677 (677). Eine Verdachtskündigung scheiterte an der fehlenden Betriebsratsanhörung.

1622 LAG Düsseldorf, Urt. v. 14.1.2021 – 5 Sa 483/20, zitiert nach juris.

1623 LAG Düsseldorf, Urt. v. 14.1.2021 – 5 Sa 483/20, zitiert nach juris.

1624 LAG Düsseldorf, Urt. v. 14.1.2021 – 5 Sa 483/20, zitiert nach juris.

Die Vertragsverletzung liege darin, dass der Arbeitnehmer der Arbeitgeberin das Desinfektionsmittel entzogen und die anderen Arbeitnehmer vom Gebrauch des Mittels ausgeschlossen habe.[1625] Soweit der Arbeitnehmer vorgetragen hatte, dass eine bloße Gebrauchsanmaßung vorliege, geht das Gericht davon aus, dass selbst dies eine kündigungsrelevante Pflichtverletzung darstellen könne und auch vorliegend – nach strafrechtlicher Prüfung – aufgrund des Verbrauchswillens jedenfalls nicht von einer bloßen Gebrauchsanmaßung auszugehen sei.[1626] Das Landesarbeitsgericht hält eine vorherige Abmahnung für entbehrlich und auch die Interessenabwägung ist zulasten des Arbeitnehmers ausgegangen.[1627] Das Gericht lehnt eine Geringfügigkeit im vorliegenden Fall ab.[1628]

Im Fall einer über zehn Jahre als Altenpflegerin bei der Arbeitgeberin beschäftigten Arbeitnehmerin, die mit dem Ziel, Suizid zu begehen, 17 Schlaftabletten aus verschiedenen Medikamenten-Kästchen von Heimbewohnern entnommen hatte, hat das Landesarbeitsgericht Rheinland-Pfalz die außerordentliche Kündigung für unwirksam, die hilfsweise ausgesprochene ordentlichen Kündigung dagegen für wirksam gehalten.[1629] Das Gericht geht dabei vom Vorliegen eines Vermögensdelikts aus.[1630] Da allerdings insbesondere keine grobe Fürsorgepflichtverletzung dahingehend anzunehmen war, dass die Versorgung der Patienten mangels ausreichenden Vorrats an Schlaftabletten gefährdet gewesen wäre, und die Arbeitnehmerin eine lange Betriebszugehörigkeit vorweisen konnte, geht das Landesarbeitsgericht von der Unverhältnismäßigkeit der außerordentlichen Kündigung aus.[1631] Aufgrund des berechtigten Interesses des Arbeitgebers, „dass er von seinen Angestellten nicht bestohlen wird“, ist die Interessenabwägung im Rahmen der ordentlichen Kündigung aber zulasten der Arbeitnehmerin ausgefallen.[1632]

Das Landesarbeitsgericht Hessen bejaht das Vorliegen eines Kündigungsgrunds bei der Entnahme von insgesamt 30 Aspirin-Tabletten aus dem Rücklauf und dem Warenbestand ohne Erlaubnis durch den über zehn Jahre als Equipmentreiniger bei der Arbeitgeberin beschäftigten Arbeitnehmer und hat die

---

1625 LAG Düsseldorf, Urt. v. 14.1.2021 – 5 Sa 483/20, zitiert nach juris.
1626 LAG Düsseldorf, Urt. v. 14.1.2021 – 5 Sa 483/20, zitiert nach juris.
1627 LAG Düsseldorf, Urt. v. 14.1.2021 – 5 Sa 483/20, zitiert nach juris.
1628 LAG Düsseldorf, Urt. v. 14.1.2021 – 5 Sa 483/20, zitiert nach juris.
1629 LAG Rheinland-Pfalz, Urt. v. 10.5.2007 – 4 Sa 103/07, BeckRS 2008, 50523; zuvor Urt. v. 5.1.2006 – 6 Sa 844/05, BeckRS 2006, 43000.
1630 LAG Rheinland-Pfalz, Urt. v. 10.5.2007 – 4 Sa 103/07, BeckRS 2008, 50523.
1631 LAG Rheinland-Pfalz, Urt. v. 10.5.2007 – 4 Sa 103/07, BeckRS 2008, 50523.
1632 LAG Rheinland-Pfalz, Urt. v. 10.5.2007 – 4 Sa 103/07, BeckRS 2008, 50523.

arbeitgeberseits ausgesprochene fristlose Kündigung für wirksam gehalten.[1633] Es wird insoweit von Entwendung der Tabletten aus dem Eigentum der Arbeitgeberin gesprochen; eine (weitere) strafrechtliche Einordnung unterbleibt.[1634] Im Hinblick auf die Geringwertigkeit der Tabletten lehnt das Gericht die Herstellung einer Korrelation zu den strafrechtlichen und strafprozessualen Geringfügigkeitsgrenzen ab und hält einen nicht hinnehmbaren Vertrauensverlust der Arbeitgeberin trotz des geringen materiellen Verlusts für gegeben.[1635]

c) Sonstige Verbrauchsgüter und Gegenstände

Das Arbeitsgericht Hamburg hat die außerordentliche und hilfsweise ordentliche Kündigung eines Kfz-Mechanikers mit einer Betriebszugehörigkeit von über zehn Jahren wegen Befüllens des Privatfahrzeugs mit Scheibenwaschkonzentrat der Arbeitgeberin im Wert von 2,38 Euro ohne Eröffnung eines Auftrags zum Zwecke der Abrechnung mangels Abmahnung für unwirksam erklärt.[1636] Der objektive Tatbestand des § 242 Abs. 1 StGB wird bejaht, während in subjektiver Hinsicht die Zueignungsabsicht problematisiert und das Vorliegen des Diebstahlstatbestand im Ergebnis – mit dem („Standard“-)Hinweis, dass es auf die strafrechtliche Bewertung in kündigungsrechtlicher Hinsicht nicht maßgeblich ankomme – offen gelassen wird.[1637]

Auch das Landesarbeitsgericht Hessen befasste sich mit einer außerordentlichen Kündigung eines mehr als 15 Jahre als Busfahrer beschäftigten Arbeitnehmers wegen der Entwendung von Wischwasser für die Scheibenwischanlage des Privatfahrzeugs.[1638] Das Gericht sieht in der Entwendung des Wischwassers keinen wichtigen Grund im Sinne von § 626 BGB. Zwar sei im Hinblick auf das durch eine Mitarbeiterinformation ausgesprochene Verbot der Privatnutzung von Betriebsmitteln ein Kündigungsgrund „an sich“ gegeben, doch hält

1633 LAG Hessen, Urt. v. 10.10.2006 – 13 Sa 622/006, BeckRS 2006, 17702.

1634 LAG Hessen, Urt. v. 10.10.2006 – 13 Sa 622/006, BeckRS 2006, 17702.

1635 LAG Hessen, Urt. v. 10.10.2006 – 13 Sa 622/006, BeckRS 2006, 17702.

1636 ArbG Hamburg NZA-RR 2005, 75 (75 ff.). Das Arbeitsgericht differenziert hier zwischen einerseits dem formalen Verstoß gegen die Anweisung, bei Nutzung der Materialien der Arbeitgeberin einen Auftrag zu eröffnen, und andererseits der Nutzung ohne Zahlung(-swillen). Für letzteres fehlten aus Sicht der Kammer schon hinreichende äußere Umstände zur Annahme eines Kündigungsgrunds.

1637 ArbG Hamburg NZA-RR 2005, 75 (76 f.).

1638 LAG Hessen, Urt. v. 30.1.2012 – 7 Sa 229/11, BeckRS 2012, 71649. Die Kündigung erwies sich im Ergebnis wegen des nachgeschobenen Kündigungsgrunds der Unterschlagung von Fahrgeldern in Höhe von circa 700 Euro als wirksam.

das Landesarbeitsgericht eine vorherige Abmahnung für erforderlich.[1639] Eine strafrechtliche Einordnung erfolgt nicht.

Das Bundesarbeitsgericht hat die außerordentliche Kündigung eines über 35 Jahre bei der Arbeitgeberin, zuletzt als Gabelstaplerfahrer und Lagerhelfer beschäftigten Arbeitnehmers wegen mehrfachen Abfüllens verunreinigten Altdieselöls in Kanister und Mitnahme zur späteren Aufbereitung und privaten Nutzung für wirksam gehalten.[1640] Das Gericht sieht im Entfernen des Abfalldieselöls vom Betriebsgelände ohne Erlaubnis der Arbeitgeberin eine erhebliche und schuldhafte Verletzung der Vertragspflichten aus § 241 Abs. 2 BGB, wofür es nicht darauf ankomme, ob das in Rede stehende Verhalten einen Straftatbestand erfülle.[1641] Dass der Arbeitgeberin kein wirtschaftlicher Schaden entstanden war, sondern vielmehr das Altdieselöl sonst hätte kostenpflichtig fachgerecht und umweltschonend entsorgt werden müssen, berücksichtigt das Bundesarbeitsgericht nicht zugunsten des Arbeitnehmers. So sei das Interesse der Arbeitgeberin erkennbar darauf gerichtet gewesen, das verunreinigte und für die Umwelt nicht ungefährliche Abfalldieselöl auf dem Betriebsgelände zwischenzulagern, um es anschließend fachgerecht zu entsorgen.[1642]

Der Arbeitnehmer handelte bei dem eben ausgeführten Sachverhalt nicht alleine, sondern in Absprache mit einem nahezu 30 Jahre bei der Arbeitgeberin beschäftigten Arbeitnehmer und Kollegen, von dem die Idee zur Aufbereitung und Benutzung für private Zwecke stammte und der beim Abfahren des Öls behilflich war und bei dem ebenfalls Ölkanister sichergestellt wurden.[1643] Auch hier hat das Bundesarbeitsgericht das Vorliegen eines wichtigen Grundes im Sinne des § 626 Abs. 1 BGB bejaht.[1644]

Das Landesarbeitsgericht Mecklenburg-Vorpommern hat die außerordentliche und hilfsweise ordentliche Kündigung eines bei der Arbeitgeberin als Betriebsschlosser beschäftigten Arbeitnehmers mit einer Betriebszugehörigkeitsdauer von über 25 Jahren, der versuchte, das Betriebsgelände mit einem im Eigentum der Arbeitgeberin stehenden 5-Liter-Kanister Heizöl zu verlassen, als unverhältnismäßig und daher unwirksam erachtet.[1645] Das Gericht sieht im

1639 LAG Hessen, Urt. v. 30.1.2012 – 7 Sa 229/11, BeckRS 2012, 71649.
1640 BAG, Urt. v. 31.7.2014 – 2 AZR 408/13, BeckRS 2015, 65973.
1641 BAG, Urt. v. 31.7.2014 – 2 AZR 408/13, BeckRS 2015, 65973.
1642 BAG, Urt. v. 31.7.2014 – 2 AZR 408/13, BeckRS 2015, 65973.
1643 BAG NZA 2015, 621 (621).
1644 BAG NZA 2015, 621 (622).
1645 LAG Mecklenburg-Vorpommern, Urt. v. 27.1.2015 – 2 Sa 170/14, BeckRS 2015, 68406.

Verhalten des Arbeitnehmers einen versuchten Diebstahl zulasten der Arbeitgeberin und damit zugleich eine besonders schwerwiegende Verletzung der Rücksichtnahmepflicht nach § 241 Abs. 2 BGB durch den Arbeitnehmer.[1646] Allerdings wird zugunsten des Arbeitnehmers berücksichtigt, dass das vom Arbeitnehmer zum Privatgebrauch vorgesehene Heizöl für betriebliche Zwecke nicht länger brauchbar war, da es sich um „verdorbenes“ Heizöl handelte. Das Gericht hat daher eine vorherige Abmahnung für erforderlich gehalten.[1647]

Das Landesarbeitsgericht Rheinland-Pfalz hat die außerordentliche Kündigung eines seit über 20 Jahren bei der Arbeitgeberin als technischer Leiter bzw. Schlosser beschäftigten Arbeitnehmers wegen Entwendung eines Steuertransformators im Wert von mindestens 40 Euro aus einer Maschine im Betrieb der Arbeitgeberin für wirksam gehalten.[1648] Das Gericht sieht einen die Schwelle zum wichtigen Grund überschreitenden Pflichtverstoß als gegeben an und spricht von einem Diebstahl. Das Vorliegen eines Bagatellfalls wird im Hinblick auf das Vorliegen einer Straftat und den Wert des Gegenstands abgelehnt.[1649]

Das Arbeitsgericht Dortmund hatte über die Zustimmungserteilung zur außerordentlichen Kündigung im Fall eines seit fast 20 Jahren bei dem Arbeitgeber beschäftigten Betriebsschlossers, der sich von einem Kollegen die Schlüssel zur Schlosserwerkstatt übergeben ließ, um dort zwei Einweg-Staubschutzanzügen im Wert von jeweils 7 DM für sich zu entnehmen und dann mit ebendiesen Anzügen unter dem Arm das Betriebsgelände zu verlassen, zu entscheiden.[1650] Dabei sieht das Gericht in seiner Entscheidung eine außerordentliche Kündigung wegen der zugunsten des Arbeitnehmers ausfallenden Interessenabwägung nicht als gerechtfertigt an.[1651] In strafrechtlicher Hinsicht enthält sich das Gericht einer eindeutigen Einordnung („Selbst wenn also die strafrechtlichen Tatbestandsvoraussetzungen eines Vermögensdelikts vorliegen würden, [...]“), da es selbst bei Verwirklichung eines Vermögensdelikts an einem Vertrauensmissbrauch durch den Arbeitnehmer fehle.[1652]

Das Landesarbeitsgericht Baden-Württemberg hat im Fall eines mehr als 30 Jahre, zuletzt als Maschinenführer bei der Arbeitgeberin beschäftigten

---

1646 LAG Mecklenburg-Vorpommern, Urt. v. 27.1.2015 – 2 Sa 170/14, BeckRS 2015, 68406.
1647 LAG Mecklenburg-Vorpommern, Urt. v. 27.1.2015 – 2 Sa 170/14, BeckRS 2015, 68406.
1648 LAG Rheinland-Pfalz, Urt. v. 7.8.2018 – 8 Sa 29/18, BeckRS 2018, 29073.
1649 LAG Rheinland-Pfalz, Urt. v. 7.8.2018 – 8 Sa 29/18, BeckRS 2018, 29073.
1650 ArbG Dortmund, Beschl. v. 4.7.2000 – BV 29/00, BeckRS 2009, 55837.
1651 ArbG Dortmund, Beschl. v. 4.7.2000 – BV 29/00, BeckRS 2009, 55837.
1652 ArbG Dortmund, Beschl. v. 4.7.2000 – BV 29/00, BeckRS 2009, 55837.

Arbeitnehmers entschieden, dass die wegen des Verdachts der Entwendung von zehn Paar Arbeitshandschuhen aus Wolle und circa 500 Gramm Metallunterlegscheiben in verschiedenen Größen (Gesamtwert von 10 bis 12 Euro) aus dem Betrieb der Arbeitgeberin ausgesprochene außerordentliche Verdachtskündigung wirksam war.[1653] Das Gericht bejaht insoweit den Verdacht eines Diebstahls durch den Arbeitnehmer.[1654]

Die Entnahme eines Beutels Streusplitt und anderer Waren im Wert von 12,02 Euro aus dem Filialbestand für private Zwecke ohne Bezahlung durch den zuletzt als Filialleiter beschäftigten Arbeitnehmer mit einer Betriebszugehörigkeit von über 20 Jahren veranlasste die Arbeitgeberin zum Ausspruch einer außerordentlichen Tat- und Verdachtskündigung.[1655] Das Landesarbeitsgericht Berlin-Brandenburg bejaht das Vorliegen der Voraussetzungen des § 626 Abs. 1 BGB und ließ dabei offen, „ob der Kläger tatsächlich in zwei Fällen schwerwiegende Pflichtverletzungen in Form sogar strafrechtlich relevanter Zueignung von Ware bzw. Ausstattung der Beklagten begangen hat", da insoweit jedenfalls ein dringender Verdacht bestehe.[1656] In strafrechtlicher Hinsicht seien die Voraussetzungen des § 242 Abs. 1 StGB im Hinblick auf die Mitnahme des Streusplitts in tatsächlicher Hinsicht „zweifelsohne" erfüllt und auch bezüglich der anderen Waren wird von einem Diebstahl(-sverdacht) ausgegangen.[1657]

Im Fall der außerordentlichen und hilfsweise ordentlichen Kündigung eines zwölf Jahre bei der Arbeitgeberin als Montagearbeiter beschäftigten Arbeitnehmers wegen der versuchten unberechtigten Mitnahme eines zur Entsorgung zwischengelagerten Werkbankteils hat das Landesarbeitsgericht Schleswig-Holstein das Vorliegen eines wichtigen Grundes im Sinne des § 626 BGB und auch die soziale Rechtfertigung nach § 1 Abs. 2 KSchG verneint.[1658] Das Gericht sieht zwar mit dem begonnenen Gewahrsamsbruch einen Grund „an sich" als gegeben an, hält aber eine Abmahnung für erforderlich.[1659] Das Landesarbeitsgericht hat dabei im Rahmen der Interessenabwägung berücksichtigt, dass der Arbeitgeberin objektiv kein wirtschaftlicher Schaden entstanden ist. Der Wechsel der

1653 LAG Baden-Württemberg, Urt. v. 23.2.2010 – 8 Sa 9/09, BeckRS 2011, 65963 nach Rückverweisung durch das Bundesarbeitsgericht wegen Verletzung des rechtlichen Gehörs, vgl. BAG, Beschl. v. 10.2.2009 – 3 AZN 1003/08, BeckRS 2010, 71602.
1654 LAG Baden-Württemberg, Urt. v. 23.2.2010 – 8 Sa 9/09, BeckRS 2011, 65963.
1655 LAG Berlin-Brandenburg, Urt. v. 10.2.2012 – 6 Sa 1845/11, BeckRS 2012, 67194.
1656 LAG Berlin-Brandenburg, Urt. v. 10.2.2012 – 6 Sa 1845/11, BeckRS 2012, 67194.
1657 LAG Berlin-Brandenburg, Urt. v. 10.2.2012 – 6 Sa 1845/11, BeckRS 2012, 67194.
1658 LAG Schleswig-Holstein, Urt. v. 13.1.2010 – 3 Sa 324/09, BeckRS 2010, 66562.
1659 LAG Schleswig-Holstein, Urt. v. 13.1.2010 – 3 Sa 324/09, BeckRS 2010, 66562.

Sichtweise und die Bewertung der Arbeitgeberin im Hinblick auf die Werkzeugbank von einem „zur Bedeutungslosigkeit degradierten Gegenstand[es]“ hin zum Anlass für eine Kündigung sei nicht nachvollziehbar.[1660]

Im Fall der unerlaubten Entnahme von Holzfüßen und Holzstabilisatoren sowie von zwischengelagerten Tischbeinen einer Nähmaschine im Wert von 6,57 Euro, die der 13 Jahre als Polsterer bei der Arbeitgeberin beschäftigte Arbeitnehmer sodann zersägte und beabsichtigte mitzunehmen, hat das Landesarbeitsgericht Thüringen festgestellt, dass das Arbeitsverhältnis nicht durch die außerordentliche Kündigung des Arbeitgebers beendet wurde; die hilfsweise ausgesprochene ordentliche Kündigung wurde dagegen für wirksam befunden.[1661] Das Verhalten des Klägers stelle einen „an sich“ geeigneten Grund dar. Dabei hat das Gericht ausdrücklich von einer strafrechtlichen Würdigung des Sachverhalts abgesehen, da die kündigungsrechtliche Beurteilung hiervon nicht abhänge.[1662] Unter Berücksichtigung des Verhältnismäßigkeitsprinzips, insbesondere im Hinblick auf die langjährige beanstandungsfreie Beschäftigungsdauer, sei aber eine außerordentliche Kündigung nicht gerechtfertigt.[1663]

Die außerordentliche Kündigung eines circa dreieinhalb Jahre bei der Arbeitgeberin, zuletzt als Verkäufer beschäftigten Arbeitnehmers wegen eigenmächtiger Mitnahme von zwei Kartons mit teilweise gebrochenen und teilweise ganzen Fliesen im Baumarkt der Arbeitgeberin war wirksam.[1664] Das Landesarbeitsgericht Köln nimmt dabei keine genaue strafrechtliche Einordnung vor, spricht aber von den Tatbeständen des Diebstahls und der Unterschlagung.[1665] Im Hinblick darauf, dass sich die unberechtigte Mitnahme so abgespielt hat, dass der Arbeitnehmer an der Kasse gegenüber dem Kassenpersonal behauptet hat, die Fliesen seien abgeschrieben und kosteten nichts, erscheint indes eine strafrechtliche Einordnung als Betrug naheliegend. Es hätte insoweit einer Abgrenzung zwischen den verschiedenen Delikten bedurft.

Im Rahmen der Interessenabwägung berücksichtigt das Gericht zugunsten der Arbeitgeberin, dass der Arbeitnehmer in erheblicher Weise das Vertrauen zerstört hat und dies unabhängig vom Schadensumfang.[1666] So könne auch der

1660 LAG Schleswig-Holstein, Urt. v. 13.1.2010 – 3 Sa 324/09, BeckRS 2010, 66562.
1661 LAG Thüringen, Urt. v. 20.10.2011 – 3 Sa 331/10, zitiert nach juris.
1662 LAG Thüringen, Urt. v. 20.10.2011 – 3 Sa 331/10, zitiert nach juris.
1663 LAG Thüringen, Urt. v. 20.10.2011 – 3 Sa 331/10, zitiert nach juris.
1664 LAG Köln, Urt. v. 27.11.2007 – 9 Sa 866/07, BeckRS 2008, 52897.
1665 LAG Köln, Urt. v. 27.11.2007 – 9 Sa 866/07, BeckRS 2008, 52897.
1666 LAG Köln, Urt. v. 27.11.2007 – 9 Sa 866/07, BeckRS 2008, 52897.

Umstand, dass es sich um Bruchware und fehlerhafte Ware gehandelt habe, nicht entscheidend ins Gewicht fallen, da jedenfalls, wie vom Arbeitnehmer beabsichtigt, noch eine Verwendung zur Anfertigung eines Fliesenspiegels möglich gewesen sei.[1667]

Als wirksam erwiesen hat sich auch die ordentliche Kündigung einer über zehn Jahre und dabei zuletzt als Kommissioniererin beschäftigten Arbeitnehmerin, die ein bei ihrer Arbeitgeberin bestehendes System zum vergünstigten Erwerb rückläufiger, aber noch brauchbarer Waren dahingehend missbraucht hat, dass sie durch Täuschung einen Gegenstand – nämlich einen Terrakottatopf als Teil einer Blumenampel – erworben hat, der nicht ausgesondert und daher nicht zum vergünstigten Erwerb bestimmt war.[1668] Das Landesarbeitsgericht Mecklenburg-Vorpommern geht hier vom Vorliegen einer schweren Pflichtverletzung aus. Dem steht nach Ansicht des Gerichts nicht entgegen, dass ein „Mitarbeiter sich die Ware nicht direkt aneignet (Unterschlagung oder Diebstahl)". Die Arbeitnehmerin habe rechtswidrig dem Warenbestand entnommene Ware zur Preisfestsetzung vorgelegt und durch Täuschung das von der Arbeitgeberin eingerichtete Kontrollsystem außer Kraft gesetzt.[1669] Eine strafrechtliche Einordnung erfolgt insoweit nicht.
Das Landesarbeitsgericht betont im Hinblick auf den geringen Wert des Topfes, dass dieser auf der ersten Stufe keine andere Bewertung zulasse, stellt die Geringwertigkeit aber zugunsten der Arbeitnehmerin in die Interessenabwägung ein.[1670] Obwohl es sich hier nicht um eine wertlose Sache gehandelt hat, stellt das Gericht bezüglich der überwiegenden Arbeitgeberinteressen maßgeblich auf die Dispositionsbefugnis der Arbeitgeberin ab. So habe alleine die Arbeitgeberin zu entscheiden, wie sie mit ihrem Eigentum verfahren möchte.[1671]

Die außerordentliche Kündigung wegen Mitnahme von drei Weihnachtssternen ohne Bezahlung durch einen Arbeitnehmer mit über 20 Jahre Betriebszugehörigkeit hat der gerichtlichen Überprüfung standgehalten.[1672] Dabei geht das Landesarbeitsgericht Rheinland-Pfalz von der Verwirklichung des Diebstahlstatbestands gem. § 242 StGB aus.[1673] Die Interessenabwägung konnte trotz der

---

1667 LAG Köln, Urt. v. 27.11.2007 – 9 Sa 866/07, BeckRS 2008, 52897.

1668 LAG Mecklenburg-Vorpommern, Urt. v. 30.9.2008 – 5 Sa 110/08, BeckRS 2009, 53352. Der Wiederverkaufswert der kompletten Blumenampel wurde durch das Gericht auf 5 bis 10 Euro geschätzt.

1669 LAG Mecklenburg-Vorpommern, Urt. v. 30.9.2008 – 5 Sa 110/08, BeckRS 2009, 53352.

1670 LAG Mecklenburg-Vorpommern, Urt. v. 30.9.2008 – 5 Sa 110/08, BeckRS 2009, 53352.

1671 LAG Mecklenburg-Vorpommern, Urt. v. 30.9.2008 – 5 Sa 110/08, BeckRS 2009, 53352.

1672 LAG Rheinland-Pfalz, Urt. v. 20.10.2003 – 7 Sa 784/03, BeckRS 2003, 30799464.

1673 LAG Rheinland-Pfalz, Urt. v. 20.10.2003 – 7 Sa 784/03, BeckRS 2003, 30799464.

langen Betriebszugehörigkeit und der geringen Schadenshöhe nicht zugunsten des Arbeitnehmers ausfallen.[1674]

Das Landesarbeitsgericht Hamm hat die außerordentliche Kündigung wegen der Mitnahme von zumindest einem (von zwei im Rahmen einer für die Arbeitgeberin getätigten Verbrauchsgüterorder bestellten) DVD-Player im Wert von 30 bis 40 Euro durch den als Elektrotechniker und Einkäufer beschäftigten Arbeitnehmer mit einer Betriebszugehörigkeit von über 30 Jahren für wirksam gehalten.[1675] Der Arbeitnehmer habe durch die Handlung das Eigentum der Arbeitgeberin an dem DVD-Player rechtswidrig und schuldhaft verletzt.[1676] Eine nähere strafrechtliche Einordnung bzw. Subsumtion unterbleibt; das Gericht spricht pauschal von einem Eigentumsdelikt.[1677]

Die außerordentliche Kündigung eines mehr als fünf Jahre bei der Arbeitgeberin als Chemiebetriebsarbeiter beschäftigten Arbeitnehmers wegen des Verdachts, das Mobilteil eines Betriebstelefons durch ein defektes Privatgerät mit einem hieraus folgenden Schaden in Höhe von circa 25 Euro ausgetauscht zu haben, hat sich als wirksam erwiesen.[1678] Das Landesarbeitsgericht Rheinland-Pfalz bejaht hier das Vorliegen eines dringenden Verdachts der Entwendung des Betriebstelefons.[1679] Trotz Berücksichtigung des geringen Schadens ist die Interessenabwägung zulasten des Arbeitnehmers ausgefallen.[1680]

Das Arbeitsgericht Mannheim hatte über die außerordentliche, hilfsweise ordentliche Kündigung im Fall der Wegnahme eines Kinderreisebetts, das unmittelbar vor der Abfallentsorgung stand, durch einen seit circa sieben Jahren bei der Arbeitgeberin als Hofarbeiter beschäftigten Arbeitnehmer zu entscheiden.[1681] Das Arbeitsgericht sieht in seiner Entscheidung durch diese Handlung den objektiven Tatbestand des § 242 Abs. 1 StGB verwirklicht und bejaht mit Blick auf die ständige Rechtsprechung des Bundesarbeitsgerichts, wonach auch der Diebstahl einer geringwertigen Sache als Kündigungsgrund objektiv geeignet ist, „auch ohne“ dass der Arbeitgeberin ein materieller Schaden entstanden ist, eine Vertragspflichtverletzung.[1682] Die Interessenabwägung ist allerdings

1674 LAG Rheinland-Pfalz, Urt. v. 20.10.2003 – 7 Sa 784/03, BeckRS 2003, 30799464.
1675 LAG Hamm, Urt. v. 30.8.2004 – 13 Sa 148/04, BeckRS 2004, 30803108.
1676 LAG Hamm, Urt. v. 30.8.2004 – 13 Sa 148/04, BeckRS 2004, 30803108.
1677 LAG Hamm, Urt. v. 30.8.2004 – 13 Sa 148/04, BeckRS 2004, 30803108.
1678 LAG Rheinland-Pfalz, Urt. v. 15.12.2004 – 9 Sa 633/04, BeckRS 2005, 41039.
1679 LAG Rheinland-Pfalz, Urt. v. 15.12.2004 – 9 Sa 633/04, BeckRS 2005, 41039.
1680 LAG Rheinland-Pfalz, Urt. v. 15.12.2004 – 9 Sa 633/04, BeckRS 2005, 41039.
1681 ArbG Mannheim NZA-RR 2009, 580 (580 ff.).
1682 ArbG Mannheim NZA-RR 2009, 580 (581).

zugunsten des Arbeitnehmers ausgegangen, weshalb die außerordentliche wie auch die ordentliche Kündigung für unwirksam erklärt wurde.[1683] Die Berufung beim Landesarbeitsgericht Baden-Württemberg blieb ohne Erfolg.[1684]

Ähnlich gelagert ist auch der Fall des Landesarbeitsgerichts Berlin-Brandenburg, in dem eine außerordentliche Kündigung, hilfsweise mit sozialer Auslauffrist, wegen der Mitnahme einer zur Vernichtung bestimmten Schaumstoffmatte ohne messbaren wirtschaftlichen Wert ausgesprochen wurde.[1685] Das Gericht bezeichnet das Vorgehen des Arbeitnehmers als „eine rechtswidrige und vorsätzliche, unmittelbar gegen das Vermögen der Bekl. gerichtete Handlung" und bejahte damit das Vorliegen eines Kündigungsgrunds „an sich"; eine strafrechtliche Einordnung unterbleibt.[1686] Doch hat das Landesarbeitsgericht auch gerade mit Blick auf das Gewicht der Pflichtverletzung, insbesondere wegen eines fehlenden messbaren Schadens, eine Abmahnung für geeignet und ausreichend und mithin für vorrangig gehalten.[1687]

Die außerordentliche Kündigung eines Arbeitnehmers wegen der Entwendung eines zum Warenbestand seiner Arbeitgeberin gehörenden Taschenkalenders im (Verkaufs-)Wert von 8,99 Euro hatte sowohl erstinstanzlich wie auch in der Berufungsinstanz beim Landesarbeitsgericht Baden-Württemberg Bestand.[1688] Dabei nimmt das Gericht nicht ausdrücklich eine strafrechtliche Einordnung vor, spricht aber von der Begehung eines „Vermögensdelikts"[1689] und nennt im Rahmen der Vertragspflichtverletzung als Kündigungsgrund „an sich" Voraussetzungen des Diebstahls, wie die fremde bewegliche Sache in Form des im Eigentum der Arbeitgeberin stehenden Kalenders und die Zueignungsabsicht.[1690]

Das Landesarbeitsgericht Hamm hat die außerordentliche Kündigung eines weniger als sechs Monate bei der Arbeitgeberin als Lüftungsmonteur beschäftigten Arbeitnehmers wegen der Entwendung eines Jahrestaschenkalenders und Aktenordners mit verschiedenen Bauunterlagen und Abrechnungen der Arbeitgeberin für wirksam gehalten.[1691] In dem entwendeten Kalender

---

1683 ArbG Mannheim NZA-RR 2009, 580 (581 ff.).
1684 LAG Baden-Württemberg, Urt. v. 10.2.2010 – 13 Sa 59/09, BeckRS 2010, 66411.
1685 LAG Berlin-Brandenburg NZA-RR 2016, 129 (129 ff.).
1686 LAG Berlin-Brandenburg NZA-RR 2016, 129 (130).
1687 LAG Berlin-Brandenburg NZA-RR 2016, 129 (131 f.).
1688 LAG Baden-Württemberg NZA-RR 2011, 76 (78).
1689 LAG Baden-Württemberg NZA-RR 2011, 76 (79).
1690 LAG Baden-Württemberg NZA-RR 2011, 76 (78).
1691 LAG Hamm, Urt. v. 23.9.2011 – 7 Sa 1264/10, BeckRS 2012, 65706.

befanden sich unter anderem Notizen der Arbeitgeberin über an die Arbeitnehmer erfolgte Barauszahlungen. Diese Informationen waren für die Arbeitgeberin insbesondere erforderlich, um offene Vergütungsansprüche zwischen den Arbeitsvertragsparteien zu klären.[1692] Das Gericht geht vom Vorliegen einer schwerwiegenden Pflichtverletzung aus, die als Kündigungsgrund geeignet sei. Durch die Ansichnahme der Gegenstände habe der Arbeitnehmer das Eigentum der Arbeitgeberin entzogen und den Zugriff auf die enthaltenen Informationen entzogen.[1693] Das Landesarbeitsgericht betont, dass der Vermögenswert der entzogenen Gegenstände zwar nur gering gewesen sei, aber der Entzug der darin enthaltenen Informationen eine schwerwiegende Pflichtverletzung darstelle.[1694] Eine strafrechtliche Einordnung erfolgt nicht.

Das Bundesarbeitsgericht hat – wie bereits auch die Vorinstanzen – die außerordentliche Kündigung einer seit über 25 Jahren bei der Arbeitgeberin, zuletzt als Reinigungskraft beschäftigten Arbeitnehmerin wegen des verbotswidrigen Sammelns von 73 Pfandflaschen zu eigenen Zwecken während der Arbeitszeit für wirksam gehalten.[1695] Ob das Verhalten der Arbeitnehmerin ein Vermögensdelikt darstellt, lässt das Bundesarbeitsgericht offen und stellt auf die beharrliche Verletzung arbeitsvertraglicher Pflichten – im konkreten Fall nachhaltige Verstöße gegen Weisungen der Arbeitgeberin – ab, die einen tauglichen Kündigungsgrund „an sich“ bilde.[1696] Auch die Interessenabwägung ist zulasten der Arbeitnehmerin ausgegangen, insbesondere wurden zuvor bereits mehrfach einschlägige Abmahnungen ausgesprochen.[1697]

Das Arbeitsgericht Kassel befasste sich mit einer unwirksamen außerordentlichen und hilfsweise ordentlichen Verdachtskündigung wegen Entwendung einer Rolle Paketklebeband im Wert von circa 3 Euro durch einen über zehn Jahre bei der Arbeitgeberin beschäftigten Produktionsarbeiter.[1698] Die Kündigung scheitert dabei allerdings nicht am geringen Wert des entwendeten Gegenstands, sondern vielmehr am infolge unzureichender Darlegungen der Arbeitgeberin objektiv fehlenden schwerwiegenden Verdacht eines Diebstahls.[1699]

1692 LAG Hamm, Urt. v. 23.9.2011 – 7 Sa 1264/10, BeckRS 2012, 65706.
1693 LAG Hamm, Urt. v. 23.9.2011 – 7 Sa 1264/10, BeckRS 2012, 65706.
1694 LAG Hamm, Urt. v. 23.9.2011 – 7 Sa 1264/10, BeckRS 2012, 65706.
1695 BAG, Urt. v. 23.8.2018 – 2 AZR 235/18, BeckRS 2018, 28019.
1696 BAG, Urt. v. 23.8.2018 – 2 AZR 235/18, BeckRS 2018, 28019.
1697 BAG, Urt. v. 23.8.2018 – 2 AZR 235/18, BeckRS 2018, 28019.
1698 ArbG Kassel, Urt. v. 28.5.2003 – 7 Ca 518/02, BeckRS 2003, 30983754.
1699 ArbG Kassel, Urt. v. 28.5.2003 – 7 Ca 518/02, BeckRS 2003, 30983754.

Die Entwendung von drei Briefumschlägen im Wert von 0,03 DM durch einen über fünf Jahre als Lagerarbeiter bei der Arbeitgeberin beschäftigten Arbeitnehmer konnte weder eine außerordentliche noch eine ordentliche Kündigung rechtfertigen.[1700] Unabhängig davon, dass im konkreten Fall die Anforderungen an den wirksamen Ausspruch einer Verdachtskündigung nicht eingehalten wurden („fehlt es schon an einem [...] nachgewiesenen Straftatbestand"), führt das Landesarbeitsgericht Köln aus, dass in Anbetracht des geringen Werts der entwendeten Gegenstände eine vorherige Abmahnung erforderlich gewesen wäre.[1701]

Das Landesarbeitsgericht Köln hat die ordentliche arbeitgeberseitige Kündigung eines nebenberuflich als Versicherungsvermittler bei der Arbeitgeberin beschäftigten Arbeitnehmers wegen des Verdachts der Entwendung eines nicht für ihn bestimmten Luftpolsterumschlags für unverhältnismäßig und damit unwirksam gehalten.[1702] Bei einem solchen Umschlag handele es sich um einen Gegenstand von geringfügigem Wert. Ein bloßer Bagatelldiebstahl erscheine nach dem Grundsatz der Verhältnismäßigkeit in der Regel aber nicht geeignet, das für die Fortsetzung eines langjährig bestehenden Arbeitsverhältnisses erforderliche Vertrauen unwiederbringlich zu zerstören.[1703]

Das Landesarbeitsgericht Hessen hatte über die Wirksamkeit einer außerordentlichen und hilfsweise ordentlichen Kündigung eines seit mehr als 16 Jahren als Verkaufsmitarbeiter bei seiner Arbeitgeberin beschäftigten Arbeitnehmers wegen Entwendung von Damenunterwäsche zu entscheiden.[1704] Dem Arbeitnehmer wurde vorgeworfen, vorsätzlich Damenunterwäsche zu einem Verkaufswert von insgesamt 19,96 oder 27,96 Euro (das Gericht ließ den tatsächlichen Gesamtwert offen) „für einen Diebstahl ausgewählt, die Etiketten entfernt und weggeworfen, die Ware während der Arbeitszeit in seinem Spind versteckt und schließlich aus dem Markt entfernt" zu haben.[1705] Dieser Vorwurf der Entwendung von Damenunterwäsche aus dem Warenbestand der Arbeitgeberin rechtfertigt nach Auffassung des Landesarbeitsgerichts auch ohne vorherige Abmahnung die außerordentliche Kündigung nach § 626 BGB.[1706] Die

1700 LAG Köln NZA-RR 2001, 83 (83).
1701 LAG Köln NZA-RR 2001, 83 (84).
1702 LAG Köln, Urt. v. 28.3.2007 – 7 Sa 1153/06, BeckRS 2007, 48045. Das Gericht verneint darüber hinaus das Vorliegen hinreichend dringender objektiver Verdachtsmomente.
1703 LAG Köln, Urt. v. 28.3.2007 – 7 Sa 1153/06, BeckRS 2007, 48045.
1704 LAG Hessen, Urt. v. 18.4.2012 – 18 Sa 1474/11, BeckRS 2012, 71641.
1705 LAG Hessen, Urt. v. 18.4.2012 – 18 Sa 1474/11, BeckRS 2012, 71641.
1706 LAG Hessen, Urt. v. 18.4.2012 – 18 Sa 1474/11, BeckRS 2012, 71641.

Tatkündigungen haben sich allerdings mangels Tatnachweises als unwirksam erwiesen.[1707]

Im Fall der Entwendung von Zigarettenpackungen aus dem Warenbestand durch eine über 15 Jahre, zuletzt als stellvertretende Filialleiterin bei der Arbeitgeberin beschäftigte Arbeitnehmerin hielt das Bundesarbeitsgericht einen Kündigungsgrund „an sich“ für gegeben.[1708] So habe die Arbeitnehmerin wiederholt vorsätzlich gegen ihre arbeitsvertragliche Pflicht aus § 241 Abs. 2 BGB verstoßen, keine gegen das Vermögen ihrer Arbeitgeberin gerichteten rechtswidrigen Handlungen zu begehen.[1709] Die Vorinstanz hatte insoweit auch eine strafrechtliche Einordnung vorgenommen, so habe die Arbeitnehmerin durch die Begründung eigenen Gewahrsams an den Zigarettenschachteln den Diebstahl an diesen vollendet.[1710]

Die außerordentlichen und hilfsweise ordentlichen Kündigungen von zwei als Einrichter beschäftigten Arbeitnehmern mit jeweils einer Betriebszugehörigkeitsdauer von 20 Jahren bzw. nahezu 30 Jahren wegen Entnahme einer Zigarettenschachtel aus der Zigarettenproduktion scheiterten am Tatnachweis.[1711] Das Landesarbeitsgericht Rheinland-Pfalz geht aber – die Tathandlungen der Arbeitnehmer unterstellt – von einem Diebstahl der Zigaretten und damit vom Vorliegen einer erheblichen, „die Schwelle zum wichtigen Grund überschreitende[n] Pflichtverletzung“ aus.[1712] Die Arbeitnehmer hätten sich insoweit gegenüber der Arbeitgeberin einen Vermögensvorteil verschafft, der ihnen nicht zustand.[1713]

1707 Entgegen der Ansicht des Landesarbeitsgerichts Hessen waren die Kündigungen auch als Verdachtskündigung zu prüfen, weshalb das Bundesarbeitsgericht den Rechtsstreit mit Urteil vom 20.6.2013 (1 AZR 546/12) zurückverwiesen hat, siehe BAGE 145, 278 (290 ff.) = NZA 2014, 143 (148 f.).

1708 BAGE 142, 176 (179 f.) = NZA 2012, 1025 (1026 f.), wobei der Schwerpunkt dieser Entscheidung allerdings auf der Zulässigkeit des Diebstahlsnachweises durch verdeckte Videoüberwachung lag, vgl. auch die Vorinstanz LAG Köln NZA-RR 2011, 241 (241 ff.); zur Eignung einer Unterschlagung als Kündigungsgrund „an sich“ beim Verkauf von Tabakwaren durch eine Arbeitnehmerin (insgesamt verursachte Schäden: 44,75 Euro) siehe auch BAG NZA 2018, 1329 (1329 ff.), wobei aber auch hier die Verwertbarkeit von Videokameraaufzeichnungen im Vordergrund stand.

1709 BAGE 142, 176 (180) = NZA 2012, 1025 (1026 f.).

1710 LAG Köln NZA-RR 2011, 241 (242).

1711 LAG Rheinland-Pfalz NZA-RR 2012, 520 (520 f.); Urt. v. 3.5.2012 – 2 Sa 620/11, BeckRS 2012, 71445.

1712 LAG Rheinland-Pfalz NZA-RR 2012, 520 (522); Urt. v. 3.5.2012 – 2 Sa 620/11, BeckRS 2012, 71445.

1713 LAG Rheinland-Pfalz NZA-RR 2012, 520 (522); Urt. v. 3.5.2012 – 2 Sa 620/11, BeckRS 2012, 71445.

Das Landesarbeitsgericht Hamm hat die fristlose Kündigung einer als Köchin im Kaufhaus der Beklagten beschäftigten Arbeitnehmerin wegen Entwendung von drei bis fünf Zigaretten im Wert von 0,40 bis 0,70 DM aus einer Zigarettendose, die für das leitende Personal und geschäftliche Besucher bestimmt war, für unwirksam gehalten.[1714] Die einmalige Entwendung von drei bis fünf Zigaretten könne eine außerordentliche Kündigung ohne vorangegangene Verwarnung nicht stützen, sofern nicht besondere Umstände gegeben seien.[1715] Das Gericht spricht beim Verhalten der Arbeitnehmerin von einem „Zigarettendiebstahl", der nicht einem Warendiebstahl gleichzustellen sei und geringeres Gewicht aufweise.[1716]

d) Strom

Das Landesarbeitsgericht Köln hat im Fall der außerordentlichen Kündigung eines weniger als ein Jahr bei seinem Arbeitgeber als Rechtsanwaltsfachangestellter beschäftigten Arbeitnehmers festgestellt, dass das Aufladen eines privaten elektrischen Rasierapparats im Betrieb keinen wichtigen Grund im Sinne von § 626 BGB darstellt.[1717] Der Umstand der „Stromunterschlagung" stelle im Hinblick auf die mit dem Ladevorgang verbundene äußerst geringfügige wirtschaftliche Belastung offensichtlich eine Lappalie dar.[1718] Das Gericht führt aus, dass selbst wenn die erste Prüfungsstufe (Grund „an sich") bejaht würde, die außerordentliche Kündigung eine offensichtlich unverhältnismäßige Reaktion darstelle.[1719]

Die außerordentliche und hilfsweise ordentliche Kündigung eines nahezu 20 Jahre bei der Arbeitgeberin, zuletzt in der EDV-Abteilung beschäftigten Arbeitnehmers wegen Aufladens eines privaten Elektrofahrzeugs (Segway-Roller) an der Steckdose im Betriebsgebäude, wodurch der Arbeitgeberin Stromkosten von etwa 1,8 Cent entstanden, waren unwirksam.[1720] Das Landesarbeitsgericht Hamm geht vom Vorliegen des Tatbestandes des § 248c StGB

1714 LAG Hamm DB 1977, 2002 (2002).
1715 LAG Hamm DB 1977, 2002 (2002).
1716 LAG Hamm DB 1977, 2002 (2002).
1717 LAG Köln NZA-RR 2012, 356 (356 ff.). Die hilfsweise ausgesprochene ordentliche Kündigung war wirksam. Insoweit kam § 1 KSchG nicht zur Anwendung; die Parteien haben unstreitig gestellt, dass die Anwendungsvoraussetzungen des Kündigungsschutzgesetzes nicht erfüllt sind.
1718 LAG Köln NZA-RR 2012, 356 (358).
1719 LAG Köln NZA-RR 2012, 356 (358).
1720 LAG Hamm, Urt. v. 2.9.2010 – 16 Sa 260/10, BeckRS 2010, 72669.

(Entziehung elektrischer Energie, sog. „Stromdiebstahl“[1721]) unter Bezugnahme auf die eingehenden strafrechtlichen Ausführungen der Vorinstanz[1722] aus und bejaht die Eignung des Sachverhalts als Kündigungsgrund „an sich“.[1723] Die Interessenabwägung ist aber zulasten der Arbeitgeberin ausgegangen, das Gericht erachtet eine Abmahnung als vorrangiges milderes Mittel.[1724]

e) Bargeld

Das Landesarbeitsgericht Düsseldorf hat die außerordentliche Kündigung eines als Busfahrer und Fahrausweisprüfer beschäftigten Arbeitnehmers mit einer Gesamtbetriebszugehörigkeit von über 25 Jahren wegen Einbehaltens des von einem Schüler entrichteten Fahrpreises in Höhe von 2 DM ohne Ausgabe eines Fahrscheins mangels Tatnachweises für unwirksam gehalten.[1725] Das Gericht betont aber, dass die Unterschlagung eines Fahrpreises von 2 DM grundsätzlich eine außerordentliche Kündigung rechtfertigen könne.[1726]

Unwirksam war die außerordentliche Kündigung einer als Post-Schalterangestellte beschäftigten Arbeitnehmerin mit einer Beschäftigungsdauer von 32 Jahren wegen wiederholter Entnahme von Geldbeträgen in Höhe von 20 bis 30 DM für einen Zeitraum von 30 Minuten bzw. ein bis zwei Stunden aus der Kasse.[1727] Das Landesarbeitsgericht Sachsen-Anhalt hält der Arbeitnehmerin in seiner Entscheidung dabei zugute, dass dies ausschließlich in Fremdinteresse und redlicher Absicht – nämlich um Kolleginnen kurzzeitig Geld auszulegen – geschah.[1728] Zur Abhilfe solcher Verhaltensweisen in der Zukunft hat das Gericht eine Abmahnung als ausreichend erachtet.[1729] Weshalb die Arbeitgeberin der Arbeitnehmerin hier „kriminelles Handeln unterstellt“, war dem Gericht nicht nachvollziehbar.[1730]

Ähnlich gelagert war ein Fall des Landesarbeitsgerichts Düsseldorf, in dem eine Arbeitnehmerin, ohne hierzu berechtigt zu sein, 20 DM aus der Geschäftskasse entnahm und in ihre private Geldbörse steckte, wobei sie den Willen hatte,

---

1721 Vgl. *Wittig*, in: BeckOK-StGB, § 248c Rn. 1.
1722 ArbG Siegen, Urt. v. 14.1.2010 – 1 Ca 1070/09, zitiert nach juris.
1723 LAG Hamm, Urt. v. 2.9.2010 – 16 Sa 260/10, BeckRS 2010, 72669.
1724 LAG Hamm, Urt. v. 2.9.2010 – 16 Sa 260/10, BeckRS 2010, 72669.
1725 LAG Düsseldorf, Urt. v. 3.8.1999 – 8 Sa 672/99, BeckRS 1999, 30458408.
1726 LAG Düsseldorf, Urt. v. 3.8.1999 – 8 Sa 672/99, BeckRS 1999, 30458408.
1727 LAG Sachsen-Anhalt NZA-RR 1999, 473 (473).
1728 LAG Sachsen-Anhalt NZA-RR 1999, 473 (473).
1729 LAG Sachsen-Anhalt NZA-RR 1999, 473 (473).
1730 LAG Sachsen-Anhalt NZA-RR 1999, 473 (473).

denselben Betrag zeitnah wieder in die Kasse einzubringen.[1731] Das Gericht hat hier die fristlose Kündigung für wirksam gehalten.[1732] Es komme dabei „überhaupt nicht" auf eine strafrechtliche Würdigung des Verhaltens der Arbeitnehmerin an, sondern darauf, dass diese ohne Zustimmung des Eigentümers nicht – auch nicht vorübergehend – über ihr anvertrautes Geld verfügen oder dieses mit eigenem Geld vermengen dürfe.[1733] Ein Arbeitnehmer, der dies tue, beweise seine Unzuverlässigkeit, weshalb man ihm nicht mehr trauen und vertrauen könne.[1734] Damit sei allerdings nicht festgestellt, dass die Arbeitnehmerin eine Unterschlagung begangen habe, dies könne nicht festgestellt werden.[1735]

Das Landesarbeitsgericht Berlin-Brandenburg ist im Fall der außerordentlichen und hilfsweise ordentlichen Kündigung eines über 20 Jahre, zuletzt als Filialleiter bei der Beklagten beschäftigten Arbeitnehmers im Hinblick auf „objektive Pflichtwidrigkeiten" mit Aneignungswillen beim Umgang mit Fundgeld in Höhe von 5 Euro wohl von der grundsätzlichen Eignung eines solchen Verhaltens als Kündigungsgrund „an sich" ausgegangen, hat aber insoweit die erforderliche hohe Wahrscheinlichkeit für die Bejahung eines dringenden Verdachts im vorliegenden Fall verneint.[1736] Wie das dem Verdacht zugrunde liegende Verhalten strafrechtlich einzuordnen wäre, lässt sich der Entscheidung nicht entnehmen.

Die ordentliche Kündigung einer seit über 20 Jahren als Hausarbeiterin bei der Arbeitgeberin beschäftigten Arbeitnehmerin, die in mehreren Fällen während der Arbeitszeit Münzgeld (3 Euro, 4 Euro und 6 Euro) aus einer Tierspendenkasse in der Arbeitgeber-Cafeteria entnommen hat, war wirksam.[1737] Ein derartiges Verhalten sei grob pflichtwidrig und „an sich" geeignet eine außerordentliche und somit auch eine ordentliche Kündigung zu rechtfertigen. Aufgrund der Umstände des Einzelfalls habe das Verhalten der Arbeitnehmerin auch nicht als Bagatelle abgetan werden können. Insbesondere sei unbeachtlich, dass der letzte Diebstahl durch eine Diebesfalle herbeigeführt wurde und daher

1731 LAG Düsseldorf DB 1976, 680 (680).
1732 LAG Düsseldorf DB 1976, 680 (680).
1733 LAG Düsseldorf DB 1976, 680 (680).
1734 LAG Düsseldorf DB 1976, 680 (680).
1735 LAG Düsseldorf DB 1976, 680 (680).
1736 LAG Berlin-Brandenburg, Urt. v. 6.11.2009 – 6 Sa 1121/09, BeckRS 2009, 74071. Das Gericht hat die ausgesprochenen Kündigungen im Übrigen auch mangels ausreichender Anhörung des Arbeitnehmers als Voraussetzung der Verdachtskündigung für unwirksam gehalten.
1737 LAG Mecklenburg-Vorpommern, Urt. v. 2.6.2009 – 5 Sa 237/08, BeckRS 2009, 66812.

„möglicherweise im Versuchsstadium stecken geblieben“ sei.[1738] Als Geschädigte hat das Landesarbeitsgericht hier nicht unmittelbar die Arbeitgeberin, sondern die Kantinenpächterin bzw. ggf. der Tierschutzverein angesehen; dies stehe aber einer Schädigung der Arbeitgeberin gleich.[1739]

f) Zeiterfassung

Das Landesarbeitsgericht Hamm hatte im Fall eines nahezu zehn Jahre bei der Arbeitgeberin als Sachbearbeiter beschäftigten Arbeitnehmers über die Wirksamkeit einer außerordentlichen und hilfsweisen ordentlichen Kündigung wegen unrichtiger Arbeitszeiterfassung zu entscheiden.[1740] Der Arbeitnehmer hatte es wiederholt unterlassen, die Zeit für private Raucherpausen im System durch Ausbuchen bei Verlassen des Büros und erneutes Einbuchen zu erfassen, wofür der Arbeitnehmer unberechtigt Lohn in Höhe von mindestens 80 Euro bezog.[1741] Das Gericht hat sowohl die außerordentliche als auch die ordentliche Kündigung für unwirksam gehalten, da das Verhalten des Arbeitnehmers als erheblicher Pflichtverstoß zwar geeignet sei, einen Kündigungsgrund „an sich“ zu bilden, der Kündigungsausspruch ohne vorherige Abmahnung aber unverhältnismäßig sei.[1742] „Unabhängig davon, dass es für die rechtliche Beurteilung der Kündigung letztlich nicht auf strafrechtliche Gesichtspunkte ankommt“, widerspricht das Landesarbeitsgericht im Rahmen des Abmahnungserfordernisses ausdrücklich der Bewertung des Arbeitnehmerverhaltens als Arbeitszeitbetrug nach § 263 StGB durch die Vorinstanz und nimmt eine eigene strafrechtliche Prüfung vor.[1743] Der Arbeitnehmer habe weder bei Verlassen des Büros noch bei seiner Rückkehr eine an die Arbeitgeberin gerichtete (konkludente) Erklärung über die geleitstete Arbeit abgegeben, sondern lediglich die vertraglich geforderte Dokumentation unterlassen.[1744]

1738 LAG Mecklenburg-Vorpommern, Urt. v. 2.6.2009 – 5 Sa 237/08, BeckRS 2009, 66812.

1739 LAG Mecklenburg-Vorpommern, Urt. v. 2.6.2009 – 5 Sa 237/08, BeckRS 2009, 66812.

1740 LAG Hamm, Urt. v. 17.3.2011 – 8 Sa 1854/10, BeckRS 2011, 71723.

1741 LAG Hamm, Urt. v. 17.3.2011 – 8 Sa 1854/10, BeckRS 2011, 71723. Offen gelassen hat das Landesarbeitsgericht, ob über die durch Zeugenaussage bewiesene Abwesenheitsdauer von insgesamt zweieinhalb Stunden hinaus wie von der Arbeitgeberin behauptet und dokumentiert insgesamt elf Fälle unterlassenen Ausbuchens gegeben waren.

1742 LAG Hamm, Urt. v. 17.3.2011 – 8 Sa 1854/10, BeckRS 2011, 71723.

1743 LAG Hamm, Urt. v. 17.3.2011 – 8 Sa 1854/10, BeckRS 2011, 71723.

1744 LAG Hamm, Urt. v. 17.3.2011 – 8 Sa 1854/10, BeckRS 2011, 71723.

Die fristlose Kündigung eines seit acht Jahren bei der Arbeitgeberin als Maschinenführer beschäftigten Arbeitnehmers wegen unterlassenen Ausstempelns bei einer Raucherpause während der Arbeitszeit hat das Landesarbeitsgericht Rheinland-Pfalz als wirksam erachtet.[1745] Das Gericht sieht in dem Verhalten eine Verletzung der Hauptleistungspflicht aus dem Arbeitsvertrag, die einen wichtigen Kündigungsgrund „an sich" darstelle. Aufgrund der im Betrieb bestehenden Betriebsanweisung zum Ausstempeln bei Raucherpausen und eines durchgeführten Einzelgesprächs mit dem Arbeitnehmer, bei dem auf arbeitsrechtliche Konsequenzen bei erneuten Verstößen gegen die Betriebsanweisung hingewiesen wurde, hat es keiner (weiterer) Abmahnung als milderes Mittel bedurft.[1746] Eine strafrechtliche Einordnung erfolgt nicht.

g) *Falschbuchungen, Pfandbons etc.*

Die außerordentliche Kündigung einer über zehn Jahre bei der Arbeitgeberin als Verkäuferin beschäftigten Arbeitnehmerin, die mit einer Kollegin absprach, dass diese für einen durch die Arbeitnehmerin verkauften Computertisch zum Preis von 58 Euro nur einen Betrag von 8 Euro einbuchte und den Restbetrag von 50 Euro in einen Umschlag für die Weihnachtsfeier verbrachte, war wirksam.[1747] Das Landesarbeitsgericht Berlin-Brandenburg spricht insoweit von einem zulasten der Arbeitgeberin begangenen Vermögensdelikt.[1748] Die Arbeitnehmerin habe im Zusammenwirken mit ihrer Kollegin den Teilbetrag von 50 Euro des vom Kunden bezahlten Kaufpreises zurückgehalten und der Arbeitgeberin vorenthalten. „Wie dies strafrechtlich zu bewerten ist", sei dagegen für die Frage der Wirksamkeit der auf einen solchen Sachverhalt gestützten außerordentlichen Kündigung „zunächst einmal ohne Belang".[1749] Das Gericht geht von einer schweren Verletzung arbeitsvertraglicher Pflichten aus und lässt offen, ob das Verhalten der Arbeitnehmerin „den Tatbestand des Diebstahls (§ 242 StGB), der Unterschlagung (§ 246 StGB) oder eines Betrugs (§ 263 StGB) und in welcher Beteiligungsform (Anstiftung, Beihilfe, Mittäterschaft) erfüllt."[1750]

Das Landesarbeitsgericht München hat die außerordentliche Kündigung eines über 20 Jahre bei der Arbeitgeberin als Buchhalter beschäftigten Arbeitnehmers

1745 LAG Rheinland-Pfalz, Urt. v. 6.5.2010 – 10 Sa 712/09, BeckRS 2010, 71271.
1746 LAG Hessen, Urt. v. 4.8.2010 – 2 Sa 422/10, BeckRS 2011, 65177.
1747 LAG Berlin-Brandenburg, Urt. v. 16.9.2010 – 25 Sa 1080/10, BeckRS 2011, 65750.
1748 LAG Berlin-Brandenburg, Urt. v. 16.9.2010 – 25 Sa 1080/10, BeckRS 2011, 65750.
1749 LAG Berlin-Brandenburg, Urt. v. 16.9.2010 – 25 Sa 1080/10, BeckRS 2011, 65750.
1750 LAG Berlin-Brandenburg, Urt. v. 16.9.2010 – 25 Sa 1080/10, BeckRS 2011, 65750.

wegen Umbuchung einer gegen ihn gerichteten Forderung der Arbeitgeberin für wirksam gehalten.[1751] Der Arbeitnehmer war aufgrund des Verlusts und der Neuausstellung seiner Zugangskarte zum Betrieb gegenüber der Arbeitgeberin zur Zahlung von 20 Euro verpflichtet. Statt diesen Betrag zu zahlen, spaltete er den Betrag in zwei Teilbeträge von jeweils 10 Euro auf und verbuchte diese als Aufwand des Betriebsrats zulasten des Betriebsratsbudgets.[1752] Das Gericht sieht hierin eine vorsätzliche schwerwiegende Pflichtverletzung, die „an sich“ geeignet sei, einen wichtigen Grund im Sinne von § 626 BGB zu bilden.[1753] Eine strafrechtliche Einordnung des Verhaltens unterbleibt.

Die außerordentliche Kündigung wegen falscher Abrechnung eines Betonpumpeneinsatzes mit einem Schädigungswert in Höhe von 60 Euro durch einen Arbeitnehmer mit einer Betriebszugehörigkeit von 24 Jahren zulasten seiner Arbeitgeberin war wirksam.[1754] Das Landesarbeitsgericht Schleswig-Holstein führt aus, der Arbeitnehmer habe durch diese Handlung seine arbeitsvertraglichen Pflichten in besonders hohem Maße verletzt, und bejaht ein strafrechtlich relevantes Verhalten. So habe sich der Arbeitnehmer „in betrügerischer Weise“ sein eigenes Vermögen auf Kosten der Arbeitgeberin mehren wollen.[1755]

Das Landesarbeitsgericht Berlin-Brandenburg hat im Fall der einer mehr als 40 Jahre bei ihrer Arbeitgeberin, zuletzt als Zugansagerin beschäftigten Arbeitnehmerin, die sich Speise- und Getränkekosten ihrer Jubiläumsfeier durch Vorlage einer Quittung über einen Betrag von 250 Euro erstatten ließ, obwohl tatsächlich nur Kosten in Höhe von 83,90 Euro entstanden waren, die ausgesprochene außerordentliche Kündigung für unwirksam gehalten.[1756] Die Arbeitnehmerin habe eine grobe und erhebliche Pflichtverletzung begangen, die sich als Betrug gegenüber der Arbeitgeberin darstelle, und damit einen Kündigungsgrund „an sich“ gesetzt.[1757] Im Rahmen der Interessenabwägung sei aber, insbesondere im Hinblick auf die 40-jährige Betriebszugehörigkeit, das Interesse am Festhalten am Arbeitsverhältnis als überwiegend anzuerkennen.[1758] Zulasten der Arbeitnehmerin berücksichtigt das Gericht allerdings, dass der verursachte

1751 LAG München, Urt. v. 3.3.2011 – 3 Sa 641/10, BeckRS 2011, 78667.
1752 LAG München, Urt. v. 3.3.2011 – 3 Sa 641/10, BeckRS 2011, 78667.
1753 LAG München, Urt. v. 3.3.2011 – 3 Sa 641/10, BeckRS 2011, 78667.
1754 LAG Schleswig-Holstein, Urt. v. 16.4.2003 – 2 Sa 15/03, BeckRS 2003, 31055318.
1755 LAG Schleswig-Holstein, Urt. v. 16.4.2003 – 2 Sa 15/03, BeckRS 2003, 31055318.
1756 LAG Berlin-Brandenburg NZA-RR 2010, 633 (633 f.).
1757 LAG Berlin-Brandenburg NZA-RR 2010, 633 (634).
1758 LAG Berlin-Brandenburg NZA-RR 2010, 633 (634).

Schaden „eine beträchtliche Höhe" hatte. Er sei damit nicht mehr als „geringfügig" anzusehen.[1759]

Die außerordentliche Verdachtskündigung einer seit circa 20 Jahren als Verkäuferin bei der Arbeitgeberin beschäftigen Arbeitnehmerin, die bei drei Testkäufen entgegen der gültigen Kassenanweisung die vereinnahmten Geldbeträge in Höhe von 10,99 DM, 13,99 DM und 13,99 DM nicht in die Registrierkasse eingegeben hat, ohne dass der Kassenabschluss eine entsprechende Plus-Differenz ergeben hatte, hat das Landesarbeitsgericht Köln für wirksam befunden.[1760] Der Verdacht der Unterschlagung vereinnahmter Kundengelder stelle einen wichtigen Grund dar.[1761]

Auch das Landesarbeitsgericht Mecklenburg-Vorpommern hat im Fall einer circa sieben Jahre als Kassiererin bei der Arbeitgeberin beschäftigten Arbeitnehmerin, welche die Einzahlung von 51,43 DM durch einen Kunden nicht verbucht, den Betrag erst Wochen später nach Rückfragen einer Kollegin auf das Kundenkonto eingezahlt und einen Einzahlungsbeleg geschrieben hat, aufgrund des Verdachts der Unterschlagung die außerordentliche Kündigung für gerechtfertigt gehalten.[1762]

Die der als Rotationsmitarbeiterin bei der Arbeitgeberin befristet beschäftigten Arbeitnehmerin ausgesprochene außerordentliche Kündigung wegen Eintippens von lediglich 1 Euro in die Kasse statt dem bestellten Warenwert von 6 Euro hat das Arbeitsgericht Frankfurt als Verdachtskündigung als wirksam erachtet.[1763] Das Gericht spricht insoweit von einem Verdacht dahingehend, dass die Arbeitnehmerin 5 Euro „unterschlagen bzw. veruntreut" hat.[1764] Ein Arbeitgeber sei bei Kassiertätigkeiten besonders auf die Vertrauenswürdigkeit der Arbeitnehmer angewiesen, sodass sich die geringe Höhe des Betrags nicht zugunsten der Arbeitnehmerin auswirken konnte, da das Vertrauen gleichermaßen erschüttert sei wie bei Entnahme von höheren Geldbeträgen.[1765] Das in strafrechtlicher Hinsicht eingeleitete Ermittlungsverfahren wurde nach § 153 Abs. 1, 2 StPO eingestellt.[1766]

1759 LAG Berlin-Brandenburg NZA-RR 2010, 633 (635).
1760 LAG Köln NZA-RR 2000, 189 (189 f.).
1761 LAG Köln NZA-RR 2000, 189 (189).
1762 LAG Mecklenburg-Vorpommern NZA-RR 2000, 187 (187 ff.).
1763 ArbG Frankfurt, Urt. v. 23.8.2006 – 22 Ca 803/06, zitiert nach juris.
1764 ArbG Frankfurt, Urt. v. 23.8.2006 – 22 Ca 803/06, zitiert nach juris.
1765 ArbG Frankfurt, Urt. v. 23.8.2006 – 22 Ca 803/06, zitiert nach juris.
1766 ArbG Frankfurt, Urt. v. 23.8.2006 – 22 Ca 803/06, zitiert nach juris.

Das Landesarbeitsgericht Hessen hat die außerordentliche Kündigung und hilfsweise ordentliche Kündigung eines nahezu drei Jahre bei der Arbeitgeberin als Tankstellenmitarbeiter beschäftigten Arbeitnehmers, der in zwei Fällen Umsätze von Kunden, die zwar bei der Tankstelle der Arbeitgeberin getankt, aber selbst nicht am Bonuspunkteprogramm teilgenommen hatten, auf die Bonuspunktekarte seines Kollegen buchte, für unverhältnismäßig und daher unwirksam gehalten.[1767] Betroffen waren Umsätze in Höhe von 86,17 Euro und 5 Euro.[1768] Das Gericht stuft das Verhalten des Arbeitnehmers als schwerwiegendes Fehlverhalten ein, wobei es eine strafrechtliche Würdigung ausdrücklich offen lässt.[1769] Es hätte nach Auffassung des Landesarbeitsgerichts aber einer vorherigen Abmahnung bedurft.[1770]

Im Fall der außerordentlichen Kündigung eines als Buffetier beschäftigten Arbeitnehmers mit nahezu 25 Jahre langer Betriebszugehörigkeit, der verkaufte Ware nicht gebongt – also nicht ordnungsgemäß in das Kassensystem eingegeben – und eingenommene Beträge nicht in die Kasse gelegt hatte, bejaht das Arbeitsgericht Köln die Wirksamkeit der Kündigung und geht von einem dringenden Verdacht der Unterschlagung aus.[1771] Betroffen waren ein Glas Rotwein mit einem Verkaufswert von 4,40 Euro, zwei Kölsch mit einem Verkaufswert von je 2,10 Euro und eine Flasche Wasser.[1772]

Das Arbeitsgericht Reutlingen hat die außerordentliche und hilfsweise ordentliche Kündigung des seit etwa zwei Jahren bei dem Arbeitgeber als Sachbearbeiter beschäftigten Arbeitnehmers wegen unberechtigter Einlösung einer Essensmarke im Wert von 0,80 Euro für unwirksam gehalten.[1773] Durch Einlösung der Essensmarke eines Kollegen für seine Lebensgefährtin habe der Arbeitnehmer gegen das Verbot, die Essensmarken an Dritte weiterzugeben, verstoßen und seine vertraglichen Pflichten erheblich verletzt.[1774] Allerdings hat das Arbeitsgericht Reutlingen eine Abmahnung als milderes Mittel für vorrangig

1767 LAG Hessen, Urt. v. 4.8.2010 – 2 Sa 422/10, BeckRS 2011, 65177.

1768 LAG Hessen, Urt. v. 4.8.2010 – 2 Sa 422/10, BeckRS 2011, 65177.

1769 LAG Hessen, Urt. v. 4.8.2010 – 2 Sa 422/10, BeckRS 2011, 65177.

1770 LAG Hessen, Urt. v. 4.8.2010 – 2 Sa 422/10, BeckRS 2011, 65177.

1771 ArbG Köln, Urt. v. 26.8.2010 – 6 Ca 1565/10, BeckRS 2012, 72066.

1772 ArbG Köln, Urt. v. 26.8.2010 – 6 Ca 1565/10, BeckRS 2012, 72066.

1773 ArbG Reutlingen, Urt. v. 11.5.2010 – 2 Ca 601/09, BeckRS 2010, 69466. Die Essensmarken wurden den Arbeitnehmern durch den Arbeitgeber für die verbilligte Nutzung einer betriebsfremden Kantine gewährt, wurden auf den jeweiligen Mitarbeiter namentlich ausgestellt und waren unübertragbar.

1774 ArbG Reutlingen, Urt. v. 11.5.2010 – 2 Ca 601/09, BeckRS 2010, 69466.

gehalten, da das Fehlverhalten nicht derart schwerwiegend und „verwerflich" sei, dass das „gestörte Arbeitsverhältnis nicht mehr in ein ungestörtes umgewandelt werden könnte".[1775] Außerdem sind die geringfügigen wirtschaftlichen Nachteile des Arbeitgebers berücksichtigt worden.[1776] Eine strafrechtliche Einordnung nimmt das Gericht nicht vor.

Die außerordentliche Kündigung einer seit mehr als 30 Jahren bei der Arbeitgeberin und zuletzt als Sachbearbeiterin beschäftigten Arbeitnehmerin war wirksam.[1777] Die Arbeitnehmerin hatte als Teil des Organisationsteams für das Sommerfest vorsätzlich nicht, wie durch die Arbeitgeberin vorgegeben, sämtliche Einladungsbriefe mit jeweils zwei Gutscheinbögen im Wert von je 7,50 Euro kuvertiert, sondern in das an sie selbst gerichtete Kuvert vier Gutscheinbögen verbracht.[1778] Das Landesarbeitsgericht Rheinland-Pfalz sieht in diesem Versuch der Arbeitnehmerin, sich einen ihr nicht zustehenden Vermögenswert in Höhe von 15 Euro zuzuführen, einen „an sich" zur außerordentlichen Kündigung geeigneten Umstand. Das Gericht geht insoweit vom Vorliegen eines Vermögensdelikts aus und spricht von einer „Veruntreuung oder Unterschlagung".[1779]

Die außerordentliche Kündigung einer circa zwölf Jahre bei ihrer Arbeitgeberin als Verkäuferin bzw. Kassiererin beschäftigten Arbeitnehmerin wegen unberechtigter Verwendung von sieben produktbezogenen Gutscheinen (Rabatt-Coupons) im Wert von insgesamt 36 Euro für einen Personaleinkauf außerhalb der Arbeitszeit ohne Erwerb entsprechender rabattberechtigender Artikel hat der arbeitsgerichtlichen Prüfung standgehalten.[1780] Das Bundesarbeitsgericht führt aus, dass die Arbeitnehmerin sich vorsätzlich und auf Kosten der Arbeitgeberin einen ihr nicht zustehenden Vermögensvorteil verschafft und somit ihre vertragliche Rücksichtnahmepflicht verletzt habe.[1781] Dass es sich um ein außerdienstliches Verhalten der Arbeitnehmerin außerhalb der Arbeitszeit gehandelt habe, stehe der Annahme eines schweren Pflichtverstoßes nicht entgegen.[1782] Durch das Verhalten der Arbeitnehmerin sei ein Schaden oder jedenfalls eine

1775 ArbG Reutlingen, Urt. v. 11.5.2010 – 2 Ca 601/09, BeckRS 2010, 69466.
1776 ArbG Reutlingen, Urt. v. 11.5.2010 – 2 Ca 601/09, BeckRS 2010, 69466.
1777 LAG Rheinland-Pfalz, Urt. v. 3.8.2020 – 3 Sa 90/19, BeckRS 2020, 38974.
1778 LAG Rheinland-Pfalz, Urt. v. 3.8.2020 – 3 Sa 90/19, BeckRS 2020, 38974.
1779 LAG Rheinland-Pfalz, Urt. v. 3.8.2020 – 3 Sa 90/19, BeckRS 2020, 38974.
1780 BAG NZA 2011, 571 (571 f.).
1781 BAG NZA 2011, 571 (572).
1782 BAG NZA 2011, 571 (572 f.).

schadensgleiche Vermögensgefährdung der Arbeitgeberin eingetreten.[1783] Eine strafrechtliche Einordnung unterbleibt.

Das Bundesarbeitsgericht hat die außerordentliche Kündigung und hilfsweise ordentliche Kündigung einer als Verkäuferin mit Kassiertätigkeit beschäftigten Arbeitnehmerin mit einer Betriebszugehörigkeit von über 30 Jahren wegen der Einlösung von zwei Kunden-Leergutbons im Wert von 0,48 Euro und 0,82 Euro für einen Privateinkauf bei ihrer Arbeitgeberin für unwirksam gehalten („Emmely“-Entscheidung).[1784] Das Gericht hält in seiner Entscheidung an der bisherigen Rechtsprechung, wonach rechtswidrige und vorsätzliche – ggf. strafbare – Handlungen unmittelbar gegen das Vermögen des Arbeitgebers, die der Arbeitnehmer bei oder im Zusammenhang mit seiner Arbeit begeht, zugleich eine schwerwiegende Verletzung der schuldrechtlichen Pflicht zur Rücksichtnahme darstellen und dies auch dann gilt, wenn nur Sachen von geringem Wert betroffen sind oder die Handlung nur zu einem geringfügigen oder gar keinem Schaden geführt hat, fest.[1785] Das Bundesarbeitsgericht nimmt indes keine strafrechtliche Einordnung des Arbeitnehmerverhaltens im konkreten Fall vor, sondern betont, dass weder die strafrechtliche noch die sachenrechtliche Bewertung maßgebend sei.[1786] So könne auch eine nicht strafbare, gleichwohl erhebliche Verletzung der sich aus dem Arbeitsverhältnis ergebenden Pflichten deshalb einen wichtigen Grund in Sinne von § 626 Abs. 1 BGB bilden.[1787] Im Einlösen der Leergutbons und dem darin liegenden Verschaffen eines Vermögensvorteils, der ihr nicht zustand, sah das Gericht eine entsprechende Pflichtverletzung.[1788] Im Rahmen der Interessenabwägung wurde aber, insbesondere angesichts der langen Betriebszugehörigkeit und des insoweit aufgebauten Vertrauenskapitals, eine Abmahnung als Reaktion auf das Fehlverhalten der Arbeitnehmerin als ausreichend erachtet.[1789]

Das Arbeitsgericht Berlin hat für den Fall des Verdachts manueller Erstellung von Pfandbons ohne gegenüberstehenden tatsächlichen Kassiervorgang durch einen 17 Jahre lang beanstandungsfrei bei der Arbeitgeberin beschäftigten

1783 BAG NZA 2011, 571 (572).
1784 BAGE 134, 349 (350 ff.) = NZA 2010, 1227 (1228 f.); zu den Auswirkungen dieser Entscheidung in der Öffentlichkeit und Politik siehe *Zborowska*, Die außerordentliche Verdachtskündigung, S. 17 ff.
1785 BAGE 134, 349 (355 f.) = NZA 2010, 1227 (1229 f.).
1786 BAGE 134, 349 (358) = NZA 2010, 1227 (1230).
1787 BAGE 134, 349 (358) = NZA 2010, 1227 (1230).
1788 BAGE 134, 349 (358) = NZA 2010, 1227 (1230).
1789 BAGE 134, 349 (358 ff.) = NZA 2010, 1227 (1231 ff.).

Kassierer mit einem Schaden von 6,06 Euro die „an sich"-Eignung als wichtiger Grund bejaht.[1790] Die arbeitgeberseits ausgesprochene außerordentliche Kündigung war im Ergebnis wirksam, da auch die Interessenabwägung zulasten des Arbeitnehmers ausgefallen ist.[1791] Eine strafrechtliche Einordnung wird nicht vorgenommen.

Im Fall versuchter Erschleichung einer unentgeltlichen Paketbeförderung im Wert von 2,50 Euro durch einen seit 15 Jahren, zuletzt als Transportaufsicht bei der Arbeitgeberin beschäftigten Arbeitnehmer hat das Landesarbeitsgericht Sachsen-Anhalt die außerordentliche und hilfsweise ordentliche Kündigung in Ermangelung eines ausreichenden Kündigungsgrunds für unwirksam gehalten.[1792] Das Gericht geht dabei von einer schwerwiegenden Verletzung der arbeitsvertraglichen Pflichten durch den Arbeitnehmer aus und lässt offen, ob es sich in strafrechtlicher Hinsicht um einen versuchten Betrug handelt oder ob es hierfür bereits an dem erforderlichen Irrtum bzw. der kausalen Vermögensverfügung fehlt.[1793] Das Bestandsinteresse des Arbeitnehmers überwiege aber im konkreten Fall ausnahmsweise das Lösungsinteresse des Arbeitgebers. Im Rahmen der Interessenabwägung wurde unter anderem der Bagatellbetrag berücksichtigt. Hierdurch „soll nicht das Vorhaben selbst als Bagatelle abgetan werden [...]. Doch gibt die Geringfügigkeit des ersparten Beförderungsentgelts dem Vorwurf geringeres Gewicht, ohne ihm allein deshalb die Kündigungsrelevanz zu nehmen".[1794] Das Landesarbeitsgericht nimmt außerdem einen Vergleich mit den §§ 23, 49 StGB vor und berücksichtigt in Parallelwertung zum Strafrecht als mildernden Umstand, dass der Arbeitnehmer seinen Versuch – zwar unfreiwillig – abgebrochen hat.[1795]

Im Fall eines seit circa drei Jahren bei der Arbeitgeberin als Kundenbetreuer beschäftigten Arbeitnehmers, der ohne arbeitgeberseitige Gestattung in zwei Fällen seine private Post in den betrieblichen Postlauf gab, um so eine Frankierung und den Versand durch die Arbeitgeberin zu erreichen und selbst Portokosten zu sparen, war die durch die Arbeitgeberin ausgesprochene außerordentliche Kündigung wirksam.[1796] Das Landesarbeitsgericht Hessen sieht in der versuchten

1790 ArbG Berlin BB 2011, 382 (382).
1791 ArbG Berlin BB 2011, 382 (382).
1792 LAG Sachsen-Anhalt NZA-RR 2006, 411 (411).
1793 LAG Sachsen-Anhalt NZA-RR 2006, 411 (412).
1794 LAG Sachsen-Anhalt NZA-RR 2006, 411 (412).
1795 LAG Sachsen-Anhalt NZA-RR 2006, 411 (412).
1796 LAG Hessen, Urt. v. 14.5.2007 – 16 Sa 1885/06, BeckRS 2007, 46625.

unberechtigten Privatnutzung von Betriebsmitteln einen erheblichen Verstoß gegen die nebenvertragliche Rücksichtnahmepflicht (§ 241 Abs. 2 BGB), der geeignet sei, die außerordentliche Kündigung „an sich“ zu rechtfertigen.[1797] Eine strafrechtliche Einordnung erfolgt nicht, das Gericht weist vielmehr darauf hin, dass eine Strafbarkeit des Verhaltens im Einzelfall unter Umständen nicht einmal hinreichend, jedenfalls aber nicht erforderlich sei.[1798]

2. *Strafrechtliche Einordnung*

In mehr als zwei Drittel der untersuchten Fälle nehmen die Arbeitsgerichte eine strafrechtliche Einordnung des Arbeitnehmerverhaltens im konkreten Fall vor. Bei circa der Hälfte dieser Fälle legen sich die Arbeitsgerichte dabei auf ein konkretes Delikt fest.[1799] Die andere Hälfte betrifft in der Mehrheit Fälle, in denen nur von einem „Vermögensdelikt“ oder einer „Straftat“ gesprochen oder die Entscheidung zwischen mehreren bestimmten Delikten offen gelassen wird;[1800] in einzelnen Entscheidungen wird aber auch eine Prüfung einzelner Straftatbestandsmerkmale vorgenommen.[1801] Delikte, welche die Arbeitsgerichte hier typischerweise ansprechen und ggf. auch prüfen, sind in erster Linie der Diebstahl[1802] und die Unterschlagung,[1803] aber auch das Vorliegen eines Betrugs[1804] wird des Öfteren thematisiert.

Wird das Vorliegen eines bestimmten Straftatbestands offen gelassen oder unterbleibt eine strafrechtliche Einordnung vollständig, wird insoweit häufig

1797 LAG Hessen, Urt. v. 14.5.2007 – 16 Sa 1885/06, BeckRS 2007, 46625.

1798 LAG Hessen, Urt. v. 14.5.2007 – 16 Sa 1885/06, BeckRS 2007, 46625.

1799 Siehe etwa LAG Rheinland-Pfalz, Urt. v. 20.10.2003 – 7 Sa 784/03, BeckRS 2003, 30799464; Urt. v. 30.4.2008 – 7 Sa 43/08, BeckRS 2008, 55390.

1800 Vgl. etwa LAG Rheinland-Pfalz, Urt. v. 10.5.2007 – 4 Sa 103/07, BeckRS 2008, 50523; LAG Berlin-Brandenburg, Urt. v. 16.9.2010 – 25 Sa 1080/10, BeckRS 2011, 65750; LAG Schleswig-Holstein, Urt. v. 10.11.2015 – 2 Sa 235/15, BeckRS 2016, 66309.

1801 So beispielsweise LAG Mecklenburg-Vorpommern, Urt. v. 12.6.2018 – 2 Sa 224/17, BeckRS 2018, 18843; ArbG Hamburg NZA-RR 2005, 75 (76 f.).

1802 Siehe nur LAG Rheinland-Pfalz, Urt. v. 20.10.2003 – 7 Sa 784/03, BeckRS 2003, 30799464; Urt. v. 30.4.2008 – 7 Sa 43/08, BeckRS 2008, 55390.

1803 Vgl. etwa BAGE 92, 184 (193 f.) = NJW 2000, 1969 (1972); ArbG Suhl, Entsch. v. 6.2.2008 – 1 Ca 1883/07, BeckRS 2011, 65507.

1804 Siehe beispielsweise LAG Berlin-Brandenburg NZA-RR 2010, 633 (634); Urt. v. 16.9.2010 – 25 Sa 1080/10, BeckRS 2011, 65750.

auf die Rechtsprechung des Bundesarbeitsgerichts Bezug genommen, wonach es nicht maßgeblich auf die strafrechtliche Bewertung der Tat ankomme.[1805]

Die Untersuchung hat außerdem gezeigt, dass, wenn die Arbeitsgerichte eine strafrechtliche Einordnung und Prüfung vornehmen, diese nicht zwingend auch zu überzeugen vermag.[1806] Im Hinblick auf die „Emmely"-Entscheidung des Bundesarbeitsgerichts[1807] war die strafrechtliche Beurteilung der Einlösung der Leergutbons durch das Arbeitsgericht als Betrug zulasten der Arbeitgeberin[1808] selbst in der Literatur zum Streitpunkt geworden.[1809] Hier werden die Vorteile der Rechtsprechung des Bundesarbeitsgerichts deutlich, wonach die strafrechtliche Bewertung nicht maßgeblich sein soll und eine Festlegung auf ein bestimmtes Delikt daher nicht für erforderlich gehalten wird.[1810] Zum einen können sich die Gerichte in der Praxis den Aufwand einer strafrechtlichen Prüfung sparen und zum anderen entgehen sie der Gefahr und ggf. Blöße einer fehlerhaften Subsumtion unter die strafrechtlichen Deliktstatbestände.

3. *Begriff der Bagatelle*

Die Rechtsprechungsanalyse hat gezeigt, dass sich die Frage, was einen Pflichtenverstoß und ggf. sogar eine Straftat eines Arbeitnehmers als unbedeutende, geringfügige Angelegenheit und damit als Bagatelle erscheinen lässt, nicht einfach beantworten lässt.[1811] Ausgangspunkt dürfte sein, dass dem Vorwurf nur

---

1805 Vgl. etwa BAGE 92, 184 (193 f.) = NJW 2000, 1969 (1972); LAG Berlin, Urt. v. 9.7.2002 – 7 Sa 40/02, BeckRS 2009, 55838.

1806 Siehe etwa die Rechtsprechungsanalyse zu LAG Berlin, Urt. v. 9.7.2002 – 7 Sa 40/02, BeckRS 2009, 55838; LAG Mecklenburg-Vorpommern, Urt. v. 12.6.2018 – 2 Sa 224/17, BeckRS 2018, 18843.

1807 BAGE 134, 349 (349 ff.) = NZA 2010, 1227 (1227 ff.).

1808 ArbG Berlin, Urt. v. 21.8.2008 – 2 Ca 3632/08, BeckRS 2009, 64609.

1809 Kritisch etwa *Buschmann*, AuR 2009, 220 (221), der eine Straftat zulasten der Arbeitgeberin verneint; *Schall*, RdA 2010, 225 (226 ff.): Diebstahl zulasten des Kunden; *Schlösser*, HRRS 2009, 509 (511 ff.): veruntreuende Unterschlagung zulasten des Kunden.

1810 So hat etwa das Bundesarbeitsgericht in der „Emmely"-Entscheidung trotz Streits um die strafrechtliche Einordnung eine strafrechtliche Bewertung der Tat offengelassen, siehe BAGE 134, 349 (358) = NZA 2010, 1227 (1230).

1811 Vgl. *Bauer*, NZA-Beilage 2019, 21 (24), der die Frage, wann von Bagatellen gesprochen werden kann, als „Gretchen-Frage" bezeichnet; zur Differenzierung zwischen Bagatellverstößen gegen Haupt- und Nebenpflichten *Preis*, AuR 2010, 186 (190 f.).

geringes Gewicht zukommen darf.[1812] Zur Beurteilung der Schwere des Vorwurfs muss nach der Rechtsprechung auf die Umstände des Einzelfalls abgestellt werden,[1813] wobei die untersuchten Fälle gezeigt haben, dass insbesondere die Geringfügigkeit des Schadens dem Vorwurf geringeres Gewicht verleihen kann.[1814]

So hat das Landesarbeitsgericht Sachsen-Anhalt im Rahmen der Interessenabwägung unter anderem den „Bagatellbetrag“ berücksichtigt: „Damit soll nicht das Vorhaben selbst als Bagatelle abgetan werden [...]. Doch gibt die Geringfügigkeit des ersparten Beförderungsentgelts dem Vorwurf geringeres Gewicht [...]“.[1815] Dem Landesarbeitsgericht Köln zufolge stellt der „Umstand der ‚Stromunterschlagung‘ angesichts der mit dem Ladevorgang für den Bekl. verbundenen äußerst geringfügigen wirtschaftlichen Belastung offensichtlich eine Lappalie dar“.[1816]

Allerdings hat das Bundesarbeitsgericht auch bereits aufgrund anderer gewichtiger Umstände des Einzelfalls (nämlich den Zugang der Arbeitnehmerin zur Kasse) einen geringen Betrag (4,80 DM) als nicht ausreichend angesehen, um einer Tat Bagatellcharakter zu verleihen.[1817] Auch das Landesarbeitsgericht

---

1812 Vgl. BAG, Urt. v. 2.4.1987 – 2 AZR 204/86, BeckRS 1987, 30720897; LAG Sachsen-Anhalt NZA-RR 2006, 411 (412); ArbG Hamburg, Urt. v. 27.8.1998 – 27 Ca 262/98, BeckRS 1998, 30776000; ArbG Halle, Urt. v. 13.11.2008 – 2 Ca 1991/08, BeckRS 2010, 75336.

1813 Vgl. BAG, Urt. v. 2.4.1987 – 2 AZR 204/86, BeckRS 1987, 30720897; LAG Mecklenburg-Vorpommern, Urt. v. 2.6.2009 – 5 Sa 237/08, BeckRS 2009, 66812; beispielweise BAG NJW 1985, 284 (285) und ArbG Mannheim NZA-RR 2009, 580 (582): Stellung des Arbeitnehmers, Art der entwendeten Ware und besondere Verhältnisse des Betriebs.

1814 LAG Sachsen-Anhalt NZA-RR 2006, 411 (412); LAG Hessen, Urt. v. 2.3.2006 – 5/11 Sa 764/05, BeckRS 2009, 55840; LAG Köln NZA-RR 2012, 356 (358); LAG Rheinland-Pfalz, Urt. v. 7.8.2018 – 8 Sa 29/18, BeckRS 2018, 29073; ArbG Halle, Urt. v. 13.11.2008 – 2 Ca 1991/08, BeckRS 2010, 75336; in diese Richtung auch LAG Baden-Württemberg, Urt. v. 20.10.2004 – 12 Sa 107/04, BeckRS 2009, 55843.

1815 LAG Sachsen-Anhalt NZA-RR 2006, 411 (412); ähnlich ArbG Halle, Urt. v. 13.11.2008 – 2 Ca 1991/08, BeckRS 2010, 75336.

1816 LAG Köln NZA-RR 2012, 356 (358).

1817 BAG, Urt. v. 2.4.1987 – 2 AZR 204/86, BeckRS 1987, 30720897: Diebstahl durch eine Kassiererin mit Zugang zur Kasse; ähnlich LAG Schleswig-Holstein, Urt. v. 10.11.2015 – 2 Sa 235/15, BeckRS 2016, 66309, wonach der geringe Wert der Ware keinen maßgeblichen Einfluss auf das Gewicht des Vertragsverstoßes haben soll; ArbG Köln, Urt. v. 26.8.2010 – 6 Ca 1565/10, BeckRS 2012, 72066, das die Vereinnahmung eines Betrags von 20 Cent durch eine Kassiererin nicht als Bagatelle ansieht.

Hamm ist im Fall des Entzugs von Unterlagen, in dem der Arbeitnehmer zwar nur einen geringen Vermögensschaden ausgelöst hat, aber den entzogenen Informationen dafür ein großer immaterieller Wert zukam, nicht bloß von einem geringen Tatvorwurf, sondern vielmehr von einer schwerwiegenden Pflichtverletzung ausgegangen.[1818]

Ähnlich gestaltet sich die Lage bei Fällen, in denen aufgrund der Wertlosigkeit der Gegenstände überhaupt kein wirtschaftlicher Schaden eingetreten war, so insbesondere bei zur Entsorgung bzw. Vernichtung bestimmten Gegenständen. Teilweise wird der fehlende messbare Schaden hier wie auch eine Geringwertigkeit im Hinblick auf das Gewicht des Pflichtverstoßes zugunsten des Arbeitnehmers berücksichtigt,[1819] während andere Gerichte in diesen Fällen auf die formale Eigentümerstellung des Arbeitgebers abstellen und den fehlenden wirtschaftlichen Schaden nicht berücksichtigen.[1820]

Die Geringwertigkeit (bzw. Wertlosigkeit) ist demnach jedenfalls ein gewichtiger – wenn auch nach der Rechtsprechung nicht letztentscheidender – Faktor für die Einordnung einer Vertragsverletzung als Bagatellfall.[1821]

1818 LAG Hamm, Urt. v. 23.9.2011 – 7 Sa 1264/10, BeckRS 2012, 65706.

1819 So etwa durch LAG Hessen, Urt. v. 2.3.2006 – 5/11 Sa 764/05, BeckRS 2009, 55840 im Hinblick auf abgelaufenen und nicht mehr zum bestimmungsgemäßen Verbrauch verwendbaren Joghurt; LAG Schleswig-Holstein, Urt. v. 13.1.2010 – 3 Sa 324/09, BeckRS 2010, 66562 bzgl. eines zur Entsorgung gelagerten Werkbankteils; LAG Berlin-Brandenburg NZA-RR 2016, 129 (131 f.) im Hinblick auf eine zur Vernichtung bestimmte Schaumstoffmatte; ArbG Mannheim NZA-RR 2009, 580 (583) betreffend ein unmittelbar vor der Abfallentsorgung stehendes Kinderreisebett; ArbG Düsseldorf AuR 1995, 334 (335) bzgl. zur Vernichtung vorgesehener Lebensmitteldosen.

1820 BAG NZA 2004, 486 (487) im „Alkoholfläschchen"-Fall: „Nur die Bekl. als Eigentümerin hatte das Recht, über diese Waren zu verfügen"; Urt. v. 31.7.2014 – 2 AZR 408/13, BeckRS 2015, 65973 im Hinblick auf zu entsorgendes Altdieselöl; LAG Köln NZA-RR 1996, 86 (87) betreffend übriggebliebenen Bratfisch; so aber etwa auch das LAG Berlin-Brandenburg, Urt. v. 17.8.2007 – 25 Sa 1000/07, BeckRS 2009, 55842 bzgl. eines ausgesonderten Schokoladenweihnachtsmanns mit einem Restwert von 1,79 Euro; kritisch etwa *Preis*, AuR 2010, 186 (189).

1821 Vgl. hierzu auch *Bauer*, NZA-Beilage 2019, 21 (24): „‚Bagatellen' (Sachen von geringem Wert)"; *Birnbaum*, AuA 2010, 212 (212), welche die Gemeinsamkeiten von Bagatellfällen in der Rechtsprechung dahingehend zusammenfasst, „dass es sich um Kündigungen handelt, die sich scheinbar auf nichtige Anlässe stützen, bei denen dem Arbeitgeber quasi kein materieller Schaden entstanden ist, die dem Arbeitgeber aber die Existenzgrundlage entziehen."; *Fuhlrott*, ArbRAktuell 2012, 498 (498), nach dem

a) Geringwertigkeit

Ausgehend vom Wert der Sache bzw. des eingetretenen Schadens stellt sich dann die Frage, bei welchem Wert hier die Grenze für eine Geringwertigkeit zu ziehen ist.[1822]

In den untersuchten Rechtsprechungsfällen wird bei Beträgen in einer Spanne von 0,03 DM bis 19,57 DM[1823] bzw. von 0,10 Euro bis 25 Euro[1824] von Geringwertigkeit ausgegangen, wobei in den meisten Fällen Werte unter 10 DM bzw. 5 Euro gegeben waren. Nachvollziehbar ist insoweit die Einschätzung des Landesarbeitsgerichts Baden-Württemberg aus dem Jahr 2004, wonach sich „normale“ Bagatellfälle zwischen 1 DM und 9 DM bewegen.[1825]

Geringwertigkeit dürfte außerdem für den Betrag von 51,43 DM durch das Landesarbeitsgerichts Mecklenburg-Vorpommern („auch wenn es sich nur um einen Betrag von wenig über 50 DM handelt“[1826]) angenommen worden sein, auch wenn das Gericht nicht ausdrücklich von Geringwertigkeit spricht. Nicht eindeutig kann dies dagegen im Fall des Landesarbeitsgerichts Schleswig-Holstein bezüglich eines Betrags von mindestens 60 Euro („Daran kann auch der Wert der Schädigung [...] nichts ändern.“[1827]) beurteilt werden.

Abgelehnt wird eine Geringwertigkeit für die folgenden Beträge: 40 Euro,[1828] 45,00 bis 50,00 Euro,[1829] 50 Euro,[1830] 80 Euro[1831] und 166 Euro.[1832] Das Bundesarbeitsgericht spricht eine eventuelle Geringwertigkeit bei einem Betrag von

---

die Gemeinsamkeit der Bagatellfälle in der Rechtsprechung darin liegt, dass es sich um „Vermögensdelikte mit geringer Schadenshöhe“ handelt.

1822 Vgl. *Bauer*, NZA-Beilage 2019, 21 (24): „Wo ist die Grenze: *Bei 5 Euro, 10 Euro, 100 Euro?*“; *Fuhlrott*, ArbRAktuell 2012, 498 (499).

1823 So etwa ArbG Reutlingen, Urt. v. 4.6.1996 – 1 Ca 73/96, BeckRS 2009, 55.844 bzgl. eines Betrags von 1,38 DM und ArbG Hamburg NZA-RR 2001, 416 (422) für einen Schaden von 7,50 DM.

1824 So etwa LAG Sachsen-Anhalt NZA-RR 2006, 411 (412) für einen Betrag von 2,50 Euro und ArbG Hamburg, Urt. v. 25.9.2002 – 21 Ca 425/02, BeckRS 2009, 55.839 für einen Betrag von 1 Euro.

1825 LAG Baden-Württemberg, Urt. v. 20.10.2004 – 12 Sa 107/04, BeckRS 2009, 55.843.

1826 LAG Mecklenburg-Vorpommern NZA-RR 2000, 187 (188).

1827 LAG Schleswig-Holstein, Urt. v. 16.4.2003 – 2 Sa 15/03, BeckRS 2003, 31055318.

1828 LAG Rheinland-Pfalz, Urt. v. 7.8.2018 – 8 Sa 29/18, BeckRS 2018, 29073; LAG Düsseldorf, Urt. v. 14.1.2021 – 5 Sa 483/20, zitiert nach juris.

1829 LAG Hessen, Urt. v. 31.8.2012 – 10 Sa 395/12, BeckRS 2013, 67401.

1830 LAG Berlin-Brandenburg, Urt. v. 16.9.2010 – 25 Sa 1080/10, BeckRS 2011, 65750.

1831 LAG Hamm, Urt. v. 17.3.2011 – 8 Sa 1854/10, BeckRS 2011, 71723.

1832 LAG Berlin-Brandenburg NZA-RR 2010, 633 (635).

36 Euro[1833] ebenso wenig an wie das Landesarbeitsgericht Hessen bei einem Betrag von 86,17 Euro und 50 Euro,[1834] sodass davon auszugehen ist, dass aus Sicht des Bundesarbeitsgerichts bzw. Landesarbeitsgericht die Geringwertigkeitsschwelle wohl bereits so weit überschritten war, dass es keiner weiteren Erläuterung bedurfte. Das Landesarbeitsgericht Baden-Württemberg hat in einer Entscheidung angedeutet, dass bereits bei einem Betrag von 10 bis 12 Euro keine Geringwertigkeit mehr vorliegt („Unabhängig davon, ob bei einem Gesamtwert von 10 bis 12 € noch von geringwertigen Sachen gesprochen werden kann […].“[1835]).

Feste Wertgrenzen sind somit, wie das Landesarbeitsgericht Berlin-Brandenburg bereits in seiner Entscheidung aus dem Jahr 2010[1836] festgestellt hat, „schwerlich zu bestimmen“. Dennoch ist eine Tendenz erkennbar, dass nach der Rechtsprechung wohl jedenfalls ab einem Betrag von 40 Euro in der Regel nicht mehr von Geringwertigkeit ausgegangen werden kann.

b) *Mehrzahl geringwertiger Sachen und wiederholte Begehung*

Bezieht sich das pflichtwidrige bzw. strafbare Arbeitnehmerverhalten gleichzeitig auf mehrere Gegenstände, werden die jeweiligen Beträge zusammengerechnet.[1837] Bei wiederholten, ggf. strafbaren Pflichtverstößen des Arbeitnehmers addiert die Rechtsprechung bei nachträglicher Aufdeckung die Einzelschäden der einzelnen Verstöße und stellt für das Gewicht des Vorwurfs auf den Gesamtschaden ab (vgl. das Landesarbeitsgericht Hamm in einer Entscheidung aus dem Jahr 2011: „[…] bei einem erst nachträglich aufgedeckten Fehlverhalten des Arbeitnehmers, bei welchem zwangsläufig das Gesamtverhalten und der angerichtete Gesamtschaden zu bewerten sind […]“[1838]).[1839] Dies kann

---

1833 BAG NZA 2011, 571 (571 ff.).

1834 LAG Hessen, Urt. v. 4.8.2010 – 2 Sa 422/10, BeckRS 2011, 65177.

1835 LAG Baden-Württemberg, Urt. v. 23.2.2010 – 8 Sa 9/09, BeckRS 2011, 65963.

1836 LAG Berlin-Brandenburg, Urt. v. 16.9.2010 – 25 Sa 1080/10, BeckRS 2011, 65750.

1837 Vgl. LAG Rheinland-Pfalz, Urt. v. 20.10.2003 – 7 Sa 784/03, BeckRS 2003, 30799464; Urt. v. 3.8.2020 – 3 Sa 90/19, BeckRS 2020, 38974; ArbG Dortmund, Beschl. v. 4.7.2000 – 2 BV 29/00, BeckRS 2009, 55837.

1838 LAG Hamm, Urt. v. 17.3.2011 – 8 Sa 1854/10, BeckRS 2011, 71723.

1839 LAG Hamm, Urt. v. 17.3.2011 – 8 Sa 1854/10, BeckRS 2011, 71723 im Fall wiederholt unterlassenen Ausstempelns bei Raucherpausen; vgl. auch LAG Hessen, Urt. v. 30.1.2012 – 7 Sa 229/11, BeckRS 2012, 71649 (mehrfache Unterschlagung von eingenommenen Fahrgeldern, Gesamtwert von circa 700 Euro) und LAG Rheinland-Pfalz, Urt. v. 24.1.2019 – 5 Sa 291/18, BeckRS 2019, 4683 (Privatnutzung von Dienstfahrzeugen, insgesamt mindestens 9.000 Kilometer), wobei sich in diesen Fällen aber

entscheidende Bedeutung für die Einordnung eines Sachverhalts als Bagatellfall haben. So hat das Landesarbeitsgericht Hamm in der genannten Entscheidung mit Blick auf einen Gesamtschaden von 80 Euro das Vorliegen eines Bagatellfalls abgelehnt: „Gleich, ob der vom Arbeitsgericht genannte Schaden der Beklagten in Höhe von 80,- € sich auf die angenommene Arbeitsversäumnis von etwa 2 ½ Stunden oder auf die gesamte, von der Beklagten behauptete Arbeitsversäumnis von 267 Minuten bezieht, wird deutlich, dass von einer bloßen Bagatelle nicht ausgegangen werden kann.“[1840]

4. *„an sich“-Eignung*

In der überwiegenden Mehrheit der untersuchten Fälle in der Rechtsprechung findet der Umstand der Geringwertigkeit nicht bereits auf der ersten Stufe, nämlich der Prüfung des Vorliegens eines „an sich“ zur Kündigung geeigneten Sachverhalts, sondern erst im Rahmen der Interessenabwägung Berücksichtigung.[1841] Danach schließt das Vorliegen von Geringwertigkeit und ggf. eines Bagatellfalls nicht schon die Eignung als Kündigungsgrund „an sich“ aus.

Das Bundesarbeitsgericht hat bereits in seiner Entscheidung zum „Bienenstich“-Fall aus dem Jahr 1984 ausgeführt, dass eine Einschränkung bereits auf erster Stufe mit dem durch den zweistufigen Prüfungsaufbau verfolgten Ziel der Konkretisierung, Systematisierung und Rechtssicherheit nicht vereinbar sei: „Dem widerspricht es, vorsätzlichen und widerrechtlichen Verletzungen des Eigentums oder des Vermögens des Arbeitgebers durch den Arbeitnehmer allein wegen einer als geringfügig anzusehenden Schädigung des Arbeitgebers von vornherein die Eignung für eine außerordentliche Kündigung abzusprechen. Ob ein Schaden als geringfügig zu betrachten ist, ist bereits eine Wertungsfrage.“[1842] In der „Emmely“-Entscheidung hat das Bundesarbeitsgericht im Jahr 2010 ausdrücklich an der bisherigen Rechtsprechung festgehalten und nochmals klargestellt, dass unmittelbar gegen das Vermögen des Arbeitgebers gerichtete, rechtswidrige und vorsätzliche, ggf. strafbare, Handlungen, auch wenn sie nur

---

im Hinblick auf die Einzelbeträge bereits die Bejahung der Geringwertigkeit nach oben genannten Grundsätzen als problematisch erweisen dürfte; eine Aufnahme dieser Sachverhalte in die Rechtsprechungsanalyse ist daher unterblieben.

1840 LAG Hamm, Urt. v. 17.3.2011 – 8 Sa 1854/10, BeckRS 2011, 71723.

1841 Siehe etwa BAGE 92, 184 (191) = NJW 2000, 1969 (1971) mwN; BAG NZA 2004, 486 (488); LAG Rheinland-Pfalz, Urt. v. 8.8.2018 – 4 Sa 84/17, BeckRS 2018, 32565; ArbG Dortmund, Urt. v. 10.3.2009 – 7 Ca 4977/08, BeckRS 2009, 55151.

1842 BAG NJW 1985, 284 (285).

Sachen von geringem Wert betreffen oder zu einem nur geringfügigen oder möglicherweise gar keinem Schaden geführt haben, einen wichtigen Grund im Sinne von § 626 Abs. 1 BGB darstellen können.[1843]

Nur einzelne Entscheidungen lehnen bereits die „an sich"-Eignung zur Kündigung bei Geringwertigkeit bzw. in Bagatellfällen ab.[1844] So führt das Landesarbeitsgericht Baden-Württemberg mit Betonung darauf, dass es sich vorliegend um einen Sonderfall handele, aus: „Der reine Wert einer aufgebrühten Tasse Kaffee beläuft sich überschlägig auf kaum mehr als 0,20 Euro. Dieser außerordentlich geringe Warenwert und die Kurzlebigkeit dieses Verbrauchsguts führen dazu, dass die abredewidrige Verwendung durch die Klägerin nicht einmal für einen Kündigungsgrund an sich herhalten kann."[1845] Das Arbeitsgericht Hamburg argumentiert mit dem Verhältnismäßigkeitsprinzip: „Die erstmalige Begehung einer Bagatelltat ist kein ‚Kündigungsgrund an sich' oder ihre Sanktionierung durch Kündigung wäre unverhältnismäßig."[1846]

Zu beobachten ist ferner, dass sich das Bestehen von Verhaltensrichtlinien im Betrieb, wie beispielsweise von Handlungsanweisungen für Kassiertätigkeiten,[1847] in verschiedenen Fällen auf der ersten Prüfungsstufe ausgewirkt hat: Der Kündigungsgrund „an sich" wird hier nicht mit dem Vorliegen eines Eigentums- oder Vermögensdelikt zulasten des Arbeitgebers begründet, es wird vielmehr auf den Verstoß gegen die Verhaltensanweisungen abgehoben.[1848] Hier kommt

---

1843 BAGE 134, 349 (355 f.) = NZA 2010, 1227 (1229 f.) mwN; zustimmend etwa *Fischermeier/Krumbiegel*, in: GK-KR, § 626 BGB Rn. 106 mwN; vgl. näher hierzu *Brors*, in: FS Düwell, S. 197 (203 f.); *Stoffels*, NJW 2011, 118 (120).

1844 LAG Baden-Württemberg, Urt. v. 20.10.2004 – 12 Sa 107/04, BeckRS 2009, 55843; ArbG Hamburg, Urt. v. 27.8.1998 – 27 Ca 262/98, BeckRS 1998, 30776000; so wohl auch LAG Köln NZA-RR 2012, 356 (358); ähnlich in der Literatur z.B. *Henssler*, in: MüKo-BGB, § 626 Rn. 86; *Markowski*, in: HK-ArbR, § 1 KSchG Rn. 223; *Rachor*, in: GK-KR, § 1 KSchG Rn. 429; *Wollenschläger*, Arbeitsrecht, Rn. 428; kritisch dagegen etwa *Brors*, in: FS Düwell, S. 197 (205).

1845 LAG Baden-Württemberg, Urt. v. 20.10.2004 – 12 Sa 107/04, BeckRS 2009, 55843.

1846 ArbG Hamburg, Urt. v. 27.8.1998 – 27 Ca 262/98, BeckRS 1998, 30776000; ähnlich, aber nicht eindeutig ArbG Reutlingen, Urt. v. 4.6.1996 – 1 Ca 73/96, BeckRS 2009, 55844, das nicht ausdrücklich zwischen den zwei Prüfungsstufen trennt.

1847 LAG Berlin, Urt. v. 9.7.2002 – 7 Sa 40/02, BeckRS 2009, 55838.

1848 So etwa LAG Berlin, Urt. v. 9.7.2002 – 7 Sa 40/02, BeckRS 2009, 55838; LAG Baden-Württemberg, Urt. v. 20.10.2004 – 12 Sa 107/04, BeckRS 2009, 55843; ArbG Lörrach, Entsch. v. 16.10.2009 – 4 Ca 248/09, BeckRS 2009, 73055; vgl. zur Eignung von Compliance-Verstößen als Kündigungsgrund „an sich" bereits oben unter Kap. 4, A. I. 4.; zur Bedeutung bzw. dem Erfordernis eindeutiger Regelungen beim Umgang

es dann bereits von vorneherein auf erster Stufe nicht auf die Geringwertigkeit des Gegenstands bzw. Schadens an.

5. *Keine Beschränkung auf die Tatkündigung*

Zwar betrifft der Großteil der untersuchten Entscheidungen Tatkündigungen, doch stützen sich auch zahlreiche der Kündigungen auf einen dringenden Verdacht pflichtwidrigen bzw. strafbaren Arbeitnehmerverhaltens.[1849] Während das Landesarbeitsgericht Köln in einer Entscheidung aus dem Jahr 2007 im Hinblick auf die Verdachtskündigung als „im Ansatz systemwidriges Rechtsinstrument“ und den Grundsatz der Verhältnismäßigkeit Bedenken an der Zulässigkeit der Verdachtskündigung in Bagatellfällen geäußert hat („Der bloße Verdacht, einen Bagatelldiebstahl begangen zu haben, erscheint im Regelfall nicht geeignet, das für die Fortsetzung eines langjährig bestehenden Arbeitsverhältnisses notwendige Vertrauen unwiederbringlich zu zerstören.“[1850]), wird die Eignung eines Verdachts entsprechender Handlungen als Kündigungsgrund „an sich“ im Übrigen bejaht.[1851] So ist das Bundesarbeitsgericht bereits in der „ICE-Stewart“-Entscheidung davon ausgegangen, dass der dringende Verdacht eines Diebstahls bzw. einer Unterschlagung auch geringwertiger Gegenstände aus dem Eigentum

---

mit Arbeitgebereigentum siehe etwa *Reichel*, AuR 2004, 250 (251); *Schrader*, NJW 2012, 342 (347); *Stoffels*, NJW 2011, 118 (122).

1849 So etwa BAGE 92, 184 (184 ff.) = NJW 2000, 1969 (1969 ff.); LAG Rheinland-Pfalz, Urt. v. 15.12.2004 – 9 Sa 633/04, BeckRS 2005, 41039; LAG Nürnberg, Urt. v. 16.10.2007 – 7 Sa 182/07, BeckRS 2007, 48823; LAG Berlin-Brandenburg, Urt. v. 10.2.2012 – 6 Sa 1845/11, BeckRS 2012, 67194; LAG Hessen, Urt. v. 31.8.2012 – 10 Sa 395/12, BeckRS 2013, 67401; ArbG Suhl, Entsch. v. 6.2.2008 – 1 Ca 1883/07, BeckRS 2011, 65507; ArbG Berlin BB 2011, 382 (382).

1850 LAG Köln, Urt. v. 28.3.2007 – 7 Sa 1153/06, BeckRS 2007, 48045; ähnlich in der Literatur etwa noch *Griebeling/Herget*, in: HK-ArbR, 4. Aufl. 2017, § 626 Rn. 91 und zustimmend *Däubler*, in: KDZ-KSchR, § 626 BGB Rn. 262; *Stoffels*, NJW 2011, 118 (123); vgl. auch den Gesetzesentwurf der Fraktion DIE LINKE vom 9.2.2010, BT-Drs. 17/649 und der Fraktion SPD vom 9.2.2010, BT-Drs. 17/648, S. 3; kritisch insoweit *Lunk*, NJW 2010, 2753 (2758).

1851 Siehe nur BAGE 92, 184 (184) = NJW 2000, 1969 (1969); LAG Rheinland-Pfalz, Urt. v. 15.12.2004 – 9 Sa 633/04, BeckRS 2005, 41039; LAG Nürnberg, Urt. v. 16.10.2007 – 7 Sa 182/07, BeckRS 2007, 48823; LAG Baden-Württemberg, Urt. v. 23.2.2010 – 8 Sa 9/09, BeckRS 2011, 65963; ArbG Köln, Urt. v. 26.8.2010 – 6 Ca 1565/10, BeckRS 2012, 72066; zustimmend in der Literatur etwa *Rieble*, NJW 2009, 2101 (2102 f.) mit Blick auf die „Emmely“-Entscheidung in zweiter Instanz; *Zborowska*, Die außerordentliche Verdachtskündigung, S. 128.

des Arbeitgebers einen „an sich" zur außerordentlichen Kündigung geeigneten Grund darstellt.[1852]

6. *Keine „absoluten" Kündigungsgründe, 2-Stufen-Prüfung*

Das Bundesarbeitsgericht hebt in verschiedenen der untersuchten Entscheidungen – auch in „Korrektur" der vorausgegangen arbeits- und landesarbeitsgerichtlichen Entscheidungen[1853] – die Bedeutung der zweistufigen Prüfung und insbesondere der Interessenabwägung im Einzelfall hervor. Im „Bienenstich-Urteil" führt das Bundesarbeitsgericht aus, dass es zur Konkretisierung des wichtigen Grunds einer abgestuften Prüfung der Eignung eines Sachverhalts als Kündigungsgrund an sich und die Interessenabwägung in systematisch getrennten Abschnitten bedürfe.[1854] Auch in der „Emmely"-Entscheidung aus dem Jahr 2010 betont das Bundesarbeitsgericht, dass das Gesetz keine absoluten Kündigungsgründe kenne und daher immer – auch bei rechtswidrigen und vorsätzlichen, ggf. gegen das Eigentum oder Vermögens des Arbeitgebers gerichteten Handlungen des Arbeitnehmers – eine Interessenabwägung im Einzelfall erforderlich ist.[1855]

Hintergrund für die Hervorhebung dieses Erfordernisses durch das Bundesarbeitsgericht dürfte die teilweise stiefmütterliche[1856] oder auch ganz unterbliebene[1857] Durchführung einer Interessenabwägung im Einzelfall durch die Arbeitsgerichte sein.[1858] Beispielhaft sei hier eine Entscheidung des

1852 BAGE 92, 184 (184) = NJW 2000, 1969 (1969).

1853 Siehe etwa BAGE 92, 184 (193) = NJW 2000, 1969 (1971 f.), wonach das zweitinstanzliche Landesarbeitsgericht Hamburg die Grenze der zweiteiligen Prüfung in seiner Entscheidung verwischt habe; BAGE 134, 349 (353) = NZA 2010, 1227 (1229).

1854 BAG NJW 1985, 284 (285).

1855 BAGE 134, 349 (353) = NZA 2010, 1227 (1229); zustimmend in der Literatur etwa *Stoffels*, NJW 2011, 118 (121, 123); *J.-A. Weber*, RdA 2011, 108 (111).

1856 Siehe beispielsweise ArbG Paderborn, Urt. v. 17.12.1998 – 1 Ca 1721/98, BeckRS 1998, 30777072; ArbG Halle, Urt. v. 6.10.2005 – 1 Ca 391/05, zitiert nach juris.

1857 Siehe LAG Düsseldorf DB 1976, 680 (680).

1858 Siehe zur Tendenz in der Rechtsprechung vor der „Emmely"-Entscheidung des Bundesarbeitsgerichts, die Wirksamkeit einer Kündigung bei Vermögensdelikten als präjudiziert und diese somit faktisch als absolute Kündigungsgründe anzusehen, etwa *Buschmann*, AuR 2009, 220 (220) zum „Emmely"-Fall in zweiter Instanz: nur kategorische Imperative, keine Einzelfallabwägung; *Fuhlrott*, ArbRAktuell 2012, 498 (498); *Klueß*, NZA 2009, 337 (339) spricht von „Null-Toleranz-Prinzip" – dieser Begriff etwa aufgegriffen durch *Bengelsdorf*, AuR 2010, 57 (58); *ders.*, AuR 2010, 192 (193) zur „Emmely"-Entscheidung in zweiter Instanz: kein Raum für Interessenabwägung

Landesarbeitsgerichts Düsseldorf aus dem Jahr 1976 angeführt, in der das Gericht das Erfordernis einer Interessenabwägung noch nicht einmal thematisiert: „Aber gerade, weil solche kleinen ‚Unregelmäßigkeiten‘ [...] meistens unentdeckt bleiben, wird es seit jeher von den Gerichten für Arbeitssachen für gerechtfertigt angesehen, daß derjenige, der dabei entdeckt wird, die nach Gesetz und Recht gegebene Konsequenz der fristlosen Entlassung trägt, auch wenn es sich in dem entdeckten Einzelfall um einen verhältnismäßig geringen Betrag handelt.“[1859]

Die Rechtsprechungsanalyse hat aber gezeigt, dass Kündigungen bei strafrechtlich relevanten Bagatellfällen bzw. Straftaten betreffend geringwertige Gegenstände oder mit geringen Schadenssummen nach Bejahung der Eignung als Kündigungsgrund „an sich“ im Großen und Ganzen aber keine absoluten „Selbstläufer“ sind und die Interessenabwägung auch zugunsten des Arbeitnehmers ausfallen kann.[1860] So ging die Interessenabwägung im Einzelfall – zumindest im Rahmen von außerordentlichen Kündigungen – in circa einem Viertel der untersuchten Fälle, in denen die Kündigung nicht bereits auf erster Stufe (insbesondere mangels Tatnachweises oder dringenden Tatverdachts) scheiterte, zugunsten der Arbeitnehmer aus.

7. Abmahnungserfordernis

Ausgehend von den Fällen, in denen es nicht bereits an einem Kündigungsgrund „an sich“ gefehlt hat, wurde in circa einem Viertel der Fälle eine Abmahnung als ausreichend erachtet und die Wirksamkeit der Kündigung daher verneint.[1861] Dem Abmahnungserfordernis kommt somit in Bagatellfällen große Bedeutung

---

im Einzelfall, floskelhafte Bejahung eines Vertrauensverlusts; *ders.*, SAE 2011, 122 (124); *Kröpil*, ZRP 2010, 178 (179); *Mävers*, ArbRAktuell 2009, 172 (172); *Temming*, in: Staudinger, BGB, § 626 Rn. 193: Beendigung des „Sonderwegs“ bei Bagatelldelikten durch die „Emmely“-Entscheidung; *Schröder*, BB 2011, 383 (383), der von einer „komfortablen“ Prognosesituation aufgrund der einheitlichen Handhabung von Bagatellfällen in allen Instanzen der Arbeitsgerichtsbarkeit spricht; *Stoffels*, NJW 2011, 118 (120 ff.); kritisch insoweit *Reuter*, NZA 2009, 594 (594 f.).

1859 LAG Düsseldorf DB 1976, 680 (680).

1860 Vgl. insoweit auch *Zborowska*, Die außerordentliche Verdachtskündigung, S. 114 f.

1861 Siehe etwa BAGE 134, 349 (358) = NZA 2010, 1227 (1231); LAG Berlin, Urt. v. 9.7.2002 – 7 Sa 40/02, BeckRS 2009, 55838; LAG Düsseldorf NZA-RR 2005, 585 (587); LAG Hamm, Urt. v. 4.11.2010 – 8 Sa 711/10, BeckRS 74730; ArbG Reutlingen, Urt. v. 11.5.2010 – 2 Ca 601/09, BeckRS 2010, 69466; ArbG Hamburg NZA-RR 2015, 471 (473).

zu.[1862] Das Bundesarbeitsgericht hat in der „Emmely“-Entscheidung betont, dass eine Abmahnung als milderes Mittel nach dem Verhältnismäßigkeitsgrundsatz auch bei Störungen des Vertrauensbereichs durch Straftaten gegen Vermögen oder Eigentum des Arbeitgebers regelmäßig erforderlich und nur entbehrlich sei, wenn eine Verhaltensänderung in Zukunft selbst nach Abmahnung nicht zu erwarten stehe oder es sich um eine so schwere Pflichtverletzung handele, dass eine Hinnahme durch den Arbeitgeber offensichtlich – auch für den Arbeitnehmer erkennbar – ausgeschlossen sei.[1863]

Als Beispiel für die Entbehrlichkeit einer Abmahnung nach diesen Grundsätzen sei eine aktuelle Entscheidung des Landesarbeitsgerichts Rheinland-Pfalz zur „Veruntreuung oder Unterschlagung“ von Wertgutscheinen genannt, in der das Gericht wie folgt zum Abmahnungserfordernis im konkreten Fall ausführt: „Einer Abmahnung vor Ausspruch der außerordentlichen Kündigung bedurfte es nicht. Denn der Klägerin war zu jedem Zeitpunkt bewusst, dass eine Veruntreuung oder Unterschlagung eine massive Vertragspflichtverletzung darstellt und daneben eine Straftat ist. Das[s] eine Straftat zum Nachteil des Arbeitgebers das Arbeitsverhältnis ganz konkret massiv gefährdet, ist jedem Arbeitnehmer ohne Weiteres klar und bewusst.“[1864] Ähnlich argumentiert auch das Landesarbeitsgericht München in einer Entscheidung aus dem Jahr 2011, so müsse jedem vernünftigen Arbeitnehmer in einer weitgehend selbständigen, eigenverantwortlichen Stellung mit sehr weitreichendem Kompetenzbereich klar sein, dass der Arbeitgeber vorsätzliche Falschbuchungen zum Schaden des Arbeitgebers und zum Nutzen des Arbeitnehmers nicht hinnehmen und lediglich mit einer „letzten Verwarnung“ in Form einer Abmahnung beantworten werde.[1865]

Keine Entbehrlichkeit der Abmahnung nimmt dagegen beispielsweise das Landesarbeitsgericht Mecklenburg-Vorpommern im Fall „verdorbenen“ Heizöls, das nach dem Gericht nicht nur wirtschaftlich wertlos, sondern wegen Entsorgungskosten sogar einen „negativen Wert“ hatte, an.[1866] In einer solchen

---

1862 Vgl. hierzu auch *Zborowska*, Die außerordentliche Verdachtskündigung, S. 120 ff.

1863 BAGE 134, 349 (360 f.) = NZA 2010, 1227 (1231); anders noch BAG NJW 1985, 284 (285) – kritisch zur früheren Rechtsprechung etwa *Preis*, AuR 2010, 242 (245); vgl. *J.-A. Weber*, RdA 2011, 108 (118): „Damit wird der großen Mehrzahl der Bagatelldelikte die Schärfe genommen“; näher zum Abmahnungserfordernis in der Rechtsprechung sowie zu Wertungswidersprüchen im Hinblick auf aussortierte, zu entsorgende Gegenstände *Brors*, in: FS Düwell, S. 197 (201 f., 206 f.).

1864 LAG Rheinland-Pfalz, Urt. v. 3.8.2020 – 3 Sa 90/19, BeckRS 2020, 38974.

1865 LAG München, Urt. v. 3.3.2011 – 3 Sa 641/10, BeckRS 2011, 78667.

1866 LAG Mecklenburg-Vorpommern, Urt. v. 27.1.2015 – 2 Sa 170/14, BeckRS 2015, 68406.

Situation sei es für den Arbeitnehmer nicht vorhersehbar, dass der Arbeitgeber die formale Verletzung seines Eigentumsrechts gleich zum Anlass einer Kündigung nehmen würde.[1867] Außerdem fehle es an einer Grundlage für die Annahme, dass der Arbeitnehmer generell zur Schädigung des Arbeitgebers durch Diebstahl oder vergleichbare Verhaltensweisen neige.[1868]

Neben der Geringwertigkeit werden insbesondere auch häufig die Auswirkungen vorheriger Hinweise oder Richtlinien im Betrieb zum Umgang mit Arbeitgebereigentum auf das Abmahnungserfordernis thematisiert.[1869] In vielen dieser Entscheidungen führt das Vorliegen vorheriger Hinweise auf die Folgen von Regelverstößen und die Kenntnis des Arbeitnehmers hiervon zur Entbehrlichkeit einer Abmahnung,[1870] in anderen Entscheidungen wird eine Abmahnung dagegen trotzdem für erforderlich gehalten,[1871] um dem Arbeitnehmer konkret die Möglichkeit des Verlusts seines Arbeitsplatzes vor Augen zu führen,[1872] insbesondere bei uneinheitlicher Handhabe und nicht strikter Durchsetzung der

---

1867 LAG Mecklenburg-Vorpommern, Urt. v. 27.1.2015 – 2 Sa 170/14, BeckRS 2015, 68406.

1868 LAG Mecklenburg-Vorpommern, Urt. v. 27.1.2015 – 2 Sa 170/14, BeckRS 2015, 68406.

1869 Siehe nur LAG Berlin, Urt. v. 9.7.2002 – 7 Sa 40/02, BeckRS 2009, 55838; LAG Rheinland-Pfalz NZA-RR 2009, 303 (304); LAG Baden-Württemberg NZA-RR 2011, 76 (77); LAG Rheinland-Pfalz NZA-RR 2009, 303 (304); ArbG Mannheim NZA-RR 2009, 580 (581 f.); näher hierzu in der Literatur etwa *Preis*, AuR 2010, 242 (244 f.); zur Berücksichtigung vorheriger Hinweise und Verhaltensrichtlinien im Rahmen der Interessenabwägung in den untersuchten Fällen siehe unten unter Kap. 4, B. II. 8. d).

1870 Vgl. etwa LAG Köln NZA-RR 2000, 24 (24); LAG Thüringen, Urt. v. 9.12.2003 – 5 Sa 157/02, BeckRS 2009, 68120; LAG Hessen, Urt. v. 10.10.2006 – 13 Sa 622/006, BeckRS 2006, 17702; LAG Nürnberg, Urt. v. 16.10.2007 – 7 Sa 182/07, BeckRS 2007, 48823; LAG Rheinland-Pfalz NZA-RR 2009, 303 (304); LAG Hessen, Urt. v. 4.8.2010 – 2 Sa 422/10, BeckRS 2011, 65177 (zusätzlich zur Betriebsanweisung erfolgte ein Einzelgespräch); LAG Baden-Württemberg NZA-RR 2011, 76 (79); LAG Rheinland-Pfalz, Urt. v. 3.5.2012 – 2 Sa 620/11, BeckRS 2012, 71445; Urt. v. 3.5.2012 – 2 Sa 621/11, BeckRS 2012, 71446; LAG Schleswig-Holstein, Urt. v. 18.12.2013 – 6 Sa 203/13, BeckRS 2014, 67134, wobei ausdrücklich offengelassen wird, ob eine vorweggenommene Abmahnung möglich ist; LAG Rheinland-Pfalz, Urt. v. 8.8.2018 – 4 Sa 84/17, BeckRS 2018, 32565.

1871 LAG Schleswig-Holstein, Urt. v. 13.1.2010 – 3 Sa 324/09, BeckRS 2010, 66562; LAG Hessen, Urt. v. 4.8.2010 – 2 Sa 422/10, BeckRS 2011, 65177; ArbG Hamburg NZA-RR 2005, 75 (76); ArbG Dortmund, Urt. v. 10.3.2009 – 7 Ca 4977/08, BeckRS 2009, 55151 (allerdings war hier die Anweisung dem betroffenen Arbeitnehmer nicht bekannt).

1872 ArbG Hamburg NZA-RR 2005, 75 (76); vgl. LAG Hamm, Urt. v. 4.11.2010 – 8 Sa 711/10, BeckRS 74730 zur Warnfunktion der Abmahnung.

Regelungen.[1873] Bei Verstoß des Arbeitnehmers gegen neu eingeführte Regelungen kann der Umstand der erst kürzlich erfolgten Änderung einer langjährigen betrieblichen Praxis zu berücksichtigen und eine vorherige Abmahnung mangels negativer Prognose bezüglich der künftigen Beachtung der Eigentumsinteressen des Arbeitgebers erforderlich sein – so im Fall der Beschränkung des kostenfreien Mitarbeiterkonsums von Kaffee.[1874]

8. *Interessenabwägung*

Im Rahmen der in den untersuchten Entscheidungen durch die Arbeitsgerichte vorgenommenen Interessenabwägungen haben sich verschiedene Umstände des Einzelfalls bzw. Problemkreise wiederholt, die teilweise in engem Zusammenhang mit der Einordnung und Natur des Arbeitnehmerverhaltens als Straftat und als Bagatellfall stehen.

a) Geringwertigkeit

In einer Vielzahl der untersuchten Entscheidungen wird im Rahmen der Interessenabwägung zugunsten des Arbeitnehmers berücksichtigt, wenn sich das pflichtwidrige bzw. strafbare Verhalten auf geringwertige[1875] oder sogar wertlose[1876] Gegenstände bezogen hat. Der Geringwertigkeit bzw. Wertlosigkeit wurde dabei nur in wenigen Fällen entscheidende Bedeutung zugemessen,[1877] im

---

1873 Vgl. LAG Berlin, Urt. v. 9.7.2002 – 7 Sa 40/02, BeckRS 2009, 55838 (aber im Ergebnis offen gelassen); LAG Schleswig-Holstein, Urt. v. 13.1.2010 – 3 Sa 324/09, BeckRS 2010, 66562.

1874 LAG Hessen, Urt. v. 14.7.2009 – 15 Sa 173/09, BeckRS 2010, 67178; vgl. zum Abmahnungserfordernis bei widersprüchlichem Verhalten, insbesondere bisheriger Duldung durch den Arbeitgeber etwa *Preis*, AuR 2010, 242 (244); *Reichel*, AuR 2004, 250 (252); *Schlachter*, NZA 2005, 433 (436).

1875 Siehe nur BAGE 134, 349 (364) = NZA 2010, 1227 (1232); LAG Köln NZA-RR 1996, 86 (87 f.); LAG Berlin, Urt. v. 9.7.2002 – 7 Sa 40/02, BeckRS 2009, 55838; LAG Rheinland-Pfalz NZA-RR 2009, 303 (304); LAG Niedersachsen, Urt. v. 22.11.2010 – 12 Sa 1115/10, BeckRS 2011, 75974.

1876 Siehe etwa LAG Rheinland-Pfalz, Urt. v. 30.4.2008 – 7 Sa 43/08, BeckRS 2008, 55390; LAG Schleswig-Holstein, Urt. v. 13.1.2010 – 3 Sa 324/09, BeckRS 2010, 66562; LAG Mecklenburg-Vorpommern, Urt. v. 27.1.2015 – 2 Sa 170/14, BeckRS 2015, 68406; LAG Rheinland-Pfalz, Urt. v. 8.8.2018 – 4 Sa 84/17, BeckRS 2018, 32565.

1877 So etwa LAG Köln NZA-RR 2001, 83 (84); LAG Hamm, Urt. v. 18.9.2009 – 13 Sa 640/09, BeckRS 2009, 72250; vgl. auch ArbG Dortmund, Urt. v. 10.3.2009 – 7 Ca 4977/08, BeckRS 2009, 55151: „erhebliche Bedeutung“.

Übrigen kam diesem Umstand nur gleichrangige oder nachrangige Bedeutung zu.[1878] Die Geringwertigkeit bzw. Wertlosigkeit ist danach „nur“ ein berücksichtigungsfähiger Umstand unter vielen, dem in aller Regel keine die Interessenabwägung determinierende Wirkung zukommt.

Nur in Einzelfällen wurde die Geringwertigkeit bzw. Wertlosigkeit in der Interessenabwägung dagegen überhaupt nicht zugunsten des Arbeitnehmers berücksichtigt.[1879] So betont etwa das Landesarbeitsgericht Rheinland-Pfalz, dass dem Ergebnis der Interessenabwägung, nämlich dass die Fortsetzung des Arbeitsverhältnisses der Arbeitgeberin aufgrund der Gesamtumstände nicht zuzumuten sei, nicht der nur unerhebliche Vermögensschaden entgegenstehe.[1880] Das Arbeitsgericht Frankfurt berücksichtigt die Geringwertigkeit aufgrund des gleichermaßen hohen Vertrauensverlusts auch bei geringen Beträgen nicht („Zwar handelt es sich bei € 5,00 nur um einen geringen Betrag, jedoch ist zu berücksichtigen, dass ein Arbeitgeber gerade bei einem Mitarbeiter, der auch als Kassierer tätig ist, in besonders hohem Maße auf die Vertrauenswürdigkeit des Mitarbeiters angewiesen ist. Dieses Vertrauen ist jedoch bei einem Verdacht wie dem vorliegenden gleichermaßen erschüttert, ob es sich nun um einen Betrag von € 5,00, € 20,00 oder € 100,00 handelt [...].“[1881]).

b) Umstände der Tatbegehung

In zahlreichen der untersuchten Entscheidungen spielt die heimliche Tatbegehung durch den Arbeitnehmer eine Rolle. So wird die Heimlichkeit im Rahmen der Interessenabwägung im Hinblick auf den Grad des Verschuldens, das Unrechtsbewusstsein und die Wiederherstellbarkeit des verlorenen Vertrauens

---

1878 Siehe etwa LAG Berlin, Urt. v. 9.7.2002 – 7 Sa 40/02, BeckRS 2009, 55838; LAG Rheinland-Pfalz, Urt. v. 15.12.2004 – 9 Sa 633/04, BeckRS 2005, 41039; LAG Düsseldorf, NZA-RR 2005, 585 (587); LAG Sachsen-Anhalt NZA-RR 2006, 411 (412); ArbG Hamburg, Urt. v. 25.9.2002 – 21 Ca 425/02, BeckRS 2009, 55839; ArbG Reutlingen, Urt. v. 11.5.2010 – 2 Ca 601/09, BeckRS 2010, 69466.

1879 So LAG Rheinland-Pfalz, Urt. v. 3.8. 2020 – 3 Sa 90/19, BeckRS 2020, 38974; ArbG Frankfurt, Urt. v. 23.8.2006 – 22 Ca 803/06, zitiert nach juris.

1880 LAG Rheinland-Pfalz, Urt. v. 3.8. 2020 – 3 Sa 90/19, BeckRS 2020, 38974; ähnlich BAG, Urt. v. 31.7.2014 – 2 AZR 408/13, BeckRS 2015, 65973.

1881 ArbG Frankfurt, Urt. v. 23.8.2006 – 22 Ca 803/06, zitiert nach juris; kritisch zum Gedanken einer irreparablen Beschädigung der Vertrauensbasis bei Bagatell- und Kleinstdelikten etwa *Bartels*, RdA 2010, 109 (111).

durch die arbeitsgerichtliche Rechtsprechung zum Nachteil[1882] bzw. die offene – also nicht heimliche – Tatbegehung[1883] dagegen in der Regel[1884] zugunsten des Arbeitnehmers berücksichtigt.[1885] Ein insgesamt auf Heimlichkeit angelegtes Verhalten hat das Bundesarbeitsgericht etwa bei der missbräuchlichen Verwendung von Gutscheinen für einen Personaleinkauf in der Ausnutzung geringer Überwachungsmöglichkeiten und der engen Verbundenheit der Arbeitnehmerin mit ihren Kolleginnen zur Tatbegehung angenommen.[1886] Erschwerend wirken sich dabei insbesondere „unehrliches Verhalten und das Bemühen um Verschleierung“ zulasten des Arbeitnehmers aus.[1887] Dies gilt etwa für den Fall, dass der Arbeitnehmer sich erst dann Zugang zu den Räumen und den Vermögensgegenständen verschafft, wenn seine gezielte Beobachtung ergeben hat, dass das dort tätigte Personal die Räume verlassen hat.[1888] Nachteilig wirkt sich insoweit auch aus, wenn der Arbeitnehmer seine im Rahmen seines Arbeitsverhältnisses erworbenen Fähigkeiten zielgerichtet ausnutzt und zur Verschleierung einsetzt.[1889]

1882 Siehe nur BAGE 142, 176 (180) = NZA 2012, 1025 (1027); LAG Rheinland-Pfalz, Urt. v. 3.8.2020 – 3 Sa 90/19, BeckRS 2020, 38974; LAG Düsseldorf, Urt. v. 14.1.2021 – 5 Sa 483/20, zitiert nach juris.

1883 So etwa BAGE 134, 349 (363) = NZA 2010, 1227 (1232); LAG Berlin, Urt. v. 9.7.2002 – 7 Sa 40/02, BeckRS 2009, 55838; ArbG Dortmund, Beschl. v. 4.7.2000 – BV 29/00, BeckRS 2009, 55837; ArbG Hamburg NZA-RR 2001, 416 (422); ArbG Mannheim NZA-RR 2009, 580 (583); ArbG Hamburg NZA-RR 2015, 471 (473); kritisch in der Literatur etwa *Fuhlrott*, ArbRAktuell 2010, 541 (543); *Schröder*, BB 2011, 383 (383); *Stoffels*, NJW 2011, 118 (123); *Walker*, NZA 2011, 1 (3).

1884 Anders aber etwa ArbG Suhl, Entsch. v. 6.2.2008 – 1 Ca 1883/07, BeckRS 2011, 65507: „Dabei muss zulasten der Klägerin berücksichtigt werden, dass sie – ziemlich ungeniert – die Brötchen in Anwesenheit der ‚Kontrolleurin‘ in ihre Tasche steckte.“

1885 Vgl. hierzu auch *Stoffels*, NJW 2011, 118 (122): „So macht es durchaus einen Unterschied, ob der Arbeitnehmer gleichsam naiv in das Vermögensdelikt hineinstolpert oder aber fortgesetzt [...] und heimlich in die Kasse greift.“

1886 BAG NZA 2011, 571 (573).

1887 So etwa LAG Rheinland-Pfalz, Urt. v. 20.10.2003 – 7 Sa 784/03, BeckRS 2003, 30799464; LAG Thüringen, Urt. v. 9.12.2003 – 5 Sa 157/02, BeckRS 2009, 68120; LAG Mecklenburg-Vorpommern, Urt. v. 2.6.2009 – 5 Sa 237/08 = BeckRS 2009, 66812; LAG München, Urt. v. 3.3.2011 – 3 Sa 641/10, BeckRS 2011, 78667.

1888 LAG Mecklenburg-Vorpommern, Urt. v. 2.6.2009 – 5 Sa 237/08 = BeckRS 2009, 66812; ähnlich LAG Rheinland-Pfalz, Urt. v. 20.10.2003 – 7 Sa 784/03, BeckRS 2003, 30799464.

1889 LAG München, Urt. v. 3.3.2011 – 3 Sa 641/10, BeckRS 2011, 78667.

In engem Zusammenhang mit dem Umstand einer offenen Tatbegehung steht das ebenfalls häufig in den untersuchten Entscheidungen angesprochene Kriterium des (fehlenden) Unrechtsbewusstseins. So kann nach der Rechtsprechung eine offene Begehungsweise Anhaltspunkte für ein fehlendes Unrechtsbewusstsein liefern, was sich zugunsten des Arbeitnehmers auswirken kann.[1890] Beispiele hierfür sind etwa das Beladen des Privatfahrzeugs mit Arbeitgebereigentum „in Ruhe und mit Gelassenheit vor den Augen der Geschäftsleitung“ bei Tageslicht auf dem Gelände der Arbeitgeberin[1891] oder der Verzehr eines aussortierten Schokoladenweihnachtsmanns im selben Raum wie der Warenhausdetektiv zeitgleich tätig war.[1892] Daneben sind auch des Öfteren betriebliche Regelungen und Hinweise zum Umgang mit Arbeitgebereigentum Anknüpfungspunkt für ein möglicherweise fehlendes Unrechtsbewusstsein.[1893] Im „Kindereisebett“-Fall bejaht das Arbeitsgericht Mannheim wegen der „jedenfalls nicht eindeutigen betrieblichen Regelung“ einen schuldmindernden Verbotsirrtum im Hinblick auf die Rechtswidrigkeit bzw. Strafbarkeit des Handelns des Arbeitnehmers, was im Rahmen der Interessenabwägung berücksichtigt wurde.[1894]

Abzugrenzen hiervon sind Fälle fehlender Unrechtseinsicht, die sich in der Interessenabwägung zum Nachteil des Arbeitnehmers auswirkt.[1895] So sieht das Landesarbeitsgericht Hessen in der Aussage des Arbeitnehmers „Dies ist doch nichts Besonderes. Was ist schon dabei.“ ein beabsichtigtes Herabspielen der Angelegenheit, schließt hieraus aber nicht das Fehlen des Unrechtsbewusstseins.[1896] Ein weiteres Beispiel hierfür ist der „Raucherpausen“-Fall, in dem sich der Arbeitnehmer über eine Betriebsanweisung mit der Äußerung „das ist egal, ich bin ein Freund vom Chef“ hinweggesetzt hatte, was im Rahmen

---

1890 Vgl. BAGE 134, 349 (362 f.) = NZA 2010, 1227 (1232); LAG Berlin-Brandenburg, Urt. v. 17.8.2007 – 25 Sa 1000/07, BeckRS 2009, 55842; LAG Schleswig-Holstein, Urt. v. 13.1.2010 – 3 Sa 324/09, BeckRS 2010, 66562; ArbG Mannheim NZA-RR 2009, 580 (583), wobei neben der fehlenden Heimlichkeit auch die Erlaubnisfähigkeit und betriebliche Übung berücksichtigt wurden.

1891 LAG Schleswig-Holstein, Urt. v. 13.1.2010 – 3 Sa 324/09, BeckRS 2010, 66562.

1892 LAG Berlin-Brandenburg, Urt. v. 17.8.2007 – 25 Sa 1000/07, BeckRS 2009, 55842.

1893 Vgl. etwa BAG NJW 1985, 284 (285); LAG Hamm, Urt. v. 17.3.2011 – 8 Sa 1854/10, BeckRS 2011, 71723; ArbG Mannheim NZA-RR 2009, 580 (583).

1894 ArbG Mannheim NZA-RR 2009, 580 (583).

1895 Vgl. LAG Hessen, Urt. v. 14.5.2007 – 16 Sa 1885/06, BeckRS 2007, 46625; LAG Niedersachsen, Urt. v. 12.2.2010 – 10 Sa 1977/08, BeckRS 2010, 68021; LAG Hessen, Urt. v. 4.8.2010 – 2 Sa 422/10, BeckRS 2011, 65177.

1896 LAG Hessen, Urt. v. 14.5.2007 – 16 Sa 1885/06, BeckRS 2007, 46625.

der Interessenabwägung als ein „gravierender Mangel an Einsicht“ zulasten des Arbeitnehmers gewertet wird.[1897]

Wiederholt thematisiert im Rahmen der Interessenabwägung wird unter anderem auch die Motivlage des Arbeitnehmers bzw. der Anlass der Tatbegehung. Zugunsten des Arbeitnehmers wird hier etwa Handeln aus Höflichkeit, so etwa bei der kostenfreien Abgabe von Kaffee an Polizisten,[1898] oder uneigennütziges Handeln[1899] berücksichtigt.[1900] In den Verzehrfällen hat eine Rolle gespielt, dass die entsprechenden Lebensmittel nicht zum Weiterverkauf, sondern zum unmittelbaren eigenen Verzehr entwendet wurden.[1901] Auch ein Handeln alleine aus Bequemlichkeit kann zu einer milderen Bewertung des Verhaltens führen, wenn sich hieraus ergibt, dass es dem Arbeitnehmer, wie es beim „Griff in die Kasse“ typischerweise der Fall ist, an einer Bereicherungs- bzw. Schädigungsabsicht fehlt.[1902] Zulasten des Arbeitnehmers wird dagegen beispielsweise Handeln „aus purem Eigennutz“,[1903] Skrupellosigkeit in der Einstellung des Arbeitnehmers gegenüber seinem Arbeitgeber offenbarendes Verhalten,[1904] die rücksichtlose Durchsetzung von Eigeninteressen bei Inkaufnahme von Gesundheitsgefährdungen anderer Arbeitnehmer[1905]

1897 LAG Hessen, Urt. v. 4.8.2010 – 2 Sa 422/10, BeckRS 2011, 65177.

1898 LAG Hessen, Urt. v. 14.7.2009 – 15 Sa 173/09, BeckRS 2010, 67178.

1899 ArbG Hamburg NZA-RR 2015, 471 (473); anders aber LAG Niedersachsen, Urt. v. 22.11.2010 – 12 Sa 1115/10, BeckRS 2011, 75974: unbeachtlich, dass der Arbeitnehmer bei der Zubereitung von Kaffee „die Früchte seiner Tat auch seinen Kolleginnen und Kollegen zuteil werden lassen wollte“ (das Gericht spricht dies allerdings nicht in der Interessenabwägung, sondern bereits beim Pflichtenverstoß auf erster Stufe an).

1900 Vgl. hierzu *Preis*, AuR 2010, 242 (246): „Verhalten […], das erklärbar, bisweilen verständlich, ja vielleicht sogar sozialadäquat ist (Spendierfälle, Wurstaufstrich, Haarspangen)“ in Abgrenzung zu Vermögensdelikten mit Bereicherungsabsicht.

1901 So etwa im „Salatfall“ des ArbG Hamburg NZA-RR 2001, 416 (422) oder bei Verzehr einer Eistüte an einem warmen Sommertag ArbG Hamburg, Urt. v. 25.9.2002 – 21 Ca 425/02, BeckRS 2009, 55839; ähnlich LAG Hessen, Urt. v. 10.10.2006 – 13 Sa 622/006, BeckRS 2006, 17702: Die Arbeitnehmerin wurde bei Entwendung von Kopfschmerztabletten zugute gehalten, dass dies zur Linderung von Kopfschmerzen und zur Verhinderung von Fehlzeiten geschah.

1902 LAG Sachsen-Anhalt NZA-RR 2006, 411 (412); eine fehlende Schädigungsabsicht berücksichtigt etwa auch LAG Berlin, Urt. v. 9.7.2002 – 7 Sa 40/02, BeckRS 2009, 55838.

1903 BAG, Urt. v. 31.7.2014 – 2 AZR 408/13, BeckRS 2015, 65973.

1904 LAG Schleswig-Holstein, Urt. v. 16.4.2003 – 2 Sa 15/03, BeckRS 2003, 31055318.

1905 LAG Düsseldorf, Urt. v. 14.1.2021 – 5 Sa 483/20, zitiert nach juris.

oder auch ein Verhalten, das Ausdruck einer „gewissen Selbstherrlichkeit“ ist,[1906] berücksichtigt.

Bedeutung im Rahmen der Interessenabwägung kommt in vielen der untersuchten Entscheidungen außerdem das Bestehen einer Obhutspflicht oder Vorgesetztenfunktion des Arbeitnehmers zu. So wird erschwerend berücksichtigt, wenn der Pflichtverstoß bzw. die Straftat mit der vertraglich geschuldeten Tätigkeit im Zusammenhang steht,[1907] insbesondere wenn dem Arbeitnehmer eine Obhutspflicht oblag.[1908] Ein Beispiel hierfür sind die einem Tankstellenmitarbeiter „zur alleinigen Betreuung und Beaufsichtigung“ anvertraute Kasse und Waren in der Nachtschicht.[1909] Gleiches gilt auch für Kassierer(innen), hier wird ein hohes Maß an Ehrlichkeit erwartet, weshalb die Enttäuschung dieser Erwartung bzw. des Vertrauens dann nach der Rechtsprechung umso schwerer wiegt und im Rahmen der Interessenabwägung zulasten des Arbeitnehmers zu berücksichtigen ist.[1910] Auch eine besonders berechnende Vorgehensweise

---

1906 LAG Berlin-Brandenburg, Urt. v. 10.2.2012 – 6 Sa 1845/11, BeckRS 2012, 67194.

1907 So z.B. BAG NJW 1985, 1854 (1854); LAG Schleswig-Holstein, Urt. v. 16.4.2003 – 2 Sa 15/03, BeckRS 2003, 31055318; LAG Hamm, Urt. v. 30.8.2004 – 13 Sa 148/04, BeckRS 2004, 30803108; LAG Köln, Urt. v. 27.11.2007 – 9 Sa 866/07, BeckRS 2008, 52897; LAG Berlin-Brandenburg, Urt. v. 16.9.2010 – 25 Sa 1080/10, BeckRS 2011, 65750; LAG Rheinland-Pfalz, Urt. v. 3.5.2012 – 2 Sa 621/11, BeckRS 2012, 71446; Urt. v. 3.5.2012 – 2 Sa 620/11, BeckRS 2012, 71445; ArbG Hamburg NZA-RR 2001, 416 (422); ArbG Hamburg, Urt. v. 25.9.2002 – 21 Ca 425/02, BeckRS 2009, 55839; ArbG Suhl, Entsch. v. 6.2.2008 – 1 Ca 1883/07, BeckRS 2011, 65507; anders dagegen, wenn die Tat keinen unmittelbaren Bezug zur arbeitsvertraglich geschuldeten Leistung aufweist, so LAG Schleswig-Holstein, Urt. v. 13.1.2010 – 3 Sa 324/09, BeckRS 2010, 66562.

1908 So z.B. BAGE 92, 184 (193 ff.) = NJW 2000, 1969 (1972 f.); LAG Thüringen, Urt. v. 13.10.1999 – 6 Sa 365/99, BeckRS 1999, 30475060; LAG Thüringen, Urt. v. 9.12.2003 – 5 Sa 157/02, BeckRS 2009, 68120; LAG Rheinland-Pfalz, Urt. v. 15.12.2004 – 9 Sa 633/04, BeckRS 2005, 41039; Urt. v. 14.2.2007 – 9 Sa 292/06, BeckRS 2007, 45752; LAG Nürnberg, Urt. v. 16.10.2007 – 7 Sa 182/07, BeckRS 2007, 48823; LAG Köln, Urt. v. 27.11.2007 – 9 Sa 866/07, BeckRS 2008, 52897; LAG Mecklenburg-Vorpommern, Urt. v. 30.9.2008 – 5 Sa 110/08, BeckRS 2009, 53352; ArbG Halle, Urt. v. 6.10.2005 – 1 Ca 391/05, zitiert nach juris; das Gewicht der Vertragspflichtverletzung wird dagegen gemindert, wenn dem Arbeitnehmer keine Vertrauensstellung obliegt, vgl. ArbG Mannheim NZA-RR 2009, 580 (583).

1909 LAG Hessen, Urt. v. 14.7.2009 – 15 Sa 173/09, BeckRS 2010, 67178.

1910 LAG Mecklenburg-Vorpommern NZA-RR 2000, 187 (188); LAG Niedersachsen, Urt. v. 12.2.2010 – 10 Sa 1977/08, BeckRS 2010, 68021; vgl. auch BAG NZA 2011, 571 (573); LAG Köln NZA-RR 2000, 189 (190).

des Arbeitnehmers dahingehend, dass der Zugang zum Diebesgut durch Einsatz eines ihm anvertrauten Schlüssels ermöglicht und der Schlüssel daher zum Zweck der Begehung von Straftaten missbraucht wird, wurde insoweit berücksichtigt.[1911]

Nachteilig wirkt sich auch aus, wenn der Arbeitnehmer aufgrund seines Verhaltens seiner Vorgesetztenfunktion nicht gerecht wird.[1912] Eine solche nachteilige Wirkung wurde etwa im Fall eines Verkaufsstellenverwalters angenommen, dem bezüglich der Umsetzung der Regelungen zum Personaleinkauf eine Vorbildfunktion beigemessen wurde.[1913] Denn als „Marktleiter und Vorgesetzter für seine Kollegen oblag es dem Kläger im besonderen Maße, für einen korrekten Umgang mit dem Eigentum der Beklagten auch und insbesondere durch Einhaltung der Personalverkaufsrichtlinien Sorge zu tragen."[1914]

c) *Dauer der Betriebszugehörigkeit*

Auch die Beschäftigungsdauer des Arbeitnehmers spielt in den untersuchten Entscheidungen eine große Rolle und findet sich in aller Regel in der Interessenabwägung wieder. So wird die langjährige, beanstandungsfreie Beschäftigungsdauer in der Mehrzahl der Entscheidungen zugunsten des Arbeitnehmers in die Interessenabwägung eingestellt,[1915] wobei es sich hier zumeist um Beschäftigungszeiten von über zehn Jahre, teilweise sogar über 20 Jahren handelt.[1916]

1911 LAG Mecklenburg-Vorpommern, Urt. v. 2.6.2009 – 5 Sa 237/08 = BeckRS 2009, 66812.

1912 LAG Niedersachsen, Urt. v. 22.11.2010 – 12 Sa 1115/10, BeckRS 2011, 75974; LAG Berlin-Brandenburg, Urt. v. 10.2.2012 – 6 Sa 1845/11, BeckRS 2012, 67194 (Filialleiter); LAG Schleswig-Holstein, Urt. v. 10.11.2015 – 2 Sa 235/15, BeckRS 2016, 66309 (aber Prüfung auf „erster Stufe", nicht im Rahmen der Interessenabwägung); vgl. hierzu auch *Hunold*, NZA-RR 2011, 561 (563).

1913 LAG Niedersachsen, Urt. v. 22.11.2010 – 12 Sa 1115/10, BeckRS 2011, 75974.

1914 LAG Niedersachsen, Urt. v. 22.11.2010 – 12 Sa 1115/10, BeckRS 2011, 75974.

1915 Für eine „Gewichtsneutralität" der langjährigen Beschäftigungsdauer aber LAG Nürnberg, Urt. v. 16.10.2007 – 7 Sa 182/07, BeckRS 2007, 48823; ähnlich LAG Rheinland-Pfalz, Urt. v. 3.8.2020 – 3 Sa 90/19, BeckRS 2020, 38974; so in der Literatur etwa auch *J.-A. Weber*, RdA 2011, 108 (111).

1916 Siehe nur BAG NZA 2011, 571 (573) (circa 12 Jahre); LAG Berlin, Urt. v. 9.7.2002 – 7 Sa 40/02, BeckRS 2009, 55838 (über 10 Jahre); LAG Düsseldorf, NZA-RR 2005, 585 (587) (26 Jahre); LAG Berlin-Brandenburg, Urt. v. 17.8.2007 – 25 Sa 1000/07, BeckRS 2009, 55842 (22 Jahre); LAG Hessen, Urt. v. 14.7.2009 – 15 Sa 173/09, BeckRS 2010, 67178 (15 Jahre); LAG Schleswig-Holstein, Urt. v. 13.1.2010 – 3 Sa 324/09, BeckRS 2010, 66562 (12 Jahre); LAG Hamm, Urt. v. 2.9.2010 – 16 Sa 260/10, BeckRS 2010, 72669 (20 Jahre); LAG Berlin-Brandenburg, Urt. v. 16.9.2010 – 25 Sa 1080/10,

Beispielsweise hat die Beschäftigungszeit von 22 Jahren neben anderen Faktoren maßgeblich dazu beigetragen, dass eine außerordentliche Kündigung als Reaktion auf Verzehr eines aussortierten Schokoladenweihnachtsmanns „völlig überzogen“ wäre.[1917] Das Bundesarbeitsgericht hat den „Emmely“-Fall (30-jährige, ohne rechtliche relevante Beanstandungen verlaufene Tätigkeit) zum Anlass genommen, die große Bedeutung der Beschäftigungsdauer für die Interessenabwägung hervorzuheben, und betont, dass eine für lange Jahre ungestörte Vertrauensbeziehung zweier Vertragspartner nicht notwendig schon durch eine erstmalige Vertrauensenttäuschung vollständig und unwiederbringlich zerstört werde. Je länger eine Vertragsbeziehung ungestört bestanden habe, desto eher könne die Prognose berechtigt sein, dass der dadurch erarbeitete Vorrat an Vertrauen durch einen erstmaligen Vorfall nicht vollständig aufgezehrt werde.[1918]

Trotz Berücksichtigung der Beschäftigungsdauer fällt die Interessenabwägung im Ergebnis aber in verschiedenen Entscheidungen zulasten des Arbeitnehmers aus.[1919] Die Beschäftigungsdauer ist somit, wie auch die anderen genannten

---

BeckRS 2011, 65750 (nahezu 14 Jahre); LAG Niedersachsen, Urt. v. 22.11.2010 – 12 Sa 1115/10, BeckRS 2011, 75974 (12 Jahre mit „Vorbelastung“); LAG Thüringen, Urt. v. 20.10.2011 – 3 Sa 331/10, zitiert nach juris (13 Jahre); LAG Mecklenburg-Vorpommern, Urt. v. 12.6.2018 – 2 Sa 224/17, BeckRS 2018, 18843 (nahezu 20 Jahre); LAG Rheinland-Pfalz, Urt. v. 8.8.2018 – 4 Sa 84/17, BeckRS 2018, 32565 (nahezu 13 Jahre); abgelehnt dagegen für eine Dauer des Arbeitsverhältnisses von weniger als dreieinhalb Jahren durch LAG Hessen, Urt. v. 14.5.2007 – 16 Sa 1885/06, BeckRS 2007, 46625; für eine nur eingeschränkte Bedeutung der Beschäftigungsdauer bei Eigentumsdelikten LAG Düsseldorf, Urt. v. 3.8.1999 – 8 Sa 672/99, BeckRS 1999, 30458408.

1917 LAG Berlin-Brandenburg, Urt. v. 17.8.2007 – 25 Sa 1000/07, BeckRS 2009, 55842.

1918 BAGE 134, 349 (363) = NZA 2010, 1227 (1232); vgl. hierzu etwa *Fandel/Kock*, BB 2011, 61 (62); *Stoffels*, NJW 2011, 118 (121 f.); *Walker*, NZA 2011, 1 (3); dem Bundesarbeitsgericht insoweit „vehement und nachdrücklich“ widersprechend ArbG Köln, Urt. v. 26.8.2010 – 6 Ca 1565/10, BeckRS 2012, 72066; kritisch in der Literatur etwa *U. Koch*, BB 2010 Heft 45 Editorial, S. I; *Schrader*, NJW 2012, 342 (343); *J.-A. Weber*, RdA 2011, 108 (111); zum Begriff des Vertrauenskapitals und dessen Reichweite vgl. etwa *Fuhlrott*, ArbRAktuell 2012, 498 (500); *Ritter*, NZA 2012, 19 (20); *Schrader*, NJW 2012, 342 (344).

1919 So etwa BAG, Urt. v. 31.7.2014 – 2 AZR 408/13, BeckRS 2015, 65973; LAG Berlin-Brandenburg, Urt. v. 16.9.2010 – 25 Sa 1080/10, BeckRS 2011, 65750; LAG München, Urt. v. 3.3.2011 – 3 Sa 641/10, BeckRS 2011, 78667; LAG Rheinland-Pfalz, Urt. v. 7.8.2018 – 8 Sa 29/18, BeckRS 2018, 29073; ArbG Halle, Urt. v. 6.10.2005 – 1 Ca 391/05, zitiert nach juris.

Umstände, zwar von Bedeutung im Rahmen der Interessenabwägung, doch gilt auch hier, dass es sich um nur einen Gesichtspunkt unter vielen zu berücksichtigenden Umständen handelt und daher nicht von einer Determinierung der Abwägung auszugehen ist.[1920]

d) Vorherige Hinweise, Compliance-Vorgaben

In einer Vielzahl der untersuchten Fälle bestanden im Arbeitgeberbetrieb Vorschriften, die den Umgang mit dem Arbeitgebereigentum bereichsspezifisch – so etwa Regelungen zum Ausschluss von Manipulationen beim Umgang mit Leergut im „Emmely"-Fall[1921] oder zum Umgang mit Essensresten im „Rotkohl"-Fall[1922] – regelten.[1923] Solche vorherigen Hinweise und Compliance-Richtlinien gewinnen einerseits im Hinblick auf das Abmahnungserfordernis[1924] und andererseits mit Blick auf die Interessenabwägung an Relevanz.[1925]

Bestehen klare Vorgaben und Hinweise auf die Folgen eines Verstoßes und hat der Arbeitnehmer Kenntnis hiervon, wirkt sich ein dennoch erfolgter Regelverstoß im Rahmen der Interessenabwägung zu seinen Lasten aus.[1926] Dagegen hat sich das Fehlen einer klaren Regelungslage und einer konsequenten Durchsetzung zulasten des Arbeitgebers ausgewirkt.[1927] So wird im Fall der versuchten Entwendung von vier Bechern abgelaufenen Joghurts im Rahmen der Interessenabwägung zum Nachteil der Arbeitgeberin berücksichtigt, dass das Rundschreiben betreffend den Verzehr von Lebensmitteln am Arbeitsplatz das Verständnis der Arbeitgeberin von „Diebstahl" nicht klar vermittelte und die Arbeitgeberin mangels unmissverständlicher Handhabung solcher Fälle und

---

1920 So auch *Stoffels*, NJW 2011, 118 (121).

1921 BAGE 134, 349 (350) = NZA 2010, 1227 (1228).

1922 LAG Schleswig-Holstein, Urt. v. 18.12.2013 – 6 Sa 203/13, BeckRS 2014, 67134.

1923 Vgl. etwa auch LAG Hessen, Urt. v. 10.10.2006 – 13 Sa 622/006, BeckRS 2006, 17702; LAG Rheinland-Pfalz NZA-RR 2009, 303 (303).

1924 Siehe hierzu oben unter Kap. 4, B. II. 7.

1925 Zur Bedeutung solcher Vorschriften auf „1. Stufe" siehe oben Kap. 4, A. II. 4.

1926 Vgl. LAG Nürnberg, Urt. v. 16.10.2007 – 7 Sa 182/07, BeckRS 2007, 48823; LAG Köln, Urt. v. 27.11.2007 – 9 Sa 866/07, BeckRS 2008, 52897; LAG Hessen, Urt. v. 31.8.2012 – 10 Sa 395/12, BeckRS 2013, 67401; ArbG Lörrach, Entsch. v. 16.10.2009 – 4 Ca 248/09, BeckRS 2009, 73055.

1927 Vgl. nur LAG Köln NZA-RR 2001, 83 (84); LAG Hessen, Urt. v. 2.3.2006 – 5/11 Sa 764/05, BeckRS 2009, 55840; LAG Hamm, Urt. v. 2.9.2010 – 16 Sa 260/10, BeckRS 2010, 72669 spricht von „Grauzone".

bisheriger Duldung des laxen Umgangs mit ihrem Eigentum insoweit ein Mitverschulden an den Unklarheiten im Umgang mit abgelaufenen Waren traf.[1928]

Bedeutung kommt vorherigen Hinweisen und Verhaltensrichtlinien in den untersuchten Entscheidungen insbesondere insoweit zu, als dass sich der Arbeitnehmer nicht auf ein (konkludentes) Einverständnis des Arbeitgebers berufen kann,[1929] was in engem Zusammenhang mit dem Gesichtspunkt des Unrechtsbewusstseins steht,[1930] und der Verschuldensgrad als höher eingestuft wird.[1931]

e) Generalpräventive Aspekte

Obwohl generalpräventive Überlegungen nach dem Bundesarbeitsgericht im Rahmen der Interessenabwägung nur begrenzt tragfähig sind,[1932] werden in den untersuchten Rechtsprechungsfällen nicht selten auch generalpräventive Aspekte zulasten des Arbeitnehmers berücksichtigt.[1933] So wird insbesondere in verschiedenen Entscheidungen vom Interesse des Arbeitgebers, aus Gründen der „Abschreckung anderer Mitarbeiter“ Verstöße „hart zu ahnden“ oder „hart durchzugreifen“, gesprochen.[1934] Das Landesarbeitsgericht Hessen führt insoweit beispielsweise aus, dass es zwar richtig sei, „dass viel dafür spricht, dass eine Kündigung wegen des an individualrechtlichen Maßstäben orientierten Kündigungsschutzrechts nicht deshalb gerechtfertigt sein kann, weil der Arbeitgeber mit ihr ‚ein Exempel statuieren‘ oder allgemeine generalpräventive Zwecke

---

1928 LAG Hessen, Urt. v. 2.3.2006 – 5/11 Sa 764/05, BeckRS 2009, 55840.

1929 Siehe etwa LAG Köln NZA-RR 1996, 86 (87); LAG Köln, Urt. v. 27.11.2007 – 9 Sa 866/07, BeckRS 2008, 52897; LAG Berlin-Brandenburg NZA-RR 2016, 129 (130 f.).

1930 Siehe hierzu oben unter Kap. 4, B. II. 8. b).

1931 So etwa LAG Thüringen, Urt. v. 20.10.2011 – 3 Sa 331/10, zitiert nach juris; dagegen wird der Verschuldensgrad bei unklarer Regelungslage („Grauzone“) als geringfügig eingestuft, siehe LAG Hamm, Urt. v. 2.9.2010 – 16 Sa 260/10, BeckRS 2010, 72669.

1932 BAG AP BGB § 626 Nr. 191; siehe hierzu bereits oben Kap. 2, C. II. und Kap. 4, A. IV. 5.

1933 Siehe nur BAG NZA 2004, 486 (488); LAG Düsseldorf, NZA-RR 2005, 585 (587); LAG Hessen, Urt. v. 14.5.2007 – 16 Sa 1885/06, BeckRS 2007, 46625; LAG Rheinland-Pfalz NZA-RR 2009, 303 (304); LAG Hessen, Urt. v. 4.8.2010 – 2 Sa 422/10, BeckRS 2011, 65177; LAG Berlin-Brandenburg, Urt. v. 16.9.2010 – 25 Sa 1080/10, BeckRS 2011, 65750; LAG München, Urt. v. 3.3.2011 – 3 Sa 641/10, BeckRS 2011, 78667; vgl. LAG Hamm DB 1977, 2002 (2002); anders aber ArbG Reutlingen, Urt. v. 4.6.1996 – 1 Ca 73/96, BeckRS 2009, 55844; kritisch in der Literatur etwa *Bartels*, RdA 2010, 109 (111); *Preis*, AuR 2010, 242 (245 f.); *Stoffels*, NJW 2011, 118 (122); vgl. auch *Torsten Walter*, AuR 2010, 59 (60).

1934 So etwa BAG NZA 2004, 486 (488); LAG Rheinland-Pfalz NZA-RR 2009, 303 (304).

verfolgen will", betont allerdings auch, dass dies nicht die Berücksichtigung der Auswirkungen des Fehlverhaltens des Arbeitnehmers auf die betriebliche Organisation und die in ihr beschäftigten Arbeitnehmer im Rahmen der Interessenabwägung ausschließe.[1935]

f) Existenzielles Interesse des Arbeitnehmers am Erhalt des Arbeitsplatzes

Die untersuchten Entscheidungen stellen im Rahmen der Interessenabwägung teilweise auch auf die existenzielle Bedeutung des Arbeitsverhältnisses für den Arbeitnehmer[1936] ab und berücksichtigen diesen Umstand zugunsten des Arbeitnehmers.[1937] So treffe der mit der außerordentlichen Kündigung verbundene sofortige Verlust des Arbeitsplatzes und der wirtschaftlichen Existenzgrundlage sowie der in der Regel bleibende Makel für das Berufsleben den Arbeitnehmer hart.[1938] Das Landesarbeitsgericht Hamm führt insoweit aus: „Die fristlose Entlassung ist die schwerwiegendste Maßnahme, die der Arbeitgeber aus Anlaß einer Verfehlung treffen kann. Sie entzieht dem Arbeitnehmer sowie seiner Familie regelmäßig mit sofortiger Wirkung die Existenzgrundlage, da er gewöhnlich mit seiner Familie auf ein laufendes Arbeitseinkommen dringend angewiesen ist. Die außerordentliche Kündigung wird im allgemeinen als ehrenrührig empfunden. Sie behindert den Arbeitnehmer zudem bei der Stellensuche, weil sie als Anzeichen einer schweren Verfehlung beargwöhnt wird."[1939]

9. Zwischenergebnis

Unter Zugrundelegung der untersuchten Entscheidungen der arbeitsgerichtlichen Rechtsprechung zu Eigentums- und Vermögensdelikten sind „Bagatell"-Fälle dadurch geprägt, dass die Schwere des Vorwurfs als gering einzuordnen ist, wobei der Umstand der Geringwertigkeit des Gegenstands bzw. eines nur geringen Vermögensschadens des Arbeitgebers von Bedeutung sein kann.[1940] Die Schwere des Vorwurfs ist aber unter Berücksichtigung der Umstände des Einzelfalls festzustellen, weshalb alleine die Bejahung von Geringwertigkeit

---

1935 LAG Hessen, Urt. v. 14.5.2007 – 16 Sa 1885/06, BeckRS 2007, 46625.

1936 Siehe oben Kap. 1, A. II., B. I. 1.

1937 Vgl. LAG Hamm DB 1977, 2002 (2002); LAG Düsseldorf, Urt. v. 3.8.1999 – 8 Sa 672/99, BeckRS 1999, 30458408; LAG Hessen, Urt. v. 14.5.2007 – 16 Sa 1885/06, BeckRS 2007, 46625; ArbG Hamburg, Urt. v. 25.9.2002 – 21 Ca 425/02, BeckRS 2009, 55839.

1938 LAG Hessen, Urt. v. 14.5.2007 – 16 Sa 1885/06, BeckRS 2007, 46625.

1939 LAG Hamm DB 1977, 2002 (2002).

1940 Siehe oben unter Kap. 4, B. II. 3.

nach der Rechtsprechung keine abschließende Entscheidung über das Vorliegen einer Bagatelle erlaubt.[1941] Der Begriff der „Bagatelle" bzw. des „Bagatellfalls" kann danach nicht generell für Fälle, die pflichtwidriges bzw. strafbares Arbeitnehmerverhalten mit nur geringen Schadenssummen betreffen, synonym verwendet werden. Nicht alle der untersuchten Entscheidungen wären daher nach der Rechtsprechung (auch wenn nur geringwertige Gegenstände oder geringe Schadenssummen betroffen waren) als „Bagatellfall" einzuordnen.

Der Begriff der „Bagatelle" findet sich in den Entscheidungen außerdem typischerweise in Verhältnismäßigkeitserwägungen wieder und wird nicht als subsumtionsfähige Voraussetzung im Rahmen der zweistufigen Kündigungsprüfung genannt.[1942] Hier knüpft die Rechtsprechung vielmehr direkt an das Merkmal der Geringwertigkeit an: Zum einen wird auf erster Stufe der „übliche" Obersatz zur Eignung von Eigentums- und Vermögensdelikten als Kündigungsgrund „an sich"[1943] um das Merkmal der Geringwertigkeit ergänzt (vgl. etwa das Bundesarbeitsgericht in der „Emmely"-Entscheidung: „Ein solches Verhalten kann auch dann einen wichtigen Grund i. S. des § 626 I BGB darstellen, wenn die rechtswidrige Handlung Sachen von nur geringem Wert betrifft oder zu einem nur geringfügigen, möglicherweise zu gar keinem Schaden geführt hat"[1944]) und zum anderen wird die Geringwertigkeit als berücksichtigungsfähiger Umstand auf zweiter Stufe im Rahmen der Interessenabwägung anerkannt.[1945] Die Rechtsprechungsanalyse legt dabei nahe, dass bei der Interessenabwägung daneben typischerweise Gesichtspunkte wie das Unrechtsbewusstsein, vorherige Hinweise und Richtlinien, generalpräventive Aspekte und das existenzielle Interesse des Arbeitnehmers am Erhalt des Arbeitsplatzes zu prüfen und berücksichtigen sind.[1946]

Auch in den untersuchten Entscheidungen betreffend potenziell[1947] geringwertige Gegenstände oder geringe Schadenssummen wird regelmäßig betont, dass es nicht maßgeblich auf die strafrechtliche Bewertung ankomme.[1948] Dennoch wird in einer Vielzahl von Fällen zumindest eine strafrechtliche Einordnung dahingehend vorgenommen, dass vom Vorliegen einer „Straftat" oder

---

1941 Siehe oben unter Kap. 4, B. II. 3.
1942 Siehe oben unter Kap. 4, B. II. 3.
1943 Vgl. hierzu bereits Kap. 4, B. I.
1944 BAGE 134, 349 (355 f.) = NZA 2010, 1227 (1229 f.) mwN.
1945 Siehe oben unter Kap. 4, B. II. 4., 8. a).
1946 Siehe oben unter Kap. 4, B. II. 8.
1947 Zum Begriff der Geringwertigkeit siehe oben unter Kap. 4, B. II. 3.
1948 Siehe oben unter Kap. 4, B. II. 1., 2.

eines bestimmten Delikts ausgegangen wird. Insoweit wird besonders häufig der Diebstahl nach § 242 StGB thematisiert.[1949] Besonders hervorgehoben wird durch die Rechtsprechung, dass auch in solchen Fällen eine Interessenabwägung stets erforderlich ist, es also auch in diesem Bereich keine absoluten Kündigungsgründe gibt.[1950]

Besondere Bedeutung kommt in den untersuchten Fällen Verhaltensrichtlinien im Betrieb zu; diese spielen sowohl auf Ebene des Kündigungsgrunds „an sich" als auch im Rahmen der Abmahnung und Interessenabwägung teilweise eine entscheidende Rolle.[1951]

III. Ergebnis

In den Entscheidungen der arbeitsgerichtlichen Rechtsprechung betreffend Kündigungen, die im Zusammenhang mit der Begehung von Straftaten stehen, findet sich üblicherweise (in der Formulierung variierend) folgender Hinweis: „Für die kündigungsrechtliche Bewertung ist nicht die strafrechtliche Beurteilung maßgeblich, sondern die Schwere der Vertragspflichtverletzung."[1952] Das Bundesarbeitsgericht erachtet es daher als unschädlich, wenn auf eine Subsumtion unter einen bestimmten Straftatbestand verzichtet wird und nur eine pauschale Einordnung als „Vermögensdelikt" erfolgt.[1953] In diesem Sinne unterlässt die Rechtsprechung entweder jegliche strafrechtliche Einordnung oder spricht häufig nur von beispielsweise „Eigentumsdelikten" oder „Vermögensdelikten", ohne dabei eine nähere strafrechtliche Einordnung vorzunehmen.[1954] Inwieweit bei einer strafrechtlichen Einordnung und Prüfung durch die Arbeitsgerichte dann aber eine Strafrechtsakzessorietät besteht, lässt sich den Entscheidungen nicht eindeutig entnehmen. Die abstrakten Obersätze der Rechtsprechung enthalten zwar keine Einschränkung auf den Tatbestand des jeweiligen Delikts.[1955] Sofern in den untersuchten Entscheidungen strafrechtliche Prüfungen vorgenommen

---

1949 Siehe oben unter Kap. 4, B. II. 2.

1950 Siehe oben unter Kap. 4, B. II. 6.

1951 Siehe oben unter Kap. 4, B. II. 4., 7., 8. d).

1952 Siehe nur BAG NZA 2010, 1348 (1350) mwN; *Klinkhammer*, ArbRAktuell 2017, 320 (320 f.) spricht insoweit von „Autonomie der kündigungsschutzrechtlichen Bewertung" und „tendenziell [von] nachrangiger Bedeutung" der strafrechtlichen Einordung.

1953 BAGE 134, 349 (357 f.) = NZA 2010, 1227 (1230).

1954 Siehe oben unter Kap. 4, B. II. 2.

1955 Vgl. oben Kap. 4, B. I.

werden, beschränkt sich die Prüfung und Subsumtion aber zumeist auf den objektiven und subjektiven Straftatbestand.[1956] Nur teilweise wurden darüber hinaus auch Rechtswidrigkeits- und Schuldelemente thematisiert,[1957] so etwa das Vorliegen eines Erlaubnistatbestandsirrtums (wobei das Landesarbeitsgericht als Rechtsfolge vom Ausschluss des Vorsatzes ausgeht)[1958] oder eines Verbotsirrtums (der im entsprechenden Fall indes richtigerweise als vorsatzausschließender Tatbestandsirrtum einzuordnen wäre).[1959]

Die Bandbreite der als Kündigungsgrund „an sich" geeigneten Delikte – unterstellt ein hinreichender Bezug zum Arbeitsverhältnis ist gegeben – ist groß; eine besonders große Rolle spielen aber Eigentums- und Vermögensdelikte, insbesondere in Fällen, in denen die strafbare Handlung Sachen von geringem Wert betroffen oder zu einem nur geringfügigen bzw. möglicherweise gar keinem Schaden geführt hat.[1960] Trotz der eigens für die verschiedenen Delikte durch die Arbeitsgerichte geschaffenen abstrakten Obersätze zur Eignung entsprechender Verhaltensweisen als Kündigungsgrund „an sich", wird wie gesehen letztlich auf die mit der strafbaren Handlung verbundene Vertragsbeeinträchtigung abgestellt. Aufgrund dessen ist davon auszugehen, dass die Rechtsprechung den Straftaten hier keine eigenständige Bedeutung als Kündigungsgrund auf erster Stufe beimisst, sondern strafbares Arbeitnehmerverhalten insoweit als Unterfall der Pflichtverletzung ansieht und durch die Obersatzbildung nur eine weitere Konkretisierung und Systematisierung anstrebt. Hierfür spricht auch, dass die Rechtsprechung „Einschränkungen auf Opferseite" vornimmt, wie beispielsweise bei Eigentums- und Vermögensdelikten, die nur dann als

---

1956 Vgl. etwa LAG Sachsen-Anhalt NZA-RR 2006, 411 (412); LAG Hessen, Urt. v. 2.3.2006 – 5/11 Sa 764/05, BeckRS 2009, 55840; ArbG Hamburg NZA-RR 2005, 75 (76 f.); ArbG Halle, Urt. v. 13.11.2008 – 2 Ca 1991/08, BeckRS 2010, 75336; ArbG Mannheim NZA-RR 2009, 580 (581); im Einzelnen oben unter Kap. 4, B. II. 1.

1957 Vgl. LAG Hamm, Urt. v. 30.8.2004 – 13 Sa 148/04, BeckRS 2004, 30803108: „Eigentum [...] rechtswidrig und schuldhaft verletzt"; LAG Niedersachsen, Urt. v. 22.11.2010 – 12 Sa 1115/10, BeckRS 2011, 75974: Eingriff in das Vermögen „zu eigenem Vorteil in rechtswidriger Weise".

1958 LAG Mecklenburg-Vorpommern, Urt. v. 12.6.2018 – 2 Sa 224/17, BeckRS 2018, 18843.

1959 LAG Berlin, Urt. v. 9.7.2002 – 7 Sa 40/02, BeckRS 2009, 55838; siehe hierzu oben Kap. 4, B. II. 1. „Rohkostsalat"-Fall; zutreffende Einordnung insoweit dagegen im Fall von Joghurt durch LAG Hessen, Urt. v. 2.3.2006 – 5/11 Sa 764/05, BeckRS 2009, 55840.

1960 Siehe oben Kap. 4, B. I., II. 1., 2.

Kündigungsgrund „an sich" geeignet sein sollen, wenn diese zulasten des Arbeitgebers (oder einer Konzernschwester des Arbeitgebers) begangen werden.[1961]

Zusammenfassend erlaubt die Untersuchung der Bedeutung der Straftat in der kündigungsrechtlichen Rechtsprechung der Arbeitsgerichte somit folgende Schlussfolgerungen: Die arbeitsgerichtliche Rechtsprechung erkennt das strafbare Arbeitnehmerverhalten (bzw. den Bezug zum Strafrecht) regelmäßig als solches, bildet abstrakte Obersätze zur Eignung solcher Verhaltensweisen als Kündigungsgrund „an sich" und nimmt im Einzelfall teilweise auch eine strafrechtliche Einordnung nach Delikten vor. Dabei erfolgt regelmäßig der Hinweis, dass die strafrechtliche Bewertung in kündigungsrechtlicher Hinsicht keine bzw. keine entscheidende Rolle spielt. Die für das Kündigungsrecht maßgebliche Schwere der Vertragsverletzung und die Störung des Vertrauensverhältnisses bei Straftaten im Hinblick auf die Eignung als Kündigungsgrund „an sich" wird regelmäßig bejaht und die Entscheidung über die Wirksamkeit der Kündigung wird einzelfallabhängig im Rahmen der Interessenabwägung getroffen, ohne dass hierfür maßgeblich auf strafrechtliche Kriterien abgestellt wird.

C. Übertragung strafrechtlicher Wertungen in das Kündigungsrecht

Für eine Berücksichtigung bzw. Übertragung strafrechtlicher Wertungen gibt es im zweistufigen Kündigungsprüfungsaufbau verschiedene Anknüpfungspunkte. Wie gesehen steht die arbeitsgerichtliche Rechtsprechung der Berücksichtigung strafrechtlicher Gesichtspunkte im Rahmen der Kündigungsprüfung aber weitgehend zurückhaltend bis ablehnend gegenüber. Es fragt sich deshalb, ob bzw. inwieweit diese Haltung der arbeitsgerichtlichen Rechtsprechung bei Kündigungen im Zusammenhang mit Straftaten berechtigt ist und ob die Berücksichtigung strafrechtlicher Wertungen nicht sogar zur weiteren Systematisierung des Kündigungsrechts beitragen könnte.

I. Die Straftat als Kündigungsgrund „an sich"

Nach der Rechtsprechung sind „Straftaten" nicht generell als Kündigungsgrund „an sich" geeignet. Die Rechtsprechung hat vielmehr für verschiedene Delikte die „an sich"-Eignung in besonderen Konstellationen bzw. unter

1961 Siehe oben unter Kap. 4, B. I.

bestimmten Voraussetzungen – etwa, dass der Arbeitgeber Verletzter der Tat sein muss – bejaht.[1962]

1. Generelle Eignung von Straftaten als Grund „an sich“?

Abweichend hiervon könnte aber die Bejahung der ersten Stufe bei Vorliegen einer Straftat des Arbeitnehmers ohne weitere Einschränkungen geboten sein, mit anderen Worten: Muss sich die Einordung bestimmter Verhaltensweisen durch den Gesetzgeber als strafbares Unrecht dahingehend auf das Arbeitsrecht auswirken, dass generell jede Straftat, unabhängig von der Person des Geschädigten oder von einem konkreten Bezug zum Arbeitsverhältnis, einen „an sich“ geeigneten Grund darstellt?

Hierfür könnte sprechen, dass es sich bei strafbaren Handlungen mit Blick auf das strafrechtliche Ultima-ratio-Prinzip um besonders sozialschädliche Verhaltensweisen handelt, die geeignet sind, soziale Beziehungen innerhalb der Rechtsgesellschaft zu beeinträchtigen.[1963] Hierzu zählt auch die Rechtsbeziehung zwischen einem Arbeitgeber und seinem Arbeitnehmer. Bei Straftaten liegt insoweit ein gegenüber der „normalen“ bzw. ggf. auch gravierenden Pflichtverletzung besonderer, gesteigerter Unwertgehalt vor.[1964]

Allerdings ist zu sehen, dass das Arbeitsrecht nicht wie das Strafrecht sämtliche Beziehungen in der Rechtsgemeinschaft, sondern nur diejenige zwischen Arbeitgeber und Arbeitnehmer im Blick hat. Das Strafrecht verfolgt durch seine verschiedenen Straftatbestände den Schutz unterschiedlicher Rechtsgüter, während das Arbeits- bzw. Kündigungsrecht alleine die Interessen von Arbeitgeber und Arbeitnehmer in einen Ausgleich zu bringen versucht.[1965] Grundvoraussetzung für den Entzug der Existenzgrundlage eines Arbeitnehmers durch eine Kündigung muss daher stets eine Beeinträchtigung der Interessen des Arbeitgebers sein.[1966] Es sind aber Fälle denkbar, vor allem bei außerdienstlichen Handlungen, in denen das Arbeitnehmerverhalten strafrechtlich relevant ist, aber die Interessen des Arbeitgebers nicht tangiert werden. Dies sind die Konstellationen, in denen die arbeitsgerichtliche Rechtsprechung typischerweise einen

---

1962 Siehe oben unter Kap. 4, B. I.

1963 Siehe oben unter Kap. 2, B. II. und Kap. 3, A. II.

1964 Vgl. LAG Düsseldorf, NZA-RR 2005, 585 (586); ArbG Hamburg NZA-RR 2001, 416 (420).

1965 Siehe oben unter Kap. 1, B. III. 1. und Kap. 2, A. I., II.

1966 Vgl. Kap. 1, B. III. 1. und Kap. 4, A. I., II.

hinreichenden Bezug zum Arbeitsverhältnis und damit zu Recht das Vorliegen eines Kündigungsgrunds „an sich" ablehnt.[1967]

Gegen eine generelle Eignung von Straftaten als Kündigungsgrund „an sich" spricht auch, dass sich die Aufnahme bestimmter Handlungen in ein Strafgesetz, wie gezeigt,[1968] sehr stark an der konkreten Rechtsfolge der Kriminalstrafe orientiert. Wenn auch der Verlust des Arbeitsplatzes und damit der Existenzgrundlage für den Arbeitnehmer wie eine Sanktion wirken mag, handelt es sich bei der Kündigung um ein zukunftsorientiertes Gestaltungsrecht zum Ausschluss zukünftiger Vertragsstörungen und nicht um eine Sanktion im Sinne des Strafrechts.[1969] In Strafgesetzen geregelte Handlungen mögen zwar strafwürdig und -bedürftig sein,[1970] zu der Frage, ob diese Handlungen daneben aber auch generell die Fortsetzung eines Arbeitsverhältnisses und die weitere Zusammenarbeit unzumutbar machen, trifft das Strafgesetzbuch keine Aussage. Dies zeigt sich etwa daran, dass der Gesetzgeber nur im Bereich des Arbeitsstrafrechts (vgl. etwa § 266a StGB) konkret mit dem Mittel des Strafrechts in die Rechtsbeziehung zwischen Arbeitgeber und Arbeitnehmer eingreift und im Übrigen typischerweise von jedermann begehbare Delikte keine besonderen Qualifikationen oder Regelbeispiele vorsehen, die an die Arbeitnehmereigenschaft anknüpfen.[1971] Auch Regelungen des Allgemeinen Teils des Strafgesetzbuchs legen den Schluss nahe, dass die Einordnung bestimmter Handlungen im Strafgesetzbuch als Straftat nicht unmittelbare Auswirkungen auf das Arbeits- bzw. Kündigungsrecht haben soll. Beispielsweise sind im Rahmen der Entscheidung über die Strafaussetzung zur Bewährung nach § 56 StGB die Lebensverhältnisse des Täters und die von der Aussetzung zu erwartenden Wirkungen zu berücksichtigen. Dabei kann insbesondere der Arbeitsplatz des Täters bzw. dessen Erhaltung von Bedeutung sein.[1972] Der Gesetzgeber geht also nicht davon aus, dass der Arbeitnehmer bereits „automatisch" wegen der Straftat seinen Arbeitsplatz verliert. Ähnliche Erwägungen lassen sich mit Blick auf § 70 StGB anstellen: Würde der Gesetzgeber beispielsweise von einem generellen Eignungswegfall für die dem Berufsbild entsprechende, arbeitsvertraglich geschuldete Leistung aufgrund der Begehung einer Straftat ausgehen, bedürfte es auch nicht zwingend

1967 Siehe oben Kap. 4, A. II. 2.
1968 Siehe oben unter Kap. 3, A. II.
1969 Siehe oben unter Kap. 2, C. II.
1970 Siehe oben Kap. 3, A. II.
1971 Siehe oben Kap. 3, D. I.
1972 *Fischer*, StGB, § 56 Rn. 10; *Groß/Kett-Straub*, in: MüKo-StGB, § 56 Rn. 30.

der Möglichkeit der Anordnung eines staatlichen Berufsverbots, die das Strafgesetzbuch in § 70 vorsieht.

Der Sinn und Zweck der straf- und arbeitsrechtlichen Regelungen sowie die gesetzliche Systematik stehen somit der generellen Bejahung eines Kündigungsgrunds „an sich" bei Vorliegen einer beliebigen Straftat des Arbeitnehmers entgegen.

2. *„Strafrechtsakzessorietät" der Kündigungsprüfung*

Soll eine Straftat Anknüpfungspunkt für eine Kündigung sein, bedarf es somit bestimmter einschränkender Kriterien, welche die Anforderungen an eine verhaltens-, personen- oder auch betriebsbedingte Kündigung umschreiben bzw. erfüllen.[1973] Die arbeitsgerichtliche Rechtsprechung hat dies durch ihre Obersatzbildung für verschiedene Delikte geleistet und hierdurch die Vertragspflichten des Arbeitnehmers bzw. deren mögliche Verletzung näher konkretisiert.[1974] Hierin liegt zunächst ein Mehrwert der durch die Rechtsprechung aufgestellten abstrakten Obersätze zur „an sich"-Eignung bestimmter Straftaten des Arbeitnehmers.

a) Erfordernis einer strafrechtlichen Prüfung

Allerdings subsumiert die arbeitsgerichtliche Rechtsprechung, wie dargelegt, dann in aller Regel nicht unter die entsprechenden Obersätze und nimmt zumeist auch keine ausführliche strafrechtliche Prüfung vor.[1975] Es wird betont, dass es nicht maßgeblich auf die strafrechtliche Bewertung des Sachverhalts,

---

1973 Ähnlich *Schall*, RdA 2010, 225 (226); siehe zu den Voraussetzungen oben unter Kap. 4, A. II.

1974 Siehe oben Kap. 4, B. I.; vgl. BAG NJW 1985, 284 (285): „Dabei können für die vorrangige Frage, ob ein bestimmter Grund an sich eine außerordentliche Kündigung zu rechtfertigen vermag, allgemeine Grundsätze aufgestellt werden."

1975 Kritisch auch ArbG Hamburg NZA-RR 2001, 416 (422): „Man darf nicht den doppelten Fehler machen, zunächst zu betonen, dass auch der Diebstahl einer geringwertigen Sache ein wichtiger Grund an sich sein könne, da es sich um eine Straftat handele, anschließend auszuführen, dass die Arbeitsgerichtsbarkeit nicht an Feststellungen und Wertungen der Strafgerichte gebunden ist, dann aber darauf zu verzichten, selber zu prüfen, ob der subjektive und objektive Straftatbestand erfüllt ist [...]"; *Schall*, RdA 2010, 225 (226); vgl. ferner *Buschmann*, AuR 2009, 220 (221): „Demzufolge verzichtet es [LAG Berlin-Brandenburg] auf eine strafrechtliche Prüfung, spricht aber zugleich und mehrfach von Vermögensdelikten gegenüber dem AG – dies nicht in obiter dicta, sondern in tragenden Erwägungen."

sondern auf den mit der Vertragsverletzung verbundenen Vertrauensbruch ankomme.[1976] Wie in sonstigen, nicht strafrechtlich relevanten Fällen wird nach dem Vorliegen einer Vertragsverletzung gefragt, es muss also zuerst die Vertragspflicht und deren Verletzung hergeleitet und begründet werden.[1977] Unter die herausgearbeitete Fallgruppe wird nicht subsumiert.[1978]

Es wäre dann nur konsequent, wenn die Arbeitsgerichte auch im Fall strafbaren Arbeitnehmerverhaltens von vorneherein „lediglich" auf das Vorliegen einer Pflichtverletzung abheben[1979] und auf den Obersatz zur „an sich"-Eignung des jeweiligen Delikts sowie auf strafrechtliche Terminologie in den Entscheidungsgründen ohne vorherige strafrechtliche Prüfung verzichten. Es bedürfte dann keines Rückgriffs auf das Strafrecht. Gleiches gilt, wenn die Gerichte auf eine Eigentums- und Vermögensverletzung durch den Arbeitnehmer abstellen und von „rechtswidrigen und vorsätzlichen Verletzungen des Eigentums und Vermögens des Arbeitgebers"[1980] sprechen; dies beinhaltet keine originär strafrechtliche Wertung.

Hierfür spricht auch, dass die strafrechtliche Prüfung je nach Fallkonstellation aufwändig bzw. aufwändiger als die herkömmliche Prüfung einer Vertragspflicht(-verletzung) sein kann, wodurch die Kündigungsprüfung aufgebläht und verkompliziert würde. Zudem finden sich in Straftatbeständen häufig tatbestandsspezifische Elemente, wie im subjektiven Tatbestand etwa die Bereicherungsabsicht oder Zueignungsabsicht, auf die es für das Vorliegen einer „bloßen" rechtswidrigen und schuldhaften Vertragsverletzung auf der ersten Stufe des Kündigungsgrunds „an sich" nicht ankommt. Im Übrigen vermag die strafrechtliche Prüfung durch die Strafgerichte, wie gezeigt, auch nicht immer zu überzeugen,[1981] was ebenfalls für einen Verzicht auf die Verwendung von Obersätzen mit strafrechtlichem Bezug und einer strafrechtlichen Terminologie spricht.

Will man dagegen an der Fallgruppenbildung bzw. den abstrakten Obersätzen der Rechtsprechung zur „an sich"-Eignung bestimmter Delikte festhalten, muss

---

1976 Siehe oben unter Kap. 4, B. I.

1977 Vgl. hierzu auch oben Kap. 4, A. II. 4. c).

1978 Siehe oben unter Kap. 4, B. I., II. 1., 2.

1979 Vgl. *Schall*, RdA 2010, 225 (228): „Damit ist nicht gesagt, dass ein Sachverhalt, bei dem die Zuordnung zur Fallgruppe Vermögensdelikt gegen den Arbeitgeber nicht gelingt, nicht auch einen wichtigen Grund darstellen könnte. Jedoch verändert sich dann die Argumentation."

1980 So z.B. BAGE 92, 184 (192) = NJW 2000, 1969 (1971).

1981 Siehe im Einzelnen oben unter Kap. 4, B. II. 1.

die Kündigungsprüfung konsequenterweise auch „strafrechtsakzessorisch"[1982] erfolgen, das heißt: Wird im Obersatz und in der weiteren Prüfung auf Delikte des Strafgesetzbuchs abgestellt und eine strafrechtliche Terminologie verwendet, muss auch eine Prüfung des einschlägigen Straftatbestands vorgenommen werden.[1983] Denn sprechen die Entscheidungsgründe ohne nähere strafrechtliche Einordnung oder Prüfung von strafbarem Arbeitnehmerverhalten, wird dem Arbeitnehmer implizit ein besonders sozialschädliches und sozialethisch verwerfliches Verhalten vorgehalten, ohne dass dessen Vorliegen tatsächlich feststeht. Es besteht ferner die Gefahr, dass sich erst bei genauer strafrechtlicher Prüfung herausstellt, dass beispielsweise der Arbeitgeber nicht der Geschädigte des strafbaren Arbeitnehmerverhaltens ist.[1984] In diesem Fall fehlt bei der Fallgruppe „Eigentums- und Vermögensdelikte zum Nachteil des Arbeitgebers" gerade diejenige durch die Rechtsprechung aufgestellte Voraussetzung, die das Eigentums- oder Vermögensdelikt erst zum „an sich" zur Kündigung geeigneten Grund macht. Dann aber steht bereits das Vorliegen einer Vertragsbeeinträchtigung in Frage.[1985] Das Bundesarbeitsgericht umgeht dieses Problem, indem es nicht unter die „an sich" geeigneten Delikte subsumiert und in Abweichung zum abstrakten Obersatz nicht auf die strafrechtliche Bewertung, sondern auf das Vorliegen eines Pflichtverstoßes abstellt.[1986] Zwar kommt die Rechtsprechung auf diesem Weg zur zutreffenden kündigungsrechtlichen Beurteilung des Sachverhalts, doch verliert die Obersatz- bzw. Fallgruppenbildung im konkreten Einzelfall und auch generell ihre Bedeutung und den durch Konkretisierung der Kündigungsgründe gewonnenen Mehrwert.

b) Reichweite der „Strafrechtsakzessorietät"

Hält man an den Fallgruppen bzw. Obersätzen der arbeitsgerichtlichen Rechtsprechung zur „an sich"-Eignung bestimmter Delikte unter bestimmten

---

1982 *Schall*, RdA 2010, 225 (225, 229) spricht insoweit von „Strafrechtsakzessorietät" des Arbeitsrechts.

1983 So auch *Schall*, RdA 2010, 225 (228): „Sind diese Fallgruppen mit ihren besonderen Merkmalen aber herausgearbeitet, so muss man die auftretenden Lebenssachverhalte auch genau zuordnen."

1984 Vgl. etwa im Hinblick auf den „Emmely"-Fall *Schall*, RdA 2010, 225 (226 ff.); *Schlösser*, HRRS 2009, 509 (509 ff.).

1985 Anders wohl *Schall*, RdA 2010, 225 (229), der von einer unvollständigen Interessenabwägung ausgeht.

1986 Siehe BAGE 134, 349 (357 f.) = NZA 2010, 1227 (1230).

Voraussetzungen als Kündigungsgrund fest, so stellt sich die Frage, was das Vorliegen beispielsweise eines „Eigentumsdelikts" oder „Vermögensdelikts" erfordert.

aa) Materiellrechtliches Vorliegen einer Straftat

Denkbar ist zwar alleine das Anknüpfen an den objektiven und subjektiven Tatbestand eines Delikts, wie es in manchen der Entscheidungen erfolgt.[1987] Allerdings ist eine Straftat „die strafwürdige artspezifische Rechtsgutverletzung unter der Voraussetzung der Rechtswidrigkeit dieses Verhaltens und der Schuld des Täters".[1988] Dies spricht dafür, dass bei Abstellen auf das Vorliegen einer Straftat bzw. eines Delikts auch ein rechtswidriges und schuldhaftes Verhalten des Arbeitnehmers gegeben sein muss. Dies gilt auch für Fälle verhaltensbedingter Kündigungen; eine gesonderte strafrechtliche Prüfung wäre nicht deshalb obsolet, weil für die verhaltensbedingte Kündigung ebenfalls rechtswidriges und (in der Regel) schuldhaftes Arbeitnehmerverhalten erforderlich ist.[1989] Wie der Vergleich der Grundprinzipien der beiden Rechtsgebiete gezeigt hat, sind das strafrechtliche und arbeitsrechtliche Verständnis von Rechtswidrigkeit und Schuld nicht identisch.[1990] Auch im Rahmen von § 823 Abs. 2 StGB stellt die Rechtsprechung aufgrund von Unterschieden des Straf- und Zivilrechts bei einem Verstoß gegen strafrechtliche Schutzgesetze beispielsweise für die Prüfung des Vorliegens eines Verbotsirrtums nicht auf die im Zivilrecht geltende Vorsatztheorie, sondern auf die strafrechtlich maßgebende Schuldtheorie ab.[1991]

Eine Subsumtion unter die Fallgruppen bzw. abstrakten Obersätze der arbeitsgerichtlichen Rechtsprechung zur „an sich"-Eignung bestimmter Delikte als Kündigungsgrund sollte daher eine vollständige strafrechtliche Prüfung von Tatbestand, Rechtswidrigkeit und Schuld umfassen.

bb) Übertragung der strafrechtlichen Geringwertigkeitsgrenze?

Ob darüber hinaus auch strafprozessuale Erfordernisse zu berücksichtigen sind, erscheint zweifelhaft. Diskutiert wird dies im Hinblick auf die Geringwertigkeitsgrenze des § 248a StGB.[1992]

1987 Siehe oben unter Kap. 4, B. II. 1.

1988 *H. Otto*, in: GS Schröder, S. 53 (61); näher hierzu oben Kap. 3, B. I.

1989 Siehe oben unter Kap. 2, D. II.

1990 Siehe oben Kap. 2, D.

1991 BGH NJW 2012, 3177 (3180); NJW 2017, 2463 (2564).

1992 Siehe hierzu *Zborowska*, Die außerordentliche Verdachtskündigung, S. 107 ff. mwN.

(1) Ausgangslage

Ausgangspunkt für diese Überlegung ist die „Bagatellproblematik“, dass die Kündigung einerseits den Arbeitnehmer wegen des Wegfalls seiner Existenzgrundlage regelmäßig besonders hart trifft, aber andererseits nur geringe Schadenssummen des Arbeitgebers im Raum stehen.[1993] Hinzu kommt, dass eine Umgehung des Kündigungsschutzes befürchtet wird, wenn Bagatellen nur als Vorwand bzw. Mittel genutzt werden können, um unliebsame Arbeitnehmer „loszuwerden“.[1994] Deshalb wurden in der Rechtsprechung und Literatur sowie auch durch die Legislative Wege gesucht, die Kündigungsmöglichkeit des Arbeitgebers in solchen Fällen einzuschränken.[1995]

Da die arbeitsgerichtliche Rechtsprechung für das Vorliegen eines Bagatellfalls an die Geringwertigkeit der Sache bzw. des Schadens anknüpft,[1996] liegt ein Rückgriff auf § 248a StGB, der ebenfalls an die Geringwertigkeit anknüpft,[1997] nicht ganz fern. Wie die Rechtsprechungsanalyse gezeigt hat, hat sich in der arbeitsgerichtlichen Rechtsprechung bislang keine feste Wertgrenze herausgebildet; erkennbar ist lediglich eine Tendenz dahingehend, dass ab einem Betrag von 40 Euro regelmäßig nicht mehr von Geringwertigkeit ausgegangen wird.[1998] Die Geringwertigkeit wird dabei durch die Rechtsprechung überwiegend nicht im Rahmen des Kündigungsgrunds „an sich“, sondern erst im Rahmen der Interessenabwägung für relevant gehalten.[1999]

1993 Gesetzesentwurf der Fraktion BÜNDNIS 90/DIE GRÜNEN vom 9.6.2010, BT-Drs. 17/1986, S. 3; vgl. Gesetzesentwurf der Fraktion SPD vom 9.2.2010, BT-Drs. 17/648, S. 3; siehe ferner oben unter Kap. 4, B. II.

1994 *Preis*, AuR 2010, 186 (186); Gesetzesentwurf der Fraktion BÜNDNIS 90/DIE GRÜNEN vom 9.6.2010, BT-Drs. 17/1986, S. 1 und der Fraktion DIE LINKE vom 9.2.2010, BT-Drs. 17/649, S. 1; siehe zur Problematik der „gesuchten“ Kündigungsgründe etwa auch *Bauer*, NZA-Beilage 2019, 21 (24); *Diller*, NZA 2006, 569 (569 ff.); *Klueß*, AuR 2010, 192 (193); *Stoffels*, NJW 2011, 118 (118); *Torsten Walter*, AuR 2010, 59 (60) mwN.

1995 So etwa durch Schaffung eines Abmahnungserfordernisses, vgl. Gesetzesentwurf der Fraktion BÜNDNIS 90/DIE GRÜNEN vom 9.6.2010, BT-Drs. 17/1986, S. 1, 3, der Fraktion DIE LINKE vom 9.2.2010, BT-Drs. 17/649, S. 3 und der Fraktion SPD vom 9.2.2010, BT-Drs. 17/648, S. 3; kritisch hierzu etwa *Binkert*, NZA 2010, 433 (433 ff.); *Kröpil*, ZRP 2010, 178 (181).

1996 Siehe oben unter Kap. 4, B. II. 3.

1997 Näher hierzu oben unter Kap. 3, F. III. 2.

1998 Siehe oben unter Kap. 4, B. II. 3. a).

1999 Siehe oben unter Kap. 4, B. II. 4., 8. a).

Im Rahmen des § 248a StGB wird die Geringwertigkeitsgrenze in Rechtsprechung und Literatur zwischen 25 Euro und 50 Euro angesetzt, wobei stets die tatrichterliche Würdigung im Einzelfall entscheidend sein soll.[2000] § 248a StGB ist indes kein eigener Tatbestand für Diebstahl und Unterschlagung geringwertiger Sachen, sondern eine verfahrensrechtliche Regelung, die ein Strafantragserfordernis vorsieht.[2001] Der Gesetzgeber hat sich mit Schaffung des § 248a StGB gegen eine materiellrechtliche Lösung der Bagatellkriminalität entschieden.[2002] Hintergrund der gesetzgeberischen Entscheidung für die verfahrensrechtliche Lösung waren, wie dargelegt, unter anderem verfahrensökonomische Gründe, weshalb das nach gegenwärtiger Rechtslage von den Tatbeständen des Strafgesetzbuchs umfasste Bagatellunrecht in der Sache zwar nicht zwingend als strafwürdig und strafbedürftig anzusehen sein dürfte;[2003] mit den oben dargestellten rechtlichen Möglichkeiten zur Lösung der Bagatellproblematik im Strafrecht standen dem Gesetzgeber vielmehr verschiedene sachgerechte Lösungen zur Verfügung.[2004] Nichtsdestotrotz hat der Gesetzgeber durch die Entscheidung gegen eine materiellrechtliche und für eine verfahrensrechtliche Lösung festgelegt, dass die im Tatbestand der verschiedenen Delikte festgeschriebenen Handlungen grundsätzlich, auch wenn nur geringwertige Sachen betroffen bzw. nur geringe Schäden entstanden sind, strafbares Unrecht darstellen und insbesondere sozialethisch verwerflich und daher strafwürdig[2005] sind. So besagt § 248a StGB lediglich, dass die Staatsanwaltschaft bei Werten unterhalb der Geringwertigkeitsgrenze nur dann aktiv wird, wenn der Verletzte eine Verfolgung begehrt oder eine Verfolgung wegen eines besonderen öffentlichen Interesses geboten erscheint. Der Vorschrift kommt somit nur Bedeutung für die Verfolgbarkeit der Tat zu, die aber keine Auswirkungen auf die Einordnung eines Verhaltens als materiell strafbar hat.[2006]

2000 Siehe oben unter Kap. 3, F. III. 2.

2001 BVerfGE 50, 205 (211) = NJW 1979, 1039 (1039); siehe näher hierzu und mwN oben unter Kap. 3, F. III. 1.

2002 Siehe oben unter Kap. 3, F. III. 1.

2003 Siehe oben unter Kap. 3, G.

2004 Siehe oben unter Kap. 3, F. II.

2005 Hierzu oben unter Kap. 3, A. II.

2006 *Kudlich/Noltensmeier/Schuhr*, JA 2010, 342 (342 f.); vgl. bereits *Reichel*, AuR 2004, 250 (251); näher hierzu oben unter Kap. 3, F. III. 1., 2.

(2) Unmittelbare Berücksichtigung des § 248a StGB

Die unmittelbare Berücksichtigung von § 248a StGB im Rahmen einer strafrechtsakzessorischen Kündigungsprüfung bei Zugrundelegung der Fallgruppen bzw. Obersätze der Rechtsprechung hätte also zur Folge, dass bei Geringwertigkeit zusätzlich zum Vorliegen von Tatbestand, Rechtswidrigkeit und Schuld auch die Strafverfolgungsvoraussetzungen in Form eines Strafantrags des Verletzten (also in aller Regel des Arbeitgebers) oder die Bejahung des besonderen öffentlichen Interesses durch die Staatsanwaltschaft vorliegen müssten. Der Arbeitgeber, der seinen Arbeitnehmer entlassen möchte, müsste also bei Vorliegen von Geringwertigkeit stets auch einen Strafantrag stellen (oder auf Bejahung des besonderen öffentlichen Interesses durch die Staatsanwaltschaft hoffen). Einerseits könnte sich so die Geringwertigkeit auf das Vorliegen eines Kündigungsgrunds „an sich" auswirken, doch hätte andererseits das strafrechtliche Strafantragserfordernis auch unmittelbare Bedeutung für das Kündigungsrecht des Arbeitgebers.

Dieses Ergebnis kann die arbeitsgerichtliche Rechtsprechung durch ihre Fallgruppenbildung ebenso wenig intendiert haben wie dies systematisch zu überzeugen vermag. So spricht die arbeitsgerichtliche Rechtsprechung zu Recht nicht von „*verfolgbaren* Eigentums- und Vermögensdelikten" oder der „straf*verfahrensrechtlichen* Beurteilung der Tat". Ein Abstellen auf § 248a StGB für den Kündigungsgrund „an sich" würde der gesetzgeberischen Einordnung des Verhaltens als materiell strafbar entgegenlaufen, da § 248a StGB als Strafantragserfordernis hierauf keine Auswirkungen hat.[2007] Bei Antragserfordernissen handelt es sich um spezifische Voraussetzungen der Strafverfolgung; die Strafverfolgung ist aber auf die Durchsetzung des staatlichen Strafanspruchs im Einzelfall gerichtet[2008] und steht damit in unmittelbarem Zusammenhang mit dem Einsatz der Kriminalstrafe als durch den Strafgesetzgeber vorgesehene Rechtsfolge für Straftaten. Hiervon müssen die arbeitsrechtsspezifische Reaktion auf solche Verhaltensweisen und deren Voraussetzungen – wie beispielsweise die Kündigungserklärung zur Ausübung der Kündigung als Gestaltungsrecht[2009] – abgegrenzt werden. Die Fallgruppen bzw. abstrakten Obersätze der Rechtsprechung bezüglich der Eignung bestimmter Delikte als Kündigungsgrund „an sich" haben zwar Straftaten zum Gegenstand, konkretisieren insoweit aber Vertragspflichten bzw. deren Verletzung,[2010] das heißt bei Bejahung beispielsweise der

---

2007 Siehe oben Kap. 3, F. III. 1. und Kap. 4, C. I. 2. b) bb) (1).

2008 BVerfGE 57, 250 (275) = NJW 1981, 1719 (1722); siehe näher oben unter Kap. 3, E.

2009 *Preis*, in: Ascheid/Preis/Schmidt, 1. Teil, D Rn. 2.

2010 Siehe oben Kap. 4, C. I. 2.

Fallgruppe „Eigentums- und Vermögensdelikte zulasten des Arbeitgebers" liegt eine Vertragspflichtverletzung des Arbeitnehmers vor. Auch wenn diese Pflichtverletzung zugleich eine Straftat darstellt, verbleibt es zwischen Arbeitgeber und Arbeitnehmer mit Blick auf das Arbeitsverhältnis bei den vom Kündigungsrecht vorgesehenen Reaktionsmöglichkeiten und Rechtsfolgen. Lediglich der Ausgangssachverhalt[2011] kann für beide Rechtsgebiete und deren unterschiedliche Rechtsfolgen derselbe sein.[2012] Indem neben der Möglichkeit der Kündigung des Arbeitsverhältnisses die Strafverfolgung in § 248a StGB im Fall von Geringwertigkeit vom Strafantrag und damit dem Verfolgungsinteresse des Verletzten (also für die hier untersuchte Situation: des Arbeitgebers) abhängig gemacht wird, sieht der Gesetzgeber somit zwei Möglichkeiten für den Arbeitgeber vor, auf strafbares Arbeitnehmerverhalten zu reagieren, die gleichberechtigt nebeneinander stehen. Dem Arbeitgeber kann daher auch nicht im Kündigungsschutzverfahren widersprüchliches Verhalten (§ 242 BGB) vorgeworfen werden, wenn er wegen einer „bloßen Bagatelle" die Kündigung ausgesprochen hat, das Verhalten aber nicht auch zum Anlass für eine Strafanzeige bzw. einen Strafantrag genommen hat.

Ein unmittelbares Abstellen auf § 248a StGB im Rahmen der strafrechtsakzessorischen Kündigungsprüfung in dem Sinne bzw. mit der Folge, dass es bei Geringwertigkeit eines Strafantrags des Arbeitgebers bedarf, ist somit abzulehnen.

(3) Sinngemäße Berücksichtigung des § 248a StGB

In Betracht käme daher allenfalls eine sinngemäße Übertragung bzw. Berücksichtigung des § 248a StGB. Eine solche arbeitsrechtliche Auswirkung der Geringwertigkeitsgrenze wird teilweise in der Rechtsprechung[2013] und Literatur[2014] mit

2011 Vgl. *Däubler*, in: KDZ-KSchR, § 626 BGB Rn. 111, der insoweit von einem „Auslösungstatbestand" spricht.

2012 Vgl. *H.-L. Günther*, Strafrechtswidrigkeit und Strafunrechtsausschluß, S. 91.

2013 ArbG Reutlingen, Urt. v. 4.6.1996 – 1 Ca 73/96, BeckRS 2009, 55844; ArbG Hamburg, Urt. v. 27.8.1998 – 27 Ca 262/98, BeckRS 1998, 30776000, wobei hier offen gelassen wird, ob sich § 248a StGB bereits auf erster Stufe oder erst im Rahmen der Interessenabwägung auswirken würde; vgl. *Däubler*, in: KDZ-KSchR, § 626 BGB Rn. 112 f. zu weiteren Entscheidungen in der Rechtsprechung, die „Ansätze" zur Übernahme der strafrechtlichen Geringfügigkeitsgrenze zeigen.

2014 So etwa *Däubler*, in: KDZ-KSchR, § 626 BGB Rn. 110; *Klueß*, NZA 2009, 337 (337, 343) argumentiert allerdings bzgl. der Übertragung der Geringfügigkeitsgrenze selbst mit der Einheitlichkeit der Rechtsprechung der verschiedenen Fachgerichtsbarkeiten und knüpft nur bzgl. der Höhe der Grenze an die Rechtsprechung zu

dem Ergebnis angenommen, dass bereits die „an sich“-Eignung von strafbarem Arbeitnehmerverhalten, das nur geringwertige Gegenstände betrifft bzw. nur geringe Schadenssummen auslöst, ausgeschlossen wird. Begründet wird dies damit, dass sonst ein „grobe[s] Missverhältnis zwischen der strafrechtlichen und der arbeitsrechtlichen Wertung“ bestünde.[2015] Dieses Missverhältnis wird darin gesehen, dass „dasselbe strafbare Verhalten in einem Fall nichts (oder beinahe nichts) zur Folge hat, während es im anderen zum Existenzverlust führt“.[2016] Das Arbeitsgericht Reutlingen führt insoweit aus: „Mit Sicherheit würde jede Staatsanwaltschaft sofort ein entsprechendes Strafverfahren wegen Geringfügigkeit einstellen. Die Rechtsordnung kann aber nicht in strafrechtlicher Hinsicht einen Vorfall wie hier als geringfügige Bagatelle strafrechtlich im praktischen Ergebnis unbeachtet lassen, andererseits aber, um es in der zutreffenden Alltagssprache auszudrücken, „aus einer Mücke einen Elefanten machen“ und nach 25 Dienstjahren, die ohne jede Beanstandung verbracht wurden, sofort mit der denkbar schwersten Sanktion einer fristlosen Kündigung auf das unbestreitbare Fehlverhalten der Klägerin reagieren.“[2017]

Dies kann nicht überzeugen. Denn dem insoweit bemühten Gedanken der Einheit der Rechtsordnung[2018] sind durch die verschiedenen, spezifischen Rechtszwecke der Teilrechtsgebiete bzw. -ordnungen Grenzen gesetzt.[2019] Es ist stets zu berücksichtigen, dass die Regelungen der unterschiedlichen Teilrechtsordnungen (hier das Strafrecht und das Arbeitsrecht) unterschiedliche Lebensbeziehungen erfassen, menschliches Verhalten mit unterschiedlichen Rechtsfolgen steuern und soziale Sachverhalte „unter differenzierenden rechtlichen Blickwinkeln“

---

§ 248a StGB an: „Wenn in allen anderen Fachgerichtsbarkeiten Geringfügigkeitsgrenzen anerkannt werden, sollte dies auch im Arbeitsrecht gelten. Hinsichtlich der Höhe empfiehlt sich auch hier eine Anknüpfung an § 248a StGB […].“; kritisch hierzu *Keiser*, JR 2010, 55 (57); *Reuter*, NZA 2009, 594 (594 f.); zur Frage eines Wertungswiderspruchs im Hinblick auf die Rechtsprechung zu Bagatellfällen in anderen Rechtsgebieten siehe auch BAGE 134, 349 (357) = NZA 2010, 1227 (1230); *Kröpil*, ZRP 2010, 178 (178 ff.).

2015 ArbG Reutlingen, Urt. v. 4.6.1996 – 1 Ca 73/96, BeckRS 2009, 55844; vgl. ArbG Hamburg NZA-RR 2001, 416 (422); *Däubler*, in: KDZ-KSchR, § 626 BGB Rn. 110 f.; *Markowski*, in: HK-ArbR, § 1 KSchG Rn. 335.

2016 *Däubler*, in: KDZ-KSchR, § 626 BGB Rn. 111.

2017 ArbG Reutlingen, Urt. v. 4.6.1996 – 1 Ca 73/96, BeckRS 2009, 55844.

2018 Zur fehlenden Eingrenzung des Bedeutungsgehalts *Felix*, Einheit der Rechtsordnung, S. 5 ff. mwN.

2019 *Felix*, Einheit der Rechtsordnung, S. 402.

bewerten.[2020] Durch die unterschiedliche, ausdifferenzierte Reaktion der verschiedenen Rechtsgebiete auf menschliche Verhaltensweisen mittels spezifischer Rechtsfolgen werden die jeweiligen Teilzwecke der Teilrechtsordnungen verwirklicht.[2021] Der Gesetzgeber hat insoweit durch die Besonderheiten der Regelungsmaterie des entsprechenden Rechtsgebiets begründete Differenzierungen vorgenommen, die zur Sachgerechtigkeit und Bewährung der Rechtsordnung beitragen.[2022] Dieser Ausdifferenzierung der Gesamtrechtsordnung durch die einzelnen Teilrechtsordnungen würde es nicht gerecht, pauschal unter Hinweis auf das Erfordernis der Einheit der Rechtsordnung und die Vermeidung von Wertungswidersprüchen eine Vereinheitlichung der Rechtsgebiete durch „rechtliche Vergröberung" und Vereinfachung vorzunehmen.[2023]

Die Untersuchung hat gezeigt, dass dem Strafrecht und Arbeitsrecht unterschiedliche Zwecke zugrunde liegen: Das Strafrecht verfolgt die Aufrechterhaltung der Grundlagen eines geordneten Gemeinschaftslebens und hat sich an den Interessen der Allgemeinheit zu orientieren, während das Arbeitsrecht die Interessen der Arbeitsvertragsparteien im Blick hat.[2024] Entsprechend reagieren das Arbeits- und Strafrecht auf denselben sozialen Ausgangssachverhalt auch mit unterschiedlichen Rechtsfolgen. Es liegt deshalb mit Blick auf § 248a StGB und §§ 153, 153a StPO kein auflösungsbedürftiger Wertungswiderspruch zwischen Arbeits- und Strafrecht, sondern eine sachgerechte Reaktion auf das Arbeitnehmerverhalten durch rechtsgebietsspezifische Rechtsfolgen vor.[2025]

Das Arbeitsgericht Hamburg[2026] liefert insoweit in seiner Argumentation für die Berücksichtigung strafrechtlicher Wertungen mit dem *öffentlichen Interesse* selbst ein maßgebliches Argument, das gerade gegen eine Übertragung des § 248a StGB spricht: „Die Staatsanwaltschaft würde in einem solchen Fall nicht gem. § 153a StPO, sondern nach § 153 StPO aus der Erwägung einstellen, dass ein öffentliches Interesse an der Strafverfolgung nicht besteht."[2027] Ausgehend hiervon steht also mit der Einstellung nach § 153 StPO (nur) fest, dass

2020 *H.-L. Günther*, Strafrechtswidrigkeit und Strafunrechtsausschluß, S. 91.

2021 *H.-L. Günther*, Strafrechtswidrigkeit und Strafunrechtsausschluß, S. 91.

2022 *H.-L. Günther*, Strafrechtswidrigkeit und Strafunrechtsausschluß, S. 91; vgl. *Felix*, Einheit der Rechtsordnung, S. 402.

2023 *Felix*, Einheit der Rechtsordnung, S. 402.

2024 Siehe näher zu den unterschiedlichen Zwecken des Straf- und Arbeitsrechts Kap. 2, A. I., II.

2025 In diese Richtung auch *Göpfert/Landauer*, NZA-Beilage 2011, 16 (19).

2026 ArbG Hamburg NZA-RR 2001, 416 (422).

2027 ArbG Hamburg NZA-RR 2001, 416 (422).

kein öffentliches Interesse an einer Strafverfolgung besteht. Dies sagt aber nichts über die Interessenlage des Arbeitgebers mit Blick auf das Arbeitsverhältnis aus. So liegt der Unterschied zum Strafrecht gerade darin, dass der Arbeitgeber als der in der Regel durch das strafrechtlich relevante Arbeitnehmerverhalten Geschädigte in einem Dauerschuldverhältnis steht, während der Staat in keinem Verhältnis zum Täter steht und durch die Tat nicht weiter betroffen wird.[2028] In arbeitsrechtlicher Hinsicht muss deshalb gefragt werden, ob dem Arbeitgeber als Verletztem der Tat zugemutet werden kann, weiter mit dem Täter zusammenzuarbeiten bzw. diesen zu beschäftigen. Es sind insoweit unterschiedliche Beurteilungsmaßstäbe erforderlich[2029] und diese gesetzgeberische Wertung darf auch nicht durch eine Übertragung des § 248a StGB umgangen werden.

Hinzu kommt, dass § 248a StGB mit Blick auf die strafrechtsakzessorische Kündigungsprüfung im Rahmen der strafrechtlichen Fallgruppen durch die Ablehnung bereits des Vorliegens eines Kündigungsgrunds „an sich“ streng genommen so behandelt wird, als handele es sich um einen eigenständigen Straftatbestand. Dies steht aber in Widerspruch zu der gesetzgeberischen Wertung, dass § 248a StGB eine bloße Verfahrensvoraussetzung darstellt und auch bei Diebstahl geringwertiger Gegenstände materiell strafbares Verhalten vorliegt.

Im Übrigen könnte eine sinngemäße Übertragung von § 248a StGB allenfalls dazu führen, dass die Kündigung bei geringwertigen Sachen nur unter bestimmten (zusätzlichen) Voraussetzungen erfolgen darf, nicht aber, dass diese von vorneherein auf „erster Stufe“ ausgeschlossen ist.
So steht hinter § 248a StGB zwar die Überlegung, dass die Interessen der Allgemeinheit bei geringwertigen Sachen so wenig berührt sind, dass eine Verfolgung grundsätzlich nicht erforderlich scheint.[2030] Da es sich aber bei Diebstahl und Unterschlagung geringwertiger Sachen um relative Antragsdelikte handelt,[2031] war der Gesetzgeber offensichtlich nicht davon ausgegangen, dass bei Geringwertigkeit generell kein Verfolgungsinteresse der Allgemeinheit bestehen kann. Eine Verfolgung ist gerade auch bei Fehlen eines Strafantrags möglich, wenn die Staatsanwaltschaft ein besonderes öffentliches Interesse an der Strafverfolgung bejaht.[2032] Die Strafverfolgung und damit auch die Bestrafung des Täters ist nach § 248a StGB somit bei Vorliegen von Geringwertigkeit nicht generell

2028 Siehe oben Kap. 2, A. I., II.; vgl. auch *Preis*, AuR 2010, 186 (186).
2029 Vgl. *Preis*, AuR 2010, 186 (186).
2030 *Bosch*, in: Schönke/Schröder, StGB, § 77 Rn. 5; näher dazu Kap. 3, E. I.
2031 *Kudlich/Noltensmeier/Schuhr*, JA 2010, 342 (344); siehe oben Kap. 3, E. I., F. III. 3.
2032 Vgl. *Keiser*, JR 2010, 55 (58).

ausgeschlossen, sondern unterliegt nur weiteren Voraussetzungen.[2033] Würde man die Geringfügigkeitsgrenze im Rahmen des Kündigungsgrunds „an sich" berücksichtigen, wäre die Kündigung aber ohne Berücksichtigung von Einzelfallumständen ausgeschlossen. Diese Überlegung zeigt darüber hinaus, dass bei einer Übertragung der Geringwertigkeitsgrenze ins Arbeitsrecht in dem Sinne, dass die Eignung als Kündigungsgrund „an sich" unter einer bestimmten Schwelle verneint würde, zudem nicht der von den Befürwortern erstrebte Gleichlauf von Arbeitsrecht und Strafrecht erreicht würde, sondern vielmehr der Arbeitnehmer in Bagatellfällen im Arbeitsrecht sogar bessergestellt wäre als im Strafrecht.[2034]

Für eine sinngemäße Übertragung des § 248a StGB in dem Sinne, dass die Kündigung nur unter weiteren Voraussetzungen erfolgen kann, fehlt es indes an tauglichen[2035] Umsetzungsmöglichkeiten im arbeitsrechtlichen System[2036] sowie an einem praktischen Bedürfnis. So ist zu sehen, dass die Interessenabwägung und der Verhältnismäßigkeitsgrundsatz zu einer flexiblen Bagatellgrenze führen[2037] und die bestehenden gesetzlichen Regelungen insoweit eine sachgerechte Entscheidung im Einzelfall auch in Bagatellfällen ermöglichen.[2038] Die Rechtsprechungsanalyse zu potenziellen Bagatellfällen hat gezeigt, dass die

2033 Vgl. *Keiser*, JR 2010, 55 (58): „Der öffentliche Strafanspruch ist hier nämlich nicht wie bei Offizialdelikten uneingeschränkt gegeben, sondern erst dann, wenn entweder ein Strafantrag oder eben ein *besonderes* öffentliches Interesse an der Strafverfolgung vorliegt."

2034 *Reuter*, NZA 2009, 594 (595).

2035 Soweit auf „die in dem Antragserfordernis liegende Initiativlast des Verletzten" abgestellt und diese dahingehend in das Kündigungsrecht übertragen wird, dass mit Kündigungsausspruch auch die erforderliche Initiative bejaht wird, fehlt es an einem messbaren Mehrwert einer Übertragung der Wertungen des § 248a StGB, so aber *Walker*, NZA 2009, 921 (925); *ders.*, NZA 2011, 1 (2); vgl. hierzu auch *Keiser*, JR 2010, 55 (58): „Wenn er [der Arbeitgeber] die [weitgehende Entscheidungsbefugnis] aber schon im Hinblick auf die strafrechtliche Verfolgung hat, dann kann aus den strafrechtlichen Erwägungen heraus keine grundsätzliche Einschränkung für die Wirksamkeit der Kündigung abgeleitet werden."

2036 Vgl. *Riesenhuber*, in: Erman, BGB, § 626 Rn. 62: unterschiedliche Zwecke (Effizienz der Strafverfolgung – Prognose künftiger Vertragstreue) und unterschiedlicher Anknüpfungspunkt (geringer Wert – Vertrauen); ähnlich *Reichel*, AuR 2004, 250 (251); *Schlachter*, NZA 2005, 433 (435).

2037 *Riesenhuber*, in: Erman, BGB, § 626 Rn. 62.

2038 *Göpfert/Landauer*, NZA-Beilage 2011, 16 (18 ff.); *Kröpil*, ZRP 2010, 178 (181); vgl. *Reichel*, AuR 2004, 250 (251).

Kündigung des Arbeitnehmers in etwa der Hälfte der untersuchten Fälle[2039] an einer fehlenden Abmahnung oder aufgrund überwiegender Arbeitnehmerinteressen scheiterte.[2040] Mit *Klueß* räumt selbst einer der Befürworter einer Geringwertigkeitsgrenze im Arbeitsrecht ein, dass „sinnvolle Ergebnisse“ insbesondere im Hinblick auf das Abmahnungserfordernis auch ohne eine Geringfügigkeitsgrenze erzielt werden könnten.[2041]

Deshalb ist der überwiegenden Meinung in Rechtsprechung[2042] und Literatur,[2043] welche die Übertragung der Geringwertigkeitsgrenze des § 248a StGB in das Kündigungsrecht mit unterschiedlicher Argumentation[2044] ablehnt, im Ergebnis beizupflichten. Das Bundesarbeitsgericht hat sich in der „Emmely“-Entscheidung ausdrücklich gegen eine Übertragung der Geringfügigkeitsgrenze ausgesprochen.[2045] Das Bundesarbeitsgericht begründet dies damit, dass die durch die vorsätzliche und rechtswidrige Verletzung der Integrität von Eigentum und Vermögen des Arbeitgebers ausgelöste Erschütterung der für das Arbeitsverhältnis notwendigen Vertrauensgrundlage unabhängig davon eintrete, welche konkreten wirtschaftlichen Schäden mit ihm verbunden sind. Aus diesem

2039 Ausgehend von den Fällen, in denen nicht bereits der Kündigungsgrund „an sich“ auf erster Stufe verneint wurde.

2040 Siehe oben Kap. 4, B. II. 7., 8.

2041 *Klueß*, AuR 2010, 192 (195).

2042 Siehe nur BAGE 134, 349 (356 f.) = NZA 2010, 1227 (1230); ArbG Halle, Urt. v. 13.11.2008 – 2 Ca 1991/08, BeckRS 2010, 75336; ArbG Lörrach, Entsch. v. 16.10.2009 – 4 Ca 248/09, BeckRS 2009, 73055; vgl. auch ArbG Düsseldorf, Urt. v. 28.1.2015 – 8 Ca 5713/14, BeckRS 2015, 72984; vgl. hierzu bereits BAG NJW 1985, 284 (285).

2043 Siehe etwa *Birnbaum*, AuA 2010, 212 (213); *Eckert*, BC 2010, 26 (29); *Keiser*, JR 2010, 55 (58); *Preis*, AuR 2010, 242 (243); *Reuter*, NZA 2009, 594 (595); *Rieble*, NJW 2009, 2101 (2105); *Riesenhuber*, in: Erman, BGB, § 626 Rn. 62; *Schmitt-Rolfes*, AuA 2010, 199 (199); *v. Steinau-Steinrück/Ziegler*, NJW-Spezial 2009, 274 (275); *Vossen*, in: Ascheid/Preis/Schmidt, Kündigungsrecht, § 626 BGB Rn. 276b; *Walker*, NZA 2009, 921 (925); *ders.*, NZA 2011, 1 (2); *J.-A. Weber*, RdA 2011, 108 (110); siehe auch *Zborowska*, Die außerordentliche Verdachtskündigung, S. 109 mwN.

2044 Argumentiert wird beispielsweise mit der Aushöhlung des Eigentumsschutzes durch die negative Vorbildwirkung einer Geringwertigkeitsgrenze, so etwa *Birnbaum*, AuA 2010, 212 (213) und *v. Steinau-Steinrück/Ziegler*, NJW-Spezial 2009, 274 (275), oder mit dem Präventionsgedanken, so etwa *Schmitt-Rolfes*, AuA 2010, 199 (199); für eine umfassende Auseinandersetzung siehe *Zborowska*, Die außerordentliche Verdachtskündigung, S. 109 ff. mwN.

2045 BAGE 134, 349 (356 f.) = NZA 2010, 1227 (1230).

Grund sei eine nach dem Wert bestimmte Relevanzschwelle nicht mit dem offenen Tatbestand des § 626 Abs. 1 BGB vereinbar.[2046] Das Bundesarbeitsgericht sieht seine Auffassung dabei insbesondere auch nicht in Widerspruch zu der in § 248a StGB getroffenen Wertung und betont mit Blick auf das Prognoseprinzip in Abgrenzung zum Sanktionsprinzip, dass die Berechtigung einer verhaltensbedingten Kündigung nicht daran zu messen sei, ob diese vergleichbar einer staatlichen Maßnahme als Sanktion für den fraglichen Vertragsverstoß angemessen sei.[2047]

Auch eine nur sinngemäße Berücksichtigung von § 248a StGB im Rahmen einer strafrechtsakzessorischen Kündigungsprüfung ist damit abzulehnen.

(4) Zwischenstand

Es besteht weder aus arbeitsrechtlicher Sicht das Bedürfnis noch systematisch die Möglichkeit für eine unmittelbare oder auch nur sinngemäße Übertragung bzw. Berücksichtigung des § 248a StGB bei Vornahme einer strafrechtsakzessorischen Kündigungsprüfung ausgehend von den Fallgruppen der arbeitsgerichtlichen Rechtsprechung.

Gleiches muss im Ergebnis für sonstige strafprozessuale Erfordernisse gelten, da auch hier nicht die materielle Strafbarkeit in Frage steht, sondern lediglich das Strafverfahren und die Durchsetzung des staatlichen Strafanspruchs geregelt ist.[2048]

3. Zwischenergebnis

Straftaten sind nicht generell als Kündigungsgrund „an sich" geeignet. Sie können aber auf „erster Stufe" im Rahmen der von der arbeitsgerichtlichen Rechtsprechung entwickelten abstrakten Obersätzen bzw. Fallgruppen wie beispielsweise „Eigentums- und Vermögensdelikte zum Nachteil des Arbeitgebers" Bedeutung gewinnen, da die Rechtsprechung hier herausgearbeitet und konkretisiert hat, in welchen Fällen bzw. unter welchen Voraussetzungen die Straftaten zugleich eine Vertragsbeeinträchtigung darstellen.

Ein Abstellen auf diese strafrechtlichen Obersätze bzw. Fallgruppen der Rechtsprechung setzt die Vornahme einer strafrechtsakzessorischen Prüfung voraus, die sich auf das Vorliegen von Straftatbestand, Rechtswidrigkeit und

---

2046 BAGE 134, 349 (356) = NZA 2010, 1227 (1230).

2047 BAGE 134, 349 (356 f.) = NZA 2010, 1227 (1230); vgl. auch ArbG Düsseldorf, Urt. v. 28.1.2015 – 8 Ca 5713/14, BeckRS 2015, 72984.

2048 Vgl. näher die Argumentation unter Kap. 4, C. I. 2. b) bb) (2), (3).

Schuld bezieht, nicht aber auf strafprozessuale Erfordernisse. Eine Übertragung bzw. Berücksichtigung von § 248a StGB im Rahmen der Kündigungsprüfung ist nicht möglich, da alleine die materielle Strafbarkeit des Arbeitnehmerverhaltens maßgeblich ist.

II. Auswirkungen der Strafbarkeit auf die Interessenabwägung

Die Interessenabwägung bietet weitere Anknüpfungspunkte für eine mögliche Übertragung bzw. Berücksichtigung strafrechtlicher Wertungen.

1. Straftaten als absolute Kündigungsgründe?

Das Vorliegen einer Straftat könnte sich auf zweiter Stufe dahingehend auswirken, dass es überhaupt keiner Interessenabwägung bedarf oder diese „determiniert" ist und stets zulasten des Arbeitnehmers ausfallen muss. Die arbeitsgerichtliche Rechtsprechung und Literatur lehnt absolute Kündigungsgründe – auch im Hinblick auf strafbares Arbeitnehmerverhalten – allerdings zu Recht ab.[2049] Die im Strafrecht mit Blick auf die spezifische Rechtsfolge getroffene Wertung, dass die in Straftatbeständen geregelten Verhaltensweisen strafwürdig und sozialethisch verwerflich sind,[2050] kann nicht dazu führen, das im Arbeitsrecht vorgesehene Erfordernis einer Interessenabwägung[2051] vollständig auszuhebeln. Das Strafrecht hat gesamtgesellschaftliche Interessen im Blick und kann deshalb keine Aussage darüber treffen, wann ein Verhalten dem Arbeitgeber die weitere Zusammenarbeit mit seinem Arbeitnehmer unzumutbar macht.[2052] Darüber hinaus würde eine durch Vorliegen einer Straftat determinierte Interessenabwägung der enormen Bedeutung der Arbeit für den Arbeitnehmer[2053] nicht gerecht, die gerade in verschiedenen berücksichtigungsfähigen Umständen der Interessenabwägung zum Ausdruck kommt bzw. durch die Rechtsprechung auch bereits als eigenes berücksichtigungsfähiges Kriterium anerkannt wurde.[2054]

2049 Siehe oben unter Kap. 4, A. I. 1., B. II. 6.

2050 Siehe oben unter Kap. 3, A. II.

2051 Siehe oben unter Kap. 4, A. IV.

2052 Siehe bereits oben Kap. 4, C. I. 2. b) bb) (3); mit ähnlicher Argumentation *Göpfert/Landauer*, NZA-Beilage 2011, 16 (19 ff.).

2053 Eingehend hierzu Kap. 1, A. II.

2054 Siehe oben unter Kap. 4, B. II. 8. f).

2. *Strafrechtliche Prüfung als Ausgangspunkt für die Interessenabwägung?*

Teilweise wird vertreten, die exakte strafrechtliche Beurteilung des Kündigungssachverhalts könne für die Zumutbarkeit der Fortsetzung des Arbeitsverhältnisses von Bedeutung[2055] bzw. „Voraussetzung, um eine vollständige und überzeugende Interessenabwägung zu gewährleisten",[2056] sein. Beispielsweise soll die Prüfung des Merkmals „fremd" im Rahmen von § 242 StGB und einer möglichen Dereliktion nach § 959 BGB das Problembewusstsein im Hinblick auf die Wertlosigkeit von entwendeten Gegenständen schärfen.[2057]

Dem kann nicht gefolgt werden. Während nicht generell mögliche Auswirkungen einer strafrechtlichen Prüfung auf die Interessenabwägung bestritten werden sollen, überzeugt es jedenfalls nicht, die strafrechtliche Prüfung sämtlicher Tatbestandsmerkmale generell bzw. regelmäßig als Voraussetzung für eine vollständige und überzeugende Interessenabwägung anzusehen. Hierfür gibt es weder im Gesetz noch in der arbeitsgerichtlichen Rechtsprechung Anhaltspunkte. Der Kreis der im Rahmen der Interessenabwägung berücksichtigungsfähigen Umstände[2058] reicht deutlich weiter als die der zu prüfenden, deliktsspezifischen Tatbestandsmerkmale und bietet eine ausreichende Grundlage für die Interessenabwägung. Die Rechtsprechungsanalyse[2059] hat im Übrigen gezeigt, dass die arbeitsgerichtliche Rechtsprechung verschiedene strafrechtlich relevante Aspekte, wie beispielsweise die Motivation des Täters, ebenfalls erkennt und berücksichtigt, ohne dass es eines Rückgriffs auf einen Straftatbestand bedürfte.

3. *Berücksichtigung im Rahmen der Interessenabwägung*

Denkbar ist aber, den Umstand, dass für den Kündigungsgrund „an sich" an ein strafbares Arbeitnehmerverhalten angeknüpft wird, im Rahmen der Interessenabwägung zu berücksichtigen.

2055 *Fischermeier/Krumbiegel*, in: GK-KR, § 626 BGB Rn. 155.
2056 *Schall*, RdA 2010, 225 (229).
2057 *Schall*, RdA 2010, 225 (229).
2058 Siehe hierzu im Einzelnen oben unter Kap. 4, A. IV., B. II. 8.
2059 Siehe oben unter Kap. 4, B. II. 1., 8.

a) Besonderer Unwert strafbarer Handlungen

Während der besondere Unwert strafbarer Handlungen nicht dazu führen kann, dass Straftaten generell als Kündigungsgrund „an sich" geeignet sind,[2060] könnte aber die mit einem strafbaren Arbeitnehmerverhalten verbundene besondere sozialethische Verwerflichkeit in die Interessenabwägung eingestellt werden.

So handelt es sich um Handlungen, bei denen nach der Wertung des Gesetzgebers ein Interesse der Allgemeinheit an der Aufrechterhaltung an der Rechtsordnung besteht.[2061] Diesem Interesse trägt zwar seinem Zweck nach das Strafrecht Rechnung,[2062] dennoch könnte auch im Arbeitsrecht im Rahmen der Interessenabwägung zugunsten des Arbeitgebers zu berücksichtigen sein, dass das strafbare Arbeitnehmerhalten den tief verwurzelten ethischen Anschauungen der Gesellschaft zuwiderläuft.[2063] Eine Straftat – unabhängig vom konkret verwirklichten Straftatbestand – könnte insoweit das Vertragsverhältnis gegenüber einer „normalen" Pflichtverletzung stärker belasten.

Das Gewicht der Pflichtverletzung erscheint dabei als tauglicher Anknüpfungspunkt für die Berücksichtigung des besonderen Unwerts eines solchen Arbeitnehmerverhaltens im Rahmen der Interessenabwägung. Nach der Rechtsprechung des Bundesarbeitsgerichts handelt es sich bei Gewicht und Auswirkungen einer Vertragspflichtverletzung, beispielsweise bezüglich des Ausmaßes eines durch sie bewirkten Vertrauensverlustes, um ein berücksichtigungsfähiges Interesse im Rahmen der Abwägung.[2064] Der besondere Unwert bzw. die besondere sozialethische Verwerflichkeit des Arbeitnehmerverhaltens kann danach im konkreten Einzelfall dazu führen, dass die Pflichtverletzung schwerer wiegt.

Dass auch die Rechtsprechung davon ausgeht, dass das Vorliegen einer Straftat Auswirkungen auf das Gewicht der Pflichtverletzung haben kann, zeigen folgende Ausführungen des Bundesarbeitsgerichts zu einer Kündigung wegen Arbeitszeitbetrugs: „Die Bekl. mag der Auffassung gewesen sein, die Kl. habe sich an einem (versuchten) ‚Arbeitszeitbetrug' ihres Ehemanns beteiligt und insoweit strafbar gemacht. Das rechtfertigt dennoch nicht den Schluss, sie habe die mit der Kündigung angestrebte Auflösung des Arbeitsverhältnisses davon abhängig machen wollen, dass sich ein Betrugsvorwurf im strafrechtlichen

2060 Siehe oben unter Kap. 4, C. I. 1.
2061 Siehe oben unter Kap. 2, A. I.
2062 Siehe oben unter Kap. 2, A. I.
2063 Siehe oben unter Kap. 3, A. II. 2.
2064 BAGE 134, 349 (359) = NZA 2010, 1227 (1231); vgl. hierzu oben unter Kap. 4, A. IV. 1.

Sinne bestätige. Näher liegt die Annahme, sie habe mit der Betonung der Strafbarkeit das Gewicht der Pflichtverletzung verdeutlichen wollen."[2065] Auch in den untersuchten Rechtsprechungsfällen betreffend geringwertige Gegenstände bzw. geringe Schäden[2066] wird teilweise in der Interessenabwägung mit Blick auf das Gewicht der Pflichtverletzung und das Ausmaß des Vertrauensbruchs mit dem Vorliegen einer Straftat argumentiert.[2067] Diese ausdrückliche oder zumindest implizite Berücksichtigung des besonderen Unwerts strafbarer Handlungen zulasten des Arbeitnehmers durch die Rechtsprechung würde auch die Beobachtung von *Preis* erklären, dass zahlreiche geringfügige, auch vorsätzliche Schädigungen des Arbeitgebers nicht mit derselben Strenge beurteilt werden, wie dies bei geringfügigen Eigentumsdelikten der Fall ist, und letztere sich nicht harmonisch in das System einfügen wollen.[2068]

Gegen eine Berücksichtigung des besonderen Unwerts strafbaren Verhaltens sprechen auch nicht die auf der Stufe des Kündigungsgrunds „an sich" entgegenstehenden systematischen Erwägungen.[2069] Durch Bejahung des Kündigungsgrunds „an sich" auf erster Stufe wurde bereits festgestellt, dass eine Interessenbeeinträchtigung des Arbeitgebers gegeben ist. Für das Maß der Beeinträchtigung und die Zumutbarkeit der Fortsetzung des Arbeitsverhältnisses im Einzelfall kann die sozialethische Verwerflichkeit des Arbeitnehmerverhaltens im Hinblick auf das Gewicht der Pflichtverletzung als einer unter mehreren verschiedenen Umständen im Rahmen der Interessenabwägung systemkonform Bedeutung gewinnen, ohne dass das ausdifferenzierte Rechtsfolgensystem des

---

2065 BAGE 146, 161 (173 f.) = NZA 2014, 443 (447).

2066 Siehe oben Kap. 4, B. II. 1.

2067 Siehe etwa LAG Thüringen, Urt. v. 13.10.1999 – 6 Sa 365/99, BeckRS 1999, 30475060; LAG Schleswig-Holstein, Urt. v. 16.4.2003 – 2 Sa 15/03, BeckRS 2003, 31055318; LAG Rheinland-Pfalz, Urt. v. 20.10.2003 – 7 Sa 784/03, BeckRS 2003, 30799464; LAG Baden-Württemberg NZA-RR 2011, 76 (79); LAG Rheinland-Pfalz, Urt. v. 7.8.2018 – 8 Sa 29/18, BeckRS 2018, 29073; Urt. v. 3.8.2020 – 3 Sa 90/19, BeckRS 2020, 38974; ArbG Frankfurt, Urt. v. 23.8.2006 – 22 Ca 803/06, zitiert nach juris; vgl. auch LAG Düsseldorf, Urt. v. 3.8.1999 – 8 Sa 672/99, BeckRS 1999, 30458408 zur Berücksichtigung des Vorliegens von „Eigentumsdelikten" im Hinblick auf die ausnahmsweise weniger herausragende Bedeutung der Betriebszugehörigkeitsdauer im Rahmen der Interessenabwägung; LAG Hamm, Urt. v. 30.8.2004 – 13 Sa 148/04, BeckRS 2004, 30803108: „Interesse des Arbeitgebers, dass er von seinen Angestellten nicht bestohlen wird".

2068 *Preis*, AuR 2010, 186 (191).

2069 Hierzu oben unter Kap. 4, C. I. 1.

Gesetzgebers (Kriminalstrafe bei Begehung von Straftaten versus Kündigung bei Vertragsstörungen) umgangen würde.

Die Strafbarkeit und der insoweit vorliegende besondere Unwert des Arbeitnehmerverhaltens kann somit als ein das Gewicht bzw. die Schwere der Pflichtverletzung verstärkender Umstand angesehen werden.[2070]
Auch wenn hier mit dem besonderen Unwert und der sozialethischen Verwerflichkeit auf die Strafwürdigkeit und Strafbarkeit als solche und nicht auf das Vorliegen eines konkreten Delikts abgestellt wird, ist trotzdem eine genaue strafrechtliche Prüfung bzw. Subsumtion erforderlich, da sonst nicht feststeht, ob ein vom Strafgesetzgeber als besonders sozialethisch verwerflich eingeordnetes Verhalten im konkreten Fall vorliegt.

b) Strafzumessungsgesichtspunkte gem. § 46 Abs. 2 StGB

Denkbar ist auch die Anerkennung von Strafzumessungsgesichtspunkten im Sinne des § 46 Abs. 2 StGB als berücksichtigungsfähige Umstände im Rahmen der Interessenabwägung. So hat das Landesarbeitsgericht Baden-Württemberg in die Interessenabwägung einbezogen, dass äußere Anreize als motivierende Kraft die Tat in einem milderen Licht erscheinen lassen können, was im Fall der Anstiftung durch den Vorgesetzten des Arbeitnehmers angenommen wurde.[2071] Das Bundesarbeitsgericht hat diesen Erwägungen eine deutliche Absage erteilt und lehnt eine Berücksichtigung von Strafzumessungsgesichtspunkten nach § 46 Abs. 2 StGB mit Hinweis auf das im Arbeitsrecht geltende Prognoseprinzip in Abgrenzung zum Sanktionsprinzip[2072] ab.[2073]

Diese Argumentation des Bundesarbeitsgerichts lässt sich weiterführen, wenn man die spezifische strafrechtliche Rechtsfolge, die Kriminalstrafe, in den Blick nimmt. Bereits für die abstrakte Strafbarkeit eines Verhaltens, nämlich die Strafwürdigkeit, spielt die Strafe als Übelsauferlegung aufgrund des mit

---

2070 Für eine Berücksichtigung der Strafbarkeit im Rahmen der Interessenabwägung auch *Göpfert/Landauer*, NZA-Beilage 2011, 16 (19), allerdings ohne Anknüpfung an den besonderen Unwert strafbarer Handlungen und das Gewicht der Pflichtverletzung: „[…] können die strafrechtliche Relevanz eines Verhaltens und […] lediglich zwei von mehreren Kriterien sein, die in die abwägende Prognose über die Zumutbarkeit der Fortsetzung des Arbeitsverhältnisses einfließen. Die Feststellung, dass eine Straftat begangen wurde, kann hierbei nicht allein ausschlaggebend sein.“

2071 LAG Baden-Württemberg, Urt. v. 29.5.2018 – 19 Sa 61/17, BeckRS 2018, 11320.

2072 Näher hierzu oben Kap. 2, C.

2073 BAG NZA 2019, 445 (448); vgl. hierzu bereits oben unter Kap. 4, A. IV. 6.

ihr verbundenen sozialethischen Unwerturteils eine Rolle.[2074] Ebenso ist die besondere Rechtsfolge für die Strafzumessung von Bedeutung, da es hier um die Ermittlung einer schuldangemessenen Strafe im konkreten Einzelfall geht.[2075] Die Rechtsordnung sieht spezifische Rechtsfolgen als Reaktion auf bestimmte Verhaltensweisen vor – im Strafrecht die Kriminalstrafe für durch den Strafgesetzgeber als strafwürdig und strafbedürftig eingeschätzte Verhaltensweisen[2076] und im Arbeitsrecht das Kündigungsrecht des Arbeitgebers unter anderem bei vertragswidrigem Arbeitnehmerverhalten, das der vertrauensvollen Fortsetzung des Vertragsverhältnisses entgegensteht.[2077] Die Berücksichtigung strafrechtlicher Kriterien und Wertungen, die sich wie die Strafzumessungsgesichtspunkte unmittelbar auf den Einsatz der Strafe im Einzelfall als konkrete Rechtsfolge (Sanktion als „Aktualisierung der bislang nur potenziellen abstrakt-generellen Strafdrohung"[2078]) beziehen, läuft insoweit dem vom Gesetzgeber ausdifferenzierten Rechtsfolgensystem mit selbständigen Beurteilungskriterien in den verschiedenen Teilrechtsordnungen[2079] zuwider. Dem Bundesarbeitsgericht ist deshalb darin beizupflichten, im Rahmen der Interessenabwägung – auch wenn sich die arbeitsrechtlich berücksichtigungsfähigen Umstände mit denen der Strafzumessung in der Sache zum Teil überschneiden[2080] – in deutlicher Abgrenzung zur Strafzumessung nicht auf Gesichtspunkte im Sinne von § 46 Abs. 2 StGB abzustellen.

4. *Zwischenergebnis*

Das Vorliegen einer Straftat ändert nichts am Erfordernis der Vornahme einer umfassenden Interessenabwägung im Einzelfall und kann auch hier nur begrenzt Berücksichtigung finden. Während eine exakte strafrechtliche Prüfung nicht zwingender Ausgangspunkt für eine vollständige Interessenabwägung ist, kann der Straftaten innewohnende besondere Unwert das Gewicht bzw. die Schwere der auf erster Stufe (Kündigungsgrund „an sich") festgestellten Pflichtverletzung verstärken. Ein Rückgriff auf die in § 46 Abs. 2 StGB geregelten

---

2074 Siehe oben unter Kap. 3, A. II.
2075 Vgl. oben Kap. 3, B. II. 3.
2076 Siehe oben unter Kap. 3, A. II.
2077 Hierzu oben unter Kap. 4, A. I., II. und unter Kap. 4, C. I. 2. b) bb).
2078 *Kaspar*, Verhältnismäßigkeit und Grundrechtsschutz im Präventionsstrafrecht, S. 365, 370; hierzu oben unter Kap. 3, B. II.
2079 Vgl. hierzu bereits oben unter Kap. 4, C. I. 2. b) bb).
2080 Siehe oben unter Kap. 4, A. VI.

Strafzumessungsgesichtspunkte verbietet sich indes mit Blick auf die unterschiedlichen Rechtsfolgensysteme.

III. Ergebnis

Mit der arbeitsgerichtlichen Rechtsprechung ist Zurückhaltung bei der Übertragung strafrechtlicher Wertungen in das Kündigungsrecht geboten, insbesondere dann, wenn die Durchbrechung arbeitsrechtlicher Grundsätze und Prinzipien in Frage steht. Deshalb kann das Vorliegen einer Straftat weder generell zur Bejahung eines Kündigungsgrunds „an sich“ noch zum Wegfall oder zur Determinierung der Interessenabwägung führen.

Möglich ist aber die systemkonforme Berücksichtigung strafrechtlicher Wertungen. So hat das Bundesarbeitsgericht durch die entwickelten abstrakten Obersätze bzw. Fallgruppen zur Eignung bestimmter Delikte als Kündigungsgrund „an sich“ mithilfe des Strafrechts kündigungsrelevante Vertragsbeeinträchtigungen näher konkretisiert. Die Subsumtion unter diese Obersätze bzw. Fallgruppen setzt eine strafrechtsakzessorische Prüfung dahingehend voraus, dass materielle Strafbarkeit (Tatbestand, Rechtswidrigkeit und Schuld) des Arbeitnehmers gegeben sein muss.

Im Rahmen der Interessenabwägung kann die Strafbarkeit des Arbeitnehmerverhaltens als die Schwere bzw. das Gewicht der Pflichtverletzung verstärkender Umstand berücksichtigt werden.

D. Fazit

Bei strafbarem Arbeitnehmerverhalten kann ein und derselbe Sachverhalt sowohl Anlass und Grundlage für die Verhängung einer Kriminalstrafe als auch für den Ausspruch einer Arbeitgeberkündigung sein. Straftaten sind dabei nicht unmittelbarer Anknüpfungspunkt für das Vorliegen eines Kündigungsgrunds „an sich“ in dem Sinne, dass bei Begehung einer Straftat durch den Arbeitnehmer stets auch ein Kündigungsgrund „an sich“ gegeben wäre. Vielmehr ist dies nur der Fall, wenn der strafrechtlich relevante Sachverhalt zugleich die „üblichen“ Anforderungen an einen Kündigungsgrund „an sich“ erfüllt. Unter welchen Voraussetzungen dies bei Straftaten der Fall ist, hat die arbeitsgerichtliche Rechtsprechung durch ihre abstrakten Obersätze bzw. Fallgruppen zur „an sich“-Eignung bestimmter Delikte herausgearbeitet. Beispielhaft genannt seien „Eigentums- und Vermögensdelikte zum Nachteil des Arbeitgebers“. Zu Unrecht unterbleibt allerdings regelmäßig eine strafrechtliche Prüfung dieser Fallgruppen durch die Rechtsprechung.

Kündigungsrechtliche Besonderheiten bei strafbarem Arbeitnehmerverhalten etwa in dem Sinne, dass keine Interessenabwägung im Einzelfall erforderlich wäre, bestehen nicht. Besondere Bedeutung erlangen im Zusammenhang mit strafbarem Arbeitnehmerverhalten aber insbesondere die Verdachtskündigung, die Prüfung der Abmahnung bzw. deren Entbehrlichkeit sowie Compliance-Maßnahmen.

Eine Vielzahl der Fälle, die strafbares Arbeitnehmerverhalten zum Gegenstand haben, bewegen sich im Bagatellbereich. Ausgehend von der untersuchten Rechtsprechung sind „Bagatell"-Fälle dadurch geprägt, dass die Schwere des Vorwurfs als gering einzustufen ist. Dabei kann der Umstand der Geringwertigkeit des Gegenstands bzw. eines nur geringen Vermögensschadens des Arbeitgebers für die geringe Schwere des Vorwurfs von Bedeutung sein. Auch Delikte im Bagatellbereich können unter den allgemeinen kündigungsrechtlichen Voraussetzungen einen Kündigungsgrund „an sich" bilden. Im Rahmen der Interessenabwägung ist unter anderem die Geringwertigkeit bzw. der nur geringe Schaden zugunsten des Arbeitnehmers zu berücksichtigen.

Zusammenfassung der wesentlichen Ergebnisse

1. Das Strafrecht als spezieller Teil des öffentlichen Rechts und das Arbeitsrecht als spezieller Teil des Privatrechts sind unterschiedliche Rechtsgebiete und Teilrechtsordnungen, denen *verschiedene Rechtszwecke* zugrunde liegen: Das *Strafrecht* verfolgt die Aufrechterhaltung der Grundlagen eines geordneten Gemeinschaftslebens und hat sich an den Interessen der Allgemeinheit zu orientieren. Es geht dabei um die Sanktionierung des Verhaltens von Individuen, wobei das Strafrecht in der Regel an eine Primärrechtsordnung anknüpft.[2081] Hingegen hat das *Arbeitsrecht* den Ausgleich der Interessen von Arbeitgeber und Arbeitnehmer im Blick. Die jeweils verfolgten Rechtszwecke werden verwirklicht, indem die beiden Rechtsgebiete mittels ausdifferenzierter, spezifischer Rechtsfolgen auf menschliches Verhalten reagieren: Das Strafrecht sieht mit der Kriminalstrafe eine spezifische Rechtsfolge für die Begehung strafwürdiger und strafbedürftiger Handlungen vor, während das Arbeitsrecht dem Arbeitgeber bei Vorliegen eines zur Kündigung geeigneten Sachverhalts und Überwiegen der Arbeitgeberinteressen die Beendigung des Arbeitsverhältnisses durch Kündigung ermöglicht. Bei der Kündigung handelt es sich für den Arbeitnehmer aufgrund des mit der Kündigung verbundenen Arbeitsplatzverlusts zwar um eine einschneidende Maßnahme; sie stellt aber keine Sanktion dar, sondern ist vielmehr zukunftsgerichtet und soll künftige Pflichtverletzungen verhindern.[2082] Unter Berücksichtigung des jeweils eigenen Telos des Straf- und des Arbeitsrechts stehen diese Rechtsfolgensysteme widerspruchsfrei nebeneinander.[2083]
2. Aufgrund der unterschiedlichen Rechtszwecke und Rechtsfolgensysteme von Straf- und Arbeitsrecht liegen den Rechtsgebieten auch – jedenfalls ihrem Bedeutungsgehalt nach – *unterschiedliche, durch Rechtsprechung und Literatur entwickelte bzw. näher konkretisierte Prinzipien* zugrunde. Besonders deutlich wird dies mit Blick auf das im Strafrecht geltende Vergeltungsprinzip,

2081 Siehe hierzu oben unter Kap. 2, A. I.
2082 Siehe hierzu ober unter Kap. 2, C. II.
2083 Siehe hierzu oben unter Kap. 2, A., Kap. 3, A. II. und Kap. 4, C. I.

wonach die Strafe als vergangenheitsbezogene Sanktion neben Präventionsgesichtspunkten maßgeblich repressiv ist – Strafe ist Vergeltung –, und das im Arbeitsrecht geltende Prognoseprinzip, nach dem die Kündigung keine Sanktion für vergangenes Fehlverhalten ist, sondern die störungsfreie Fortsetzung des Arbeitsverhältnisses in Zukunft im Vordergrund steht.[2084]

3. Bei strafbarem Arbeitnehmerverhalten kann *derselbe Sachverhalt Anknüpfungspunkt sowohl für die spezifischen Rechtsfolgen des Strafrechts als auch des Arbeitsrechts* sein.
4. In *strafrechtlicher Hinsicht* ist strafrechtsrelevantes Arbeitnehmerverhalten in den folgenden Formen denkbar: Das Strafrecht kennt zum einen *Sonderdelikte*, zu deren Täterkreis auch Arbeitnehmer zählen können. Zum anderen können Delikte wie beispielsweise Diebstahl, Unterschlagung, Betrug oder auch Beleidigung als *Allgemeindelikte* von jedermann und damit auch von einem Arbeitnehmer gegenüber seinem Arbeitgeber oder gegenüber anderen Personen oder der Allgemeinheit gegenüber, soweit überindividuelle Rechtsgüter geschützt sind, begangen werden. Der Gesetzgeber hat in der Regel *keine Qualifikationen* oder besonders schweren Fälle für den Fall der Begehung durch einen Arbeitnehmer vorgesehen, weshalb davon auszugehen ist, dass der Gesetzgeber der Begehung dieser Delikte im Rahmen eines Arbeitsverhältnisses keinen vergleichsweise größeren sozialethischen Unwert beigemessen hat und die Begehung von Delikten durch einen Arbeitnehmer gegenüber seinem Arbeitgeber trotz der arbeitsvertraglichen Bindung grundsätzlich nicht in höherem Maße als sozialethisch verwerflich eingestuft wird. Allerdings wird aufgrund der Integration von Arbeitnehmern in die Arbeitsorganisation des Arbeitgebers beispielsweise der Qualifikationstatbestand der veruntreuenden Unterschlagung gem. § 246 Abs. 2 StGB häufig bei der Unterschlagung von Gegenständen des Arbeitgebers erfüllt sein; auch im Rahmen der Strafzumessung kann die Rechtsbeziehung zwischen Arbeitgeber und Arbeitnehmer inhaltliche Anhaltspunkte geben.[2085]
   Das *Arbeitsstrafrecht*, durch das der Gesetzgeber für den Bereich der abhängigen Arbeit Strafnormen geschaffen hat, die unmittelbar an das Vorliegen eines Arbeitsverhältnisses anknüpfen und insbesondere auf die Rolle als Arbeitgeber und Arbeitnehmer abstellen, regelt dagegen vor allem strafbares Arbeitgeberverhalten (deshalb auch der Begriff „Arbeitgeberstrafrecht“).[2086]

2084 Siehe hierzu oben unter Kap. 2, C., G.
2085 Siehe hierzu oben unter Kap. 3, D. II., III., G.
2086 Siehe hierzu oben unter Kap. 3, D. I., G.

5. Im Kündigungsrecht ist strafbares Arbeitnehmerverhalten im Rahmen der *zweistufigen Kündigungsprüfung* auf Ebene des *Kündigungsgrunds „an sich“* (1. Stufe) von Bedeutung. Straftaten sind dabei nicht unmittelbarer Anknüpfungspunkt für das Vorliegen eines Kündigungsgrunds „an sich“ in dem Sinne, dass stets bei Begehung einer Straftat durch den Arbeitnehmer auch ein Kündigungsgrund „an sich“ gegeben wäre. Vielmehr ist dies nur der Fall, wenn die allgemeinen, rechtsgebietsspezifischen Anforderungen an den Kündigungsgrund „an sich“ erfüllt sind. Strenggenommen, bzw. präzise formuliert, erfolgen Kündigungen daher nicht „aufgrund von“ oder „wegen“ Straftaten, sondern „im Zusammenhang mit“ strafbarem Arbeitnehmerverhalten.[2087]
6. Zumeist wird bei Straftaten des Arbeitnehmers die *verhaltensbedingte Kündigung* einschlägig sein, wenn der Arbeitnehmer durch sein Verhalten sowohl eine Straftat begeht als auch eine arbeitsvertragliche Haupt- oder (zumeist) Nebenpflicht verletzt.
   Auch eine *personenbedingte Kündigung* kann an strafbares Arbeitnehmerverhalten anknüpfen, wenn durch die Straftat ein Grund in der Person des Arbeitnehmers gegeben ist, aufgrund dessen es ihm an der erforderlichen Eignung zur ordnungsgemäßen Erbringung der Arbeitsleistung oder an insoweit erforderlichen Eigenschaften fehlt.
   Denkbar ist darüber hinaus eine *betriebsbedingte Kündigung* in Form der Druckkündigung.[2088]
7. Die arbeitsgerichtliche Rechtsprechung hat durch *Bildung abstrakter Obersätze bzw. Fallgruppen zur „an sich“-Eignung* bestimmter Delikte – beispielsweise „Eigentums- und Vermögensdelikte zum Nachteil des Arbeitgebers“ – herausgearbeitet und konkretisiert, in welchen Fällen bzw. unter welchen Voraussetzungen bei Straftaten ein Kündigungsgrund „an sich“ stets gegeben ist. Dabei wird häufig eine Einschränkung des Straftatbestands dahingehend vorgenommen, bzw. zusätzlich gefordert, dass der Arbeitgeber Verletzter der Tat sein muss. Hierin kommt zum einen das Erfordernis einer Vertragsbeeinträchtigung zum Ausdruck.[2089] Zum anderen wird durch die Anknüpfung an die Opfereigenschaft („Verletzter der Tat“) des Arbeitgebers eine weitere Verbindung des Kündigungsrechts zum Strafrecht hergestellt.

2087 Siehe hierzu oben unter Kap. 4, A. VI.
2088 Siehe hierzu oben unter Kap. 4, A. VI.
2089 Siehe hierzu oben unter Kap. 4, B. I. 7., C. I. 2.

8. Zu Unrecht unterbleibt in der Praxis aber regelmäßig eine *Subsumtion unter diese Obersätze bzw. Fallgruppen sowie eine genaue strafrechtliche Prüfung* durch die arbeitsgerichtliche Rechtsprechung unter Hinweis darauf, dass es nicht maßgeblich auf die strafrechtliche Bewertung der Tat, sondern auf das Vorliegen einer Vertragspflichtverletzung und den damit verbundenen Vertrauensverlust ankomme. Wird auf die strafrechtlichen Obersätze bzw. Fallgruppen der Rechtsprechung abgestellt und die strafrechtliche Terminologie verwendet, setzt dies auch die Vornahme einer strafrechtsakzessorischen Prüfung voraus, die sich auf das materiellrechtliche Vorliegen der Straftat bezieht. Erforderlich ist die rechtswidrige und schuldhafte Verwirklichung des jeweiligen Deliktstatbestands nach strafrechtlichen Grundsätzen. § 248a StGB, der das Erfordernis eines Strafantrags statuiert, hat dagegen als Strafverfolgungsvoraussetzung keine Auswirkungen auf die Kündigungsprüfung; es besteht weder aus arbeitsrechtlicher Sicht das Bedürfnis noch systematisch die Möglichkeit für eine unmittelbare oder auch nur sinngemäße Übertragung bzw. Berücksichtigung des § 248a StGB.[2090]
9. Im Rahmen der *Interessenabwägung* (2. Stufe) spielt das Vorliegen einer (bestimmten) Straftat keine unmittelbare Rolle. Die Strafbarkeit des Arbeitnehmerverhaltens ändert insbesondere nichts am Erfordernis einer umfassenden Interessenabwägung im Einzelfall und erlaubt auch keine „Determinierung" der Interessenabwägung zugunsten des Arbeitgebers. Rechtsprechung und Literatur betonen zu Recht, dass das Kündigungsrecht sowohl im Rahmen der außerordentlichen als auch der ordentlichen Kündigung keine absoluten Kündigungsgründe kennt.[2091]
10. Die Strafbarkeit kann allerdings wegen des *einer Straftat innewohnenden besonderen Unwerts und der besonderen Sozialschädlichkeit des Verhaltens* im Rahmen der arbeitsrechtlichen Interessenabwägung als ein das Gewicht bzw. die Schwere der auf erster Stufe (Kündigungsgrund „an sich") festgestellten Pflichtverletzung verstärkender Umstand berücksichtigt werden.[2092]
11. Eine Vielzahl der Kündigungsfälle, die strafbares Arbeitnehmerverhalten zum Gegenstand haben, bewegen sich im *Bereich der Bagatellkriminalität*. Unter Zugrundelegung der untersuchten Entscheidungen der arbeitsgerichtlichen Rechtsprechung zu Eigentums- und Vermögensdelikten sind „Bagatell"-Fälle dadurch geprägt, dass die Schwere des Vorwurfs als gering

2090 Siehe hierzu oben unter Kap. 4, C. I. 2.
2091 Siehe hierzu oben unter Kap. 4, A. I. 1., IV., B. II. 6., C. II. 1.
2092 Siehe hierzu oben unter Kap. 4, C. II. 3. a).

einzuordnen ist, wobei der Umstand der Geringwertigkeit des Gegenstands bzw. eines nur geringen Vermögensschadens des Arbeitgebers von Bedeutung sein kann.[2093]

Wie die arbeitsgerichtliche Rechtsprechung zu Recht betont, kann auch strafbares Verhalten, das nur Sachen von geringem Wert betrifft oder nur zu einem geringfügigen oder zu keinem Schaden geführt hat, unter den allgemeinen kündigungsrechtlichen Voraussetzungen einen *Kündigungsgrund „an sich“* bilden. Im Rahmen der strafrechtsakzessorischen Prüfung wirkt sich hier die Entscheidung des Strafgesetzgebers gegen eine materiellrechtliche Lösung im Bereich der Bagatellkriminalität aus, da § 248a StGB als Verfahrensvoraussetzung keine Auswirkungen auf die materielle Strafbarkeit eines Verhaltens hat. Die Geringwertigkeit bzw. der nur geringe Schaden ist nur *im Rahmen der Interessenabwägung zugunsten des Arbeitnehmers zu berücksichtigen.*[2094]

12. Nicht zu unterschätzen ist im Zusammenhang mit strafbarem Arbeitnehmerverhalten, insbesondere in Bagatellfällen, die Bedeutung von *Compliance-Richtlinien* des Arbeitgebers im Hinblick auf das Kündigungsrecht. Zwar ist eine Festlegung von Kündigungsgründen in dem Sinne, dass es keiner Interessenabwägung bedürfte, nicht möglich. Compliance-Richtlinien eines Unternehmens können aber Vertragspflichten konkretisieren und so die Feststellung des Vorliegens eines Kündigungsgrunds „an sich“ erleichtern. Im Hinblick auf das Abmahnungserfordernis können Verhaltensrichtlinien ggf. sogar eine vorherige Abmahnung entbehrlich machen, und auch im Rahmen der Interessenabwägung können Compliance-Richtlinien eine entscheidende Rolle spielen, etwa im Hinblick auf das Unrechtsbewusstsein des Arbeitnehmers.[2095]
13. Trotz der Eigenständigkeit der beiden Teilrechtsgebiete Strafrecht und Arbeitsrecht können die Wertungen des Strafrechts und die Bestimmung des strafrechtlichen Unrechts und der Schuld auch im Rahmen des Kündigungsrechts berücksichtigt werden. Die konkreten Lösungen des Strafrechts sind auf die diesem zugrundeliegenden Bewertungen hin zu untersuchen, um deren Berücksichtigungsfähigkeit im Rahmen des Arbeitsrechts und insbesondere des Kündigungsrechts zu ermitteln. Hierbei sind sich widersprechende Bewertungen in den beiden Rechtsgebieten zu vermeiden.

2093 Siehe hierzu oben unter Kap. 4, B. II. 3.

2094 Siehe hierzu oben unter Kap. 4, B. II. 4., 8. a), C. I. 2. b) bb).

2095 Siehe hierzu oben unter Kap. 4, A. II. 4. c), III., IV. 3., B. II. 4., 7., 8. d).

Strafrechtssystematische Entscheidungen können sich auf das Kündigungsrecht auswirken. Dies zeigt sich etwa an der Behandlung der Bagatellkriminalität im Strafverfahrensrecht, die für das Kündigungsrecht ohne Konsequenzen bleibt. Wohl aber kann die Einstufung als Bagatellverstoß als solche zum Anlass für eine besonders sorgfältige Überprüfung des Vorliegens der Voraussetzungen für eine Kündigung im jeweiligen Einzelfall genommen werden.

Literaturverzeichnis

Achenbach, Hans, Fahrlässigkeit, Schuld und Unzumutbarkeit normgemäßen Verhaltens, in: JURA 1997, S. 631 ff.

Achenbach, Hans, Wiederbelegung der allgemeinen Nichtzumutbarkeitsklausel im Strafrecht?, in: JR 1975, S. 492 ff.

Achenbach, Hans/Amelung, Knut/Deckers, Rüdiger et al., Kommentar zur Strafprozeßordnung, Band 2, Teilband 1: §§ 94–212b, Neuwied et al. 1992 (zitiert: *Bearbeiter*, in: AK-StPO).

Achenbach, Hans/Ransiek, Andreas/Rönnau, Thomas (Hrsg.), Handbuch Wirtschaftsstrafrecht, 5. Auflage, Heidelberg 2019.

Adam, Jürgen/Schmidt, Karsten/Schumacher, Jörg, Nulla poena sine culpa – Was besagt das verfassungsrechtliche Schuldprinzip?, in: NStZ 2017, S. 7 ff.

Adam, Roman F., Sanktion, Prognoseprinzip und Vertragsstörung bei der verhaltensbedingten Kündigung im Arbeitsrecht, in: NZA 1998, S. 284 ff.

Annuß, Georg, Die Aufgaben von Richter- und Anwaltschaft bei der Konkretisierung des Arbeitsrechts, in: Baeck, Ulrich/Hauck, Friedrich/Preis, Ulrich et al. (Hrsg.), Festschrift für Jobst-Hubertus Bauer zum 65. Geburtstag, München 2010, S. 19 ff.

Appel, Clemens/Gerken, Doris, Pro und contra Verdachtskündigung, in: AuR 1995, S. 201 ff.

Appel, Ivo, Verfassung und Strafe, Berlin 1998.

Arzt, Gunther et al., Entwurf eines Gesetzes gegen Ladendiebstahl (AE-GLD), in: Recht und Staat in Geschichte und Gegenwart, Heft 439, Tübingen 1974.

Arzt, Gunther et al., Entwurf eines Gesetzes zur Regelung der Betriebsjustiz (AE-BJG), in: Recht und Staat in Geschichte und Gegenwart, Heft 447/448, Tübingen 1975.

Arzt, Gunther, Offener oder versteckter Rückzug des Strafrechts vom Kampf gegen Ladendiebstahl?: Eine Entgegnung auf Schoreit, in: JZ 1976, S. 54 ff.

Ascheid, Reiner, Kündigungsschutzrecht, Stuttgart et al. 1993.

Auffermann, Peter, Der Grundsatz der Verhältnismäßigkeit im Arbeits- und Sozialversicherungsrecht, Würzburg 1975.

Aust-Dodenhoff, Karin, Die Arbeitsgerichtsbarkeit auf dem Weg zur ordentlichen Gerichtsbarkeit?, in: NZA 2004, S. 24 ff.

Bach, Hans-Uwe/Spitznagel, Eugen, Unter der Oberfläche – Die wahren Kosten der Arbeitslosigkeit, in: IAB Forum 2006, S. 48 ff.

Bader, Peter von/Fischermeier, Ernst/Gallner, Inken et al. (Hrsg.), KR – Gemeinschaftskommentar zu Kündigungsschutzgesetz und zu sonstigen kündigungsschutzrechtlichen Vorschriften, 13. Auflage, Köln 2022 (zitiert: *Bearbeiter*, in: GK-KR).

Baer, Susanne, Grundgesetz und Arbeitsrecht, in: RdA 2022, S. 266 ff.

Bartels, Klaus, Die arbeitsvertragliche Vertrauens(dis)kontinuität und ihre Folgen für § 626 BGB – Kündigungsgrund und nachträgliches Verhalten im Prozess, in: RdA 2010, S. 109 ff.

Barthe, Christoph/Gericke, Jan (Hrsg.), Karlsruher Kommentar zur Strafprozessordnung, 9. Auflage, München 2023 (zitiert: *Bearbeiter*, in: KK-StPO).

Bauer, Jobst-Hubertus, Kündigungsschutz – Paradigmenwechsel nötig?, in: NZA-Beilage 2019, S. 21 ff.

Bauer, Jobst-Hubertus/Schunder, Maximilian Luca, Maßnahmen und Pflichten des Arbeitgebers bei sexuellen Belästigungen, in: NZA 2022, S. 1368 ff.

Baumann, Jürgen, Eine Bagatelle?, in: ZRP 1976, S. 268 ff.

Baumann, Jürgen, Einführung in die Rechtswissenschaft, 8. Auflage, München 1989.

Baumann, Jürgen, Grabgesang für das Legalitätsprinzip, in: ZRP 1972, S. 273 ff.

Baumann, Jürgen, Minima non curat praetor, in: Baumann, Jürgen/Klaus, Tiedemann (Hrsg.), Einheit und Vielfalt des Strafrechts – Festschrift für Karl Peters zum 70. Geburtstag, Tübingen 1974, S. 3 ff.

Baumann, Jürgen, Über die notwendigen Veränderungen im Bereich des Vermögensschutzes, in: JZ 1972, S. 1 ff.

Becker, Jörg-Peter/Erb, Volker/Esser, Robert et al. (Hrsg.), Löwe-Rosenberg StPO Online, Berlin 2014–2023 (zitiert: *Bearbeiter*, in: Löwe/Rosenberg, StPO).

Belling, Detlev W., Anmerkung zu BAG, Urt. v. 14.9.1994 – 2 AZR 164/94, in: AP BGB § 626 Verdacht strafbarer Handlung Nr. 24.

Belling, Detlev W., Die Kündigung wegen verdachtsbedingten Vertrauenswegfalls, in: RdA 1996, S. 223 ff.

Benecke, Martina/Groß, Nadja, Druck von Dritten nach Compliance-Verstößen, in: BB 2015, S. 693 ff.

Bengelsdorf, Peter, Anmerkung zu BAG, Urt. v. 17.1.1991 – 2 AZR 375/90, in: SAE 1992, S. 134 ff.

Bengelsdorf, Peter, Die kündigungsrechtliche Bewertung von Bagatelldelikten vor und nach dem Verfahren Barbara Emme, in: SAE 2011, S. 122 ff.

Bengelsdorf, Peter, Die Verdachtskündigung, in: AuA 1995, S. 196 ff.

Berckhauer, Friedrich Helmut, Soziale Kontrolle der Bagatellkriminalität: Der Ladendiebstahl als Beispiel, in: DRiZ 1976, S. 229 ff.

Berkowsky, Wilfried, Die personen- und verhaltensbedingte Kündigung, 4. Auflage, München 2005.

Berkowsky, Wilfried, Die verhaltensbedingte Kündigung, in: NZA-RR 2001, S. 1 ff., 57 ff.

Bernstein, Rainer, Anmerkung zu BAG, Urt. v. 5.4.2001 – 2 AZR 217/00, in: AP BGB § 626 Verdacht strafbarer Handlung Nr. 34.

Beulke, Werner, Neugestaltung der Vorschriften über die Öffentlichkeit des Strafverfahrens?, in: JR 1982, S. 309 ff.

Beulke, Werner/Swoboda, Sabine, Strafprozessrecht, 16. Auflage, Heidelberg 2022.

Bierling, Ernst Rudolph, Juristische Prinzipienlehre, Erster Band, Neudruck der im Verlag von J.C.B. Mohr (Paul Siebeck) erschienenen Auflage von 1894–1917, Aalen 1961.

Binding, Karl, Handbuch des Strafrechts, Erster Band, Leipzig 1885.

Bindokat, Heinz, Mehrerlei Unrecht?, in: JZ 1958, S. 553 ff.

Binkert, Gerhard, Hände weg vom Kündigungsschutzgesetz!, in: NZA 2010, S. 433 ff.

Birnbaum, Monika, Sollen Bagatellgrenzen für Kündigungen eingeführt werden?, in: AuA 2010, S. 212 f.

Bissels, Alexander/Lützeler, Martin, Compliance-Verstöße im Ernstfall: Der Weg zu einer verhaltensbedingten Kündigung, in: BB 2012, S. 189 ff.

Bitter, Walter/Kiel, Heinrich, 40 Jahre Rechtsprechung des Bundesarbeitsgerichts zur Sozialwidrigkeit von Kündigungen, in: RdA 1995, S. 26 ff.

Bittmann, Folker, Wider ein Strafrecht als alltäglicher Begleiter, in: NStZ 2016, S. 249 ff.

Blau, Günter/Franke, Einhard, Diversion und Schlichtung, in: ZStW 96 (1984), S. 485 ff.

Bloy, René, Zur Systematik der Einstellungsgründe im Strafverfahren, in: GA 1980, S. 161 ff.

Bock, Dennis, Zur Geschäftsherrenhaftung des Betriebsinhabers für betriebsbezogene Straftaten seiner Mitarbeiter (BGH, Beschl. v. 6.2.2018 – 5 StR 629/17 = NStZ 2018, 648), in: Rotsch, Thomas (Hrsg.), Criminal Compliance – Status quo und Status futurus, Baden-Baden 2021.

Boemke, Burkhard, Privatautonomie im Arbeitsvertragsrecht, in: NZA 1993, S. 532 ff.

Boemke, Burkhard, Schuldvertrag und Arbeitsverhältnis, München 1999.

Böhle, Fritz/Voß, G. Günther/Wachtler, Günther (Hrsg.), Handbuch Arbeitssoziologie, Band 1: Arbeit, Strukturen und Prozesse, 2. Auflage, Wiesbaden 2018.

Bosch, Nikolaus, Garantenpflicht eines KfZ-Werkstattleiters, in: JA 2008, S. 737 ff.

Boxdorfer, Dietrich, Das öffentliche Interesse an der Strafverfolgung trotz geringer Schuld des Täters, in: NJW 1976, S. 317 ff.

Brauchli, Rebecca/Hämming, Oliver/Güntert, Stefan et al., Vereinbarkeit von Erwerbsarbeit und Privatleben, in: Zeitschrift für Arbeits- und Organisationspsychologie 56 (2012), S. 24 ff.

Brinkmann, Christian, Finanzielle und psycho-soziale Belastungen während der Arbeitslosigkeit, in: Wacker, Ali (Hrsg.), Vom Schock zum Fatalismus?, 2. Auflage, Frankfurt am Main 1981, S. 57 ff.

Brors, Christiane, in: Wolmerath, Martin/Gallner, Inken/Krasshöfer, Horst-Dieter/Weyand, Joachim (Hrsg.), Recht – Politik – Geschichte – Festschrift für Franz Josef Düwell zum 65. Geburtstag, Baden-Baden 2011, S. 197 ff.

Bruns, Jan-Willem, Der Einfluss der Rundfunkfreiheit auf das Arbeitsrecht, in: RdA 2008, S. 135 ff.

Bruns, Patrick, Das neue Hinweisgeberschutzgesetz, in: NJW 2023, S. 1609 ff.

Bülte, Jens, Die Beschränkung der strafrechtlichen Geschäftsherrenhaftung auf die Verhinderung betriebsbezogener Straftaten – Zugleich eine Besprechung von BGH, Urt. v. 20.10.2011 – 4 StR 71/11, in: NZWiSt 2012, S. 176 ff.

Bürger, Sebastian, § 299 StGB – eine Straftat gegen den Wettbewerb, in: wistra 2003, S. 130 ff.

Burkhardt, Björn, Die Geringwertigkeit des Weggenommenen bei Raub und raubgleichen Delikten, in: NJW 1975, S. 1687 f.

Burkhardt, Björn, Gewaltanwendung bei Vermögensdelikten mit Bagatellcharakter, in: JZ 1973, S. 110 ff.

Buschmann, Rudolf, Anmerkung zu LAG Berlin-Brandenburg, Urt. v. 24.2.2009 – 7 Sa 2017/08, in: AuR 2009, S. 220 f.

Bussmann, Kai-D./Matschke, Sebastian, Die Zukunft der unternehmerischen Haftung bei Compliance-Verstößen, in: CCZ 2009, S. 132 ff.

Bydlinski, Franz, System und Prinzipien des Privatrechts, Wien 1996.

Ceffinato, Tobias, Akzessorietät des Strafrechts zwischen Rechtspolitik und Strafrechtsdogmatik, in: NK 2017, S. 75 ff.

Cirener, Gabriele/Laufhütte, Wilhelm/Radtke, Henning et al. (Hrsg.), Leipziger Kommentar StGB Online, Berlin 2014–2023 (zitiert: *Bearbeiter*, in: LK-StGB).

Csikszentmihalyi, Mihaly, Flow, 17. Auflage, Stuttgart 2014.

Dannecker, Christoph, Internet-Pranger auf Verdacht: Zur Bedeutung der Unschuldsvermutung für die Information der Öffentlichkeit über lebensmittelrechtliche Verstöße nach § 40 Abs. 1a Nr. 2 LFGB, in: JZ 2013, S. 924 ff.

Dannecker, Gerhard, Das Verbot unbestimmter Strafen: Der Bestimmtheitsgrundsatz im Bereich der Deliktsfolgen, in: Heinrich, Manfred/Jäger, Christian/Schünemann, Bernd et al. (Hrsg.), Strafrecht als Scientia Universalis – Festschrift für Claus Roxin zum 80. Geburtstag, Band I, Berlin 2011, S. 285 ff.

Dannecker, Gerhard, Fahrlässigkeit in formalen Organisationen, in: Amelung, Knut (Hrsg.), Individuelle Verantwortung und Beteiligungsverhältnisse bei Straftaten in bürokratischen Organisationen des Staates, der Wirtschaft und der Gesellschaft, Sinzheim 2000, S. 209 ff. (zitiert: *G. Dannecker*, in: Amelung, Individuelle Verantwortung).

Däubler, Wolfgang, Individuum und Kollektiv im Arbeitsrecht, in: NZA 1988, S. 857 ff.

Däubler, Wolfgang/Hjort, Jens Peter/Schubert, Michael/Wolmerath, Martin (Hrsg.), Arbeitsrecht, 5. Auflage, Baden-Baden 2022 (zitiert: *Bearbeiter*, in: HK-ArbR).

Deckert, Antje, Zum Strafwürdigkeitsbegriff im Kontext legislativer Kriminalisierungsentscheidungen im Verfassungsstaat, in: ZIS 2013, S. 266 ff.

Deinert, Olaf, Die Verdachtskündigung – Neues zu einem alten Thema?, in: AuR 2005, S. 285 ff.

Deiters, Mark/Albrecht, Anna Helena, § 153a Abs. 2 StPO bei weiter aufklärbarem Verdacht eines Verbrechens?, in: ZIS 2013, S. 483 ff.

Dersch, Hermann, Entwicklungstendenzen im Arbeitsrecht unter Abweichung vom BGB, in: RdA 1958, S. 441 ff.

Diller, Martin, „Gesuchte" Kündigungsgründe, in: NZA 2006, S. 569 ff.

Dölling, Dieter, Die Behandlung der Kleinkriminalität in der Bundesrepublik Deutschland (alte Bundesländer), in: Lampe, Ernst-Joachim (Hrsg.), Vorschläge zur prozessualen Behandlung der Kleinkriminalität, Köln et al. 1993, S. 3 ff.

Dölling, Dieter, Zum Stand des deutschen Strafzumessungsrechts, in: Engelhart, Marc/Kudlich, Hans/Vogel, Benjamin (Hrsg.), Digitalisierung, Globalisierung und Risikoprävention – Festschrift für Ulrich Sieber zum 70. Geburtstag, Teilband II, Berlin 2021, S. 1345 ff.

Dölling, Dieter/Duttge, Gunnar/König, Stefan/Rössner, Dieter (Hrsg.), Gesamtes Strafrecht, Handkommentar, 5. Auflage, Baden-Baden 2022 (zitiert: *Bearbeiter*, in: HK-GS).

Dörner, Klemens, Abschied von der Verdachtskündigung?, in: NZA 1993, S. 873 ff.

Dörner, Klemens, Die Verdachtskündigung im Spiegel der Methoden zur Auslegung von Gesetzen, in: NZA 1992, S. 865 ff.

Dreher, Eduard, Die Behandlung der Bagatellkriminalität, in: Stratenwerth, Günter/Kaufmann, Armin/Geilen, Gerd et al. (Hrsg.), Festschrift für Hans Welzel zum 70. Geburtstag, Berlin 1974, S. 917 ff.

Dreher, Eduard, Über Strafrahmen, in: Frisch, Wolfgang/Schmid, Werner (Hrsg.), Festschrift für Hans-Jürgen Bruns zum 70. Geburtstag, Köln et al. 1978, S. 141 ff.

Dreier, Horst (Hrsg.), Grundgesetz, Band III: Artikel 83–146, 3. Auflage, Tübingen 2018.

Dreßler, Rudolf/Thüsing, Gregor, Angleichung der „Verdachtskündigung" an das Strafrecht?, in: ZRP 2009, S. 127.

Drescher, Ingo/Fleischer, Holger/Schmidt, Karsten (Hrsg.), Münchener Kommentar zum Handelsgesetzbuch, Band 1: Erstes Buch. Handelsstand §§ 1–104a, 5. Auflage, München 2021 (zitiert: *Bearbeiter*, in: MüKo-HGB).

Dütz, Wilhelm, Kirchliche Festlegung arbeitsvertraglicher Kündigungsgründe, in: NJW 1990, S. 2025 ff.

Dütz, Wilhelm/Thüsing, Gregor, Arbeitsrecht, 28. Auflage, München 2023.

Düwell, Franz Josef, Das Erbe von Weimar: Unser Arbeitsrecht und seine Gerichtsbarkeit, in: RdA 2010, S. 129 ff.

Dzida, Boris, Außerordentliche Kündigung wegen Bestechung, in: NZA 2012, S. 881 ff.

Dzida, Boris/Seibt, Christoph H., Neues Hinweisgeberschutzgesetz: Analyse und Antworten auf Praxisfragen, in: NZA 2023, S. 657 ff.

Eckert, Michael, (Vermeintliche) Bagatell-Delikte als Kündigungsgrund?, in: BC 2010, S. 26 ff.

Eckl, Peter, Legalitätsprinzip in der Krise?, in: ZRP 1973, S. 139 ff.

Eckl, Peter, Neue Verfahrensweisen zur Behandlung der Kleinkriminalität, in: JR 1975, S. 99 ff.

Eisenbeis, Ernst/Nießen, Christoph, Auf Kollisionskurs: Ethikrichtlinien nach US-amerikanischem Vorbild und deutsches Arbeitsrecht, in: Düwell, Franz Josef/Stückemann, Wolfgang/Wagner, Volker (Hrsg.), Bewegtes Arbeitsrecht – Festschrift für Wolfgang Leinemann zum 70. Geburtstag, Neuwied 2006, S. 697 ff.

El-Ghazi, Mohamad, Der Anwendungsbereich des Doppelverwertungsverbotes, in: JZ 2014, S. 180 ff.

Enderlein, Wolfgang, Das erschütterte Arbeitgebervertrauen im Recht der verhaltensbedingten Tat- und Verdachtskündigung, in: RdA 2000, S. 325 ff.

Erbs, Georg (Begr.)/*Häberle, Peter* (Hrsg.), Strafrechtliche Nebengesetze, Band 1, Loseblattsammlung, 248. Ergänzungslieferung, Stand Juli 2023, München 2023 (zitiert: *Bearbeiter*, in: Erbs/Kohlhaas, Strafrechtliche Nebengesetze).

Erman, Walter (Begr.)/*Westermann, Harm Peter/Grunewald, Barbara/Maier-Reimer, Georg* (Hrsg.), Bürgerliches Gesetzbuch, Band 2 (§§ 598–1588 BGB, WZGA, VersAusglG), 17. Auflage, Köln 2023 (zitiert: *Bearbeiter*, in: Erman, BGB).

Esche, Frederike, Die Folgen der Arbeitslosigkeit für Partnerschaften, Wiesbaden 2017.

Eser, Albin, Verhaltensregeln und Behandlungsnormen, in: Eser, Albin/Schittenhelm, Ulrike/Schumann, Heribert (Hrsg.), Festschrift für Theodor Lenckner zum 70. Geburtstag, München 1998, S. 25 ff.

Eufinger, Alexander, Personelle Selbstreinigung nach Compliance-Verstößen, in: DB 2016, S. 471 ff.

Eufinger, Alexander, Rechtliche Aspekte Compliance-indizierter Sanktionsmaßnahmen im Arbeitsverhältnis, in: RdA 2017, S. 223 ff.

Eylert, Mario, Die Verdachtskündigung, in: NZA-RR 2014, S. 393 ff.

Fandel, Stefan/Kock, Martin, Anmerkung zu BAG, Urt. v. 10.6.2010 – 2 AZR 541/09, in: BB 2011, S. 61 f.

Felix, Dagmar, Einheit der Rechtsordnung, Tübingen 1998.

Fezer, Gerhard, Vereinfachte Verfahren im Strafprozeß, in: ZStW 106 (1994), S. 1 ff.

Fischer, Thomas, Entwicklungslinien der fortgesetzten Handlung – „Tatbestand" und „Typus" in der Rechtsprechung des BGH, in: NStZ 1992, S. 415 ff.

Fischer, Thomas, Strafgesetzbuch und Nebengesetze, 69. Auflage, München 2022 (zitiert: *Fischer*, StGB).

Franz, Wolfang/Rüthers, Bernd, Arbeitsrecht und Ökonomie, in: RdA 1999, S. 32 ff.

Franzese, Fabio/Rapp, Ingmar, Der Einfluss von Arbeitslosigkeit auf das Trennungsrisiko von Ehen, in: Zeitschrift für Familienforschung 2013, S. 331 ff.

Franzheim, Horst, Kriminalpolitische Problematik des Ladendiebstahls, in: ZRP 1972, S. 158 ff.

Freund, Georg/Rostalski, Frauke, Strafrecht Allgemeiner Teil, 3. Auflage, Berlin 2019.

Frey, Bruno S./Frey Marti, Claudia, Glück, Zürich 2010.

Frisch, Wolfgang, An den Grenzen des Strafrechts, in: Küper, Wilfried/Welp, Jürgen (Hrsg.), Beiträge zur Rechtswissenschaft – Festschrift für Walter Stree und Johannes Wessels zum 70. Geburtstag, Heidelberg 1993, S. 69 ff.

Frisch, Wolfgang, Strafrecht, München 2022.

Frisch, Wolfgang, Schuldgrundsatz und Verhältnismäßigkeitsgrundsatz, in: NStZ 2013, S. 249 ff.

Frisch, Wolfang, Über die „Bewertungsrichtung" von Strafzumessungstatsachen – Ein Beitrag zur Problematik komparativer Aussagen im Strafrecht, in: GA 1989, S. 338 ff.

Frisch, Wolfgang, Unrecht und Schuld im Verbrechensbegriff und in der Strafzumessung, in: Britz, Guido (Hrsg.), Grundlagen staatlichen Strafens – Festschrift für Heinz Müller-Dietz zum 70. Geburtstag, München 2001, S. 237 ff.

Frisch, Wolfgang, Voraussetzungen und Grenzen staatlichen Strafens, in: NStZ 2016, S. 16 ff.

Frister, Helmut, Der strafrechtsdogmatische Begriff der Schuld, in: JuS 2013, S. 1057 ff.

Frister, Helmut, Strafrecht Allgemeiner Teil, 10. Auflage, München 2023.

Fritz, Hans-Joachim/Renz, Hartmut T., Unzuverlässigkeit als Kündigungsgrund? Einfluss außerdienstlichen Verhaltens auf compliancerelevante Pflichten, in: CCZ 2015, S. 229 ff.

Fromm, Erwin, Die arbeitnehmerbedingten Kündigungsgründe, Berlin 1995.

Fuhlrott, Michael, Die fristlose Kündigung wegen Vermögensdelikten zwei Jahre nach „Emmely" – eine Bestandsaufnahme, in: ArbRAktuell 2012, S. 498 ff.

Fuhlrott, Michael, Geschäftsgeheimnisschutz durch arbeitsrechtliche Sicherungsmaßnahmen, in: ArbRAktuell 2020, S. 79 ff.

Fuhlrott, Michael/Hiéramente, Mayeul (Hrsg.), Beck'scher Online Kommentar BeckOK GeschGehG, 17. Edition, Stand: 15.3.2023, München 2023 (zitiert: *Bearbeiter*, in: BeckOK-GeschGehG).

Gamillscheg, Franz, Das deutsche Arbeitsrecht am Ende des Jahrhunderts, in: RdA 1998, S. 2 ff.

Gamillscheg, Franz, Die Grundrechte im Arbeitsrecht, Berlin 1989.

Gamillscheg, Franz, Die Grundrechte im Arbeitsrecht, in: AcP 164 (1964), S. 385 ff.

Gamillscheg, Franz, Gedanken zur Rechtsfindung im Arbeitsrecht, dargestellt an Beispielen aus der Rechtsprechung des Bundesarbeitsgerichts, in: Mayer-Maly, Theo/Nowak, Albert/Tomandl, Theodor, Festschrift für Hans Schmitz zum 70. Geburtstag, Band I, Wien 1967, S. 68 ff.

Gamillscheg, Franz, Mutterschutz und Sozialstaat, in: Nipperdey, Hans Carl (Hrsg.), Festschrift für Erich Molitor zum 75. Geburtstag, München/Berlin 1962, S. 57 ff.

Gamillscheg, Franz, Zivilrechtliche Denkformen und die Entwicklung des Individualarbeitsrechts: Zum Verhältnis von Arbeitsrecht und BGB, in: AcP 176 (1976), S. 197 ff.

Gärditz, Klaus Ferdinand, Demokratizität des Strafrechts und Ultima Ratio-Grundsatzes, in: JZ 2016, S. 641 ff.

Geerds, Friedrich, Ladendiebstahl, in: Jescheck, Hans-Heinrich/Lüttger, Hans (Hrsg.), Festschrift für Eduard Dreher zum 70. Geburtstag, Berlin 1977, S. 533 ff.

Geppert, Klaus, Zur straf- und strafverfahrensrechtlichen Bewältigung von Serienstraftaten nach Wegfall der Rechtsfigur der „fortgesetzten Handlung" – 1. Teil, in: NStZ 1996, S. 57 ff.

Gercke, Björn/Julius, Karl-Peter/Temming, Dieter/Zöller, Mark A. (Hrsg.), Strafprozessordnung, 6. Auflage, Heidelberg 2019 (zitiert: *Bearbeiter*, in: HK-StPO).

Gercke, Björn/Kraft, Oliver/Richter, Marcus, Arbeitsstrafrecht, 3. Auflage, Heidelberg 2021.

Gercke, Björn/Leimenstoll, Ulrich, Einführung in das Arbeitsstrafrecht, in: WiJ 2012, S. 246 ff.

Gerhards, Thomas, Abmahnungserfordernis bei Vertrauensstörungen, in: BB 1996, S. 794 ff.

Gerlach, Knut/Stephan, Gesine, Lebenszufriedenheit und Erwerbsstatus: Ost- und Westdeutschland im Vergleich, in: Mitteilungen aus der Arbeitsmarkt- und Berufsforschung 2001, S. 515 ff.

Germelmann, Claas-Hinrich/Prütting, Hanns/Matthes, Hans-Christoph, Arbeitsgerichtsgesetz, 10. Auflage, München 2022.

Gierok, Markus/Köllmann, Thomas, Vorlage von gefälschten Impfpässen und Impfunfähigkeitsattesten durch Beschäftigte: Straf- und arbeitsrechtliche Folgen, in: NZA 2022, S. 1227 ff.

Giese, Katja/Dachner, Anja, Wann beginnt die zweiwöchige Ausschlussfrist zur fristlosen Kündigung im Rahmen komplexer Compliance-Untersuchungen?, in: NZA 2022, S. 538 ff.

Göpfert, Burkhard/Drägert, Carolin, Außerordentliche Kündigung bei Compliance-Verstößen ohne Ausschlussfrist? – Ein Diskussionsbeitrag, in: CCZ 2011, S. 25 ff.

Göpfert, Burkhard/Jungbauer, Vincent, Rechtliche Handlungsmöglichkeiten gegen fremdenfeindliche Wahlvorschläge bei Betriebsratswahlen, in: NZA 2022, S. 85 ff.

Göpfert, Burkhard/Landauer, Martin, „Arbeitsstrafrecht" und die Bedeutung von Compliance-Systemen: Straftaten „für" das Unternehmen, in: NZA-Beilage 2011, S. 16 ff.

Graf, Jürgen (Hrsg.), Beck'scher Online Kommentar BeckOK StPO mit RiStBV und MiStra, 49. Edition, Stand: 1.10.2023, München 2023 (zitiert: *Bearbeiter*, in: BeckOK-StPO).

Graf, Jürgen Peter/Jäger, Markus/Wittig, Petra (Hrsg.), Wirtschafts- und Steuerstrafrecht, 2. Auflage, München 2017.

Grasnick, Walter, Anmerkung zu BGH, Beschl. v. 10.4.1987 – GSSt 1/86, in: JZ 1988, S. 155 ff.

Gropp, Walter/Sinn, Arndt, Strafrecht Allgemeiner Teil, 5. Auflage, Berlin 2020.

Grüneberg, Christian (Hrsg.), Bürgerliches Gesetzbuch: BGB, 82. Auflage, München 2023 (zitiert: *Bearbeiter*, in: Grüneberg, BGB).

Günther, Hans-Ludwig, Klassifikation der Rechtfertigungsgründe im Strafrecht, in: Seebode, Manfred (Hrsg.), Festschrift für Günter Spendel zum 70. Geburtstag, Berlin 1992, S. 189 ff.

Günther, Hans-Ludwig, Strafrecht und Humangenetik, in: ZStW 102 (1990), S. 269 ff.

Günther, Hans-Ludwig, Strafrechtswidrigkeit und Strafunrechtsausschluß, Köln et al. 1983.

Habersack, Mathias (Hrsg.), Münchener Kommentar zum Bürgerlichen Gesetzbuch, Band 7: Schuldrecht – Besonderer Teil IV, §§ 705–853, Partnerschaftsgesellschaftsgesetz, Produkthaftungsgesetz, 8. Auflage, München 2020 (zitiert: *Bearbeiter*, in: MüKo-BGB).

Haffke, Bernhard, Die Legitimation des staatlichen Strafrechts zwischen Effizienz, Freiheitsverbürgung und Symbolik, in: Schünemann, Bernd/Achenbach, Hans/Bottke, Wilfried et al. (Hrsg.), Festschrift für Claus Roxin zum 70. Geburtstag, Berlin 2001, S. 955 ff.

Hamann, Wolfgang, Die Kündigung des Arbeitsverhältnisses durch den Arbeitgeber, in: JA 1987, S. 474 ff.

Hamm, Rainer, Richten mit und über Strafrecht, in: NJW 2016, S. 1537 ff.

Hanack, Ernst-Walter, Das Legalitätsprinzip und die Strafrechtsreform, in: Lackner, Karl/Leferenz, Heinz/Schmidt, Eberhard et al. (Hrsg.), Festschrift für Wilhelm Gallas zum 70. Geburtstag, Berlin 1973, S. 339 ff.

Hanau, Peter, Die Dynamik des Arbeitsrechts, in: Baeck, Ulrich/Hauck, Friedrich/Preis, Ulrich et al. (Hrsg.), Festschrift für Jobst-Hubertus Bauer zum 65. Geburtstag, München 2010, S. 385 ff.

Hanau, Peter, Die Rechtsprechung zu den Grundrechten der Arbeit, in: Grupp, Klaus/Weth, Stephan (Hrsg.), Arbeitnehmerinteressen und Verfassung, Berlin 1998, S. 73 ff.

Hase, Karl von, Fristlose Kündigung und Abmahnung nach neuem Recht, in: NJW 2002, S. 2278 ff.

Hassemer, Winfried, Juristische Methodenlehre und richterliche Pragmatik, in: Rechtstheorie 2008, S. 1 ff.

Hau, Wolfgang/Poseck, Roman (Hrsg.), Beck'scher Online-Kommentar BeckOK BGB, 67. Edition, Stand: 1.8.2023, München 2023 (zitiert: *Bearbeiter,* in: BeckOK-BGB).

Hauschka, Christoph E./Moosmayer, Klaus/Lösler, Thomas (Hrsg.), Corporate Compliance, 3. Auflage, München 2016.

Haußmann, Katrin/Kaufmann, Muriel, Gesetzliche Beschäftigungsverbote, Eignungs-, Zuverlässigkeits- und Integritätsmerkmale und ihre Einordnung im Kündigungsschutzrecht, in: DB 2015, S. 1223 ff.

Haußmann, Katrin/Merten, Frank, „Kündigungspflicht" und ihre arbeitsrechtliche Umsetzung, in: NZA 2015, S. 258 ff.

Hefendehl, Roland, Der fragmentarische Charakter des Strafrechts, in: JA 2011, S. 401 ff.

Hefendehl, Roland (Hrsg.), Münchener Kommentar zum Strafgesetzbuch, Band 5: §§ 263– 297 StGB, 4. Auflage, München 2022 (zitiert: *Bearbeiter,* in: MüKo-StGB).

Heintschel-Heinegg, Bernd von (Hrsg.), Beck'scher Online Kommentar BeckOK StGB, 58. Edition, Stand: 1.8.2023, München 2023 (zitiert: *Bearbeiter,* in BeckOK-StGB).

Heintschel-Heinegg, Bernd von (Hrsg.), Münchener Kommentar zum Strafgesetzbuch, Band 1: §§ 1–37, 4. Auflage, München 2020 (zitiert: *Bearbeiter,* in: MüKo-StGB).

Heintschel-Heinegg, Bernd von (Hrsg.), Münchener Kommentar zum Strafgesetzbuch, Band 2: §§ 38–79b, 4. Auflage, München 2020 (zitiert: *Bearbeiter,* in: MüKo-StGB).

Heinze, Meinhard, Zur Abgrenzung von Betriebsbuße und Abmahnung, in: NZA 1990, S. 169 ff.

Henkel, Heinrich, Zumutbarkeit und Unzumutbarkeit als regulatives Rechtsprinzip, in: Engisch, Karl/Maurach, Reinhart (Hrsg.), Festschrift für Edmund Metzger zum 70. Geburtstag, München/Berlin 1954, S. 249 ff.

Henseler, Sven, Die Geringwertigkeit im Sinne der §§ 243 Abs. 2 und 248a StGB, in: StV 2007, S. 323 ff.

Henssler, Martin/Krüger, Wolfgang (Hrsg.), Münchener Kommentar zum Bürgerlichen Gesetzbuch, Band 5: Schuldrecht Besonderer Teil II, §§ 535–630h, BetrVK, HeizkostenV, WärmeLV, EFZG, TzBfG, KSchG, MiLoG, 9. Auflage, München 2023 (zitiert: *Bearbeiter*, in: MüKo-BGB).

Hermann, Joachim, Diversion und Schlichtung in der Bundesrepublik Deutschland, in: ZStW 96 (1984), S. 455 ff.

Herrmann, Dorothee/Zeidler, Finn, Arbeitnehmer und interne Untersuchungen – ein Balanceakt, in: NZA 2017, S. 1499 ff.

Herschel, Wilhelm, Anmerkung zu BAG, Urt. v. 11.3.1976 – 2 AZR 29/75, in: AP BGB § 626 Ausschlußfrist Nr. 9.

Herschel, Wilhelm, Entpönalisierung des Arbeitsrechts, in: Warda, Günter/Waider, Heribert/Hippel, Reinhard von/Meurer, Dieter (Hrsg.), Festschrift für Richard Lange zum 70. Geburtstag, Berlin 1976, S. 477 ff.

Herschel, Wilhelm, Gedanken zur Theorie des arbeitsrechtlichen Kündigungsgrundes, in: Mayer-Maly, Theo/Richardi, Reinhard/Schambeck, Herbert/Zöllner, Wolfgang (Hrsg.), Arbeitsleben und Rechtspflege – Festschrift für Gerhard Müller, Berlin 1981, S. 191 ff.

Herschel, Wilhelm, Zumutbarkeit anderer Arbeit und Sozialprestige, in: AuR 1968, S. 193 ff.

Herzberg, Rolf Dietrich, Der strafrechtliche Schuldbegriff im 21. Jahrhundert, in: GA 2015, S. 250 ff.

Herzberg, Rolf Dietrich, Straftat und Verhaltensnormverstoß, in: GA 2016, S. 737 ff.

Hettche, Verena, Unternehmensinterne Untersuchungen aus arbeitsrechtlicher Perspektive, Berlin 2021.

Hettinger, Michael, Anmerkung zu BGH, Beschl. v. 29.10.1986 – 1 StR 578/85, in: StV 1987, S. 147 ff.

Hettinger, Michael, Das Doppelverwertungsverbot bei strafrahmenbildenden Umständen, Berlin 1982.

Hilger, Marie Luise, Zum „Arbeitnehmer-Begriff", in: RdA 1989, S. 1 ff.

Hillebrecht, Wilfried, Die „Prinzipien des Kündigungsrechts bei Arbeitsverhältnissen" und die Kündigungsrechtsprechung des Bundesarbeitsgerichts, in: ZfA 1991, S. 87 ff.

Hirsch, Hans Joachim, Gegenwart und Zukunft des Privatklageverfahrens, in: Warda, Günter/Waider, Heribert/Hippel, Reinhard von/Meurer, Dieter (Hrsg.), Festschrift für Richard Lange zum 70. Geburtstag, Berlin 1976, S. 815 ff.

Hirsch, Hans Joachim, Hauptprobleme einer Reform der Delikte gegen die körperliche Unversehrtheit, in: ZStW 83 (1971), S. 140 ff.

Hirsch, Hans Joachim, Zur Behandlung der Bagatellkriminalität in der Bundesrepublik Deutschland, in: ZStW 92 (1980), S. 218 ff.

Hobe, Konrad, „Geringe Schuld" und „öffentliches Interesse" in den §§ 153 und 153a StPO, in: Kerner, Hans-Jürgen/Göppinger, Hans/Streng, Franz (Hrsg.), Festschrift für Heinz Leferenz zum 70. Geburtstag, Heidelberg 1983, S. 629 ff.

Hoefs, Christian, Die Verdachtskündigung, Berlin 2001.

Höpfner, Clemens, Gesetzesbindung und verfassungskonforme Auslegung im Arbeits- und Verfassungsrecht, in: RdA 2018, S. 321 ff.

Hoernle, Tatjana, Die Rolle des Opfers in der Straftheorie und im materiellen Strafrecht, in: JZ 2006, S. 950 ff.

Hoff, Ernst-H./Grote, Stefanie/Dettmer, Susanne et al., Work-Life-Balance: Berufliche und private Lebensgestaltung von Frauen und Männern in hoch qualifizierten Berufen, in: Zeitschrift für Arbeits- und Organisationspsychologie 49 (2005), S. 196 ff.

Hohendorf, Andreas, § 153a StPO als Radikalmittel zur Bewältigung der „Massen-Bagatellkriminalität", in: NJW 1987, S. 1177 ff.

Hohmann, Olaf, Gedanken zur Akzessorietät des Strafrechts, in: ZIS 2007, S. 38 ff.

Hohmann, Olaf (Hrsg.), Münchener Kommentar zum Strafgesetzbuch, Band 6: §§ 298–358 StGB, 4. Auflage, München 2022 (zitiert: *Bearbeiter*, in: MüKo-StGB).

Hohmuth, Markus, Die arbeitsrechtliche Implementierung von Compliance-Pflichten, in: BB 2014, S. 3061 ff.

Hollederer, Alfons, Erwerbslosigkeit, Gesundheit und Präventionspotenziale, Wiesbaden 2011.

Horn, Eckhard, Strafschärfung und Strafmilderung – im Verhältnis wozu?, in: StV 1986, S. 168 ff.

Hoven, Elisa, Bagatelldelikte, in: JuS 2014, S. 975 ff.

Hoven, Elisa, Die öffentliche Wahrnehmung von Strafzumessungsentscheidungen – Anlass für Reformen, in: KriPoZ 2018, S. 276 ff.

Hoyningen-Huene, Gerrick von, Anmerkung zu BAG, Urt. v. 27.9.1984 – 2 AZR 62/83, in: AP KSchG 1969 § 2 Nr. 8.

Hoyningen-Huene, Gerrick von, Der „freie Mitarbeiter“ im Sozialversicherungsrecht, in: BB 1987, S. 1730 ff.

Hoyningen-Huene, Gerrick von, Die Abmahnung im Arbeitsrecht, in: RdA 1990, S. 193 ff.

Hoyningen-Huene, Gerrick von, Rechtsfortbildung im Arbeitsrecht als Vorreiter und Vorbild?, in: BB 1986, S. 2133 ff.

Huber, Hans-Peter/Uzuner, Gülsemin, Der Verdacht im Straf- und Arbeitsrecht, in: NZWiSt 2016, S. 94 ff.

Hübschmann, Walter/Hepp, Ernst/Spitaler, Armin (Begr.), Abgabenordnung Finanzgerichtsordnung (AO/FGO), 276. Lieferung, Köln Oktober 2023.

Hueck, Alfred/Nipperdey, Hans Carl, Grundriß des Arbeitsrechts, 5. Auflage, Berlin/Frankfurt am Main 1970.

Hueck, Alfred/Nipperdey, Hans Carl, Lehrbuch des Arbeitsrechts, Erster Band, 2. Auflage, Mannheim et al. 1928.

Hünerfeld, Peter, Kleinkriminalität und Strafverfahren, in: ZStW 90 (1978), S. 905 ff.

Hunold, Wolf, Rechtsprechung zur Kündigung wegen Vertrauensbruch nach „Emmely“, in: NZA-RR 2011, S. 561 ff.

Ignor, Alexander/Mosbacher, Andreas (Hrsg.), Handbuch Arbeitsstrafrecht, 3. Auflage, Stuttgart et al. 2016.

Ignor, Alexander/Rixen, Stephan, Grundprobleme und gegenwärtige Tendenzen des Arbeitsstrafrechts – Das Gesetz zur Erleichterung der Bekämpfung von illegaler Beschäftigung und Schwarzarbeit und die Sanktionsregeln des neuen Arbeitsvermittlungsrechts, in: NStZ 2002, S. 510 ff.

Jahn, Matthias/Brodowski, Dominik, Krise und Neuaufbau eines strafverfassungsrechtlichen Ultima Ratio-Prinzips, in: JZ 2016, S. 969 ff.

Jahoda, Marie, Wieviel Arbeit braucht der Mensch?, 3. Auflage von 1986, Weinheim 1995.

Jakobs, Günther, Der Kern der Gesellschaft ist betroffen, in: KritV 1996, S. 320 ff.

Jakobs, Michael Ch., Der Grundsatz der Verhältnismäßigkeit, in: DVBl. 1985, S. 97 ff.

Jescheck, Hans-Heinrich, Die Kriminalpolitik der deutschen Strafrechtsreformgesetze im Vergleich mit der österreichischen Regierungsvorlage 1971, in: Lackner, Karl/Leferenz, Heinz/Schmidt, Eberhard et al. (Hrsg.), Festschrift für Wilhelm Gallas zum 70. Geburtstag, Berlin 1973, S. 27 ff.

Jescheck, Hans-Heinrich/Weigend, Thomas, Lehrbuch des Strafrechts, Allgemeiner Teil, 5. Auflage, Berlin 1996.

Joachim, Hans G., Zur Problematik der Verdachtskündigung, in: AuR 1964, S. 33 ff.

Jungwirth, Anton, Bagatelldiebstahl und Sachen ohne Verkaufswert, in: NJW 1984, S. 954 ff.

Junker, Abbo, Grundkurs Arbeitsrecht, 22. Auflage, München 2023.

Kaiser, Günther, Möglichkeiten der Bekämpfung von Bagatellkriminalität in der Bundesrepublik Deutschland, in: ZStW 90 (1978), S. 877 ff.

Karrer, Dieter, Familie und belastete Generationenbeziehungen, Wiesbaden 2015.

Kasiske, Peter, Die Selbstbelastungsfreiheit im Strafprozess, in: JuS 2014, S. 15 ff.

Kaskel, Walter (Begr.)/*Dersch, Hermann*, Arbeitsrecht, 5. Auflage, Berlin et al. 1957.

Kaspar, Johannes, Die Zukunft der Zweispurigkeit nach den Urteilen von Bundesverfassungsgericht und EGMR, in: ZStW 127 (2015), S. 654 ff.

Kaspar, Johannes, Verhältnismäßigkeit und Grundrechtsschutz im Präventionsstrafrecht, Baden-Baden 2014.

Kassenboehmer, Sonja C./Haisken-DeNew, John P., You're fired! The Casual Negative Effect of Entry Unemployment on Life Satisfaction, in: The Economic Journal 119 (2009), S. 448 ff.

Kaufmann, Armin/Dencker, Friedrich, Strafrechtsreform im Einführungsgesetz?, in: JZ 1973, S. 144 ff.

Kaufmann, Arthur, Strafloser Schwangerschaftsabbruch: rechtswidrig, rechtmäßig oder was?, in: JZ 1992, S. 981 ff.

Kaufmann, Arthur, Subsidiaritätsprinzip und Strafrecht, in: Roxin, Claus/Bruns, Hans-Jürgen/Jäger, Herbert (Hrsg.), Grundfragen der gesamten Strafrechtswissenschaft – Festschrift für Heinrich Henkel zum 70. Geburtstag, Berlin 1974, S. 89 ff.

Keiser, Claudia, Der Verdacht des Bagatelldiebstahls im Arbeitsrecht – Das sog. Pfandbonurteil, in: JR 2010, S. 55 ff.

Keller, Rolf/Schmid, Wolfang, Möglichkeiten einer Verfahrensbeschleunigung in Wirtschaftsstrafsachen, in: wistra 1984, S. 201 ff.

Kempff, Gilbert, Grundrechte im Arbeitsverhältnis, Köln 1988.

Kempter, Michael/Steinat, Björn, Compliance – arbeitsrechtliche Gestaltungsinstrumente und Auswirkungen in der Praxis, in: NZA 2017, S. 1505 ff.

Kern, Eduard, Grade der Rechtswidrigkeit, in: ZStW 64 (1952), S. 255 ff.

Kholin, Mareike/Blickle, Gerhard, Zum Verhältnis von Erwerbsarbeit, Arbeitswerten und Globalisierung, in: Zeitschrift für Arbeits- und Organisationspsychologie 59 (2015), S. 16 ff.

Kiel, Heinrich/Lunk, Stefan/Oetker, Hartmut (Hrsg.), Münchener Handbuch zum Arbeitsrecht, Band 1: Individualarbeitsrecht I, 5. Auflage, München 2021 (zitiert: *Bearbeiter*, in: MHdB-ArbR, Band 1).

Kiel, Heinrich/Lunk, Stefan/Oetker, Hartmut (Hrsg.), Münchener Handbuch zum Arbeitsrecht, Band 2: Individualarbeitsrecht II, 5. Auflage, München 2021 (zitiert: *Bearbeiter*, in: MHdB-ArbR, Band 2).

Kienapfel, Diethelm, Betriebskriminalität und Betriebsstrafe, in: JZ 1965, S. 599 ff.

Kindhäuser, Urs/Neumann, Ulfrid/Paeffegen, Hans-Ullrich et al. (Hrsg.), Strafgesetzbuch, Band 1: Allgemeiner Teil, §§ 1–37, 6. Auflage, Baden-Baden 2023 (zitiert: *Bearbeiter*, in: NK-StGB).

Kindhäuser, Urs/Neumann, Ulfrid/Paeffegen, Hans-Ullrich et al. (Hrsg.), Strafgesetzbuch, Band 2: Allgemeiner Teil, §§ 38–79b, 6. Auflage, Baden-Baden 2023 (zitiert: *Bearbeiter*, in: NK-StGB).

Kindhäuser, Urs/Neumann, Ulfrid/Paeffegen, Hans-Ullrich et al. (Hrsg.), Strafgesetzbuch, Band 3: Besonderer Teil, §§ 80–231, 6. Auflage, Baden-Baden 2023 (zitiert: *Bearbeiter*, in: NK-StGB).

Kindhäuser, Urs/Neumann, Ulfrid/Paeffegen, Hans-Ullrich et al. (Hrsg.), Strafgesetzbuch, Band 4: Besonderer Teil, §§ 232–358, 6. Auflage, Baden-Baden 2023 (zitiert: *Bearbeiter*, in: NK-StGB).

Kindhäuser, Urs, Gefährdung als Straftat, Frankfurt am Main 1989.

Kindhäuser, Urs/Böse, Martin, Strafrecht Besonderer Teil II: Straftaten gegen Vermögensrechte, 12. Auflage, Baden-Baden 2023.

Kindhäuser, Urs/Zimmermann, Till, Strafrecht Allgemeiner Teil, 10. Auflage, Baden-Baden 2022.

Kinzig, Jörg, Knast für den Diebstahl einer Milchschnitte?, in: Dölling, Dieter/Götting, Bert/Meier, Bernd-Dieter/Verrel, Torsten (Hrsg.), Verbrechen – Strafe – Resozialisierung – Festschrift für Heinz Schöch zum 70. Geburtstag, Berlin 2010, S. 647 ff.

Kirchhof, Paul, Unterschiedliche Rechtswidrigkeiten in einer einheitlichen Rechtsordnung, Heidelberg 1978.

Kittner, Michael (Begr.)/*Däubler, Wolfang/Deinert, Olaf/Zwanziger, Bertram* (Hrsg.), KSchR – Kündigungsschutzrecht, 11. Auflage, Frankfurt am Main 2020 (zitiert: *Bearbeiter*, in: KDZ-KSchR).

Kleinebrink, Wolfgang, Arbeitsrechtliche Sanktionen bei einem Verstoß eines Arbeitnehmers gegen Corona-Schutzvorschriften, in: NZA 2020, S. 1361 ff.

Kleinknecht, Theodor (Begr.)/*Heintschel-Heinegg, Bernd von/Bockemühl, Jan* (Hrsg.), KMR – Kommentar zur Strafprozessordnung, Loseblattsammlung Aktualisierungslieferung Nr. 123, Köln Oktober 2023.

Klinkhammer, Patrick, Kündigungen im Zusammenhang mit strafbarem Verhalten des Arbeitnehmers, in: ArbRAktuell 2017, S. 320 ff.

Klueß, Achim, Bagatelldelikte: Der Nürnberger Justizskandal im Spiegel der arbeitsgerichtlichen Rechtsprechung, in: AuR 2010, S. 57 ff.

Klueß, Achim, Bagatelldelikte: Vertrauensverlust in der/die Rechtsprechung, in: AuR 2010, S. 192 ff.

Klueß, Achim, Geringwertige Vermögensdelikte – Keine zwangsläufige Entlassung, in: NZA 2009, S. 337 ff.

Knabe, Andreas/Rätzel, Steffen, Scarring or Scaring? The Psychological Impact of Past Unemployment and Future Employment Risk, in: Economica 78 (2011), S. 283 ff.

Knabe, Andreas/Rätzel, Steffen/Schöb, Ronnie/Weimann, Joachim, Dissatisfied with life but having a good day: Time-use and well-being of the unemployed, in: The Economic Journal 120 (2010), S. 867 ff.

Knierim, Thomas C./Rübenstahl, Markus/Tsambikakis, Michael (Hrsg.), Internal Investigations, 2. Auflage, Heidelberg 2016.

Koch, Jens, Aktiengesetz, 17. Auflage, München 2023.

Koch, Ulrich, Langjährige Mitarbeiter dürfen das!, in: BB 2010, Heft 45 Editorial, S. I.

Kocka, Jürgen, Thesen zur Geschichte und Zukunft der Arbeit, in: Aus Politik und Zeitgeschichte 2001, S. 8 ff.

Köhler, Helmut/Bornkamm, Joachim/Feddersen, Jörn/Alexander, Christian, Gesetz gegen den unlauteren Wettbewerb, 41. Auflage, München 2023 (zitiert: *Bearbeiter*, in: Köhler/Bornkamm/Feddersen, UWG).

Köhler, Michael, Strafrecht Allgemeiner Teil, Berlin/Heidelberg 1997.

Kolbe, Sebastian, Unkündbarkeit für Korruptionstäter?, in: NZA 2009, S. 228 ff.

Kollmer, Norbert/Klindt, Thomas/Schucht, Carsten (Hrsg.), Arbeitsschutzgesetz, 4. Auflage, München 2021.

König, Wilhelm, Zur näheren Bestimmung des wichtigen Grundes bei der außerordentlichen Kündigung durch den Arbeitgeber, in: RdA 1969, S. 8 ff.

Kraft, Alfons, Bestandsschutz des Arbeitsverhältnisses; Lohne ohne Arbeit – Überlegungen zur Reduzierung der Regelungsdichte des Arbeitsrechts und zur Wiederherstellung der Äquivalenz im Arbeitsverhältnis, in: ZfA 1994, S. 463 ff.

Kramer, Helmut, Ladendiebstahl und Privatjustiz, in: ZRP 1974, S. 62 ff.

Kramer, Rolf, Gesellschaft im Wandel, Berlin 2009.

Krauß, Detlef, Erfolgsunwert und Handlungsunwert im Unrecht, in: ZStW 76 (1964), S. 19 ff.

Krimphove, Dieter, Das gesamtgesellschaftliche Phänomen „Arbeit“ in kultur- und rechtshistorischer Perspektive, in: Rechtstheorie 2010, S. 53 ff.

Kröpil, Karl, Unterschiedliche Auswirkungen der Begehung von Bagatelldelikten – Ein bedenklicher Wertungswiderspruch?, in: ZRP 2010, S. 178 ff.

Krois, Christopher, Die Änderungskündigung zum Zweck der Entgeltsenkung, in: ZfA 2009, S. 575 ff.

Krüger, Wolfgang (Hrsg.), Münchener Kommentar zum Bürgerlichen Gesetzbuch, Band 2: Schuldrecht – Allgemeiner Teil I, 9. Auflage, München 2022 (zitiert: *Bearbeiter*, in: MüKo-BGB).

Krümpelmann, Justus, Die Bagatelldelikte, Berlin 1966.

Kudlich, Hans/Koch, Jennifer, Das Ringen um die richtige Strafzumessung, in: NJW 2018, S. 2762 ff.

Kudlich, Hans/Noltensmeier, Silke/Schuhr, Jan C., Die Behandlung geringwertiger Tatobjekte im Strafrecht, in: JA 2010, S. 342 ff.

Kühl, Kristian, Von der gerechten Strafe zum legitimen Bereich des Strafbaren, in: Bloy, René/Böse, Martin/Hillenkamp, Thomas et al. (Hrsg.), Gerechte Strafe und legitimes Strafrecht – Festschrift für Manfred Maiwald zum 75. Geburtstag, Berlin 2010, S. 433 ff.

Kühl, Kristian/Heger, Martin, Strafgesetzbuch, 30. Auflage, München 2023 (zitiert: *Bearbeiter*, in: Lackner/Kühl, StGB).

Kühl, Kristian/Reichold, Hermann/Ronellenfitsch, Michael, Einführung in die Rechtswissenschaft, 3. Auflage, München 2019.

Kuhlmann, Goetz-Joachim, Anmerkungen zum Entwurf eines Gesetzes zur Regelung der Betriebsjustiz, in: JZ 1976, S. 537 ff.

Kunz, Karl-Ludwig, Das strafrechtliche Bagatellprinzip, Berlin 1984.

Lagodny, Otto, Strafrecht vor den Schranken der Grundrechte, Tübingen 1996.

Lampe, Ernst-Joachim, Ein neues Konzept für die Kleinkriminalität: Das Verfehlungsverfahren zwischen Bußgeld- und Strafverfahren, in: Lampe, Ernst-Joachim (Hrsg.), Vorschläge zur prozessualen Behandlung der Kleinkriminalität, Köln et al. 1993, S. 55 ff.

Landau, Herbert, Die jüngere Rechtsprechung des Bundesverfassungsgerichts zu Strafrecht und Strafverfahrensrecht, in: NStZ 2015, S. 665 ff.

Landau, Herbert, Die Pflicht des Staates zum Erhalt einer funktionsfähigen Strafrechtspflege, in: NStZ 2007, S. 121 ff.

Landau, Herbert, Strafrecht in seinen europäischen Bezügen – Gemeinsamkeiten, Diskrepanzen, Entscheidungen und Impulse, in: NStZ 2013, S. 194 ff.

Lange, Richard, Privilegierung des Ladendiebes?, in: JR 1976, S. 177 ff.

Lange, Richard, Terrorismus kein Notstandsfall?, in: NJW 1978, S. 784 ff.

Langfeldt, Bettina, Subjektorientierung in der Arbeits- und Industriesoziologie, Wiesbaden 2009.

Lembke, Mark, AÜG-Reform 2017 – Eine Reformatio in Peius, in: NZA 2017, S. 1 ff.

Linck, Rüdiger/Krause, Rüdiger/Bayreuther, Frank, Kündigungsschutzgesetz, 16. Auflage, München 2019.

Linck, Rüdiger/Preis, Ulrich/Schmidt, Ingrid (Hrsg.), Kündigungsrecht, 6. Auflage, München 2021 (zitiert: *Bearbeiter*, in: Ascheid/Preis/Schmidt, Kündigungsrecht).

Lindemann, Viola, Neuerungen im Arbeitsrecht durch die Schuldrechtsreform, in: AuR 2002, S. 81 ff.

Linsenmaier, Wolfang, „Das Richterrecht bleibt unser Schicksal" – Zur Rechtsfortbildung durch das BAG, in: RdA 2019, S. 157 ff.

Linsenmaier, Wolfgang, Von Lyon nach Erfurt – Zur Geschichte der deutschen Arbeitsgerichtsbarkeit, in: NZA 2004, S. 401 ff.

Löwisch, Manfred, Arbeitsrecht und wirtschaftlicher Wandel, in: RdA 1999, S. 69 ff.

Löwisch, Manfred, Auswirkungen der Schuldrechtsreform auf das Recht des Arbeitsverhältnisses, in: Wank, Rolf/Hirte, Heribert/Frey, Kaspar et al. (Hrsg.), Festschrift für Herbert Wiedemann zum 70. Geburtstag, München 2002, S. 311 ff.

Löwisch, Manfred, Rechtswidrigkeit und Rechtfertigung von Forderungsverletzungen, in: AcP 165 (1965), S. 421 ff.

Löwisch, Manfred, Wilhelm Herschel und die Wurzeln von Ultima-ratio-Grundsatz und Prognoseprinzip, in: BB 1998, S. 1793 ff.

Lücke, Oliver, Die Verdachtskündigung – Fragen aus der Praxis, in: BB 1997, S. 2259 ff.

Lücke, Oliver, Unter Verdacht: Die Verdachtskündigung, in: BB 1997, S. 1842 ff.

Lüders, Christian/Rosner, Siegfried, Arbeitslosigkeit in der Familie, in: Schindler, Hans/Wacker, Ali/Wetzels, Peter (Hrsg.), Familienleben in der Arbeitslosigkeit, Heidelberg 1990, S. 75 ff.

Luhmann, Maike/Hofmann, Wilhelm/Eid, Miachel/Lucas, Richard E., Subjective Well-Being and Adaptation to Life-Events: A Meta-Analysis, in: Journal of Personality and Social Psychology 102 (2012), S. 592 ff.

Luhmann, Maike/Weiss, Pola/Hosoya, Georg/Eid, Michael, Honey I Got Fired! A Longitudinal Dyadic Analysis of the Effect of Unemployment on Life

Satisfaction in Couples, in: Journal of Personality and Social Psychology 107 (2014), S. 163 ff.

Lunk, Stefan, Die Verdachtskündigung: Eine Rechtsfigur vor dem Aus? – Zugleich eine Übersicht über die aktuelle Rechtsprechung, in: NJW 2010, S. 2753 ff.

Maier-Reimer, Georg, Schutzgesetze – Verhaltensnormen, Sanktionen und ihr Adressat, in: NJW 2007, S. 3157 ff.

Maiwald, Manfred, Zum fragmentarischen Charakter des Strafrechts, in: Schroeder, Friedrich-Christian/Zipf, Heinz (Hrsg.), Festschrift für Reinhart Maurach zum 70. Geburtstag, Karlsruhe 1972, S. 9 ff.

Matt, Holger/Renzikowski, Joachim (Hrsg.), Strafgesetzbuch, 2. Auflage, München 2020.

Maunz, Theodor/Dürig, Günter (Begr.)/*Herzog, Roman/Scholz, Rupert et al.* (Hrsg.), Grundgesetz, Band I: Texte/Art. 1–5, 101. Lieferung Mai 2023, München 2023 (zitiert: *Bearbeiter*, in: Dürig/Herzog/Scholz, GG).

Maunz, Theodor/Dürig, Günter (Begr.)/*Herzog, Roman/Scholz, Rupert et al.* (Hrsg.), Grundgesetz, Band II: Art. 6–16a, 101. Lieferung Mai 2023, München 2023 (zitiert: *Bearbeiter*, in: Dürig/Herzog/Scholz, GG).

Maunz, Theodor/Dürig, Günter (Begr.)/*Herzog, Roman/Scholz, Rupert et al.* (Hrsg.), Grundgesetz, Band VI: Art. 87a–106b, 101. Lieferung Mai 2023, München 2023 (zitiert: *Bearbeiter*, in: Dürig/Herzog/Scholz, GG).

Maurach, Reinhart/Zipf, Heinz, Strafrecht Allgemeiner Teil, Teilband 1: Grundlehren des Strafrechts und Aufbau der Straftat, 8. Auflage, Heidelberg 1992.

Mävers, Gunther, Kündigung wegen Diebstahls von Maultaschen, Anmerkung zu ArbG Lörrach, Urt. v. 16.10.2009 – 4 Ca 248/09, in: ArbRAktuell 2009, S. 172.

Mayer-Maly, Theo, Arbeitsrecht und Privatrechtsordnung, in: JZ 1961, S. 205 ff.

Mayer-Maly, Theo, Die Begründung und Lösung von Arbeitsverhältnissen als Gesetzgebungsproblem, in: NJW 1978, S. 1566 ff.

Mayer-Maly, Theo, Rechtswissenschaft, 5. Auflage, München/Wien 1991.

Mayer, Hellmuth, Strafrechtsreform für heute und morgen, Berlin 1962.

Meier, Bernd-Dieter, Bagatellarische Tatbestände, in: ZStW 129 (2017), S. 433 ff.

Meissinger, Hermann, Reliefbild des Arbeitsrechts, München 1952.

Mengel, Anja, Arbeitsrechtliche Besonderheiten der Implementierung von Compliance-Programmen in internationalen Konzernen, in: CCZ 2008, S. 85 ff.

Mengel, Anja, Compliance und Arbeitsrecht, 2. Auflage, München 2023.

Mengel, Anja, Verstöße gegen Konzernbeschaffungsrichtlinien durch Compliance-Funktion – keine Kündigung ohne Abmahnung wegen vorheriger Zustimmung durch Vorgesetzte, Anmerkung zu ArbG Mannheim, Urt. v. 9.11.2017 – 8 Ca 121/17, in: CCZ 2018, S. 236 ff.

Mengel, Anja/Hagemeister, Volker, Compliance und Arbeitsrecht, in: BB 2006, S. 2466 ff.

Mengel, Anja/Hagemeister, Volker, Compliance und arbeitsrechtliche Implementierung im Unternehmen, in: BB 2007, S. 1386 ff.

Mestek-Schmülling, Katja, Mittelbare Straftatfolgen und ihre Berücksichtigung bei der Strafzumessung, Berlin 2004.

Meys, Tilman, Rechtsfortbildung extra legem im Arbeitsrecht, Frankfurt am Main 2009.

Miebach, Klaus, Die freie richterliche Beweiswürdigung in der neueren Rechtsprechung des BGH, in: NStZ 2021, S. 403 ff.

Minssen, Heiner, Arbeits- und Industriesoziologie, Frankfurt am Main 2006.

Mitsch, Wolfgang (Hrsg.), Karlsruher Kommentar zum Gesetz über Ordnungswidrigkeiten, 5. Auflage, München 2018 (zitiert: *Bearbeiter*, in: KK-OWiG).

Mitterer, Lorenz S., Arbeitgeberseitige Kündigung wegen außerdienstlichen strafrechtsrelevanten Verhaltens des Arbeitnehmers, in: NZA-RR 2011, S. 449 ff.

Moll, Wilhelm (Hrsg.), Münchener Anwaltshandbuch Arbeitsrecht, 5. Auflage, München 2021 (zitiert: *Bearbeiter*, in: MAH-ArbR).

Momsen, Carsten, Die Zumutbarkeit als Begrenzung strafrechtlicher Pflichten, Baden-Baden 2006.

Moos, Reinhard, Der allgemeine übergesetzliche Entschuldigungsgrund der Unzumutbarkeit in Deutschland und Österreich, in: ZStW 115 (2004), S. 891 ff.

Müller-Bonanni, Thomas/Sagan, Adam, Arbeitsrechtliche Aspekte der Compliance, in: BB 2008, S. 28 ff.

Müller-Glöge, Rudi/Preis, Ulrich/Schmidt, Ingrid (Hrsg.), Erfurter Kommentar zum Arbeitsrecht, 23. Auflage, München 2023 (zitiert: *Bearbeiter*, in: ErfK).

Müller, Gerhard, Die Ressortierung der Arbeits- und Sozialgerichtsbarkeit, in: RdA 1966, S. 289 ff.

Natzel, Ivo, Schutz des Arbeitnehmers als Verbraucher?, in: NZA 2002, S. 595 ff.

Naucke, Wolfgang, Anmerkung zu OLG Düsseldorf, Beschl. v. 16.3.1987 – 5 Ss 44/87–48/87 I, in: NStZ 1988, S. 220 f.

Naucke, Wolfgang, Das System der prozessualen Entkriminalisierung, in: Samson, Erich/Dencker, Friedrich/Frisch, Peter et al. (Hrsg.), Festschrift für Gerald Grünwald zum siebzigsten Geburtstag, Baden-Baden 1999, S. 403 ff.

Naucke, Wolfgang, Der Begriff der „geringen Schuld“ (§ 153 StPO) im Straftatsystem, in: Schroeder, Friedrich-Christian/Zipf, Heinrich (Hrsg.), Festschrift für Reinhart Maurach zum 70. Geburtstag, Karlsruhe 1972, S. 197 ff.

Naucke, Wolfgang, Gutachten D für den 51. Deutschen Juristentag, in: Ständige Deputation des Deutschen Juristentages (Hrsg.), Verhandlungen des einundfünfzigsten Deutschen Juristentages, Band I (Gutachten) Teil D und E, München 1976 (zitiert: *Naucke*, in: 51. DJT).

Naucke, Wolfgang, Über deklaratorische, scheinbare und wirkliche Entkriminalisierung, in: GA 1984, S. 199 ff.

Naujok, Volker, Das Spannungsverhältnis zwischen Verdachtskündigung und Unschuldsvermutung, in: AuR 1998, S. 398 ff.

Nave-Herz, Rosemarie, Die Familie im Wandel, in: Faulbaum, Frank/Wolf, Christof (Hrsg.), Gesellschaftliche Entwicklungen im Spiegel der empirischen Sozialforschung, Wiesbaden 2010, S. 39 ff.

Nerdinger, Friedemann W./Blickle, Gerhard/Schaper, Niclas, Arbeits- und Organisationspsychologie, 4. Auflage, Berlin 2019.

Neuner, Jörg, Das BVerfG im Labyrinth der Drittwirkung, in: NJW 2020, S. 1851 ff.

Niewisch-Lennartz, Antje, Bagatellkriminalität als rechtspolitische Herausforderung, in: DRiZ 2015, S. 86 f.

Nikisch, Arthur, Arbeitsrecht, I. Band: Allgemeine Lehren und Arbeitsvertragsrecht, 3. Auflage, Tübingen 1961.

Nikisch, Arthur, Das Arbeitsgesetzbuch und die Lehre vom Arbeitsverhältnis, in: Nipperdey, Hans Carl (Hrsg.), Festschrift für Erich Molitor zum 75. Geburtstag, München/Berlin 1962, S. 83 ff.

Noltenius, Bettina, „Verhältnismäßige“ Gerechtigkeit im Strafmaß, in: HRRS 2009, S. 499 ff.

Nugel, Michael, Ladendiebstahl und Bagatellprinzip, Berlin 2004.

Oetker, Hartmut, Arbeitsrechtlicher Bestandsschutz und Grundrechtsordnung, in: RdA 1997, S. 9 ff.

Opolony, Bernhard, 25 Jahre ArbGG 1979 – Ein Blick zurück nach vorn, in: NZA 2004, S. 519 ff.

Ostendorf, Heribert, Präventionsmodell „Ladendiebstahl“: Doppelter Werterersatz, in: ZRP 1995, S. 18 ff.

Otto, Alexander, Der Wegfall des Vertrauens in den Arbeitnehmer als wichtiger Grund zur Kündigung des Arbeitsverhältnisses, Berlin 2000.

Otto, Harro, Rechtsgutsbegriff und BVerfGE 120, 224, in: JURA 2016, S. 361 ff.

Otto, Harro, Strafwürdigkeit und Strafbedürftigkeit als eigenständige Deliktskategorien?, in: Stree, Walter/Lenckner, Theodor/Cramer, Peter/Eser, Albin (Hrsg.), Gedächtnisschrift für Horst Schröder, München 1978, S. 53 ff.

Peter, Manfred, Gedanken zu dem Ruf nach dem Gesetzgeber im Arbeitsrecht, in: RdA 1985, S. 337 ff.

Peters, Karl, Beschränkung der Tatbestände im Besonderen Teil, in: ZStW 77 (1965), S. 470 ff.

Petri, Dirk, Arbeitsstrafrecht, 3. Auflage, München 2021.

Picker, Eduard, Arbeitsrecht als Privatrecht, in: Annuß, Georg/Picker, Eduard/Wissmann, Hellmut (Hrsg.), Festschrift für Reinhard Richardi zum 70. Geburtstag, München 2007, S. 141 ff.

Picker, Eduard, Betriebsrisikolehre und Arbeitskampf: Thesen zu einer Rückbesinnung, in: JZ 1979, S. 285 ff.

Pieper, Nicole, Verhaltensbedingte Kündigungen wegen Nichtbeachtung von Nachweispflichten zum Schutz vor einer Covid-19-Infektion, in: NZA-RR 2022, S. 449 ff.

Pieper, Nicole, Vorlage eines gefälschten Genesenennachweises, Anmerkung zu ArbG Berlin, Urt. v. 26.4.2022 – 58 Ca 12302/21, in: NZA-RR 2022, S. 445.

Popp, Klaus, Materiell- und prozeßrechtliche Probleme der krankheitsbedingten Kündigung, in: DB 1981, S. 2611 ff.

Pörner, Till, Das sog. Catcalling – Strafwürdiges Unrecht oder bloße Bagatelle, in: NStZ 2021, S. 336 ff.

Preis, Ulrich, § 611a BGB – Potenziale des Arbeitnehmerbegriffs, in: NZA 2018, S. 817 ff.

Preis, Ulrich, Arbeitsrecht und „unbegrenzte Auslegung“, in: NJW 1998, S. 1889 ff.

Preis, Ulrich, Der persönliche Anwendungsbereich der Sonderprivatrechte, in: ZHR 1994, S. 567 ff.

Preis, Ulrich, Die verhaltensbedingte Kündigung, in: DB 1990, S. 630 ff., 685 ff.

Preis, Ulrich, Kompensation von Ungleichgewichtslagen in der Rechtsprechung der Arbeitsgerichte und Zivilgerichte – ein Vergleich, in: AuR 1994, S. 139 ff.

Preis, Ulrich, Minima (non) curat praetor? Pflichtverletzungen und Bagatelldelikte als Kündigungsgrund, in: AuR 2010, S. 186 ff., 242 ff.

Preis, Ulrich, Prinzipien des Kündigungsrechts bei Arbeitsverhältnissen, München 1987.

Preis, Ulrich, Rechtsfortbildung im Individualarbeitsrecht, in: RdA 1989, S. 327 ff.

Preis, Ulrich, Unvollkommenes Gesetz und methodengerechte Rechtsfindung im Arbeitsrecht, in: Henssler, Martin/Joussen, Jacob/Maties, Martin/Preis, Ulrich (Hrsg.), Moderne Arbeitsrecht – Festschrift für Rolf Wank, München 2014, S. 413 ff.

Preis, Ulrich/Temming, Felipe, Arbeitsrecht – Individualarbeitsrecht, 6. Auflage, Köln 2020 (zitiert: *Bearbeiter*, in: Preis/Temming, Individualarbeitsrecht).

Priebe, Klaus, Zur Kodifizierung der „Bagatellkriminalität" in Deutschland und Europa, Grasberg 2005.

Prütting, Hanns, Schutz und Förderung von Arbeitnehmerinteressen durch das Grundgesetz, in: Grupp, Klaus/Weth, Stephan (Hrsg.), Arbeitnehmerinteressen und Verfassung, Berlin 1998, S. 11 ff.

Rech, Antje, Die Rechtsprechung zur Vorbeschäftigung bei sachgrundloser Befristung – ein Beitrag zur Bestimmung der Grenzen des Richterrechts?, in: RdA 2020, S. 31 ff.

Reichel, Michael E., Kündigung: Entwendung geringwertiger Sachen des Arbeitgebers als Kündigungsgrund, in: AuR 2004, S. 250 ff.

Reinecke, Gerhard, Die Rolle des Strafrechts bei der Durchsetzung des Arbeitsrechts, in: AuR 1997, S. 139 ff.

Rengier, Rudolf, Strafrecht, Allgemeiner Teil, 15. Auflage, München 2023.

Rengier, Rudolf, Strafrecht, Besonderer Teil I: Vermögensdelikte, 25. Auflage, München 2023.

Rengier, Rudolf, Strafrecht, Besonderer Teil II: Delikte gegen die Person und die Allgemeinheit, 24. Auflage, München 2023.

Reufels, Martin/Osmakova, Maria, Der neue Entwurf des Hinweisgeberschutzgesetzes – Gelungene Umsetzung der EU-Whistleblower-Richtlinie?, in: ArbRB 2022, S. 147 ff.

Reuter, Wolf J., „Geringwertige Vermögensdelikte" und Kündigungen – kein Änderungsbedarf beim BAG, in: NZA 2009, S. 594 f.

Richardi, Reinhard, Arbeitsrecht als Sonderprivatecht oder Teil des allgemeinen Zivilrechts, in: Köbler, Gerhard/Meinhard, Heinze/Hromadka, Wolfgang (Hrsg.), Europas universale rechtsordnungspolitische Aufgabe im Recht des dritten Jahrtausends – Festschrift für Alfred Söllner zum 70. Geburtstag, München 2000, S. 957 ff.

Richardi, Reinhard, Arbeitsrecht und Zivilrecht, in: ZfA 1974, S. 3 ff.

Richardi, Reinhard, Der Arbeitsvertrag im Licht des neuen § 611a BGB, in: NZA 2017, S. 36 ff.

Rieble, Volker, Barbara Emme: Ein Lehrstück über den Umgang mit der Justiz!, in: NJW 2009, S. 2101 ff.

Rieß, Peter, Die Zukunft des Legalitätsprinzips, in: NStZ 1981, S. 2 ff.

Ring, Gerhard, Arbeitnehmerhaftung – Welche Ansprüche hat der Arbeitgeber?, in: BuW 2003, S. 914 ff.

Ritter, Thomas, Die Verdachtsabmahnung, in: NZA 2012, S. 19 ff.

Rolfs, Christian/Giesen, Richard/Meßling, Miriam/Udsching, Peter (Hrsg.), Beck'-scher Online Kommentar BeckOK Arbeitsrecht, 69. Edition, Stand: 1.9.2023, München 2023 (*Bearbeiter*, in: BeckOK-ArbR).

Rössner, Dieter, Bagatelldiebstahl und Verbrechenskontrolle, Bern et al. 1976.

Rössner, Dieter, Strafrechtsreform durch partielle Entkriminalisierung: Neue Wege beim Alternativ-Entwurf eines Strafgesetzbuches, in: ZRP 1976, S. 141 ff.

Rostalski, Frauke, Normentheorie und Fahrlässigkeit, in: GA 2016, S. 73 ff.

Rothe, Hans, Der Anstellungsbetrug, in: AuR 1953, S. 274 ff.

Rotsch, Thomas (Hrsg.), Criminal Compliance, Baden-Baden 2015.

Rotsch, Thomas, Compliance und Strafrecht – Fragen, Bedeutung, Perspektiven, in: ZStW 125 (2013), S. 481 ff.

Roxin, Claus, „Schuld" und „Verantwortlichkeit" als strafrechtliche Systemkategorien, in: Roxin, Claus/Bruns, Hans-Jürgen/Jäger, Herbert (Hrsg.), Grundfragen der gesamten Strafrechtswissenschaft – Festschrift Heinrich Henkel zum 70. Geburtstag, Berlin 1974, S. 171 ff.

Roxin, Claus, Der gesetzgebungskritische Rechtsgutbegriff auf dem Prüfstand, in: GA 2013, S. 433 ff.

Roxin, Claus, Zur neueren Entwicklung der Strafrechtsdogmatik in Deutschland, in: GA 2011, S. 678 ff.

Roxin, Claus/Greco, Luís, Strafrecht Allgemeiner Teil, Band I: Grundlagen/Der Aufbau der Verbrechenslehre, 5. Auflage, München 2020.

Rudolphi, Hans-Joachim, Strafprozeß im Umbruch: Eine Bilanz der strafverfahrensrechtlichen Reformen seit Kriegsende, in: ZRP 1976, S. 165 ff.

Rüthers, Bernd, Arbeitsrecht und ideologische Kontinuitäten? Am Beispiel des Kündigungsschutzrechts, in: NJW 1998, S. 1433 ff.

Rüthers, Bernd, Die unbegrenzte Auslegung, 8. Auflage, Tübingen 2017.

Rüthers, Bernd, Methoden im Arbeitsrecht 2010 – Rückblick auf ein halbes Jahrhundert, in: NZA-Beilage 2011, S. 100 ff.

Rüthers, Bernd/Fischer, Christian/Birk, Axel, Rechtstheorie, 12. Auflage, München 2022.

Rüthers, Bernd/Henssler, Martin, Die Kündigung bei kumulativ vorliegenden und gemischten Kündigungssachverhalten, in: ZfA 1988, S. 41 ff.

Sachs, Michael (Hrsg.), Grundgesetz, 9. Auflage, München 2021.

Saliger, Frank, Grundfragen von Criminal Compliance, in: RW 2013, S. 263 ff.

Sander, Günther M. (Hrsg.), Münchener Kommentar zum Strafgesetzbuch, Band 4: §§ 185–262, 4. Auflage, München 2021 (zitiert: *Bearbeiter*, in: MüKo-StGB).

Sarhan, Amr, Unternehmensinterne Privatermittlungen im Spannungsfeld zur strafprozessualen Aussagefreiheit, in: wistra 2015, S. 449 ff.

Satzger, Helmut, Sach- und Vermögenswertgrenzen im StGB, in: JURA 2012, S. 786 ff.

Satzger, Helmut/Schluckebier, Wilhelm/Widmaier, Gunther (Hrsg.), Strafgesetzbuch, 5. Auflage, Hürth 2021.

Satzger, Helmut/Schluckebier, Wilhelm/Widmaier, Gunther (Hrsg.), Strafprozessordnung, 5. Auflage, Hürth 2022.

Savaète, Eugen, Grundfragen des Arbeitsrechts, Schwenningen 1949.

Schaefer, Hans/Baumann, Diethelm, Compliance-Organisation und Sanktionen bei Verstößen, in: NJW 2011, S. 3601 ff.

Schäfer, Gerhard/Sander, Günther M./Gemmeren, Gerhard van, Praxis der Strafzumessung, 6. Auflage, München 2017.

Schall, Alexander, Wider die kursorische Strafrechtsprüfung im Rahmen des Kündigungsrechts – der Pfandbondiebstahl durch Barbara Emme, in: RdA 2010, S. 225 ff.

Schaub, Günter (Begr.)/*Ahrendt, Martina/Koch, Ulrich et al.*, Arbeitsrechts-Handbuch, 19. Auflage, München 2021 (zitiert: *Bearbeiter*, in: Schaub, Arbeitsrechts-Handbuch).

Schaub, Günter, Die Abmahnung als zusätzliche Kündigungsvoraussetzung, in: NZA 1997, S. 1185 ff.

Schaupensteiner, Wolfgang J., Rechtstreue im Unternehmen – Compliance und Krisenmanagement – Konzentriertes Vorgehen statt einzelbetrieblicher Maßnahmen, in: NZA-Beilage 2011, S. 8 ff.

Schelp, Günther, Es muß der Anfang gemacht werden, in: RdA 1960, S. 127 ff.

Schiefer, Bernd, Die Abmahnung – aktuelle Brennpunkte, in: DB 2013, S. 1785 ff.

Schindler, Hans/Wetzels, Peter, Familiensysteme in der Arbeitslosigkeit, in: Schindler, Hans/Wacker, Ali/Wetzels, Peter (Hrsg.), Familienleben in der Arbeitslosigkeit, Heidelberg 1990, S. 43 ff.

Schlachter, Monika, Fristlose Kündigung wegen Entwendung geringwertiger Sachen des Arbeitgebers, in: NZA 2005, S. 433 ff.

Schlösser, Jan, Die strafrechtliche Seite des Falles „Emmely", in: HRRS 2009, S. 509 ff.

Schmid, Karlheinz, Die Abmahnung und ihre rechtliche Problematik, in: NZA 1985, S. 409 ff.

Schmidhäuser, Eberhard, Freikaufverfahren mit Strafcharakter im Strafprozeß?, in: JZ 1973, S. 529 ff.

Schmidhäuser, Eberhard, Strafrecht Allgemeiner Teil, 2. Auflage, Tübingen 1975.

Schmidt-Rolfes, Günther, § 611a BGB: Ende gut, alles gut?, in: AuA 2017, S. 15.

Schmidt, Karsten, Arbeitsrecht als Verbraucherrecht?, in: Dauner-Lieb, Barbara/ Hommelhoff, Peter/Jacobs, Matthias et al. (Hrsg.), Festschrift für Horst Konzen zum siebzigsten Geburtstag, Tübingen 2006, S. 863 ff.

Schmitt-Rolfes, Günter, Putzfrau verliert Job wegen Pfandflaschen, in: AuA 2010, S. 199.

Schmitt, Laura, Whistleblowing revisited – Anpassungs- und Regelungsbedarf im deutschen Recht, in: RdA 2017, S. 365 ff.

Schmitz, Roland (Hrsg.), Münchener Kommentar zum Strafgesetzbuch, Band 7: Nebenstrafrecht II, 4. Auflage, München 2023 (zitiert: *Bearbeiter*, in: MüKo-StGB).

Schmoeckel, Mathias/Rückert, Joachim/Zimmermann, Reinhard (Hrsg.), Historisch-kritischer Kommentar zum BGB, Band 1: Allgemeiner Teil, Tübingen 2003 (zitiert: *Bearbeiter*, in: HKK-BGB).

Schneider, David, Die arbeitsrechtliche Implementierung von Compliance- und Ethikrichtlinien, Baden-Baden 2009.

Schneider, Hartmut (Hrsg.), Münchener Kommentar zur Strafprozessordnung, Band 2: §§ 151–332 StPO, München 2016 (zitiert: *Bearbeiter*, in: MüKo-StPO).

Schneider, Uwe H., Compliance als Aufgabe der Unternehmensleitung, in: ZIP 2003, S. 645 ff.

Schnorr von Carolsfeld, Ludwig, Die Eigenständigkeit des Arbeitsrechts, in: RdA 1964, S. 297 ff.

Schnorr, Gerhard, Grundfragen der Arbeitsrechtsdogmatik in der Bundesrepublik Deutschland und in Österreich, in: RdA 1979, S. 387 ff.

Schönfeld, Friedrich-Wilhelm, Effektiver Rechtsschutz bei straftatbegründeter Kündigung?, in: NZA 1999, S. 299 ff.

Schönke, Adolf (Begr.)/*Schröder, Horst/Eser, Albin et al.*, Strafgesetzbuch, 30. Auflage, München 2019 (zitiert: *Bearbeiter*, in: Schönke/Schröder, StGB).

Schoreit, Armin, Der in Zusammenhang mit dem Alternativentwurf eines Strafgesetzbuchs vorgelegte Entwurf eines Gesetzes gegen Ladendiebstahl

(AE-GLD) im Lichte der Kriminalstatistik 1974 und moderner Opferforschung, in: JZ 1976, S. 49 ff.

Schrader, Peter, Abmahnung und „Vertrauenskapital", in: NJW 2012, S. 342 ff.

Schrader, Peter, Die rituelle Beleidigung im (Arbeitsgerichts-)Prozess, in: NZA-RR 2016, S. 281 ff.

Schröder, Matthes, Anmerkung zu ArbG Berlin, Urt. v. 28.9.2010 – 1 Ca 5421/10, in: BB 2011, S. 383.

Schröder, Matthes/Schreier, Michael, Arbeitsrechtliche Sanktionierung innerbetrieblicher Verhaltensverstöße, in: BB 2010, S. 2565 ff.

Schubert, Claudia (Hrsg.), Münchener Kommentar zum Bürgerlichen Gesetzbuch, Band 1: Allgemeiner Teil, §§ 1–240, AllgPersönlR, ProstG, AGG, 9. Auflage, München 2021 (zitiert: *Bearbeiter*, in: MüKo-BGB).

Schuler, Heinz/Kanning, Uwe Peter (Hrsg.), Lehrbuch der Personalpsychologie, 3. Auflage, Göttingen 2014.

Schuler, Heinz/Moser, Klaus (Hrsg.), Lehrbuch Organisationspsychologie, 6. Auflage, Bern 2019.

Schuler, Heinz/Sonntag, Karlheinz (Hrsg.), Handbuch der Arbeits- und Organisationspsychologie, Göttingen 2007.

Schulze, Reiner/Dörner, Heinrich/Ebert, Ina et al., Bürgerliches Gesetzbuch, 11. Auflage, Baden-Baden 2022 (zitiert: *Bearbeiter*, in: NK-BGB).

Schuster, Doris-Maria/Darsow, Ingebjörg, Einführung von Ethikrichtlinien durch Direktionsrecht, in: NZA 2005, S. 273 ff.

Schütte, Reinhard, Die Verdachtskündigung, in: NZA-Beilage 2/1991, S. 17 ff.

Schwarz, Otto Georg (Begr.)/*Schmitt, Bertram*, Strafprozessordnung, 66. Auflage, München 2023 (zitiert: *Bearbeiter*, in: Meyer-Goßner/Schmitt, StPO).

Schwind, Hans-Dieter, Kriminologie und Kriminalpolitik, 24. Auflage, Heidelberg 2021.

Seeling, Rolf Otto/Zwickel, Martin, Die Rechtsprobleme der Verdachtskündigung aus praktischer Sicht, in: MDR 2008, S. 1020 ff.

Sinzheimer, Hugo, Grundzüge des Arbeitsrechts, 2. Auflage, Jena 1927.

Soergel, Hans-Theodor (Begr.)/*Ekkenga, Jens* (Hrsg.), Bürgerliches Gesetzbuch, Band 3/2: Schuldrecht 1/2, §§ 243–304, 13. Auflage (Stand: Mai 2014), Stuttgart 2014 (*Bearbeiter*, in: Soergel, BGB).

Soergel, Hans-Theodor (Begr.)/*Mühl, Otto/Teichmann, Arndt* (Hrsg.), Bürgerliches Gesetzbuch, Band 4/1: Schuldrecht III/1 (§§ 516–651), 12. Auflage (Stand: Frühjahr 1997), Stuttgart/Berlin/Köln 1998 (*Bearbeiter*, in: Soergel, BGB).

Soergel, Hans-Theodor (Begr.)/*Spickhoff, Andreas* (Hrsg.), Bürgerliches Gesetzbuch, Band 12: Schuldrecht 10, §§ 823–853, ProdHG, UmweltHG, 13. Auflage (Stand: Sommer 2005), Stuttgart 2005 (*Bearbeiter*, in: Soergel, BGB).

Söllner, Alfred, Arbeitsrechtskodifikation und Bürgerliches Recht, in: Klug, Ulrich/Ramm, Thilo/Rittner, Fritz/Schmiedel, Burkhard (Hrsg.), Gesetzgebungstheorie, Juristische Logik, Zivil- und Prozeßrecht – Gedächtnisschrift für Jürgen Rödig, Berlin/Heidelberg 1978, S. 91 ff.

Söllner, Alfred, Zur Verfassungs- und Gesetzestreue im Arbeitsrecht, in: RdA 1985, S. 328 ff.

Spehl, Stephan J./Grützner, Thomas (Hrsg.), Corporate Internal Investigations, München 2013.

Sprenger, Wolfgang/Fischer, Thomas, Verbesserte Verfolgung des Ladendiebstahls: Eine Zwischenbilanz des sächsischen Verfahrensmodells, in: ZRP 2001, S. 241 ff.

Stahlhacke, Eugen, Grundfragen der betriebsbedingten Kündigung, in: DB 1994, S. 1361 ff.

Stahlhacke, Eugen (Begr.)/*Preis, Ulrich/Vossen, Reinhard*, Kündigung und Kündigungsschutz im Arbeitsverhältnis, 11. Auflage, München 2015 (zitiert: *Bearbeiter*, in: SPV).

Staudinger, Julius von (Begr.)/*Oetker, Hartmut/Preis, Ulrich/Rolfs, Christian* (Hrsg.), J. von Staudingers Kommentar zum Bürgerlichen Gesetzbuch mit Einführungsgesetz und Nebengesetzen, Buch 2: §§ 620–630 (Beendigung von Dienst- und Arbeitsverhältnissen), Neubearbeitung Berlin 2022 (zitiert: *Bearbeiter*, in: Staudinger, BGB).

Steinau-Steinrück, Robert von/Ziegler, Katharina, Arbeitsrechtliche „Erheblichkeitsschwelle" bei Vermögensdelikten?, in: NJW-Spezial 2009, S. 274 f.

Steinkühler, Bernhard/Kunze, Kati, Schmiergelder, Schwarze Kassen und ihre kündigungsrechtlichen Konsequenzen, in: RdA 2009, S. 367 ff.

Stoffels, Markus, Die „Emmely"-Entscheidung des BAG – bloß eine Klarstellung von Missverständnissen?, in: NJW 2011, S. 118 ff.

Stoffels, Markus, Wirkungsfolgen des Kündigungsrechts, in: Rieble, Volker/Junker, Abbo (Hrsg.), Folgenabschätzung im Arbeitsrecht, München 2007, S. 77 ff.

Stoffels, Markus, Zivilrechtliche Dogmatik und Individualarbeitsrecht, in: Lobinger, Thomas/Piekenbrock, Andreas/Stoffels, Markus (Hrsg.), Zur Integrationskraft zivilrechtlicher Dogmatik, Tübingen 2014, S. 1 ff.

Stöhr, Alexander, Vertragsbindung und Flexibilität im Arbeitsrecht – rechtshistorisch betrachtet, in: RdA 2014, S. 307 ff.

Stoll, Hans, Zum Rechtfertigungsgrund des verkehrsrichtigen Verhaltens, in: JZ 1958, S. 137 ff.

Stratenwerth, Günter/Kuhlen, Lothar, Strafrecht Allgemeiner Teil, 6. Auflage, München 2011.

Straube, Gunnar/Rasche Jennifer, Arbeitsrechtliche Korruptionsbekämpfung, München 2017.

Streng, Franz, Die Strafzumessungsbegründung und ihre Orientierungspunkte – Ein Beitrag zur Idee und Praxis vergleichender Strafzumessung, in: NStZ 1989, S. 393 ff.

Stück, Volker, Sanktionierung eines Compliance Verstoßes – Kündigung oder Abmahnung, Anmerkung zu LAG Rheinland-Pfalz, Urt. v. 26.2.2016 – 1 Sa 358/15, in: CCZ 2018, S. 183 ff.

Stückmann, Roland/Kohlepp, Christina, Verhältnismäßigkeitsgrundsatz und „ultima-ratio-Prinzip" im Kündigungsrecht, in: RdA 2000, S. 331 ff.

Stürner, Rolf (Hrsg.), Bürgerliches Gesetzbuch, 19. Auflage, München 2023 (zitiert: *Bearbeiter*, in: Jauernig, BGB).

Tessin, Claus, Verletzung der Aufsichtspflicht bei Kartellverstößen, in: BB 1987, S. 984 ff.

Theune, Werner, Grundsätze und Einzelfragen der Strafzumessung, aus der Rechtsprechung des Bundesgerichtshofs (Teil 1), in: StV 1985, S. 162 ff.

Thielemann, Eva, Verstöße des Arbeitnehmers gegen Compliance- und Ethikrichtlinien, Berlin 2018.

Tiedemann, Klaus, Tatbestandsfunktionen im Nebenstrafrecht, Tübingen 1969.

Tipke, Klaus/Kruse, Heinrich Wilhelm (Begr.)/*Seer, Roman/Brandis, Peter et al.*, Abgabenordnung Finanzgerichtsordnung (AO/FGO), 177. Lieferung 9/2023, Köln 2023 (zitiert als: *Bearbeiter*, in: Tipke/Kruse, AO/FGO).

Tipke, Klaus/Lang, Joachim (Hrsg.), Steuerrecht, 24. Auflage, Köln 2021.

Trendelenburg, Cornelius, Ultima ratio? – Subsidiaritätswissenschaftliche Antworten am Beispiel der Strafbarkeit von Insiderhandel und Firmenbestattungen, Frankfurt am Main et al. 2011.

Triskatis, Claudiana, Ethikrichtlinien im Arbeitsrecht, Frankfurt am Main 2008.

Tröndle, Herbert, Abschaffung der Strafbarkeit der fahrlässigen Tötung und fahrlässigen Körperverletzung bei leichtem Verschulden?, in: DRiZ 1976, S. 129 ff.

Tröndle, Herbert, Einheit und Vielfalt des Strafrechts, in: JR 1974, S. 221 ff.

Tschöpe, Ulrich, Außerordentliche Kündigung bei Diebstahl geringwertiger Sachen, in: NZA 1985, S. 588 ff.

Tschöpe, Ulrich (Hrsg.), Arbeitsrecht Handbuch, 13. Auflage, Köln 2023.

Verrel, Torsten, Brauchen wir ein neues Strafzumessungsrecht?, in: JZ 2018, S. 811 ff.

Vielmeier, Stephan, Kündigung wegen (vermeintlicher) Pflichtverletzungen bei anderen Konzerngesellschaften?, in: NZA 2020, S. 1510 ff.

Vogler, Theo, Möglichkeiten und Wege einer Entkriminalisierung, in: ZStW 90 (1978), S. 132 ff.

Vogt, Volker, Compliance und Investigations – Zehn Fragen aus Sicht der arbeitsrechtlichen Praxis, in: NJW 2009, S. 3755 ff.

Vormbaum, Thomas, Fragmentarisches Strafrecht in Geschichte und Dogmatik, in: ZStW 123 (2011), S. 660 ff.

Walker, Wolf-Dietrich, Die begrenzte Bedeutung des Falles „Emmely" für die Entwicklung der Rechtsprechung zur außerordentlichen Kündigung, in: NZA 2009, S. 921 ff.

Walker, Wolf-Dietrich, Die Kündigung wegen eines Bagatelldelikts – Geklärte und ungeklärte Fragen nach der „Emmely"-Entscheidung des BAG, in: NZA 2011, S. 1 ff.

Waller, Hellmut, Empfiehlt es sich, § 153a StPO zu erweitern?, in: DRiZ 1986, S. 47 ff.

Walter, Michael, Wandlungen in der Reaktion auf Kriminalität, in: ZStW 95 (1983), S. 32 ff.

Walter, Tonio, Das Absolute wird relativ – wie sich Vergeltung als Strafzweck soziologisch begründen lässt, in: Neubacher, Frank/Kubink, Michael (Hrsg.), Kriminologie – Jugendkriminalrecht – Strafvollzug, Gedächtnisschrift für Michael Walter, Berlin 2014, S. 831 ff.

Walter, Torsten, Maultaschen im Kündigungsrecht: Bagatelles pour un massacre, in: AuR 2010, S. 59 ff.

Waltermann, Raimund, Arbeitsrecht, 20. Auflage, München 2021.

Waltermann, Raimund, Risikozuweisung nach den Grundsätzen der beschränkten Arbeitnehmerhaftung, in: RdA 2005, S. 98 ff.

Waltermann, Raimund/Schmidt, Benjamin/Chandna-Hoppe, Katja, Sozialrecht, 15. Auflage, Heidelberg 2022.

Wank, Rolf, Arbeitsrecht und Methode – am Beispiel der rangkonformen Auslegung –, in: RdA 1999, S. 130 ff.

Wank, Rolf, Der Arbeitnehmer-Begriff im neuen § 611a BGB, in: AuR 2017, S. 140 ff.

Wank, Rolf, Grenzen richterlicher Rechtsfortbildung, Berlin 1978.

Wank, Rolf, Tendenzen der BAG-Rechtsprechung zum Kündigungsrecht, in: RdA 1993, S. 79 ff.

Weber, Christoph, Anmerkung zu BAG-Urteilen vom 5.5.1994 – 2 AZR 799/93 und 14.9.1994 – 2 AZR 164/94, in: SAE 1996, S. 57 ff.

Weber, Jörg-Andreas, Auflösung des Arbeitsverhältnisses durch Urteil wegen eines Bagatelldelikts am Beispiel der „Emmely"-Entscheidung, in: RdA 2011, S. 108 ff.

Weigend, Thomas, Mehr Strafrecht – und alles wird gut?, in: StV 2016, S. I (Editorial).

Wendeling-Schröder, Ulrike, Aktuelle Probleme der Rechtsprechung zum Gewerkschaftsausschluß, in: ZGR 1990, S. 107 ff.

Wendeling-Schröder, Ulrike, Autonomie im Arbeitsrecht, Frankfurt am Main 1994.

Wenzel, Leonhard, 75 Jahre deutsche Arbeitsgerichtsbarkeit: Rückblick auf die Geschichte eines Gerichtszweigs, in: JZ 1965, S. 697 ff., 749 ff.

Wessels, Johannes (Begr.)/*Beulke, Werner/Satzger, Helmut*, Strafrecht Allgemeiner Teil, 53. Auflage, Heidelberg 2023.

Wessels, Johannes (Begr.)/*Hillenkamp, Thomas/Schuhr, Jan C.*, Strafrecht Besonderer Teil 2: Straftaten gegen Vermögenswerte, 46. Auflage, Heidelberg 2023.

Westermann, Hans Peter, Sonderprivatrechtliche Sozialmodelle und das allgemeine Privatrecht, in: AcP 178 (1978), S. 150 ff.

Wieacker, Franz, Privatrechtsgeschichte der Neuzeit, 2. Auflage, Göttingen 1967.

Wiedemann, Herbert, Richterliche Rechtsfortbildung, in: NJW 2014, S. 2407 ff.

Wiethölter, Rudolf, Rechtswissenschaft, Frankfurt am Main 1968.

Willemsen, Heinz Josef, Verhaltensbedingte Kündigung: Fünf Thesen und fünf Fragezeichen, in: RdA 2017, S. 115 ff.

Winkelmann, Liliana/Winkelmann, Rainer, Why Are the Unemployed So Unhappy? Evidence from Panel Data, in: Economica 65 (1998), S. 1 ff.

Wolff, Alexander/Deinert, Olaf, Schmierentheater bei der Auftragsvergabe, in: JURA 1998, S. 250 ff.

Wollenschläger, Michael, Arbeitsrecht, 3. Auflage, Köln 2010.

Wolter, Jürgen (Hrsg.), SK-StPO Systematischer Kommentar zur Strafprozessordnung, Band III: §§ 137–197 StPO, 5. Auflage, Köln 2016 (zitiert: *Bearbeiter*, in: SK-StPO).

Wolter, Jürgen (Hrsg.), Systematischer Kommentar zum Strafgesetzbuch, Band I: §§ 1–37 StGB, 9. Auflage, Köln 2017 (zitiert: *Bearbeiter*, in: SK-StGB).

Wolter, Jürgen (Hrsg.), Systematischer Kommentar zum Strafgesetzbuch, Band II: §§ 38–79b StGB, 9. Auflage, Köln 2016 (zitiert: *Bearbeiter*, in: SK-StGB).

Wolter, Jürgen (Hrsg.), Systematischer Kommentar zum Strafgesetzbuch, Band III: §§ 80–173 StGB, 9. Auflage, Köln 2019 (zitiert: *Bearbeiter*, in: SK-StGB).

Wolter, Jürgen (Hrsg.), Systematischer Kommentar zum Strafgesetzbuch, Band V: §§ 242–302 StGB, 9. Auflage, Köln 2019 (zitiert: *Bearbeiter*, in: SK-StGB).

Wolter, Jürgen/Hoyer, Andreas (Hrsg.), Systematischer Kommentar zum Strafgesetzbuch, Band VI: §§ 303–358, 10. Auflage, Hürth 2023 (zitiert: *Bearbeiter*, in: SK-StPO).

Wolter, Jürgen, Informelle Erledigungsarten und summarische Verfahren bei geringfügiger und minderschwerer Kriminalität, in: GA 1989, S. 397 ff.

Zborowska, Katarzyna, Die außerordentliche Verdachtskündigung, Berlin 2015.

Zeller-Müller, Linus, Auswirkungen der Schuldrechtsreform auf die Inhaltskontrolle von Arbeitsverträgen und auf Aufhebungsverträge, Frankfurt am Main 2004.

Zimmer, Mark/Stetter, Sabine, Korruption und Arbeitsrecht, in: BB 2006, S. 1445 ff.

Zipf, Heinz, Kriminalpolitik, 2. Auflage, Heidelberg/Karlsruhe 1980.

Zitscher, Wolfram, Der „Grundsatz der Verhältnismäßigkeit" im Arbeitsvertragsrecht als Blankettformel, in: BB 1983, S. 1285 ff.

Zundel, Frank, Die Entwicklung des Arbeitsrechts im Jahr 2016, in: NJW 2017, S. 132 ff.

Osnabrücker Schriften zum Unternehmens- und Wirtschaftsrecht

Herausgegeben von Marcus Bieder, Andreas Fuchs,
Lars Leuschner, Markus Stoffels und Dirk A. Verse

Band 1 Malte Richter: Die Verwendung von Ratings zur Regulierung des Kapitalmarkts. Eine vergleichende Untersuchung nach US-amerikanischem und deutschem Recht. 2008.

Band 2 Dietmar Haffa: Lock-up Vereinbarungen – Veräußerungsbeschränkungen für Altaktionäre beim Börsengang. 2008.

Band 3 Martin Eimer: Zeichnungsverträge und Zeichnungsvorverträge. Zu den Rechten und Pflichten aus dem Vertrag über die Vorerhöhungsgesellschaft. 2009.

Band 4 Tobias Mischitz: Die Bedeutung von Nachfragemacht für die Beurteilung von Einkaufskooperationen im EG-Kartellrecht. 2008.

Band 5 Matthias Decker: Öffentlich-rechtlicher Rechtsschutz der Zielgesellschaft und ihrer Aktionäre in Übernahmesituationen. Eine materiell- und prozessrechtliche Analyse. 2009.

Band 6 Tim Gero Joppich: Die Kodifikation des Transparenzgebots in § 307 BGB. Die Prinzipien der Transparenzkontrolle unter besonderer Berücksichtigung der Arbeitsvertragskontrolle. 2009.

Band 7 Rachid René Wiersch: Der gutgläubige Erwerb von GmbH-Anteilen. 2009.

Band 8 Oliver Kirchwehm: Reformen der Corporate Governance in Japan und Deutschland. Eine gesellschaftsrechtliche Betrachtung. 2010.

Band 9 Christian Spruß: Die Einbeziehung Allgemeiner Geschäftsbedingungen im deutschen Recht unter besonderer Berücksichtigung des europäischen Rechts und des UN-Kaufrechts. 2010.

Band 10 Jost Onstein: Der Beirat einer mittelständischen GmbH als Instrument guter Unternehmensführung. Ein Beitrag zur Corporate Governance-Diskussion in kleinen und mittleren Familienunternehmen. 2010.

Band 11 Verena Förster: Die Vereinbarung variabler Zinssätze in AGB. 2010.

Band 12 Christian Karbaum: Kartellrechtliche Compliance - Rechtsgrundlagen und Umsetzung.2010.

Band 13 Dirk Schnelle: Die Berufsbildung der Volontäre und Praktikanten. 2010.

Band 14 Hanno Teuber: Die Beeinflussung von Börsenkursen. Kurspflege und Marktmanipulation. 2011.

Band 15 Michael Berkemeyer: Die Leihgabe von Berufssportlern. 2011.

Band 16 Adrian Jaglarz: Die fusionskontrollrechtliche Behandlung von Immaterialgüterrechtsakquisitionen im US-amerikanischen, europäischen und deutschen Recht. 2012.

Band 17 Philipp Loosen: Reformbedarf im Spruchverfahren. Empirische Analyse, Rechtsvergleich mit US-amerikanischem Recht und Reformvorschläge. 2013.

Band 18 Zacharias-Alexis Schneider: Kapitalschutz nach dem Bilanzrechtsmodernisierungsgesetz. 2014.

Band 19 Miriam Sprink: Vertragliche Gestaltung von Urlaub. Möglichkeiten und Grenzen.2015.

Ab Band 20 läuft die Reihe unter einem neuen Reihentitel

Schriften zum Unternehmens- und Wirtschaftsrecht

Herausgegeben von
Marcus Bieder, Andreas Fuchs, Lars Leuschner, Markus Stoffels und Dirk A. Verse

Band 20 Lars Jeschke: Der Rechtsrahmen für Vorstandsvergütungen in Deutschland und Australien. Ein Rechtsvergleich. 2015.

Band 21 Anne Praß: Die betriebsbedingte Kündigung von Leiharbeitnehmern. 2016.

Band 22 Larissa Pewny: Das Übergangsmandat des Betriebsrats. Gestaltungsmöglichkeiten unter besonderer Berücksichtigung gewillkürter Betriebsratsstrukturen gemäß § 3 BetrVG. 2017.

Band 23 Andreas G. Mahret: Pflichtenkollisionen von Geschäftsleitern. 2017.

Band 24 Jochen Seier: Das fingierte Arbeitsverhältnis nach § 10 Abs. 1 AÜG. 2017.

Band 25 Nora Brosent: Strategische Insolvenzen – Grenzen der Instrumentalisierung des Insolvenzplanverfahrens zur Lösung von Gesellschafterkonflikten. 2019.

Band 26 Michel Hoffman: Individualschutz im Betriebsverfassungsrecht. 2019.

Band 27 Sara Isabell Heitkamp: FRAND-Bedingungen bei SEP – Die Lizenzbereitschaftserklärung und das Problem der Bestimmung einer angemessenen Lizenzgebühr. 2020.

Band 28 Hanna Gotta: Zuverlässigkeit und Wirksamkeit dynamischer Verweisungen in Vereinssatzungen. 2020.

Band 29 Lars Giesen: Die Rechtsnatur des Interessenausgleichs gem. § 112 I 1 BetrVG. 2020.

Band 30 Nima Hanifi-Atashgah: Wandelschuldverschreibungen in Wertpapiererwerbs- und Übernahmeverfahren nach dem WpÜG. 2020.

Band 31 Theresa Bauerdick: Der Vorrang der Individualabrede. 2021.

Band 32 Jean Pascal Slotwinski: Der strategische Einsatz von Patenten als möglicher Missbrauch aus patent-, lauterkeits-, zivil- und kartellrechtlicher Perspektive. 2021.

Band 33 Anna Sophie Merkel: Die Erreichbarkeit des Arbeitnehmers während des Erholungsurlaubs. 2022.

Band 34 Anja Hornbostel: Das Engagement institutioneller Anleger als Aktionäre im Beteiligungsunternehmen nach ARUG II. 2022.

Band 35 Mona Geimer: Der Arbeitnehmer im Spannungsfeld von Straf- und Arbeitsrecht.2024

www.peterlang.com

www.ingramcontent.com/pod-product-compliance
Ingram Content Group UK Ltd.
Pitfield, Milton Keynes, MK11 3LW, UK
UKHW021832290926
8980IPUK00004B/397

9 783631 915684